V&R
Vandenhoeck
& Ruprecht

Christoph Joest

Spiritualität evangelischer Kommunitäten

Altkirchlich-monastische Tradition in evangelischen Kommunitäten von heute

VANDENHOECK & RUPRECHT
IN GÖTTINGEN

Die Deutsche Bibliothek – CIP-Einheitsaufnahme

Joest, Christoph:
Spiritualität evangelischer Kommunitäten: altkirchlich-monastische Tradition in evangelischen Kommunitäten von heute / Christoph Joest. – Göttingen: Vandenhoeck und Ruprecht, 1995
ISBN 3-525-56833-9

Titelgestaltung: Andreas Felger

Druck und Bindearbeiten: Hubert & Co., Göttingen

Den Schwestern und Brüdern in den evangelischen Kommunitäten,
besonders aber den Geschwistern der Kommunität Gnadenthal,
die mich zu dieser Arbeit herausgefordert
und sie durch ihr Interesse und ihre Ermutigung gefördert haben.

Für den aber,
der zur Vollkommenheit des klösterlichen Lebens eilt,
gibt es die Lehren der heiligen Väter,
deren Beobachtung den Menschen
zur Höhe der Vollkommenheit führen kann.
Ist denn nicht jede Seite
oder jedes von Gott beglaubigte Wort
des Alten und Neuen Testamentes
eine verläßliche Wegweisung
für das menschliche Leben?

Regula Benedicti 73,2–3

Inhalt

"Man geht durch monastisches Urgestein". Ein Vorblick

Goslar-Riechenberg, Erster Advent 1991. Wir sitzen in großer Runde im weiten, lichten Empfangsraum des (evangelischen) *Gethsemaneklosters*. Dieses hat auf dem Gelände eines ehemaligen Augustiner-Stiftes seinen Standort gefunden. Von der Klosterkirche gibt es nur noch Ruinen. Die Krypta aber ließ sich zu einem sehr schönen Gottesdienstraum gestalten. Wohnhaus der Brüder und Einkehrhaus für die Gäste stammen aus dem 18. Jahrhundert und stehen etwas seitab von der Kirchenruine. Will man den Weg von der Unterkunft zur Gottesdienststätte gehen, gelangt man zu einem tief in die Erde gegrabenen Gang, der in ein altes Kellergewölbe führt; von dort kommt man über eine Treppe in den Kreuzgang, der uns durch eine kleine Pforte auf den Weg zur Krypta entläßt.

Sechsmal sind wir gestern diesen Weg gegangen, dreimal hin, dreimal zurück. Sechsmal aus der Helligkeit in das dumpfe Dunkel, hinab in die Tiefe, durch meterdicke Mauerdurchlässe, und wieder hinaus in den Tag. "Wenn man diesen Weg geht", sagt gerade eine evangelische Diakonisse, "hat man das Gefühl, man geht durch monastisches Urgestein."

"Monastisches Urgestein" – dieses Stichwort ist der Schlüssel für die vorliegende Arbeit. Evangelische Christen leben gemeinsam, teilen ihre Habe, schenken ihr Leben im Verzicht auf die Ehe ihrem Herrn – und entdecken, daß sie nicht die ersten sind, die das tun. Da gibt es "Urgestein", auf dem sie, bewußt oder unbewußt, stehen und weiterbauen. Sie werden getragen. So sehr ihre Liebe zum Herrn der Kirche immer nur aus der eigenen und unverwechselbar persönlichen Begegnung mit diesem Herrn kommen kann, so sehr ihr Leben dann seine Inspiration aus dieser Begegnung gewinnt, so sehr gilt doch auch das andere: der Leib Christi erstreckt sich als ein lebendiger Organismus durch die Jahrhunderte, er umgreift die Urgemeinde ebenso wie die Nachfolger Jesu Christi aller Epochen, und was diese an echter Liebe und Hingabe gelebt haben, das geht als Impuls durch die Zeit und ist wirksam bis heute.

Daß dies so ist und wie es sich vollzieht, soll am Beispiel von vier evangelischen Kommunitäten in Deutschland deutlich gemacht werden. Damit möchte diese Arbeit das sein, was die evangelischen Kommunitäten allein durch ihr Dasein ohnehin schon sind: ein Brückenschlag. Eine Brücke zwischen zwei Lagern, deren Fronten gottlob in den letzten Jahren beweglicher geworden sind und viel von ihrer früheren Schärfe verloren haben.

An dieser Stelle sei den Schwestern und Brüdern aus den Kommunitäten herzlich gedankt. Sie haben sich nicht nur geduldig befragen lassen und die Abschnitte kritisch geprüft, in denen ihre eigene Gemeinschaft behandelt wird, sondern sie haben auch das Entstehen dieser Arbeit durch Ermutigung und sehr positive Anteilnahme gefördert. Die Protokolle in Abschrift von Band oder Stenogramm liegen mir vor – in diese Arbeit konnten sie nur als Zitate eingehen. Aber auch so wird wohl etwas davon deutlich werden, wie *lebendig* die Spiritualität evangelischer Kommunitäten ist, auch da, wo man sie auf "Tradition" hin befragt.

Ferner schulde ich großen Dank meinem Doktorvater, P. Werner *Löser* SJ, der die Arbeit mit Engagement und, wie mir schien, mit Freude begleitet hat. Daran möchte ich den Dank an die Philosophisch-Theologische Hochschule Sankt Georgen anschließen, die mir als evangelischem Pfarrer das Promotionsstudium in ihren Mauern ermöglichte. Ich bin durch den Kontakt mit ihren Professoren in Seminaren und Vorlesungen, aber auch in Begegnungen sonst, außerordentlich bereichert worden.

Zu danken habe ich auch all denen, die mich durch kleine oder große Handreichungen bei der Fertigstellung der vorliegenden Seiten unterstützt haben. Stellvertretend seien hier nur Frau Birgitt Steffani und mein Mitbruder Reiner Hennig genannt, die das Korrekturlesen besorgt haben.

Schließlich danke ich dem Verlag Vandenhoeck & Ruprecht, daß er diese Arbeit in sein Programm aufgenommen hat, sowie der Evangelischen Kirche in Hessen und Nassau für die Gewährung eines Druckkostenzuschusses.

"Danke" möchte ich aber auch meiner eigenen Kommunität sagen, der *Jesus-Bruderschaft* in *Gnadenthal,* ohne deren Ermutigung ich dieses Aufbaustudium gar nicht erst angefangen hätte. Zudem hat sie mich während dieser Zeit weitgehend freigestellt, was in manchen angespannten Zeiten immer wieder auch ein Opfer war. Es hat sich gelohnt, und ich hoffe, daß der Gewinn, den ich selber davon hatte, durch die vorliegenden Seiten zum Reichtum aller wird.

Gnadenthal, am Fest des hl. Bonifatius, 5. Juni 1994

Bruder Franziskus Christoph Joest

I. Hauptteil: Einführung in Thema und Methode

1. Die Themenstellung

"Evangelisches Mönchtum?", so lautet der provozierende Titel einer Schrift, die 1965 erschien und Gedanken über "Entwicklung und Aufgabe der Bruder- und Schwesternschaften in der Kirche" (so der Untertitel) vorlegte[1]. Gemeint sind damit evangelische "geistliche Gemeinschaften, deren Glieder sich entschlossen haben, nach den altchristlichen Gelübden zu leben: Armut, Ehelosigkeit und Gehorsam"[2]. So wenig diese Gemeinschaften heute aus dem Leben der evangelischen Kirchen wegzudenken sind, so neu und vielfach befremdlich erschienen sie den Gliedern dieser Kirchen bei ihrer Entstehung. Der plumpe, aber wirksame Vorwurf[3] lag nahe: "Was ihr macht, ist katholisch!" Mit diesen Barrieren mußten sich die frühen Veröffentlichungen der Kommunitäten auseinandersetzen. Es entstand ein Legitimationsdruck.

Aber nicht nur von außen traten diese Anfragen an die Gründergeneration ordensähnlichen kommunitären Lebens in den Kirchen der Reformation heran. Auch vor sich selbst und dem eigenen Gewissen mußte verantwortet werden, was man tat.

Das kommt sehr deutlich in einem Bericht über die ersten Anfänge der *Communität Casteller Ring* zum Ausdruck. Eine der Ordensfrauen, die jene Jahre noch miterlebt hat, berichtet: "Ein gemeinsames Leben, etwa nach dem Vorbild der Jerusalemer

---

[1] W. *Schleiter,* Evangelisches Mönchtum? Kritisch äußert sich zu diesem Titel der Begründer der *Kreuzbruderschaft* E. *Gleede,* Alle ein Leib, 18f.

[2] R. *Mumm,* Was erwartet die Kirche, 15.

[3] Vgl. H. *Dombois* schon 1951: "Diese Ablenkung auf ein sozusagen fachliches Gleis dient lediglich dazu, einer Auseinandersetzung mit dieser unbequemen Erscheinung (sc. der evangelischen "Orden") aus dem Weg zu gehen. Ebensowenig lassen sich die Dinge auf eine Konfession oder theologische Richtung abschieben oder einordnen. Die heutige Neigung, alle Dinge richtungsmäßig abzustempeln, bedeutet eine gefährlich maskenartige Abschirmung gegenüber der Wirklichkeit", H. *Dombois,* Über den geschichtlichen Sinn evangelischer Orden, 140.

Urgemeinde, war damals, so etwa zwischen 1939 und 1944 ein Traum, ein unerfüllbar scheinender Traum – wenn wir evangelisch bleiben wollten."[4]

Evangelisch bleiben – das wollten und wollen alle die neu entstandenen Gruppen gemeinsamen Lebens, auch und gerade dann, wenn sie nach den "evangelischen Räten" in Armut (Schlichtheit, Einfachheit), Keuschheit (Ehelosigkeit, Zölibat) und Gehorsam (Anerkennung einer Autorität) lebten. Nun gibt es für den evangelischen Christen zwei Instanzen, die ihn in seinem Gewissen binden und zur Auseinandersetzung herausfordern: das Evangelium und die Reformation. An diesen zwei Größen hängt ja seine Identität als evangelischer Christ.

1.1 Die biblische und reformatorische Begründung kommunitären Lebens

Es ist daher nicht weiter verwunderlich, daß sowohl zur Abklärung der Gedanken nach "innen" vor dem Forum der eigenen Geschwister, als auch zur Aufklärung nach "außen" gegenüber den befremdeten Zeitgenossen eine große Anzahl von Veröffentlichungen aus dem kommunitären Raum zwei Schwerpunkte hat: es handelt sich um die *biblischen*, besonders die neutestamentlichen, und um die *reformatorischen* Bezüge kommunitärer Spiritualität[5]. In beiden Bereichen sind aber in den letzten Jahren auch größere Arbeiten erschienen, in denen das bisherige Material verarbeitet und die Diskussion zu einem gewissen Abschluß gebracht wurde. Diese sollen im folgenden kurz vorgestellt werden, damit der gegenwärtige Reflexionsstand deutlich wird, auf dem die vorliegende Arbeit aufbaut. Dabei ist zunächst noch ganz undifferenziert von *den* evangelischen Kommunitäten die Rede. Im Fortgang der Arbeit werden Unterschiede und Profile bei den Kommunitäten selbst deutlicher heraustreten und Differenzierungen nötig machen.

---

[4] E. *Decker*, Unser Platz innerhalb der Kirche. *In:* J. *Halkenhäuser* (Hg.), Abenteuer mit Gott, 56–61, hier: 58.

[5] S. *v. Kortzfleisch* formuliert "einige der Einwände und Fragen, denen die Befürworter der Bruderschaftsbewegung in drei sachlichen Bereichen zu begegenen haben: 1. Sind sie zeitgemäß in ihren Gedanken und Taten? 2. Können sie sich reformatorisch rechtfertigen? und 3. Sind sie biblisch gegründet?" (Mitten im Herzen der Massen, 17).

1.1.1 Die biblische Begründung kommunitären Lebens

Neben zahlreichen Äußerungen zur biblischen Begründung des Lebens in Kommunitäten[6] ist vor allem die jüngst erschienene Dissertation von Gottfried *Wenzelmann* zu nennen, die unter dem Titel "Nachfolge und Gemeinschaft. Eine theologische Grundlegung des kommunitären Lebens" die *synoptische Tradition* auswertet[7]. Es sei an dieser Stelle dankbar vermerkt, daß sich der Autor in allen Bereichen seiner Untersuchung auf evangelische und katholische Exegeten gleichmaßen berufen kann. Es manifestiert sich hier ein wachsender Konsens – bei allen Unterschieden in manchen Einzelheiten – zwischen den Konfessionen.

Wenzelmann geht von der Beobachtung aus, daß in den synoptischen Evangelien, auf die er seine Untersuchung beschränkt, nicht jedes Wort Jesu auf alle seine Hörer in unterschiedsloser Weise zielt; ein Teil der Jesus-Logien wendet sich "an das gesamte Gottesvolk", ein anderer dagegen an "die Gruppe von Menschen, die Jesus die meiste Zeit seines Wirkens begleiten."[8]

Mit diesem Personenkreis ist vor allem die Gruppe der *Jünger* gemeint, die Jesus zur Nachfolge im buchstäblichen Sinne auffordert (besonders, aber nicht nur, die Zwölf, vgl. Mk 1,16–20; 2,14; 3,13–19). Davon zu unterscheiden sind die Anhänger Jesu, an die ein solcher Ruf nicht ergangen ist, wie etwa Martha und Maria (Lk 10, 38–42). "Hinsichtlich des Adressatenkreises ist vom allen geltenden Heilsangebot der den Jüngern geltenden (sic) besondere Anruf Jesu zu unterscheiden." Allerdings: "Jesus

---

[6] Hier kann nur eine Auswahl angeführt werden, wobei die biblische Begründung kommunitären Lebens oft nur ein Teilaspekt der jeweiligen Veröffentlichung ist: H. *Eisenberg,* Kirche als Bruderschaft; J. *Halkenhäuser,* Kirche und Kommunität, s. sein 6. Kapitel S. 241–258 über "Bibel und kommunitäres Leben"; *ders.,* Sinn und Auftrag Kommunitärer Existenz; *ders.,* Das Engagement christlicher Ehelosigkeit, 65ff; O. *Hanssen,* Dein Wille geschehe; W. *Hümmer,* Brauchen wir evangelische Orden? *In: ders.,* Neue Kirche in Sicht? 101–110, bes. 104ff; *ders.,* Der Auftrag der Kommunitäten. *In:* a.a. O. 123–130; *ders.,* Von der Ehelosigkeit. *In:* ebd. 131–139; M. *Thurian,* Ehe und Ehelosigkeit. Neben den bisher genannten, ausschließlich aus dem kommunitären Raum kommenden Arbeiten verdient auch erwähnt zu werden R. *Riesner,* Formen gemeinsamen Lebens.

[7] G. *Wenzelmann,* Nachfolge und Gemeinschaft (s. Lit.- Verz.). Der Verfasser hat einige Jahre als Bruder der *Christusbruderschaft* in Selbitz gelebt und als solcher mit der Arbeit an seiner Dissertation begonnen; insofern kann sie als ein Wort aus dem kommunitären Leben gelten.

[8] G. *Wenzelmann,* Nachfolge und Gemeinschaft, 45.

erhebt die Zugehörigkeit zum Jüngerkreis für seine Zeitgenossen in keiner Weise zur Heilsbedingung ... Nirgends werden die nicht mitziehenden Anhänger Jesu als unentschlossen oder halbherzig getadelt; sie werden auch nicht als zweitrangig gegenüber den Jüngern gekennzeichnet."[9]

Es läßt sich also in der Verkündigung und Lebenspraxis Jesu auf der Grundlage einer alle Menschen betreffenden Heilszusage Gottes die Berufung zu unterschiedlichen Weisen, auf diese Zusage einzugehen, erheben. Das ist vor allem hinsichtlich eines eingeengten protestantischen Verständnisses von Christsein wichtig, demzufolge es in der Kirche nichts geben dürfe, "das nicht sofort allen zugänglich und für alle geeignet und richtig ist. Was nicht alle machen können, darf keiner machen!"[10] Demgegenüber muß festgestellt werden, daß schon die Evangelien unterschiedliche spezielle Ausprägungen christlicher Existenz erkennen lassen, auf die sich die Kommunitäten berufen können[11].

Dann muß aber sofort auch nachgewiesen werden, daß diese besonderen Ausprägungen kein Christsein höherer Qualität begründen, sondern lediglich akzentuieren, was *allen* Christen gilt. Daher wird "das synoptische Zeugnis nach einer Grundlegung für das kommunitäre Leben" befragt und unter den alle Christen betreffenden Aspekten betrachtet; so soll den Fragen und Bedenken begegnet werden, die aus Furcht "vor einer Weitertradierung der zwei-Stufen-Ethik im Gewand des Ordensleben" erhoben werden[12].

"Christsein kommt sowohl in den als auch außerhalb der Kommunitäten vom zugesprochenen Heil her; auf dieser Grundlage ist jedes Lohndenken ausgeschlossen." (12) "Jeder Christ steht unter der Berufung zum Heil der Gottesherrschaft und zur Gemeinschaft der Glaubenden; für jeden folgt aus dem Glauben verbindlicher Gehorsam des Glaubens." (14) "Der Imperativ der Gottesherrschaft betrifft zentral die Heiligung, die in der Rechtfertigung gründet und als Lebenserneuerung aus der Gnade im Glauben empfangen wird. ... (Die Heiligung) fordert jeden Christen in allen Dimensionen seines Daseins heraus, sich auf sie einzulassen, und darf nicht besonderen Ausprägungen des Christseins vorbehalten werden." (13)

[9] Ebd.

[10] W. *Hümmer,* Bruderschaft als Herausforderung an die Gemeinde, 12 (in der 2. Aufl. unter dem Titel "Warum Bruderschaft?" S. 4).

[11] Vgl. dazu auch G. *Wenzelmann,* Nachfolge und Gemeinschaft, 103-105.

[12] A.a.O. 10 u. 9. Nachfolgend verweisen die Zahlen in Klammern auf dieses Werk.

Allen Christen gemeinsam ist also Jesu Einladung, die nahegekommene Gottesherrschaft im Glauben an das Evangelium anzunehmen (Mk 1,15). Wie die vorausgehenden Zitate deutlich machen, entfaltet *Wenzelmann* den Charakter dieser Basileia-Verkündigung Jesu mit den Begriffen *"Indikativ"* und *"Imperativ"*. Mit dem ersten ist die unbedingte Heilszusage Gottes, das unverdiente Geschenk seiner Gnade gemeint, die allen Menschen angeboten wird[13]. Der zweite bezeichnet das konkrete Verhalten der Menschen, die sich von dieser Zusage betreffen lassen; es wird von der Zusage Gottes getragen und unterfangen, denn Jesu Zuspruch der Gottesherrschaft setzt aus sich alle ethischen Weisungen, die er erhebt, heraus[14].

Daher kann nun präziser gesagt werden: "Kommunitäres Leben gründet seinem Wesen nach wie jedes andere Christsein im Indikativ der angebrochenen Gottesherrschaft, in der Erlösung durch Jesus Christus, im zugesprochenen Heil, in der vergebenden Barmherzigkeit Gottes ..." (14)

So ergibt sich aus dem exegetischen Befund in den synoptischen Evangelien, daß Einheit und Vielfalt zusammengehören. "Unabhängig von ihrer konkreten Lebensführung haben alle Christen an der in der Verkündigung des Evangeliums geschichtlich ergehenden Berufung zum Heil und zur Gemeinschaft der Glaubenden teil. Diese läßt Raum für verschiedene Gestalten gelebten Christseins und schließt zugleich eine Höherbewertung entweder des kommunitären oder volkskirchlichen Christseins aus. Christen in Kommunitäten stellen sich auf ihre Weise der Berufung zum Heil."[15] "Berufung und Nachfolge Jesu entlassen die Nachfolger bei aller grundlegender Bezogenheit auf das eine Heil der Gottesherrschaft in die Vielfalt verschiedener spezieller Berufungen."[16]

---

[13] In der ursprünglichen Fassung seiner Dissertation wertete *Wenzelmann* vor allem die Seligpreisungen Mt 5,3–12/ Lk 6,20–22 und die Gleichnisse vom "barmherzigen Vater" Lk 15,11ff und von den beiden Schuldnern Lk 7,40–42 aus (Computer-Ausdruck, Würzburg/Erlangen 1991, 16–38 und 66–101; vgl. *Wenzelmann,* Nachfolge und Gemeinschaft 11).

[14] In der ursprünglichen Fassung seiner Dissertation stützte sich *Wenzelmann* u. a. auf die Gleichnisse vom Schatz im Acker und der wertvollen Perle Mt 13,44–46, zwei der "Einlaßsprüche" in Mk 10,15 und 9,43–47, die Umkehrrufe Jesu und seine Aufforderungen zum Hören und Tun, z. B. Lk 8,21; 11,28; Mt 21,28–32; 25 und v. a. die Bergpredigt (im Computer-Ausdruck S. 39–64 und 101–193; vgl. Wenzelmann, Nachfolge und Gemeinschaft 11).

[15] *Wenzelmann,* Nachfolge und Gemeinschaft, 12.

[16] A.a.O. 45.

Diese Gedanken müssen sich bei der Untersuchung des Begriffes *"Vollkommenheit"* bewähren. Wird durch ihn nicht doch, und zwar schon im Matthäus-Evangelium (vgl. Mt 19, 21), eine Abstufung eingeführt, wie es manche Exegeten meinten?[17]

Mk 10,17–30 berichtet von dem Gespräch Jesu mit dem "reichen Jüngling". Im Vergleich mit diesem Text zeigt sich bei *Matthäus* charakteristisches *Sondergut:* bei der Aufzählung der Gebote, welche der junge Mann "von Jugend an" gehalten hat, nennt Mt 19,19 über Markus hinaus noch zusätzlich zu den Geboten des Dekalogs das *Gebot der Nächstenliebe.* Ebenfalls zum Sondergut des Matthäus gehört die sich daran anschließende Aufforderung Jesu: "Willst du *vollkommen* sein ..." Auf dieses Wort hat sich die frühere Auffassung vom "Stand der Vollkommenheit" mit der Unterscheidung von im Evangelium Gebotenem und "nur" Geratenem gestützt. Die Exegese zeigt aber, daß sich dieses τέλειος auf das voranstehende *Liebesgebot* bezieht und nicht einen allgemeinen "Stand" andeutet. In der Bergpredigt Mt 5,48, der einzigen anderen Stelle, wo bei Matthäus τέλειος sonst noch vorkommt und wo es offensichtlich ganz allgemein gedacht ist, tritt das Wort in Verbindung mit der Feindesliebe auf und steht überhaupt als Abschluß der Antithesen da. Das heißt, daß für Matthäus die Vollkommenheit in der Liebe besteht. Aber "die Allgemeinheit der Aussage von 5,48 ist ... auf Konkretion im Leben eines jeden Hörers Jesu aus. Mt 19,21 ist eine solche Konkretion der für alle geltenden Forderung aus Mt 5,48."[18]

Beim "reichen Jüngling" geht es also um die Vollkommenheit in der Liebe, die bei *ihm persönlich* durch die Bindung an den Besitz gehindert wird. Es "gilt auch von der Perikope vom reichen Mann in der Fassung des Mt her unverrückt, daß die Forderung der Vollkommenheit allen Anhängern Jesu gilt. Die Meinung, es gebe für Mt innerhalb der Jüngerschaft Jesu eine höhere Stufe der Frömmigkeit, die zwar besonderen Lohn erwarten dürfe, aber nicht zum Heil notwendig sei und allein die Bezeichnung 'Vollkommenheit' verdiene, muß als Mißverständnis abgelehnt werden."[19]

Diese Erwägungen finden sich in dem Kapitel über Besitz und Armut in der Verkündigung Jesu. Damit ist der eine Begriff der *klassischen Trias "Armut, Keuschheit und Gehorsam"* genannt: "Evangelische Räte" werden diese drei im folgenden nur noch in dem hier entwickelten Sinn genannt werden können, d. h. nicht mehr als Bezeichnung einer vollkommeneren Stufe höheren Christseins, sondern als auf die einzelne Person zugespitzte Konkretisierungen des an alle ergangenen Rufes der gegen-

[17] Vgl. a.a.O. 75 Anm. 3.
[18] A.a.O. 75.
[19] Ebd.

wärtigen Gottesherrschaft[20]. Hier ergibt sich aber die Frage, wie es mit den anderen beiden Begriffen steht.

Im Anschluß an die Exegese von Mk 10,1–12 (über die Ehescheidung) und Mt 19,10–12 (von der freiwilligen "Verschneidung") führt *Wenzelmann* aus, daß die freiwillige "Eunuchie" an der Doppelstruktur des Gottesreiches von Indikativ und Imperativ teil hat. Einerseits hat sie Geschenkcharakter und "ist ein sinnenfälliger Ausdruck für die unsichtbare Realität und Macht der Liebe und Gnade Gottes, ohne die sie nicht lebbar ist." (88) Andererseits steht sie unter dem Imperativ: Die "Betroffenheit dessen, der von dem Ruf des Herrn beansprucht wurde, führt den Berufenen dazu, seine Person dem rufenden Herrn zur Verfügung zu stellen." (89) Jesus vertritt hier kein allgemeines Prinzip, aber "für den einzelnen kann der herausfordernde Ruf zum Verzicht auf die Ehe sehr wohl ein Gebot der Stunde und also verpflichtend sein." (90) Jesus macht einen solchen situationsbezogenen Ruf niemals vorschnell zu einer allgemeinen Regel. "Eine Gabe kann ... nicht unangemessen generalisiert werden, etwa als Heilsvoraussetzung" (ebd.).

Zum dritten Begriff, dem des Gehorsams, sei hier nur die Bemerkung Wenzelmanns angeführt: "Es ist auffallend, daß im Abschnitt über die Nachfolge in der Situation des irdischen Jesus ... – im Unterschied zur Armut und zum Zölibat – aus der synoptischen Tradition kein eigener Abschnitt über den Gehorsam eruiert werden konnte." (200) Aber: "Die Exegese zu den Nachfolgeworten führt immer wieder – auch ohne Verwendung des Begriffs – zur Sache des Gehorsams. Sie begegnet in der synoptischen Nachfolgetradition häufig" (ebd.).

Die allen geltende Verkündigung Jesu wird also bereits von ihm selbst im Leben der einzelnen Menschen in individueller Verschiedenheit zur Konkretion gebracht, um jeden einzelnen zu der ihm erreichbaren Vollkommenheit zu führen. Es handelt sich dabei um "die unverzichtbare individuelle Komponente im biblischen Vollkommenheitsbegriff ... Die Forderung der Vollkommenheit ruft den Jünger zu einem persönlichen Entschluß im persönlichen Anschluß an Jesus auf einen persönlichen Anruf hin."[21] "Christliche Vollkommenheit ... gründet in der Gott eigenen, dem Menschen zugeeigneten Vollkommenheit als ein Leben gemäß der im Glauben empfangenen Gottebenbildlichkeit. Christliche Vollkommenheit prägt das Handeln des Christen in eschatologischer Hoffnung von der Gnade her auf das dem Willen Gottes Entsprechende hin; sie gibt so den Raum zu ihrer vielfältigen Verwirklichung frei und gilt allen Christen, wenn auch in unterschiedlicher Weise."[22]

---

[20] Eingehender dazu s. u. S. 157–181.

[21] A.a.O. 75f.

[22] A.a.O. 14.

Es gilt allerdings, den Unterschied zwischen der *vorösterlichen* und der *nachösterlichen* Situation der Jüngergemeinde zu bedenken. Vor Ostern bezeichnet der Begriff "Nachfolge" – so Wenzelmann – den eigens herausgerufenen Kreis derer, die buchstäblich mit Jesus zogen. Nach Ostern war das jedoch im wörtlichen Sinne nicht mehr möglich. "Jesus nachfolgen heißt nun: an ihn glauben. Der Glaube läßt Christus Herr im eigenen Leben sein." (107) Schon Lk 14,25 "läßt die ursprünglich an die Jünger im engeren Sinn gerichteten Worte an eine große Volksmenge gerichtet sein. Eine entsprechende Ausweitung im Jüngerbegriff läßt sich bereits im MkEv beobachten. ... Das Spannungsmoment in der nachösterlichen Nachfolgewirklichkeit besteht nun darin, daß sie jeden Christen betrifft, – aber nicht in derselben Weise. Vom Evangelium her begründetes kommunitäres Leben ist deshalb innerhalb der alle Christen betreffenden Nachfolge zu begreifen." (112)[23]

Auf dieser Basis kann Christsein in Kommunitäten als *eine* Möglichkeit angesehen werden, den Ruf Jesu in einem konkreten Lebensentwurf Gestalt werden zu lassen. Die biblische Berechtigung eines solchen Lebens darf als erwiesen gelten. Es hat sich gezeigt, daß diese Lebensform *nicht* zwangsläufig dem Evangelium widerstreitet, sondern sich aus ihm ableiten darf, sofern gewisse Mißverständnisse ausgeschlossen bleiben[24]. Damit aber wäre ein grundlegendes Bedenken Luthers gegen die monastische Lebensform entkräftet.

1.1.2 Die reformatorische Begründung kommunitären Lebens

In der gründlichen Arbeit von Johannes *Halkenhäuser*[25] mit dem Titel *"Kirche und Kommunität"* dürften die vorangegangenen kleineren Veröffentlichungen[26] aus dem Bereich der Kommunitäten zur reformatori-

---

[23] In diesem Zusammenhang macht *Wenzelmann* a.a.O. 109 die für unser Thema wesentliche Feststellung: "Mit der Frage danach, was Nachfolge Jesu nach Ostern bedeutet, stehen wir beim Ursprung der frühchristlichen Askese. Sie ist das zentrale Bindeglied zwischen den Evangelien und dem kommunitären Leben als einer möglichen Gestalt gelebten Christusglaubens."

[24] *Wenzelmann* nennt a.a.O. 111 einige "Spannungsmomente" im nachösterlichen Nachfolgegedanken, "die zu Gefahren werden können", vor allem das Mißverständnis der *imitatio:* "Im Mittelpunkt steht dann nicht mehr die personale Beziehung des Glaubens zu Jesus Christus und eine daraus sich ergebende Lebensgestaltung, sondern das Kopieren der einen oder anderen Verhaltensweise." (289)

[25] J. *Halkenhäuser* war bis Mai 1992 Pfarrer für die *Communität Casteller Ring* auf dem Schwanberg bei Würzburg.

[26] Auch hier ist die Auseinandersetzung mit dem reformatorischen Erbe meist nur ein Teilsapekt der anzuführenden Aufsätze. Genannt seien: H. *Eisenberg*, Kommuni-

schen Begründung ihres Lebens ihre ausführlichste und kompetente Zusammenfassung gefunden haben.

Während noch bis vor nicht allzu langer Zeit die Auffassung vorherrschte, daß Luther das Mönchtum endgültig "überwunden"[27] habe, zeigen Halkenhäusers behutsame Analysen der Schriften Luthers, daß diese einseitige Sicht nicht das letzte und endgültige Wort des Reformators wiedergeben dürfte.

Drei Motive sind nach Halkenhäuser für Luthers Kritik an den Mönchsgelübden bestimmend: a) "der in der reformatorischen Rechtfertigungslehre begründete Kampf gegen den monastischen Verdienstglauben", b) "die Absage an ein Mönchtum, das sich als Christentum höherer Potenz versteht", und c) "die Ablehnung einer dem Evangelium widerstreitenden Wertung der Mönchsgelübde" (13).

Was das Erstere anbelangt, so sah Luther den "Primat der Gnade und die exklusive Heilsbedeutung des Glaubens ... durch ein meritorisch sich verstehendes Mönchtum an der Wurzel angetastet und gefährdet" (14). Er scheint allerdings über die mittelalterliche Gestalt der Mönchstheologie hinaus die wahre Bedeutung der Gnade im alten Mönchtum z. B. des Ostens oder etwa des hl. Benedikt v. Nursia nicht wirklich in den Blick bekommen zu haben (17f)[28].

Durch den heute erreichten Stand der theologischen Reflexion über Rechtfertigung und Gnade in beiden Kirchen und, vor allem seit dem 2. Vatikanischen Konzil, in den Klöstern selbst ist an diesem Punkt eine Verständigung möglich geworden, so daß die Kritik an der "Verdienstlichkeit" monastischen Lebens heute keine Grundlage mehr in der Wirklichkeit der Klöster zu haben scheint[29].

---

täten – eine wiederentdeckte Berufung; J. *Halkenhäuser,* Das Evangelium in Gemeinschaft leben; *ders.,* Die Evangelischen Kommunitäten; *ders.,* Frei für Gott und die Menschen (die beiden zuletzt genannten Aufsätze finden sich jetzt in *ders.,* Engagement und Zeugnis, 34–48 und 21–22); W. *Hümmer,* Bruderschaft als Herausforderung; vgl. den zweiten Teil des Anm. 6 genannten Aufsatzes: *ders.,* Von der Ehelosigkeit. Siehe ferner H. *Begusch,* Kommunitäres Leben in der Sicht Martin Luthers.

[27] So noch B. *Lohse,* Mönchtum und Reformation, 378. Kritisch zu *Lohse* äußert sich B. *Jaspert,* Mönchtum und Protestantismus, 314f Anm. 14. Zur *faktischen Auswirkung* von Luthers Klosterkritik s. D. *Wendebourg,* Art. "Mönchtum", 526f. Nachfolgend verweisen die Zahlen in Klammern auf *Halkenhäusers* Werk.

[28] Vgl. auch H. *Bacht,* Mönchsprofeß als Zweite Taufe. C. *Bamberg,* "Nichts außerhalb der Weisung des Herrn", 25–37, konfrontiert Luthers Kritik mit der Regula Benedicti, indem sie die drei zentralen Nervpunkte berührt: 1. Gesetz und Evangelium, 2. Askese und Rechtfertigung und 3. Gelübde und Freiheit.

[29] J. *Halkenhäuser,* Kirche und Kommunität, 18f; schon O. H. *Pesch,* Luthers Kritik am Mönchtum in katholischer Sicht, hat nach einem sehr gründlichen und fairen

In der Diskussion des zweiten Motivs für Luthers Abwehr der Mönchsgelübde stellt Halkenhäuser die Auseinandersetzung des Reformators mit den sog. "Evangelischen Räten" dar. Luther bestreitet a) die Unterscheidung von göttlichen Geboten und evangelischen Räten, b) die daraus folgende "(faktische) Einteilung der Christen in einen status perfectionis und einen status imperfectionis" und c) "die Höherbewertung des Standes der Vollkommenheit auf Grund der als zweite Taufe verstandenen Mönchsprofeß"[30]. Halkenhäuser wertet Luthers Protest als prophetischen Einspruch gegen die Delegation "der engeren und eigentlichen Nachfolge Jesu gleichsam stellvertretend an einen 'Stand' ..., dem das Verhältnis zu Gott als spezifische und ausschließliche Lebensaufgabe übertragen war" (27). Seine Auffassung, daß die Räte nicht "supra", sondern "infra praecepta" anzusiedeln sind, bedeutet, daß sie nur von ihrer neutestamentlichen Grundbedeutung und Grundstruktur her verstanden werden können.

Daraus folgt, daß *alle* Christen zur Heiligkeit berufen sind, und zwar *aufgrund ihrer Taufe* (36f). Gegen ein Verständnis der Mönchsprofeß als zweiter Taufe[31] verwahrt sich Luther, weil er darin eine Entwertung des Taufsakraments, eine Verachtung des Glaubens und eine Verleugnung des Erlösungswerkes Christi sieht. "Damit ist der Raum abgesteckt, in dem besondere Gelübde möglich und erlaubt sind: wenn sie verstanden werden als konkrete Verwirklichung und Entfaltung des in der Taufe gegebenen primarium votum" (49).

Auch in diesem Punkt zeichnet sich in der katholischen Ordenstheologie eine Entwicklung ab, die zur Konvergenz zwischen den konfessionellen Standpunkten führen könnte, obwohl das Ringen um die rechte Auf-

---

Referat der Position Luthers dieser Hoffnung Ausdruck verliehen (a.a.O. 96), vgl. ferner H. *Bacht,* Luthers "Urteil über die Mönchsgelübde"; für die seither zu beobachtende Entwicklung der Ordenstheologie, durch welche diese Hoffnung sich zu bestätigen scheint, s. die äußerst lesenswerte Studie von A. *Herzig,* "Ordens-Christen".

[30] J. *Halkenhäuser,* Kirche und Kommunität, 20. Zu Taufe und Mönchsglübde bei Luther s. auch H. *Begusch,* Luther über das Ordenswesen.

[31] Der Gedanke wurde in der Form wohl nicht schon von Hieronymus vertreten, wie es B. *Lohse,* Mönchtum und Reformation, 58–61 meinte (ähnlich S. *Feldhohn,* Gestorben der Sünde – lebend für Gott, 60f); vielmehr dürfte Hieronymus eher die Gleichstellung von Mönch und Märtyrer, dessen Blutzeugnis zunächst als zweite Taufe angesehen wurde, im Auge gehabt haben, s. E. *Dekkers,* Profession – Second Baptême. Qu'a voulu dire saint Jérôme? Zudem war für die Väter der Vergleichspunkt nicht die Profeß als einmaliges Ereignis, sondern das Mönchs*leben* als Ganzes, insofern es ein Leben der *beständigen Buße* war. Die Gleichstellung von Mönchsprofeß und Taufe wurde erst durch Bernhard von Clairvaux entfaltet, vgl. weiter B. *Lohse,* (a.a.O.) 120–124, 157f; s. ferner zum Ganzen H. *Bacht,* Mönchsprofeß als Zweite Taufe; Chr. *Vuillaume,* Die Mönchsprofeß, eine zweite Taufe?

fassung hier deutlicher zu spüren und auch noch nicht abgeschlossen ist[32]. Evangelische Kommunitäten jedenfalls würden heute ihr Selbstverständnis anhand der oben angedeuteten Grundlinien formulieren[33].

Das dritte Motiv seiner Ablehnung der Mönchsgelübde, genauer einer dem Evangelium widerstreitenden Wertung der Profeß, formuliert Luther am schärfsten in seiner Schrift *De votis monasticis iudicium*[34]. Die Zwischenüberschriften lassen den Protest Luthers so zusammenfassen: die Gelübde widerstreiten Gottes Wort, dem Evangelium, der evangelischen Freiheit und den göttlichen Geboten; das Mönchtum widerstreitet der Vernunft[35].

Die polemische Sprache dieser Schrift führt dazu, "daß man sehr bald (und zwar auf beiden Seiten!) die durchaus ambivalenten Aussagen Luthers über die Mönchsgelübde als uneingeschränkte Verwerfung des Mönchtums interpretiert" (ebd.). Doch das ist ein Mißverständnis[36]:

a) Unter Wahrung des "evangelischen Vorbehalts" räumt auch Luther dem Mönchtum als einer möglichen Darstellungsweise christlichen Lebens einen – wenn auch beschränkten – Platz in der Kirche ein; b) monastische Existenz als Antwort auf den je eigenen Anruf Gottes ist *eine* spezifische Gestaltungsform der von allen geforderten Nachfolge Christi in der Welt; c) jedes christliche Leben, auch das

---

[32] Vgl. *Herzig*, "Ordenschristen", besonders das 1. Kapitel über "Christ und Ordenschrist" a.a.O. 39–129. Die Auseinandersetzung mit der Tauftheologie durchzieht die ganze Darstellung. Vgl. ferner die *Dogmatische Konstitution "Lumen Gentium"*, bes. LG V und VI; das Ringen um ein neues Verständnis spiegelt sich deutlich im *Dekret über das Ordensleben "Perfectae Caritatis"*, s. bes. PC 5; vgl. dazu die Kommentare von F. *Wulf*, LThK.E I, 284–313 u. LThK.E II, 250–307, hier bes. 276f; ferner W. *Löser*, Art. "Mönchtum/Ordensleben", 378f; J. *Sudbrack*, Leben in geistlicher Gemeinschaft, 78f; F. *Wulf*, Theologische Phänomenologie des Ordenslebens, 467ff.

[33] S. dazu etwa H. *Eisenberg*, Kommunitäten – eine wiederentdeckte Berufung, bes. 230f; J. *Halkenhäuser*, Kirche und Kommuität, 325–330; *ders.*, Der Grundauftrag der geistlichen Gemeinschaften in ökumenischer Sicht. *In:* F. *Wulf*/C. *Bamberg*/A. *Schulz* (Hg.), Nachfolge als Zeichen, 99–107 (der Anm. 6 genannte Aufsatz "Sinn und Auftrag Kommunitärer Existenz" ist eine vor allem um die biblischen Begründungszusammenhänge erweiterte und überarbeitete Fassung dieses Beitrages); *ders.*, Was bedeutet Nachfolge Christi im Kontext heutigen Ordenslebens? *In: ders.*, Engagement und Zeugnis, 79–88; *ders.*, Art. "Kommunitäten, Bruder- und Schwesternschaften", 694–698, hier: 696f; Chr. *Joest*, Art. "Gelübde"; G. *Wenzelmann*, Geistliche Grundlegung, 392; "Zum Selbstverständnis Evangelischer Kommunitäten", 3. Zum Ganzen s. die theologische Grundlegung über "Christsein und Taufe" bei W. *Pannenberg*, Christliche Spiritualität, 48–58, die einer Erneuerung des Taufverständnisses im Protestantismus Bahn brechen möchte.

[34] Text: WA 8, 577–669.

[35] J. *Halkenhäuser*, Kirche und Kommunität, 53.

[36] Zum ganzen folgenden Abschnitt s. J. *Halkenhäuser* a.a.O. 53–59.

monastische, muß täglich neu aus der evangelischen Freiheit des Gewissens heraus ergriffen und aktualisiert werden; daraus folgt schließlich d) *zeitliche* Gelübde sind zur Verwirklichung der Christusnachfolge in Form des Ordenslebens möglich und erlaubt, wenn sie aus der Gnade des Evangeliums erwachsen und in Offenheit gegenüber dem je aktuellen Anruf Gottes gehalten werden.

Man kann aber noch weiter gehen: Luther selbst zieht nämlich "die Schlußfolgerung, daß Armut, Gehorsam und Keuschheit andauernd gehalten werden können, aber nicht gelobt, gelehrt und verlangt werden können. Denn wenn man sie hält, bleibt die evangelische Freiheit, wenn man sie lehrt, gelobt und fordert, bleibt sie nicht; darum haben die Heiligen, die sie gehalten haben, sie frei gehalten, und hätten sie auch gehalten, wenn sie das Gelübde nicht abgelegt hätten ..."[37] Hier räumt Luther "in einer Art Grenzaussage die Möglichkeit eines Mönchsgelübdes ein, das in der Intention des Gelobenden subjektiv und im aktuellen Vollzug den Charakter einer lebenslangen Bindung erhält"[38].

Absichtlich wurde hier die Analyse der Haupt-Streitschrift Luthers gegen das Mönchtum *De votis monasticis iudicium* so ausführlich referiert, weil das Zugeständnis monastischen Lebens unter bestimmten Bedingungen[39] gerade in *dieser* Schrift besondere Bedeutung hat. Halkenhäuser geht ausführlich auch auf Luthers Schreiben an die Herforder Fraterherren[40], auf die reformatorische Flugschrift "An den christlichen Adel deutscher Nation"[41] und andere Schriften Luthers und der Lutheraner ein. Besondere Erwähnung verdienen die – lange in Vergessenheit geratenen – Wittenberger Artikel, weil in ihnen das Bestehen von Klöstern begrüßt, ja gefordert wird, sofern nur "die unfrommen Meinungen und die Gottes-

---

[37] So Luther in *De votis monasticis iudicium,* deutsch bei O. *Scheel* (Hg.), Ergänzungsband I zur Berliner Luther-Ausgabe, 282; der lateinische Text steht WA 8,616.

[38] J. *Halkenhäuser,* Kirche und Kommunität, 58.

[39] J. *Halkenhäuser* verschweigt nicht, daß an diese Bedingungen seitens der "neuen evangelischen Kommunitäten ... kritische Rückfragen zu stellen" sind (ebd.). So übersieht Luther z. B., daß alle charismatischen Berufungen zu einem zeichenhaften christlichen Leben zugleich und wesenhaft eine kirchliche Dimension haben, daß die Antwort auf diesen Ruf Gottes durch ein Gelübde und die dadurch gegebene Lebensform "zugleich die charismatische Seite der Kirche soziologisch-ekklesiologisch sichtbar macht" und daß daher "der Kirche ... Recht und Pflicht auferlegt ist, die jeweiligen Formen der Wirklichkeit und Verwirklichung monastischen Lebens in dem Aufeinanderverwiesensein von Amt und Charisma zu ordnen, in ihrer Tragweite kirchenrechtlich zu sichern und gesamtkirchlich in Dienst zu nehmen" (a.a.O. 34f). Die evangelischen Kirchen sind m. E. heute freilich immer noch in Verlegenheit, wenn seitens der Kommunitäten dieses Recht und diese Pflicht eingefordert wird.

[40] J. *Halkenhäuser,* Kirche und Kommunität, 64–67.

[41] A.a.O. 67–69.

dienstformen berichtigt sind"[42]. Sein Ergebnis formuliert Halkenhäuser so:

"Eine eingehende Prüfung des vorliegenden Quellenmaterials ... ergibt ..., daß sowohl bei Luther wie in den lutherischen Bekenntnisschriften Ansätze zu einer positiven Wertung des monastischen Phänomens zu finden sind, die ein aus dem Geist des Evangeliums erneuertes Mönchtum als legitime Ausprägung christlicher Existenzverwirklichung anerkennen und zulassen" (81)[43].

1.2 Eine Wiederentdeckung: die Tradition

Das Leben evangelischer Kommunitäten ist also im Hinblick sowohl auf die biblische Botschaft als auch auf die reformatorische Theologie bereits gründlich bedacht und durchreflektiert worden, wobei dem Leser die Konvergenzen in den Arbeiten von Wenzelmann und Halkenhäuser nicht entgangen sein dürften; sie werden unten im Abschnitt 1.3 über die Spiritualität ausführlicher zur Sprache gebracht und noch weiter zugespitzt werden.

Nun liegt zwischen der Botschaft der Bibel und der Botschaft der Reformatoren eine große zeitliche Spanne, die Epochen nämlich, in denen sich die Verkündigung der ersten Gemeinden unter der Führung des Heiligen Geistes in viele Völker und Kulturen hinein ausgebreitet und entfaltet hat. Für viele evangelische Christen stellen diese Jahrhunderte so etwas wie einen "weißen Fleck" auf der Landkarte christlichen Lebens dar, oder etwas schärfer, aber leider zutreffend, gesagt: es klafft für sie an dieser Stelle eine Lücke, über der dichteste Finsternis liegt.

In der heutigen Theologie mag sich hier eine Wende vollzogen haben, doch für Jahrhunderte galt, was H. *Dombois* noch 1951 schrieb: "Das Verhältnis des Protestantismus zur vorreformatorischen Kirche ... ist ungeklärt. ... Als legitim gilt alles, was sich von den Reformatoren herleitet, dazu alles, was mehr oder minder scharf abgegrenzt als urchristlich gelten kann. Einige Kirchenväter wie Augustin und Athanasius

---

[42] A.a.O. 69–71. Es sei am Rande vermerkt, daß diese Artikel in der Vorgeschichte der *Communauté de Taizé* eine Rolle spielten, vgl. J. *Halkenhäuser* a.a. O. 71 Anm. 58.

[43] Zu demselben Ergebnis kommt W. *Zeller,* Die kirchengeschichtliche Sicht des Mönchtums im Protestantismus, 17–19.

erhalten noch eine leidlich gute Bewertung; die übrigen müssen die Reinheit ihrer Lehre erst noch nachweisen."[44]

Nun haben die evangelischen Kommunitäten, vor allem die zölibatären Brüder und Schwestern, ein Lebensfeld betreten, das bereits vor ihnen "urbar" gemacht wurde. Sie haben ihr Leben nicht selbst "erfunden", sondern etwas aufgegriffen, das seit der Reformation liegen geblieben war. Sie sind, bewußt oder unbewußt, eingetreten in eine fortdauernde *Wirkungsgeschichte,* nämlich die der Orden.

Man kann gewiß nur nachdrücklich unterstreichen, was Br. Hans *Eisenberg* in seinem Bericht über die Entstehung der *Kommunität Imshausen* schreibt: "Eine vorsätzliche Gründung, womöglich nach entlehnten geschichtlichen Leitbildern, kam niemandem in den Sinn."[45]

Gewiß: es ist von vornherein klar, daß echtes geistliches Leben nicht durch bloßes Nachahmen von Formen, durch Nach-machen von Lebensweisen und Nach-konstruieren von Institutionen erwachen kann. Das ist allemal ein Werk des Heiligen Geistes, der Menschen erweckt und inspiriert.

Dennoch: indem evangelische Christen dem Ruf Gottes gehorchten, der Führung des Heiligen Geistes folgten und ihre Nachfolge Christi in der Form gemeinsamen kommunitären, in manchen Fällen gar zölibatären Lebens auszugestalten begannen, nahmen sie etwas auf, was schon einmal da gewesen war. Sie betraten ein Feld, das schon vor ihnen belebt worden war. Sie brachen auf in ein Gebiet, das andere vor ihnen schon einmal erschlossen hatten. Sie stehen damit notwendig auf den Schultern derer, die vorausgegangen sind, auch dann, wenn es ihnen nicht ausdrücklich bewußt ist oder zum Zeitpunkt der Gründung ihrer Gemeinschaften bewußt war.

Dabei machten sie eine überraschende Entdeckung: die gleiche Lebensform ermöglicht plötzlich ein besseres, tieferes Verstehen der ersten Aufbrüche ins frühe Mönchtum hinein. Was der theologischen Theoriebildung bis dahin kaum möglich gewesen war, erschließt sich auf der Basis vergleichbarer existenzieller Erfahrungen. Das Dunkel über der "Lücke" lichtet sich. Mag auch nicht alles Gold sein, was glänzt, so gilt doch ebenso das Umgekehrte (und das ist die wichtigere Wahrheit!): nicht alles glänzt, was aber tatsächlich Gold ist und darauf wartet, unter

---

[44] H. *Dombois,* Über den geschichtlichen Sinn evangelischer Orden, 133.

[45] *In:* L. *Präger* (Hg.), Frei für Gott und die Menschen, 123.

der Oberfläche entdeckt, vielleicht von Patina gereinigt und neu ans Licht gehoben zu werden.

Solchen Verbindungslinien zwischen dem alten Mönchtum und den heutigen evangelischen Kommunitäten nachzugehen ist die Aufgabe der vorliegenden Arbeit. Es ist meine Überzeugung, daß sich diese Linien mit Notwendigkeit einstellen, wo ähnliche Lebensformen entstehen. Werden sie entdeckt und dann bewußt erforscht und aufgegriffen, lassen sie sich stärker ausziehen; aber auch dann, wenn man sich dessen nicht bewußt ist, sind sie da, vielleicht nur "gestrichelt", aber erkennbar[46].

Insofern stellt sich das Thema dieser Arbeit fast von selbst: Indem die biblische und die reformatorische Begründung kommunitären Lebens erhellt wurde, ist der Weg frei gemacht für die Frage nach den Zusammenhängen dieses Lebens mit der voraufgegangenen monastischen Tradition und nach der Aufnahme, Verarbeitung und Umsetzung dieser Tradition in der Spiritualität evangelischer Kommunitäten.

1.3 Was heißt in diesem Zusammenhang "Spiritualität"?

"Spiritualität ist für evangelische Christen ein durchaus neues und ungewohntes Wort", schrieb Gerhard *Ruhbach* 1979[47]. Mag es inzwischen auch sehr viel geläufiger geworden sein, so besagt der häufige Gebrauch noch nichts darüber aus, ob es in seiner Bedeutung auch klarer geworden ist. "Man spricht von christlicher ebenso wie von atheistischer Spiritualität"[48], und seitdem das Wort auch vom New-Age-Bewußtsein mit Beschlag belegt wird, erscheint "sein semantisches Schicksal ungewiß"[49].

---

[46] Ähnlich stellt E. *Beyreuther* fest: "Was im frühen Mittelalter an neuen Modellen gelebter Frömmigkeit ersteht, führt Jahrhunderte später zu ähnlichen Aufbrüchen. Wir behaupten keine unmittelbaren Abhängigkeiten! Aber Vorbilder wirken nach ... Gibt es eine geistliche Sukzession ...?" E. *Beyreuther,* Modelle gelebter Frömmigkeit, 118.

[47] G. *Ruhbach,* Evangelische Spiritualität – Überlegungen und Kriterien, 122.

[48] J. *Sudbrack,* Vom Geheimnis christlicher Spiritualität, 27.

[49] P. *Lippert,* Art. "Ordensspiritualität/Ordensleben", 951–958, hier: 951. Ähnlich, wenn auch ohne Bezug auf New-Age, was sich aus der Entstehungszeit des Aufsatzes (1970) leicht erklären läßt, urteilt K. S. *Frank,* Forderung und Verwirklichung christlicher Spiritualität, 289: Spiritualität ist "zum vielberedeten, auch zerredeten Zauberwort geworden. ... Ein recht verworrener Begriff, zusammengebraut aus einem

Die Frage, was hier unter "Spiritualität der evangelischen Kommunitäten" verstanden werden soll, ist daher berechtigt und wird uns auf den folgenden Seiten beschäftigen.

1.3.1 Christliche Spiritualität

Sprechen wir von der Spiritualität evangelischer Kommunitäten, dann ist von vornherein klar, daß wir von *christlicher Spiritualität* ausgehen. Dabei deutet das Wort als solches (welches sich hierin als günstiger erweist als etwa der Begriff "Frömmigkeit", der für unser heutiges Empfinden zu subjektiv eingefärbt ist[50]) schon von sich aus auf den *Spiritus Creator,* den Heiligen Geist Gottes hin[51].

Christliche Spiritualität ist also christliche Existenz, Lebensgestaltung unter der Führung des Geistes Gottes. Da dieser aber der Geist Christi ist, bleibt christliche Spiritualität immer auf ihn als den Herrn bezogen[52]. "Daraus folgt das für die Christen Entscheidende, daß fortan die menschlichen (und erst recht die christlichen) Spiritualitäten nicht mehr abgelöst werden können von dem Letztsinn, den sie in der Offenbarungsgestalt Christi erhalten haben: ... ihr konkreter, einziger Oberbegriff ist Jesus Christus", also eine Person, der Herr selbst[53].

---

undurchsichtigen Gemisch von christlicher Glaubenslehre, Moral und allgemeiner Religionspsychologie."

[50] So Chr. *Schütz,* Art. "Christliche Spiritualität", 1171; ähnlich G. *Greshake,* Art. "Spiritualität", 443; G. *Ruhbach,* Evangelische Spiritualität, 123; F. *Wulf,* Die Spiritualität und Frömmigkeit des Weltpriesters, 38; anders P. *Lippert,* Spiritualität und Spiritualitäten, 307–309, der, wenn ich ihn recht verstehe, beide Begriffe als Synonyma behandelt.

[51] Vgl. G. *Greshake,* Art. "Spiritualität", 444: "Ständige Initiative und primäres Subjekt des spirituellen Geschehens ist der Heilige Geist." Zum folgenden s. J. *Sudbrack,* Art. "Spiritualität", 674–676; *ders.,* Vom Geheimnis christlicher Spiritualität, 28–32; R. *Albertz*/C. *Westermann,* Art. "רוח", 726–753.

[52] J. G. *Ziegler,* Theologie des geistlichen Lebens, 273.

[53] Zitat von H. U. *v. Balthasar,* Das Evangelium als Norm und Kritik aller Spiritualität in der Kirche, 256. Von Balthasar nähert sich dieser Aussage allerdings von einer etwas anderen Seite her: ausgehend von den philosophisch-religiösen Vorbegriffen von Spiritualität bei Platon ("Eros" der existenziellen Suche nach Wahrheit im geistigen Bereich), Aristoteles (Verwirklichung des Geistes in der sachgerechten Tat) und der Stoa (offene, geschehenlassende Bereitstellung in der "Apatheia") stellt er Gericht und Erfüllung dieser Vor-Begriffe durch die atl. Gottesgeschichte dar, die ihrerseits "nur Einübung auf Jesus Christus" ist, der "diese menschlichen Spiritua-

Dann erhebt sich aber die Frage, ob man von der Spiritualität der Kommunitäten wie von einer unter anderen überhaupt sprechen kann, da Jesus Christus nur Einer ist.

1.3.2 Einheit und Vielfalt christlicher Spiritualität

"Es gibt tatsächlich nur eine einzige christliche Spiritualität, und das ist die Lehre Christi, sein Leben und Wirken im Geist der Kirche, das ist Er selbst, wie er sich umgestalten möchte in den ihm begegnenden Menschen ..."[54] Von daher lassen sich vorläufig zwei Elemente benennen, die mit christlicher Spiritualität unabdingbar gegeben sind und *allen* Gliedern der Kirche unabhängig von ihrer konkreten Lebenssituation gelten: das ist der Ruf Jesu Christi in seine Nachfolge und somit die lebendige Beziehung zu seiner Person, und das ist die Heilige Schrift als Quelle und Norm dieser durch den Geist Gottes je neu lebendig vermittelten Christusbeziehung der Gläubigen[55].

---

litäten restlos in den Dienst der Kundgabe innergöttlichen, trinitarischen Lebens" nimmt: er ist "das vollkommene Hin-zum-Vater", "der für das Weltwerk Gottes mit Leib und Seele Verfügbare" und "der zu jedem ... Leiden Bereite" (a.a.O. 254f).

[54] J. *Sudbrack,* Vom Geheimnis christlicher Spiritualität, 40. K. S. *Frank,* Forderung und Verwirklichung, 292 spricht von "der Grundgestalt aller christlichen Spiritualität, die niemand anders ist als Jesus Christus." Vgl. weiter *Greshake,* Art. "Spritualität", 445; K. H. *Neufeld,* Art. "Spiritualität", 476; F. *Wulf,* Phänomenologie des Ordenslebens, 468. – Zum Verhältnis von der *einen* christlichen Spiritualität und den *vielen* christlichen Spiritualitäten vgl. H. U. *v. Balthasar,* Spiritualität; J. *Daniélou,* A propos d'une introduction à la vie spirituelle, hier bes. 272; M. *Giuliani,* Une introduction à la vie spirituelle, hier bes. 408–410; Anlaß für die Äußerungen dieser beiden Autoren, die den Ton besonders auf die Vielfalt von Spiritualitäten legten, war das Buch von L. *Bouyer,* Einführung in die christliche Spiritualität (französische Ausgabe 1960), der etwas zu einseitig für die *eine* christliche (katholische) Spiritualität Stellung bezogen hatte (vgl. in der deutschen Ausgabe S. 11 u. 30–33). In dem hier oben erwähnten Aufsatz versucht J. *Sudbrack,* zwischen beiden Extremen zu vermitteln; vgl. ebenfalls J. *Vandenbroucke,* Spiritualität und Spiritualitäten.

[55] Vgl. F. *Wulf* im Kommentar zu LG V,41, 296. Wenn hierin eine Basis *aller* christlichen Spiritualität gegeben ist, dann umgreift sie nicht nur Christen außerhalb und innerhalb des Ordensstandes, sondern auch Christen aller Kirchen und Konfessionen. Es stimmt jedenfalls hoffnungsvoll, was *Ruhbach,* Evangelische Spiritualität, 130 schreibt: "Evangelische Spiritualität hat somit ihre besonderen Ansätze, aber längst keine exklusiven Ansprüche oder gar trennenden Grenzen mehr. Je deutlicher sie neben der jeweils eigenkonfessionellen Außenprägung die christusbezogene Innenprägung des Glaubens findet und vertieft, um so mehr wird sie das Gemeinchristliche

In diesen beiden Punkten treffen sich katholische wie evangelische Autoren: Emmanuel *v. Severus,* der ehemalige Prior der Benediktinerabtei Maria Laach, nennt als Charakteristikum des geistlichen Lebens der Mönche an erster Stelle den "Nachfolgeruf" Christi, der "für die monastische Spiritualität als Lebensgemeinschaft mit dem erhöhten Herrn *wie für jeden Christen*" wesentlich ist[56]; gleich an nächster Stelle steht bei ihm das das mönchische Leben als "besonderes Vertrautsein mit der Heiligen Schrift"[57]. Gerhard *Ruhbach,* Professor an der evangelischen Kirchlichen Hochschule Bethel bei Bielefeld, nennt unter den "Kriterien evangelischer Spiritualität" als erstes den "Umgang mit dem Wort Gottes", sodann die "Nachfolge Christi im Vollzug"[58]. Auch in einem dritten Punkt begegnen sich die beiden Autoren: Ruhbach fordert das "Wachsen und Üben im Glauben", v. Severus spricht von der "Werkstatt des klösterlichen All- und Feiertags"[59].

Damit ist aber zugleich gesagt, daß christliche Spiritualität immer nur in der je persönlichen Aneignung durch die Gläubigen, im konkret gestalteten Glaubensleben der einzelnen Glieder der Kirche existiert. Nicht nur, daß "jede Generation ... diese Spiritualität als Kinder ihrer Zeit" lebt, wobei "das Evangelium getrost Quelle und Norm des geistlichen Lebens" bleibt, das "von jeweils sich wandelndem Standpunkt aus gelesen und

---

ihrer eigenen und aller christlichen Spiritualität wieder erfahren und bezeugen können."

[56] E. *v. Severus,* Art. "Monastische Spiritualität", 1205; Hervorhebung von mir. Vgl. das Konzilsdekret über die Orden PC 2 (a): "Letzte Norm des Ordenslebens ist die im Evangelium dargelegte Nachfolge Christi" und den Kommentar dazu von F. *Wulf,* 270f; vgl. weiter G. *Greshake,* Art. "Spiritualität", 445; A. *Herzig,* "Ordens-Christen", 112.121–127; *Neufeld,* Art. "Spritualität", 476.

[57] A.a.O. 1206. Daß die Heilige Schrift schon in der alten Kirche diese unmittelbar-existenzielle Bedeutung hatte, darauf hat J. *Sudbrack* in Anlehnung an Henri *de Lubac* mehrfach hingewiesen und die Funktion des *vierfachen Schriftsinnes* bei den alten Exegeten seit Origenes in diesem Sinne erklärt. "Modern ausgedrückt bedeutete der 'Buchstabe' die existenziell noch nicht angeeignete und somit auch dem Ungläubigen zugängliche Oberfläche des Wortes; 'Allegorie' ... war die vom Buchstaben intendierte dogmatische, heilsökonomische Wirklichkeit, die im letzten einfachhin Christus ist; 'Moral' weiterhin die existenzielle Aneignung dieser Wirklichkeit im kirchlichen und persönlichen Leben; 'Tropologie' endlich war die Ausrichtung auf das eschatologische ... Heil in Jesus Christus" a.a.O. 36f, fast wörtlich auch in: *ders.,* Art. "Spiritualität", 679f; vgl. auch *ders.,* Um den Stellenwert der Spiritualität im Gesamt der Theologie, 387f; s. ferner W. *Beinert,* Art. "Heilige Schrift", 242f.

[58] G. *Ruhbach,* Evangelische Spiritualität, 126 u. 127. Vgl. auch *ders.,* Ordnung – Verbindlichkeit – Nachfolge Christi, bes. 35ff unter der Überschrift: "Nachfolge Christi als Urordnung christlichen Lebens"; H.-O. *Wölber,* Spiritualität, 60f; s. ferner das Papier "Zum Selbstverständnis Evangelischer Kommunitäten", 4.

[59] G. *Ruhbach* a.a.O. 130, E. *v. Severus,* Art. "Monastische Spiritualität" 1207.

gedeutet" wird[60], sondern auch in jedem einzelnen Menschen gewinnt das Leben in und mit Christus eine je persönliche Einfärbung. Spiritualität existiert daher "nicht in Vorschriften, Mahnungen, Anweisungen und Systemen, sondern in Personen, im gelebten Christentum"; sie "residiert nicht in irgendwelchen Theologien, sondern im lebendigen Dasein des Christen, ja sie ist der Christ selbst ... Spiritualität ist dasjenige, was jeder wahre Christ als sein eigenstes Ich besitzt, nämlich das Angerufensein von Gott ..."[61]

Daher gibt es mit der einen einzigen christlichen Spiritualität "zugleich ... so viele 'Spiritualitäten', wie es lebendige Christen gibt."[62] Sudbrack beschreibt das im Bild einer Pyramide: setze ich den Querschnitt "oben" an, "von wo die christliche Botschaft den Menschen aufruft", dann erhalte ich einen Punkt, d. h. die *eine* christliche Spiritualität; "wenn man aber ... die unterste Ebene der konkreten Verwirklichung nimmt, dann gibt es ebenso viele Spiritualitäten, wie es wache Christen gibt"; Spiritualität kann daher nur "als personal gelebtes Dasein greifbar werden."[63]

Dennoch bedeutet diese farbige Vielfalt je persönlicher Nachfolge-Verwirklichung nicht, daß christliches Leben zersplittern muß in einen Pluralismus unverbunden nebeneinander bestehender Spiritualitäten. Was die einzelnen Christen verbindet, ist der eine Herr, die eine Heilige Schrift, aber auch "ein Leib und ein Geist, ein Glaube, eine Taufe" (Eph 4,4f), wie sie erfahrbar werden im Gottesdienst der versammelten Gemeinde, im gemeinsamen Hören des verkündigten Wortes und im gemeinsamen Empfang des in der Eucharistie sich schenkenden Herrn[64].

---

[60] K. S. *Frank,* Forderung und Verwirklichung, 305.

[61] J. *Sudbrack,* Vom Geheimnis christlicher Spiritualität, 38.

[62] A.a.O. 41. K. S. *Frank,* Forderung und Verwirklichung, 292 sieht in dieser persönlichen Einfärbung die "Begrenzung und Relativität", die "jede konkret gelebte christliche Spiritualität an der Individualität ihres Trägers" erfährt. So sehr auch das zutreffen mag, man sollte doch zunächst mit *Sudbrack* diese Vielfalt nicht negativ als Begrenzung, sondern positiv als Schöpfungsgabe Gottes auffassen; jedenfals scheinen mir die oben zitierten Sätze *Sudbracks* in diesem Sinne gemeint zu sein.

[63] J. *Sudbrack,* Art. "Spiritualität", 681. J. *Weismayer,* Leben in Fülle, 15, zitiert einige – ohne den Zusammenhang recht trocken wirkende – Sätze aus dem Anm. 61 genannten Aufsatz *Sudbracks,* ohne auf diese *personale* Zuspitzung seiner Konzeption einzugehen, und verfehlt daher m. E. deren Pointe.

[64] Damit ist die Frage nach der *Kirche* gestellt, vgl. W. *Löser,* Art. "Kirche", 309: "Kirche bezeichnet die Gemeinschaft derer, die an das Evangelium glauben, durch die Taufe dem 'Leib Christi' eingegliedert sind, sich am Tisch der Eucharistie einfinden und in Zeugnis und Dienst ihrem Glauben Ausdruck verleihen."

Auch in diesem Punkt treffen sich heute sowohl katholische wie evangelische Autoren. Im Anschluß an H. U. v. *Balthasar* formuliert J. *Sudbrack:* "Schrift, Kirche, Heilige, Sakramente usw. sind keine Barrieren zwischen Christus und dem Christen, sondern notwendige Entfaltungen, die die unmittelbare Begegnung mit Christus erst ermöglichen."[65] Daher hat die christliche Spiritualität ihren "Ursprung in Wort und Sakrament", und sie äußert sich in einem "Leben aus Wort und Sakrament"[66]. Ähnlich formuliert G. *Ruhbach* unter der Überschrift: "Freude an der Gemeinschaft der Glaubenden" als drittes Kriterium evangelischer Spiritualität: "Sammelpunkt dieser Gemeinschaft ist der Gottesdienst, Zentrum des Gottesdienstes unter diesem Gesichtspunkt ist das eschatologische Freudenmahl, zu dem der Herr selbst einlädt. Christliche Gemeinschaft ist so ihrem Wesen nach Herrenmahlsgemeinschaft, in der Freude über die Gegenwart des Auferstandenen mitten unter den Seinen ..."[67]

Wenn diese sakramentale, zugleich ganz geistgefüllte (charismatische) wie liturgisch geformte (institutionelle) Mitte des geistlichen Lebens festgehalten wird, lassen sich Fehlformen vermeiden wie *Enthusiasmus* einerseits, *Institutionalismus* andererseits, oder *Spiritualisierung* und *Rationalisierung* sowie der damit häufig verbundene latent oder offen wirkende *Dualismus,* der in einer "ontologische(n) Mißdeutung der paulinischen Spannung von Geist und Fleisch" den leiblichen Bereich des menschlichen Lebens unterbewertet[68].

Letztlich liegt die "Dialektik" zwischen der *einen* Spiritualität und den *vielen* Spiritualitäten, ihre spannungsvolle Einheit und wechselseitige Bedingtheit, im dreifaltig-einen Leben Gottes begründet, "dessen Geist unsere 'Spiritualität' konstituiert."[69]

Ausgehend von der biblischen, geschichtlich-konkreten Offenbarung kann die Einheit der Gottheit nicht anders als in der Dreiheit der Personen von Vater, Sohn und

[65] J. *Sudbrack,* Um den Stellenwert, 391; vgl. auch *ders.,* Vom Geheimnis christicher Spiritualität, 36: "Auch wir können dem Herrn nicht anders begegnen als im Wort der Schrift ... und in seiner sakramentalen Gegenwart", dies sind die "beiden Brennpunkte der christlichen Spiritualität".

[66] J. *Sudbrack,* Art. "Spiritualität", 679 u. 680; s. auch C. *Bamberg,* "Gerufen zur Einheit", 365f.

[67] G. *Ruhbach,* Evangelische Spiritualität, 128; vgl. auch *ders.,* Evangelische Abendmahlsfrömmigkeit im Aufbruch; W. *Hümmer,* Am Tisch des Herrn; W. Pannenberg, Christliche Spiritualität, 26–47; *Wenzelmann,* Geistliche Grundlegung, 316f; vgl. a. die Berichte in J. *Halkenhäuser,* Kirche und Kommunität, 224.225 (*Ordo Pacis/Cella St. Hildegard,* Seevetal-Fleestedt bei Hamburg), 229 (*Jesus-Bruderschaft* Gnadenthal) und 234 (*Communität Casteller Ring,* Schwanberg).

[68] Nach J. *Sudbrack,* Art. "Spiritualität", 676–678, ebd. 678 auch das Zitat; vgl. auch P. *Lippert,* Spiritualität und Spiritualitäten, 310f.

[69] J. *Sudbrack,* Vom Geheimnis christlicher Spiritualität, 41; s. auch C. *Bamberg,* "Gerufen zur Einheit" 358.

Heiligem Geist bekannt werden[70]. H. U. *v. Balthasar* hat sich in gründlicher Auseinandersetzung mit *Augustinus* und *Thomas von Aquin* nachdrücklich dafür ausgesprochen, daß das *eine* göttliche Wesen nicht als ein Viertes "hinter" den göttlichen Personen gesucht werden kann, daß es vielmehr "nie anders als je vaterhaft, sohnhaft und geisthaft" existierte[71]. "Die Dreieinigkeit Gottes ist kein Zweitletztes, wohinter sich ein aller Kreatur unzugängliches, abgründiges 'Wesen' verbirgt"[72]. Die *eine* Gottheit existiert nicht *abgesehen von,* sondern in personaler Konkretion nur *je in* Vater, Sohn und Heiligem Geist.

Als Resümee stellt *v. Balthasar* fest: "Wir begegnen damit ... dem Axiom von der Positivität des Andern."[73] Damit soll gesagt sein, daß Vielfalt und Andersartigkeit keine Seinsminderung, erst recht keinen Fluch bedeuten, der im Streben nach einer "darüber" und "dahinter" liegenden Einheit überwunden werden müßte, sondern daß sie positiv von Gott gemeint und gesetzt sind, da er in sich selbst, "weil er wesentlich Liebe ist(,)... den Einen, den Andern und ihre Einheit voraussetzt"[74].

Dementsprechend ist die Vielfalt an christlichen Spiritualitäten Abbild des göttlichen Wesens, aber geeint durch den einen Heiligen Geist, der in allen wirkt und sich jedem einzelnen ganz schenkt unbeschadet der Besonderheit der Gabe, die er jedem so mitteilt, wie er will (1 Kor 12,11). Umgekehrt heißt das aber, daß sein Wirken in den einzelnen nur in personaler Konkretion erkennbar wird. "Im gelebten Christentum allein ist das, was Spiritualität heißt, voll greifbar."[75]

1.3.3 Die Spiritualität evangelischer Kommunitäten wahrnehmen

In dem bisher Gesagten liegt zweierlei begründet:

a) Es gibt so etwas wie Spiritualitäten evangelischer Kommunitäten. Sie können nichts anderes sein als eine je spezifische Ausformung der *einen* christlichen Spiritualität, je eine Weise der allen aufgetragenen Nachfolge Christi, die darum von vornherein eine Bewertung anderer

[70] Vgl. K. *Rahner:* "Die ökonomische Trinität ist die immanente und umgekehrt", *in: ders.,* Der dreifaltige Gott als transzendenter Urgrund der Heilsgeschichte, 328. Der ganze Artikel dient er Erläuterung dieses "Axioms", s. vor allem a.a.O. 370–384; vgl. *ders.,* Art. "Trinität"; W. *Breuning,* Art. "Trinität", 518 u. 519.

[71] H. U. *v. Balthasar,* Theologik II, 117–137, hier: 127.

[72] A.a.O. 137f.

[73] H. U. *v. Balthasar,* Theologik II, 138.

[74] H. U. *v. Balthasar,* Versuch cines Durchblicks, 292f; vgl. J. *O'Donnell,* Hans Urs von Balthasar, 324–327. Vgl. auch H. U. *v. Balthasar,* Das unterscheidend Christliche der Gotteserfahrung, 34; *ders.,* Eschatologie im Umriß, 417f.

[75] J. *Sudbrack,* Vom Geheimnis christlicher Spiritualität, 43.

Weisen der Nachfolge ausschließt. Ebenso wie der *eine* Ruf Gottes sich in dem, der ihn hört und befolgt, personal je verschieden umsetzt und "einfärbt", gibt es auch eine *gemeinschaftliche* Umsetzung und Einfärbung durch die *körperschaftliche Person* der jeweiligen Kommunität. Damit hängt zusammen, daß wir nicht nur *die* Spiritualität evangelischer Kommunitäten vor uns haben, sondern eine Vielzahl, genauer: so viele, wie es Kommunitäten gibt, wobei jedes Mitglied die gemeinsame Spiritualität wieder in persönlicher Einfärbung leben dürfte.

b) In der Tatsache, daß Spiritualität immer nur in der Konkretion des gelebten Lebens greifbar ist, liegt ferner *die empirische Methode dieser Arbeit* begründet. Die Spiritualität einer evangelischen Kommunität ist nicht von vornherein deduzierbar, sondern kann nur so erfaßt werden, daß man hingeht und wahrnimmt. Man muß das ganze Leben versuchen zu erfassen. Dazu gehören die schriftlichen Äußerungen, aber ebenso sehr und noch fundamentaler die *Lebensvollzüge,* die Weise zu beten, die Art, Gottesdienst zu feiern, der Umgang mit Gästen, das Wahrnehmen von Schweige-Zeiten, auch die Entstehungsgeschichte, die Personen der Gründer und ihre Anliegen, und schließlich die Entwicklungslinien bis heute.

Das hindert nicht, daß sich dann auch wieder gewisse *gemeinsame Grundzüge* abheben lassen, wie sie der II. Hauptteil zum Inhalt hat, doch wird die Darstellung u. U. zu differenzieren haben, weil nicht jeder Zug in allen Kommunitäten in gleicher Weise zu finden ist.

1.4 "Das Ganze im Fragment": Zusammenfassung und Ausblick in methodischer Hinsicht

Einen Ausdruck Hans Urs *von Balthasars*[76] aufgreifend formuliert A. *Herzig* unter der Überschrift: "Im Fragment das Ganze leben" für katholische Orden, was sich bisher auch für evangelische Kommunitäten als gültig gezeigt hat und worin die Untersuchungen Wenzelmanns, Halkenhäusers und die obenstehenden Darlegungen zur Spiritualität konvergieren: "Eine theologische Ortsbestimmung des Ordenslebens ... kann beim Verständnis der *vita religiosa* als einer *konkreten Form der Nach-*

---

[76] H. U. *v. Balthasar,* Das Ganze im Fragment. Aspekte der Geschichtstheologie, s. bes. 83f.

folge Jesu Christi ansetzen. ... Die zentrale *These* lautet dann: Die Orden stehen – zusammen mit allen Christen ... – in der Nachfolge Jesu Christi, des *universale concretum*[77]. Das bedeutet, daß sie auf *konkrete* (und damit beschränkte) Weise Jesus Christus nachfolgen, gerade darin aber die *eine und ganze*, allen Christen aufgetragene Nachfolge verwirklichen. Im *Fragment* ihres Lebens, zu dem sie berufen sind, leben die Orden auf konkret-eingeschränkte Weise das *Ganze* des christlichen Lebens. Die Konkretheit verleiht dem Ordensleben eine *Gestalt*, die als Einheit wahrgenommen werden und dann auf ihre typischen Merkmale hin analysiert werden kann."[78]

Dies soll im folgenden in Bezug auf die Gestalt des Lebens evangelischer Kommunitäten geschehen. Dabei interessiert uns der Zusammenhang, der zwischen den Lebensformen der Kommunitäten und den Lebensformen derer besteht, die auf demselben Weg schon voraus gegangen sind: den Mönchen. Diese Beziehung wird hier: "Aufnahme", "Verarbeitung" oder "präsent sein" von "Tradition" genannt.

Die nächsten Kapitel in diesem Teil I werden das Phänomen "evangelische Kommunitäten" näher erläutern (Kap. 1) und zeigen, in welchem Sinne hier von "Tradition" die Rede ist (Kap. 2). In beiden Kapiteln werden sich methodische Einschränkungen als notwendig erweisen, sowohl was die Anzahl der darzustellenden Kommunitäten anbelangt, als auch was den Zeitraum der zum Vergleich heranzuziehenden alten monastischen Lebensformen betrifft.

---

[77] Zum Begriff des *"universale concretum"*, der auf Nikolaus von Kues zurückgeht (und von ihm auch *"universale contractum"* genannt wird): die Offenbarung Gottes geschieht in konkreten geschichtlichen Ereignissen. Diese Konkretheit steht nicht im Gegensatz zu ihrer universalen Bedeutung, sondern ist die Weise, in der sich diese realisiert und ausdrückt, was in Christus am deutlichsten hervortritt; vgl. W. *Löser*, "universale concretum" als Grundgesetz der oeconomia revelationis, 108–121; H. U. *v. Balthasar,* Das Ganze im Fragment, 259f.269–271.; *ders.*, Schleifung der Bastionen, 19; *ders.*, Theologie der Geschichte, 9–23.69f; *v. Balthasar* wendet diesen Gedanken an auf die Kirche als Ganzes in: *ders.*, Schleifung der Bastionen, 74; auf die Eucharistie in: Theologie der Geschichte, 73; auf Christus im Nächsten in: Glaubhaft ist nur Liebe, 76; auf das Lebenszeugnis der Christen überhaupt in: In Gottes Einsatz leben.

[78] A. *Herzig,* "Ordens-Christen", 386 (Hervorhebungen im Original). In der Einmaligkeit der Verwirklichung christlichen Lebens in kommunitärer wie in jeder Gestalt ist es begründet, wenn H. *Eisenberg* schreibt: "Ihre (der Bruderschaften) Lebensform kann darum nie Modell sein. Sie sind in dieser Hinsicht original und einmalig" (Kirche als Bruderschaft, 8).

Teil II wird zunächst einige Grundlinien aufzeigen, die sich m. E. als gemeinsame Charakteristika evangelischer kommunitärer Spiritualität herauskristallisieren lassen, zunächst aber *Pachom,* den "Vater des Koinobions", als Paradigma für einen Großteil der evangelischen Kommunitäten darstellen, während Teil III vier Kommunitäten im Detail beschreiben und aufzeigen wird, auf welche Weise die monastische Tradition in ihnen gegenwärtig ist.

2. Das Phänomen "Evangelische Kommunitäten"

2.1 "Neue" Gruppen im Protestantismus

Es ist wahrscheinlich nicht übertrieben, wenn man sagt: Der Protestantismus ist von Anfang an, also seit seiner Entstehung, von einer Bewegung mit Lebensgestalt prägender Kraft begleitet gewesen, die zu wahren oder wiederzugewinnen suchte, was durch die vielleicht notwendige Einseitigkeit der Reformation verloren zu gehen drohte oder tatsächlich verloren ging. Diese Vorgeschichte der heutigen kommunitären Bewegung soll hier wenigstens kurz in Erinnerung gerufen werden[1].

2.1.1 Die Vorgeschichte

Neben dem Fortbestehen von Klöstern und Stiften im Bereich der reformatorischen Kirchen (es seien z. B. Loccum oder Amelungsborn erwähnt, die heute noch von Bedeutung sind)[2] ist hier vor allem an die Gemeinschaftsbildungen im reformierten und lutherischen Pietismus zu erinnern.

Ausgehend vom Ideal der *Jerusalemer Urgemeinde* wurde dort versucht, "eine verbindlichere Ausprägung der vita communis christiana in Gestalt der 'familia Dei' zu verwirklichen"[3]. Daß dabei manche schließlich in die Separation gerieten (erinnert sei nur an Jean *de Labadie* [1610–1674], einen ehemaligen Jesuiten), ist symptomatisch nicht nur für diese Art von Aufbrüchen, welche im Kampf gegen gewisse Einseitigkeiten oft zur entgegengesetzten Einseitigkeit neigten, sondern auch für die abweisende Haltung der protestantischen Kirchen diesen Bewegungen gegenüber, für ihre Taubheit gegenüber deren Anfragen.

---

[1] Ausführlich berichten darüber: G. *Krüger*, Lebensformen christlicher Gemeinschaften, 110–119; und vor allem J. *Halkenhäuser*, Kirche und Kommunität, 82–180.

[2] J. *Halkenhäuser* a.a.O. 87–105; G. *Heinz-Mohr*, Die Kunst des geöffneten Lebens, 77, spricht zutreffend von "Restbeständen monastischer Formen".

[3] J. *Halkenhäuser*, a.a.O. 116.

Gerhard *Tersteegen* (1697–1769) blieb bewußt innerhalb der reformierten Kirche des Rheinlandes, versuchte aber in seiner "Pilgerhütte" auf Otterbeck mit der von ihm gegründeten "Bruder-Gesellschaft" stärker an der monastischen Tradition und Lebensform anzuknüpfen[4]. Man darf ihn mit Fug und Recht als evangelischen Mystiker bezeichnen, der bewußt Strömungen geistlichen Lebens aus der Zeit *vor* der Reformation mit aufgegriffen und verarbeitet hat[5]. Für diese Anknüpfung ist die Herausgabe von *Heiligenbiographien*[6] und die persönliche Aufnahme des *Einsiedler-Ideals*[7] durch Tersteegen bezeichnend.

Wenig beachtet wird die tiefgreifende Wirkung, welche die 50 geistlichen Homilien *Makarios des Ägypters*[8] auf den radikalen protestantischen Pietismus ausübten[9]. Johann *Arndt* (1555–1621), der durch seine "Vier Bücher vom wahren Christentum" eine "anonyme Einbruchstelle" nicht nur der katholischen Mystik, sondern auch der Gedanken des Makarios in den deutschen Pietismus geschaffen hatte, soll

---

[4] A.a.O. 119–126 (ebd. 119f Anm. 24 ältere Literatur!), ferner W. *Nigg,* Große Heilige, 396–444; G. *Ruhbach,* Gerhard Tersteegen. *In:* G. *Ruhbach*/J. *Sudbrack,* Große Mystiker, 251–266.386–389 (ebd. 386 neuere Literatur!); W. *Zeller,* Die kirchengeschichtliche Sicht des Mönchtums im Protestantismus, insbesondere bei Gerhard Tersteegen, 17–30.

[5] Vgl. G. *Wolff,* Solus Christus. Wurzeln der Christusmystik bei Gerhard Tersteegen; E. *Jungclaussen,* Die Ökumene der Mystik. Ein Zeugnis der Mystik Tersteegens ist sein "Geistliches Blumengärtlein inniger Seelen", welches bis heute in immer neuen Auflagen erschienen ist. Eine Textauswahl findet sich in: G. *Ruhbach*/J. *Sudbrack,* Christliche Mystik, 403–411, vor allem Tersteegens "Kurzer Bericht von der Mystik"; s. ferner die Lieder im EKG: 128 (Gott ist gegenwärtig), 270 (Allgenugsam Wesen), 272 (Kommt, Kinder, laßt uns gehen) und viele andere.

[6] G. *Tersteegen,* Auserlesene Lebensbeschreibungen Heiliger Seelen, erschienen zwischen 1733 und 1754; eine Auswahl ist heute erhältlich in dem von einem anonymen Herausgeber besorgten Band: Leben heiliger Seelen, 1986; Tersteegens Lebensbild des Karmeliten *Bruder Lorenz* (Nikolas Hermann, 1608–1691) auch in: *Bruder Lorenz,* Allzeit in Gottes Gegenwart, 1984.

[7] E. *Benz,* Die protestantische Thebais, 42–51.

[8] Auch wenn inzwischen festehen dürfte, daß diese Homilien nicht von dem berühmten ägyptischen Mönchsvater der sketischen Wüste, Makarios d. Gr. († 390) stammen, haben sie unter diesem Namen bis heute gewirkt und ihre Faszination ausgeübt. Für moderne Textausgaben s. Literaturverzeichnis. Zu Person und Lehre: V. *Desprez*/M. *Canévet,* Art. "Macaire (Pseudo-Macaire; Macaire-Symeon)"; H. *Dörries,* Die Theologie des Makarios/Symeon; *ders.,* Symeon von Mesopotamien; A. *Guillaumont,* Art. "Macaire l'Égyptien"; O. Hesse, Art. "Makarius".

[9] Vgl. dazu die ausführliche, mittlerweile leider vergriffene Studie von E. *Benz,* Die protestantische Thebais. Zur Nachwirkung Makarios des Ägypters im Protestantismus des 17. und 18. Jahrhunderts in Europa und Amerika; s. zum Ganzen auch E. *Beyreuther,* Geschichte des Pietismus, 289–330.

weite Teile davon auswendig gewußt haben[10]. Gottfried *Arnold* (1666–1714)[11], der bekannte Verfasser der "Unparteiischen Kirchen- und Ketzerhistorie", besorgte die erste deutsche Übersetzung des Textes, nachdem bereits lateinische und griechische Ausgaben des Homilienkorpus vorlagen, die weit verbreitet gewesen sein müssen[12]. Unter dem Eindruck dieser und anderer Schriften entstand eine Einsiedlerbewegung, die unter dem Schutz des Grafen von Sayn-Wittgenstein im Berleburger Land eine Zufluchtstätte fand[13]. Die Ausstrahlung dieser "protestantischen Thebais" reicht bis nach Pennsylvanien in Amerika[14], wo in *Ephrata* ein regelrechtes Kloster entstand. Auch John *Wesley* ist direkt durch die Makarios-Homilien beeinflußt worden[15].

Der *lutherische Pietismus* ist wieder stärker am Vorbild der Urkirche orientiert. Allen voran müssen hier Philipp Jakob *Spener* (1635–1705)[16] und Nikolaus Ludwig Graf von *Zinzendorf* (1700–1760) mit der *Herrnhuter Brüdergemeine*[17] genannt

---

[10] E. *Benz,* Die protestantische Thebais, 9 u. 10 (dort das Zitat von der "anonymen Einbruchstelle"); unter der Überschrift "Gemeinsames mystisches Erbe" finden sich Texte von J. Arndt in: G. *Ruhbach*/J. *Sudbrack,* Christliche Mystik, 324–330.

[11] Vgl. W. *Nigg,* Das Buch der Ketzer, 436–455; M. *Schmidt,* Pietismus, 82–92.

[12] E. *Benz,* Die protestantische Thebais, 9–11.

[13] A.a.O. 80–92; J. *Halkenhäuser,* Kirche und Kommunität 137f; M. *Schmidt,* Pietismus, 132ff.

[14] E. *Benz* a.a.O. 93–117; J. *Halkenhäuser* a.a.O. 139–143; M. *Schmidt,* a.a.O. 137.

[15] E. *Benz* a.a.O. 117–129; S. 121 macht *Benz* darauf aufmerksam, daß J. *Wesley* selbst eine englische Übersetzung der Makarios-Homilien hergestellt hat, bei deren Lektüre man unwillkürlich den Eindruck gewinnt, als habe man Predigten aus Wesleys eigenen Feder vor sich: "Trotzdem handelt es sich um eine wortwörtliche Übersetzung und nicht etwa um eine Bearbeitung der Homilien des Makarios. Gerade an dieser Tatsache wird einem klar, in welchem Ausmaß sich der junge Wesley in der Terminologie seiner Vollkommenheits- und Heiligkeitslehre mit der Sprache der mystischen Theologie des Makarios identifiziert hat".

[16] E. *Beyreuther,* Geschichte des Pietismus, 61–122; J. *Halkenhäuser* a.a.O. 126–128; *Schmidt,* Pietismus, 42–62; M. *Schmidt*/W. *Jannasch,* Das Zeitalter des Pietismus, XXXI–XXXVII; R. *Stupperich,* Art. "Bruderschaften" usw., 203. Speners als *Programmschrift des Pietismus* geltende *"Pia desideria"* mit ihrer Forderung nach privaten Bibel-Austauschgruppen neben den öffentlichen Gottesdiensten ("collegia pietatis", "ecclesiola in ecclesia") und nach einer "praxis pietatis", die den Glauben konkret werden und Frucht tragen läßt, ist bis heute aktuell geblieben, vgl. die Neuausgabe der Pia desideria durch E. *Beyreuther,* Philipp Jacob Spener, Umkehr in die Zukunft, und: H. *Claß,* Philipp Jacob Speners "Pia Desideria".

[17] E. *Beyreuther* a.a.O. 177–288; J. *Halkenhäuser* a.a.O. 128–135; G. *Krüger,* Lebensformen christlicher Gemeinschaften, 29–43, 66; *Schmidt,* Pietismus, 93–108. Aus der überwältigenden Fülle an Literatur über Zinzendorf und die "Herrnhuter" sei genannt: die dreibändige Zinzendorf-Biographie von E. *Beyreuther,* Bd. 1: Der junge Zinzendorf, Bd. 2: Zinzendorf und die sich allhier beisammen finden, Bd. 3: Zinzendorf und die Christenheit; *ders.*, Nikolaus Ludwig von Zinzendorf in Selbstzeugnissen

werden. Die letztere verwirklichte ein intensives, in "Chören" und "Banden" reich gegliedertes Gemeinschaftsleben, das auch zölibatäre Gruppen von Männern und Frauen zu integrieren wußte[18]. In seiner "Streiter-Idee"[19] setzte Zinzendorf den Gedanken der "militia Christi"[20] für seine Zeit und Gemeinschaft um, was u. a. zu einer weitverzweigten Missionsarbeit führte[21]. Sowohl für Spener als auch für Zinzendorf ist es kennzeichnend, daß sie vielseitige ökumenische Kontakte unterhielten, dabei aber zugleich ihrer evangelischen Kirche die Treue hielten, was oft nicht ohne Kämpfe abging.

Im 19. Jh. waren es vor allem Johann Hinrich *Wichern* (1808–1891)[22] und Wilhelm *Löhe* (1802–1872)[23], die den bruderschaftlich-monastischen Gedanken aufgriffen[24]. Wichern wollte ursprünglich den Wert der Orden, die "nicht ein Institut der römischen Kirche, sondern der wahren katholischen Kirche" sind, wiedergewinnen[25]. Bei einem Besuch der Herrnhuter Kolonie in Neuwied gewann er nach seinen eigenen Worten einen Eindruck davon, wie "unsre protestantischen Klöster" aussehen müßten[26]. Die Zeit war freilich noch nicht reif dafür. Gegen seine "Brüderschaft" wurde in der Öffentlichkeit polemisiert, sogar das preußische Abgeordnetenhaus befaßte sich damit[27], und schließlich mußte Wichern erkennen, daß "bei einer Synthese von

---

und Bilddokumenten; H. *Hickel,* Sammlung und Sendung; S. *Hirzel,* Der Graf und die Brüder; H.-J. *Wollstadt,* Geordnetes Dienen; H.-Chr. *Hahn*/H. *Reichel,* Zinzendorf und die Herrnhuter Brüder; P. *Zimmerling,* Nachfolge lernen.

[18] E. *Beyreuther,* Zinzendorf und die sich allhier beisammen finden, 215–225; *Hahn/Reichel,* Zinzendorf und die Herrnhuter Brüder, 250–258; zum (nicht ganz zutreffenden) Vergleich der Herrnhuter Brüdergemeine mit einem "Orden" (E. *Hirsch*) s. P. *Zimmerling,* Nachfolge lernen, 21–26.

[19] E. *Beyreuther* a.a.O. 207–215, 224–228, 238–253; P. *Zimmerling* a.a.O. 26–30.

[20] Zur "militia Christi" s. unten S. 133–135 u. 137–140.

[21] E. *Beyreuther,* Zinzendorf und die Christenheit, 11–19; *Hahn/Reichel,* Zinzendorf und die Herrnhuter Brüder, 350–358.

[22] M. *Gerhardt,* Johann Hinrich Wichern. Ein Lebensbild.

[23] J. *Deintzer* (Hg.), Wilhelm Löhes Leben. Aus seinem schriftlichen Nachlaß zusammengestellt.

[24] G. *Krüger,* Lebensformen christlicher Gemeinschaften, 113–116; J. *Halkenhäuser,* Kirche und Kommunität, 143–172; schon F. *Wulf,* Die Stellung des Protestantismus, 26, hat darauf aufmerksam gemacht, beurteilte aber irrtümlich die Intentionen der Gründer von den Ergebnissen her, die ihrer Zeit für sie allein erreichbar waren, als "ein schlichtes Christentum der Tat", dem es "an einer tieferen theologischen Idee" gefehlt habe (ebd.).

[25] Zitiert bei M. *Gerhardt,* Johann Hinrich Wichern II, 285.

[26] M. *Gerhardt* a.a.O. 286.

[27] M. *Gerhardt,* Johann Hinrich Wichern III, 224–264; da Wichern eine Gefängnisreform mit Hilfe der bei ihm ausgebildeten Brüder anstrebte, mußte das preußische Abgeordnetenhaus über ein entsprechendes Gesetz abstimmen; es kam zu einer vernichtenden Niederlage Wicherns, weil die Vorstellung: "Die Brüderschaft des Rauhen Hauses, ein protestantischer Orden im Staatsdienst" (so der Titel einer polemischen

Ordenserneuerung und karitativer Arbeit die Vorordnung der Caritas vor dem 'Ordo' das Mögliche und Gebotene" war[28]. So blieb für die männliche Diakonie damals nur die Form der "Bruderschaft" ohne vita communis und Zölibat, aber mit gewissen Verbindlichkeiten für alle. In den *Diakonissen-Mutterhäusern* waren es zuerst die Frauen, die einem solchen Ideal näherkamen[29].

Siegfried von *Kortzfleisch* hat also recht, wenn er resümiert: "Tatsächlich gab es seit der Reformation eine evangelische Tradition des Ordens- und Bruderschaftsgedankens, allerdings abseits und kümmerlich vegetierend, außerhalb des allgemeinen Bewußtseins."[30]

2.1.2 "Die Antwort der Kommunitäten"

1952 erschien das rasch bekannt gewordene Buch *"Die Antwort der Mönche"* von Walter *Dirks*[31]. Darin stellt er verschiedene Aufbrüche in der Geschichte des Ordenslebens dar und schildert die *gelebte Antwort* auf die Herausforderungen ihrer Zeit, die in diesen enthalten war. In ähnlicher Weise könnte man von der "Antwort der Kommunitäten" sprechen. Diese Antwort gilt sowohl den Herausforderungen der sich wandelnden Gesellschaft als auch den "volkskirchlichen Schadstellen": "Entscheidungslosigkeit", "Orientierungslosigkeit" und "Gemeinschaftslosigkeit"[32], obwohl dies nicht das Primäre ist und hierin auch nicht die

---

Schrift gegen Wichern, *Gerhardt* a.a.O. 234) wie ein Schreckgespenst vor den Abgeordneten stand.

[28] J. *Halkenhäuser,* a.a.O. 155. Wäre die genannte Synthese gelungen, hätte sie sich im Endergebnis m. E. mit den Einrichtungen Basileios d. Gr. vergleichen lassen können, s. *Halkenhäuser* a.a.O. 146; W.-D. *Hauschild,* Art. "Basilius von Caesarea", 309; E. Chr. *Suttner,* Das basilianische Mönchtum, 123–126; E. *Theodorou,* Die Kirche als communio sanctorum bei Basilius, 75–77.

[29] Neben den *Neuendettelsauer Diakonissen,* denen W. *Löhe* die drei Evangelischen Räte Keuschheit, Armut und Gehorsam mit auf den Weg gab (J. *Halkenhäuser,* Kirche und Kommunität, 162–170) sind hier vor allem die Werke von Theodor *Fliedner* (1800–1864) in Kaiserswerth und Friedrich *v. Bodelschwingh* (1831–1910) in Bethel bei Bielefeld zu nennen; vgl. R. *Stupperich,* Art. "Bruderschaften" usw. 205.

[30] S. *v. Kortzfleisch,* Mitten im Herzen der Massen, 15.

[31] Noch in demselben Jahr erschien eine zweite Auflage. J. *Halkenhäuser* meint, daß "dieses Werk sehr bald von vielen wachen Zeitgenossen als eine der aufregendsten Neuerscheinungen auf dem Büchermarkt zu Beginn der fünfziger Jahre gewertet" wurde (Der Zeugniswert erneuerter Ordensstrukturen, 49).

[32] H. *Claß,* Kommunitäten – Kirche – Gemeinde, 8–10.

Existenzberechtigung der Kommunitäten begründet liegt. Denn deren Antwort gilt in erster Linie dem Ruf Gottes, den einzelne oder Gruppen von Menschen *in* diesen Umständen vernommen haben. Daher ist diese Antwort so vielfältig wie die einzelnen Biographien, daher auch ist die Entstehungsgeschichte der evangelischen Kommunitäten mit vielen Aufbrüchen und Bewegungen unseres Jahrhunderts verflochten, und deswegen kann sie einigermaßen verwirrend sein.

Johannes *Halkenhäuser* teilt die evangelischen Kommunitäten in zwei Gruppen ein: a) den mehr pietistischen, von der Erweckungsfrömmigkeit geprägten Typ, und b) den eher hochkirchlichen, an der Kirche und ihren Sakramenten orientierten Typ[33]. Dieses Schema kann einer oberflächlichen Einteilung der Kommunitäten nach phänomenologischen Gesichtspunkten dienen, ist aber zu einfach[34], weil es der komplexen Entstehungsgeschichte vieler Gemeinschaften nicht gerecht wird. Vor allem verleitet es Halkenhäuser dazu, die *Bruderschaft vom gemeinsamen Leben*[35] fast ganz zu übergehen und in das Feld der *Vorgeschichte* zu verweisen[36]. Sie läßt sich freilich kaum in

---

[33] J. *Halkenhäuser,* Kirche und Kommunität, 215; s. auch *ders.,* Das Evangelium in Gemeinschaft leben, 492; *ders.,* Die Evangelischen Kommunitäten 123f; *ders.,* Frei für Gott und die Menschen, 312.

[34] I. *Reimer* nennt als wichtigste der prägenden Traditionsstränge: die Monastische Tradition, die hochkirchlich-liturgische Strömung, die orthodoxe Spiritualität (gemeint sind Elemente der Frömmigkeit der Ostkirche wie Gesänge, das "Jesus-Gebet", Ikonen), die pietistisch-erweckliche Frömmigkeit, die Gruppenbewegung ("Oxford-Gruppe"), "charismatische" Elemente und alternative Lebensformen (Verbindliches Leben, 16–20). A.a.O. 32 übernimmt sie die Zweiteilung Halkenhäusers unter der Überschrift "Typen und Verwandtschaften", durchbricht sie aber sofort wieder, indem sie andere, ergänzende Gesichtspunkte anfügt. Auf jeden Fall gilt, "daß sich manche Gemeinschaft nicht auf eine Richtung festlegen läßt" (ebd.).

[35] Es handelt sich dabei weder um die vorreformatorische, auf Geert *Groote* zurückgehende Gemeinschaft, noch um die 1975 wiederbelebte Windesheimer Kongregation, sondern um die sogleich zu schildernde, am Anfang dieses Jahrhunderts in der Schweiz entstandene Bruderschaft, die allerdings bewußt den alten Namen aufgegriffen und am Gedankengut der *devotio moderna* angeknüpft hat; s. K. *Heß,* Die Bruderschaft vom gemeinsamen Leben; S. *v. Kortzfleisch,* Mitten im Herzen der Massen, 78–90; I. *Reimer,* Verbindliches Leben, 54–57.

[36] In: J. *Halkenhäuser,* Kirche und Kommunität, 155f, erscheint sie im Abschnitt über J. H. Wichern! In: *ders.,* Frei für Gott und die Menschen, 311, wird sie im Zusammenhang mit der Entstehung der Hochkirchlichen Vereinigung und der Evangelischen Michaelsbruderschaft als zwei Wegbereitern des kommunitären Lebens nur flüchtig gestreift. – G. *Krüger* nennt die "Bruderschaft vom gemeinsamen Leben" zwar einen "einsamen Vorläufer", reiht sie aber mit Recht in "die kommunitäre Bewegung in den reformatorischen Kirchen der Gegenwart" ein (Lebensformen christlicher Gemeinschaften, 119).

irgendein Schema einordnen. Dennoch gingen von ihr wesentliche Impulse für die Bildung anderer kommunitärer Gemeinschaften aus, die bis heute nachwirken. Wir werden daher mit ihr zu beginnen haben, wenn die Entstehung der evangelischen Kommunitäten in unserem Jahrhundert geschildert werden soll[37].

a) Das Wirken des Schweizerischen Diakonievereins und des Oekumenischen Christusdienstes

Im Jahre 1899 zogen zwei Brüder des Basler Diakonenhauses nach Zürich, um dort in der männlichen Diakonie tätig zu sein: Jakob *Schelker* und Gotthilf *Haug*. Schon bald erkannten sie jedoch, daß nicht nur kranke menschliche Leiber der Diakonie bedurften, sondern viel mehr noch der kranke Leib der Christenheit, ja der Menschheit. Von einem in sich zertrennten und aufgespaltenen Christentum konnte aber nicht die Heilkraft ausgehen, die eine in ihrem sozialen und religiösen Gefüge kranke Menschheit braucht. Daß der zölibatäre Mensch hier einen eigenen Auftrag hat, wurde ihnen sehr bald bewußt. So bildete sich um Bruder *Haug* (1875–1951) ein Kreis lediger Brüder, der sich 1905 zur *"Bruderschaft vom gemeinsamen Leben"* zusammenschloß und mit diesem Namen bewußt an die Tradition der vorreformatorischen Bewegung im Sinne der "Nachfolge Christi" des *Thomas a Kempis* anknüpfen wollte. Das hieß vor allem auch, daß sie wie die Brüder des Mittelalters in freiwilliger Verpflichtung nach den "Evangelischen Räten" leben wollten, ohne ein formelles Gelübde abzulegen[38]. Noch in demselben Jahr bildete sich eine *Geschwisterschaft vom gemeinsamen Leben,* d. h. eine Gemeinschaft Verheirateter, der dann auch Bruder *Schelker* zugehörte; im Jahr zuvor war bereits die *Schwesternschaft* entstanden. 1906 schlossen sich die drei Zweige zur *Körperschaft v. g. L.* zusammen. Um

---

[37] Für das Folgende s. K. *Heß,* Die Bruderschaft vom gemeinsamen Leben.

[38] Unter dem Titel: "Bruderschaft – Zeichen der Anfänge" wurde auf dem Generalkapitel der *Vereinigung vom gemeinsamen Leben im Oekumenischen Christusdienst* von 1978 die Verbindungslinie zur spätmittelalterlichen *devotio moderna* sehr ausführlich dargestellt. Der (ungenannte) Vortragende ging im einzelnen auf folgende Themen ein: Der Ursprung der Devotio moderna, Die Lebensweise der Brüder und Schwestern, Das Verhältnis zur Kirche, Apostolisches Wirken – die Haltung zur Gesellschaft, Die Wirkungsweise und Verbreitung, und schließlich: Die kirchenrechtliche Restauration (Vereinigung vom gemeinsamen Leben im Oekumenischen Christusdienst, Generalkapitel 1978 auf dem Hesselberg, o. O., 5–22).

eine Basis für ihren "umfassenden Dienst nach allen Lebensrichtungen hin"[39] zu gewinnen, wurde 1908 der *Schweizerische Diakonieverein* gegründet.

Die Eigenart der *Sicht von Kirche und Kirchengeschichte* im Denken Br. Haugs läßt sich in den vier Begriffen *Familie, Kirche, Gemeinde, Bruderschaft* darstellen[40]. Unter der *geistlichen Familie* verstand er die Urgemeinde in Jerusalem ebenso wie jede lebendige Zelle der Kirche, in der Menschen zum Glauben finden und durch die Hilfe und die Herausforderungen in den Beziehungen zu den Glaubensgeschwistern ihre ersten "Schritte" tun; darin ist auch die natürliche Familie als kleinste Einheit der Kirche mit eingeschlossen[41]. Symbol der "Familie" ist der Tisch (vgl. Apg 6,1f), der daran dient "hat das Uramt eines Vaters inne" (vgl Gen 18,19)[42]. – Wie aber das Kind der Familie entwachsen muß und in objektiv vorgegebene Ordnungen des Lebens in Schule und Gesellschaft hineingestellt wird, so mußten in der Kirche notwendig objektive und festgefügte Strukturen wie z. B. die Liturgie oder das hierarchische Amt entstehen. Diese Entwicklung ist keineswegs ein "Abfall" von der Lebensform der Urkirche, sondern eine organisch-wachstümliche und notwendige Erscheinung. Die so enstandene Form des Leibes Christi nannte Br. Haug in einem spezifischen Sinne *Kirche,* welche allerdings in bleibender Bezogenheit auf die "Familie" lebt und umgekehrt[43]. Sie zeigt sich konzentriert im Symbol des Altares und im Amt des Bischofs. – In der Reformation zielte die Heilsökonomie Gottes auf die *Gemeinde* der mündigen Christen, wie ja auch in der Entwicklung des einzelnen Menschen Ordnungen verinnerlicht und aus eigener Einsicht gehalten werden. Dabei ist sich Br. *Haug* bewußt, daß dies eine ideal-typische Sicht ist, die sich in der realen Geschichte nicht voll verwirklich hat. Gemeint ist aber im Raum der "Gemeinde" in diesem speziellen Sinne der verantwortliche, dienende Christ, der in Selbstverantwortung vor Gott steht und sich in der Welt bewährt. Auch diese Gestalt von Kirche kann es nicht ohne die ständige Beziehung zu den beiden anderen Ausformungen von Kirche geben, hat sich aber de facto parallel und im Gegenüber zur "Kirche" entwikkelt. Symbolhaft zeigt sie sich in Kanzel und Abendmahlstisch sowie im Predigtamt.

---

[39] K. *Heß,* Die Bruderschaft vom gemeinsamen Leben, 60.

[40] S. dazu M. *Heinz,* Christus im Miteinander; K. *Heß,* Die vier Lebensbereiche des Werkes; *ders.,* Die Bruderschaft vom gemeinsamen Leben, 62f; G. *Hochgraeber,* Unser Weg, 9–11; J. *Junger,* Auf dem Weg zum Reiche Gottes, 11–22.

[41] Vgl. dazu neuerdings ganz ähnlich S. *Wiedenhofer,* Die Tradition in den Traditionen, 130–143: Kirche als Hausgemeinde, Basisgemeinde und Personalgemeinde. "Familie" im Sinne Br. Haugs ereignet sich in Hauskreisen oder Geistlichen Bewegungen, aber vom Typ her auch in vielen *Freikirchen.*

[42] Der Ausdruck stammt von M. *Heinz,* Christus im Miteinander, 6.

[43] Vgl. den ständigen Wechselbezug zwischen Hauskirche, Ortskirche und bischöflicher Weltkirche bei S. *Wiedenhofer,* Die Tradition in den Traditionen, 140–143, 157f, 168–171. "Kirche" im Sinne Br. Haugs stellt sich am klarsten z. B. in den Orthodoxen und Altorientalischen Kirchen, in der Römisch-katholischen und der Altkatholischen Kirche dar.

– Wenn an vierter Stelle bei Br. Haug die *Bruderschaft* steht, so ist damit nicht die eine oder andere konkrete Kommunität oder Gemeinschaft von Christen gemeint, schon gar nicht die eigene, sondern es ist die allgemein notwendige Entwicklung hin zur *Bruderkirche* angesprochen, die alle anderen Gestalten in sich birgt und ihnen Raum und Recht gibt. Ihr Symbol ist die Fußwaschung[44], ihr Dienstamt die umfassende Diakonie in der Nachfolge Christi (vgl. Joh 13)[45]. – Man kann sich des Eindrucks nicht erwehren, daß hier ein halbes Jahrhundert vor dem zweiten Vatikanischen Konzil eine umfassende und alle Lebensbereiche der Kirche berührende, ganz eigene Art von *Communio-Ekklesiologie* formuliuert wurde[46].

Br. *Haug* war der Überzeugung, daß die Herausbildung echten brüderlichen Dienstes der Christen untereinander und der Kirchen aneinander um der *einen* Kirche willen im Zeichen der Fußwaschung Christi der jetzt anstehende Schritt in der Heilsökonomie Gottes sei. In der Französischen Revolution, erst recht in den kommunistischen Revolutionen zu Beginn unseres Jahrhunderts, sah er ein Zeichen dafür, daß die Menschheit diesen Schritt als notwendig empfindet und, da die Christenheit ihn nicht zu nehmen wagt, selbst und dann ohne die Kirche vorwärts

---

[44] In dem bekannten Wort: "Drei Dinge sind im Kloster heiligzuhalten: der *Altar des Herrn*, das *Becken der Fußwaschung* und der *Tisch der Brüder*" (zitiert bei J. *Halkenhäuser*, Kirche und Kommunität 234) sind drei der genannten Ausprägungen von Kirche durch ihre symbolischen Charakteristika miteinander verknüpft. Es zeigt so die bleibende Bezogenheit der verschiedenen Gestalten von Kirche aufeinander wie auch den Anspruch, unter dem ein Kloster steht.

[45] "Es muß ... das, was Gott im Laufe der Jahrhunderte – bei allem Versagen und bei aller Schuld – hineingelegt und hineingeordnet hat in die Gottesfamilie, in die katholischen Kirchen und die in die evangelischen Gemeinden und was ja alles unter uns vorhanden ist – teils erstarrt und veräußerlicht, teils lebendig und im immer neuen Ringen – es muß dies zur Erfüllung kommen, jedes in sich selbst und alle miteinander. Sonst kann und wird die 'Fülle Christi' nicht offenbar werden ... So erkannten die Brüder ihren apostolischen Auftrag darin, dieser Erfüllung innerhalb der ganzen Christenheit zu dienen. Das sahen sie als die eigentliche Christusdiakonie an: alles und in allem Christus. Die religiöse und die soziale Seite der Diakonie, ihre innere, mehr spirituelle und ihre äußere, mehr leibhafte Aufgabe sahen sie als eines, dargestellt etwa in der Fußwaschung des Herrn, bei der das Dienen, die Diakonie Christi einen – man könnte sagen – sakramentalen Sinn empfängt" (Der Schweizerische Diakonieverein, 6).

[46] Zum Stichwort *Communio-Ekklesiologie* vgl. W. *Kasper*, Theologie und Kirche, 272–289; P. *Scharr*, Consensus fidelium, 128–153; H. *Schütte*, Kirche im ökumenischen Verständnis, 45–77; bei M. *Kehl*, Die Kirche, ist es zum tragenden Konzept einer reich entfalteten "katholischen Ekklesiologie" geworden; der Grundgedanke dieser Kirchenlehre auch in: *ders.*, Kirchenerfahrungen; vgl. der Sache nach auch E. *Schlink*, Ökumenische Dogmatik, 558–560, 572–591.

zu schreiten gewillt ist. In seinem "Aufruf zur Bruderschaft" von 1940 schreibt er[47]: "Weil die Christen, die Kirchen und sogenannt christlichen Völker nicht imstande waren, ihre besondere Gabe zu erkennen und ihre Aufgabe zu erfüllen und freiwillig, aus innerem Antrieb, aus Pflicht, Liebe und Dankbarkeit dem Willen und Plane Gottes zu entsprechen, so geschieht nun das, was wir heute sehen: Mit aller staatlicher Macht, mit Gewalt und Krieg wird nun der Menschheit, der Christenheit und der Kiche die 'Bruderschaft' aufgezwungen. Daß dies Geschehen aber ein furchtbares Gericht für eine von Gott abgefallene und ihm ungehorsam Kirche, Christenheit und Menschheit bedeutet, wird leider heute noch vielfach nicht eingesehen."[48]

Daß sich Br. *Haug* diese *Bruder-Existenz nicht harmonisierend* und alle Spannungen auflösend dachte, sollen einige Sätze aus seinem Vortrag "Christlich denken heißt kreuzförmig denken"[49] belegen: "Die wahre Kirche ist nicht ein Gemächt, ein Institut, sondern die Fortsetzung des gottmenschlichen Lebens Jesu Christi auf Erden ... Sie ist Schlange und Taube, Löwe und Lamm, Adler und Wurm, und zwar jedes ganz und ohne Kompromiß. ... ... Die andere der herrschenden falschen Ansichten in Bezug auf den Begriff der Katholizität ist diejenige, die den Katholizismus in einem allzu billigen Ausgleich der Gegensätze sieht, in einem Katholizismus des Mittelmaßes statt des Vollmaßes, der Vernunft und des Kompromisses statt des schöpferischen Glaubens und allumfassender Liebe... Dieser ... Katholizismus ... ist es vor allem, der gerade starke Naturen abstoßen muß; denn diese empfinden es instinktiv, daß eine wahre Katholizität, eine wirkliche Zusammenfassung aller, selbst der größten menschlichen Gegensätze, eine schöpferische Verarbeitung der ganzen, unverkürzten Fülle der Wirklichkeit zu lebensvoller Einheit, notwendig ungeheure Konflikte und Spannungen in sich schließt, die nur mit höchsten religiös-sittlichen Kräften gelöst werden können. ... Gewiß liegt volle Wahrheit in der Synthese zweier Teilwahrheiten. Diese läßt sich zwar theoretisch und nachträglich auf dem Katheder ebenso leicht verwirklichen, wie eine Schlacht mit Bleisoldaten. Für die wirkliche Synthese erweist

---

[47] G. *Haug*, Aufruf zur Bruderschaft, 1.

[48] Vgl. G. *Haug*, Die Diakonie als göttlich geordnetes, unentbehrliches Amt, 6–16. Dort wird der Diakonat mit dem *munus regium* Christi in Beziehung gesetzt, weil er "für das ganze christliche-soziale Leben der Gemeinde" zuständig sei (a.a.O. 15f). Für die Konsequenzen dieser Sicht in Bezug auf die Weltverantwortung des Christen vgl. einige Themen der Oekumenischen Kirchentage in Rüschlikon: "Die Heiligung der menschlichen Gesellschaft" (1953), "Der Auftrag der Bruderschaften an Kirche und Welt" (1955), oder einen so bezeichnenden Titel wie: "Diakonie an der Welt – von der politischen Verantwortung des Christen" von W. *Meyer* (s. Lit.-Verz.).

[49] Christlich denken heißt kreuzförmig denken, 1–5. Laut Mitteilung von Br. Johannes *Junger* v. g. L. formulierte Bruder Haug die folgenden Gedanken unter Verwendung von: G. S. *Huber,* Vom Christentum zum Reich Gottes, Regensburg: Pustet o. J.; Huber und Bruder Haug seien befreundet gewesen.

es sich aber als die größere, schwierigere und erstnotwendigere Tat, daß eine neue, zeitnotwendige Teilwahrheit klar erkannt und dann mutig und machtvoll – und, wenn es sein muß, mit aller Einseitigkeit – in den Mittelpunkt gestellt wird. Die Synthese mit ihrer Gegenwahrheit kann dann ruhig einem späteren Geschlechte überlassen werden. ... Wahrlich, wir brauchen noch viel mehr Trennungen, um zur Einigung zu gelangen!"

Im Jahre 1923 stand ein junger Deutscher, Eugen *Belz,* vor Bruder Haug. Er war auf der Suche "nach einer Gemeinschaft, die allen Bruder ist, ... ohne zu verwischen oder zu vermischen, oder was noch schlimmer wäre, alles für sich zu vereinnahmen"[50]. Im nächsten Jahr trat er per Handschlag der Bruderschaft vom gemeinsamen Leben bei, blieb aber aufgrund der politischen Verhältnisse in Deutschland und lebte im Sinne des geistlichen Vermächtnisses, das er bei Br. *Haug* empfangen hatte. Zusammen mit Br. Hans *Holzinger* begann Br. *Eugen* (1900–1987) eine Brüderstation, zunächst in Heidenheim bei Gunzenhausen, der sich eine Schwesternstation und einige Familien anschlossen, bis die Brüder dem Druck der Nationalsozialisten ausweichen mußten und 1937 nach Holland gingen. Später kehrten sie zurück, lebten zunächst in München, wo weitere Brüder hinzukamen, dann in Nürnberg. Heute ist die Brüderstation v. g. L. in Stuttgart-Weilimdorf beheimatet.

Br. *Eugen* hat einem Gebet schriftliche Gestalt gegeben, das Br. *Haug* in Zürich frei zu beten pflegte, während die Glocken der Stadt um 11 Uhr mittags läuteten. Darin betete er zu Gott für die Einheit aller Christen und aller Menschen im Liebeswillen des Herzens Gottes, er betete für das *alte Bundesvolk Israel* "und das Land seines Erbes" (Anfang der zwanziger Jahre!) und "für die ganze, nach Freiheit seufzende *Kreatur*"[51]. Dieses Gebet hat in Deutschland viele Kreise geprägt und ist z. B. heute noch im Volksmissionskreis Sachsen und im Christusdienst Thüringen in Gebrauch;

---

[50] Daran wird jedermann erkennen ..., 4. Für das Folgende s. auch K. *Heß,* Die Bruderschaft vom gemeinsamen Leben, 65f. Schon 1919 gingen Impulse des Schweizerischen Diakonievereins nach Deutschland, wo sich unter Br. Fritz *Glaser* die erneuerte *"Christentumsgesellschaft in Deutschland"* bildete, in der auch Br. Eugen *Belz* später wirkte. Auch dieser Name ist in bewußter Anlehnung an den geschichtlichen Vorläufer aufgenommen worden, nämlich die 1780 von J. A. *Urlsperger* in Basel gegründete Christentumsgesellschaft, s. G. *Hochgraeber,* Unser Weg, 2–4; E. *Beyreuther,* Neue Forschungen zur Geschichte der Deutschen Christentumsgesellschaft; *ders.,* Art. "Christentumsgesellschaft, Deutsche".

[51] Siehe den vollständigen Text hinten im Dokumentations-Anhang Nr. 3, S. 406. Es ist auch abgedruckt bei I. *Reimer,* Verbindliches Leben, 56; dort findet sich zudem der sehr tiefe und beeindruckende Text der *"Lebensregel vom gemeinsamen Leben"* (a.a.O. 52–56).

es wurde aber auch von bestehenden Kommunitäten übernommen und den eigenen Tagzeitgebeten eingegliedert, so z. B. von den *Marienschwestern* (Darmstadt-Eberstadt)[52] und zeitweise auch von dem *Lebenszentrum für die Einheit der Christen* (Schloß Craheim)[53]; es wird außer von den Geschwistern der Körperschaft v. g. L. noch in der *Kreuzbruderschaft*[54], im *St. Johanniskonvent v. g. L.*[55], von den *Christusträgern*[56] und in der *Kommunität Gnadenthal*[57] gebetet, wobei es u. U. jeweils eine eigene liturgische Rahmung bekommen hat.

Während des Krieges, als die Brüder im holländischen Exil weilen mußten, sammelte sich heimlich ein kleiner Kreis von Menschen, um angesichts der drohenden Katastrophe über die Situation der Kirche und des deutschen Volkes nachzusinnen und zu beten[58]. Es waren zwei Männer aus dem *Geschwisterkreis v. g. L.*, Pfarrer Klaus *Heß (1907–1987)* und Pfr. Otto Siegfried *von Bibra (1914–1993),* dazu der Superindentent der Methodistischen Kirche, Paul *Riedinger (1882–1949).* Treffpunkt war u. a. das Haus von Pfarrer *Drechsel* in *Egloffstein*, einem abgelegenen Ort in der Fränkischen Schweiz. Nach dem Krieg stieß dann noch *Br. Eugen*

---

[52] Ob es dort heute noch gebetet wird, entzieht sich meiner Kenntnis. Für die Anfänge jedenfalls siehe das Büchlein der Oekumenischen (jetzt: Evangelischen) Marienschwesternschaft: "Stundengebete in der Kapelle von den Leiden Jesu", Darmstadt-Eberstadt o. J., 13. Über Entstehung und Auftrag der Marienschwesternschaft unterrichtet M. B. *Schlink,* Die Oekumenische Marienschwesternschaft; *Evangelische Marienschwestern,* So ist unser Gott.

[53] Zur Entstehung vgl. unten S. 57 und I. *Reimer* (Hg.), Alternativ leben, 126; zum Auftrag s. I. *Reimer,* Verbindliches Leben, 162–165.

[54] Eine Kurzinformation über die Bruderschaft vom Kreuz in: I. *Reimer,* Verbindliches Leben, 57–59.

[55] Zu dieser Kommunität s. M. K. M. *Tobien,* Der St. Johannis-Konvent vom gemeinsamen Leben; I. *Reimer,* Verbindliches Leben, 143f.

[56] Über sie informiert: I. *Reimer,* Verbindliches Leben, 115–119; H. *Pandey* in: I. *Reimer* (Hg.), Alternativ leben, 21–29.

[57] Zur Kommunität Gnadenthal/Jesus-Bruderschaft s. H. A. *Gornik* (Hg.), Anders leben, 72–85; J. *Halkenhäuser,* Kirche und Kommunität, 227–231; P. *Meinhold,* Außenseiter in den Kirchen, 44–49; I. *Reimer,* Verbindliches Leben, 134–139; U. *Waschelitz* in: I. *Reimer* (Hg.), Alternativ leben, 40–45. Da alle diese Berichte außer dem von I. *Reimer* vor 1984 geschrieben wurden, sind sie zu weiten Teilen von der Entwicklung der Kommunität Gnadenthal überholt und vermitteln nicht mehr das heutige Bild dieser Gemeinschaft, s. Ch. *Joest,* Art. "Jesus-Bruderschaft".

[58] Das Folgende nach F. *Francke,* 30 Jahre Oekumenischer Christusdienst (s. Dokumentations-Anhang Nr. 4, S. 407–416); vgl. auch die kleine Publikation von 1948 mit dem Titel "Oekumenischer Christusdienst", in der die Brüder *Belz, v. Bibra, Heß* und *Riedinger* ihre Grundgedanken darstellten.

zu diesem Kreis hinzu, der sich *Oekumenischer Christusdienst* nannte. Dazu gehörten damals auch die beiden Mütter der 1947 entstehenden *Marienschwesternschaft*[59] und das Pfarrehepaar *Hümmer,* das wenige Jahre später zu den Gründern der *Christusbruderschaft* in Selbitz werden sollte[60].

Bruderschaftlich-kommunitäre Berufung aus Verantwortung für Kirche und Welt und im Gehorsam der Heilsökonomie Christi gegenüber in den einzelnen zu wecken oder, wo sie schon vorhanden war, zu bestärken, lag durchaus in der Absicht dieser Sammlung von Christen. Man wollte aber keine neue Organisation, sondern einen Organismus von Menschen und Gruppen, die durch nichts anderes zusammengehalten wurden als von dem Bewußtsein, daß Gott sie zusammengefügt habe. Daher gingen später die Marienschwesternschaft und die Christusbruderschaft selbständige Wege; sie waren ja auch nicht direkt aus dem Oekumenischen Christusdienst hervorgegangen, sondern hatten ihre eigenen, z. T. länger zurückliegenden Wurzeln. "Aber in den entscheidenden Jahren waren diese Linien eben doch im OeCD gleichsam wie gebündelt, um danach wieder auseinanderzufließen."[61] Aus dieser losen Gesinnungsgemeinschaft gingen aber Ende der fünfziger Jahre die Sammlung der *Kreuzbruderschaft* durch Pfarrer Ernst *Gleede* und die Lehrerbruderschaft von Dieter *Fürst* hervor, die dann beide miteinander verschmolzen. In direktem Zusammenhang mit der *Bruderschaft v. g. L.* steht die Gründung der *Christusträger-Brüder* und *-Schwestern*[62].

---

[59] Mutter Basilea *Schlink* berichtet in ihrer Autobiographie von diesen Treffen (sie erwähnt eines von 1943 und ein anderes um den 20. Juli 1944 herum!), nennt jedoch nur den Namen *Riedingers*, der für die bald darauf entstehende Marienschwesternschaft zu einem geistlichen Vater wurde (M. B. *Schlink,* Wie ich Gott erlebte, 183–185; S. 213 spielt sie wohl auf Pfr. *Drechsel* in Egloffstein an, ohne jedoch seinen Namen zu nennen). Zum Verhältnis Riedingers zur Marienschwesternschaft s. a.a.O. 214ff, 220 (Namensgebung), 233 u. 275, ferner: So ist unser Gott, 56, und: M. B. *Schlink,* Die Oekumenische Marienschwesternschaft, 151.

[60] S. die Darstellung der Christusbruderschaft unten im III. Hauptteil.

[61] F. *Francke,* 30 Jahre Oekumenischer Christusdienst, 9.

[62] Die ersten Brüder der *Jesus-Bruderschaft (Kommunität Gnadenthal)* hatten in den Entstehungsjahren der Gemeinschaft (um 1961 herum) Kontak mit Br. Eugen *Belz* in Stuttgart-Weilimdorf und mit KR Walter *Hümmer* in Selbitz; die Eheleute *Bangel,* deren Haus zur Heimat des Schwesternzweiges der Jesus Bruderschaft werden sollte, standen Anfang der sechziger Jahre in Austausch u. a. mit Pfr. Klaus *Heß* in Egloffstein und später mit den beiden Müttern der Marienschwestern in Darmstadt – ein Beispiel, wie die Impulse des Oekumenischen Christudienstes direkt und indirekt auch später noch weiterwirkten.

Diese geschichtliche Entwicklungslinie ist deswegen so ausführlich dargestellt worden, weil sie an anderen Orten sonst kaum zur Sprache kommt. Daneben gab es aber seit Anfang dieses Jahrhunderts auch noch andere Aufbrüche und Entwicklungen, die zur Entstehung bruderschaftlichen und kommunitären Lebens führten. Da sie besser dokumentiert sind, kann ihre Darstellung kürzer ausfallen.

b) Andere Aufbrüche in der ersten Hälfte dieses Jahrhunderts

1918 entstand in Berlin die "Hochkirchliche Vereinigung", deren Wortführer Friedrich *Heiler* wurde[63]. Sie hat wichtige ökumenische Vorarbeit geleistet und auch ordensmäßige Ansätze gewagt, denen allerdings keine Dauer beschieden war[64]. – Unmittelbar aus der *Wandervogelbewegung* ging der *Bruderhof* von Eberhard *Arnold* als kommunitäre Lebensgemeinschaft auf christlicher Basis hervor[65]. Überhaupt scheint mir die Bedeutung der Jugend- und Wandervogelbewegung für die Entstehung der Kommunitäten bisher noch nicht deutlich genug gesehen worden zu sein. Mit ihrem Verlangen nach wahrhaftiger Lebensgestaltung, echter Gemeinschaft und (sofern sie sich christlich verstand) authentischem Glaubensausdruck unter Einbeziehung der leiblichen Dimension des Menschseins leistete sie eine wesentliche Vorarbeit. Es wird weiter unten auffallen, daß die Gründer jeder der vier zu besprechenden Kommunitäten mit dieser Bewegung in Berührung gekommen waren. – Ebenfalls auf Erfahrungen der *Wandervogelbewegung* gründete sich in den zwanziger Jahren die "Berneuchener Großfamilie"[66], so genannt nach dem Rittergut *Berneuchen* in der Neumark, auf dem sich Gesinnungsgenossen einige Male trafen, um darüber zu beraten, wie Christus dem Geist der Jugendbewegung Sinn geben könnte[67]. Aus diesen Im-

[63] Für das Folgende s. vor allem J. *Halkenhäuser,* Kirche und Kommunität, 186–205; daneben H. *Mayr,* Art. "Kommunitäten", 1349f. Siehe auch die tabellarische Übersicht im Dokumentations-Anhang Nr. 1, S. 393f.

[64] Geblieben ist aber eine Bewegung nach Art der Tertiaren, die "Evangelische Franziskanerbruderschaft der Nachfolge Christi (Evangelische Franziskaner-Tertiaren)", sowie die "Evangelisch-ökumenische Johannesbruderschaft", beide von F. Heiler geleitet; s. L. *Präger* (Hg.), Frei für Gott und die Menschen, 254–271 u. 272–276; J. *Halkenhäuser,* a.a.O. 190f.

[65] Vgl. Eberhard *Arnold,* Foundation and Orders; Emmy *Arnold,* Gegen den Strom.

[66] Vgl. O. *Planck,* Die Evangelische Michaelsbruderschaft, 284–295. Mit dem *"Berneuchener Buch"* ist dieser Kreis 1926 an die Öffentlichkeit getreten, um den "Anspruch des Evangeliums auf die Kirchen der Reformation" (so der Untertitel) geltend zu machen. Der Ruf verhallte damals fast ungehört.

[67] Dieselbe Fragestellung führte auf evangelischer Seite u. a. auch zur Bildung der *Heliand-Bruderschaft* (I. *Reimer,* Verbindliches Leben, 76f), auf katholischer Seite u. a. zum "Quickborn" und der Arbeit Romano *Guardinis* auf Burg Rothenfels (s. H.-B.

pulsen ist 1931 die *Evangelische Michaelsbruderschaft* hervorgegangen, daneben und im Kontakt mit der Michaelsbruderschaft auch die *Gabriels-Gilde*[68] in Berlin, die *Ansverusbruderschaft*[69] in und um Hamburg und der *Ordo Pacis*[70] für berufstätige alleinstehende oder verheiratete Frauen, als dessen innerer Kern sich 1956 in der *Cella St. Hildegard* in Hamburg (jetzt Seevetal-Fleestedt) eine kommunitäre kontemplative Zelle gebildet hat. Durch sein 1940 erschienenes Buch "Bruderschaft" hat W. *Stählin*, ein Mitbegründer der Evangelischen Michaelsbruderschaft, Anstöße gegeben, die auch anderswo wirksam wurden. So sind die Impulse der Michaelsbruderschaft z. B. auch in die Entstehungsgeschichte der *Communität Casteller Ring* oder der *Kommunität Imshausen* mit eingegangen, wobei in jener Zeit des Nationalsozialismus oft die persönlichen Begegnungen und Erfahrungen entscheidend waren. – Für *Imshausen* waren noch die *"Singebewegung"* der *Alpirsbacher Schule* in den zwanziger Jahren und später die liturgischen Reformansätze im Katholizismus durch Ambrosius *Schmid von Scheyern*[71] ebenso von Bedeutung wie die Begegnung mit dem Abt von *Maria Laach*, Basilius *Ebel*, der von der NSDAP aus seinem Kloster vertrieben war und als Spiritual in Fulda wirkte[72]. Ähnlich erhielten auch die ersten Frauen der *Communität Casteller Ring* Anregungen durch das Benediktinertum, vermittelt durch *Münsterschwarzach, Frauenchiemsee* und *Herstelle.*

Diese Darstellung sollte die Verbindungslinien von der bruderschaftlichen Bewegung hin zu den Kommunitäten aufzeigen. Falsch wäre es, daraus zu schließen, diese Bewegung sei bloße *Vorgeschichte* gewesen. Indem verheiratete und im Beruf stehende Christen sich einer gemeinsamen Regel unterstellen, leben sie auf genuin *evangelische* Weise den Ruf zu verbindlicher Christusnachfolge aus, nämlich *mündig, verantwortlich, freiwillig* und *frei,* und sie tun das nicht gezwungen, sondern aus *Liebe, Dankbarkeit* und *Hingabe.*

Gerl, Romano Guardini, 153–174) oder dem Jugendbund "Neudeutschland" und dem Engagement Alfred *Delps* für die Jugenderziehung (R. *Bleistein,* Alfred Delp, 28–32, 62–79, 89f, 93f, 198f, 237–240; zum Ganzen s. W. *Uhsadel,* Art. "Jugendbewegung I. u. II.", 1013–1020; F. *Messerschmid,* Art. "Jugendbewegung III. Kath. Jugendbewegung", 1020–1022).

[68] L. *Präger* (Hg.), Frei für Gott und die Menschen, 320–340.

[69] I. *Reimer,* Verbindliches Leben, 49–52.

[70] I. *Reimer,* Verbindliches Leben, 67–70; J. *Halkenhäuser,* Kirche und Kommunität, 222–227.

[71] Daraus ging der sog. "Scheyrer Psalter" hervor, hg. v. A. *Schmid,* in 3. Aufl. nocheinmal 1975 herausgebracht (Stuttgart, Kath. Bibelanstalt).

[72] Diese Informationen beruhen auf persönlichen Gesprächen, die ich Ende April 1990 mit Geschwistern der Kommunität in Imshausen führen konnte. Im übrigen s. H. *Eisenberg,* Die Kommunität Imshausen; I. *Reimer,* Verbindliches Leben, 142f; U. *Waschelitz* in: I. *Reimer* (Hg.), Alternativ leben, 46–52.

c) Begegnungen, Zusammenschlüsse, Verzweigungen

Nach dem Zweiten Weltkrieg ereignete sich, wie bereits deutlich wurde, ein regelrechter kommunitärer Aufbruch in den Kirchen der Reformation[73]. Dafür stehen in Deutschland Namen wie: *Evangelische Marienschwesternschaft* (1947), *Christusbruderschaft* (1949), *Communität Casteller Ring* (1950), *Kommunität Imshausen* (1955), *St. Johannis-Konvent v. g. L.* (1955), *Ordo Pacis* (1956), *Christusträger* (1960), *Jesus-Bruderschaft* (1961) und *Kommunität Adelshofen*[74] (1962). Der Anstoß zu Treffen von Kommunitäten und Bruderschaften untereinander kam dann allerdings von außen: 1956 lud Kirchenrat G. *Hildmann* zu einer Tagung "Orden und Bruderschaften" in die Evangelische Akademie Tutzing ein[75]. Dort entstand die Frage: sollen wir uns hin und wieder in solch einem größeren Kreis treffen? Dafür engagierten sich die Eheleute Klaus und Amalie *Heß* (Geschwisterschaft v. g. L.), Walter und Hanna *Hümmer* (Christusbruderschaft Selbitz), Mater Christel *Schmid* CCR und Frau Maria *Pfister* CCR sowie die Kommunität *Imshausen*. Sie wurden zu einem tragenden Kreis nicht durch Wahl oder Einsetzung, sondern durch ihre Initiativen.

1963 fand unabhängig von all diesen Ereignissen in Enkenbach/ Pfalz eine charismatische Tagung mit Pfr. Larry *Christenson* (USA) statt[76]. Es

---

[73] Tabellarische Übersichten im Dokumentations-Anhang Nr. 1, S. 397-399. Bekanntlich ist auch die *Communauté de Taizé* in diesen Jahren entstanden (1949, mit einer bis in die Jahre 1940/1942 reichenden Vorgeschichte, s. A. *Stökl,* Taizé, 23–33; G. *Heinz-Mohr,* Communauté de Taizé, 36f).

[74] S. die Darstellung der Kommunität Adelshofen im III. Hauptteil.

[75] "Spätestens seit dieser Akademietagung, die man rückblickend als ein kirchengeschichtliches Ereignis werten muß, ... gehört es ... zur intellektuellen Redlichkeit, das herkömmliche Geschichtsbild zu revidieren, nach dem auf ein angeblich unasketisches Urchristentum ein unevangelisches, d. h. katholisches, Mönchtum gefolgt sei", J. *Halkenhäuser,* Kirche und Kommunität, 213. Die Herausgeber der neuen Brockhaus-Enzyklopädie scheinen davon keine Kenntnis genommen zu haben, wenn es unter dem Eintrag "Mönchtum" noch heißt: "Die aus der *Reformation* hervorgegangenen Kirchen lehnten und lehnen das Mönchtum ab" (Bd. 12 [1971] 731; s. B. *Jaspert,* Mönchtum und Protestantismus, 316f).

[76] Die folgenden Abschnitte berichten von Ereignissen, die m. W. nirgends ausführlich dokumentiert sind. Sie werden nur kurz gestreift von I. *Reimer,* Verbindliches Leben, 39, jedoch bei J. *Halkenhäuser,* Kirche und Kommunität, 210–214, gar nicht berührt. Meine Darstellung stützt sich auf einen schriftlichen Bericht von Br. Günther *Rattey,* Ottmaring, und Werner *März,* München (W. *Bläsing* [Hg.], Treffen von Verantwortlichen. Zur Geschichte, s. unten im Dokumentations-Anhang Nr. 5, S.

war ein erster Anfang der später aus weiteren Impulsen gespeisten Geistlichen (charismatischen) Gemeinde-Erneuerung; die Anstöße von 1963 blieben damals im Bereich der beteiligten Gruppen und "Jungen Bewegungen"[77]. Daraus gingen aber die sog. "Ökumenischen Kirchentage" in Königstein hervor, die unter der Mitarbeit von Pfr. Reiner Friedemann *Edel* und der Eheleute Klaus und Amalie *Heß* im Sinne des inzwischen etwas in den Hintergrund getretenen "Oekumenischen Christusdienstes" wirkten. Hier wurde die Idee eines "Lebenszentrums für die Einheit der Christen" geboren. 1968 entstand es in *Schloß Craheim*, getragen von Pfr. A. *Bittlinger* (evangelisch), P. E. *Mederlert* OFM (katholisch) und W. *Becker* (freikirchlich). 1968 war geradezu ein "Schwellenjahr": damals bildete sich nicht nur *Craheim*, sondern auch die *Offensive junger Christen* (OJC)[78] und das *Ökumenische Lebenszentrum Ottmaring*, das von der *Körperschaft v. g. L.*, der *Kreuzbruderschaft* und den *Focolaren* gemeinsam belebt und gestaltet wird [79].

Das Zusammentreffen dieser Jahreszahl mit der Zeit der Studentenunruhen in Deutschland ist kein Zufall. Die OJC entstand gerade unter dem Eindruck dieser "Revolution" und in Aufnahme ihrer Anliegen[80]. – Die ersten Familien der *Jesus-Bruderschaft* kamen aus dem geistigen Klima dieser Zeit heraus und suchten nach neuen Wegen, Nachfolge Christi radikal zu leben[81].

417– 424) und auf ein Gespräch mit Br. Walter *Pollmer*, Ottmaring, am 27. Juni 1991.

[77] Teilnehmer waren u. a. Pfr. Arnold *Bittlinger* (damals im Volksmissionarischen Amt der Pfälzer Landeskirche in Ludwigshafen, später im "Lebenszentrum für die Einheit der Christen, *Schloß Craheim*), Arthur *Richter* (der Begründer des aus der Oxford-Gruppenbewegung hervorgegangenen *Marburger Kreises*) und die Eheleute *Bangel* (Ludwigshafen, damals gerade kurz vor Beginn der Verbindung mit den Brüdern der *Jesus-Bruderschaft*).

[78] H. *Gornik* (Hg.), Anders leben, 105–113; H. *Hafenbrack* in: I. *Reimer* (Hg.), Alternativ leben, 80–88; I. *Hofmann*, Kein Tag wie jeder andere; I. *Reimer*, Verbindliches Leben, 166–168.

[79] P. *Meinhold*, Außenseiter in den Kirchen, 66–71; I. *Reimer*, in: *dies*. (Hg.), Alternativ leben, 124f; *dies*., Verbindliches Leben, 54 u. 57f.

[80] I. *Hofmann*, Kein Tag wie jeder andere, 8–21.

[81] Dieser Geist prägt noch ganz den Beitrag von S. *v. Kortzfleisch*, Strukturen und Ziele der Gemeinschaften. *In:* I. *Reimer* (Hg.), Alternativ leben, 13–20, vgl. die Entgegensetzung von kommunitärem Leben und "bürgerlichem" Christsein (a.a.O. 18).

Seit 1969 lud Craheim immer wieder zu "Treffen Junger Bewegungen" ein, die zweimal im Jahr und später auch an verschiedenen Orten wie Selbitz, Bensheim oder Schloß Schwanberg, stattfanden. Zur ersten Begegnung kamen 50 Vertreter aus 27 Gruppen, darunter auch evangelische Kommunitäten, katholische Gemeinschaften, missionarische und ökumenische Zentren und verschiedene Jugend- und Studentenbewegungen. Entsprechend der großen Spannweite der Teilnehmer waren auch die Spannungen und Mißverständnisse groß.

> Die besondere Herausforderung war vor allem, zu lernen, daß die Frage: "Wie sind die brennenden Probleme unserer Zeit anzupacken und zu lösen?" Vorrang haben mußte vor der (zunächst) naheliegenderen: "Wie wächst unsere eigene Bewegung?"[82] Man wollte "für die Herrschaft Christi in Kirche und Welt ... arbeiten" und "auf der Grundlage gegenseitigen Vertrauens ... gemeinsam die Aufträge Gottes erfragen". Aber "aufgrund der großen Unterschiede und Gegensätze scheiterte dieser Versuch, zu einer gewissen Verbindlichkeit zu kommen".

Beim neunten Treffen im Oktober 1973 in Gnadenthal kam es zu einem heftigen Zusammenstoß über das Thema: "Gruppendynamik". Im nächsten Jahr wurden die Treffen in dieser Form beendet und in neuer Gestalt und konzentrierterer Ausrichtung einmal jährlich als "Treffen von Verantwortlichen" weitergeführt.

Parallel dazu hatte die *Evangelische Michaelsbruderschaft* die "Berneuchener Großfamilie" und alle Gruppen, Kommunitäten und Bruderschaften, die auf ihrer Fürbittliste standen, nach Bochum eingeladen. Daraus enstanden "Treffen von Kommunitäten, Bruder- und Schwesternschaften", die seither in regelmäßigen Abständen (zuletzt alle zwei Jahre) stattfanden.

Das ökumenische Pfingsttreffen 1971 in Augsburg gab neue Impulse. Beteiligt waren die Dominikanerinnen in Augsburg, die Maria-Ward-Schwestern, die Benediktiner von St. Stephan und einige evangelische Gemeinschaften. Man feierte gemeinsame Gebetszeiten. "Ein Traum von Abt Emmanuel *Heufelder* ging in Erfüllung" (Br. Walter *Pollmer*). Von da an war es ein besonderes Anliegen von *Imshausen*, daß sich die evangelischen Kommunitäten nicht mehr ohne Einbeziehung der Orden treffen können. Um einen Anfang zu machen, lud man zunächst nur solche Orden ein, zu denen die einzelnen evangelischen Gemeinschaften schon Beziehungen hatten.

---

[82] So Wilhard *Becker* schon im Oktober 1970, s. W. *Bläsing* (Hg.), Treffen von Verantwortlichen, 3; dort auch die folgenden Zitate.

Seit 1988 tritt auch die Sammlung von Christen aller Gruppen und Kreise im Sinne des Oekumenischen Christusdienstes wieder stärker aus der Verborgenheit hervor. Br. Eugen *Belz* beauftragte damit kurz vor seinem Tod im Jahre 1987 Br. Johannes *Junger*. "Es sollte gar nichts organisiert oder endgültig fortgeschrieben werden. Alles ist auf 'die Botschaft und das Erkennen im Herrn als Brüder und Schwestern angelegt, wie auch auf das völlige Freigeben der einzelnen wie aller zusammen. Niemand sollte zu etwas besonderem verpfichtet werden außer dem, was allen nach dem Evangelium gemeinsam zukommt.'"[83]

d) Die Evangelische Kirche in Deutschland und die "Konferenz Evangelischer Kommunitäten"

1976 fand auf dem *Schwanberg* bei der *Communität Casteller Ring* die Klausurtagung der Lutherischen Bischofskonferenz zum Thema: "Kommunitäten und charismatische Bewegung" statt[84].

In ihrer Stellungnahme heißt es u. a.: "Dankbar stellen wir fest, daß diese Kommunitäten als Glieder der lutherischen Kirche auf der Basis der Heiligen Schrift stehen und die Rechtfertigung allein aus dem Glauben leben wollen. Ihre ökumenische Offenheit läßt sie den Schmerz über das Trennende zwischen den Konfessionen und den Wunsch nach Gemeinsamkeit stark empfunden. Sie sind von missionarischem Wollen erfüllt. Kommunitäres Leben, das von solchem Geist erfüllt ist, sehen wir als eine Kraft zur kirchlichen Erneuerung an ... Wir empfehlen den Gemeinden, beim Nachdenken über kirchliche Erneuerung die Kommunitäten als mögliche Gestaltungen christlichen Lebens zu bejahen ..."[85]

1977 traf sich der Rat der EKD auf Initiative des damaligen Ratsvorsitzenden, des Württembergischen Landesbischofs D. Helmut *Claß,* in *Gnadenthal;* in demselben Jahr besuchte der Rat der EKD die *Communauté de Taizé.* Als Konsequenz dieser Begegnungen lud Bischof Claß am 20. Dezember 1978 alle Kommunitäten nach Stuttgart (Bernhäuser Forst) ein, um einen offiziellen Weg der Kirche mit den Kommunitäten

---

[83] Br. Johannes *Junger* in einem Brief vom 9. November 1992; das eingeschlossene Zitat gibt Worte wieder, die Br. Eugen an Br. Johannes gerichtet hatte.

[84] Die Referate und die Stellungnahme der Bischofskonferenz in: L. *Mohaupt* (Hg.), Modelle gelebten Glaubens; die Stellungnahme ist neuerdings wieder abgedruckt *in:* J. *Halkenhäuser,* Kommunitäten und Kirche, 14–16.

[85] A.a.O. 142f.

zu beginnen[86]. Alle ohne Ausnahme leisteten der Einladung Folge. Der Theologische Arbeitskreis der Kommunitäten, der sich einige Zeit zuvor gebildet hatte, legte dabei das von ihm erarbeitete Papier: *"Profeß und Kirche"* vor[87]. Aus diesem Treffen entstand die *"Konferenz Evangelischer Kommunitäten"* (KEK), die sich nach einigen Auseinandersetzungen um den Teilnehmerkreis auf *zölibatäre Gruppen mit vita communis* beschränkte[88].

1979 erschien die Denkschrift der EKD "Evangelische Spiritualität", in der die Kommunitäten und christlichen Lebensgemeinschaften als "Gnadenorte" bezeichnet werden[89].

Nach seinem Ausscheiden aus dem Amt des Ratsvorsitzenden wurde Bischof *Claß* von der EKD als Kontaktmann für die Evangelischen Kommunitäten beauftragt. Die Aufgabe bestand in jenen Jahren darin, in der evangelischen Kirche ein Bewußtsein für die monastische Berufung zu wecken. Im Rückblick konnte beim Treffen des Vorbereitungskreises am 26. Juni 1990 in Selbitz gesagt werden, daß dies gelungen sei. Ein Ergebnis dieser Jahre dürfte sein, daß der Rat der EKD 1985 einen Vertreter bzw. eine Vertreterin der Kommunitäten in die Synode berief; derzeit ist es Frau Hannelore Lioba *Benkard,* CCR; als Vertreter sind aufgestellt: Sr. Adelheid *Wenzelmann* von Selbitz und ein Bruder der Christusträger, Triefenstein.

In seinem Abschiedswort an die Kommunitäten beim Treffen der KEK in Selbitz sagte Bischof *Claß* am 27. Juni 1991: "Ich danke Gott dafür, daß es die Kommunitäten gibt. Darin sehe ich einen Hinweis auf die Treue Gottes zu unserer evangelischen Kirche. Ich sehe darin auch eine göttliche Korrektur einer Fehlentscheidung unserer Kirche im 16. Jahrhundert..."[90]

1990 bat Bischof *Claß* aus Altersgründen darum, von seinem Dienst entbunden zu werden, und legte der EKD-Synode auf ihrer Tagung im November 1990 in Lübeck-Travemünde einen ausführlichen Tätigkeits-

---

[86] Von diesem Treffen berichtet auch J. *Halkenhäuser,* Die Evangelischen Kommunitäten. *In:* Engagement und Zeugnis, 40 (= ÖR 30 [1981] 126).

[87] Erstmals veröffentlicht in: una sancta 34 (1979) 93–95, neuerdings auch bei J. *Halkenhäuser,* Kommunitäten und Kirche, 17–22.

[88] Heute umfaßt der Verteiler 30 Anschriften von 23 verschiedenen Kommunitäten, s. Dokumentations-Anhang Nr. 2, S. 401f.

[89] EKD-Denkschrift "Evangelische Spiritualität", Gütersloh 1979, 53f.

[90] Das Abschiedswort von Bischof Claß findet sich vollständig im Dokumentations-Anhang Nr 10, S. 427–431.

bericht vor[91]. Die Synode faßte daraufhin folgenden Beschluß, von dem alle Kommunitäten der KEK eine schriftliche Ausfertigung erhielten:

"Die Synode hat den Bericht des Beauftragten des Rates für die evangelischen Kommunitäten mit Dank und Zustimmung entgegengenommen. Sie richtet ihren Dank auch an die kommunitären Gemeischaften für den Dienst, den sie zeichenhaft für die ganze Kirche tun. Sie verbindet damit die Bitte, die Kommunitäten mögen sich auch weiterhin als Teil der größeren kirchlichen Gemeinschaft betrachten, den Austausch mit Gemeinden und Gruppen pflegen, interessierten, suchenden und beladenen Menschen einen Ort zum Aufatmen gewähren, den Dienst der Fürbitte für Kirche und Welt in Treue wahrnehmen und die Erinnerung an die ökumensche Weite der christlichen Berufung wachhalten..."[92]

Der Rat der EKD beauftragte anschließend als Nachfolger für Bischof Claß den Nordelbischen Bischof des Lübecker Sprengels, Dr. Ulrich *Wilckens,* mit der Begleitung der KEK[93]. Seit er 1991 in den Ruhestand trat, nimmt Bischof Wilckens diesen Auftrag wahr.

Ebenfalls 1991 trat auf Anregung von Landesbischof D. Dr. Johannes *Hanselmann* unter den Kommunitäten innerhalb der Evangelisch-Lutherischen Landeskirche von Bayern ein interkommunitärer Arbeitskreis zusammen, um über das gemeinsame Selbstverständnis und die ekklesiologische Standortbestimmung kommunitären Lebens nachzudenken. Das Ergebnis, zusammengefaßt in dem Papier: "Zum Selbstverständnis der Evangelischen Kommunitäten"[94], dürfte nicht nur für die bayerischen Kommunitäten, sondern darüber hinaus für die meisten der in der KEK zusammengefaßten Gemeinschaften sprechen.

Mit den hier skizzierten Entwicklungen der letzten Jahre ist eine erfreuliche Wende angedeutet, die sich im Verhältnis zwischen protestan-

---

[91] Veröffentlicht bei J. *Halkenhäuser,* Kommunitäten und Kirche, 26–33.

[92] Im Dokumentations-Anhang Nr. 9, S. 426. Ähnlich positiv äußerte sich Kirchenpräsident H. *Spengler* vor der Synode der Evangelischen Kirche in Hessen und Nassau im Frühsommer 1992, s. "Offenheit gehört zum Wesen der Kirche". *In:* Evangelische Kirchenzeitung Nr. 23, 7. Juni 1992, S. 10: "Von den Kommunitäten gehen bedeutsame Einflüsse in unsere Kirche, insofern Dienste in kirchlichen Gremien und auch an unzähligen einzelnen im Dienst der Kirche stehenden Frauen und Männern wahrgenommen werden, die dort Stille, Gebet, Seelsorge und Motivation für christliches Reden und Handeln suchen und finden. ... (Dort) wird die Praxis eines zu Gottes Wort geöffneten Lebens eingeübt und weitergegeben."

[93] S. den Brief des damaligen Ratsvorsitzenden der EKD, Bischof M. *Kruse,* Berlin, vom Februar 1991 an die Kommunitäten, im Dokumentations-Anhang Nr. 9, S. 425.

[94] Veröffentlicht bei J. *Halkenhäuser,* Kommunitäten und Kirche, 35–40.

tischen Kirchen und Kommunitäten vollzogen hat und die sich mit den Worten beschreiben ließe: von der Außenseiterrolle zur willkommenen Bereicherung und Indienstnahme. Dennoch macht gerade das letztgenannte Papier in seinem Endabschnitt auch deutlich, daß über die verbal geäußerten und durchaus aufrichtig und ernst gemeinten "Willkommensgrüße" hinaus immer noch kaum Schritte für eine kirchenrechtliche Verankerung der Kommunitäten im Protestantismus gefunden sind[95]. Das ist auch besonders schwer, weil das "Phänomen Kommunitäten" im evangelischen Kirchenrecht bisher nicht vorgesehen ist. Eine gewisse Ausnahme und zugleich ein Wegzeichen in eine gangbare Richtung scheint die *Kommunität Imshausen* zu sein, die seit Jahren regelmäßig den Besuch der Kirchenleitung der Evangelischen Kirche in Kurhessen-Waldeck im Sinne einer *kirchlichen Visitation* empfängt. Ebenfalls dürfte es zeichenhaften Charakter haben, daß die neue Priorin der *Communität Casteller Ring,* Schwester Edith Therese *Krug,* am 9. Februar 1991 von Bischof *Hanselmann,* und d. h. von der Kirche, in ihr Amt eingeführt wurde.

2.2 "Die Heilsökonomie Gottes": Zusammenfassung und Ausblick in methodischer Hinsicht

Methodios von Olymp († um 311) hat uns eine Abhandlung über das zölibatäre Leben, oder, wie die Alten sagten, über die *Jungfräulichkeit,* hinterlassen, die in Form eines geistlichen und geistreichen Redewettstreites unter einer Schar von zehn Asketinnen gestaltet ist und den Namen "Das Gastmahl" trägt[96]. Dort wird die Jungfräulichkeit bemerkenswerterweise nicht in erster Linie individuell auf das Leben einzelner und deren asketische Leistung bezogen, sondern als eine Gabe Gottes an die *Menschheit* dargestellt, die unter dem Alten Bund noch nicht in

[95] Siehe unten S. 214.

[96] Griech. Text bei: G. N. *Bonwetsch* (Hg.), Methodius (mit deutscher Übers.), sowie bei: H. *Musurillo*/V.-H. *Debidour,* Méthode d'Olympe, Le banquet (SC 95, mit franz. Übers.); deutsch auch bei: L. *Fendt,* Des heiligen Methodius von Olympus Gastmahl (BKV Dionysius Areopag., 271–397). Zu den folgenden Gedanken regte mich an: J. *Laplace,* La virginité selon les premiers Pères, 176.

Erscheinung treten[97], sondern im Laufe der Heilsökonomie Gottes erst durch den Herrn selbst verkündet und gebracht werden konnte[98].

Angesichts der oben dargestellten Entwicklung, die von einer "protestantischen Klostervergessenheit" dazu führte, daß Bruderschaften, Kommunitäten und ordensähnliche zölibatäre Gemeinschaften ihren Platz in der Kirche trotz aller Anfechtungen behaupteten, kann man vielleich in Abwandlung der Gedanken des Methodios davon sprechen, daß es ein Schritt in der *Heilsökonomie Gottes für den Protestantismus* war, den evangelischen Kirchen und der protestantischen Christenheit die jungfräuliche Berufung wieder zu schenken, sie dadurch zu bereichern und ihr neue Kraftquellen zu erschließen[99]. "Somit ist das Phänomen des Wiedererstehens von Kommunitäten in den evangelischen Kirchen nicht zuerst Folge eines kirchlichen Notstands – wenngleich spirituelle Aufbrüche sich häufig als geistgewirkte Antwort auf die Herausforderung einer bestimmten religiösen Situation in Kirche und Gesellschaft artikulieren. In der evangelischen Christenheit vertieft sich vielmehr die Einsicht, daß die Bildung gemeinschaftsintensiver Modelle christlichen Lebens wie etwa der Kommunitäten ein Vorgang ist, der sich aus dem Wesen der Kirche selbst ableitet."[100]

Um nun von hier aus weitergehen zu können und einzelne Gemeinschaften näher zu betrachten, sind aber zuerst noch einige Begriffsklärungen und Einschränkungen des Untersuchungsbereiches erforderlich.

2.2.1 Klärung der Begrifflichkeit

Die geschilderte Bewegung in der Kirche, die zur Bildung von Lebenszentren, ökumenischen Kreisen, Bruderschaften und Kommunitäten geführt hat, ist so vielfältig und so reich verzweigt und untereinander

---

[97] *Methodios,* Gastmahl I,2–3: *Musurillo/Debidour* 56,1–62,38 (*Fendt* 286–289).

[98] Gastmahl I,4: *Musurillo/Debidour* 62,1–9 (*Fendt* 289f). Daß damit nicht die Ehe abgewertet werden soll, macht Methodios in der Rede Theophilas deutlich: Gastmahl II: *Musurillo/Debidour* 68–88 (*Fendt* 291–300).

[99] Angesichts der Entwicklungstrends in Kirche und Gesellschaft darf man wohl auch umfassender die Entstehung der "Jungen Bewegungen" überhaupt als einen Schritt in der Heilsökonomie Gottes betrachten, weil sie in einer "Kirche auf der Suche nach 'kommunikativen Sozialmilieus'" ihrer Intention nach "Orte authentischer Glaubenserfahrung" darstellen wollen, die eine kirchlich entwurzelte Generation noch anzusprechen vermögen (s. M. *Kehl,* Keine Angst vor der Moderne, 30 u. 34).

[100] J. *Halkenhäuser,* Das Evangelium in Gemeinschaft leben, 497f.

wieder verbunden, daß jede begriffliche Einteilung auf Schwierigkeiten stößt. Vor allem die Bezeichnung *Bruderschaft* kann sowohl für *Gesinnungsgemeinschaften* ohne vita communis oder Zölibat, aber mit gemeinsamer Regel verwendet werden (z. B. die *Evangelische Michaelsbruderschaft*) als auch für Gemeinschaften *mit vita communis und Zölibat* (z. B. die *Christusbruderschaft Selbitz*)[101].

Dennoch hat sich im Lauf der letzten Jahre eine gewisse Klärung eingestellt: mit dem Ausdruck *Bruderschaft* werden im allgemeinen solche Gruppen bezeichnet, die *ohne Zölibat und vita communis* leben und durch eine gemeinsame Regel verbunden sind, unbeschadet des Eigennamens mancher anders gearteter Gruppen, die diesen sozusagen als "Markenzeichen" führen und ihn daher nicht so ohne Weiteres ändern können. Ist aber im folgenden allgemein von "Bruderschaften" die Rede, dann sollen damit ab jetzt die Kreise gemeint sein, die der obigen Definition entsprechen.

Kommunitäten hingegen sind, wie der Name bereits sagt, Gemeinschaften *mit vita communis*. Durch die Selbstbeschränkung der *Konferenz Evangelischer Kommunitäten* auf solche Gruppen, die überdies auch *zölibatär* leben, ist der Begriff noch enger gefaßt und bezeichnet Gemeinschaften, die etwa katholischen Orden entsprechen. Die Einschränkung ist von der Wortbedeutung her an sich nicht notwendig. Eine Gruppe wie die Großfamilie der *Offensive Junger Christen* müßte von ihrer Lebensform her durchaus als Kommunität angesprochen werden können[102]. Dennoch soll um der Klarheit willen ab jetzt der Ausdruck "Kommunitäten" in der eingeschränkten Weise verwendet werden, weil er im Namen der "Konferenz Evangelischer Kommunitäten" in diesem Sinne offizielle Bedeutung erlangt hat.

---

[101] S. dazu schon E. *Müller-Gangloff* 1955/56, zitiert bei J. *Halkenhäuser,* Kirche und Kommunität, 11: "Kommunität ist gerade deshalb ein so ausgezeichnetes Wort, weil es einerseits mehr aussagt als die durch fortlaufenden Mißbrauch immer farbloser gewordene Bezeichnung Bruderschaft, andererseits aber von vornherein bescheidener ist als das sehr prätenziöse Wort Orden ..."; s. ferner *Halkenhäuser* a.a.O. 214f; S. *v. Kortzfleisch,* Mitten im Herzen der Massen, 18f.

[102] Die Befremden und Anfragen, die Br. Karl *Trappe* von der *Communitaet Simonshofen* gegenüber Bischof Claß zum Ausdruck brachte, haben in dieser Gleichsetzung von "Kommunität" mit "Evangelischem Kloster" ihren Grund und ihre Berechtigung, s. unten im Dokumentations-Anhang Nr. 7, S. 429f.

2.2.2 Die Auswahl der zu beschreibenden Kommunitäten und ihre Begründung

Es geht also nun um die Aufnahme und Verarbeitung von Tradition in evangelischen Kommunitäten gemäß der oben eingeführten Definition, d. h. in zölibatären Gemeinschaften mit *vita communis*. Um die Behandlung des Themas nicht uferlos werden zu lassen, beschränkt sich die folgende Untersuchung auf Evangelische Kommunitäten in Deutschland.

Aber auch so wären es noch zu viele Gemeinschaften, was eine weitere Einschränkung nötig macht. Dabei sind zwei Gesichtspunkte leitend: a) die zu beschreibenden Kommunitäten sollten schon längere Zeit existieren, damit ihre Lebensformen bereits eine gewisse Konsolidierung und auch Reflexion erfahren haben können; b) es sollte dabei eine Vielfalt der geistlichen Hintergründe und der Lebensgestaltungen zum Ausdruck kommen. Würden z. B. ausschließlich solche Kommunitäten vorgestellt, die sehr bewußt Impulse des alten Mönchtums aufgegriffen haben, könnte das Vorgehen einer methodischen *petitio principii* gleichen. *Könnte,* denn das Anliegen dieser Arbeit, die Aufnahme von Tradition darzustellen, kann *unabhängig* von der Frage, ob das bewußt oder unbewußt geschieht, verwirklicht werden. Dennoch ist es besonders reizvoll, unter dieser Hinsicht auch solche Kommunitäten zu betrachten, die nicht oder jedenfalls nicht von Anfang an Impulse des Mönchtums und der alten Kirche bewußt aufgegriffen haben.

Die Auswahl beschränkt sich auf die folgenden vier Kommunitäten:

a) Die *Communität Casteller Ring.* Nach Halkenhäusers Einteilung gehört diese Frauengemeinschaft zum eher "ekklesial orientierten" Typ[103]. Sie hat unter anderem sehr bewußt und sehr dankbar vom benediktinischen Mönchtum gelernt, beim Hl. *Benedikt von Nursia* in die "Schule für den Dienst des Herrn" zu gehen (RB Prol 45), und ist von daher eine Fundgrube.

b) Die *Gethsemanebruderschaft* (Koinonia). Diese kleine Kommunität entzieht sich der raschen Einteilung nach dem einen oder anderen Schema. Mit Wurzeln des Pietismus hat sich aber jedenfalls in der Person des Gründers, Pastor Olav *Hanssen,* die ebenfalls sehr bewußte Anknüpfung an einen anderen Typ des Mönchtums verbunden, nämlich an die Tradition der *ägyptischen Wüste*; man könnte paradigmatisch den Namen von *Evagrios Pontikos († 399)* nennen. Daher ist auch diese Gemeinschaft von vornherein interessant für unsere Themenstellung.

---

[103] Siehe o. S. 46.

c) Die *Christusbruderschaft Selbitz* gehört, will man Halkenhäuser folgen, eher zum "pietistischen, von der Erweckungsfrömmigkeit geprägten" Typ, obwohl allerdings schon von Anfang an auch andere Elemente wirksam waren. Gerade in den letzten Jahren, vor allem ausgelöst durch die Krise nach dem Tod der Gründer Walter und Hanna *Hümmer,* vollzieht sich aber eine bewußte Hinwendung zum Ordensmäßigen, zum gregorianischen Stundengebet, zum Studium der Väter. Die spannende Frage ist hier, welche Erfahrungen hinter einer solchen Entwicklung stehen und was die Geschwister mit der Tradition, wie sie sie aufgreifen und verstehen, erleben. Die Gemeinschaft umfaßt Frauen und Männer, wobei aber z. Z. die Frauen bei weitem in der Überzahl sind.

d) Die *Kommunität Adelshofen* steht sehr bewußt in ihrem pietistischen Erbe. Sie hat keine der Christusbruderschaft Selbitz ähnliche Entwicklung aufzuweisen. Insofern ist sie gewissermaßen der "Hecht im Karpfenteich" im Rahmen dieser Untersuchung. Aber die Schwestern und Brüder leben ihre Berufung sehr bewußt[104] und machen daher Erfahrungen, die in mancher Hinsicht ihre Parallelen bei den Vätern haben.

Bevor wir aber dazu übergehen können, einige den Kommunitäten im Großen und Ganzen gemeinsamen Grundlinien in Bezug auf die Tradition darzustellen (II. Hauptteil) und danach die vier genannten Kommunitäten selbst genauer zu betrachten (III. Hauptteil), müssen wir noch klären, was in dem vorliegenden Zusammenhang unter "Tradition" verstanden werden soll.

---

[104] Seit 1978 ist innerhalb der Kommunität allerdings auch eine Familiengemeinschaft nach Art von Tertiär-Geschwistern entstanden.

3. Was ist hier mit "Tradition" gemeint?

Wenn es in dieser Arbeit darum geht, einem Lebensstrom nachzuspüren, der im Raum der evangelischen Christenheit eine Zeit lang nur "unterirdisch" hat fließen können, aber heute wieder ans Licht getreten ist, wenn es also darum geht, in praktisch dargelebter Nachfolge Christi in Kommunitäten Verbindungslinien zu entdecken, die hinführen zu ähnlichen Gestalten christlichen Lebens in den Jahrhunderten der frühen Kirche, dann erhebt sich von selbst die Frage, wie diese Beziehung in *systematischer* Hinsicht genauer beschrieben werden kann. Es geht um die Frage nach der Tradition. Was muß in dem vorliegenden Zusammenhang darunter verstanden werden? Und wie kann auf dem Hintergrund der systematisch-theologischen Reflexion die *Legitimität* der Verbindung von Kommunitäten mit monastischer Tradition erhoben werden?

Es scheint geraten, zur Beantwortung dieser Fragen mit dem fundamental-theologischen Thema der Offenbarungsquellen einzusetzen und daran die früheren Gegensätze der Konfessionen als auch die heute zu beobachtende Konvergenz zwischen den Kirchen darzustellen. Es werden sich dabei verschiedene Möglichkeiten zeigen, wie das Wort "Tradition" verstanden werden kann. Indem wir schließlich erörtern, welches Verständnis von "Tradition" für unser Thema zutreffend ist und welches nicht, wird zugleich die Art und Weise, wie evangelische Kommunitäten Zugang zu Lebenszeugnissen der Vergangenheit haben, charakterisiert werden.

Außerdem können hoffentlich im Zuge der Darstellung gewisse *Vorbehalte* ausgeräumt werden, die dadurch bedingt sind, daß einige – vielleicht besonders evangelische Christen – mit dem Begriff "Tradition" immer noch etwas Mühe haben, weil sie dahinter menschliche *Zusätze zur Heiligen Schrift* wittern, deren Legitimität bestritten wird, während andere argwöhnen könnten, in der Aufnahme von "Tradition" durch evangelische Kommunitäten sei *nostalgische Sehnsucht* nach "guten alten Zeiten" mit im Spiel; wieder andere – möglicherweise besonders Katholiken – nehmen vielleicht an der zu beobachtenden Vielfalt traditioneller Bezüge im Leben von Kommunitäten Anstoß und sehen darin einen von subjektiven Vorlieben bestimmten *Eklektizismus.*

3.1 Tradition in fundamental-theologischer Hinsicht

3.1.1 Historischer Exkurs

Die ersten Christen hatten als "Heilige Schrift" die Glaubenszeugnisse Israels, deren Anzahl und Umfang noch zu Beginn des ersten nachchristlichen Jahrhunderts nicht exakt festgelegt war[1]. Unterschiede im Kanon der Septuaginta und der hebräischen Bibel (vgl. die sog. "Apokryphen" oder besser die "deuterokanonischen" Bücher) wirkten sich auch auf die Heilige Schrift der christlichen Kirche und ihre Kanonlisten aus. Die christliche Gemeinde las und hörte die heiligen Texte Israels "wie selbstverständlich von Christus her und auf ihn hin"[2], weil sie in ihm die Erfüllung dessen erfahren hatte, was durch das Gesetz und die Propheten angekündigt und verheißen worden war; so wurde das später so genannte "Alte Testament" (zum ersten Mal bei *Meliton v. Sardes, † 190*) in seiner Vor-Läufigkeit gekennzeichnet, zugleich aber als gültiges und bedeutsames Wort Gottes bewahrt. Die junge Kirche bekannte sich zu dem Gott Israels als identisch mit dem Vater Jesu Christi.

Ihre eigene Botschaft existierte zunächst in der mündlichen Predigt der Apostel, in der Verkündigung von Jesus Christus, seinen Worten und Taten, aktualisiert in Gottesdienst und Leben der Gemeinde. "Offenbarung" – das war Gottes Handeln in seinem Sohn Jesus Christus; Gottes "Wort" – das war der Sohn in Person, durch den Gott "in diesen letzten Tagen zu uns geredet hat", nachdem er "vorzeiten vielfach und auf vielerlei Weise geredet hat zu den Vätern durch die Propheten" (Hebr 1,1–2). Was an schriftlichen Dokumenten entstand, die Briefe, die Evangelien, das stand im Dienst der Verkündigung und des Aufbaus der Gemeinden. Bis ins frühe 2. Jh. hinein war die Kirche überzeugt, unmittelbaren Zugang zum Zeugnis der Apostel in dessen mündlicher Weitergabe (*traditio*, Über-Lieferung) zu haben. Durch den Heiligen Geist war Christus und das durch ihn gewirkte Heil Gottes in der Verkündigung der Kirche, in Taufe und Eucharistie, stete Gegenwart. So konnte *Irenäus v. Lyon († 202)* sagen: "Das Gesetz kündigt an, die Propheten rufen aus, Christus offenbart, die Apostel überliefern (*tradunt*), die Kirche glaubt"[3].

---

[1] S. dazu K. S. *Frank*, Zur altkirchlichen Kanonsgeschichte; M. *Hengel*/R. *Deines*, Die Septuaginta als "christliche Schriftensammlung" und das Problem ihres Kanons; O. H. *Steck*, Der Kanon des hebräischen Alten Testaments. Zum folgenden s. auch: O. *Merk*, Art. "Bibelkanon 2. NT.licher Kanon"; R. *Riesner*, Art. "Bibel, a) Entstehung, III. Der Kanon".

[2] *Ökumenischer Arbeitskreis, Gemeinsame Erklärung*, 372; vgl. auch G. *Ruhbach*, Art. "Bibel b)", 249.

[3] Adv. haer. II 30,9, zitiert bei K. S. *Frank*, Zur altkirchlichen Kanongeschichte, 148f.

Erst die "Erfahrung *widersprüchlicher Deutungen* und gegensätzlicher Beanspruchungen des apostolischen Kerygmas"[4] im 2. Jh. durch die Gnosis, den Montanismus und durch *Markion († ca. 160)* zwang zur Rückbesinnung auf die eigenen Ursprünge und beschleunigte so die Entstehung des ntl. Kanons. Schriften, die in den Gemeinden bereits in Gebrauch waren und im Gottesdienst zur Verlesung kamen, wurden nun gesichtet, manche ausgeschieden, andere gesammelt und in Kanonlisten zusammengestellt. Maßgebend war dabei die allgemeine Geltung dieser Schriften in allen Gemeinden und das Anliegen, die Kontinuität der Kirche mit ihren Anfängen festzuhalten. Als auf dem Kerygma der Apostel gegründete Gemeinde Jesu Christi benannte sie diejenigen Dokumente, die mit der von den Aposteln überkommenen mündlichen Christus-Verkündigung übereinstimmten[5]. Um 200 herum war die wesentliche Phase der Kanonwerdung der ntl. Schriften abgeschlossen, auch wenn es noch lange Unsicherheiten bezüglich des genauen Umfangs gab (z. B. hinsichtlich des Hebräerbriefes, der Apokalypse, des 2. Petrus- und des 2. und 3. Johannesbriefes). Das "Neue Testament" im heutigen Umfang wird zum ersten Mal 367 im 39. Osterfestbrief des Athanasios greifbar sowie im Westen in den Synoden von Rom 382 und Hippo 393. Allerdings hatten sowohl die Beschlüsse der altkirchlichen Synoden zur Kanonfrage als auch die Verlautbarung des Athanasios prinzipiell nur lokale Bedeutung. Eine für die gesamte Kirche als verbindlich geltende Entscheidung über den Umfang der Bibel wurde damals nicht getroffen. Das geschah im Westen erst auf dem Konzil von *Florenz* 1441, wobei die "deuterokanonischen" Schriften des AT unterschiedslos zur Heiligen Schrift gerechnet wurden, eine Entscheidung, die vom *Trienter Konzil* (1545–1563) wiederholt wurde, obwohl es starke Strömungen gab, die eine Differenzierung in der Geltung dieser Schriften aufgrund innerer Kriterien anstrebte. Im Osten erfolgte eine allgemeinverbindliche Festlegung erst auf der Synode von *Jerusalem* 1672, wobei die Stellung zu den "deuterokanonischen" Büchern schwankend blieb. So kann man mit Walter *Kasper* sagen, daß die Schrift "selbst in einem langen Überlieferungsprozeß entstanden" ist, und daß es die *Tradition* selbst ist, "in welcher die Schriften zum Kanon der Schrift gesammelt (sic) und welche sie als Heilige Schrift uns bis heute erhalten und überliefert hat"[6].

Durch die *Reformatoren* wurde das Verhältnis von Schrift und Tradition radikal in Frage gestellt[7]. Unter dem Begriff *traditio* versteht die *Confessio Augustana* durchgängig *menschliche* Überlieferungen, die das biblische Wort verdunkeln und

---

[4] *Ökumenischer Arbeitskreis, Gemeinsame Erklärung,* 377 (Hervorhebung im Original).

[5] K. S. *Frank,* Zur altkirchlichen Kanongeschichte, 154; vgl. auch H. *Burkhardt,* Art. "Bibel, c) systematisch-theologisch" 254; G. *Lindbeck,* Heilige Schrift, Konsens und Gemeinschaft, 48–50; R. *Riesner,* Art. "Bibel, a) Entstehung, III. Der Kanon" 248.

[6] W. *Kasper,* Das Verhältnis von Schrift und Tradition. *In:* W. *Pannenberg*/ Th. *Schneider* (Hg.), Verbindliches Zeugnis I, 335.

[7] Vgl. zum folgenden W.-D. *Hauschild,* Die Bewertung der Tradition in der lutherischen Reformation. *In:* W. *Pannenberg*/Th. *Schneider* (Hg.), Verbindliches Zeugnis I, 195–231.

verdecken. Man muß allerdings beachten, wie sehr sie sich darum bemüht, ihre Übereinstimmung mit der alten Kirche, den Glaubenssymbolen, den frühen ökumenischen Konzilien und der Praxis der ganzen geeinten ("gemeinen") Christenheit zu betonen. Wenn sie auch hierfür das Wort "Tradition" nicht gebraucht, so begegnet doch das Problem der Sache nach, und zwar *positiv*, allerdings ausschließlich so, daß diese Funktionen der frühen Kirche ganz im Dienst der rechten Schriftauslegung gesehen werden. Norm ist in allem die Heilige Schrift. *Luther* versteht das Wort Gottes als *personale Anrede*, als Beziehung: Christus selbst ist das Wort Gottes[8]. Als *verbum externum* braucht es die unverfügbare Überlieferungs- und Bezeugungsgestalt der Schrift. Aber eigentlich bleibt das Wort immer die *viva vox evangelii*, eine mündliche Größe[9]. Damit ist die Autorität der Schrift inhaltlich bestimmt: durch Christus. Tradition als Weitergabe der Schrift, und d. h. des apostolischen und prophetischen Christuszeugnisses, ist *Tradition Gottes*, "von ihm selber verursacht und damit auch autorisiert"[10]. Der Gegensatz ist also nicht: schriftlich/mündlich, sondern: göttlich/-menschlich. Die altkirchlichen Dogmen sind nicht deswegen gültig, weil sie von einem Konzil beschlossen wurden, sondern weil sie dem zentralen Inhalt der Heiligen Schrift entsprechen. Die Kirchenväter bis zu *Augustin* und *Gregor d. Gr.* haben nach Überzeugung der Reformatoren nichts anderes getan, als die Schrift recht auszulegen, weshalb diese glaubten, bei ihnen positiv anknüpfen zu können. Erst im Mittelalter habe die Verfremdung des Evangeliums durch "Menschensatzung" begonnen. In unserem Zusammenhang mag die Feststellung besondere Bedeutung haben, daß auch Luthers *Ablehnung der Klostergelübde* in *soteriologischer* Hinsicht erfolgte. Hier ging es gleichfalls nicht um die Alternative "Schrift oder Tradition", sondern um den Gegensatz von göttlicher Satzung und menschlicher Setzung, gemessen an Rechtfertigung und Heil des Menschen. Das *sola scriptura* der Reformation ist mithin nicht als "ein formaler Biblizismus" gemeint, sondern muß von der "Rechtfertigungslehre in ihrer grundlegenden Intention" her verstanden werden, die das "materiale Prinzip" des Traditionsproblems darstellt[11]. Nach Luther ist es die *fides iustificans*, die den Sinngehalt der Schrift erfaßt. Dabei ist der Rechtfertigungsgedanke kein "Axiomatisches Selektionskriterium", sondern fungiert "eher im Sinne einer organisierenden und

---

[8] G. *Ruhbach* kann daher sagen, daß "die Reformation M. Luthers nicht von der Wiederentdeckung des bibl. *Textes*, sondern der bibl. *Botschaft* aus" erfolgt sei (Art. "Bibel b)" 250, Hervorhebungen von mir); vgl. auch W. H. *Lazareth*, Das sola scriptura-Prinzip Martin Luthers, 108f. 115.

[9] Auch in der CA ist die *viva vox evangelii* nicht ein "Depositum von Lehrsätzen". Dennoch ist das kein "inhaltsschwacher kerygmatischer Aktualismus", "sondern das in Verkündigung und Sakramentsspendung sich ereignende Geschehen, in dem dem Menschen durch den Heiligen Geist Gottes Rechtfertigung in Jesus Christus wirklich zugeeignet wird", G. *Wenz*, Die Kanonfrage als Problem ökumenischer Theologie. *In:* W. *Pannenberg*/Th *Schneider* (Hg.), Verbindliches Zeugnis I, 250 unter Verwendung eines Zitats von W. *Lohff*.

[10] W.-D. *Hauschild*, Die Bewertung der Tradition, 198.

[11] W.-D. *Hauschild* a.a.O. 196.

regulativen Idee"[12]. Der Sache nach war also das *sola scriptura* primär ein *solus Christus*[13]. Erst die nachfolgende altprotestantische Orthodoxie formalisierte es dann zum "Schriftprinzip" im Sinne eines biblizistischen Fundamentalismus[14].

In Auseinandersetzung mit dem reformatorischen *sola scriptura* lehrte das *Konzil von Trient* (1545–1563) über das Evangelium, daß es "unser Herr Jesus Christus, der Sohn Gottes, zuerst mit eigenem Munde verkündete und danach durch seine Apostel als Quelle aller heilsamen Wahrheit und Sittenlehre jedem Geschöpf predigen ließ", und fährt fort, "daß diese Wahrheit und Lehre in geschriebenen Büchern und ungeschriebenen Überlieferungen enthalten sind", welche beide "mit dem gleichen Gefühl der Dankbarkeit und der gleichen Ehrfurcht" angenommen und verehrt werden[15]. Diese Formulierungen haben eine bewegte Vorgeschichte. Zu Beginn des Konzils war nämlich noch nicht geklärt, was unter dem Begriff "Tradition" zu verstehen sei: die apostolische Überlieferung oder auch später hinzugekommene Bräuche. Das Konzil hat diese Frage nicht direkt entschieden, aber den Traditionsbegriff so erklärt, daß die Überlieferungen, *formal* "entweder aus dem Munde Christi selbst empfangen oder von den Aposteln selbst auf Diktat des Heiligen Geistes gleichsam von Hand zu Hand weitergegeben, bis auf uns gekommen sind", und zwar *inhaltlich* solche Überlieferungen, "welche zum Glauben" und "zu den Sitten gehören" (*tum ad fidem, tum ad mores pertinentes*)[16]. Besonders umstritten war die Formulierung "in geschriebenen Büchern und ungeschriebenen Überlieferungen", weil die Zuordnung der beiden Begriffspaare unklar war: eine starke Partei wollte sie im Sinne eines "teils-teils" (*partim-partim*) auffassen, was bedeutet hätte, daß die Heilige Schrift alleine als "Quelle aller heilsamen Wahrheit und Sittenlehre" nicht ausreicht und einer inhaltlichen Ergänzung bedarf. Es hat sich auf dem Konzil dann doch diejenige Richtung

---

[12] G. *Wenz,* Die Kanonfrage als Problem ökumenischer Theologie, 251f.

[13] J. *Brosseder,* Art. "Tradition II, kath. Sicht", 1193.

[14] Beachte die Differenzierung bei G. *Ruhbach:* "... in der zweiten Generation der Reformation, der sog. altprot. Orthodoxie wurde nicht das Wort Gottes, sondern erneut die Hl. Schrift zum Fundament für Leben und Lehre der Kirche erklärt" (Art. "Bibel b)" 251); die altprotestantische Position des Biblizismus scheint heute, wenn ich recht sehe, u. a. von R. *Slenczka* vertreten zu werden, s. *ders.*, Schriftautorität und Schriftkritik; mit ähnlicher Tendenz trotz differenzierterer Argumentation: H. *Burkhardt,* Art. "Bibel, c) systematisch-theologisch"; M. *Thurian,* Gemeinsam glauben – gemeinsam handeln, 15–33.

[15] DH 1501; vgl. zu diesem Dekret G. *Ebeling,* "Sola scriptura", 308f Anm. 47 (hier und im folgenden zitiert nach dem Wiederabdruck bei E. *Käsemann* [Hg.], Das Neue Testament als Kanon); J. R. *Geiselmann,* Das Konzil von Trient über das Verhältnis der Heiligen Schrift und der nicht geschriebenen Traditionen; *ders.*, Die Heilige Schrift und die Tradition, 91–107, 133–167, W. *Joest,* Dogmatik Bd. 1, 52f; W. *Kasper,* Das Verhältnis von Schrift und Tradition, 344–354; P. *Lengsfeld,* Tradition und Heilige Schrift, 468–474; *Ökumenischer Arbeitskreis, Gemeinsame Erklärung,* 381f.385f; J. *Ratzinger,* Ein Versuch zur Frage des Traditionsbegriffs, 50–68; G. *Wenz,* Die Kanonfrage als Problem ökumenischer Theologie, 233–240.

[16] DH 1501.

durchgesetzt, die das Verhältnis von Schrift und Tradition im Sinne eines "sowohl-als auch" (*et-et*) verstand, wodurch die Frage, ob die Schrift inhaltlich ausreichend oder ergänzungsbedürftig ist, zumindest offen blieb. Man muß den so entstandenen Text m. E. nicht im Sinne einer Zwei-Quellen-Theorie auffassen, da er nur das Evangelium selbst als "Quelle" bezeichnet, aber *de facto* ist er doch so verstanden und wirksam geworden[17], d. h. das *et-et* wurde in der nachtridentinischen Theologie wieder im Sinne eines *partim-partim* aufgefaßt. So hat sich die eine lange Zeit hindurch wirksame Theorie von Schrift und Tradition als zwei gleichwertig nebeneinander stehenden Quellen der Offenbarung Gottes als kontroverstheologische Position gegen das Schriftprinzip des Protestantismus entwickelt[18].

Noch eine weiter Entwicklungslinie muß nun dargestellt werden[19]. In den Auseinandersetzungen zwischen Papst und Kaiser im Hochmittelalter stellten die kurialistischen Kanonisten und Theologen die Vollmacht des Papstes besonders heraus, während die Anhänger des Kaisers den Vorrang der Schrift betonten. Es spitzte sich auf das Problem – nicht: Schrift und Tradition, sondern *Schrift und Kirche* zu. Ungelöst blieb aber die Frage: Wer ist die Kirche, der Papst, ein Konzil oder die Gemeinschaft der Glaubenden? Luther hat die Fragestellung theologisch vertieft, aber sowohl ihm als auch seinen Gegnern fehlte es am sakramentalen Kirchenverständnis, das für die alte Kirche charakteristisch war. "Evangelium und Kirche traten nun in das Verhältnis eines kritischen Gegenübers" (346). Gemeinsam blieb Luther mit der altkirchlichen Tradition: "Die Schrift ist das maßstäbliche Zeugnis der ein für allemal ergangenen Offenbarung, die im Heiligen Geist bleibend präsent ist" (347). Wie aber ist die Schrift auszulegen? Diese Frage war bisher noch gar nicht gestellt, also auch noch nicht geklärt worden. "Das eigentlich Neue an der Trienter Entscheidung ... bestand darin, daß nunmehr die aktive Funktion des Lehramts wesentlich deutlicher als in der alten Tradition herausgestellt wurde" (350). Es zeigt sich wieder das

---

[17] *Neuner-Roos,* 2. Aufl. 1948, S. 59 geht noch unter Berufung auf Trient von den "zwei Quellen der Offenbarung" als einem Faktum aus; diese Ausgabe wurde von K. *Rahner* bearbeitet; dennoch hat er schon vor dem letzten Konzil die gegenteilige These vertreten, um einer Festlegung des Konzils auf die herkömmliche Richtung vorzubeugen (s. G. *Wenz,* Die Kanonfrage als Problem ökumenischer Theologie, 236f). Die Interpretation von Trient im Sinne einer Zwei-Quellen-Theorie legt sich heute erst recht nicht nahe, wenn man es "unter den hermeneutischen Bedingungen der Offenbarungskonstitution des II. Vatikanischen Konzils" rezipiert (*Ökumenischer Arbeitskreis, Gemeinsame Erklärung,* 385).

[18] J. R. *Geiselmann,* Die Heilige Schrift und die Tradition, 108–160, 168–177; W. *Kasper,* Das Verhältnis von Schrift und Tradition, 349f; P. *Lengsfeld,* Überlieferung, 124ff. – Diese "Zwei-Quellen-Theorie" hat einen interessanten Vorläufer im *Judentum:* im Talmud heißt es, Mose habe am Sinai neben der schriftlichen eine mündliche Tora empfangen. Diese Lehre sollte die rabbinische Auslegung der Tora legitimieren und ihre Kontinuität sichern, s. H. *Lichtenberger,* Daß du nicht vergißt, 201; G. *Stemberger,* Der Talmud, 77 u. 74f.

[19] Zum folgenden s. W. *Kasper,* Das Verhältnis von Schrift und Tradition, 345ff. Nachstehend beziehen sich Zahlenverweise in Klammern auf diesen Beitrag.

Gegenüber von Schrift und Kirche[20], wobei jetzt aber Kirche als *Amtskirche* verstanden wird. In der nachtridentinischen Theologie tritt das Autoritätsprinzip weitgehend an die Stelle des Traditionsprinzips. Aus dem nach Irenäus der ganzen Kirche verliehenen *charisma veritatis* "wurde nun eine Geistzusage und eine Geistvollmacht für die Hierarchie bei lehramtlichen Entscheidungen" (351), aus der *regula fidei* oder *veritatis*, "der Regel, welche der Glaube bzw. die Wahrheit selbst *ist*" (Genitivus subjectivus!) wurde "eine lehramtliche Regel *für* den Glauben"[21] (Genitivus objectivus!). Das hierarchische Element wurde immer mehr zum Subjekt und Organ der Tradition.

Diese Entwicklung leitete konsequent zum Unfehlbarkeitsdogma von 1870 hin. Sie "kann nur im Zusammenhang mit der neuzeitlichen Denkform der Selbstvergewisserung richtig begriffen werden. Sie führte im 17./18. Jahrhundert zur spezifisch dogmatischen Denkform, welche alle Aussagen auf ... ein Letztprinzip zurückführte" (352). Daß dabei die Gefahr der Entmündigung von Schrift und Tradition durch ein "lehramtsmonopolistisches Traditionsverständnis" entstehen kann, ist nicht abzuweisen. Ist sie aber gebannt, zeigt sich ein *Vorteil* der Entwicklung: Schrift und Tradition werden nicht als tote Größen gesehen, "die man gleichsam wie eine Münze von Hand zu Hand weiterreicht" (ebd.). Die subjektive und aktive Seite der Tradition werden zur Geltung gebracht: "Tradition wurde als Prozeß lebendigen Weitergebens verstanden"; Tradition ist "Akt und Inhalt in einem" (353). Was das Thema von Schrift und Tradition angeht, so hat das Erste Vatikanische Konzil die Formulierungen von Trient wiederholt und durch eine Erklärung über den Glauben als angemessene Antwort auf die Offenbarung Gottes ergänzt[22].

Der Modernismusstreit zu Beginn dieses Jahrhunderts – durch die Art der Auseinandersetzung menschlich wie sachlich eine Tragödie – hat doch andererseits auch dieses eine positive Ergebnis mit sich gebracht: "Die Einmaligkeit und Abgeschlossenheit der Offenbarung wurde jetzt deutlicher herausgestellt. ... Das bedeutete zugleich eine Klärung des Wesens und der Funktion der Tradition als an den Ursprung gebundene Vermittlung der ein für allemal geschehenen Offenbarung."[23] Verschiedene Faktoren führten zu einer Annäherung der Standpunkte, die das ökumenischen Gespräch in diesem Jh. erleichterten und aussichtsreich erscheinen lassen (obwohl die Unterschiede in den Auffassungen keineswegs alle als beseitigt gelten können): das Aufkommen der *historisch-kritischen Methode,* zunächst im Protestantismus, dann aber auch in der katholischen Kirche; ferner die *liturgische Bewegung* und zeitgleich damit ein vertieftes *Studium der Patristik* auf beiden Seiten. Was das Letzte anbelangt, wirkte in der katholischen Kirche vor allem Henri *de Lubac* und die nur

[20] Für die alte Kirche müßte man statt von einem Gegenüber von einer *"Koinhärenz von Bibel und Kirche"* sprechen (G. *Lindbeck,* Heilige Schrift, Konsens und Gemeinschaft, 50).

[21] W. *Kasper,* Das Verhältnis von Schrift und Tradition, 351 (Hervorhebungen von mir).

[22] DH 3006, 3008 ff. Zur Behandlung dieses Themas auf den beiden Vatikanischen Konzilien s. H. *Fries,* Fundamentaltheologie, 305–317.

[23] W. *Kasper,* Das Verhältnis von Schrift und Tradition, 355.

unter Vorbehalt so zu nennende *"Nouvelle Théologie"* bahnbrechend[24]. Auf protestantischer Seite ist die von der lutherischen Orthodoxie vertretene Lehre, die Bibel sei von Anfang an ein von Gott beglaubigtes Ganzes, als fiktiv erwiesen und die faktische Bedeutung des altkirchlichen Überlieferungsprozesses für das Entstehen der Heiligen Schrift erkannt worden. So kam es zu "der allgemeinen Erkenntnis der historischen Bedingtheit der menschlichen Existenz, die angewiesen ist auf T(radition)"[25].

3.1.2 Systematische Problemskizze – Ansätze einer Antwort

Systematisch betrachtet geht es im Wesentlichen um drei Relationen mit den ihnen zugeordneten Unterthemen. Dies sind a) das Verhältnis zwischen dem lebendigen Wortes Gottes in Jesus Christus und dem geschriebenen Wort der Bibel[26] (als Unterthema ergibt sich hier die Frage nach dem Verhältnis von Altem und Neuem Testament), b) das Verhältnis zwischen dem geschriebenen Wort und der Tradition[27] (mit dem Spezialthema der Kanonbildung und ihrer Bedeutung), und c) das Verhältnis zwischen Heiliger Schrift und Kirche (zugespitzt in der besonderen Frage nach dem kirchlichen Lehramt, der Unfehlbarkeit und dem Glaubenskonsens der Gläubigen[28]).

Was das Verhältnis von Kirche und Schrift betrifft, wird katholischerseits gegen die herkömmliche *protestantische* Position der Vorwurf einer

---

[24] Vgl. z. B. H. *de Lubac,* Geist aus der Geschichte (= Histoire et ésprit); *ders.,* L'Écriture dans la Tradition. Die Bezeichnung *"Nouvelle Théologie"* wurde von den theologischen Gegnern als Sammelbegriff für ganz verschiedene des "Modernismus" verdächtigte Strömungen gebraucht, vgl. Cl. *Geffré,* Art. "Nouvelle Théologie"; H. *Rondet,* Art. "Nouvelle Théologie". Das Anliegen *de Lubacs* und seiner Weggenossen bestand darin, der patristischen Theologie und Schriftauslegung gegenüber der ungeschichtlich denkenden Neuscholastik wieder zu ihrem Recht zu verhelfen.

[25] E. *Flesseman-van Leer,* Art. "Tradition I, evang. Sicht", 1191.

[26] Dazu besonders H. U. *v. Balthasar,* Wort, Schrift, Tradition, 11–17; *ders.,* Tradition. *In:* Klarstellungen, 72–80; W. *Joest,* Dogmatik Bd. 1, 50; *ders.,* Fundamentaltheologie, 50f, 167f.

[27] Vgl. H. U. *v. Balthasar,* Wort, Schrift, Tradition, 17–27; W. *Joest,* Dogmatik Bd. 1, 61f; P. *Lengsfeld,* Tradition und Heilige Schrift, 463–484.

[28] Hierzu s. W. *Beinert,* Art. "Kirchliches Lehramt"; *ders.,* Art. "Theologische Erkenntnislehre"; P. *Hünermann,* Tradition – Einspruch und Neugewinn; G. *Lindbeck,* Heilige Schrift, Konsens und Gemeinschaft; H. J. *Pottmeyer,* Die Suche nach der verbindlichen Tradition; *ders.,* Normen, Kriterien und Strukturen der Überlieferung 141, 143, 150f; P. *Scharr,* Consensus fidelium; S. *Wiedenhofer,* Die Tradition in den Traditionen.

kontradiktorischen Begründung erhoben[29]: das behauptete Sola-scriptura-Prinzip setzt die vorgängige Entscheidung der Kirche über Existenz und Autorität der Schrift voraus, mithin kann die Autorität der Kirche nicht von dort her kritisiert werden, was aber versucht wird. Umgekehrt scheint die protestantische Seite *katholischer* Theologie eine *zirkuläre* Begründung vorzuwerfen[30]: die Heilige Schrift wird zwar als Norm der Kirche gesehen (das besagt ja die Bezeichnung "Kanon"), aber die den Kanon schaffende Kirche erscheint gleichzeitig als Norm der Heiligen Schrift. Es sieht so aus, als müßte man notwendig eine dieser beiden Möglichkeiten wählen; ein Drittes scheint es nicht zu geben. Finden wir einen Ausweg aus dem Dilemma?

Beginnen wir mit der ersten Relation, dem Verhältnis zwischen Christus als dem lebendigen Wort und der Bibel als dem geschriebenen Wort. Dabei wird sich zeigen, daß die anderen beiden Relationen explizit oder implizit immer schon mitbehandelt werden.

Einen *ersten Grund-Satz* finden wir in Hebr 1,1–2: "Nachdem Gott vorzeiten vielfach und auf vielerlei Weise geredet hat zu den Vätern durch die Propheten, hat er in diesen letzten Tagen zu uns geredet durch den Sohn". Jesus Christus ist also das lebendige Wort Gottes in Person[31]. Dabei ist unter "Wort" nicht eine rein informative sprachliche Äußerung zu verstehen, der ein konkretes Tatereignis erst sekundär zuzuordnen wäre, sondern im biblischen Sinne sind Wort und Tat untrennbar eins[32]. In Jesus von Nazareth, in seiner Person und ihrem Schicksal, in seinen Worten und Taten, begegnet Gott dem Menschen so, daß er darin einen Anruf verspürt, der ihn zur existenziellen Antwort

[29] Siehe G. *Ebeling*, "Sola scriptura", 295, mit Einschluß eines Zitats aus P. *Lengsfeld*, Überlieferung, 102f. 104; unter Berufung auf *Ebeling* auch G. *Wenz*, Die Kanonfrage als Problem ökumenischer Theologie, 272.

[30] Das steckt implizit in dem Vorwurf G. *Ebelings*, daß nach römisch-katholischem Verständnis die Schrift deshalb kanonische Geltung hat, weil die Kirche kanonische Autorität besitzt, s. "Sola scriptura", 303; einen ähnlichen Zirkel meint G. *Wenz* bei der Besprechung von DV 10 zu finden: das kirchliche Lehramt will sich ausdrücklich der Schrift unterstellen, aber ob es das tut, stellt es selber fest, s. Die Kanonfrage als Problem ökumenischer Theologie, 243.

[31] H. U. *v. Balthasar*, Wort, Schrift, Tradition, 11; W. *Joest*, Dogmatik Bd. 1, 57f; *ders.*, Fundamentaltheologie, 167; *ders.*, Das "Personale" und der Glaube, 34 Anm. 27; H. J. *Pottmeyer*, Die Suche nach der verbindlichen Tradition, 109.

[32] Vgl. H. U. *v. Balthasar*, Theologik II, 251–255; J. *Ratzinger*, Schriftauslegung im Widerstreit, 25 u. 35f; s. B. *Klappert*, Art. λόγος, 1414 u. 1415f; X. *Léon-Dufour*, Wörterbuch zum Neuen Testament, 285 u. 435f.

auffordert. Insofern man sie in diesem umfassenden Sinne versteht, ist die Bezeichnung "Wort" für Jesus Christus gerechtfertigt. Dabei begreift der Hebräerbrief dieses "Wort" als abschließend und endgültig, da es "in diesen letzten Tagen" erging[33].

Ein *zweiter Grund-Satz* schließt sich an: die Erscheinung Jesu Christi ist keineswegs zufällig. Vielmehr wurde er "um unserer Sünde willen dahingegeben (παρεδόθη) und um unserer Rechtfertigung willen auferweckt" (Röm 4,25). Die Passiv-Form deutet an, daß Gott hier der Handelnde ist, er, "der auch seinen eigenen Sohn nicht verschont hat, sondern hat ihn für uns alle dahingegeben (παρέδωκεν)" (Röm 8,32a). Mithin ist Jesus Christus in Person die *Ursprungs-Paradosis* des Vaters an die Menschen zum Heil der Welt[34].

Indem Gott ihn den Menschen "überliefert", offenbart er darin zugleich seine Liebe – "wie sollte er uns mit ihm nicht alles schenken?" (Röm 8,32b). Daher gilt zugleich als *dritter Grund-Satz* das Wort Jesu: "Wer mich sieht, sieht den Vater" (Joh 14,9). "Überlieferung" ist im Kern die *Selbstoffenbarung Gottes*. Und das heißt weiter: "Offenbarung" ist im Kern Selbsterschließung Gottes, Selbstübergabe Gottes an den Menschen in Jesus Christus[35].

Ein *vierter Grund-Satz:* Die Verkündigung der Apostel und der jungen Gemeinde erfolgte unter der Voraussetzung, daß in ihrem Zeugnis durch den Heiligen Geist den Hörern dieselbe Gottesbegegnung in Jesus Christus widerfährt, die sie bezeugten. Der Auftrag: "Geht hin und machet zu Jüngern alle Völker, taufet sie ... und lehret sie alles" ist begründet durch die Feststellung des auferstandenen Herrn: "Mir ist gegeben alle Gewalt

---

[33] W. *Kasper,* Das Verhältnis von Schrift und Tradition, 365. Von Hebr 1 her könnte man auch das Verhältnis von AT und NT entfalten. Dies soll hier unterbleiben, weil das Problem nicht mein Thema von der Rezeption monastischer Tradition in evangelischen Kommunitäten unmittelbar berührt. Das im ersten, historischen Abschnitt dieses Kapitels Gesagte mag genügen; vgl. dazu ferner P. *Hünermann,* Tradition – Einspruch und Neugewinn, 51; J. *Ratzinger,* Schriftauslegung im Widerstreit, 26.

[34] Vgl. H. U. *v. Balthasar,* Theologie der drei Tage, 102–107; *ders.,* Tradition. *In:* Klarstellungen, 73f; W. *Kasper,* Das Verhältnis von Schrift und Tradition, 365; M. *Kehl,* Hinführung zum christlichen Glauben, 84–86; K. *Rahner,* Heilige Schrift und Tradition, 123f.

[35] Vgl. H. U. *v. Balthasar,* Wort, Schrift, Tradition, 11. 13; A. *Blancy,* Langage des indentités, 59; M. *Kehl,* Hinführung zum christlichen Glauben, 74f; H. J. *Pottmeyer,* Die Suche nach der verbindlichen Tradition, 102. Auf diesem Gedanken baut die gesamte Fundamentaltheologie von P. *Knauer* auf, s. *ders.,* Der Glaube kommt vom Hören, 89f.

im Himmel und auf Erden, darum ..." und begleitet von der Verheißung: "Siehe, ich bin bei euch alle Tage bis an der Welt Ende" (Mt 28,18–20). Im Ereignis der Verkündigung geschieht mithin fortlaufend Offenbarung Gottes durch den Heiligen Geist in der Hingabe des Sohnes an die Menschen – nicht mehr im leiblichen Sinne, denn er ist ein für allemal gestorben und auferstanden (Hebr 7,27), wohl aber so, daß der Herr in der Verkündigung der Apostel den Hörern als der für sie Hingegebene und Auferstandene wirklich begegnet und ihnen die Frucht seines Sterben, nämlich sein Leben, wirklich zueignet[36]. So geschieht je aktuell die Paradosis des Sohnes durch den Vater in der geistgewirkten Paradosis der apostolischen Verkündigung. Diese kann mithin nicht nur Wort *über* Gott sein, sondern sie muß "in, mit und unter" dem Wort *über* Gott zugleich *Gottes eigenes Wort* sein[37]. Der lebendige Gott macht das Wort vermöge des im Geist gegenwärtigen und wirkenden Herrn zur lebendigen Anrede, vgl. 2 Kor 5,20: "Gott ermahnt durch uns".

Insofern Wort und Tat Gottes eins sind, ist der verkündete auferstandene Kyrios nicht unter Absehung vom irdischen Jesus, sondern in Identität mit ihm zu verstehen[38]. Weil also die aktuelle Gottesoffenbarung bleibend gebunden ist an Gottes Offenbarung in dem geschichtlichen Jesus von Nazareth und seinem Geschick, darum muß diese Urbotschaft von Gott in Jesus und seiner Geschichte festgehalten werden. Deshalb erinnert Paulus die Korinther daran, daß er weitergegeben hat (παρέδωκα), was er selbst empfangen hatte (παρέλαβον)[39]: "Daß Christus gestorben ist für unsere Sünden nach der Schrift; und daß er begraben worden ist; und daß er auferstanden ist am dritten Tage nach er Schrift, und daß er gesehen worden ist von Kephas, danach von den Zwölfen" (1 Kor 15,3–5). An dieser Überlieferung – ein *fünfter Grund-Satz* – gilt es festzuhalten, "es sei denn, daß ihr umsonst gläubig geworden wäret" (1 Kor 15,2; vgl. 11,2). Daher ist die Augenzeugenschaft der Apostel ein so wesentliches Element der Überlieferung.

[36] H. U. *v. Balthasar,* In Gottes Einsatz leben, 105; W. *Joest,* Fundamentaltheologie, 169; K. *Rahner,* Heilige Schrift und Tradition, 124.

[37] W. *Joest,* Dogmatik Bd. 1, 61; K. *Rahner,* Grundkurs des Glaubens, 358.

[38] G. *Wenz,* Die Kanonfrage als Problem ökumenischer Theologie, 277f, 282–286; so schon M. *Kähler,* referiert bei W. *Joest,* Fundamentaltheologie 162. Zur Konsequenz dieser Feststellung für die theologische Bedeutung historischer Erforschung der Evangelien s. *ders.,* Erwägungen zur kanonischen Bedeutung des NT, 270–281.

[39] Zur Überlieferung, in der Paulus steht und die er weitergibt, s. O. *Cullmann,* Die Tradition, 12–20.

Diese umfaßt freilich nicht nur mündliche Lehre, sondern auch das gottesdienstliche Leben der Gemeinde, vor allem die Feier der Eucharistie[40], wie die im Vergleich zu 1 Kor 15 parallel gebauten Verse aus 1 Kor 11,23ff zeigen: "Denn ich habe vom Herrn empfangen (παρέλαβον), was ich euch weitergegeben habe (παρέδωκα): Der Herr Jesus, in der Nacht, da er verraten ward, nahm er das Brot, dankte und brach's ..."

Die beiden Grund-Sätze von der bleibenden Gegenwart des Herrn in der Verkündigung der Apostel und von der bleibenden Bedeutung der Geschichte des irdischen Jesus für die Verkündigung des Herrn erscheinen zusammengefaßt in dem Wort des Johannes: "Was von Anfang an war, was wir gehört haben, was wir gesehen haben mit unseren Augen, was wir betrachtet haben und unsere Hände betastet haben ... das verkündigen wir euch, damit auch ihr mit uns Gemeinschaft habt; und unsere Gemeinschaft ist mit dem Vater und mit seinem Sohn Jesus Christus" (1 Joh 1,1.3) – ein *sechster Grund-Satz*[41].

Doch diese Sätze begegnen uns bereits in einem schriftlichen Dokument. Soll nämlich der Inhalt dieser apostolischen Überlieferung, die unwiderruflich an die geschichtliche Erscheinung Jesu gebunden ist, in seiner Identität durch die Geschichte hin bewahrt bleiben, muß er eine irgendwie bleibende äußere Gestalt gewinnen. Ist die Verkündigung der Apostel mit dem Auftrag verknüpft, "bis an der Welt Ende" im räumlichen wie im zeitlichen Sinne zu reichen, wobei sie die ausdrückliche Verheißung des Herrn begleitet, in der Erfüllung dieses Auftrags bleibend und lebendig gegenwärtig zu sein (Mt 28,20), dann *muß* als Voraussetzung zur Ermöglichung dieses Auftrags das Wort Schrift werden, um den Ursprung in der Augenzeugenschaft echten geschichtlichen Geschehens festzuhalten, wie sehr auch diese Bezeugungsgestalt von dem sich in Christus selbst tradierenden Gott immer wieder bei weitem überragt wird[42]. Daher ergibt sich ein *siebter Grund-Satz:* "Diese (Zeichen Jesu) aber sind geschrieben, damit ihr glaubt, daß Jesus der Christus ist, der Sohn Gottes, und damit ihr durch den Glauben das Leben habt in seinem Namen" (Joh 20,31). Insofern aber kann man vielleicht sagen: die Schrift *ist* die Tradition, nicht in dem Sinne, daß sie quantitativ deckungsgleich

---

[40] H. U. *v. Balthasar,* Tradition. *In:* Klarstellungen, 73; K. *Rahner,* Heilige Schrift und Tradition, 124.

[41] H. J. *Pottmeyer,* Die Suche nach der verbindlichen Tradition, 99; G. *Wenz,* Die Kanonfrage als Problem ökumenischer Theologie, 285.

[42] W. *Kasper,* Das Verhältnis von Schrift und Tradition, 366; J. *Ratzinger,* Schriftauslegung im Widerspruch, 41.

mit ihr wäre, denn "noch viele andere Zeichen tat Jesus ..., die nicht geschrieben sind in diesem Buch" (Joh 20,30), wohl aber in dem Sinne, daß sie alles enthält und ihr nichts fehlt, das zum Glauben nötig ist. Auch hier gilt jedoch, daß erst der lebendige Gott den Buchstaben vermöge des im Geist gegenwärtigen und wirkenden Herrn zur lebendigen Anrede macht[43].

Mit diesen sieben Grund-Sätzen ist das Fundament bezeichnet, auf dem alles Weitere aufgebaut werden muß.

Denn wir stehen bereits mitten in der Behandlung der zweiten Relation, der zwischen Schrift und Überlieferung. Weil die Überlieferung Christus als das lebendige Wort bezeugt, trägt sie die auf Verschriftlichung drängende Dynamik des Wortes in sich. Denn wenn ihr Auftrag darin besteht, daß die Selbstmitteilung Gottes in der Überlieferung des Sohnes durch das Wort der apostolischen Verkündigung bis an die Enden der Welt und der Zeit geschieht, und wenn dies nur in Kontinuität und Treue zu dem geschichtlichen Handeln Gottes im irdischen Jesus erfolgen kann, muß sie sich gleichsam kristallisieren im geschriebenen Wort[44]. Darum steht die Tradition der Schrift gar nicht als selbständig wirkende Größe gegenüber. Was Überlieferung im Kern ausmacht, muß Schrift werden, damit Überlieferung überhaupt möglich ist.

Man könnte versucht sein, bei *Basileios d. Gr.* eine Infragestellung dieser Position zu finden. Der große Kappadokier hat im Streit um die Gottheit des Heiligen Geistes erstmals die Unterscheidung zwischen δόγμα und κήρυγμα eingeführt und theologisch fruchtbar gemacht[45]. Dabei meint "Dogma" im Gegensatz zum heutigen Sprachgebrauch das Glaubenswissen der Gläubigen, während "Kerygma" die von der Kirche verkündeten fest formulierten Glaubenssätze bezeichnet[46]. Das Glaubens-

---

[43] H. *Fries,* Kirche und Kanon, 300; W. *Kasper,* Das Verhältnis von Schrift und Tradition, 365f; K.-H. *Michel*/Ch. *Joest,* Art. "Heilige Schrift" III,3, 183; G. *Wenz,* Die Kanonfrage als Problem ökumenischer Theologie, 286; vgl. auch W. *Joest,* Martin Luther, 136–138.

[44] W. *Kasper,* Das Verhältnis von Schrift und Tradition, 367; K. *Rahner,* Heilige Schrift und Theologie, 111.

[45] E. *Amand de Mendieta,* The Pair ΚΗΡΥΓΜΑ and ΔΟΓΜΑ in the Theological Thought of St. Basil of Casarea; H. *Dörries,* Basilius und das Dogma vom Heiligen Geist, 127–132; *ders.,* De spiritu sancto, 121–128 u. 181–183; J. *Gribomont,* Intransigence and Irenicism in Saint Basil's "De Spiritu Sancto", 119f; C. *Karam,* Saint Basil in The Holy Spirit, 149–151; B. *Pruche,* Δόγμα et Κήρυγμα dans le traité *Sur le Saint-Esprit.*

[46] *Basileios, De Spiritu Sancto* XXVII,66–67: *Pruche* 478–488, bes. 478,1–480,5; 484,56f. H. *Dörries,* De spiritu sancto, scheint insgeheim doch an der herkömmlichen

wissen hat einen weiteren Umfang als der in festen Formeln benannte Glaube, da diese Fixierungen nur die grundlegendsten Punkte berühren; das Glaubenswissen dagegen ist der lebendige Strom kirchlicher Überlieferung, in den die Gläubigen durch Taufunterricht und Taufe eingeführt werden[47].

Der Gegensatz zwischen beiden besteht nun aber nicht darin, daß dieses nur mündlich, jenes aber schriftlich existiert, sondern darin, daß das "Kerygma" *Öffentlichkeitscharakter* hat, während das "Dogma" nur an getaufte Christen weitergegeben wird. Als Beispiele für öffentlich proklamiertes "Kerygma" nennt *Pruche* das ὁμοούσιος des *Konzils von Nikaia* 325, aber auch die jährliche Ansage des vierzigtätigen Fastens vor Ostern[48]. Im Gegensatz zum "Kerygma" wird das "Dogma" nicht nach außen kundgegeben; es beinhaltet sowohl einzelne liturgische *Bräuche* (das Zeichen des Kreuzes, die Gebetsrichtung nach Osten usw.) als auch die darin implizit enthaltene *Lehre*. Es muß aber mit der Heiligen Schrift übereinstimmen[49]. Daher kann man *nicht* sagen, der Begriff des δόγμα, wie ihn Basileios gebraucht, stimme "im Großen und Ganzen" mit der mündlichen Tradition überein, der des κήρυγμα mit der Heiligen Schrift[50]. Die Heilige Schrift liegt beidem zugrunde. Das prominenteste Beispiel dafür ist die Gottheit des Heiligen Geistes, eine Lehre, die nach Basilieios zum "Dogma" gehört, also zu dem nicht öffentlich proklamierten, aber im Leben der Kirche weitergegebene Glaubenswissen, die aber nach Meinung des großen Kappadokiers eindeutig im Taufbefehl Jesu nach Mt 28,19, also in der Heiligen Schrift, begründet ist.

Bedeutung von "Dogma" und "Kerygma" festzuhalten; nur so ist zu erklären, daß er a.a.O. 125 sagen kann: "Das 'Dogma' ist für Basilius nicht die Vorstufe des 'Kerygma', sondern das ihm Folgende, nicht die Wurzel, sondern ... die Frucht" (ähnlich noch einmal a.a.O. 181); in Wahrheit verhält es sich – nicht einfach geradewegs umgekehrt, sondern τὸ δόγμα ist die Einbettung, aus der τὸ κήρυγμα herausragt, um wesentliche Orientierungspunkte festzumachen, und es ist zugleich dessen hermeneutischer Interpretationsrahmen.

[47] Ebd. XII,28; XXVII,67: *Pruche* 344–346; 486–488; vgl. auch B. *Pruche* in der Einleitung zu seiner Textausgabe, 141.

[48] B. *Pruche,* Δόγμα et Κήρυγμα dans le traité *Sur le Saint-Esprit,* 259, vgl. *Basileios,* Ep 52,1 u. 90,2: *Courtonne* I 134,17–20; 196,19–24 (*Stegmann* 104 u. 133; *Hauschild* I, 115 u. 152); Zweite Fastenhomilie: PG 31, 185 C (zur Echtheit der Homilie s. *Pruche* a.a.O.; J. *Gribomont,* In tomum 31 Patrologiae Graecae usw. introductio, 3f).

[49] E. *Amand de Mendieta,* The Pair ΚΗΡΥΓΜΑ and ΔΟΓΜΑ, 134–137.

[50] B. *Pruche,* Δόγμα et Κήρυγμα dans le traité *Sur le Saint-Esprit,* 257 u. 260, obwohl er a.a.O. 259f u. 261 die Argumente, die gegen eine solche Zuordnung sprechen, in aller Deutlichkeit nennt. Besser ist ihm die Beschreibung dieses Verhältnisses von "Dogma" und "Kerygma" zur Heiligen Schrift in der Einleitung zu seiner Textausgabe, *Pruche* 139–142, geglückt .

Eher könnte man ein anderes Begriffspaar heranziehen, nämlich das von ἡ Γραφή und ἡ ἄγραφος παράδοσις[51]. Sowohl vom "Dogma" als auch vom "Kerygma" gilt, daß "wir die einen (Lehren) aus der schriftlich festgelegten Unterweisung (διδασκαλία), die anderen ... von der Tradition (παράδοσις) der Apostel ... empfangen" haben[52]. Zu fragen bleibt freilich auch hier, ob diese "schriftlich festgelegte Unterweisung" mit der Heiligen Schrift einfachhin identifiziert werden kann; ferner muß bedacht werden, daß diese durch eine Vielzahl von Schriften in der Kirche zwar normierend wirksam, aber in ihrem Umfang als kanonisch noch nicht proklamiert war, mithin *als Kanon* noch nicht zum "Kerygma" gehörte[53].

Dennoch oder gerade so bildet sie den Maßstab auch für die Ausrichtung der mündlichen Überlieferung in der Kirche und ist mithin Grundlage und Schlußstein jeder theologischen Argumentation. Denn es fällt auf, daß Basileios immer wieder die Heilige Schrift heranzieht, um seine Position zu erhärten. Einwände der Gegner über die Verwendung bestimmter Präpositionen werden aufgrund des biblischen Sprachgebrauchs widerlegt[54]. Zwar geht es nicht um einen Biblizismus, der mit Hilfe einzelner, isoliert zitierter Worte sich verhärtende Fronten aufbaut[55], sondern um ein geisterfülltes Verständnis der Heiligen Schrift. Aber dabei handelt es sich gerade nicht um inhaltliche Ergänzungen, sondern eben um ein *Verständnis der Schrift*: "Was unsere Väter sagten, das sagen auch wir ... Doch es genügt uns nicht, daß dies von den Vätern überliefert wird; denn auch sie folgten ja nur dem Sinn der Schrift, wenn sie aus den Zeugnissen, die wir euch aus der Schrift gerade vorgelegt haben, die Grundlagen für ihre Aussagen entnahmen"[56]. Somit bleibt sie als Quintessenz der Überlieferung ein unentbehrliches, wenn auch nicht unangefochtenes Werkzeug der theologischen Argumentation[57]. Auch bei Basileios gibt es kein Traditionsargument ohne Schriftargument.

Es ist daher nicht verwunderlich, daß oben bei dem Versuch, das Verhältnis von Christus, Verkündigung und Schrift zu beschreiben, von Grund-Sätzen ausgegangen wurde, die der Bibel entnommen sind. De facto handelt es sich dabei um eine Darstellung des Vorgangs der apostolischen Überlieferung; was das aber ist und was sie

---

[51] *De Spiritu sancto* IX,22: *Pruche* 322,2–4; vgl. auch X,25: *Pruche* 334,13–15; XXX,77: *Pruche* 524,47–49. Zum Ganzen s. E. *Amand de Mendieta,* The "Unwritten" and "Secret" Apostolic Tradition, 21–39.

[52] Ebd. XXVII,66: *Pruche* 478,1–480,4 (dt. bei *Sieben* 273/275).

[53] Eine Tatsache, die *Pruche* zu übersehen scheint (s. Anm. 50); sie wird betont von K. S. *Frank,* Zur altkirchlichen Kanongeschichte, 154f.

[54] Ebd. IV–VIII,6–21; XXV–XXVI,58–64: *Pruche* 268–320; 456–476.

[55] Ebd. II,4; XXI,52: *Pruche* 260–262; 434,45–48; s. E. *Amand de Mendieta,* The "Unwritten" and "Secret" Apostolic Tradition, 23f.

[56] Ebd. VII,16: *Pruche* 300,32–38 (dt. bei *Sieben* 115).

[57] Ebd. X,24: *Pruche* 332–334; XXVIII,69–70: *Pruche* 492–498; s. E. *Amand de Mendieta,* The "Unwritten" and "Secret" Apostolic Tradition, 26f, bes. 27 Anm. 1; G. *Galitis,* Schrift und Tradition beim hl. Basilius; St. *Horn,* Lebendige Tradition, 163f u. 172–174.

beinhaltet, was dabei geschieht und was wir zu beachten haben, das kann nur mit Hilfe der Schrift überzeugend dargelegt werden.

Ist Jesus Christus das Wort Gottes und die Paradosis Gottes in Person, dann ist er auch *die Norm in Person*. Indem die apostolischen Schriften diesen Herrn bezeugten, trugen sie ihre Kanonizität und die Dynamik hin zu deren Anerkennung bereits in sich, weil sie *Ihn* in sich trugen. Daß Christen späterer Generationen diese Anerkennung dann tatsächlich vollzogen, durch welche geschichtlichen Herausforderungen auch immer veranlaßt, kann seinerseits als Selbstbezeugung des lebendigen Herrn verstanden werden. Insofern wäre nicht so sehr von einem Selbstdurchsetzungsvermögen *der Schrift*, sondern eher von einem Selbstbezeugungsvermögen *des Herrn* zu sprechen[58]. Daß die Kirche hierbei sich nicht mit einer Evangelienharmonie begnügt hat, sondern vier Evangelienschriften nebeneinander bestehen ließ, obwohl es doch nur ein Evangelium gibt, nämlich Jesus Christus selbst, das zeigt, wie wichtig ihr das unverstellte apostolische Zeugnis der ersten Zeugengeneration war, und es zeigt zugleich, daß sie um die geschichtliche Gestalt des Gotteswortes im Menschenwort wußte, und daß jenes nur in Einheit mit diesem zu haben ist[59].

Ist das Zeugnis der Kirche über ihre Norm (den "Kanon") als Werk Gottes zu verstehen, dann können wir diesen Kanon in dem bezeugten Umfang als Geschenk Gottes annehmen, und dies auch dann, wenn wir in dem Wissen, daß Jesus Christus selbst die Norm in Person ist, nicht in der Lage sein sollten, die Bezogenheit eines jeden Teiles des Kanons auf Jesus Christus theologisch darzutun. Diese Unfähigkeit muß ja nicht darin begründet sein, daß Christus tatsächlich keine Beziehung zu dem betreffenden Teil hat, sondern darin, daß wir durch zeit- und situationsbedingte partielle Blindheiten nicht in der Lage sind, sie zu sehen[60].

Damit ist die dritte Relation bereits angesprochen, die Frage nach der Kirche. Indem die Christen diesen Herrn verkündigen und aus der Kraft seines Lebens leben, bezeugt er sich selbst als der lebendig Gegenwärtige. So erfolgt die Weitergabe des Lebens der Kirche, das Er selber ist.

---

[58] Auf diesem Gedanken beruht die ganze Argumentation von G. *Wenz*, Die Kanonfrage als Problem ökumenischer Theologie, 268–288; vgl. weiter W. *Joest*, Fundamentaltheologie, 167 u. 169.

[59] G. *Ruhbach*, Art. "Bibel b)", 249; K.-H. *Michel*/Chr. *Joest*, Art. "Heilige Schrift" II,B.3 u. III,2, 182 u. 183.

[60] W. *Joest*, Dogmatik Bd. 1, 61f; *ders.*, Fundamentaltheologie, 173; vgl. auch S. *Wiedenmann*, Die Tradition in den Traditionen, 133 u. 145.

Überlieferung, Tradition, ist im Wesentlichen ein organischer Lebensvorgang, der jedoch das stets aktuelle lebenspendende Handeln Gottes in Jesus Christus durch den Heiligen Geist voraussetzt und von ihm umschlossen ist. Gott ruft die Kirche ins Leben.

Insofern aber Gott selbst der Urheber der Glaubensgemeinschaft ist, die als "Herausgerufene" (Ek-klesia) dem lebendigen Wort lebendige Antwort gibt, sind Kirche und Schrift nicht gegeneinander zu setzen, sondern sie sind miteinander und ineinander und füreinander Gottes eigenes Werk in der Geschichte. Indem Gott durch Jesus Christus im Heiligen Geist Menschen begegnete, beauftragte und befähigte er sie, von diesem Widerfahrnis Zeugnis abzulegen. Indem sie dies taten und ihrem Zeugnis hörbare und sichtbare mündliche und schriftliche Gestalt verliehen, wirkte Gott weiter als der Lebendige. Indem die Hörer am Wortlaut des Zeugnisses festhielten als an der Gestalt der erfahrenen Gottesbegegnung, bewahrten sie deren unaufgebbaren geschichtlichen Ursprung. Indem sie diesen bezeugten, wiesen sie auf das hin, was ihr eigenes Leben ausmachte, bestimmte und trug. Und indem sie schließlich diese "Norm ihrer selbst" verpflichtend weitergaben, stellte Gott sicher, daß auch spätere Generationen noch das sein können, was man mit Recht "christliche Kirche" nennt.

Hier eine volle Ekklesiologie darzustellen würde den Rahmen des Kapitels bei weitem sprengen; es können nur einige Grundlinien angedeutet werden. Es ist bezeichnend, daß die hier entwickelten Aussagen zunächst von Gott-Vater und dem Sohn, dann, bei der fortlaufenden Offenbarung des Vaters durch den Sohn, auch vom Heiligen Geist reden mußten. Ist nämlich Jesus Christus das Wort Gottes in Person, und setzt die Möglichkeit, dieses Wort zu *hören* das Wirken des Heiligen Geistes voraus, dann ist zusammen mit der Offenbarung bereits *Gott als der Dreieine* erfahren[61]. Eine Ekklesiologie muß damit Ernst machen, daß es in Gott selbst offensichtlich die *"Positivität des Anderen"* gibt, und mithin, daß Einheit nicht mit Absorption gleichzusetzen ist[62]. Darauf beruht die Möglichkeit einer Sendung des Sohnes durch

---

[61] *Basileios d. Gr.* legt in seiner Schrift *De Spiritu Sancto* XVIII,47 dar, daß der Weg *ontologisch* vom Vater durch den Sohn zum Geist geht, aber *erkenntnistheoretisch für uns* vom Geist durch den Sohn zum Vater (*Pruche* 412,17–21); ähnlich betont *Evagrios Pontikos* immer wieder, daß der Vater nur "im Geist und in der Wahrheit" erkannt werden kann (z. B. in *De oratione* 59, 60, 77 u. 147), eine Formel, die er durchaus trinitarisch versteht, s. G. *Bunge*, Das Geistgebet, 88–109; *ders.*, Mysterium Unitatis, 467; *ders.*, The "Spiritual Prayer", 194–198. Siehe ferner H. U. *v. Balthasar*, Theologik II, 272; *ders.*, Theologik III, 153–188; G. *Wenz*, Die Kanonfrage als Problem ökumenischer Theologie, 284.

[62] Auf diesem Grundgedanken baut das ganze Lebenswerk Hans Urs *v. Balthasars*

den Vater[63] und einer Vereinigung der göttlichen und menschlichen Naturen ohne Vermischung in der *Inkarnation*. Darauf beruht auch die Möglichkeit der *sakramentalen* Gegenwart Gottes in der Welt[64]. Darauf beruht aber auch die in der Kirche gegebene *communio* von Menschen mit Gott und untereinander und ihre *Einheit in Freiheit* trotz aller Verschiedenheit[65].

Noch einmal: bei der Fortzeugung des Lebens in der Kirche bedient sich Gott der Traditionsgestalten des verkündigten und geschriebenen Wortes, des Gottesdienstes, der Feier der Sakramente und überhaupt des Lebens der Gläubigen, aber er tut dies nicht nur äußerlich, als wären sie beliebig austauschbare und im Grunde entbehrliche Instrumente, sondern in ihnen ist er in der Welt und ihrer Geschichte wirklich gegenwärtig.

Da sich dieses Leben aber nicht außerhalb der sonstigen menschlichen Geschichte abspielt, gehen hier auch die zufälligen geschichtlichen Verstehenshorizonte von Menschen, ihre Einrichtungen und Lebensäußerungen mit ein. Wenn diesen als solchen auch nicht normative Bedeutung zukommt, so können sie doch zum Gefäß des Handelns Gottes werden, wenn Menschen darin gemäß ihrem geschichtlich bedingten und begrenzten Verständnis nach bestem Vermögen Hingabe an Gott in der Nachfolge Christi leben. Ohne solche menschlich-irdischen Gefäße kann Gott ja nicht wirklich in der Welt gegenwärtig sein[66].

Dieser Doppelcharakter betrifft das ganze Leben der Kirche und die Kirche selbst: alles hat eine *inkarnatorische Struktur;* man könnte auch von einem *sakramentalen* Charakter alles kirchlichen Lebens sprechen. In Bezug auf die Verkündigung ist dieser Doppelheit weder dadurch zu entgehen, daß man auf *fundamentalistische* Weise äußere Wortgestalt und lebendiges Gotteswort absolut identifiziert, noch dadurch, daß man

---

auf, s. hier bes. *ders.*, Eschatologie im Umriß; *ders.*, Theodramatik IV, 71–74; *ders.*, Theologik II, 138 (dort als *Axiom* bezeichnet!).

[63] Vgl. H. U. *v. Balthasar,* Das unterscheidend Christliche, 31–34; *ders.*, Eschatolgie im Umriß, 420f; *ders.*, Theodramatik III, 397–405; *ders.*, Theologik II, 270–273.

[64] Vgl. H. U. *v. Balthasar,* Theologik III, 302–325.

[65] Vgl. H. U. *v. Balthasar,* Gemeinschaft der Heiligen. *In:* Klarstellungen, 60f; *ders.*, Eschatologie im Umriß, 426–431; *ders.*, In Gottes einsatz leben, 25f, 37, 41 u. 57; P. *Scharr,* Consenus fidelium, 128–147. – "Die christliche Identität ... entspringt einem anderen Prinzip: dem der Andersheit, der Differenz, der Unterscheidung, der Freiheit, der Liebe. Die Trinität ist in dieser Hinsicht der Brennpunkt, der Schlußstein im Gewölbe", A. *Blancy,* Langage des identités, 57 (eigene Übersetzung).

[66] P. *Hünermann,* Tradition – Einspruch und Neugewinn, 62; W. *Kasper,* Das Verhältnis von Schrift und Tradition, 366.

spiritualisierend äußere Wortgestalt und Gotteswort absolut voneinander abhebt. Beides liegt ineinander, theoretisch unterscheidbar, aber praktisch nicht trennbar[67].

In all dem ist die Bibel nicht gegen Mißbrauch von vornherein geschützt, wie auch die Kirche nicht von vornherein dagegen gefeit ist, das Wort mißzuverstehen[68]. Erfordert ist ein echtes Hören, Hinhören, Hindurchhören, hin auf die Gemeinschaft der Glaubenden, die Brüder und Schwestern, hindurch auf den lebendig sich bezeugenden Herrn. Doch der Weg der Kirche ist begleitet von der Verheißung des Herrn, alle Tage bei ihr zu sein. Im Vertrauen darauf kann und muß sie das Hören und Bezeugen immer wieder neu wagen.

Hier wäre der Ort, eine Erörterung der Frage nach dem kirchlichen Lehramt anzuschließen, doch kann dies aufgrund der vorliegenden Themenstellung nur andeutungsweise geschehen. Ausgehend von dem oben über die Kirche Gesagten ist klar, daß die Aufgabe, über der Kontinuität des Urprungs bei seiner jeweils erforderten Übersetzung in andere Zeiten und Räume hinein zu wachen, nur in einem engen und kommunikativen Miteinander von der Gemeinschaft der Glaubenden und den in ihrer Mitte einen besonderen Auftrag ausübenden Dienern wahrgenommen werden kann. Daß es schon allein um der praktischen Durchführung dieser Aufgabe willen solcher beauftragter Diener bedarf, ist keine Frage. Ob es deswegen zu der im Raum der römisch-katholischen Kirche heute so zugespitzten Situation kommen muß, mag man bezweifeln. Auf alle Fälle würden wohl evangelische Christen den in den orthodoxen Kirchen stärker betonten Aspekt der *Konziliarität* zu berücksichtigen wünschen[69].

Wenn Jesus Christus in Person das lebendige Wort, die ursprüngliche Überlieferung und die eigentliche Norm ist, dann braucht es in der Zuordnung von Schrift, Tradition und Kirche weder eine Kontradiktion noch einen Zirkel zu geben. Die Kontradiktion ist aufgehoben, weil in Überlieferung und Schrift das handelnde Subjekt Gott ist, der überlieferte

---

[67] W. *Kasper,* Das Verhältnis von Schrift und Tradition, 366; S. *Wiedenmann,* Die Tradition in den Traditionen, 166.

[68] Vgl. P. *Knauer,* Das kirchliche Lehramt und der Beistand des Heiligen Geistes, 666–669.

[69] Vgl. H. *Fries,* Kirche und Kanon, 311f; P. *Hünermann,* Tradition – Einspruch und Neugewinn, 60–68; M. *Kehl,* Die Kirche, 257–261; P. *Scharr,* Consensus fidelium, 211–218; K. *Stalder,* Konziliarität und Petrusfunktion in der Kirche; L. *Vischer,* Petrus und der Bischof von Rom, bes. 48–50. Die orthodoxe Sicht bei: G. *Galitis*/G. *Mantzaridis*/P. *Wirtz,* Glauben aus dem Herzen, 44–47; J. *Meyendorff,* Die orthodoxe Kirche gestern und heute, 35–46; D. *Papandreou,* Überlegungen zur Primatsfrage; D. *Staniloae,* Orthodoxe Dogmatik II, 193f. Kritisch dazu: M.-J. *le Guillou,* Vom Geist der Orthodoxie, 107f; B. *Schultze,* Heilige Schrift und Überlieferung, 15–22.

Inhalt aber die Hingabe des Sohnes selbst. Überlieferung und Schrift sind zwei notwendige Momente ein und desselben Vorganges, die jeweils ohne das andere nicht sein könnten.

Der Zirkel ist aufgehoben, weil Gott das handelnde Subjekt sowohl bei der Schriftwerdung der Verkündigung als auch bei der Kirchwerdung ihrer Hörer ist. Indem die Kirche nachfolgenden Generationen bezeugt, worin sie die Norm, nämlich die lebendige Begegnung mit Gott in Jesus Christus, erfahren hat, steht sie nicht über dieser Norm als ihrerseits aus selbständiger Vollmacht normierende Größe, sondern sie weist auf die Norm hin, aus der sie lebt, und sie bezeugt, "was sie gesehen und gehört hat"[70]. Dadurch handelt Gott fortlaufend an anderen, die aus Hörenden zu Bezeugenden werden, wie zuvor die Kirche aus dem Hören zum Bezeugen kam vermöge desselben lebenspendenden Handelns Gottes in der lebendigen Überlieferung seines Sohnes an die Menschen zu ihrem Heil[71].

3.2 Tradition im Leben evangelischer Kommunitäten

Als Josef *Pieper* über "das in Wahrheit Bewahrenswerte" sprach und schrieb, stellte er fest: "Tradition und Traditionspflege sind nicht schon darum rühmenswert, weil etwas 'seit je' Gedachtes, Gesagtes, Getanes einfachhin weitergedacht, -gesagt, -getan wird, durch hundert oder tausend Jahre und noch immer, bis heute."[72] Weil wir in einer sich wandelnden Welt leben, muß auch das Überliefern immer neu schöpferisch sein: "Wer etwas überliefern will, der muß nicht von 'Tradition' reden, sondern er muß dafür sorgen, daß die zu überliefernden Inhalte, die 'alten Wahrheiten', wirklich präsent gehalten werden – zum Beispiel durch eine lebendige Sprache, durch schöpferische Verjüngung und 'Häutung' sozusagen ..." Daher rührt es, daß es bei Tradition "gar nicht so sehr aufs Konservieren ankommt, sondern vielmehr auf Verlebendigung, Umprägung, Neuformulierung, auf etwas also, das gar nicht anders zu leisten ist als in der unmittelbaren Anteilnahme an der aktuellen Problematik der Zeit."[73]

---

[70] H. *Fries,* Kirche und Kanon, 301; W. *Kasper,* Das Verhältnis von Schrift und Tradition, 367.

[71] H. J. *Pottmeyer,* Die Suche nach der verbindlichen Tradition, 105.

[72] J. *Pieper,* Über das in Wahrheit Bewahrenswerte, 52 u. 63.

[73] J. *Pieper,* Tradition in der sich wandelnden Welt, 25f (Hervorhebung im Original) u. 30; ferner: P. *Lengsfeld,* Tradition innerhalb der konstitutiven Zeit der Offenbarung, 245; D. *Wiederkehr,* Das Prinzip der Überlieferung.

Überträgt man das auf die theologischen Kategorien, die oben entwickelt wurden, dann kann man sagen, daß *Pieper* mit diesen Worten das Verhältnis von Christus als der Überlieferung-in-Person zu den kirchlichen Überlieferungs*gestalten* angesprochen hat. Welcher Art aber ist die Tradition, die wir in evangelischen Kommunitäten aufspüren können? "Nostalgie als Sehnsucht nach einer früheren, meist unkritisch verklärten und angeblich guten alten Zeit" könnte sich als Reaktion auf "ein Gefühl der Ungeborgenheit und des Orientierungsmangels sowie der Ziellosigkeit" herausstellen[74]. Ist es das? Werden in den evangelischen Kommunitäten einfach Tradition*en* übernommen als Reaktion auf die Empfindung eines Mangels in der eigenen Kirche? Das wäre fatal.

Es kann sich aber andererseits auch nicht darum handeln, in die *Fülle* des ungebrochenen Stromes altkirchlicher Überlieferung einzutreten, wie es die *Orthodoxe Kirche* versteht.

Die orthodoxe Position kann mit dem Schriftwort aus Spr 22,28 umrissen werden: "Verrücke nicht die uralten Grenzen, die deine Väter gemacht haben." Damit wird die Ganzheit und Reinheit des christlichen Glaubens in seiner ununterbrochenen Kontinuität im Leben der Kirche von den Anfängen an bis heute bezeichnet. Das Wort wird schon bei *Origenes*[75] in diesem Sinne verwenden und mit derselben Intention von *Eusebios*[76] wieder aufgegriffen. In der monastischen Literatur des vierten bis siebten Jh.s kommt es nur bei *Pachom, Evagrios Pontikos* und in der *Regula Orientalis* von Lérins vor[77]. Pachom gebraucht den Vers wohl im ganz wörtlichen Sinne in Bezug auf Acker- und Flurgrenzen[78], was mit dem spezifischen Charakter seiner Koinobien zusammenhängt, wie wir im nächsten Kapitel deutlicher sehen werden; die *Regula Orientalis* zitiert Pachom, setzt aber spiritualisierend hinzu: verrücke nicht

[74] P. *Lippert,* Überlegungen zum Umsetzen von Traditionen, 258.

[75] *Origenes,* Katenen zum Buch der Sprüche: PG 17, 224 A; *ders.*, Kommentar zum Hohenlied, Prol: *Baehrens* 88,6; *ders.*, Kommentar zum Matthäusevangelium, A 132: *Klostermann/Benz* II, 268,21; *ders.*, Brief an Julianus Africanus: PG 11, 60 A, hier im Bezug auf die Verwendung der LXX in der Kirche. Für die Fundorte s. *Biblia Patristica* 3, 206.

[76] *Eusebios,* Contra Marcellum 1,4: *Klostermann/Hansen,* 20,29; das Wort aus Spr 22,28 kommt auch noch in der *Praeparatio evangelica* 12,31,1 vor: *Mras,* 130, 9, s. *Biblia Patristica* 4, 193, hat dort aber keinen Bezug zu unserem Thema.

[77] Für die Fundorte s. Ch. *Joest,* Bibelstellenkonkordanz zu den wichtigsten älteren Mönchsregeln z. St.

[78] Inst 18,11: *Boon* 59,2 (H. *Bacht,* Das Vermächtnis des Ursprungs II, 230). Auch *Bacht* bezieht sich in seinem Kommentar z. St., a.a.O. 251 Anm. 113, auf die wörtlich verstandene "Warnung vor der trügerischen Versetzung der Grenzsteine, einem in der Ackerbau-Kultur typischen Vergehen".

"die Grenzen der Regel"[79]. *Evagrios* zitiert Spr 22,28 von vornherein nicht wörtlich, sondern in einem übertragenen Sinn, der die beschriebene orthodoxe Position erkennen läßt: "Leg nicht beiseite die heiligen Lehren, die deine Väter grundgelegt haben. Den Glauben deiner Taufe verlasse nicht..."[80] Werfen wir schließlich noch einen Blick auf das Werk *Johannes' von Damaskus,* so finden wir dasselbe Zitat gleich im ersten Kapitel seiner "Darlegung des orthodoxen Glaubens"[81], wo es als programmatische Erklärung gelten darf: bei der "göttlichen Überlieferung" will er bleiben, wobei er diese Eröffnung aber nicht als Warnung vor der Preisgabe von Väterlehren, sondern als Absage an alle über das Geoffenbarte hinausgehenden Spekulationen versteht.

Protestantische Christen kommen immer schon von einem mehr oder weniger radikalen *Traditionsabbruch* her, besonders was monastische Lebensformen anbelangt. Die ungebrochene Fülle der Tradition im Sinne der orthodoxen Kirche ist ihnen gar nicht mehr erfahrbar, sie steht ihnen nicht zur Verfügung. Wenn sie mit der alten Tradition in Berührung kommen, dann sind das immer nur einzelne Ausschnitte, wie es sich durch persönliche Lebensführungen, Begegnugnen und Schicksale eben ergibt. Eine gewisse Zufälligkeit ist dabei unvermeidbar. Daher sind es eben doch einzelne Tradition*en,* die wir bei den evangelischen Kommunitäten als wirksam erkennen können, und es kann aufgrund der geschichtlichen Situation gar nicht anders sein. Drehen wir uns im Kreise?

Zunächst einmal steht fest, daß evangelische Christen, auch solche, die zölibatär und kommunitär leben, die personale Kommunikation mit Gott in Jesus Christus *sachlich* zu allererst durch die Heilige Schrift erfahren und dort suchen. Insofern beweisen sie ihre Verwurzelung in ihrer evangelischen Kirche. Daß aber gerade durch die Schrift Selbstübergabe Gottes an den Menschen in Jesus Christus durch den Heiligen Geist geschieht, haben wir oben begründet. Das ist Überlieferung im "feuerflüssigen Kern", und alle Tradition ist darauf bezogen.

Einerseits muß man nun sagen: ginge es allein darum, dann hätte eine "Wiederentdeckung" von Tradition nicht stattzufinden brauchen und auch gar nicht stattfinden *können.* Andererseits aber kann es bei dieser Wiederentdeckung auch nicht um einige "Zusatzzeremonien" gehen; vielmehr

[79] *Regula Orientalis* 17,11: *de Vogüé,* Règles des saints pères II, 472 (*Puzicha* 129).

[80] Mönchsspiegel 124: *Greßmann* 163 (griech. u. engl. bei *Driscoll* 67; dt.: eigene Übersetzung).

[81] Expositio fidei 1: *Kotter* 8,27f (dt. bei *Stiefenhofer* 2).

muß das, was da "entdeckt" worden ist, in einem inneren Zusammenhang mit dem "feuerflüssigen Kern" stehen. Durch die Überlieferungsgestalten, und damit auch durch Lebensformen und Tradition*en* wird ja der Herr in der Welt gegenwärtig erfahrbar. In irgendeiner Weise hat bei den Kommunitäten durch solche Überlieferungsgestalten eine echte *Inspiration* stattgefunden. Wenn es aber stimmt, daß die Inspiration "den Charakter eines Rufes haben kann, der mit einem *normativen Anspruch* an den Menschen herantritt"[82], dann ist damit zugleich gesagt, daß es nur um *Nachfolge* und nicht um *Nachahmung* gehen kann. Die Kommunitäten sind jedenfalls nicht durch das Vorhandensein einer wie auch immer gearteten "Tradition" legitimiert, sondern allein dadurch, daß ihre Lebensform eine authentische Gestalt der Nachfolge Christi erkennen läßt und andere Menschen in die *communio* mit Gott und miteinander zu bringen imstande ist. Elemente monastischer Tradition, wenn sie sich aufzeigen lassen, müssen dann in einem inneren Zusammenhang mit der Inspiration und Berufung der jeweiligen Kommunitäten stehen und als solche verstehbar werden können.

So stoßen wir also im Rahmen der Untersuchung über die Tradition wieder auf das *universale concretum,* oder, um es noch einmal mit dem Wort von H. U. v. Balthasar zu sagen, auf *das Ganze im Fragment.* Diese Feststellung ist in zweierlei Hinsicht wichtig: a) Begegnung mit der Tradition ist, wenn sie echt ist, *Begegnung mit dem lebendigen Gott,* der mich heute und hier in Anspruch nimmt und die Kommunikation mit mir sucht; b) Begegnung mit der Tradition ist als Begegnung mit dem Ganzen des Anspruchs Gottes zugleich immer auch *Begegnung mit dem Fragment,* in dem sich mir dieser Anspruch übermittelt.

Das Besondere und Faszinierende in unserem Zusammenhang besteht in Folgendem: *eine* Möglichkeit, den biblischen Nachfolgeruf zu verstehen, war im protestantischen Denken jahrhundertelang ausgegrenzt, die Heilige Schrift, so sehr man sich doch auf sie berief, konnte an dieser Stelle nicht sprechen, weil sie nicht gehört wurde. In dem Moment, als die Blockaden durchlässig wurden, sprach die Schrift auch wieder *dieses* ihr Wort, und sie sprach es wieder zu protestantischen Christen. Im Bild gesprochen: Mönchtum und evangelische Kommunitäten verhalten sich zueinander wie kommunizierende Röhren: nachdem der "Pfropfen" entfernt war, der den Wasserfluß verhindert hatte, begannen sie wieder wie von selbst zu kommunizieren. Das aber heißt: durch die so gestaltete

[82] G. *Krüger,* Lebensformen christlicher Gemeinschaften, 77 (Hervorhebung von mir).

Existenz evangelischer Kommunitäten beginnt eine Wunde am Leib Christi zu heilen, die bisher stets offen gehalten wurde. Darin liegt vielleicht ihre tiefste Bedeutung und Existenzberechtigung.

Was hat diesen "Pfropfen", die "Blockade" entfernt? Es muß auffallen, wieviel Kommunitäten in und nach dem Zweiten Weltkrieg entstanden sind. Vielleicht darf man einen Grund dafür darin sehen, daß die geistige und politische Barbarei des Nationalsozialismus und die tiefen Erschütterungen des Krieges ein tiefes existenzielles Verlangen nach einem Leben aus der Ewigkeit inmitten der Zeit geweckt hat, ein Erwachen für den tieferen Sinn und Wert menschlichen Lebens, ein Bewußtwerden der Verflachung herkömmlich-bürgerlichen Christentums und damit auch eine Sehnsucht nach ganzheitlicher Lebenshingabe, die alle Bereiche des wirklichen Lebens wirklich erfaßte. Damit aber wäre gemeinsamer Grund mit den Vätern und Müttern des Mönchtums gewonnen, wenn auch in ganz verschiedenen geschichtlichen Kontexten.

Diese existenziellen Erschütterungen sorgten von alleine dafür, daß die Entdeckung des monastischen Anliegens nicht restaurativ mißverstanden werden konnte. Insofern wäre aber ein Kriterium dafür, ob evangelische Kommunitäten dieser Gefahr erlegen sind oder nicht, darin zu finden, ob und inwieweit sie auf die "aktuelle Problematik der Zeit" einzugehen versuchen, und deshalb auch im Fragment *ihres* Lebens Begegnung mit dem lebendigen Gott erfahrbar werden kann.

3.3 "Wie geschieht Tradition?": Zusammenfassung und Ausblick in methodischer Hinsicht

3.3.1 Tradition in den Kommunitäten als Begegnung mit dem lebendigen Gott

In einem ihrer kurzen "Worte an meine Schwestern" erinnerte sich die damalige Priorin der *Communität Casteller Ring,* Frau Maria *Pfister,* an die Begegnung der werdenden Gemeinschaft mit dem Benediktinertum und sagte: "Diese Begegnung widerfuhr uns zu einer Zeit, in der der Kairos, der 'Stundenschlag' Gottes über uns stand. Es war für uns *die*

Stunde."[83] Die jungen Frauen erlebten dabei "in Münsterschwarzach die 'schönen Gottesdienste des Herrn'"[84], so daß sie sich "verlockt" fühlten, "ein Leben des Gotteslobes und der Anbetung zu wagen".[85]

Daß sich hier in aller scheinbaren Zufälligkeit eine schicksalhafte Begegnung ereignete, die weit über ein etwa bloß ästhetisches Gefallen am benediktinischen Stundengebet hinausging, kann daran abgelesen werden, daß den Frauen zugleich damit die *Berufung Gottes* widerfuhr: "Über das alles hinaus geschah das jeweils Einmalige und Unnennbare, daß uns der *Ruf Gottes zum monastischen Leben* erreichte. Der Wunsch nach Ganzhingabe, nach einem Leben, dessen tiefster Sinn die Verherrlichung Gottes ist, begann von unserem Denken, Fühlen und Wollen Besitz zu ergreifen."[86]

Diese wenigen Sätze, der Darstellung der *Communität Casteller Ring* vorweggenommen, bestätigen in einmaliger Dichte die oben entfalteten Thesen zum Begriff der Tradition: im Fragment, in diesem Falle in der geschichtlich begrenzten Gestalt benediktinischen Lebens, ereignete sich Begegnung mit dem "Ganzen", d. h. mit dem Anspruch des lebendigen Gottes, die zu neuer Lebensgestaltung aus dem Willen zur Nachfolge als Antwort auf einen unbedingten Ruf führte.

Die Beschreibung verschiedener Kommunitäten mit ihrer je unterschiedlichen Begegnung mit Tradition muß aber gerade aufgrund des fragmentarischen Charakters der geschichtlichen Konkretion von Nachfolge Christi den Eindruck des *Eklektizismus* erwecken.

3.3.2 Tradition in den Kommunitäten als Begegnung mit dem Fragment – der unvermeidliche Eindruck des Eklektizismus

Peter *Lippert* stellt warnend fest, im Zeitalter des Individualismus könne die Beschäftigung mit verschiedenen Traditionen zu der "Neigung führen, sich eine Art religiöses Patchwork zu fertigen"[87]. Betrachten wir verschiedene evangelische Kommunitäten und ihren unterschiedlichen Zugang zu Elementen der Tradition, so könnte der Eindruck entstehen, als

---

[83] M. *Pfister,* Die Bedeutung St. Benedikts für die Communität Casteller Ring, 68 (Hervorhebung im Original).

[84] A.a.O. 67.

[85] M. *Pfister*/J. *Halkenhäuser, in:* J. *Halkenhäuser,* Kirche und Kommunität, 234.

[86] Ebd.

[87] P. *Lippert,* Überlegungen zum Umsetzen von Traditionen, 267.

läge genau dies vor: ein "Patchwork", ein zusammengeflicktes und nach Belieben von hier oder da ergänztes Konglomerat von Elementen unterschiedlicher Provenienz. Der Eindruck ist falsch, aber unvermeidlich.

Unvermeidlich ist er aus zwei Gründen: a) Die Begegnung mit der Selbstmitteilung Gottes erfolgt immer nur in geschichtlichen Konkretionen. Daß sie für unterschiedliche Gemeinschaften stets an derselben Stelle erfolgen sollte, kann nicht sinnvollerweise erwartet werden. Von daher begegnen in der Darstellung der untereinander verschiedenen evangelischen Kommunitäten auch verschiedene Ansatzpunkte für eine Verarbeitung von Tradition.

b) Da die Christenheit de facto nicht mehr in einer nach außen hin sichtbaren Einheit lebt und da insbesondere der Protestantismus den inneren Zusammenhang mit der altkirchlichen Überlieferung zunächst einmal fast ganz abgebrochen hat, können evangelische Christen der Tradition nicht mehr als einem Kontinuum begegnen, sondern nur da und nur so, wo und wie solch eine Begegnung geschenkt wird und sich ereignet. Dem haftet notwendig eine gewisse Zufälligkeit an.

Der Eindruck ist aber dennoch falsch, und zwar ebenfalls aus zwei Gründen: a) Wenn es stimmt, daß in echter Tradition Gott sich selbst mitteilt und daher im Fragment der geschichtlichen Gestalt das Ganze des Nachfolgerufes erfahren werden kann, dann liegt hier der Kern des Geschehens. Die geschichtliche Gestalt als solche ist dabei für die Betroffenen keineswegs zweitrangig oder gleichgültig, weil sie gerade *in* dieser Gestalt die Begegnung mit dem lebendigen Gott erfahren, die sie zur Antwort herausfordert. Insofern gehört die Gestalt untrennbar zum Anruf hinzu, weil er ohne sie nicht erfahrbar sein könnte. Aber es liegt dann gerade so kein willkürliches Auswählen nach Geschmack und Laune vor, sondern eine Begegnung mit dem unbedingten Ruf Gottes, der sich je dieser Gestalt von Tradition bedient.

b) Zum anderen dürfte auch in der Zufälligkeit geschichtlicher Begegnungen eine innere Notwendigkeit verborgen sein, weil in die Möglichkeit des Menschen, in der einen oder der anderen Gestalt von Tradition den Ruf Gottes zu hören, auch seine biographische Vorgeschichte, seine augenblickliche Situation, seine Offenheit für Lebensgestaltung, sein Suchen und Fragen mit eingeht. Man darf wohl von daher behaupten, daß nicht *jeder* bei *jederlei* Gestalt von Tradition in *gleicher Weise* sich angesprochen und zur Glaubensantwort herausgefordert fühlen könnte.

Zu bewähren hat sich das Gesagte allerdings an der Frage, ob die Tradition in ihrer Aufnahme durch evangelische Kommunitäten zu einer authentischen Form von Nachfolge Christi führt oder diese bereichert und vertieft, ob sie ferner zu der auch sonst wahrnehmbaren Berufung der Gemeinschaft paßt, ob sich also ein Ganzes ergibt, das in sich stimmig ist.

Auch hier gilt es freilich, eine Beschränkung einzuführen, damit die Untersuchung nicht uferlos wird, diesmal in Bezug auf die Tradition. Denn wegen der soeben dargestellten Zufälligkeit geschichtlicher Begegnung kann man Beziehungen in der Spiritualität evangelischer Kommunitäten auch zu *Franz von Assisi,* zu *Ignatius von Loyola* und überhaupt zur *spanischen Mystik,* zur *Herz-Jesu-Frömmigkeit,* zu *Franz von Sales* und manchen anderen finden. Vieles davon ist durch den älteren Pietismus vermittelt und wirkt eher unbewußt. Oft überlagern sich diese Bezüge, und wir werden hier und da auch darauf hinzuweisen haben. Dennoch erscheint es ratsam, den zum Vergleich heranzuziehenden Traditionsstrom auf die *alte Kirche* zu beschränken und etwa bei *Benedikt von Nursia* zu begrenzen.

Bevor wir uns nun der Darstellung einzelner Kommunitäten zuwenden, sollen im zweiten Hauptteil einige gemeinsame Grundzüge von evangelischen Kommunitäten erläutert werden, in denen sich die Verbindung mit der so verstandenen Tradition in der einen oder anderen Gestalt zeigt. Dabei ist von vornherein in Rechnung zu stellen, daß es verschiedene Gegebenheitsweisen von Tradition in der Spiritualität evangelischer Kommunitäten gibt: a) die bewußte Anknüpfung und Verarbeitung; b) unbewußte Anklänge, die dadurch entstehen, daß beide, das alte Mönchtum und die heutigen Kommunitäten, auf dieselbe Sache bezogen sind (z. B. auf das Modell der Jerusalemer Urgemeinde); dadurch würde sich indirekt, aber umso eindrücklicher eine Verwandtschaft der Lebensform als solcher zeigen; c) dasselbe, aber in einem noch stärker *vorbewußten* Stadium, liegt dann vor, wenn sich ähnliche Verhaltensweisen oder Einrichtungen heute wie damals entdecken lassen, die einfach dadurch entstehen, daß gewisse Dinge schlicht hilfreich sind, wenn man zölibatär gemeinsam lebt, so daß jede neue Generation, wenn sie aufmerksam ist, sie wieder neu entdecken kann und muß, um ihr so gestaltetes Leben auszudrücken und zu bewahren.

Am Anfang der folgenden Untersuchungen soll jedoch *das* Modell gemeinsamen monastischen Lebens stehen, die *Koinonia* des ägyptischen Mönchsvaters *Pachom.* Von vielen evangelischen Christen weithin übersehen, hat er ein Beispiel gegeben und Grundlagen der *vita communis* zölibatärer Christen geschaffen, die seinerzeit richtungsweisend waren und noch heute Vorbildcharakter haben. Protestanten haben wesentliche

Grundzüge mit Pachom gemeinsam, obwohl sie ihn kaum kennen. Insofern ist das bereits ein treffendes Beispiel für die oben unter b) und c) genannten Bedingungen, wie Tradition in evangelischen Kommunitäten präsent sein kann.

II. Hauptteil:
Gemeinsame Grundzüge der Spiritualität evangelischer Kommunitäten

S.171, 362

4. Ein weithin übersehenes Paradigma: Pachom († 347) und die Koinonia der Brüder

Noch immer scheint es zuzutreffen, was W. *Nigg* vor vierzig Jahren schrieb: evangelische Christen mögen vom hl. Antonios "dem Namen nach schon gehört" haben, von Pachom aber "haben wenige überhaupt nur einen Klang vernommen, geschweige denn eine nähere Vorstellung bekommen."[1] Als der "Vater des Koinobions" verdient er aber alles Interesse von Christen, die gleich ihm die Berufung verspüren, Nachfolge Christi in einer *vita communis* zu verwirklichen. Gerade für evangelische Kommunitäten hat sein Leben *paradigmatische* Bedeutung, wie sich zeigen wird. Darum soll es an dieser Stelle der (protestantischen) Vergessenheit entrissen und mit seinen wesentlichen Anliegen dargestellt werden[2].

---

[1] W. *Nigg,* Vom Geheimnis der Mönche, 64.

[2] Leider fehlt eine deutsche Gesamtausgabe der Pachomianerschriften; einzelne Stücke finden sich hier und da verstreut: H. *Bacht,* Der "Liber Orsiesii". *In: ders.,* Das Vermächtnis des Ursprungs I, 58–189; *ders.,* Die Regel des Pachomius. *In: ders.,* Das Vermächtnis des Ursprungs II, 65–286; Ch. *Joest,* Gott und den Menschen dienen (Pachoms Brief Nr. 3); H. *Mertel,* Leben des hl. Pachomius (Mertel stützt sich leider auf die weniger wertvolle griech. Vita G^2). Im Übrigen muß man sich an die Quellen und moderne Übersetzungen wenden; Quellen für die Lebensbeschreibung: L. Th. *Lefort,* S. Pachomii vita bohairice scripta; *ders.,* S. Pachomii vitae sahidice scriptae; F. *Halkin,* Sancti Pachomii vitae graecae; E. *Amélineau,* Vie de Pakhome. Texte arabe et traduction; H. van *Cranenburgh,* La Vie latine de Saint Pachôme. Quellen der übrigen Pachom und seinen unmittelbaren Schülern zugeschriebenen Schriften: L. Th. *Lefort,* Œuvres de S. Pachôme et de ses disciples; H. *Quecke,* Die Briefe Pachoms. Griechischer Text der Handschrift W 145 der Chester Beatty Library; A. *Boon,* Pachomiana Latina. Gesamtausgaben in heutigen Sprachen: L. *Cremaschi,* Pacomio e i suoi discepoli (ital.); L. Th. *Lefort,* Œuvres de S. Pachôme et de ses disciples; *ders.,* Les Vies coptes de Saint Pachôme et de ses premiers successeurs (franz.); A. *Veilleux,* Pachomian Koinonia, Bde. 1–3 (engl.). – Eine Klarheit darüber, ob die griechischen oder die koptischen Quellen den Vorzug verdienen, steht noch aus; beide Überlieferungsstränge enthalten ursprüngliches Material, weisen aber auch Spuren der Bearbeitung auf. Daher gilt im Einzelfall die Feststellung von F. *Ruppert,* Das pachomianische Mönchtum, 8: "Bei unterschiedlichen Überlieferungen muß un-

4.1 Pachoms Bekehrung – der Schlüssel für das Verständnis

Die Bekehrung Pachoms muß als *Schlüsselerlebnis* für ihn selbst angesprochen werden, aus dem alles Weitere seines Lebens mit klarer Konsequenz folgte. Daher liegt in diesem Geschehen auch für uns der Schlüssel, um Werk und Anliegen des großen ägyptischen Koinobiarchen recht zu verstehen.

Geboren wahrscheinlich um 287[3] in Esneh (griech.: Latopolis) in Oberägypten, wurde Pachom[4] im Alter von etwa 20 Jahren gewaltsam zum Militär eingezogen und mit Leidensgenossen auf dem Weg zum Sammelplatz der kaiserlichen Truppen nilabwärts verschifft. Über Nacht in das Gefängnis von Theben gesperrt, erlebten sie die Fürsorge der Christen am Ort, die sich ihrer Nöte annahmen, ihnen zu essen und zu trinken brachten und ihre Wunden versorgten. Die freiwillige Barmherzigkeit dieser Fremden beeindruckte Pachom so sehr, daß er sich erkundigte, wer sie wären und warum sie so handelten. Als er erfuhr, daß es Christen seien, die um Christi ihres Gottes willen allen Menschen Gutes täten, zog er sich in einen Winkel zurück und betete: "Mein Herr Jesus Christus, Gott aller Heiligen! Deine Güte möge mich eilends erreichen, rette mich aus dieser Not! Und ich für mein Teil werde dem Menschengeschlecht alle Tage meines Lebens dienen."[5]

Pachom war tief erschüttert. Die Menschenliebe der Christen traf sein Herz so sehr, daß er sich ihrem Gott versprach, wenn er dessen Durchhilfe erfahren dürfte. Dieses Versprechen enthält *in nuce* das gesamte spätere Programm Pachoms: um der Liebe Gottes willen den Menschen zu dienen. Wer das will, muß entweder zu den Menschen hingehen, oder Menschen um sich sammeln, an denen er den Dienst der Liebe erfüllen kann. Beides hat Pachom getan.

---

tersucht werden, welche Vita den ursprünglichen Text bietet, in welcher Richtung die anderen den Text weiterentwickelt haben und welche Absicht wohl dahintersteckt".

[3] Meine Entscheidung begründe ich in: Ch. *Joest,* Ein Versuch zur Chronologie Pachoms und Theodoros', ZNW 85 (1994) 132–144.

[4] Der Name *p-ahōm* ist altägyptisch und bedeutet "Königsfalke", s. H. *Bacht,* Das Vermächtnis II, 18 u. 53 Anm. 64.

[5] Nach der bohairischen Vita Bo 7: *Lefort* (CSCO 107) 4,5–8 = *ders.,* Vies coptes 82,23–26 (engl. bei A. *Veilleux,* Pachomian Koinonia I, 27).

Der Krieg war beendet, bevor Pachom als Soldat zum Einsatz gekommen war. Kurze Zeit nach seinem Erleben in Theben war er wieder auf freiem Fuß. Ohne in seinen Heimatort zurückzukehren, ersuchte er im oberägyptischen Šeneset (griech.: Chenoboskion) um die Taufe. Das dürfte im Jahr 308 gewesen sein. Kurz darauf, so berichten die koptischen Quellen, begann Pachom, sich der Krankenpflege in den umliegenden Dörfern zu widmen und Pilger zu beherbergen. Doch nach drei Jahren ließ er davon ab, weil ein solcher Dienst "nicht Sache eines Mönches, sondern vielmehr der Kleriker allein und gläubiger Greise" sei[6].

Was überrascht, ist die Tatsache, daß sich Pachom jetzt schon als Mönch versteht. Das Mönchtum als solches war damals in Ägypten schon nichts Unbekanntes mehr, wenngleich es noch in seinen Anfängen steckte. Offenbar stand Pachom so tief unter dem Eindruck seines Erlebens in Theben, daß er sich den Liebesdienst an den Menschen, zu dem er sich verpflichtet hatte, nur in einem Leben völliger Hingabe an Gott vorstellen konnte. Kleriker zu werden verbot ihm wahrscheinlich dieselbe Demut, die ihn auch später daran hinderte, das Priesteramt anzunehmen[7]. Somit blieb ihm nur das Mönchtum, um seine Berufung auszuleben.

Mönchtum hieß damals fast ausschließlich Eremitentum, was gewisse Formen des Zusammenschlusses unter den Mönchen durchaus zuließ, doch diese hatten sekundären Charakter[8]. Wir schreiben das Jahr 310/311. Noch waren die ausgedehnten Mönchskolonien in der Sketis (durch Makarios den Ägypter vielleicht um 330 gegründet) und in den Kellien

[6] Bo 9: *Lefort* (CSCO 107) 5,17–24 = *ders.*, Vies coptes 84,8–10 (engl. bei A. *Veilleux,* Pachomian Koinonia I, 29). Zur Diskussion um die richtige Übersetzung und die Bedeutung dieser Nachricht s. Ch. *Joest,* "... alle Tage den Menschen dienen", 39f und bes. Anm. 21 u. 22.

[7] Bo 28: *Lefort* (CSCO 107) 19,27–20,24 = *ders.*, Vies coptes 99,3–34; knapper und vielleicht ursprünglicher (Bo scheint hier auszuschmücken) G^1 30: Halkin 19,24–20,15 (engl. bei A. *Veilleux,* Pachomian Koinonia I, 51f u. 317).

[8] H. *Bacht,* Art. "Koinônia IV", 1754; *ders.*, Vom gemeinsamen Leben 98f; J. M. *Lozano,* La comunità pacomiana, 239; zur Auseinandersetzung mit der Spiritualität dieser Klöster im Unterschied zu der Pachoms s. Ch. *Joest,* "... alle Tage den Menschen dienen, 40–43; F. *Ruppert,* Das pachomianische Mönchtum, 88–103. Der Einschätzung von M. M. *van Molle,* Vie commune et obéissance, 218, daß gemeinsames Leben ein "relativ normales Phänomen" gewesen sei und "Pachom nichts erfunden" habe, kann ich keineswegs folgen; vielmehr gilt, was *Lozano* a.a.O. 264 sagt: "Pachom schuf von Anfang an eine neue Form göttlichen Dienstes, gegründet ausschließlich auf der brüderlichen Liebe, ohne besondere asketische Praktiken" (eigene Übersetzung).

(ca. 338 begonnen) nicht entstanden[9]. Pachom begibt sich also in die Lehre eines Anachoreten, eines Mönches namens *Palamon*. Dem, was er dort lernte, scheint er sein Leben lang treu geblieben zu sein, aber er hat es nicht in dieser Form seinen späteren Mitbrüdern weitergegeben[10].

Jedoch auch für ihn selbst und seine Berufung, den Menschen zu dienen, konnte diese Lebensweise auf die Dauer kaum befriedigend sein. Gestärkt durch eine Vision, doch nicht ohne innere Konflikte suchte er seinen Weg[11]. Ohne mit dem Mönchtum zu brechen, wollte er etwas in diesem Kontext ganz Neues: eine Gemeinschaft von Brüdern, die nicht der einsamen Gottsuche, sondern dem *Ideal der Urgemeinde* verpflichtet waren, wie es in Apg 2 und 4 beschrieben wird[12].

---

[9] Vgl. die Zeittafel bei D. J. *Chitty,* The Desert a City, 208.

[10] So auch T. G. *Kardong,* The Monastic Practices of Pachomius. *Kardongs* Ergebnis steht in einem gewissen Gegensatz zu B. *Steidle,* welcher meinte, Pachom habe "kein Jota vom mönchischen Pensum streichen" wollen (Die Armut in der frühen Kirche, 467; genauso *ders.*, Gemeinschaft im Heiligen Geist, 3). Es wird bestätigt durch J. M. *Lozano,* der bei Pachom einen terminologischen Unterschied zwischen "Mönch" und "Bruder" nachweist: "Mönch" war ein Asket im herkömmlichen Sinne, ein "Bruder" aber das Mitglied der pachomianischen Koinonia.

[11] Ein Zeugnis dieses inneren Kampfes scheint das sahidische Fragment S^3 zu sein (*Lefort,* Vies coptes, 60,5–61,15); zur Auswertung und Diskussion s. Ch. *Joest,* "... alle Tage den Menschen dienen", 43–46.

[12] Diese Tatsache verkennt sowohl W. *Nigg* in seiner Darstellung Pachoms (Vom Geheimnis der Mönche, 64–85), als auch A. *de Vogüé,* s. die Erläuterung seiner Position im Gegenüber zu der von A. *Veilleux* (welche mir den Kern besser zu treffen scheint) bei Pl. *Deseille,* Eastern Christian Sources, 90–92. – In dem Ideal der Urgemeinde ist in erster Linie der Ansatzpunkt für Pachoms Gründung zu finden und nicht in der Sorge um Menschen, die im eremitischen Leben scheitern würden und im Pachomianer-Kloster "einen bergenden Raum" für ihre Askese finden konnten, wie K. S. *Frank,* Grundzüge der Geschichte des christlichen Mönchtums, 23, meint; ähnlich auch H. *Bacht,* Antonius und Pachomius, 101–103; *ders.*, Das Vermächtnis II, 32.

4.2 Die Bruderliebe als Kern der pachomianischen Berufung

4.2.1 Die "vollkommene Gemeinschaft"

Pachom suchte tastend seinen Weg. Der erste Schritt bestand darin, daß er einigen Brüdern im Stil einer Eremitenkolonie Lebensraum bot, sie auf ein Mindestmaß gemeinsamer Verantwortlichkeiten verpflichtete und die niedrigsten Dienste für sie versah. Entscheidend ist in diesem Zusammenhang die Begründung, welche die Quellen für sein Anordnung geben:

> Denn er sah, daß sie noch nicht geneigt waren, sich miteinander zur vollkommenen Gemeinschaft zu verbinden, zu der Art, wie in der Apostelgeschichte über die Glaubenden geschrieben ist: "Sie waren ein Herz und eine Seele, und alle Güter gehörten ihnen gemeinsam; es gab keinen, der von dem, was ihm gehörte, gesagt hätte: das ist mein." (Apg 4,32) Wie es auch der Apostel sagt: "Vergeßt nicht das Wohltun und die Gemeinschaft, denn das sind die Opfer der Art, die Gott gefallen" (Hebr 13,16)[13].

Das Ideal des gemeinsamen Lebens und die Bruderliebe nach Art der ersten Christen galt Pachom mithin als das *Anspruchsvollere* im Vergleich zum bisherigen Mönchtum. Diese ersten Brüder verstanden aber seine demütigen Dienste völlig falsch, verlachten ihn und trieben ihren Spott mit ihm, bis er sie davonjagen mußte[14]. Das bestätigt seine Einschätzung, daß sie *dieser* Art von Gemeinschaft nicht zugeneigt waren. Das Bild eines "Dieners aller" konnten sie offenbar nicht mit ihrer Vorstellung von der Autorität eines "Vaters" in Übereinstimmung bringen. Erst im zweiten Anlauf gelang es Pachom, die Gemeinschaft, die ihm vorschwebte, zu verwirklichen.

---

[13] S[3]: *Lefort,* Vies coptes 65,26–34 (engl. bei: A. *Veilleux,* Pachomian Koinonia I, 431). Siehe dazu auch E. *v. Severus,* Das Monasterium als Kirche, 233.

[14] Die griechischen Viten übergehen diese Episode. Sie ist berichtet in den sahidischen Fragmenten S[1] und S[3] (*Lefort,* Vies coptes, 3,8–5,29 und 65,7–69,3), im Zusammenhang übersetzt bei A. *Veilleux,* Pachomian Koinonia I, 430–438. Ausführlichere Diskussion des Stückes bei Ch. *Joest,* "... alle Tage den Menschen dienen", 47f; *ders.,* Benedikt von Nursia und der Stellenwert der gegenseitigen brüderlichen Liebe, 316f (zum pachomianischen Ideal überhaupt a.a.O. 314–321); *ders.,* Proverbia 6,3 und die Bruderliebe bei den Pachomianern, 120f; F. *Ruppert,* Das pachomianische Mönchtum, 46–49.

4.2.2 Die "Koinonia" Pachoms

Wie oben bei dem Bericht über die mißglückten Anfänge der Brüdergemeinschaft bereits deutlich wurde, war es das Zeugnis der *Jerusalemer Urgemeinde,* das Pachom inspirierte: "Denn er sah, daß sie noch nicht geneigt waren, sich miteinander zur vollkommenen Gemeinschaft zu verbinden, zu der Art, wie in der Apostelgeschichte über die Glaubenden geschrieben ist", hieß es da.

Für das Wort "Gemeinschaft" steht im sahidischen Text κοινωνια, *Koinonia.* Diese Bezeichnung scheint schon von Pachom selbst auf seine Gründung übertragen worden zu sein. Jedenfalls haben die koptischen Schriften, wo immer in den griechischen Viten das Wort κοινόβιον als Bezeichnung für die Gesamtgemeinschaft steht, stattdessen das Lehnwort κοινωνια[15]. Im direkten Anschluß an das Leben der Urgemeinde nach Apg 2 und 4 bezeichnet der Name "Koinonia"[16] für die Pachomianer Sinn und Ziel des gemeinsamen Lebens, er charakterisiert also das Lebenswerk Pachoms und bringt zugleich dessen innerste Berufung zum Ausdruck. Vermutlich vom Gründervater selbst gewählt, trägt er dessen ganzes Vermächtnis in sich.

Pachom und seine Mitbrüder waren sich durchaus bewußt, daß mit dem Aufgreifen des urkirchlichen Vorbildes ein pionierhafter Schritt in der Geschichte des Mönchtums gewonnen war. Wenn man auch nicht sagen kann, daß Pachom die Koinonia als "präexistent" angesehen ha-

---

[15] D. J. *Chitty,* The Desert a City, 24; F. *Ruppert,* Das pachomianische Mönchtum, 60–65; A. *Levis,* Koinonia e comunidade, 297; darüber hinaus weist *Levis* noch andere Bedeutungsfelder nach: "Koinonia" als Ausdruck des Gegensatzes zu den Anachoreten (a.a.O. 298), des pachomianischen Lebensstiles (308) und der Gütergemeinschaft (297 u. 308). Ich kann mich *Levis* nicht anschließen, wenn er meint, Pachom selbst habe nicht theoretisiert, sondern praktisch gelebt und daher die Bezeichnung "Koionia" *nicht* für sein Werk verwendet; dies hätten vielmehr erst seine bibelkundigen Nachfolger getan (a.a.O. 301).

[16] Über die Bedeutung dieses Wortes im NT s. F. *Hauck,* Art. "κοινός", bes. 804–810; A. *Levis,* Koinonia e comunidade, 290–299; J. *McDermott,* Art. "Koinônia II, Nouveau Testament, A. Écrits pauliniennes"; M. *Manzanera,* Art. "Koinônia II, Nouveau Testament, B. Actes 2,42"; J. *Schattenmann,* Art. "Gemeinschaft/κοινωνία"; zur Bedeutung des Begriffs bei den Kirchenvätern und im Mönchtum s. H.-J. *Sieben,* Art. "Koinônia III, Chez les pères: sens sacramentaire et ecclésiologique; H. *Bacht,* Art. "Koinônia IV, Dans le monachisme"; D. *Wendebourg,* Art. "Mönchtum", 519.

be[17] – er betrachtete sie vielmehr als "von Anfang an von unseren Vätern, den heiligen Aposteln gegründet"[18] – so kann doch kein Zweifel daran bestehen, daß er sich als besonderes Werkzeug Gottes empfand, um dieses "apostolische Leben" wieder zu verwirklichen. Und auch seine Zeitgenossen, erst recht seine "Söhne" haben das so verstanden; z. B. heißt es in der Überschrift zu den Pachomianerregeln: "Die Gebote *(praecepta)* unseres Vaters Pachom, des Gottesmannes[19], der die Lebensform der Cönobien am Anfang[20] auf Gottes Geheiß begründet hat."[21] Wenn *Theodoros* sagte: "Diese (Koinonia) hat als ihren Urheber nach den Aposteln Apa Pachom"[22], dann drückte er damit nur aus, wovon alle zutiefst überzeugt waren. Wer "Pachom" sagte, der sagte auch "Koinonia", und was das bedeutete, blieb den "Söhnen" Pachoms stets gegenwärtig: "Möge er (Gott) jeden von uns an den Anfang seiner Berufung zurückgehen lassen, d. h. zur Erwartung der Verheißungen, die Gott unserem Vater Apa gegeben hat, ... indem wir alle *ein* Herz sind, uns für einander abmühen, brüderliche Liebe, Mitleid und Demut üben, nach dem Wort

---

[17] So B. *Büchler,* Die Armut der Armen, 73.

[18] Bo 108: *Lefort* (CSCO 107) 98,2–5 = *ders.*, Vies coptes 186,22–24 (engl. bei A. *Veilleux,* Pachomian Koinonia I, 159). – K. S. *Frank,* Vita apostolica, hat gezeigt, wie in der frühen Kirche das Bild der Apostel mehr und mehr asketische Züge annahm. Es ist m. E. für Pachom bezeichnend, daß er das "apostolische Leben" seinerseits nicht so sehr durch die Askese, sondern die Bruderliebe nach Apg 2 und 4 gekennzeichnet sah (s. unten Abschn. 4.3.2 über den Sinn der Armut).

[19] Was diese Bezeichnung besagen soll, zeigt sehr schön am Beispiel *Antonios' d. Großen († 356)* B. *Steidle,* "Homo dei Antonius".

[20] *"A principio":* man könnte auch übersetzen: *von Grund auf,* und würde damit den Kern der Sache treffen. Die obige Übersetzung folgt H. *Bacht,* s. Anm. 27.

[21] Pr tit: *Boon* 13 (dt. bei H. *Bacht,* Das Vermächtnis II, 82); fast genauso der Titel der *Praecepta atque instituta,* Inst tit: *Boon* 53 (Bacht a.a.O. 226). Ähnlich sagt es Horsiese in seinem Testament mit Bezug auf Pachom: "... ut pater qui primus instituit coenobia, gaudens pro nobis loquatur ad Dominum...", LibOrs 12: *Boon* 116,18f (dt. bei H. *Bacht,* Das Vermächtnis I, 85).

[22] Kat 3,5: *Lefort* (CSCO 160) 41,23f (engl. bei A. *Veilleux,* Pachomian Koinonia III, 95; in der Abschnittszählung folge ich *Veilleux*); ähnlich Kat 3,26: *Lefort* a.a.O. 53,8 (*Veilleux* a.a.O. 108); in den nach Horsiese benannten, aber wohl doch nicht von ihm stammenden "Reglementierungen" heißt es: "... nach dem, was von Anfang an von dem Vater der Koinonia, Apa, festgesetzt wurde, dem Gott eine so große Berufung anvertraut hat", Hors Reg 48: *Lefort* a.a.O. 95,16 (*Veilleux,* Pachomian Koinonia II, 214; ich folge auch hier der Abschnittszählung von *Veilleux*); ebenso Hors Reg 54 u. 63: *Lefort* a.a.O. 98,5f u. 99,28 (*Veilleux* a.a. O. 217 u. 220). Zum ganzen Komplex s. H. *Bacht,* Unser Vater Apa Pachomius.

des Apostels Petrus."[23] Treffender als Adalbert *de Vogüé* kann man es kaum zusammenfassen: "The word *Koinonia* has probably never carried so vibrant a meaning as it did in this community surrounding, and surviving, 'Our holy Father, Apa Pachomius'"[24].

Alle Elemente des pachomianischen Lebens müssen daher sachgemäß von diesem Angelpunkt her verstanden und dargestellt werden, was nun im folgenden versucht werden soll.

4.3 Die Ordnung der Koinonia

4.3.1 Orden und Regel

a) Gemeinsames Leben hat es auch schon vor Pachom gegeben. Neben der inneren Gründung seiner Spiritualität auf die Koinonia der Urgemeinde besteht aber das Verdienst Pachoms unbestreitbar darin, zum ersten Mal einen *Klosterverband,* modern gesprochen: einen Orden gegründet und ihm eine tragfähige organisatorische Struktur gegeben zu haben[25]. Die Gemeinschaft umfaßte mehrere untereinander in Verbindung stehende Klöster, die durch den einen Oberen, eine gemeinsame Tracht, eine alle verbindende Regel und einen geordneten Tageslauf mit Gebets- und Arbeitszeiten zusammengehalten wurden. Es ist bezeichnend, daß Pachom *das Ganze* dieses Klosterverbandes *Koinonia* nannte, denn dadurch wird deutlich, daß sich Pachom des umfassenden Ausmaßes

---

[23] Theodoros, Kat 3,23: *Lefort* (CSCO 160) 51,27–52,1 (engl. bei A. *Veilleux,* Pachomian Koinoia III, 107). Man beachte die Anspielung auf Apg 4,32! Vgl. Horsiese in LibOrs 50: "Daß aber unsere Vereinigung und die Gemeinschaft (koinonia), die uns verbindet, aus Gott stammt, das hat uns der Apostel gelehrt, da er sagt ... (folgt Hebr 13,16). Ein gleiches lesen wir in der Apostelgeschichte: Die Menge der Gläubigen war ein Herz und eine Seele ... (folgt Apg 4,32f)", *Boon* 142,14–21 (dt. bei H. *Bacht,* Das Vermächtnis I, 175). Dieselben Schriftstellen waren übrigens auch in dem Bericht über die mißglückten Anfänge der Koinonia miteinander kombiniert, s. oben S. 101.

[24] A. *de Vogüé* im Vorwort zu: A. *Veilleux,* Pachomian Koinonia I, viii (Hervorhebung im Original). Siehe auch A. *Veilleux,* La liturgie, 359–362.

[25] Vgl. H. *Bacht,* Pakhôme – der Große "Adler", 368 u. 379f; E. *Brunner-Traut,* Die Kopten, 40; B. *Steidle,* "Der Zweite" im Pachomiuskloster, 97f; A. *de Vogüé* im Vorwort zu: A. *Veilleux,* Pachomian Koinonia I, viif.

seiner Neuerung bewußt war und sie intendierte; außerdem zeigt sich darin die Qualität der Beziehungen, die Pachom nicht nur unter den einzelnen Brüdern, sondern auch unter den verschiedenen Konventen voraussetzte.

Die Organisation sah an der Spitze eines jeden Klosters den Vorsteher oder Verwalter vor, οἰκονόμος genannt, dem ein Stellvertreter, der sog. "Zweite" zur Seite stand[26]. Jedes Kloster umfaßte mehrere Häuser, in denen Brüder gleichen Handwerks zusammenlebten; diese Häuser wurden ihrerseits von einem Oberen und seinem "Zweiten" geleitet. Pachom selbst galt als "Vater" und Haupt des gesamten Verbandes, während zeitweilig Theodoros der "Zweite" neben ihm war. Jedoch lebte Pachom im Kloster von Pbow, wie die anderen Brüder auch, in einem der Häuser und unterstellte sich in allem seinem Hausoberen und dem Ökonom des Klosters[27].

b) Zusammengehalten wurde dieser Verband durch die *gemeinsame schriftliche Regel* – eine weitere Pioniertat Pachoms. Sie hat seine Zeitgenossen dermaßen beeindruckt, daß bald die Legende in Umlauf kam, Pachom habe die Regel direkt von einem Engel, in bronzene Tafeln graviert, empfangen[28]. Auf ihre Weise unterstreicht diese Legende nur die Tatsache, daß sich Pachom für sein Werk unter göttlichem Auftrag wußte.

---

[26] Zu dem eigentümlichen Titel οἰκονόμος vgl. B. *Büchler,* Die Armut der Armen, 77 Anm. 15. Zu den Ämtern des Klosterverbandes s. F. *Ruppert,* Das pachomianische Mönchtum, 282–328; B. *Steidle,* "Der Zweite" im Pachomiuskloster. Es ist bezeichnend, daß Pachom nicht die Bezeichnung πρῶτος, der "Erste", einführte, obwohl er den Stellvertreter des Vorstehers den "Zweiten" nannte. Der Titel πρῶτος war nämlich die geläufige Bezeichnung der Ältesten eines Dorfes (s. G. *Rouillard,* La vie rurale dans l'empire byzantin, 53) und hätte von Pachom ohne Weiteres übernommen werden können, da seine Klöster den ägyptischen Dörfern glichen (s. unten Pkt. 3.3.5 b); er hatte jedoch eine eigene Auffassung von Autorität (s. unten Pkt. 3.3.3 b), die sich auch in der Terminologie spiegelt.

[27] Diese Organisation hat nichts mit einem "hierarchischen und militärischen Instanzenweg" oder einem "militärischen und strikt hierarchisch aufgebauten Plan der pachomianischen 'Kaserne'" zu tun (so E. *Amand de Mendieta,* Le système cénobitique, 41 u. 46). Mit Recht hat H. *Bacht* darauf hingewiesen, daß diese soldatischen Vergleiche wohl kaum den Intentionen Pachoms gerecht werden dürften (Das Vermächtnis II, 36 u. 59f, Anm. 175; H. *Quecke* fügt in seiner Rezension von *Bachts* Buch in: Or 56 [1987] 118–121, hier: 119, noch folgende Fundstellen hinzu: 174 Anm. 276; 177f Anm. 300; 197 Anm. 420; 244 Anm. 75).

[28] Sie wird berichtet von *Palladius* HL 32: *Butler* 87,18–96,5 (dt. bei *Krottenthaler* 381–384). Vgl. dazu A. *Veilleux,* La liturgie, 138–146.

Ein erstes Durchlesen der Regel mag einen enttäuschen. Sie erscheint als eine Sammlung verschiedenster, praktisch-konkreter Reglementierungen und nicht als theologisch reflektiertes oder spirituell durchgeformtes Werk nach Art der Regeln etwa eines Basileios oder Benedictus[29].

Dennoch verdienen drei Tatsachen festgehalten zu werden:

1) Die Pachomianer verstanden die Regel als direkte Auslegung des Evangeliums in ihre konkrete Lebenssituation hinein. Sie ersetzte ihnen die biblische Weisung nicht, sondern verdeutlichte sie. Ihre Autorität leitete sie vom Evangelium, ja von Christus selbst ab, dessen Wort sie in sich aufgenommen und in konkrete Weisungen umgesetzt hatte. Die Regel wollte nichts anderes sein als Sprachrohr des Evangeliums[30].

2) *Die* Verkörperung des Evangeliums, *der* Maßstab zur Ausrichtung des Lebens, war Pachom selbst, *seine* Nachfolge Christi, *sein* Beispiel und daher dann auch sein Wort der Weisung. Erst mit dem Anwachsen der Bruderschaft wurde es nötig, einzelne Gebote auch schriftlich festzuhalten. Aber solange Pachom lebte, war die Autorität der Regel getragen von seiner persönlichen Autorität und ihr untergeordnet. *Er selbst war die lebendige Regel*[31].

3) Dennoch – und das ist gerade das Zukunftsweisende – unterstellte sich Pachom selbst dieser Regel und erwartete dasselbe auch von den anderen Oberen. Sie sollten aus ihrer Stellung keinen Vorteil ziehen,

---

[29] Es ist daher leicht, hier einen Gegensatz zu konstruieren zwischen dem "ägyptischen Bauern Pachom" und dem hochgebildeten Mönchsbischof Basileios, dessen Werk "un charactère intellectuel, théologique et philosophique" trägt (E. *Amand de Mendieta,* Le système cénobitique, 36 u. 34). Dennoch gilt schon für Pachom, was *Amand de Mendieta* ihm absprechen und erst Basileios zuschreiben möchte, daß er nämlich "le but essentiel de la vie monastique, l'amour de Dieu et du prochaine" gesehen, gelehrt und verwirklicht hat (a.a.O. 35).

[30] Das hat H. *Bacht* immer wieder betont, s. *ders.,* Antonius und Pachomius, 92f; *ders.,* Das Vermächtnis II, 47f; *ders.,* Pachomius und Evagrius, 154f; ebenso auch Th. *Baumeister,* Die Mentalität des frühen ägyptischen Mönchtums, 157f; F. *Ruppert,* Das pachomianische Mönchtum, 130–158 (ausführlich und differenziert!); B. *Steidle*/O. *Schuler,* Der "Obern-Spiegel", 22f; *Veilleux,* La liturgie, 263–266; A. *de Vogüé,* Le monastère, Église du Christ, 31, 34f; ders., Sub regula vel abbate, 215f, 219f; a.a.O. 217f macht er darauf aufmerksam, daß sowohl bei Pachom wie bei Basileios und Augustinus mit dem Wort "Regel" nur das Evangelium selbst bezeichnet wird. M. M. *van Molle,* Aux origines, 112, verkennt diesen Zusammenhang völlig. Daß *jede* Mönchsregel nichts anderes sein will als eine Hilfe, das Evangelium zu leben, wird immer wieder betont.

[31] A. *de Vogüé,* Sub regula vel abbate, 211f. Auch diese Aussage gilt von allen großen Mönchsvätern.

sondern sie zum Dienst an den Brüdern nutzen[32]. Gerade hier kommt wieder deutlich zum Ausdruck, daß Orden und Regel dem einen Ziel Pachoms dienten: der lebendigen, gegenseitigen Bruderliebe nach dem Vorbild der ersten Christen Jerusalems.

4.3.2 Vom Sinn der Armut bei Pachom

Beschreibt man das Anachoretentum und das Koinobitentum in idealtypischer Weise, ergibt sich ein leicht zu handhabender und reizvoller Gegensatz, was die *Gestaltung* der Armut als Lebensform angeht[33]: während die Anachoreten zwar wirklich wenig hatten, über das Wenige aber selbst verfügen konnten, lebte der Koinobit im Kloster persönlich in absoluter Armut und verfügte über gar nichts mehr, aber das Kloster insgesamt wurde reich. Fragt man jedoch nach dem *Sinn* der Armut, muß die Antwort differenzierter ausfallen[34].

Es ist bezeichnend, daß fünf Jahre nach dem Tode Pachoms ein heftiger Streit unter den Klöstern ausbrach, der etwas mit dem Reichtum der einzelnen Konvente und deren Umgang damit zu tun hatte. Bernward

---

[32] H. *Bacht,* Antonius und Pachomius, 89; *ders.*, Das Vermächtnis II, 39; *ders.*, Pakhôme – der Große "Adler", 375; *ders.*, Vom gemeinsamen Leben, 101f; F. *Ruppert,* Das pachomianische Mönchtum, 403f. Vgl. dazu die "Obernspiegel", in den Pachom-Regeln selbst Inst 18: *Boon* 58,7–62,8 (dt. bei H. *Bacht,* Das Vermächtnis II, 230–234, s. auch seinen Kommentar a.a.O. 249f Anm. 100 u. 101) und bei Horsiese in LibOrs 7–18 u. 39–40: *Boon* 112,12–120,20 u. 134, 28–135,15 (dt. bei H. *Bacht,* Das Vermächtnis I, 69–97 u. 151f; B. *Steidle*/O. *Schuler,* Der "Obern-Spiegel", 30–38). Gerade das "Buch" des Horsiese bestätigt noch einmal, daß die Verpflichtung der Oberen auf die Regel zugleich ihre Verpflichtung zur Bruderliebe beinhaltete, wie es Horsiese bei Pachom gelernt hatte, s. Ch. *Joest,* Benedikt von Nursia und der Stellenwert gegenseitiger brüderlicher Liebe, 318–321; *ders.*, Proverbia 6,3, 122–124 u. 127.

[33] Diese Sicht verfolgen H. *Bacht,* Die "Bürde der Welt" (leicht bearbeitet unter dem Titel: "Das Armutsverständnis des Pachomius und seiner Jünger" auch in: *ders.*, Das Vermächtnis I, 225–243); H. *Biedermann,* Die Regel des Pachomius und die evangelischen Räte, 250ff; M. *v. Dmitrewski,* Die christliche freiwillige Armut; B. *Steidle,* Die Armut in der frühen Kirche. Auch P. *Ladeuze,* Études sur le cénobitisme pakhômien, 284, beschreibt die Armut der Pachomianer nur nach ihrer äußeren Gestalt, nicht nach ihrer Motivation.

[34] Dazu ausführlicher Ch. *Joest,* Vom Sinn der Armut bei den Mönchsvätern Ägyptens. Mit derselben Tendenz, jedoch nicht auf die Armutsfrage konzentriert, Th. *Baumeister,* Die Mentalität des frühen ägyptischen Mönchtums.

Büchler hat diesen Armutsstreit eingehend untersucht[35] und sich die Frage gestellt, warum er nicht schon zu Lebzeiten Pachoms ausgebrochen ist. Seine Antwort beruht auf einer bestechenden, wenn auch ergänzungsbedürftigen These[36]: Der *Sinn* der Armut lag für Pachom nicht in der Enthaltsamkeit als solcher, sondern in der Möglichkeit, konkret Liebe zu leben und die Barmherzigkeit Gottes, die er einst am eigenen Leibe erfahren hatte, an alle Menschen weiterzugeben, so wie er es damals gelobt hatte. Ihm war es darum zu tun, brüderlich zu teilen und nichts für sich selbst zurückzubehalten. Hatte das Kloster Überfluß, so teilte es davon nach außen an die Armen und Notleidenden aus. Solange dies die Blickrichtung war, konnte aus dem Reichtum der Klöster kein Problem erwachsen. Armut als Element einer Spiritualität des Teilens steht nicht dazu im Widerspruch, daß ein Kloster über viel Einkünfte verfügt, denn diese können ja dann dem Ziel dienen: eben abzugeben, zu teilen, die Notleidenden zu unterstützen. Darüber hinaus persönlich Askese zu üben war den Brüdern freigestellt, da konnte jeder das Maß finden, das ihm zusagte. Das gemeinsame Maß für *alle* war jedoch von Pachom sehr milde bestimmt. Askese als solche ohne Bezug zur Bruderliebe hatte für ihn keinen Wert.

Eine andere Auffassung hatten anscheinend einige Mitbrüder und vor allem der sog. "Lieblingsjünger" Pachoms, *Theodoros († 368)*[37]. Ihnen ging es um die *Armut als Form der Askese, die in sich selbst ihren Wert hat.* Dieser Mentalitätsunterschied zwischen Pachom und seinem Schüler tritt in der *Fastenfrage* deutlich zutage: Theodoros fragt, warum die Brüder in der Karwoche nicht sechs Tage fasten; Pachom belehrt ihn, daß die Brüder dann nicht mehr in der Lage sein würden, ihre Handarbeit

---

[35] B. *Büchler,* Die Armut der Armen. Über den ursprünglichen Sinn der mönchischen Armut.

[36] Die Arbeit *Büchlers* weist leider einige Mängel auf. Seine (m. E. zutreffende) Grundthese diskutiere ich eingehender in dem genannten Aufsatz "Vom Sinn der Armut bei den Mönchsvätern Ägyptens", 266–270. Zu ihrer Ergänzungsbedürftigkeit s. unten S. 112f und Ch. *Joest,* Pachom und Theodoros. Zur folgenden Darstellung s. *Büchler* a.a.O. 84–87 u. 104.

[37] Zu ihm vgl. F. *Ruppert,* Das pachomianische Mönchtum, 209–232; B. *Steidle,* Der heilige Abt Theodor von Tabennesi. Die unterschiedliche Einstellung bei Pachom und Theodoros betont auch M. M. *van Molle,* Confrontation entre les règles, 421–423, wo sie ähnlich wie Büchler bei Theodoros eine größere Strenge, ja Gesetzlichkeit findet, ohne diesen Gedanken auf die Armuts- und Askesefrage anzuwenden. Die bei *Büchler* anzubringende Ergänzung gilt dementsprechend auch hier.

zu verrichten, die sie dazu befähigt, den Armen Almosen zu geben[38]. Ein andermal preist Pachom die Brüder, "die sich nicht großen Übungen hingeben und maßlose Askese betreiben, sondern schlicht in Reinheit des Leibes und nach den eingesetzten Regeln in Gehorsam und Zuvorkommenheit leben", höher als die Anachoreten[39].

Dieser Kontrast macht noch einmal deutlich, worum es Pachom im Tiefsten ging. Der gegenseitige Dienst als Ausdruck der Liebe und der Hingabe an Gott war sein und seiner Koinonia eigentliches Ziel. Darin bestand die Berufung seiner Gründung, hier schlug sein Herz. Um dieser Liebe willen sollten die Brüder arm werden.

4.3.3 Gehorsam und Autorität

a) Hatte bei Pachom die monastische Armut keinen asketischen Wert in sich selbst, war sie vielmehr ganz auf die Bruderliebe bezogen und von dorther zu verstehen, so kann man erwarten, daß Ähnliches auch für den mönchischen Gehorsam gilt. Diesem Thema hat Fidelis *Ruppert* seine Studie über "Das pachomianische Mönchtum" gewidmet, deren Ergebnisse im folgenden referiert werden sollen[40].

"Im pachomianischen Schrifttum sind Gehorsam gegen Gott und Gehorsam gegen einen Oberen nicht einfachin gleichgesetzt" (376). Sie sind freilich auch nicht einfachhin in einen Gegensatz gebracht. Pachom wollte seinen Brüdern helfen, das "Leben der Apostel", den Weg des Evangeliums zu ergreifen und zu gehen. In diesem Kontext ist das erforderlich, was Ruppert den *"erzieherischen Gehorsam"* nennt (378).

---

[38] Bo 35: *Lefort* (CSCO 107), 26,5–13 = *ders.*, Vies coptes 105,31–106,8 (engl. bei A. *Veilleux*, Pachomian Koinonia I, 59f). – Es ging Theodoros anscheinend um ein ganz strenges Fasten, das zur damaligen Zeit nur an zwei Tagen der heiligen Woche üblich war; s. B. *Büchler*, Die Armut der Armen, 66f; T. *Kardong*, The Monastic Practices, 75f.

[39] Bo 105: *Lefort* (CSCO 107) 90,27–32 = *ders.*, Vies coptes 178,18–24 (engl. bei A. *Veilleux*, Pachomian Koinonia I, 149); s. T. *Kardong* a.a.O. 77.

[40] A. *de Vogüé*, Saint Pachôme et son œuvre, 448–453, stellt *Rupperts* Ergebnisse grundsätzlich in Frage, vor allem mit Berufung auf LibOrs 19; dabei übersieht er aber die Tatsache, daß Horsiese während seiner Amtszeit als Nachfolger Pachoms einen harten Kampf gegen die Unbotmäßigkeit einiger Klostervorsteher zu führen hatte, was naturgemäß zur stärkeren Akzentuierung des Gehorsams führen mußte; *Ruppert* dagegen untersucht die *Anfänge* des klösterlichen Gehorsams auch im Gefüge der Pachomianer-Spiritualität (vgl. *Ruppert*, Das pachomianische Mönchtum, 390); s. auch H. *Delhougne*, Autorité et Participation, 369–394.

In seiner "Katechese für einen grollenden Mönch" fordert Pachom den Bruder dazu auf, entweder selbst auf Gott zu hören, oder sich einem anzuschließen, der dies tut und nach dem Evangelium lebt. "Entweder sei stark, damit man dich Elias nennt, oder gehorche dem Starken, damit man dich Elisäus nennt" (379), d. h. entweder gehorche selbst unmittelbar Gott oder gehorche einem, der Gott gehorcht. Der Gehorsam hat hier eine "pädagogische Funktion": ein geistlich reiferer Mensch soll dem Bruder zum Fortschritt im geistlichen Leben helfen (387).

Damit ist bis jetzt nichts anderes gesagt, als daß Pachom im vorliegenden Zusammenhang auch innerhalb seiner Koinonia den *Führungsgehorsam* nach Art der Anachoreten vertreten hat.

Es tritt aber notwendig ein weiteres Element hinzu, das mit der *vita communis* gegeben ist: der *"soziale Gehorsam"* (397–399). In einem Vergleich zwischen Anachoreten und Koinobiten sagt Pachom, daß selbst die Kleinsten in der Koinonia "denen, die als Anachoreten leben, weit überlegen, denn sie wandeln in der Verpflichtung, in der der Apostel wandelte, wie geschrieben steht: 'Durch die Liebe des Heiligen Geistes dienet einander in einem Geist der Milde und aller Geduld vor unserem Herrn Jesus'"[41]. "Gehorsam und Dienst an den Brüdern sind hier engstens miteinander verknüpft" (402). Hierher gehört auch die wieder und wieder eingeschäfte Mahnung an die Oberen, ihrerseits den Anordnungen Pachoms gehorsam zu sein. "Der Befehlende steht wie der Gehorchende im Dienst der Gemeinschaft" (403). Das Einhalten der Regel gilt als Erfüllung des Liebesgebotes (407)[42]. Daher gilt: "Grundlage des sozialen Gehorsams ist das Ideal der Koinonia, das Zusammenleben in brüderlicher Liebe und gegenseitiger Verantwortung" (411). "Das pachomianische Gehorsamsverständnis ist nur von der Grundidee der Koinonia her zu begreifen" (464).

b) Einige Beobachtungen zum Thema "Autorität" sollen das bisher Gesagte ergänzen[43].

Wie wir oben zu Beginn des Abschnitts 4.2.1 sahen, verstand Pachom seine Rolle als Gründer und Vater der Gemeinschaft so, daß er die niedrigsten Dienste ausführte. Gerade diese Haltung traf auf das Unverständnis der ersten Brüder, so daß sie ihren Spott mit ihm trieben. Mei-

---

[41] Bo 105: *Lefort* (CSCO 107) 91,3–7 = *ders.*, Vies coptes 178,32–36 (engl. bei A. *Veilleux,* Pachomian Koinonia I, 149).

[42] *Ruppert* 407 Anm. 117 verweist auf Iud Prooemium, wo es heißt: *Plenitudo legis caritas* – die Fülle des Gesetzes ist die Liebe (vgl. Röm 13,10; Text: *Boon* 63,3; dt. bei H. *Bacht,* Das Vermächtnis II, 255); man darf das Wort "lex" allerdings nicht, wie *Ruppert,* direkt auf die Regel Pachoms anwenden: es bezieht sich primär auf das Gebot Gottes, von dem her erst die Regel ihre Vollmacht empfängt.

[43] Dazu ausführlicher: Ch. *Joest,* Pachom und Theodoros.

nes Erachtens hat genau das mit unterschiedlichen Vorstellungen von geistlicher "Vaterschaft" zu tun. Anscheinend besaßen die ersten Brüder Pachoms ein Bild von Autorität, wie es die Anachoreten hatten und wie es im Bewußtsein ihrer Umwelt kulturell fest verankert war[44]. Es ist erstens vom *Senioritätsprinzip* gekennzeichnet, d. h. der an Lebensjahren oder an geistlicher Erfahrung "Ältere" hatte die Würde der Autorität, er hatte das Sagen, während der Jüngere zu hören hatte, sich unterzuordnen, zu gehorchen.

Zweitens ist diese Art von Autorität dadurch gekennzeichnet, daß der Jüngere die praktischen Arbeiten tut, die zu verrichten dem "Alten" nicht ansteht. Es obliegt dem "Jungen", zu dienen. Dieser Dienst ist seine Schule.

Wie wirksam diese kulturell und gesellschaftlich verankerten Vorstellungen von Autorität auch später noch unter den Brüdern Pachoms waren, zeigt der Bericht von der ersten Katechese des Theodoros.

Von Pachom aufgefordert, sprach er als einer der jüngeren Brüder zu dem versammelten Konvent. Daraufhin verließen einige ältere unter Protest die Gemeinschaft und sagten: "Er ist ein junger <Mann>, und wir sind Alte! Und *ihm* gibt er (d. h. Pachom) den Auftrag, uns zu belehren!" Als Pachom das hörte, tadelte er diese Haltung, zunächst unter Hinweis auf das Wort Jesu aus Mt 18,5: "Wer ein solches Kind in meinem Namen aufnimmt, der nimmt mich auf", und fuhr dann fort: "Stand ich nicht mit euch <und hörte zu>, wie jeder andere von euch auch? Und ich sage euch: ich habe nicht nur so getan, sondern ich habe von ganzem Herzen zugehört wie jemand, der zur Sommerzeit nach kühlem Wasser dürstet."[45]

---

[44] Für die Anachoreten vgl. G. *Bunge,* Geistliche Vaterschaft; A. *Grün,* Geistliche Begleitung bei den Wüstenvätern; I. *Hausherr,* Direction spirituelle; M. *Schneider,* Aus den Quellen der Wüste, 22–33. – Für die kulturelle Verankerung dieses Bildes von Autorität vgl. die Kapitel bei H. *Brunner,* Altägyptische Erziehung, über "Tradition und Erfahrung" (127–131), "Hören und Gehorchen. Der Zwang" (131–134) und "Fragen und Verstehen" (134–136). Über die auffällige Verwandtschaft zwischen dem allgemein ägyptischen Autoritätsverständnis und dem der Anachoreten s. Ch. *Joest,* Pachom und Theodoros, 519–521. Die Tatsache, daß im alten Ägypten "erben" bedeutete: "die Nachfolge antreten" und daß dies wiederum mit der Pflicht und dem Recht der Bestattung des Vaters verbunden war (W. *Helck,* Art. "Sohn"; T. *Mrsich,* Art. "Erbe", 1239–1241), wirft vielleicht ein neues Licht auf die Berichte von berühmten Mönchsvätern, die sich von ihren vertrautesten Schülern an einem geheimen Ort bestatten ließen (vgl. die Vita Antonii 90–92: PG 26, 966 C–973 A).

[45] Bo 69: *Lefort* (CSCO 107) 48,4–49,7 = *ders.*, Vies coptes 130,30–132,8 (engl. bei A. *Veilleux,* Pachomian Koinonia I, 91f).

Hier war also das *Senioritätsprinzip* verletzt: ein jüngerer Bruder wurde beauftragt, auch die älteren zu belehren. Das faßten sie als Affront auf und gingen.

Eine ähnliche Spannung lag in der Frage, wer einmal *Nachfolger Pachoms* werden solle[46]. Noch auf dem Sterbelager wurde von Pachom *Petronios* zum Nachfolger bestimmt, obwohl der seinerseits bereits todkrank war[47]. Er wiederum bestellte *Horsiese,* einen anderen "Jungen", an seiner Statt, als er zwei Monate später starb[48]. Schon bei der Ernennung des Horsiese als Ökonom des Klosters in Šeneset hatte es Unmut unter den Brüdern gegeben, weil er ein "Neophyt" war, ein "Neuling". Pachom hatte damals gesagt: "Glaubt nicht, das Himmelreich gehöre nur den Alten! Ein Alter, der gegen einen Bruder murrt, ist kein 'Alter' (sc. im Sinne der geistlichen Reife); er hat noch nicht einmal einen Anfang als Mönch gemacht!"[49]

Meines Erachtes hat der sog. "Armutsstreit", der durch Abt Apollonios von Tmušons ausgelöst wurde[50], im Tiefsten hierin seinen Grund. Wie schon früher die Älteren gegenüber dem damals jungen Theodoros, so wollte er seinerseits auch jetzt nicht die Autorität eines Horsiese über sich akzeptieren[51]. Damit, und nicht allein durch eine andere, asketischere Armutsauffassung, war das Werk Pachoms, die Koinonia der Liebe Christi, im innersten Kern gefährdet[52]. "Wer unter euch groß sein will,

---

[46] D. J. *Chitty,* A Note on the Chronology, 384f; *ders.,* The Desert a City, 24.

[47] S^7: *Lefort,* Vies coptes 48,35–49,20 (engl. bei A. *Veilleux,* Pachomian Koinonia I, 176f).

[48] S^5 124: *Lefort,* Vies coptes 271,31–272,20 (engl. bei A. *Veilleux,* Pachomian Koinonia I, 187 [= SBo 130]).

[49] G^1 119: *Halkin* 77,3–15 (engl. bei A. *Veilleux,* Pachomian Koinonia I, 381f). Die Bezeichnung Horsieses als "Neophyt" muß nicht unbedingt heißen, daß er eben erst getauft worden war; das Wort *kann* diese Bedeutung haben, wurde aber auch für Neuaufgenomene im Kloster gebraucht (H. *Achelis,* Art. "Neophyten", RE 13 [1903] 709).

[50] Siehe oben S. 107f; Ch. *Joest,* Pachom und Theodoros, 527–529.

[51] Horsiese sagte selbst nach seiner Ernennung zu den "Alten": "Ihr seid es, die dieser Rangstellung würdig sind, *denn ihr seid 'älter' als ich":* S^5 125: *Lefort,* Vies coptes 273,8f (engl. bei A. *Veilleux,* Pachomian Koinonia I, 188 [= SBo 131, Hervorhebung von mir]).

[52] Darin besteht die m. E. notwendige Ergänzung zu B. *Büchlers* These über die Entstehung des Armutstreites. Daß hier eine "geistliche Veränderung" in der Auffassung von Armut und Besitzverzicht vorlag (Die Armut der Armen, 103) kann nicht bestritten werden. Doch der Ausbruch des Streites fünf Jahre *nach* dem Tod Pachoms und nicht schon zu seinen Lebzeiten (a.a.O. 36 u. 102) ist mit dem Autoritätsver-

der sei euer Diener" (Mt 20,26)[53] – diese Lektion war für die Brüder nur schwer zu lernen, und es fiel ihnen auch immer wieder schwer, diese Haltung bei Pachom zu akzeptieren[54]. Er jedoch ließ sich offensichtlich vom Vorbild Jesu nach Luk 22,24–27 ("Ich bin unter euch wie ein Diener") und Joh 13,12–17 (die Fußwaschung Christi) leiten und tat die einfachsten Dienste. Genau hier lag für Pachom die Überlegenheit der Koinobiten über die Anachoreten begründet[55]. Genau diese Haltung der Fußwaschung nach dem Vorbild Christi setzte im Bereich "Gehorsam und Autorität" das Ideal der Koinonia um. Genau hier schlug sein Herz[56].

ständnis der Brüder meiner Einsicht nach besser erklärt, s. Ch. *Joest,* Pachom und Theodoros, 528.

[53] Pachom zitierte dieses Wort in Bezug auf sich selbst, als die Brüder ihn einmal bevorzugt behandeln wollten, und fuhr mit dem Hinweis auf das Vorbild Christi nach Mt 20,28 fort: "Der Menschensohn ist nicht gekommen, daß er sich dienen lasse, sondern daß er diene und gebe sein Leben als Lösegeld für viele", ein Wort, durch das Pachom seine Berufung wieder einmal mehr treffend charakterisierte Bo 98: *Lefort* (CSCO 107) 80,13–17 = *ders.*, Vies coptes 166,4–10 (engl. bei A. *Veilleux,* Pachomian Koinonia I, 135).

[54] Das scheint mir der tiefere Sinn der zahlreichen Erzählungen zu sein, in denen Pachom während seiner Krankheiten eine bevorzugte Behandlung streng zurückweist, s. Ch. *Joest,* Pachom und Theodoros, 521 u. 525–527.

[55] Vgl. den oben S. 109 u. 110 zitierten Text. M. M. *van Molle,* Aux origines, 104f, sieht diesen Gegensatz richtig, obwohl ihre These, daß das Eremitentum *überhaupt nicht christlich* sei, m. E. nicht nur sehr übertrieben ist, sondern auch auf einer überspitzten Auffassung von "Gesetzlichkeit" als "Judaismus" beruht, die dem Selbstverständnis der frühen Kirche nicht gerecht wird; diese Überzogenheit beinträchtigt den ganzen Aufsatz.

[56] Das heißt nicht, daß sich Pachom von einem Mehrheitsvotum abhängig gemacht hätte. Demokratische Vorstellungen wären in diesem Zusammenhang ein Anachronismus. Pachom hat durchaus Gehorsam gefordert, aber er verstand seine Autorität als einen *Dienst* im Sinne der Bruderliebe und der Fußwaschung Christi und nicht als Ehren- und Machtstellung, s. A. *Veilleux,* La liturgie, 178.

4.3.4 Arbeit und Gebet

Über Arbeit[57] und Gebet[58] im Leben der Pachomianer ist schon viel geschrieben worden. Darum mag hier eine kurze Zusammenfassung genügen.

a) Charakteristisch für Pachom ist die "energische Betonung der Arbeitspflicht": Müßiggang war ein strafwürdiges Vergehen[59].

Die Verpflichtung zur Arbeit kannten zwar auch schon die Eremiten; so heißt es z. B. von Antonios d. Gr., daß er von der Arbeit seiner Hände lebte, "da er gehört hatte: 'Wer nicht arbeitet, soll auch nicht essen'; einen Teil des Lohnes verbrauchte er für Brot, den anderen verwandte er für die Armen"[60]. Aber bei den Anachoreten diente die Arbeit neben dem Broterwerb und der Ermöglichung des Almosengebens hauptsächlich dazu, die Gedanken zu sammeln und besser beten zu können. Es wurde daher auch nur solche Arbeit verrichtet, die nebenher das Aufsagen von Schriftworten und Psalmen ermöglichte, z. B. Matten, Körbe oder Seile flechten, Bücher abschrei-

---

[57] Unter anderen E. *Amand de Mendieta,* Le système cénobitique, passim; H. *Bacht,* Antonius und Pachomius, 84f; *ders.*, Das Vermächtnis II, 36; *ders.*, Die "Bürde der Welt", 306f; H. *Dörries,* Mönchtum und Arbeit, 297–299; K. *Heussi,* Der Ursprung des Mönchtums, 122f; P. *Ladeuze,* Études sur le cénobitisme pakhômien, 294–298; F. *Ruppert,* Arbeit und geistliches Leben im pachomianischen Mönchtum; B. *Steidle,* Der Osterbrief unseres Vaters Theodor, 107f; A. *Veilleux,* La liturgie, 176–178.

[58] Beispielsweise H. *Bacht,* Antonius und Pachomius, 77–84; *ders.*, Das Vermächtnis II, 35f; *ders.*, "Meditatio" in den ältesten Mönchsquellen; C. *Gindele,* Die Schriftlesung im Pachomiuskloster; F. *Kok,* L'office pachômien; P. *Ladeuze,* Études sur le cénobitisme pakhômien, 288–290; F. *Ruppert,* Meditatio – Ruminatio; A. *Veilleux,* La liturgie, 292–315.

[59] H. *Bacht,* Die "Bürde der Welt", 306; vgl. Inst 10 (*Boon* 56,6; dt. bei *Bacht,* Das Vermächtnis II, 228).

[60] *Athanasios,* Vit Ant 3: PG 26, 844 C–845 A (dt. bei *Mertel,* 693). Athanasios stilisiert Antonios zum asketischen Helden und trägt so in dessen Bild Züge ein, die ihm selbst und seinen Lesern am Herzen lagen, aber wohl eher aus der hellenistischen Denkweise als aus der orientalischen stammen dürften, s. H. *Dörries,* Die Vita Antonii als Geschichtsquelle (dessen Kritik an Athanasios mir jedoch manchmal überzogen zu sein scheint). In der Grundeinstellung dürfte Antonios Pachom in manchem näher gestanden haben, als es die Vita Antonii vermuten läßt, s. Ch. *Joest,* Vom Sinn der Armut, 254f u. 271.

ben. Das Gebet war das Werk des Mönches, die Arbeit nur Bei-werk (ἔργον und πάρεργον)[61].

Nun kennt auch das pachomianische Kloster diese Verbindung von Handarbeit und Meditation (das Wort besagte damals das hörbare Hersagen von Schriftworten; dazu wurden Matten geflochten[62]). Doch gab es darüber hinaus eine straff durchorganisierte arbeitsteilige Wirtschaftsordnung. Diese Arbeit war mehr als nur Beschäftigungstherapie; vielmehr muß man von einem "ökonomischen Ernst der pachomianischen Arbeitsauffassung" sprechen[63]. Es gab in jedem Kloster "Zunft-Häuser", z. B. für die Leineweber, die Mattenflechter, Schneider, Zimmerleute, Walker oder Schuhmacher[64]. Der Vorsteher des Klosters mit dem bezeichnenden Titel οἰκονόμος übte eine zentrale Leitung und Kontrolle des Arbeitseinsatzes aus. Über die Arbeitsleistung der Klöster wurde genau Buch geführt, und darüber fand jährlich beim Herbst-Kapitel eine Rechenschaftsablage statt; anschließend hat man anscheinend die eventuellen Schulden einzelner Klöster erlassen und einen wirtschaftlichen Ausgleich gesucht[65].

---

[61] H. *Dörries,* Mönchtum und Arbeit, 280f. Dörries versucht, eine innere Entwicklung des Arbeitsgedankens im Mönchtum zu zeichnen, die mir großenteils willkürlich zu sein scheint. Jedenfalls belegen die Namen der Väter und die von ihnen überlieferten Apophthegmen nicht nur nicht die zeitliche Abfolge des von Dörries skizzierten Gedankenweges, was er selbst a.a.O. 278 zugibt, sondern sie widerlegen sie auch inhaltlich (vgl. die Verwendung des Apophthegmas Johannes Kolobos 2 in unterschiedlichem Sinne a.a.O. 279 u. 282, wodurch es seiner Pointe beraubt wird, die in der Auseinandersetzung mit den Euchiten gründet, s. unten S. 186f!). Diese mutmaßliche Entwicklung ist als Fiktion anzusehen. Vgl. dagegen J. *Frei,* Die Stellung des alten Mönchtums zur Arbeit, 332–334.

[62] H. *Bacht,* "Meditatio" in den ältesten Mönchsquellen; E. *Brunner-Traut,* Die Kopten, 42; C. *Gindele,* Die Schriftlesung im Pachomiuskloster, 114–116; F. *Ruppert,* Arbeit und geistliches Leben, 8–12; *ders.,* Meditatio – Ruminatio. Allgemein: A. *Guillaumont,* The Jesus Prayer among the Monks of Egypt, 68–70; M. *Schneider,* Aus den Quellen der Wüste, 43–48.

[63] H. *Bacht,* Die "Bürde der Welt", 306; vgl. *ders.,* Das Vermächtnis II, 36. Es ist dennoch falsch, von "Kloster-Fabriken" zu sprechen, die unter dem Gesichtspunkt der Produktionsmaximierung und der Effektivität betrieben worden seien (E. *Amand de Mendieta,* Le système cénobitique, 40 u. 50; s. auch a.a.O. 53 u. 65). Dagegen hat zurecht schon W. *Nigg,* Vom Geheimnis der Mönche, 75f, protestiert, s. auch F. *Ruppert,* Das Pachomianische Mönchtum, 345 u. 411; A. *Veilleux,* La liturgie, 176–178.

[64] Diese Aufzählung gibt *Hieronymus* in der Praefatio seiner lateinischen Übersetzung der Pachomianerschriften, Praef 6: *Boon* 8,1–3 (dt. bei H. *Bacht,* Das Vermächtnis II, 68); ähnlich berichtet es *Palladios,* HL 32: *Butler* 94,11 (dt. bei *Krottenthaler,* 383).

[65] H. *Bacht,* Das Vermächtnis II, 144f Anm. 127 (dort auch eine vollständige Liste der Quellentexte); F. *Ruppert,* Das pachomianische Mönchtum, 323–325; B. *Steidle,* Der Osterbrief, 104–110; A. *Veilleux,* La liturgie, 366–370. Umstritten ist, ob es sich bei dem Herbst-Kapitel nur um eine rein wirtschaftliche Rechenschaftsablage

Auf diese Weise wurde das Leitbild der biblischen Koinonia auch auf der Ebene des Gesamtverbandes umgesetzt.

Es ist kein Wunder, daß so auch einiges an Überschüssen erwirtschaftet werden konnte, die in Form von Verteilungsspenden den Notleidenden in den Dörfern ringsum zugute kamen.

Über den Hintergrund dieser Arbeitsorganisation soll im nächsten Abschnitt noch mehr gesagt werden[66]. Deutlich ist jedoch auch hier wieder, daß sie einen *Bezug zur Nächstenliebe* hat und somit auf ihre Weise das innere Anliegen der "Koinonia" im Sinne Pachoms widerspiegelt[67].

b) Was die *Gebetszeiten* anbelangt, so kannten die Pachomianer noch nicht den siebenfachen Rhythmus des klösterliche Stundengebets, der nur wenige Jahrzehnte nach Pachoms Tod von *Basileios d. Gr.* bereits in seiner klassischen Form dargelegt und auch durch *Benedikt v. Nursia* den Mönchen zur Pflicht gemacht wurde[68]. Das hätte in dieser Form auch

---

handelte oder auch um gegenseitige Versöhnung und Sündenvergebung. Die drei zuletzt genannten Autoren vertreten die erste Meinung. H. *Quecke,* Eine Handvoll pachomianischer Texte, 224, hat gezeigt, daß das dem griech. ἄφεσις zugrundeliegende koptische Wort ΟΥΗΤ nur "Erlaß" heißen kann und nicht "Abrechnung" (gegen *Veilleux* a.a.O. 367), und betonte den Aspekt der Sündenvergebung; *ders.*, Rez. zu Heinrich *Bacht,* Das Vermächtnis des Ursprungs II, 120, präzisierte und ergänzte das im Sinne eines "wirtschaftlichen Ausgleichs": es werden dabei *auch* Schulden erlassen. Es handelt sich also durchaus auch um die "Regelung ökonomisch-materieller Angelegenheiten, die hier aber eben gerade nicht wie in einem wirtschaftlich arbeitenden Produktionsverband geregelt werden. Vielmehr sucht eine religiöse Gemeinschaft, der es nicht um Profit geht, eine spezielle Form gegenseitiger brüderlicher Hilfe" (ebd. im Anschluß an M. *Krause,* Der Erlaßbrief Theodors, 230f). – Dies wirft m. E. neues Licht auf die Erwähnung des "Jubeljahres" in diesem Zusammenhang durch Hieronymus (Praefatio 8: *Boon* 8,13–18): denn in Dtn 15,2.9f geht es dabei genau um dies, daß wirtschaftliche Schulden um Gottes und der Brüderlichkeit willen erlassen werden; Dtn 15,7 u. 9 wird nun auch in einem Brief des *Theodoros* über das Herbst-Kapitel zitiert, der eben diesen "Erlaß" zum Inhalt hat (dt. bei H. *Quecke,* Eine Handvoll pachomianischer Texte, 226f [der als Verfasser noch Horsiese vermutete] und bei M. *Krause,* Der Erlaßbrief Theodors [der aufgrund einer zweiten Handschrift Theodoros als Schreiber ermittelte]; franz. bei A. *de Vogüé,* Épîtres inédites d'Horsièse et de Théodore, 255–257; engl.: A. *Veilleux,* Pachomian Koinonia III, 127–129).

[66] Siehe unten S. 120f Abschn. 4.3.5 b.

[67] So auch A. *Veilleux,* La liturgie, 176–178.

[68] Vgl. Basileios, LR 37 (dt. bei K. S. *Frank,* Basilius von Cäsarea, 164–166); Benedikt, RB 16.

nicht mit dem Anliegen Pachoms in Übereinstimmung gebracht werden können.

Die Pachomianer trafen sich zweimal am Tage zu einem liturgischen Gebet, am Morgen alle gemeinsam, am Abend nach Gruppen getrennt in den Häusern, in denen sie wohnten[69]. Am Mittag versammelte sich der gesamte Konvent ebenfalls, und zwar zur Hauptmahlzeit des Tages. Eine zweite Mahlzeit am Abend wurde zwar angeboten, die Teilnahme war aber den Brüdern freigestellt. Anscheinend wurden zu Beginn dieses Essens gleichfalls mehrere Gebete gesprochen, doch kann diese Versammlung nicht als liturgische Gebetszeit im strikten Sinne gelten. Das Morgen- und das Abendgebet bestand jeweils aus der mehrfach wiederholten Abfolge von Psalmodie, (laut gesprochenen) Gebeten und Schriftrezitation[70]. Ein Nachtgebet kannte Pachom nicht, doch übte er sich persönlich im Wachen, worin es ihm andere gleichzutun versuchten. Anscheinend gehörte das Beten während der Nacht zu den freiwilligen asketischen Übungen, war aber nicht Vorschrift für alle[71].

Die Eucharistie wurde nur am Wochenende gefeiert, und zwar Samstags und Sonntags. Anfangs gingen die Brüder in das benachbarte Dorf zur Kirche oder luden einen Priester von dort in ihren Konvent zur Feier der heiligen Geheimnisse ein[72]. Aber auch später, als es unter den Pachomianern selbst Priester gab, wurde der Brauch beibehalten, nur zweimal pro Woche die Messe zu feiern; außerdem geschah dies anscheinend auch bei Beerdigungen[73].

---

[69] P. *Ladeuze,* Études sur le cénobitisme pakhômien, 288–290, rechnet mit drei Gebetszeiten am Tag, A. *Veilleux,* La liturgie, 306, 315 u. 323 nur mit zweien, am Morgen und am Abend. Zum folgenden s. F. *Kok,* L'office pachômien, 71–83.

[70] So F. *Kok* a.a.O. 83–95, der hierin A. *Veilleux,* La liturgie, 307–315, widerlegt, welcher davon ausgeht, daß sich Schriftrezitation durch den Vorbeter und *schweigendes* Beten der Brüder abwechselten, während eine Psalmodie an Werktagen gefehlt habe.

[71] P. *Ladeuze,* Études sur le cénobitisme pakhômien, 289, glaubte, auch ein Nachtgebet als festen Bestandteil des pachomianischen Offiziums ausmachen zu können, doch A. *Veilleux,* La liturgie, 305, bezeichnet das als ein "artifice littéraire". H. *Quecke,* Untersuchungen zum koptischen Stundengebet, 151 u. 154–158 weist darauf hin, daß mit "nachts" die Zeit unmittelbar vor Tagesanbruch gemeint sein kann; entsprechende Texte verweisen also wahrscheinlich auf das Morgengebet; H. *Bacht,* Agrypnia, 354f, erweckt den Eindruck, als habe es *doch* ein Chorgebet zur Nachtzeit gegeben, zu dem alle Mönche verpflichtet gewesen seien, vgl. aber dagegen *ders.,* Antonius und Pachomius, 81; *ders.,* Pakhôme – der Große "Adler", 373; zur Freiwilligkeit des Wachens s. auch T. *Kardong,* The Monastic Practices, 64–66.

[72] H. *Bacht,* Mönchtum und Kirche, 126f, erwägt, ob die Meßfeiern nicht am *Freitag*abend und am Sonntag stattfanden, da man die Tage von Abend bis Abend rechnete; s. ferner *ders.,* Antonius und Pachomius, 83f; D. J. *Chitty,* The Desert a City, 23.

[73] H. *Bacht,* Antonius und Pachomius, 83.

Dreimal in der Woche gab es nach dem Morgengebet für alle eine Katechese, die entweder reihum oder in wöchentlichem Turnus von den Hausoberen gehalten wurde[74]. Anschließend besprachen die Brüder das Gehörte in ihren Häusern. An zwei Tagen wurde die Belehrung durch die Hausoberen abends in den einzelnen Häusern gegeben. Zusätzlich hielt der Ökonom des Klosters Samstags und Sonntags noch einmal insgesamt drei solcher Belehrungen für alle. Inhaltlich handelte es sich dabei um die Auslegung der Heiligen Schrift und ihre Anwendung auf das Leben der Brüder[75]. Auch Fragen konnten gestellt werden.

Daß außerdem während der Handarbeit beständig die Schrift rezitiert wurde, haben wir oben schon gesehen. Aus diesem Grund duldete Pachom in seinen Klöstern keine Analphabeten. Alle Mönche mußten lesen können, um in der Lage zu sein, die Bibel zu lesen und die entsprechenden Abschnitte auswendig zu lernen[76].

4.3.5 Beziehung zu Kirche und Welt

Im Hinblick auf die Beziehung der Pachomianer und des Mönchtums überhaupt zur (hierarchischen) Kirche und zur sie umgebenden Welt hat es mancherlei Vorurteile gegeben.

a) Was die Verbindungen anbelangt, die zwischen den Mönchen und der Kirche bestanden, ist bereits einiges ins rechte Licht gerückt worden[77].

Der Gedanke, daß das Mönchtum ursprünglich aus Protest gegen die "Verweltlichung" oder eine zunehmende "Hierarchisierung" der Kirche entstanden sei, muß als Fiktion betrachtet werden. Für die Pachomianer sahen wir bereits, daß sie in der Frühzeit ihrer Gemeinschaft den Gottesdienst in nahegelegenen Kirchen besuchten und auswärtige Priester zur Feier der Eucharistie ins Kloster einluden. Bei solchen

---

[74] So F. *Kok,* L'office pachômien, 72–74, der sich auch hier mit guten Gründen von A. *Veilleux,* La liturgie, 271f, unterscheidet.

[75] Siehe dazu H. *Bacht,* Das Vermächtnis II, 139f Anm. 93; A. *Veilleux,* La liturgie, 269–275.

[76] Pr 49 u. 139: *Boon,* 25,9–15; 49,13–50,7 (dt. bei H. *Bacht,* Das Vermächtnis II, 92 u. 112f); s. auch *Bachts* Kommentar dazu und über das anscheinend doch beträchtliche Bildungsniveau der Pachomianer a.a.O. 221 Anm. 614.

[77] H. *Bacht,* Das Vermächtnis I, 16 Anm. 35; *ders.,* Mönchtum und Kirche; A. *Levis,* Koinonia e comunidade, 304–307; M. M. *van Molle,* Aux origines, 108; U. *Ranke-Heinemann,* Das frühe Mönchtum, 101–112; B. *Steidle,* Der Osterbrief, 117f; A. *Veilleux,* La liturgie, 189–195; *ders.,* La théologie, 383–386. Noch E. *Amand de Mendieta,* Le système cénobitique, 62, beschreibt die Reichskirche und das Mönchtum vor 360 als "deux forces, sinon antagonistes, du moins juxtaposées ... entre lequelles (c'est le moins qu'on puisse dire) ne régnaient pas grande sympathie et confiance"; vgl. ähnlich W. *Bousset,* Apophthegmata, 233–236.

Gelegenheiten diente Pachom selbst als Lektor[78]. Daß er sich persönlich der Priesterweihe entzog, war weniger Ausdruck einer grundsätzlichen Kritik am kirchlichen Amt als vielmehr der Sorge, daß kirchliche Rangstellungen Anlaß zu Zwietracht und Neid in der Gemeinschaft sind[79]. Aus dem gleichen Grund wollte er anfangs keinen seiner Brüder zu Priestern geweiht haben, und wenn ein Priester um Aufnahme in die Koinonia bat, schärfte er ihm ein, daß er wie alle anderen nach den Regeln der Gemeinschaft zu leben habe, d. h. keine Privilegien genieße[80].

Schließlich muß die gute Beziehung erwähnt werden, die zwischen den Pachomianern und Patriarch Athanasios von Alexandrien auch über den Tod Pachoms hinaus bestand, selbst wenn Einzelheiten in den Berichten der Quellen spätere Zutat sein sollten[81]. Der Wert dieser Nachrichten wird dadurch nicht gemindert, daß Athanasios auch seine eigenen, kirchen- und reichspolitischen Gründe gehabt haben mag, sich eng an das nicht-hellenisierte koptische Hinterland anzuschließen[82].

Neben der äußeren Beziehung der Klöster Pachoms zur organisierten Kirche muß auch die theologische Qualifikation der Koinonia selbst als Kirche im Kleinen erwähnt werden[83]. Diese Sicht bedeutet nicht, daß das Monasterium in Konkurrenz mit der Großkirche steht, sondern sie ist nach Meinung der Väter im Begriff der Kirche als solchem schon enthalten[84]. Bei den Pachomianern zeigt sich diese Anschauung schon in der Verwendung der Berichte über die Jerusalemer Urgemeinde, aber auch in Ausdrücken wie: *collecta sanctorum*[85] oder: *domus*

---

[78] Bo 25: *Lefort* (CSCO 107) 16,19–27 = *ders.*, Vies coptes 95,23–96,5 (engl. bei A. *Veilleux*, Pachomian Koinonia I, 47).

[79] G[1] 30: *Halkin* 19,24–20,15 (engl. bei A. *Veilleux*, Pachomian Koinonia I, 317).

[80] Bo 25: *Lefort* (CSCO 107) 17,5–20 = *ders.*, Vies coptes 96 (engl. bei A. *Veilleux*, Pachomian Koinonia I, 47f).

[81] Bo 28 (= G[1] 30, s. Anm. 8), 96 u. 185: *Lefort* (CSCO 107) 19,27–20,24; 78,28–79,28; 107,8–109,34 = *ders.*, Vies coptes 99,2–34; 164,8–165,14; 197,19–200,37 (engl. bei A. *Veilleux*, Pachomian Koinonia I, 51f; 133f u. 220–224); s. H. *Bacht*, Das Vermächtnis I, 26f; *ders.*, Mönchtum und Kirche, 119–122.

[82] Vgl. H. *Bacht*, Das Vermächtnis II, 15 u. 52 Anm. 46; *ders.*, Neue Erkenntnisse über den Ursprung des östlichen Mönchtums, 138 u. 141f. Gegen die Meinung, Athanasios sei nur ein kalt berechnender Kirchenpolitiker gewesen, s. M. *Tetz*, Zur Biographie des Athanasius von Alexandrien.

[83] Vgl. Th. *Baumeister*, Die Mentalität des frühen ägyptischen Mönchtums, 157; A. *Levis*, Koinonia e comunidade, 307f; E. *v. Severus*, Das Monasterium als Kirche, 231–234; P. *Tamburrino*, Koinonia; A. *Veilleux*, La liturgie, 181–189; A. *de Vogüé*, Le monastère, église du Christ, 28–42.

[84] H.-J. *Sieben*, Art. "Koinônia III", 1751.

[85] Pr 1: *Boon* 13,6–11 (dt. bei H. *Bacht*, Das Vermächtnis 82, s. auch seinen Kommentar a.a.O. 118f Anm. 9 u. 10). Der Ausdruck *chorus sanctorum* in Pachoms Brief Nr. 7: *Boon* 95,17, auf den P. *Tamburrino*, Koinonia, 7, aufmerksam macht, hat

Dei[86] sowie der atl. Namen und Bilder für das Volk Gottes als Typos der Kirche: Israel[87], Tempel Gottes[88], Weinstock des Heiligen[89] usw.

b) Das andere und noch nicht überwundene Vorurteil besteht in der Beurteilung der Tatsache, daß Pachom seine Klöster mit einer *Mauer* umgab.

Für die meisten Autoren ist dies ein Zeichen der Weltflucht, des Rückzugs auf die eigene Gemeinschaft, um fernab von den Gefahren und Anfechtungen der "Welt draußen" das eigene Seelenheil zu suchen[90]. Entscheidend ist jedoch ein Hinweis, den Germaine *Rouillard* bei der Beschreibung eines typischen ägyptischen Dorfes gibt: "Die meisten Behausungen, die zusammen die Siedlung des Dorfes bildeten, fanden sich auf einer leichten Anhöhe zusammen; das Ganze mußte von einer Mauer aus rohen Ziegeln umgeben sein, durchbrochen von einer Pforte, vor der sich manchmal die Händler aufhielten; und die Siedlung war durch einen Kanal mit der großen Kommunikationsstraße verbunden, welche der Nil ist."[91]

Die übliche Bauform schildert *Rouillard* so: "Die Häuser, aus rohen Ziegeln gebaut, sind mit Stroh oder gestampfter Erde gedeckt; sie enthalten stets den klassischen Innenhof, von Mauern umgeben"[92]. Wir werden nicht fehlgehen, wenn wir uns die Häuser einer pachomianischen Mönchssiedlung in gleicher Weise vorstellen.

Dazu kommt ein Weiteres, das uns die Arbeitsorganisation Pachoms in einem anderen Licht sehen läßt: ein normales Dorf wies Kleinindustrie und Handel auf; es gab alle Arten von Handwerkern, die in einer Art 'Zunft' zusammengeschlossen waren[93].

---

keine Entsprechung im griechischen Text, s. H. *Quecke,* Die Briefe Pachoms, 107.

[86] Inst 1: *Boon* 53,8–13 (dt. bei H. *Bacht,* Das Vermächtnis II, 226; s. auch seinen Kommentar a.a.O. 236 Anm. 10 u. 237f Anm. 14).

[87] Horsiese in LibOrs 1: *Boon* 109,3f (dt. bei H. *Bacht,* Das Vermächtnis I, 59).

[88] Horsiese Ep 1: *Lefort* (CSCO 160) 65,13–22 (engl. bei A. *Veilleux,* Pachomian Koinonia III, 155f).

[89] LibOrs 28: *Boon* 129,9f (dt. bei H. *Bacht,* Das Vermächtnis I, 137).

[90] So oder ähnlich E. *Amand de Mendieta,* Le système cénobitique, 35; H. *Bacht,* Antonius und Pachomius, 70f; *ders.*, Pachomius und Evagrius, 153; *ders.*, Vom gemeinsamen Leben, 99; nicht mehr ganz so betont *ders.*, Das Vermächtnis II, 33; P. *Hawel,* Das Mönchtum im Abendland, 46; K. *Heussi,* Der Ursprung des Mönchtums, 127f; M. M. *van Molle,* Aux origines, 106 u. 107; W. *Nigg,* Vom Geheimnis der Mönche, 70; von "Weltflucht der Gemeinschaft", wenn auch ohne Erwähnung der Mauer, spricht P. *Tamburrino,* Koinonia, 7; in eine andere Richtung weist bereits F. *Ruppert,* Das pachomianische Mönchtum, 69–71, auch wenn er noch nicht die Lösung erreicht, die sich m. E. nahelegt und die im folgenden dargestellt wird.

[91] G. *Rouillard,* La vie rurale dans l'empire byzantin, 55f (eigene Übersetzung; B. *Büchler,* Die Armut der Armen, 135, gibt versehentlich als Fundstelle S. 57 des genannten Werkes an).

[92] G. *Rouillard* a.a.O. 56.

[93] G. *Rouillard* a.a.O. 51f; *Rouillard* nennt Ölhersteller, Honig-, Kümmel- und

Diese Handwerksgemeinschaften wurden von einem Vorsteher geleitet, κεφαλή genannt[94]. Mit Recht sagt daher B. *Büchler:* "Vor diesem sozialen Gefüge der Dorfgemeinschaften ist die Entstehung der pachomianischen Klöster zu betrachten."[95]

Mit anderen Worten: *Pachom beabsichtigte nichts anderes zu gründen als ein "christliches Dorf", an dessen äußerer Gestaltung für seine Zeitgenossen nichts Auffälliges war.* Bemerkenswert ist in diesem Zusammenhang die Tatsache, daß die Pachomianer selbst nach Ausweis der koptischen Quellen ihr Kloster häufig "Dorf" nannten[96]! Der einzige Unterschied zu einem "normalen" Dorf bestand darin, daß die pachomianischen Siedlungen ausschließlich von Mönchen bewohnt waren, deren gemeinsames geistliches Anliegen natürlich dann auch die Art des Lebens innerhalb der Gemeinschaft prägte. Weit entfernt davon, besondere "asketische" Bedeutung zu haben, hinderte die Mauer keineswegs am Verkehr mit der "Welt", sondern war eine Selbstverständlichkeit ägyptischer Siedlungsweise. Es muß sogar gesagt werden, daß die ägyptische Thebais eine kulturell höchst aktive Region war, und Pachom alle seine Gründungen außer der ersten immer in der Nähe bedeutender Orte anlegte[97]. Auf diesem Hintergrund erhalten Heinrich *Bachts* Hinweise darauf, daß "gemeinsames Leben" bei Pachom "gewöhnliches Leben" bedeutete, erst ihr charakteristisches Profil[98].

Linsenhändler, Bäcker, Metzger und Fleischverkäufer, Köche, Kupferschmiede und Töpfer, Walker, Weber, Färber und Schneider, Friseure, Schuhmacher, Bleicher und Kürschner, dazu die für das Leben in Ägypten so wichtigen Hersteller von Bewässerungs-Vorrichtungen, Werghändler und Schiffsbauer sowie Hirten von Schafen, Rindern, Pferden und Kamelen.

[94] Auch die soziale Struktur der Pachomianerklöster hat also ihre Entsprechung in dem, was in der damaligen Gesellschaft üblich war. Auf diesem Hintergrund ist es umso bezeichnender, daß Pachom Titel wie κεφαλή oder πρῶτος vermied, weil er nicht die hierarchische, sondern die brüderlich-dienende Autorität fördern wollte.

[95] B. *Büchler,* Die Armut der Armen, 135.

[96] H. *Bacht,* Das Vermächtnis II, 193 Anm. 400 u. 402 zu Pr 90; F. *Ruppert,* Das pachomianische Mönchtum, 80; anders deutet das A. *Veilleux,* Pachomian Koinonia II, 189 Anm. 1 zu Pr 90 u. 102. J. *Décarreux,* Du monachisme primitif au monachisme Athonite, 26 u. 28, spricht zutreffend von einem "koinobitischen Dorf."

[97] H. *Bacht,* Neue Erkenntnisse über den Ursprung des östlichen Mönchtums, 137f. Auch in: Das Vermächtnis II, 14–18 stellt *Bacht* diese Zusammenhänge dar, was wohl zu der oben Anm. 114 festgestellten Milderung seiner Ansichten über die pachomianische Mauer beigetragen haben dürfte.

[98] H. *Bacht,* Antonius und Pachomius, 97–99; *ders.,* Das Vermächtnis II, 41–42. Auch seine Bemerkung, das Pachomiuskloster "glich eher einem ummauerten Dorf" in: *ders.,* Pakhôme – der Große "Adler", 372, ist zutreffender, als er es wohl damals

Natürlich bewirkte das Zusammenleben der Brüder auf eng umschlossenen Raum auch eine geistliche Konzentration, die von Pachom durchaus beabsichtigt war, und darum ist es verständlich, daß die *Mauer* für andere zum Symbol eines neuen, von der Welt abgegrenzten Lebens wurde und *so* dann auch Geschichte gemacht hat. Man muß aber sehen, daß dies eher eine unwillkürliche Auswirkung und weniger eine erklärte Absicht Pachoms war, für den eine solche Mauer einfach zu den kulturell verankerten Gegebenheiten menschlicher Ansiedlungen gehörte. Zwar wurde der Verkehr zwischen Außenwelt und Mönchen an der Klosterpforte durch den Pförtner geregelt[99], aber diese Pforte war weitaus durchlässiger, als man früher meinte. Die Viten berichten häufig von Brüdern unterwegs, sei es, um Schilfrohr für die Matten zu schneiden, sei es, um Waren zu verkaufen, sei es, um benachbarte Klöster zu besuchen. Ja, die Pachomianer hielten sich zwei Schiffe auf dem Nil (auf dem sich jeder Fernverkehr abwickelte), die sie für Reisen oder zum Warentransport benutzten[100]. Der Letztere brachte sie sogar des öfteren bis nach Alexandreia[101].

Man muß also den Pachomianern eine große Nähe zu den Menschen ihrer Zeit bescheinigen – und wiederum ist das nur die Konkretisierung des Grundgedankens der Koinonia: alle Tage den Menschen zu dienen, wie es Pachoms Gelübde und Berufung war[102].

---

bei Abfassung des Aufsatzes dachte (erschienen 1949), und zwar im wortwörtlichen Sinne (ähnlich *ders.*, Vom gemeinsamen Leben, 100).

[99] Siehe z. B. Pr 1, 49–55, 59: *Boon,* 13,6–11; 25,9–30,14; 31,11–32,5 (dt. bei H. *Bacht,* Das Vermächtnis II; 82, 92–98, vgl. auch seinen Kommentar a.a.O. 119f Anm. 12); D. *Gorce,* Die Gastfreundschaft, 75f.

[100] G^1 113: *Halkin,* 73,37–74,3 (engl. bei A. *Veilleux,* Pachomian Koinonia I, 377); s. auch Pr 118–119: *Boon,* 45,4–11 (dt. bei H. *Bacht,* Das Vermächtnis II, 109); D. *Gorce,* Die Gastfreundschaft, 89.

[101] HL 32: *Butler* 94,2–4 (dt. bei *Krottenthaler* 383). Anscheinend wurde überhaupt wenigstens einmal im Jahr ein Besuch in Alexandrien gemacht, s. G^1 109, 113 u. 120: *Halkin* 71,30–38; 73,37–74,23; 77,16–78,15 (engl. bei A. *Veilleux,* Pachomian Koinonia I, 374, 377 u. 382).

[102] U. *Ranke-Heinemann,* Das frühe Mönchtum, 113–125, hat in ihrem Kapitel über "Das Verhältnis des frühen Mönchtums zur Welt" diese *Abkehr* im Sinne eines *Wechsels im Verhaltensmuster,* der seinerseits wieder zu einer *Hinkehr* zu den Menschen in Demut und Nächstenliebe führte, sehr schön beschrieben. Leider zieht sie alle alten Quellen unterschiedslos zu Belegen heran und verwischt so das Profil der Verschiedenheiten im frühen Mönchtum selbst (z. B. zwischen Pachom und etwa einem *Evagrios Pontikos,* vgl. dazu Ch. *Joest,* Vom Sinn der Armut, 255–265). M. M. *van Molle,* Aux origines, 105–111, beschreibt zutreffend die Weltoffenheit der Pa-

4.4 "Gott und den Menschen dienen": Zusammenfassung und Ausblick in methodischer Hinsicht

Pachom und die Koinonia der Brüder sind ein Paradigma für die Kommunitäten. Es dürfte durch die Darstellung der Grundanliegen Pachoms deutlich geworden sein, daß bei ihm alle wesentlichen Züge kommunitären Lebens bereits vorhanden sind: Nachfolge Christi und Leben aus der Schrift verwirklichen sich bei ihm in einer *vita communis,* die verbindliche Ordnungen wie Arbeit und Gebet, Regel und Autorität kennt.

Das folgende Kapitel wird sich denn auch im Aufbau an das vorliegende anschießen. Dabei ist von vornherein klar, daß es nicht um eine totale Entsprechung in allen Einzelheiten gehen kann. Das liegt zum einen darin begründet, daß echtes Berührtsein von Tradition nicht zur Kopie von Gewesenem führt, wie wir bereits sahen, sondern zu neuer Lebensgestaltung in der jeweiligen Gegenwart; es liegt zweitens darin begründet, daß *de facto* Pachom evangelischen Christen kaum bekannt ist. Der dritte Grund liegt darin, daß Leben und Werk Pachoms *paradigmatischen Charakter* haben; ein *Paradigma* aber produziert nicht identische Kopien seiner selbst, sondern stellt ein Grundmuster dar, nach dem sich Leben in großer Variationsfülle innerhalb des durch das Grundmuster bestimmten Rahmens entfalten kann[103]. Daß Pachoms Lebenswerk

---

chomianer, beschränkt diese Haltung aber auf die Anfangszeit und möchte der Koinonia eine Entwicklung zur strikten Separation ähnlich der der *Essener* bescheinigen; diese merkwürdige Sicht beruht einmal auf *van Molles* Hypothese über die mutmaßliche Entwicklung des pachomianischen Regelkorpus (s. *dies.*, Essaie de classement), die ihrerseits als Entscheidungskriterium bereits die oben skizzierte Sicht voraussetzt (so daß also in "Aux origines" zirkulär argumentiert wird), zum andern beruht sie auf einer m. E. überzogenen Interpretation der (spärlichen!) zum Beweis herangezogenen Pachomianertexte. J. M. *Lozano,* La comunità pacomiana, 257, schließt sich *van Molle* an, freilich weniger überspitzt, und konstatiert infolgedessen a.a.O. 264f u. 267 eine allmähliche Angleichung der Koinonia an das herkömmliche Mönchtum.

[103] Von den fünf Bedeutungen, die Th. *Rentsch,* Art. "Paradigma", 74, dem Begriff zuweist, ist somit im vorliegenden Zusammenhang die vierte am ehesten zutreffend, nach der "<P.> ein prägnantes Beispiel, einen besonders charakteristischen Fall meinen" kann.

gerade *trotz* der Tatsache, daß es in Vergessenheit geraten war, als Paradigma fungiert und Grundlinien in sich vereinigt und zum Ausdruck bringt, die heute wiederentdeckt werden, spricht für seine Qualität. Im folgenden sollen die Berührungspunkte kurz benannt werden:

Richtungsweisend und gerade auch für evangelische Kommunitäten paradigmatisch scheinen mir Pachoms relative *Weltoffenheit* und seine enge *Beziehung zur Kirche* zu sein. Es ist für die meisten kommunitär lebenden Gemeinschaften in den Kirchen der Reformation bezeichnend, daß sie sich in irgend einer Weise im Dienst für die Mitmenschen engagieren. Gewiß liegt der primäre Grund für diese "Einfärbung" protestantischer Frömmigkeit, die auch im Leben der Kommunitäten immer wieder durchschlägt, zunächst in der Abwendung der Reformatoren von der Sonder- und Eigenwelt der Klöster und der *Hinwendung zum Gottesdienst mitten in der Welt.* Doch indem evangelische Christen die dabei zunächst verloren gegangene Dimension eines zölibatären und *so* gottgeweihten Lebens wieder hinzuzugewinnen versuchen, können sie die Entdeckung machen, daß ganz am Anfang der klösterlichen Bewegung, in den Koinobien der Koinonia Pachoms, eine ähnliche Spiritualität lebendig war: "Gott und den Menschen dienen nach Gottes Gebot". Es ist bezeichnend, daß Lydia *Präger* ihrem Sammelband über die Kommunitäten den Titel "Frei für Gott und die Menschen" gegeben hat – er charakterisiert anscheinend die evangelischen Kommunitäten treffend[104]. Und er ist durch und durch "pachomianisch".

Vielleicht am tiefsten berührt einen die starke Betonung der Bruderliebe und der Koinonia nach Apg 2 und 4. Bei aller historischen Distanz, die uns heute von einem Orientalen des vierten Jahrhunderts trennt, scheint es doch "ur-evangelisch" und damit auch für evangelische Christen beispielhaft zu sein, daß die äußeren Formen der Koinonia auf diese Liebe hin relativiert waren und nur von ihr her ihren Sinn bekamen. Daß schon Pachom selbst darum kämpfen mußte, dieses innerste Anliegen vor einer Kruste asketischer Observanzen, die als Askese in sich selbst ihren Wert besaßen, zu bewahren, nimmt ihm seinen Wert als Vorbild und Beispiel keineswegs, im Gegenteil. Auch evangelische Christen können guten Gewissens Pachom den Vater des Koinobions nennen, "ihren" Vater.

[104] Vgl. das Leitwort der *Communität Casteller Ring:* "Frei für Gott und das Kommen seines Reiches in der Gemeinschaft der Communität zum Dienst an der Welt" (J. *Halkenhäuser* [Hg.], Abenteuer mit Gott, 6); Br. Peter *Lohmann,* Frei für Gott und die Menschen. *In:* Aus dem Lebenszentrum Adelshofen Nr. 136, Nov. '92, 12–15.

5. Tradition in evangelischen Kommunitäten: einige gemeinsame Grundlinien

5.1 Schlüsselerlebnisse

Wenn Pachoms Lebenswerk nur von seinem Bekehrungserlebnis her zu verstehen ist, so gilt dasselbe von jeder einzelnen Kommunität und geistlichen Bewegung der Kirche. Am Anfang stehen konkrete Menschen, die in ihrer jeweiligen Situation und Umwelt unter bestimmten geschichtlichen Verhältnissen sich von Gott angerührt wissen und nach Wegen suchen, ihm ganz zu dienen. Das gibt jeder Gemeinschaft ein unverwechselbares Gepräge. Die folgenden Kapitel werden das im einzelnen aufzuzeigen haben.

Diese Feststellung ist in dem vorliegenden Zusammenhang deshalb nötig, weil von vornherein bei aller Gemeinsamkeit von Grundlinien auch mit Unterschieden gerechnet werden muß. Oder andersherum gesagt: obwohl verschiedene Lebensführungen zu unterschiedlichen Ausprägungen kommunitären Lebens geführt haben, gibt es dennoch ein gewisses Feld von Gemeinsamkeiten. Von diesen soll im folgenden gehandelt werden.

Dabei geht es aber nicht einfach um schlechthin Identisches. Deswegen spreche ich von "Grundlinien"; damit meine ich gleichsam Koordinaten, die das Feld bestimmen, in das die Kommunitäten "einzuzeichnen" sind. Dabei gibt es Überschneidungen, Entsprechungen, aber auch Überstehendes und Besonderes. Jede Kommunität muß dabei als ein Ganzes gesehen werden, das auch diejenigen Züge, die es mit anderen gemeinsam hat, nicht als Kopie des anderen in sich birgt, sondern als Teil eben dieses je einen charakteristischen Ganzen. Die Evangelischen Räte z. B. begegnen in allen Kommunitäten, aber sie begegnen nicht überall auf dieselbe Weise. Sie werden mit unterschiedlichen Begriffen benannt und auf unterschiedliche Weise reflektiert und für Leben und Selbstverständnis der jeweiligen Kommunität fruchtbar gemacht. Sie müssen daher jeweils im Kontext der zu betrachtenden Kommunität und in Einheit mit deren Leben verstanden werden. Bisher sprachen wir von dem Ganzen im Fragment; es ist aber umgekehrt auch dieses Fragment in sich ein Ganzes, das alle seine Elemente prägt und in eine Einheit zusammenbindet. Andernfalls wäre das Leben der betreffenden Gruppe nicht überzeugend.

Dies muß hier betont werden, weil wir Gefahr laufen, bei der Betrachtung von gemeinsamen Grundlinien die unterschiedlichen Profile einzuebnen, ein Eindruck, der im folgenden vielleicht nicht ganz vermieden werden kann. Jedoch werden vier Kommunitäten in ihrer je eigenen Ausprägung in den nächsten Kapiteln exemplarisch zur Darstellung kommen. In dem vorliegenden Kapitel geht es nun um das gemeinsame Feld, um Züge, die sich *mutatis mutandis* bei vielen Gemeinschaften wiederfinden lassen. Sie werden hier deshalb beschrieben, damit wir uns nachher auf die charakteristischen Konturen der jeweiligen Kommunität konzentrieren können. Dabei brauchen wir uns in diesem Kapitel noch nicht auf die vier zu beschränken, die nachher eingehender untersucht werden sollen.

5.2 Leben nach dem Evangelium

"Der intensive Umgang mit der Bibel und das ständige Sich-Ausrichten an ihren Vorbildern ist zweifellos Kennzeichen eines christlichen Lebens, besonders nach evangelischem Verständnis", schreibt Ingrid *Reimer* als erstes, um "Geistliches Leben in den Gemeinschaften" zu charakterisieren[1]. Es kann gar kein Zweifel daran bestehen, daß die *Ausrichtung auf das Evangelium* für beide, das alte Mönchtum und die modernen evangelischen Kommunitäten, eine *gemeinsame Blickrichtung* bildet. Mögen sich auch zeitbedingte Unterschiede in der Art festellen lassen, wie das Evangelium gehört, verstanden und umgesetzt wird, so ist doch eines über die Jahrhunderte hinweg dasselbe: ein von Gott betroffenes Leben hört in der Schrift die Stimme des lebendigen und liebenden Herrn und sucht, ihr zu entsprechen[2].

---

[1] I. *Reimer,* Verbindliches Lebens, 20f.

[2] Vgl. für die Mönchsväter den Abschnitt "Die Bedeutung des 'Evangeliums' für die altkirchliche Hagiographie" bei M. *Puzicha,* Benedikt von Nursia – ein Mensch "per ducatum evangelii", 67–70. – Für die Rolle der Heiligen Schrift bei den ägypti-

Dabei ist allerdings von vornherein zu beachten, daß sich das Leben nach dem "Evangelium" nicht nur auf die vier Evangelienschriften des NT bezieht, sondern auf die *ganze Heilige Schrift,* sofern sie als Anrede des lebendigen Herrn erfahren wird[3].

"So handelte Theodoros mit Hilfe eines guten Tricks, bis er den Bruder zur *Vollkommenheit des heiligen Evangeliums* geführt hatte" – diese Worte beschließen einen Abschnitt in der *Pachom*-Vita[4]. In den pachomianischen Quellen ist das Wort "Evangelium" freilich relativ selten, und wo es vorkommt, scheint es direkt die vier schriftlichen Evangelien der Bibel zu bezeichnen[5]. Von ihrer *Koinonia* sprachen die Pachomianer vorzugsweise als von dem *"Leben der Apostel"*[6], doch damit sollte nichts anderes gesagt sein, als daß sie das Evangelium in der ursprünglichen Weise leben wollten. Sie selbst sagten meistens dazu, daß es ein Leben nach den "Geboten"

---

schen Wüstenvätern s. H. *Dörries,* Die Bibel im ältesten Mönchtum; in dieser faszinierenden und lesenswerten Studie versucht *Döries* allerdings wiederum, ähnlich wie in der S. 115 Anm. 61 genannten Arbeit, eine Entwicklung zu zeichnen, die mir fiktiv erscheint: als habe sich das Väter-Logion von der Bibel nach und nach gelöst und auf deren Auslegung zuletzt ganz verzichtet; die Belege für den postulierten Endpunkt der vermeintlichen Entwicklung sind denn auch sehr spärlich und zitieren dieselben Väter, die auch für den *Ausgangpunkt* stehen (z. B. Antonios und Poimen, vgl. a.a.O. 251–256 mit 271–274). Wie sehr aber auch das spätere Mönchtum aus der Heiligen Schrift lebte und sie lehrte zeigen etwa die seelsorgerlichen Notizen und Briefe der Reklusen *Barsanuphios* und *Johannes* aus dem 6. Jh. (Text bei D. J. *Chitty,* Barsanuphius and John) oder die geistlichen Gespräche des *Dorotheos v. Gaza* (Text bei L. *Regnault*/J. *de Préville,* Dorothée de Gaza; dt. bei B. *Hermann,* Des hl. Abtes Dorotheus Geistliche Gespräche). – S. ferner für den Umgang des alten Mönchtums mit der Heiligen Schrift: H. *Bacht,* Die Rolle der Heiligen Schrift bei Horsiesius; M. *Schneider,* Aus den Quellen der Wüste, 100–105; E. *v. Severus,* Zu den biblischen Grundlagen des Mönchtums, 115–120.

[3] Für Benedikt v. Nursia s. C. *Bamberg,* "Nichts außerhalb der Weisung des Herrn", 27f, es gilt aber für die Väter überhaupt; dieser Sicht entspricht das *lutherische Verständnis von Gesetz und Evangelium,* s. W. *Joest,* Martin Luther, 141–143; G. *Wenz,* Die Kanonfrage als Problem ökumenischer Theologie, 286.

[4] Bo 63: *Lefort* (CSCO 107) 43,10–12 = *ders.*, Vies coptes 125,23–25; engl. bei A. *Veilleux,* Pachomian Koinonia I, 84 (Übers. u. Hervorhebung von mir).

[5] Der Kontext des oben angeführten Zitats weist auf Lk 14,26; vgl. ferner etwa Bo 33 (Mt 5,8), Bo 37 (wieder Lk 14,26), Bo 190 (Joh 16,23) oder Bo 194: *Lefort* (CSCO 107) 25,8f; 27,5–7; 115,30–33; 119,31–35 = *ders.*, Vies coptes 104, 31–105, 1; 107,2–4; 207,26–29; 212,23–28; engl. bei A. *Veilleux* a.a.O. 58, 61, 232 u. 238.

[6] Siehe z. B. Bo 108: *Lefort* (CSCO 107) 98,2–5 = *ders.*, Vies coptes 186,22–24; engl. bei A. *Veilleux,* Pachomian Koinonia I, 159; Theodoros Kat 2,1 u. 3,5: *Lefort* (CSCO 160) 38,15–18 u. 41,20–24; engl. bei A. *Veilleux,* Pachomian Koinonia III, 91 u. 94f.

oder dem "Gesetz Gottes" sei[7], verstanden aber darunter die Stimme des lebendigen Herrn, die Stimme des Evangeliums[8]. So heißt es denn in einer der Katechesen Pachoms: "Geliebte, wir wollen uns dem Evangelium als dem wahren Gesetz Gottes des Christus zuwenden."[9]

"Ein Christ muß einen seiner 'himmlischen Berufung' würdigen Standpunkt haben und *dem Evangelium Christi entsprechend* leben", meint *Basileios d. Gr.* in einem Brief, und an *Gregor v. Nazianz* schreibt er: "Der vornehmlichste Weg aber, den Pflichtenkreis kennen zu lernen, ist gerade die Betrachtung der göttlich inspirierten Schriften" [10]. "Das Leben nach dem Evangelium", oder: "Radikal das Evangelium leben" sind denn auch Überschriften, die sich zur Kennzeichnung der *Regeln* des Basileios geradezu aufdrängen[11]. Dabei ist für die *Entstehungsgeschichte* dieses Regelkorpus bezeichnend, daß Basileios als erstes eine Sammlung von 1500 Worten des *Neuen Testamentes* in 80 Abschnitten zusammenstellte und diese allein "Regeln" (ὅροι) nannte[12], und ferner, daß diese biblischen Weisungen als Regeln *für jeden Christen* gemeint waren. Seine heute "Mönchsregeln" genannten Schriften sind zunächst aufgrund konkreter Fragen aus den halb-anachoretischen Kreisen des kleinasiatischen Mönchtums enstanden, dem Basileios selbst angehört hatte; seine Antworten bauen auf den biblischen Regeln auf und bilden größtenteils nichts anderes als

[7] Vgl. z. B. Pachoms Brief 3: H. *Quecke,* Die Briefe Pachoms, 101,41f (dt. bei Ch. *Joest,* Gott und den Menschen dienen, 11,14–16, s. die Erläuterung dazu a.a.O. 26–29, 31f); oder Brief 7: *Quecke* a.a.O. 107,186–188 (lat. bei *Boon,* 95, 15f); ferner Bo 24: *Lefort* (CSCO 107) 16,17f = *ders.*, Vies coptes 95,20–22; engl. bei A. *Veilleux,* Pachomian Koinonia I, 47.

[8] Das zeigt z. B. Pachoms Brief 5 mit seiner Anspielung auf das "Gesetz Christi": "Wir wollen uns abmühen, indem wir einander die Lasten tragen (vgl. Gal 6,2), wie auch Christus unsere Schwachheit getragen hat an seinem Leib und nicht matt wurde" (nur lat., *Boon* 92,12–14); oder Iud Prooemium: "Die Fülle des Gesetzes (ist) die Liebe (für uns), die wir die Zeit verstehen, (nämlich) daß nun die Stunde da ist, vom Schlafe aufzustehen, und daß das Heil (jetzt) näher ist als zu der Zeit, da wir gläubig wurden" (*Boon* 63,3ff; zitiert nach H. *Bacht,* Das Vermächtnis II, 255).

[9] Pachom Kat 1,38: *Lefort* (CSCO 160) 16,9–11; engl. bei A. *Veilleux,* Pachomian Koinonia III, 30 (in der Abschnittszählung folge ich *Veilleux*). Der Satz findet sich zwar in dem von *Athanasios* entlehnten Stück der Katechese, weicht aber völlig von der Vorlage ab und hat keine Parallele bei Athanasios, s. L. Th. *Lefort,* S. Athanase écrivain copte, 10; *ders.*, S. Athanase (CSCO 151) 92. Wir dürfen also davon ausgehen, daß der zitierte Satz, gerade weil er selbständig formuliert ist, einen genuin pachomianischen Gedanken widergibt.

[10] Ep 22,1 und 2,3 (*Courtonne* I, 52,10–53,12 u. 8,1f; *Hauschild* I, 65 u. 36; zitiert nach *Stegmann,* 51 u. 14; Hervorhebung von mir).

[11] K. S. *Frank,* Basilius von Caesarea. Die Mönchsregeln, 37; E. Ch. *Suttner,* Das basilianische Mönchtum, 110. Es ist erstaunlich, daß Gh. *Piteşti,* Die Lehre des hl. Basilius des Großen, auf diesen Grundcharakter seiner Regeln nicht eingeht.

[12] Die sog. *Regulae morales,* PG 31, 700–869; s. dazu J. *Gribomont,* Les Règles Morales de saint Basile et le Nouveau Testament.

Erläuterungen und Auslegungen von Schriftworten[13]. Der relativ *biblizistische* Charakter dieser Abschnitte ist wohl auch dadurch bedingt, daß die Fragesteller in der Gefahr standen, sich als besonders ernste Christen selbst zur Norm zu erheben und von den anderen abzusetzen: Basileios mußte sie bei ihrer Ernsthaftigkeit packen und sie gerade so unter *die Norm für alle Christen* bringen: *das Evangelium*[14].

"Gürten wir uns also mit Glauben und Treue im Guten, und gehen wir *unter der Führung des Evangeliums* seine (des Herrn) Wege, damit wir ihn schauen dürfen, der uns in sein Reich gerufen hat", faßt *Benedikt v. Nursia* seine Regel zusammen[15]. So bezeichnend ist dieser Satz für ihn, daß man eine Aufsatzsammlung über das Leben nach der RB mit dem Titel "Unter der Führung des Evangeliums" versehen und damit alles sagen und zusammenfassen kann, was nachher in Einzelheiten entfaltet werden wird[16].

Untersucht man die evangelischen Kommunitäten, so findet man dieselbe grundsätzliche Ausrichtung auf das Evangelium, wenngleich natürlich das

---

[13] Ein Zwischenstadium stellt das nur lateinisch erhaltene "Asketikon parvum" dar, PL 103, 483–554; K. *Zelzer,* Basilii Regula a Rufino latine versa. Zur Textgeschichte und Geist der Basiliusregel s. H. U. *v. Balthasar,* Große Ordensregeln, 47–59, gut zusammengefaßt bei W. *Löser,* Im Geiste des Origenes, 131–133; J. *Gribomont,* Histoire du texte des Ascétiques de S. Basile; F. *Laun,* Die beiden Regeln des Basilius; A. *de Vogüé,* The Greater Rules of Saint Basil, 49–52 (*de Vogüé* hebt freilich stärker den "Gehorsam" gegenüber den "Geboten Gottes" hervor [ebd. 49, 54, 67], betont also das *strenge* Element, das sich bei Basileios durchaus *auch* findet); s. ferner E. *Amand de Mendieta,* L'ascèse monastique de Saint Basile, 12f u. 75–85; *ders.,* Le système cénobitique, 35f.

[14] K. S. *Frank,* Basilius von Caesarea, 23–36; R. M. *Hübner,* Rubor confusionis. A. *de Vogüé,* Von der "Regel des hl. Basilius" zur Regel Benedikts, 189, sieht m. E. diesen basilianischen Biblizismus im Kontrast zur RB etwas übertrieben. Siehe auch unten S. 208f.

[15] RB Prol 21 (Hervorhebung von mir); daß dieser Satz sowohl äußerlich als auch vor allem sinngemäß den *Mittelpunkt des Prologs* darstellt, zeigt A. *Böckmann,* "Per ducatum Evangelii"; vgl. ferner C. *Bamberg,* "Nichts außerhalb der Weisung des Herrn", 27–30; E. *Jungclaussen,* Worte der Weisung 25f; etwas blaß ist der Kommentar von G. *Holzherr,* Die Benediktusregel, 42; wie sehr Benedikt auch sonst vom *Geist des Evangeliums* her denkt und schreibt, zeigt am Beispiel von RB 72 sehr schön A. *Borias,* "Mit glühender Liebe" und *ders.,* "Was dem anderen nützt" (zu *Borias'* These, erst Benedikt habe wieder die zentrale Stellung der Bruderliebe in der Heiligen Schrift entdeckt, s. Ch. *Joest,* Benedikt von Nursia und der Stellenwert gegenseitiger brüderlicher Liebe). – Es ist sehr befremdend, daß A. *de Vogüé* in seinem theologisch-spirituellen Kommentar "Die Regula Benedicti" den Vers RB Prol 21 mit keinem Wort erwähnt.

[16] C. *Bamberg,* Unter der Führung des Evangeliums, s. bes. das Vorwort a.a.O. 7f.

reformatorische Bewußtsein inhaltliche Akzente in Bezug darauf setzt, was unter "Evangelium" verstanden wird.

"Ich verspreche meinem Herrn Jesus Christus die Treue. *Sein Evangelium* soll die Richtschnur meines Lebens sein" – dies gelobten heimlich sieben junge Mädchen im Jahre 1942 in Castell und legten so den Grundstein für die spätere *Communität Casteller Ring*[17]. Dementsprechend heißt es in einer Selbstdarstellung der Gemeinschaft: "So will unsere Communität den Anspruch des Evangeliums ernst nehmen und sich unter eine klare Lebensordnung stellen, die es ihr ermöglicht, in der Christusgemeinschaft des Glaubens und in der Bruderschaft der Liebe die lebensgestaltende Kraft des Evangeliums zum Ausdruck zu bringen."[18] Daher bekennt sich die Communität an anderer Stelle ausdrücklich zu dem Grundsatz des heiligen *Benedikt:* "Die CCR will in allem 'unter der Führung des Evangeliums ... Seine Wege gehen'"[19].

In einem "Bericht vom Werden und Auftrag der *Christusbruderschaft* in Selbitz" heißt es: "Die Regel weist uns darauf hin, unser Leben *vom Evangelium her* zu verstehen, zu gestalten und die Einheit mit Christus und untereinander zu wahren"[20]. Und so schreiben die verantwortlichen Geschwister in einem Rundbrief, in dem sie "ihre Sendung ... bedenken": "Es geht nicht darum, die Anforderungen zu verstärken, sondern die Berufung anzunehmen und das Evangelium durch unser Leben hindurch wirken zu lassen."[21]

"Ist das *evangeliumsgemäß,* also evangelisch?" – diese Frage bewegte Otto *Riecker*, den Gründer des *Lebenszentrums Adelshofen*, bei der Sichtung der Kirchen- und Ordensgeschichte[22]. "In allen Dingen ist uns ganz wichtig, daß das Ganze *vom Evangelium,* von der zentralen Erfahrung der Neugeburt, also der Rechtfertigung her angegangen wird", erläuterte ein Adelshofener Bruder die Ausführung dieser Grundfrage in ihrem eigenen Leben als Kommunität.

Anläßlich eines festlichen Rückblicks in *Gnadenthal* äußerte Günter *Oertel* über die *Jesus-Bruderschaft,* daß sie "nichts anderes will, als *das Evangelium auszuleben"*[23]. Denn am Anfang dieser Gemeinschaft stand der Wunsch: "Wir möchten das Neue Testament – besonders die Bergpredigt – verbindlich leben, wie es der Herr Jesus befohlen hat."[24]

In einem Vortrag über ihre Regel sagte Pastor Olav *Hanssen* den Brüdern des *Gethsemaneklosters,* daß er "ausdrücklich auf das *Evangelium* verwiesen habe als die

---

[17] Schwanbergbrief 2/92, 11 (Hervorhebung im Zitat von mir).

[18] J. *Halkenhäuser*/M. *Pfister*, Hinter offenen Türen, 7.

[19] Die Communität Casteller Ring (CCR), 8; s. oben S. 129 u. Anm. 15.

[20] *Christusbruderschaft Selbitz,* 11 (Hervorhebung von mir).

[21] *82. Rundbrief,* Oktober 1991, 2.

[22] So Br. Oskar *Föller* in einem persönlichen Gespräch. Pfr. O. *Riecker* schrieb unter diesem Gesichtspunkt sein Werk "Kirche und Christen im Wandel der Zeit".

[23] Freundesbrief aus Gnadenthal, September 1989, 7 (Hervorhebung von mir).

[24] Die *Jesusbruderschaft,* 228.

letzte Autorität, die letzte Regel, die alle Regeln begründet"[25]. Darum wird dort das Matthäus-Evangelium einmal wöchentlich ganz gelesen.

"Das Evangelium leben" möchten beide: das alte Mönchtum und die evangelischen Kommunitäten von heute. Hier besteht gemeinsamer Grund, weil sich beide auf dieselbe Norm ausrichten, aus derselben Quelle schöpfen, von demselben Herrn sich bestimmen lassen. Es ist eine *Gemeinsamkeit in der Inspiration.* Diese Gegebenheitsweise von Tradition entspricht der Möglichkeit b) der oben S. 93 dargestellten Alternativen. Zugleich ist dies die grundlegende Ausrichtung des christlichen Lebens, innerhalb derer überhaupt erst sinnvoll an Tradition angeknüpft werden kann, wenn denn diese im Kern darin besteht, daß der lebendige Herr des Evangeliums in seiner Zusage und seinem Nachfolge-Anspruch heute erfahrbar wird. Auf dieser gemeinsamen Basis kann dann auch ein Satz *Benedikts* bewußt aufgegriffen und für das eigene Leben fruchtbar gemacht werden, wie es in der *Communität Casteller Ring* geschieht: Möglichkeit a) der Gegebenheitsweisen von Tradition.

Zwei Themen kann man als *Spezialfälle* eines Lebens nach dem Evangelium hier anschließen: das Leben der *Nachfolge* und die Ausrichtung an dem *Vorbild der Jerusalemer Urgemeinde.*

5.2.1 Nachfolge Christi

Das Stichwort "Nachfolge Christi" kann man auf zweierlei Weise verstehen: einmal kann es ganz allgemein den Gehorsam Christus gegenüber bedeuten, die Unterstellung des ganzen Lebens mit allen seinen Bezügen unter die Herrschaft des Herrn und die Leitung durch den Heiligen Geist. In diesem Sinne heißt es etwa von *Pachom:* "Er folgte der ganzen Lebensweise der Propheten und dem Weg des Dienens, auf dem nach dem Evangelium unser Herr wandelte."[26] Und *Benedikt v. Nursia* schreibt: "Wir wollen also eine Schule für den Dienst des Herrn einrichten. ... Sollte es ... aus wohlüberlegtem Grund etwas strenger zugehen, ... dann laß dich nicht sofort von Angst verwirren und fliehe nicht vom Weg des Heils; er kann am Anfang nicht anders sein als eng. Wer aber im klösterlichen Leben und im Glauben fortschreitet, dem wird das Herz weit, und

---

[25] Unveröffentlichtes Manuskript, 6f (Hervorhebung von mir).

[26] Bo 194: *Lefort* (CSCO 107) 119,32–34 = *ders.,* Vies coptes 212,24–26; engl. bei A. *Veilleux,* Pachomian Koinonia I, 238.

er läuft in unsagbarem Glück der Liebe den Weg der Gebote Gottes."[27] Gerade der letzte Satz zeigt aber, daß der Ruf in die Nachfolge als Stimme des Evangeliums, als ein von der Liebe des Herrn Gelockt-Werden erfahren wird. Daher ist Nachfolge unter diesem Aspekt letztlich mit dem "Leben nach dem Evangelium" identisch[28]. In diesem Sinne soll das Stichwort deshalb hier nicht weiter verfolgt werden; es wird uns ohnehin bei der Behandlung der "Evangelischen Räte" zwangsläufig wieder begegnen.

Man kann "Nachfolge" aber auch in einem engeren Sinne verstehen, nämlich speziell unter dem Gesichtspunkt des *Kreuzes Christi*. In dieser Hinsicht wäre sie dann insbesondere die Verwirklichung des Wortes Jesu: "Wer mir nachfolgen will, der verleugne sich selbst und nehme sein Kreuz auf sich und folge mir nach" (Mk 8,34). Nachfolge in *diesem* Sinn kann natürlich nicht losgelöst von dem Ruf des Evangeliums verstanden werden. Insofern gilt hier das oben Gesagte in gleicher Weise. Dennoch erscheint sie unter dem genannten Gesichtpunkt in einem anderen Licht, das wir bisher noch nicht wahrgenommen haben. In *dieser* Beleuchtung soll sie im folgenden kurz betrachtet werden.

Über die Bedeutung der *Kreuzesnachfolge* für das alte Mönchtum ist bereits Grundlegendes erarbeitet worden[29]. Der Punkt muß hier nicht mehr eigens begründet

---

[27] RB Prol 45–49. Auch in diesen Sätzen klingt ein zentrales Anliegen Benedikts an, s. A. *Böckmann*, Perspektiven der Regula Benedicti, 43–64; G. *Holzherr*, Die Benediktsregel, 48–51; T. *Kardong*, Benedict's Use of Cassianic Formulae, 234f; A. *de Vogüé*, Die Regula Benedicti, 38–46 (*de Vogüés* Einschätzung, daß "die Einleitung Benedikts im wesentlichen nichts anderes als ... ein verstümmelter Text" sei [a.a.O. 46] kann ich allerdings nicht teilen).

[28] Es ist darum bezeichnend, daß das Stichwort "Nachfolge" bei J. *Halkenhäuser*, Kirche und Kommunität, 241ff, als erster Unterpunkt in dem Kapitel über "Bibel und kommunitäres Leben" auftaucht. Schon D. *Bonhoeffers* für die entstehenden Kommunitäten so wichtiges Buch "Nachfolge" hatte im Wesentlichen einfach eine Auslegung der Bergpredigt zum Inhalt. – Zur Nachfolge in diesem allgemeinen Sinne als Motiv für das Mönchsleben s. *Bacht*, Die "Bürde der Welt", 315; L. *Holtz*, Geschichte des christlichen Ordenslebens, 43–48 u. 54f; F. *v. Lilienfeld*, Die christliche Unterweisung, 105; E. *v. Severus*, Zu den biblischen Grundlagen des Mönchtums, 116; E. Ch. *Suttner*, Das basilianische Mönchtum, 111f; als Motiv für das Ordensleben heute s. das Dekret über die zeitgemäße Erneuerung des Ordenslebens des zweiten Vatikanums, PC 2 a) und dazu den Kommentar von F. *Wulf*, LThK.E 2, 268 u. 270 und in der Einleitung *passim;* ferner *ders.*, Theologische Phänomenlogie des Ordenslebens, 450 Anm. 2, 452, 461f u. 469.

[29] Vgl. z. B. H. *Bacht*, ...vexillum crucis sequi; N. *Egender*, Das Verhältnis zu Christus, 264 u. 267–271; vgl. auch das einschlägige Kapitel bei U. *Ranke-Heine-*

werden. Es mag zunächst der einfache Hinweis darauf genügen, daß das oben zitierte Nachfolgewort Jesu aus Mk 8,34 bzw. Mt 16,24 einen breiten Widerhall in der altkirchlichen monastischen Regelliteratur gefunden hat: wir finden es in den *Apophthegmen* ebenso wie bei dem Pachomianer *Horsiese*, bei *Basileios* nicht weniger als bei *Dorotheos v. Gaza*, in *Lérins* genauso wie bei *Caesarius v. Arles († ca. 542)*, bei *Eugippius († ca. 533)* und dem *"Magister"* nicht anders als bei *Benedikt v. Nursia*. Das etwas abweichend formulierte Parallel-Logion aus Lk 9,23 taucht außerdem noch bei *Pachom*, *Theodoros* und *Johannes Kassian († 435)* auf[30].

Diese Kreuzesnachfolge konkretisiert sich in verschiedenen Bereichen: z. B. a) im *Verlassen der Eltern und Geschwister*, b) in der Vorstellung der *Militia Christi* oder c) in dem Gedanken der *Teilhabe an Christi Leiden*.

a) War oben davon die Rede, daß *Theodoros* einen Bruder zur "Vollkommenheit des heiligen Evangeliums" geführt hatte, so bezog sich dies darauf, daß der Betreffende seine Eltern besucht hatte und Theodoros ihm das Wort des Herrn aus Lk 14,26 vorhielt, das durch den folgenden Vers mit dem Ruf zur Kreuzesnachfolge verbunden ist: "Wenn jemand zu mir kommt und haßt nicht seinen Vater, Mutter, Frau, Kinder, Brüder, Schwestern und dazu sich selbst, der kann nicht mein Jünger sein. Und wer nicht sein Kreuz trägt und mir nachfolgt, der kann nicht mein Jünger sein" (Lk 14,26–27). Daraufhin verzichtete der Bruder auf weitere Besuche[31]. Unter dem Eindruck dieses Schriftwortes hatte sich Theodoros seinerseits schon früher geweigert, den Besuch seiner Mutter zu empfangen[32], ja *Pachom* hatte es zum Test für Neuankömmlinge gemacht, um zu prüfen, ob sie für das Mönchsleben taugten[33]. Genauso erläutert *Basileios d. Gr.* den Ruf in die Nachfolge[34], und *Evagrios Pontikos († 399)* empfiehlt den Seelen, "die in leidenschaftlichem (Verlangen) nach Freunden aufgehalten werden und die Welt lieben", sich selbst das Wort aus Lk 14,26 entgegenzuhalten[35].

b) "Daß wir nur nicht, nachdem wir der Welt entsagt und uns bereitgemacht haben, *dem Kreuzesbanner zu folgen*, zeitliche Tröstung suchen, indem wir uns wieder

---

mann, Das frühe Mönchtum, 83–100 (dieser Abschnitt ist fast identisch mit *dies.*, Zum Motiv der Nachfolge.

[30] Siehe Ch. *Joest*, Bibelstellenkonkordanz, 83, 90 u. 93 zur Stelle.

[31] Bo 63: *Lefort* (CSCO 107) 41,30–43,12 = *ders.*, Vies coptes 124,9–125,25; engl. bei A. *Veilleux*, Pachomian Koinonia I, 82–84.

[32] Bo 37: *Lefort* (CSCO 107) 26,26–27,32 = *ders.*, Vies coptes 106,22–107,32; engl. bei A. *Veilleux*, Pachomian Koinonia I, 60f.

[33] Bo 23: *Lefort* (CSCO 107) 15,9–14 = *ders.*, Vies coptes 94,12–18; engl. bei A. *Veilleux*, Pachomian Koinonia I, 45f.

[34] *Basileios* LR 8,1; vgl. ferner LR 8,2; 12; Ruf 4,16.

[35] *Evagrios* Ant VI,45: *Frankenberg* 529 (zitiert nach Ch. *Joest*, Die Bedeutung von akedia und apatheia, Anhang, 52). Weitere Belege für die Verwendung dieser Stelle s. bei *Barsanuphios* I; *Kassian* Coll 3,4; 21,9.32; 24,2; *Cäsarius v. Arles* RV 5,4; 52,2; RMon 19,8; *Aurelian v. Arles († ca. 551)* RMon 15,3; *Magister* RM 90,10.65; vgl. auch *Basileios* KR 183 (zu Mt 10,37).

dem zuwenden, was hinter uns liegt", ermahnt der Pachomianer *Horsiese* seine Mitbrüder[36]. Mit diesem Ausdruck: "dem Kreuzesbanner folgen" (*vexillum crucis sequi*) ertönt die Sprache der *Militia Christi*[37]. Das Kreuz ist das "Feldzeichen" dem der Jünger nachfolgt, Christus der Feldherr, der seine Scharen zum Kampfe ruft. Das ist keineswegs im Sinne der mittelalterlichen Kreuzzüge verstanden worden, sondern als *geistlicher Kampf* gegen die Sünde, die Leidenschaften oder die Dämonen. Dahinter stehen Schriftworte wie das aus Eph 6,10–17 vom Kampf mit der geistlichen Waffenrüstung gegen die "Mächte und Gewalten", die "bösen Geister unter dem Himmel", oder die Mahnungen aus 1 Tim 6,12 und 2 Tim 2,5: "Kämpfe den guten Kampf des Glaubens, ergreife das ewige Leben" und: "Wenn jemand auch kämpft, wird er doch nicht gekrönt, er kämpfe denn recht". Ein verwandtes Bild, das mit diesem zusammengesehen wird, ist das des *Wettkämpfers* (ἀγωνιστός) im sportlichen Wettkampf (ἀγών), wie es 1 Kor 9,24–27 und Phil 3,12–14 anklingt. Von daher betrachteten sich die Mönche als "Wettkämpfer" und "Streiter Christi", ihr Leben mit seinen Entbehrungen aber als den "Kampf (ἀγών), der uns verordnet ist" (Hebr 12,1). Das hat *Antonios* in die Wüste getrieben[38]. Deswegen hat *Pachom* seine Brüder "zu vorschriftsmäßigem Kampf in die Kampfbahn eingeführt"[39]. Darum hat *Basileios* seine großartige Beschreibung des "Heeresdienstes für Christus" verfaßt[40]. Darin hat

[36] LibOrs 30: *Boon* 130,19–21 (eigene Übersetzung; die von H. *Bacht,* Vermächtnis des Ursprungs I, 139, ist nicht ganz befriedigend).

[37] Vgl. zu diesem Thema z. B. J. *Auer,* Militia Christi; H. *Emonds,* Geistlicher Kriegsdienst; K. S. *Frank,* Geschichte des christlichen Mönchtums, 48; U. *Ranke-Heinemann,* Das frühe Mönchtum, 54f; H. *Schalück,* Art. "Militia/Kampf".

[38] Jedenfalls ist dies die Tendenz der Kapitel 5–13 der *Vita Antonii*: PG 26, 815 C–864 B; *Mertel* 694–704, so zurecht H. *Bacht,* Heimweh nach der Urkirche, 133–135; A. *Guillaumont,* Die Wüste im Verständnis der ägyptischen Mönche, 128–132; U. *Ranke-Heinemann,* Das frühe Mönchtum, 55–58; K. *Schatz,* Geschichte des Ordenslebens, 17–20; M. *Schneider,* Aus den Quellen der Wüste, 20f; Ch. *Schütz,* Art. "Wüste", 1448, trotz der Einwände von H. *Dörries,* Die Vita Antonii als Geschichtsquelle, 152f, 163, 169 u. 197, welche sich Th. *Baumeister,* Die Mentalität, 148–152, zu eigen macht; G. *Switek,* Wüstenväter und Dämonen, 342 u. 351–356 stellt sich diesen Einwänden, ohne deswegen den unbestreitbaren Zusammenhang zwischen Wüste und christlichem Kampf zu leugnen, a.a.O. 341, 343f u. 356f; vgl. auch M. *O'Laughlin,* The Bible, the Demons and the Desert, 205–207.

[39] So bezeugt es *Horsiese* LibOrs 46: *Boon* 139,2f (zitiert nach H. *Bacht,* Das Vermächtnis I, 163), vgl. weiter LibOrs 19, 25 u. 34; *Pachom* Kat 1,40.54.56.61; *Theodoros* Kat 3,4.30 (hier erscheint der Kampf bereits verinnerlicht, er richtet sich gegen die λογισμοί, die Gedanken, die der Teufel wie Pfeile in unser Herz schießt, s. *Lefort* [CSCO 160] 54,18f; A. *Veilleux,* Pachomian Koinonia III, 110).

[40] *Basileios,* Praevia institutio ascetica, dt. bei H. U. v. *Balthasar* (Hg.), Die großen Ordensregeln, 61–65; *ders.,* LR Prol 1; LR 4; in demselben Geist schrieb *Diadochos v. Photike* seine "100 gnostischen Kapitel", vermutlich an eine kleine Mönchsgemeinschaft, s. Kap. 78, 82, 85 u. 98, vgl. Ch. *Joest,* "Gott lieben in voller Empfindung des Herzens", 153.

Evagrios Pontikos eine Deutung der inneren Kämpfe des Anachoreten gefunden[41]. Das hat *Benedikt v. Nursia* dazu bewegt, mit seinen Brüdern "für Christus, den Herrn und wahren König" zu kämpfen und "die starken und glänzenden Waffen des Gehorsams" zu ergreifen[42]. Immer wieder bis in die Neuzeit hinein ist das geistliche Leben unter diesen Aspekten gesehen und erfahren worden[43].

c) "Darum wollen wir ... im Kloster ausharren bis zum Tod. Wenn wir so *an den Leiden Christi Anteil haben,* dann dürfen wir auch mit ihm sein Reich erben", mit diesen Worten faßt *Benedikt* den Prolog seiner Regel zusammen[44]. Dahinter steht eine lange Entwicklung: waren es nämlich in den ersten Jahrhunderten der Kirche die *Märtyrer,* die mit ihrer Lebenshingabe bis in den Tod Zeugnis für Jesus Christus ablegten, so wurden ab dem 4. Jh. zunehmend die Asketen als Zeugen angesehen, die ein *unblutiges Martyrium* lebten[45]. Das Ausharren in den Unannehmlichkeiten der Askese bis ans Lebensende wurde als Teilnahme am Leiden Christi verstanden, der

---

[41] *Evagrios* Ep 22,1; 25,6: *Frankenberg* 581 u. 583 (dt. bei G. *Bunge,* Briefe, 234; 237f; die Abschnittszählung nach *Bunge*); *ders.*, Pr 83: A. et C. *Guillaumont,* Traité pratique, 672 (dt. bei G. *Bunge,* Praktikos, 234); *ders.*, Mn 55: *Greßmann* 157); vgl. zum Ganzen M. *O'Laughlin,* The Bible, the Demons and the Desert. In diesem Sinne finden sich auch über 15 Belegstellen in den *Institutiones* und *Collationes* Johannes *Kassians*, s. Ch. *Joest,* Bibelstellenkonkordanz, 129f u. 139 zu Eph 6,12.16.17 und 2 Tim 2,5; vgl. *Barsanuphios* und *Johannes,* Prol, XIII, XXIX, XXXIX u. LXV.

[42] RB Prol 3; der Vers ist Eigengut Benedikts, doch entspricht der Gedanke durchaus auch der Spiritualität des *Magisters,* wie das Bild der *Schule des Herrn* zeigt, das Benedikt von der RM übernommen hat (vgl. RB Prol 45 mit RM Ths 45); dazu, daß das Wort *schola* auch eine militärische Bedeutungkomponente hat, s. B. *Steidle,* Dominici scola servitii; A. *de Vogüé,* Die Regula Benedicti, 34–38 (diese Tatsache übersieht L. *Eberle,* The Rule of the Master, 56–58). Überhaupt ist die Sprache der *Militia Christi* ein Kennzeichen von Benedikts Ausdrucksweise, s. A. *Böckmann,* Perspektiven der Regula Benedicti, 33–36; Ch. *Mohrmann,* La langue de S. Benoît, XXIX–XXXIV. Zur Verwendung derselben Sprache in *Lérins* vgl. RMac 1,1; 2,4: A. *de Vogüé,* Les règles des saints pères, 372/373; *Puzicha* 90/ 91; ferner *Faustus v. Riez,* Hom XXXIX,2 ("in dieser Schule ... kämpfen"!), bei C. M. *Kasper,* Faustus, Predigten an Mönche III, 456 (im CChr.SL 101 A, 455–464 noch dem *Eusebius Gallicanus* zugeschrieben, die zitierte Stelle dort 456,25), vgl. *Kaspers* Kommentar ebd. Anm. 17 u. 18 und 461f, bes. Anm. 8; allgemein zu Lérins s. *ders.*, Theologie und Askese, 165f u. 167–171; a.a.O. 181–185 geht er allerdings auf die Verwendung von *schola* nur im Sinne des Lehrbetriebs einer Klosterschule ein.

[43] Vgl. die "Besinnung über die zwei Banner" des *Ignatius v. Loyola,* EB 138.

[44] RB Prol 50 = RM Ths 46 (Hervorhebung von mir).

[45] K. S. *Frank,* Grundzüge der Geschichte des christlichen Mönchtums, 14f; L. *Holtz,* Geschichte des christlichen Ordenslebens, 14; W. *Kern,* Zur Theologie des Ordensstandes, 59; U. *Ranke-Heinemann,* Das frühe Mönchtum, 95–100 = *dies.*, Zum Motiv der Nachfolge, 343–347; K. *Schatz,* Geschichte des Ordenslebens, 43f; B. *Steidle,* Homo Dei Antonius, 154 u. 170–172; *ders.*, Per oboedientiam laborem, EuA 53 (1977): 434f; EuA 54 (1978): 201, 205–209 u. 211f.

um unseretwillen arm wurde und allem entsagte (vgl. 2 Kor 8,9; Phil 2,6–8). So galt für die *Pachomianer,* "daß das Kreuz die Grundlage (*principium*) unseres Lebens und unserer Lehre ist und daß *wir mit Christus mitleiden müssen* und daß wir begreifen müssen, daß niemand ohne Mühsal und Pein den Sieg erlangt."[46] – Die starke Betonung der Askese ist freilich für die Epigonen Pachoms bezeichnender als für ihn selbst; bei ihm gewinnt der Gedanke, an Christi Leiden teilzuhaben, im Zusammenhang mit den spannungsreichen Beziehungen der Brüder untereinander Gestalt, so daß man etwas überspitzt vielleicht sagen könnte, nach Pachom sei *das gemeinsame Leben ein Martyrium*[47]. – Schließlich wurde auch der monastische Gehorsam als Ausdruck dieser Gleichförmigkeit mit Christus im Leiden angesehen. So schreibt der *"Magister":* "Bitteres wird ihrem (der Mönche) Willen täglich im Kloster um des Herrn willen auferlegt, und alles, was ihnen zur Erprobung angetan wird, ertragen sie geduldig wie im Martyrium."[48]

Bei der Betrachtung der evangelischen Kommunitäten wollen wir nun nicht jeden Punkt in der ganze Breite seines Vorkommens belegen. Gerade hier zeigt sich nämlich, daß einzelne Gemeinschaften bestimmte Aspekte in besonderer Weise betonen und so ein spezifisches Profil haben. So spielte z. B. das *Verlassen des Elternhauses um Christi willen* in den Anfängen der *Christusbruderschaft Selbitz* eine wesentliche Rolle; für Pfarrer Otto *Riecker* in *Adelshofen* gewann die *Militia Christi* besondere Bedeutung; das *Leiden mit Christus* wiederum macht die spezielle Berufung der *Marienschwesternschaft in Darmstadt-Eberstadt* aus, während der Gedanken, daß *das gemeinsame Leben als solches* schon ein *unblutiges Martyrium* sei, besonders von Br. Gotthilf *Haug,* dem Gründer der *Bruderschaft v. g. L.,* aufgegriffen wurde.

a) Man wird die *Christusbruderschaft* kaum verstehen können, wenn man nicht die Biographie ihrer Gründer, der Eheleute Walter und Hanna *Hümmer († 1972 und 1977)* kennt. Nicht nur, daß "die Ehe ... von Anfang an unter dem Zugriff Gottes" stand, so daß "beide um eine klare Berufung und Beschlagnahme ihres Lebens durch

---

[46] *Horsiese* LibOrs 50: *Boon* 142,26f (zitiert nach H. *Bacht,* Vermächtnis des Ursprungs I, 175/177; Hervorhebung im Original); vgl. auch LibOrs 41; *Theodoros* Kat 3,5 u. 7. In demselben Sinne s. auch *Evagrios Pontikos* Mn 21; *Barsanuphios* und *Johannes,* LXII u. CVII.

[47] Vgl. *Pachom* Kat 1,22 u. 59. In eine ähnliche Richtung gehen die Ausführungen der Reklusen *Barsanuphios* und *Johannes* in ihrem Schriftwechsel mit einem gewissen Bruder Andreas, s. D. J. *Chitty,* Barsanuphius and John, 578–581, XCVII; 582–585, C.

[48] RM 7,59: A. *de Vogüé,* La règle du Maître, 394,131–133 (zitiert nach K. S. *Frank,* Die Magisterregel, 116); vgl. auch RM Ths 46; 10,49.92; 90,13; ähnlich RB 7,34, die hier ein Echo auf *Basileios* KR 116 darstellt, s. auch *ders.,* LR 28, 2.

Ihn" wußten[49]; vielmehr trugen sich beide vor der Hochzeit im Jahre 1935 mit dem Gedanken, sich zu trennen um eben dieser Beschlagnahme Gottes willen: "Wir hatten ja einmal vorgehabt, auf Grund des Wortes von 1. Korinther 7 unsere Verlobung wieder zu lösen. Wir glaubten, daß Gott jeden von uns ausschließlich für sich in Seinem Dienst haben wollte", erzählte Vater *Hümmer* an seinem 60. Geburtstag[50]. Die Geschwister wissen aus den Berichten der Gründer, daß das damals nicht ohne schwere innere Kämpfe abgegangen war. Solche Erfahrungen prägen. Br. Matthäus *Seuß* erinnert sich heute, daß die Frau Mutter (wie sie in Selbitz genannt wurde) "nun ganz erfüllt war von dem Namen Jesu und vom Kreuz. Von da her kommen die Begriffe, die Sie dann auch später noch finden: das Sterben. Das war ein Grundgedanke ihres Lebens, den sie uns weitergegeben hat: nur das Weizenkorn, das in die Erde stirbt, bringt Frucht". Auch auf die Art und Weise, wie die jungen Schwestern und Brüder aus dem Elternhaus aufbrachen, um im Rahmen der Bruderschaft ihr Leben Christus hinzugeben und ihm nachzufolgen, hatte das Auswirkungen. *Br. Matthäus* fährt fort: "Schon vor der Bruderschaft gab es diesen Abend mit den Eltern, dieses Weggehen aus dem Elternhaus, um einen Schlußstrich zu ziehen ... Die Frau Mutter und wir lebten das ganz stark: Ja, das ist der Weg, daß wir jetzt wirklich alles, aber auch radikal alles, zurücklassen. Das hat sich ja dann auch im Gebet bei der Einsegnung kundgetan: 'Ich sage ab den Eltern, Geschwistern' usw. Das hängt alles auch mit dem Wort 'zerbrechen' zusammen. Ich muß zerbrechen, damit Christus in mir groß werde". Dieses Zerbrechen trug positiv in sich den Keim eines neuen Aufbruchs, der Frucht. Es war damit ein Weg eingeschlagen, der nur aus großer *Liebe zu Christus* gewagt werden konnte: "Gedenket unser zum 1. Januar, wo wir in einer kleinen Feierstunde am Nachmittag in unserer Kirche in aller Stille unseren Weg beginnen wollen. Es soll ein Weg dem Lamme nach sein, 'dem Lamme nach, wo es hingeht' (Offenbarung 14, 4)", schrieb Walter *Hümmer* 1948 in seinem ersten Rundbrief[51].

b) In seinem Buch "Kirche und Christen" kommt Otto *Riecker († 1989)* von *Adelshofen* auf die *Militia Christi* zu sprechen[52]. Ganz konsequent schließt sich dieses Kapitel an seine Ausführungen über die "Hingabe des Lebens", die "Heiligung" und die "imitatio Jesu" an. Dabei führt *Riecker* aus: "Der hier gemeinte Krieg ist friedfertig und führt nur zum Leben. Aber er bezeichnet doch den eigentlichen

---

[49] *Christusbruderschaft,* Denn er hatte seinem Gott vertraut, 21.

[50] Ebd. Diese Ereignisse erinnern an den Bericht über *Amun Nitriotes († vor 356),* der in der Hochzeitsnacht mit seiner Frau vereinbarte, daß sie beide jungfräulich leben wollten; nach 18 Jahren (die *Historia Monachorum in Aegypto* XXII, 2 sagt, es sei schon nach wenigen Tagen gewesen) wurde er von seiner Frau ganz frei gegeben, ging in die Nitrische Wüste und lebte dort als Mönch, s. *Palladios,* HL 8: *Butler* 26,20–28,17 (dt. bei *Krottenthaler* 334–336); der Bericht HM XXII in: *Festugière* 128,7 (franz. bei *ders.*, Les moines d'Orient IV/1, 120,7; engl. bei N. *Russell*/B. *Ward,* The Lives of the Desert Fathers, 111). Es ist freilich ganz ausgeschlossen, daß Hümmers diesen Bericht gekannt haben.

[51] *Christusbruderschaft,* Denn er hatte seinem Gott vertraut, 38.

[52] O. *Riecker,* Kirche und Christen, 244–250.

Zustand der Welt: Dieser umreißt nicht etwa nur ein harmloses, bürgerliches Dasein mit sich entwickelnden, kulturellen Zielen, sondern einen tödlichen *Kampf* zwischen Licht und Finsternis, zwischen der Welt *Gottes* und der gegen sie im Aufstand befindlichen des *Satans*. Gott ist darin *überlegen* und wird diesen Kampf siegreich zu Ende führen ..."[53]. Bewußt knüpft *Riecker* an geschichtliche Vorbilder an – hier begegnet uns einmal mehr der Vorgang einer *absichtlichen Aufnahme von Tradition* –, die zwar außerhalb des Zeitraumes liegen, der in der vorliegenden Arbeit zum Vergleich herangezogen wird, die aber natürlich ihrerseits im alten Mönchtum verwurzelt sind: die "bedürfnislosen Mönchsorden des Mittelalters", die Brüdergemeine des Grafen *Zinzendorf (1700–1760)* mit seinem Gedanken der "Streiter-Ehe", der englische *Methodismus*, die "Heilsarmee" von William *Booth (1829–1912)*[54]. *Riecker* selbst stammte aus einem methodistisch geprägten Elternhaus und hat sich mehrfach intensiv mit dem Methodismus, John *Wesley († 1791)*, George *Whitefield († 1770)* und anderen Erweckungspredigern befaßt[55]. Das kämpferische Element lag ihm auch selbst[56] und drückte sich in seinem missionarischen Eifer aus, in der Forderung der Team- bzw. "Mannschafts"-Arbeit[57] oder in dem Gedanken der geistlichen "Front", an welcher der missionarische Christ steht[58]. Verkündigung des Evangeliums war für ihn eine Herausforderung, ein dramatisches Geschehen[59], das geschichtlich wirksam ist und so zum Ausdruck der Lebendigkeit des Geistes Gottes und der christlichen Gemeinde wird[60].

---

[53] A.a.O. 244 (Hervorhebungen im Original). Der letzte Satz belegt, daß hier *keine manichäische* Anschauung vorherrscht, weil Licht und Finsternis *nicht* als zwei gleich starke Prinzipien angesehen werden; zum *Manichäismus* s. C. *Colpe*, Art. "Manichäismus"; P. *Nagel*, Art. "Manichäismus" (Literatur!).

[54] O. *Riecker*, Kirche und Christen, 247–250.

[55] Vgl. seine Dissertation von 1935: "Das evangelistische Wort. Pneumatologie und Psychologie der evangelistischen Bewegung, Träger, Rede und Versammlung" (Whitefield, J. Wesley, Finney, Moody, Schrenk und Keller); eine dritte Auflage ist noch 1974 erschienen (diese Angaben sind entnommen aus O. *Riecker*, Universitätstheologie und Gemeindefrömmigkeit, 92); ferner *ders.*, Ruf an alle. George Whitefield.

[56] Das zeigt sich explizit und implizit deutlich in der Selbstbiographie O. *Riecker*, Mit 60 fing mein Leben an, 9, 38, 39, 43, 66, 70, 87, 89, 105f (hier ein Anklang an Zinzendorfs "Streiter-Ehen"!), 107, 109, 145, 151, 153, 167, 168, 170, 175, 186, 194, 198, 200, 206, 222, 224, 226.

[57] O. *Riecker*, Erweckung heute, 34–46; *ders.*, Herausforderung an die Gemeinde, 13 u. 130–140; *ders.*, Mission oder Tod, 38–40; *ders.*, Mit 60 fing mein leben an, 106.

[58] O. *Riecker*, Bildung und Heiliger Geist, 154; *ders.*, Mission oder Tod, 19, 21.

[59] O. *Riecker*, Erweckung heute, 25–30 u. 56f; *ders.*, Herausforderung an die Gemeinde, 15–23, 65–70.

[60] O. *Riecker*, Erweckung heute, 37, 71f; *ders.*, Herausforderung an die Gemeinde, 41 u. 52–55; *ders.*, Mission oder Tod, 17–26; *ders.*, Mit 60 fing mein Leben an, 175 u. 180.

Im vorliegenden Zusammenhang muß aber bemerkt werden, daß *Riecker* sehr viel von John *Wesley* gelernt hat, der seinerseits stark von den Homilien des *Pseudo-Makarios* beeinflußt war[61]. Schon dort finden wir den Gedanken der *Militia Christi* mehrfach ausgesprochen. Er bezieht sich bei Pseudo-Makarios einerseits auf den *innerlichen* Kampf gegen die Gedanken (λογισμοί)[62], andererseits auf den Kampf um die *Heiligung* des Lebens, die Befreiung aus den Verstrickungen dieser Welt[63]. Das Letztere hatte vor allem der junge *Wesley* aufgegriffen und methodisch ausgebaut. Schon bei ihm selbst gab es aber eine gewisse Brechung des Gedankens, als er durch seine Erfahrungen in Georgia an seiner eigenen Kraft verzweifelte und durch die Begegnung mit dem Herrnhuter P. *Böhler* in London 1738 das Evangelium von der rettenden Gnade Gottes in sein Herz aufnahm[64]. Unter veränderten Vorzeichen behielt freilich das Bemühen um Heiligung einen hohen Stellenwert bei Wesley und findet sich so dann auch bei *Riecker* wieder[65]. Allerdings dürfte das Scheitern des jungen Wesley an sich selbst mehr auf ein Mißverständnis seinerseits als auf die pseudomakarischen Homilien zurückzuführen sein, denn diese betonen bei aller Aufforderung zur Heiligung deutlich, daß ohne die Hilfe Gottes jede menschliche Willensanstrengung zu kurz greift[66]. Insofern ist trotz aller Brechung bei dem Stichwort *Militia Christi* eine deutliche Linie erkennbar, die von *Pseudo-Makarios* über John *Wesley* zu Otto *Riecker* hinführt, der die "Notwendigkeit des Willens" betont und gleichzeitig vor dem "übersteigerten Willen" warnt[67]. Dazu kommt, daß Wesley Makarios deshalb schätzte, weil bei ihm Heiligung, persönliche Glaubenserfahrung und *missionarischer Einsatz* zusammenkamen[68], eine Trias, die gerade bei *Riecker*

---

[61] Siehe oben S. 42; ausführliche Belege dazu bei E. *Benz,* Die protestantische Thebais, 117–129.

[62] Siehe z. B. Hom 3; 5,8.10; 6,4: *Dörries/Klostermann/Kröger* 20–25; 60,388–401 u. 61,418–62,438; 66,55–69,82; s dazu auch H. *Dörries,* Die Theologie des Makarios/Symeon, 141–145 u. 439.

[63] Siehe z. B. Hom 9,7.11; 21: *Dörries/Klostermann/Kröger* 86,63–87,75 u. 89, 120–90,134; 192–194; s. dazu auch *Dörries* a.a.O. 68–71 u, 236.

[64] E. *Benz,* Die protestantische Thebais, 127–129; G. *Lean,* John Wesley, 27–46; M. *Schmidt,* Art. "Wesley, John", 1656f. O. *Riecker* nahm auf diese Vorgänge Bezug in: Kirche und Christen, 163, war sich allerdings dessen nicht bewußt, daß eine der Quellen *Wesleys* Pseudo-Makarios ist; er selbst zieht die Linie von Wesley zur Heiligungsbewegung und der neupietistischen Gemeinschaftsbewegung des letzten Jahrhunderts aus.

[65] Vgl. O. *Riecker,* Kirche und Christen, 225–230.

[66] Vgl. Hom 2,3: *Dörries/Klostermann/Kröger* 15,33–17,51; s. dazu auch die Abschnitte über Heiligung, Verwandlung und Wiedergeburt bei H. *Dörries,* Die Theologie des Makarios/Symeon, 215–237.

[67] O. *Riecker,* Kirche und Christen, 152f u. 155–165.

[68] E. *Benz,* Die protestantische Thebais, 117f, 121–123. Zur "persönlichen Glaubenserfahrung" vgl. H. *Dörries,* Die Theologie des Makarios/Symeon, passim, s. Register S. 472 u. 476 zu den Stichworten "Erfahrung" und "Theologie (Erfahrungstheologie)".

den lebendigen Christen ausmacht[69]. Der letzte dieser eben genannten Punkte geht zurück auf Notizen bei *Sokrates Scholastikos* und *Sozomenos,* denen zufolge Makarios, mit anderen Mönchen auf eine Nilinsel verbannt, die Bewohner der Insel zum Christentum bekehrt haben soll[70]. Wie es auch immer mit der Zuverlässigkeit dieser Nachricht stehen mag, sie hat doch auf John Wesley Eindruck gemacht und ihm das Bild eines beispielhaften Christen vermittelt. Ferner rühmte Wesley an Makarios, daß er "eine reiche, feine und vornehme Anlage zur Frömmigkeit, dies aber vollkommen ernst, nüchtern und unaffektiert" hatte[71]. Gerade der *nüchterne Sinn* war für *Riecker* immer wieder ein wichtiges Merkmal echter Frömmigkeit[72] – auch damit nahm er übrigens unbewußt einen für das Mönchsleben entscheidenden Topos auf, dem wir später eingehender nachspüren müssen. Hier genügt der Hinweis darauf, daß im alten Mönchtum Nüchternheit (νῆψις, auch: Wachsamkeit des Herzens) und *militia Christi* in einem unlösbaren Zusammenhang stehen[73]. So finden wir also bei *Riecker* ein Bild des Christen in der Nachfolge, wie es Wesley seinerseits in (Pseudo-)Makarios vorgezeichnet fand. *Gebrochen* ist die Linie von Makarios zu *Riecker,* weil dieser nur indirekt über Wesley Zugang zu Makarios hatte, Wesley aber das Bild des Makarios bereits stark unter dem Blickwinkel der missionarischen Existenz gesehen hatte, was doch wohl eine Verschiebung gegenüber dem tatsächlichen Leben des historischen Mönchsvaters bedeutet. Außerdem glaubte Otto *Riecker* dem Anachoretentum bei aller Hochachtung, die er ihm zollte, "die fromme Ichsucht der Selbstvervollkommnung" bescheinigen zu müssen[74], ein Urteil, das sicher auch Makarios getroffen hätte, wenn *Riecker* von ihm gewußt hätte.

Dennoch können wir an dieser Stelle als ein *Ergebnis* festhalten, daß die "Röhren kommuniziert" haben, auch ohne daß es Otto *Riecker* bewußt war. Vermittelt durch John Wesley hat ihn ein Strom altkirchlich-monastischer Tradition durch gewisse geschichtliche Brechungen hindurch erreicht. Möglicherweise darf man es darauf zurückzuführen, daß *Rieckers* Wirken in letzter Konsequenz zur Bildung einer *Kommunität* geführt hat.

c) In der Beschreibung ihres Lebens und ihrer Wegführung "Wie ich Gott erlebte" berichtet Mutter Basilea *Schlink (* 1904)* von der *Marienschwesternschaft* in *Darm-*

---

[69] Siehe besonders seine Schrift "Herausforderung an die Gemeinde".

[70] *Sokrates,* Historia ecclesiastica IV,22: PG 67, 524 C–525 B, und *Sozomenos,* Ecclesiastica historia VI,20: PG 67, 1340 C–1344 B. Diese Notiz bezieht sich natürlich auf Makarios d. Gr. († 390) aus der Sketischen Wüste Ägyptens, der lange Zeit als Verfasser der (pseudo-)makarischen Homilien galt.

[71] Zitiert bei E. *Benz*, Die protestantische Thebais, 122; aus dem Englischen von mir.

[72] Siehe etwa O. *Riecker,* Mit 60 fing mein Leben an, 147, 165, 178, 184, 209 u. 221.

[73] Siehe unten S. 373–376. Für den Zusammenhang von *Nüchternheit* und *Militia Christi* im alten Mönchtum s. P. *Adnès,* Art. "Nepsis", 112–114.

[74] O. *Riecker,* Kirche und Christen, 234; man beachte aber die positive Würdigung des Mönchtums im Gesamtzusammenhang an dieser Stelle wie auch a.a.O. 296–303.

stadt-Eberstadt von einer inneren Wende in ihrem Leben: "Ich war krank und mußte einige Tage liegen. Da geschah es in einer Nacht, daß ich Jesus als den Gekreuzigten schauen durfte."[75] Man wird wahrscheinlich in diesem Erlebnis den Ursprung dessen finden dürfen, was die Frömmigkeit der Marienschwesternschaft besonders auszeichnet: das *Mit-Leiden mit Jesus,* die Teilnahme an seinem Schmerz. Das wird einerseits als ein betrachtendes Sich-Versenken in den Passionsweg Jesu Christi verstanden, den er aus Liebe zu uns Menschen gegangen ist; in dem Namen der Mutterhauskapelle "von den Leiden Jesu" und besonders in der Anlage des "Leidensgartens Jesu" hat dieser Auftrag seinen sinnenfälligen Ausdruck gewonnen[76]. Andererseits sieht M. Basilea in vielen Zeiterscheinungen heute eine Verlängerung des Leidens Jesu um die Menschen in die Gegenwart hinein; Teilhabe an Jesu Leiden heißt in diesem Zusammenhang dann auch, Verachtung zu erdulden und "seine Schmach" zu tragen[77] (vgl. Hebr 13,13), aber auch seine rettende Liebe zu verkündigen. Ausdruck dafür sind zahlreiche Veröffentlichungen mit Titeln wie: "Ich will hier bei Dir stehen", "Jesu Leiden", "Jesus verlassen – und wo sind wir?", "Jesu Weg – unser Weg", "Laß mein Lieben dich begleiten", "Mein Jesus, heute so gehaßt", "Mitten unter uns"[78] oder die Betrachtungen von Mutter Martyria *Madauss (* 1904)* zum Isenheimer Altar von Matthias Grünewald: "Jesus vor Augen gemalt"[79]. – Freilich ist dies nicht eine Teilhabe am Leiden Christi in Form der Askese, wie es uns oben beim alten Mönchtum begegnet ist, sondern eher ein meditatives Sich-Zueigen-Machen der Passion Christi nach Art eines Franz von Assisi[80], ein Mitleiden mit der Verlorenheit des Menschen heute, verstanden als Teilhabe an einem realen Leiden Gottes[81], und das Annehmen von Verleumdungen und Verachtung als Ausdruck der Gemeinschaft mit Christus[82]. So wird denn auch die Berufung der Marienschwesternschaft beschrieben als der "Lammesweg", ein Weg des Glaubens und der Armut, ein Weg "der duldenden, tragenden Liebe" und "der Niedrigkeit", Jesu "Kreuzweg der Liebe, der von Armut, Verachtung, Niedrigkeit und Gehorsam gekennzeichnet war"[83].

d) *Das gemeinsame Leben als unblutiges Martyrium* – dieser Gedanke ist besonders von Br. Gotthilf *Haug* betont worden: "Das gemeinsame Leben ist nichts für den natürlichen Menschen; es ist sein Tod", schrieb er 1930. "Der Mensch kann eben alles und ist zu allem bereit, auch zu den größten Opfern und Heldentaten, wenn er selbst will und sich selbst darin findet. Nur dieses Eine und Einzige kann er nicht: ein gemeinsames Leben mit Gott und den Brüdern führen in Treue und Hingabe, in

---

[75] M. B. *Schlink,* Wie ich Gott erlebte, 31.

[76] *Evangelische Marienschwestern,* So ist unser Gott, 106f; M. B. *Schlink,* a.a.O. 427f u, 532.

[77] *Evangelische Marienschwestern* a.a.O. 25 u. 52f; M. B. *Schlink,* a.a.O. bes. 317 –326, 547–561, 618–637 et passim.

[78] Siehe Lit.-Verz. 2.1. unter *Schlink.*

[79] Siehe ferner *dies.,* Zum Dank für Deine Erlösungstat...

[80] M. B. *Schlink,* Wie ich Gott erlebte, 291–300 et passim.

[81] A.a.O. 87.

[82] Ebd. 201f.

[83] A.a.O. 153f, 175f u. 222; vgl. a.a.O. 216f.

Selbstlosigkeit und Buße, im Leiden und Sterben. Dieses gemeinsame Leben ist das vollkommene Mannesalter in Christo, es ist die Reife, die Ernte, die Sammlung."[84] Und in seinem Aufsatz: "Christlich denken heißt kreuzförmig denken" ermutigt er in seiner schweizerisch-deftigen Art denjenigen, der es schwer mit der Kirche hat, erst recht in ihr auszuhalten: "Denn nur in ihr findet er seinen Platz und kann seine Mission erfüllen. Nur in ihr kann er die zum Fruchtbringen notwendige Lebensgemeinschaft haben mit allen Freuden und Leiden, welche die wirkliche Nachfolge Christi mit sich bringt. ... Jede Gemeinschaft ist ja nicht nur ein Freuden-, sondern auch ein Leidensweg: Ehestand-Wehestand! Da gehen auch immer zwei zum Kreuztor hinein! Oder: Gemeinsames Leben heißt Martyrium! Der Kirchenweg ist auch ein Kreuzweg, aber wer nicht auf dem Kreuzweg geht, der ist auf dem Holzweg!"[85]

Bei der Betrachtung der Kommunitäten unter dem Stichwort "Nachfolge" ergibt sich uns ein breiter gemeinsamer Grund mit dem alten Mönchtum. In welcher Weise ist Tradition hier gegeben?

Otto *Riecker* hat in dem Gedanken der *Militia Christi* bewußt ein Motiv aufgegriffen, das er in der Tradition vorfand und das sich ihm vom biblischen Befund her legitmierte. Allerdings verfolgte er selbst den Gedanken nicht bis ins alte Mönchtum, sondern nur bis ins Mittelalter zurück. Dennoch ließ sich zeigen, daß über die Vermittlung von John *Wesley* ein Strom altkirchlich-monastischen Lebens *Riecker* erreichte, obwohl ihm selbst das nicht bewußt war, so daß dieser Strom nur in einer gewissen Brechung nachzuweisen ist. Geichwohl war auf diese Weise eine Gemeinsamkeit entstanden, und einige Charakteristika wie z. B. die Heiligung des Lebens sind hier wie da wiederzuerkennen.

In den drei anderen der vier besprochenen Fälle handelt es sich um Anklänge und Wiederaufnahme von Motiven, die durch eine gemeinsame Ausrichtung auf die Heilige Schrift und die Person Jesu selbst zustande kamen. Um noch einmal das Bild von den "kommunizierenden Röhren" anzuwenden, so scheint es, daß die beiden "Enden" der Röhren nicht in direkter Verbindung stehen, sondern über das Evangelium und den dort erfahrbaren Nachfolgeruf Jesu Christi kommunizieren. Darüber ist allerdings eine *echte* Kommunikation zustande gekommen, so daß hier wie da unter verschiedenen geschichtlichen Bedingungen dennoch erkennbar Gleiches entstanden ist.

---

[84] Zitiert bei F. *Francke,* 30 Jahre Oekumenischer Christusdienst, 5; s. im Dokumentations-Anhang S. 411.

[85] G. *Haug,* Christlich denken heißt kreuzförmig denken, 2.

5.2.2 Das Vorbild der Jerusalemer Urgemeinde

"Die Sehnsucht nach der Urkirche, die christlichem Mönchtum eingeboren ist, hängt aufs engste damit zusammen, daß es selbst dort geboren wurde. Frühchristliche Weise zu glauben, zu leben, Mensch zu sein aus dem Geist Jesu Christi, mit einem Wort: frühchristliche Spiritualität ist der Mutterboden des Mönchtums. Aber auch das Umgekehrte gilt: daß die Sehnsucht nach dem Mönchtum dieser altkirchlichen Zeit eingeboren ist. Es ist die Sehnsucht, mit dem wörtlich genommenen Evangelium so ernst wie möglich zu machen. Es ist die Sehnsucht nach Gottes Reich, dem nichts vorgezogen werden soll, ... demgegenüber die irdischen Dinge verblassen."[86]

Diese Worte einer Benediktinerin unserer Tage nehmen auf, was wir oben schon sahen: Mönchtum und überhaupt christliches Leben ist Leben aus dem Evangelium. Und sie verknüpfen dieses Leben mit dem *Vorbild der Urgemeinde,* das von Anfang an bis heute lockend und herausfordernd vor den Augen derer steht, die Jesus Christus nachfolgen wollen.

Worin besteht das Charakteristikum der Urgemeinde? Welche Züge weist dieses Vorbild auf? In seinem Aufsatz: "Heimweh nach der Urkirche" behandelt Heinrich *Bacht* sechs solcher Charakterzüge, nämlich die "urchristliche Enderwartung", die Weltflucht, die Askese, den Dämonenkampf, das "Leben aus dem Gotteswort" und die "Fülle des Geistbesitzes". Aber so treffend diese Aspekte auch sein mögen, auffälligerweise fehlt einer, der geschichtlich besonders wirksam geworden ist: die *Gemeinschaft der Jerusalemer Gemeinde,* die *Koinonia* nach Apg 2 und 4.

An dieser Stelle ist aber gerade der gemeinschaftliche Aspekt von Interesse, weil wir *Kommunitäten,* d. h. Gruppen mit *vita communis* behandeln, für die dasselbe gilt, was Friedrich *Wulf* im Hinblick auf katholische Orden formuliert hat: "Ordensgemeinschaft ist von ihrer Berufung her Gemeindekirche nach dem Vorbild der Jerusalemer Urgemeinde"[87]. Dieses Vorbild könnte man zwar auch allein unter dem Ge-

---

[86] C. *Bamberg,* Unter der Führung des Evangeliums, 11. Die Verfasserin setzt hinzu: "Damit soll nicht – ungeschichtlich und undifferenziert – behauptet werden, daß die Spiritualität des Anfangs eine mönchische war." Es geht ihr um Aspekte und "Grundlegungen, auf denen Mönchtum sich entfalten" konnte (ebd.).

[87] F. *Wulf,* Phänomenologie des Ordenslebens, 473; s. auch J. *Halkenhäuser,* Art. "Gemeinschaft"; J. *Sudbrack,* "Die Schar der Gläubigen war ein Herz und eine

sichtspunkt der *Armut* betrachten, indem man den Aspekt der Gemeinschaft zurückstellt und nur das Aufgeben des Besitzes betont, also Gemeinschaft als Möglichkeit zur Armut statt Armut als Möglichkeit zur Gemeinschaft – und so ist es im Verlauf der Geschichte *auch* wirksam geworden[88]. Die freiwillige Preisgabe des Eigenbesitzes war allerdings nach den Berichten des Lukas geradezu der pointierte Ausdruck echter *koinonia,* echter Gemeinschaft, hier liegt die Sinnspitze der "Sammelberichte" in Apg 2, 42–47 und 4,32–37[89]. Wir wollen uns daher aus diesen und den oben genannten Gründen im folgenden auf die *gemeinschaftliche* Seite beschränken, wenn wir vom "Vorbild der Jerusalemer Urgemeinde" sprechen.

Es liegt auf der Hand, daß die Berichte über die Urkirche in Jerusalem in *dieser* Hinsicht besonders für die *gemeinsam* lebenden Mönche von Bedeutung wurden. Vergleicht man die Schriftstellen, die die Anachoreten inspiriert haben, mit denen, auf die sich die Koinobiten bezogen, könnte man geradezu von einem *Paradigmenwechsel* sprechen: "An die Stelle der Perikope vom reichen Jüngling tritt als zentrales Schriftmotiv die Urgemeinde nach Apg 2,44: alles gemeinsam haben"[90].

Seele", 163; J. R. M. *Tillard,* Art. "Koinônia V, Dans la vie chrétienne aujourd'hui"; F. *Wulf,* Charismatische Armut; 18.

[88] Vgl. die Berufungsgeschichte von *Antonios d. Gr.* Vit Ant 2: PG 26, 841 C (dt. bei *Mertel,* 690f), ebenso LibOrs 27: *Boon* 127,24–128,10 (dt. bei H. *Bacht,* Das Vermächtnis I, 133); auch die Zitate aus Apg 4,32 in der *Regula Benedicti* RB 33, 6; 34,1; 55,20 scheinen zunächst in diesem Argumentationszusammenhang zu stehen (s. jedoch zur Einordnung dieser Stellen in den Gesamtkontext des Gemeinschaftsgedankens bei Benedikt A. *Böckmann,* "Ob alle in gleichem Maß das Notwendige erhalten sollen"; *dies.,* "Ob die Mönche etwas zu eigen haben dürfen"); unter demselben Gesichtspunkt beziehen sich auf Apg 2 und 4 auch: V. *Desprez,* Règles monastiques d'Occident, 44; B. *Steidle,* Die Armut in der frühen Kirche, 460 f, 464; G. *Switek,* Zeitgemäße Formen der Armut, 203; A. *de Vogüé,* The Greater Rules 65, 77.

[89] Zur Exegese vgl. H.-J *Degenhardt,* Liebestätigkeit in den Gemeinden der apostolischen Zeit; M. *Manzanera,* Art. "Koinônia II,B. Actes 2, 42"; J. *Roloff,* Die Apostelgeschichte, 64–68, 88–91; H. *Schürmann,* Gemeinde als Bruderschaft; ferner die interessanten Hinweise bei M. *Hengel,* Die Arbeit im frühen Christentum, 187 mit Anm. 44; 195, sowie O *Hagemeyer,* Einung zur Zeit Jesu, die den erweiterten theologischen Kontext darstellt.

[90] K. *Schatz,* Geschichte des Ordenslebens, 26; s. auch K. S. *Frank,* Grundzüge der Geschichte des christlichen Mönchtums, 23. Zum Leitbild der Gemeinschaft im frühen Mönchtum und seiner Grundlegung in der Bibel und bei den Essenern s. O. *Hagemeyer,* Gemeinschaft mit Gott und den Menschen.

Hier braucht nur noch einmal an *Pachom* erinnert zu werden, für den die *Koinonia* der ersten Christen normative Bedeutung für die Verpflichtung der Brüder zur gegenseitigen Liebe hatte, wie oben S. 100–104 bereits deutlich wurde.

Basileios d. Große faßt mit dem Hinweis auf die Gütergemeinschaft und die Einmütigkeit der Urgemeinde sein berühmtes Kapitel LR 7 über den Vorzug des gemeinsamen Lebens zusammen[91]. An dieser hervorgehobenen Stelle kommt den Zitaten aus Apg 2 und 4 besondere Bedeutung zu: Basileios sieht "im Mönchskloster ... die reine, heilige Gemeinschaft der Urkirche realisiert"[92]. Es ist jedoch für ihn charakteristisch, daß er den Gedanken der *Koinonia* auch auf die Christen überhaupt anwendet und schließlich sogar auf die Gesamtkirche und das Verhältnis der Ortskirchen und ihrer Bischöfe untereinander ausweitet; allerdings verwendet er dafür dann nicht die Stellen aus der Apostelgeschichte, sondern das paulinische Bild vom Leib und den Gliedern[93] und den zentralen Text von Phil 2,1–4, den man als eine "Ausführungsbestimmung" christlicher Einmütigkeit bezeichnen könnte[94].

---

[91] *Basileios* LR 7,4: PG 31, 933 C; dt. bei H. U. *v. Balthasar,* Die großen Ordensregeln, 81; K. S. *Frank,* Basilius von Caesarea, 104f. S. ferner LR 32,1 und bes. 35,3; außerdem KR 85 u. 183; Ruf 3,39; 29,2; 89,2. – N. *Egender,* Dorotheus von Gaza und Benedikt von Nursia, 48f, macht darauf aufmerksam, daß Dorotheos "als Schüler des hl. Basilius" die "Bruderliebe und den Aufbau der Gemeinschaft als Test des spirituellen Lebens" betrachtete; Dorotheos geht dabei allerdings vom Bild des Leibes mit seinen Gliedern aus, s. Instr VI,77f: *Regnault/ Préville* 282–287 (dt. bei B. *Hermann,* 102–104).

[92] K. S. *Frank,* Forderung und Verwirklichung christlicher Spiritualität, 302; s. ferner E. *Amand de Mendieta,* L'ascèse monastique, 128–144; H. U. *v. Balthasar,* Die großen Ordensregeln, 55f; B. *Steidle,* Gemeinschaft im Heiligen Geist, 5; *ders.*, Die Armut in der frühen Kirche, 469f; E. Ch. *Suttner,* Das basilianische Mönchtum, 116; J. M. R. *Tillard,* Le fondement évangélique, 944f; A. *de Vogüé,* The Greater Rules, 53.

[93] Für die Christen allgemein: DSS XXVI,61 (*Pruche* 468,38–470,53; die Leib-Metapher wird hier mit dem Stichwort κοινωνία verbunden, a.a.O. 470,49; dt. bei *Sieben* 263/265); für die Gesamtkirche: Ep 243,1 (*Courtonne* III, 68, 4–8; *Stegmann,* 299); vgl. auch DSS XXX,78, wo Basileios im Rahmen seiner dramatischen Schilderung der Zerrissenheit der Kirche im Bild einer tobenden Seeschlacht darüber klagt, daß "die Liebe überall erkaltet" und "die brüderliche Übereinstimmung zerstört" ist (*Pruche* 526,13f; zitiert nach *Sieben* 321). Zur Verwendung des Begriffs *Koinonia* bei Basilieos und seiner Bedeutung für die Einheit der Kirche s. P. *Christou,* Die Sorge des Basilius um die Koinonia der Kirche; E. *Theodorou,* Die Kirche als communio sanctorum bei Basilius; W. *de Vries,* Die Obsorge des hl. Basilius um die Einheit der Kirche, bes. 29–33.

[94] *Basileios* Ep 90,2: *Courtonne* I, 196,16f (*Hauschild* I, 152; *Stegmann,* 133). Zum Koinonia-Gedanken bei Paulus s. J. *Hainz,* KOINONIA; J. *McDermott,* Art. "Koinônia II, Nouveau Testament, A. Écrits pauliniennes". Zur "Koinonia" der Ortskirchen untereinander s. J. *Hainz* a.a.O. 206–227; H. J. *Sieben,* Art. "Koinônia III, Chez les pères: sens sacramentaire et ecclésiologique".

Augustinus († 430) hat seiner Mönchsgemeinschaft das Vorbild der Urgemeinde fast noch stärker vor Augen gemalt, indem er es ganz an den Anfang seiner Regeln rückte: "Vor allen Dingen, geliebteste Brüder, soll Gott geliebt werden, sodann der Nächste; denn das sind die Hauptgebote, die uns gegeben worden sind. Das ist es, was wir euch im Kloster gebieten. Das erste Ziel eures gemeinschaftlichen Lebens ist, in Eintracht zusammenzuwohnen und *ein Herz und eine Seele* in Gott zu haben. Deshalb nennt nichts euer eigen, sondern alles gehöre euch gemeinsam, und durch euren Obern werde jedem von euch Nahrung und Kleidung zugeteilt, ... jedem so, wie er es nötig hat. So lest ihr ja in der Apostelgeschichte: *Alles hatten sie gemeinsam und jedem wurde zugeteilt, je nachdem er es bedurfte* (Apg 4, 32. 35)"[95]. Adolar *Zumkeller* urteilt daher: "Wo immer er (Augustinus) von seinem monastischen Lebensideal spricht, ist deshalb dieses 'ein Herz und eine Seele' der Apostelgeschichte das immer wiederkehrende Motiv"[96]. Ja, dieses Schriftwort gibt für Augustinus sogar die Erklärung des Wortes *monachus* ab: "Jene nennt man Mönche, die durch ihr einträchtiges Beisammensein gleichsam zum 'monos', das heißt zu einem einzigen Wesen wurden und nur ein Herz und eine Seele in Gott besitzen"[97].

Eine interessante Argumentation finden wir bei Johannes *Kassian († 432)*. Obwohl er die Anachoreten Ägyptens besucht hatte und zeitweilig Schüler von *Evagrios Pontikos* war, griff er auf das Beispiel der Jerusalemer Urkirche zurück als der vermeintlich ursprünglichen und ältesten Form des Mönchtums[98]. Wenn dieser Rückgriff auch in einem unhistorischen Formalismus geschieht[99], so ist es gleichwohl bedeutsam, daß für Kassian die Mönche Erben der Urgemeinde sind: Mönchsleben ist *vita apostolica*, wie wir es oben S. 102f bereits bei Pachom gesehen haben. Freilich ist bei Kassian das gemeinsame Leben in erster Linie eher von der Möglichkeit zu rigorosem Gehorsam als von der zur gegenseitigen Bruderliebe charakterisiert[100].

---

[95] *Augustinus* Pr I,1–3: *Verheijen* 417f (zitiert nach H. U. *v. Balthasar,* Die großem Ordensregeln, 161, Hervorhebungen im Original); vgl. auch Ob 2: *Verheijen* 105.

[96] A. *Zumkeller, in:* H. U. *v. Balthasar,* Die großen Ordensregeln 151f; an weiteren Belegstellen führt *Zumkeller* auf: De opere monachorum 25,32 (*Zycha* [CSEL 41] 578,22–579,1) und Contra Faustum V 9 (*Zycha* [CSEL 25] 281,8–11); zusätzliche Belegstellen bei B. *Steidle,* Die Armut in der frühen Kirche, 474; J. M. R. *Tillard,* Le fondement évangélique, 945; s. auch V. *Desprez,* Règles monastiques d'Occident, 30; A. *de Vogüé,* The Greater Rules, 77.

[97] En in Ps 132,6: *Dekkers/Fraipont* III, 1931,27–36 (zitiert nach A. *Zumkeller* a.a.O. 152).

[98] Vgl. bes. *Kassian,* Inst II 5,1: *Guy* 64; *Petschenig* (CSEL 17) 20,25–21,7 (dt. bei K. S. *Frank,* Frühes Mönchtum im Abendland I, 132f); Coll 18,5: *Pichery* 14–16; *Petschenig* (CSEL 13) 509,19–511,14; s. ferner Inst IV 13; VII 17,1; Coll 12,2; 16,6.

[99] K. S. *Frank,* Forderung und Verwirklichung christlicher Spiritualität, 305; R. M. J. *Tillard,* Le fondement évangélique, 945.

[100] Vgl. Inst IV 10.12.23–27.29: *Guy* 132–134, 134–136, 152–162, 162–164; *Petschenig* (CSEL 17) 53,24–54,14; 54,23–55,10; 62,22–67,11; 67,19–68,8; s. H. *Bacht,*

Benedikt v. Nursia, der den Wert des Gehorsam durchaus auch zu betonen wußte (vgl. RB 5; 7,31–43), hat dennoch in dem von ihm selbst formulierten Kapitel RB 72 ein Zeugnis der brüderlichen Liebe von unvergleichlicher Leuchtkraft hinterlassen. Auch wenn Apg 2 oder 4 hier nicht zitiert wird, hat man doch mit Recht festgestellt, daß diese Verse den Geist der Urgemeinde atmen[101]. In RB 72,4 wird nun das Leben im Kloster mit Röm 12,10 umschrieben, das sich ebenfalls wie eine "Ausführungsbestimmung" zu dem Ein-Herz-und-eine-Seele-Sein der Apostelgeschichte liest: "Sie (die Brüder) sollen einander in gegenseitiger Achtung zuvorkommen". – So ist es denn wohl auch kein Zufall, daß im letzten Vers des Prologs eine Wendung auftaucht, die wir in Apg 2,42 wiederfinden: "Darum wollen wir uns seiner (Gottes) Unterweisung niemals entziehen und in seiner Lehre im Kloster ausharren bis zum Tod... (*in eius doctrinam ... perseverantes*)"; von der Urgemeinde heißt es: "Sie blieben aber beständig in der Lehre der Apostel (*perseverantes in doctrina Apostolorum*) und in der Gemeinschaft und im Brotbrechen und im Gebet"[102] - das ist der Geist, den die Regel Benedikts atmet.

Damals wie heute hat dieses Modell der Urgemeinde normative Bedeutung, für evangelische Kommunitäten nicht weniger wie für katholische Orden. Dabei gilt es gewiß, die Gefahr einer "Urkirchenromantik" zu vermeiden, durch die das Leben der ersten Kirche dermaßen idealisiert wird, daß "dann jede konkrete Gemeindeerfahrung einen Christen unbefriedigt lassen" muß[103]. Doch auch wenn man nüchtern und sachlich die Konflikte und Spannungen, von denen die Paulusbriefe zeugen, in das Bild der Urgemeinde einbezieht und so auch die eigenen Konflikte realistisch zu sehen sich müht, bleibt dennoch der Anspruch und die Herausforderung des "neuen Gebotes" Jesu und der "Koinonia-Ethik" des Neuen Testamentes überhaupt[104].

"Ein letzter Punkt", schreibt Br. *Philippus* von der *Jesus-Bruderschaft Gnadenthal:* "Wir haben diesen Weg gewählt, um das neu zu verwirklichen, was uns die Bibel

---

Art. "Koinônia IV. Dans le monachisme", 1757f; zu Kassians Auffassung vom gemeinsamen Leben anhand von Coll 19 s. auch Ch. *Joest,* "... alle Tage den Menschen dienen", 41–43.

[101] G. u. Th. *Sartory,* Weisheit des Maßes, 127f; A. *de Vogüé,* Die Regula Benedicti, 349f; vgl. auch H. *Bacht* a.a.O. 1758; A. *Borias,* "Was dem anderen nützt"; B. *Steidle,* Die Regel St. Benedikts, 102–106.

[102] Siehe den Kommentar zu RB Prol 50 bei A. *Böckmann* a.a.O. 59f; G. *Holzherr,* Die Benediktsregel, 51f.

[103] R. *Bleistein,* Wie ich euch geliebt habe, 125f, im Anschluß an L. *Hertling.* Einen ähnlichen Gedanken äußert H. U. *v. Balthasar,* Tradition. *In:* Klarstellungen, 75.

[104] R. *Bleistein* a.a.O. 126–132; vgl. auch J. *Sudbrack,* "Die Schar der Gläubigen".

über das Leben in der Gemeinde sagt. So lesen wir z. B. in Apg. 2,42: 'Sie verharrten aber in der Lehre der Apostel und in der Gemeinschaft, im Brechen des Brotes und in den gemeinsamen Gebeten.' Das ist die Lebensmitte unserer Bruderschaft."[105]

Es war denn auch nicht so sehr das für Überhöhungen anfälligere "Ein-Herz-und-eine-Seele-Sein" aus Apg 4,32, sondern die soeben zitierte Schriftstelle von dem vierfachen "Ausharren", ja "Aushalten"[106] der ersten Christen, die das Modell für die evangelischen Kommunitäten abgab.

Am intensivsten wurde dieses Vorbild von der *Communität Casteller Ring* und ihrem damaligen Pfarrer Dr. Johannes *Halkenhäuser* theologisch und praktisch durchreflektiert[107]. Dort wurde auch, wenn ich recht sehe, zum ersten Mal Apg 2,42 die "Magna Charta des kommunitären Lebens"[108] genannt, ein Ausdruck, der später von Landesbischof Dr. H. *Claß* übernommen wurde[109]. "Wir verstehen uns als Gemeinschaft im Sinne von Apostelgeschichte 2,42. Wir denken sehr hoch von Gemeinschaft und glauben, daß wir als Communität so etwas wie ein Modell für 'kommunikative Kirche' entwickeln können", schrieb die damalige Priorin Maria *Pfister*[110].

Es geht den Kommunitäten "um Verwirklichung und Gestaltung von Gemeinde Jesu nach den vier Leitlinien von Apostelgeschichte 2, 42: Apostellehre, Gemeinschaft, Brotbrechen, Gebet", stellte auch Walter *Hümmer* von der *Christusbruderschaft Selbitz* fest[111].

Das Vorbild der Urgemeinde taucht aber auch dann auf, wenn evangelische Kommunitäten die bei ihnen praktizierte *Gütergemeinschaft* begründen. So heißt es etwa

[105] Br. *Philippus,* Antwort auf den Ruf. *In:* H. A. *Gornik* (Hg.), Anders leben, 72–85, hier: 76. Das Schriftwort wird nach der Zürcher Bibel zitiert. Vgl. auch *Freundesbrief aus Gnadenthal,* März 1986, 16: "Natürlich stand auch das Vorbild der Urgemeinde am Anfang der Bruderschaft."

[106] *Perseverare,* προσκαρτερεῖν, s. *Menge-Güthling,* Enzyklopädisches Wörterbuch der griechischen und deutschen Sprache, 596.

[107] J. *Halkenhäuser,* Das Evangelium in Gemeinschaft leben, 496 u. 500; *ders.,* Kirche und Kommunität, 251–254, 296–299.

[108] Die *Communität Casteller Ring,* 6; s. auch E. *Decker,* Unser Platz in der Kirche, 58; J. *Halkenhäuser*/M. *Pfister,* Hinter offenen Türen, 6.

[109] H. *Claß,* Gelebte Bruderschaft, 19; *ders.,* Kommunitäten – Kirche – Gemeinde. *In:* I. *Reimer* (Hg.), Verbindliches Leben, 9; *ders.* in seinem Erfahrungs-und Tätigkeitsbericht, *in:* J. *Halkenhäuser,* Kommunitäten und Kirche, 29.

[110] *In:* J. *Halkenhäuser,* Kirche und Kommunität, 234f.

[111] W. *Hümmer,* Das Leben evangelischer Kommunitäten, 118. In diesem Sinne wird immer wieder auf das genannte Bibelwort zurückgegriffen, wenn das Leben der evangelischen Kommunitäten beschrieben werden soll, s. etwa H. *Claß,* Gelebte Bruderschaft, 8–11 u. 40–46; I. *Reimer in: dies.* (Hg.), Verbindliches Leben, 21.

in *Selbitz:* "Das führt uns in die vorbehaltlose Abhängigkeit von Gott und in die Bereitschaft, alles Empfangene miteinander zu teilen: 'Sie hatten alle Dinge gemeinsam' (Apostelgeschichte 2,44). So verzichten wir auf persönlichen Besitz und leben aus einer gemeinsamen Kasse."[112] "Sachlich ähnlich schreibt die Priorin des *Casteller Rings:* 'Gütergemeinschaft ist nach Apg 4,32 ein fast selbstverständlicher und notwendiger Ausdruck erfahrener Einheit mit Christus. Diese Erfahrung der Einheit will sich verleiblichen ...'"[113]. Auch die Schwestern und Brüder aus *Adelshofen* bezeugen schon von ihren ersten Anfängen, als das Pfarrhaus von Dr. *Riecker* "aus allen Nähten platzte": "Praktisch verhielt es sich eben doch so, daß wir 'alle Dinge gemeinsam hatten'(Apg. 4,32)"[114].

Daß sich *keine* Bezugnahme auf Apg 2 und 4 in einer Gemeinschaft findet, die ausgerechnet den Namen *Koinonia* trägt, ist freilich mehr als auffällig. Es ist aber Programm. So heißt es in der "Geistlichen Ordnung" eines Zweiges dieser Gruppe: "Unsere Bruderschaft ... hat sich unter dem Namen KOINONIA zusammengefunden. Dieser Name bedeutet Gemeinschaft; er meint aber nicht nur die menschlichen Beziehungen untereinander. Er will dir viel mehr sagen: Dein Herr, Jesus Christus, ist die Mitte des Universums ... Der Herr allein kann Koinonia begründen und tragen. In der Bruderschaft versammelst du dich mit deinen Geschwistern um den Herrn. Die *schönste Gemeinschaft* erfährst du, wenn du in der *Einsamkeit der Betrachtung* deinen inneren Blick unverwandt auf den Herrn gerichtet hast. Die *innigste* Gemeinschaft erlebst du, wenn du mit deinen Geschwistern das Geheimnis der heiligen *Eucharistie* feierst..."[115]. Diese Gedanken erinnern an *Basileios,* für den die *communio sanctorum,* die κοινωνία τῶν ἁγίων, in erster Linie nicht die "Gemeinschaft der Heiligen" untereinander, sondern die "Teilhabe an den heiligen Gütern" bedeutete (τὰ ἅγια, sancta = sacramenta) und erst *insofern* dann auch Gemeinschaft der Glieder der Kirche untereinander[116].

---

[112] *Christusbruderschaft Selbitz,* 14.

[113] J. *Halkenhäuser,* Kirche und Kommunität, 298, Hervorhebung von mir. Vgl. a.a.O. 296–304.

[114] *Lebenszentrum Adelshofen,* Geschaffen aus dem Nichts, 21. Die Adelshofener sind, soweit ich sehen kann, die einzigen, die auch den Vers mit seinem ersten Satz: "Die Menge der Gläubigen war ein Herz und eine Seele", zitieren (a. a.O. 49), allerdings nicht als steiles Ideal, sondern als beglückende Erfahrung einer geschenkten Realität.

[115] *Geistliche Ordnung* IV,1–3, S. 12f, Hervorhebungen von mir. In einer Weihnachts-Einkehrzeit sagte O. *Hanssen,* daß 1 Joh 1,3 (Gemeinschaft mit Gott) bei der Wahl des Namens "Koinonia" eher Pate stand als Apg 2!

[116] E. *Theodorou,* Die Kirche als communio sanctorum, 69f. Noch radikaler faßt diesen Gedanken *Evagrios Pontikos,* Ep 59,1, der einen weit entfernt wohnenden Bruder mit dem Hinweis tröstet, daß die Örtlichkeit nicht die Erkenntnis Gottes verhindert (ergänze: und gerade in dieser eine tiefe Gemeinschaft besteht): "... und die 'Menge derer, die an unseren Herrn glaubten, war ein Herz und eine Seele' durch die Leidenschaftslosigkeit und den Glauben. Das nämlich, was der Ort für die Leiber ist, das ist auch die Tugend für die Leiblosen. Von denjenigen unter den Heiligen

Auch hier wieder ist der gemeinsame Grund deutlich zu erkennen, auf dem das alte Mönchtum wie auch die evangelischen Kommunitäten von heute stehen. Inspiriert von demselben Bibelwort haben sie Lebensformen ausgebildet, durch die man sie über die Jahrhunderte hinweg ins Gespräch bringen könnte, ohne daß Verstehensschwierigkeiten auftauchen müßten. Im Gegensatz etwa zu Johannes *Kassian* sind die evangelischen Kommunitäten freilich nicht der Meinung, daß nur sie allein das Modell der Urkirche verwirklichen könnten. Vielmehr haben sie "die bruderschaftliche Struktur der Kirche wiederentdeckt und damit die in den Reformationskirchen weithin verlorengegangene neutestamentliche Schau der Gemeinde als der von Christus gestifteten, zusammengeführten und zueinandergewiesenen Bruderschaft ... lebensmäßig erneuert"[117] – ein Vorgang, der dem Lebenswerk *Pachoms* ebenbürtig zur Seite steht und in ihm seinen Vorläufer hat. In beiden Fällen hat sich die Inspiration zur Kommunikation als Institution verdichtet.

5.3 Ordnungen

5.3.1 Orden und Regel

a) Wenn katholische Christen, die von evangelischen Kommunitäten noch nie etwas gehört haben, zum ersten Mal von deren Existenz erfahren und dabei die vielen verschiedenen Namen zur Kenntnis nehmen, dann kann es vorkommen, daß sie fragen: "Gehören all diese Gruppen zusammen? Bilden sie einen Orden?" Jedenfalls mir ist diese Frage des öfteren gestellt worden.

Die erste Antwort ist: Nein. Jede Kommunität hat ihre besondere Entstehungsgeschichte und ihre eigene Inspiration, ihre spezifische Spiritualität. Die evangelischen Kommunitäten in ihrer Vielzahl sind unabhängig voneinander entstanden, auch wenn sie z. T. voneinander wußten.

---

nämlich sagt man, daß sie beisammen seien, deren Tugend *eine* ist" (*Frankenberg* 609, zitiert nach G. *Bunge*, Briefe aus der Wüste, 279, Hervorhebung dort).

[117] J. *Halkenhäuser*, Kirche und Kommunität, 252; s. auch W. *Hümmer*, Grundstrukturen und Wesenszüge lebendiger Gemeinde, 27f; *Freundesbrief aus Gnadenthal*, März 1986, 17: "Gott ruft sein Volk wieder neu zur Sammlung und zu brüderlichen Lebensformen, um so das urchristliche Zeugnis an die Welt zu erneuern.".

Daß es ein inneres Zusammengehörigkeitsgefühl gibt, weil man sich gemeinsam in einen Strom des Handelns Gottes an seiner Kirche gestellt sieht, daß es Begegnungen, partielle Zusammenarbeit und eine "Konferenz Evangelischer Kommunitäten" gibt, begründet noch keine Zusammengehörigkeit im Sinne eines einzigen Ordens.

Es ist freilich die Frage, was "Orden" heißt. Darauf ist eine dreifache Antwort möglich: 1. Berücksichtigt man, daß die Frage häufig von *katholischen* Christen gestellt wird und definiert man Orden im Sinne des alten Kanonischen Rechtes der Römisch-Katholischen Kirche von 1918 als "eine regulierte, dh eine Klostergenossenschaft mit feierlichen Gelübden"[118] oder mit dem neuen CIC von 1983 als *Instituta vitae consecratae* mit kirchlicher Anerkennung[119], dann sind evangelische Kommunitäten kirchen*rechtlich* gesehen keine Orden, weil ihre Profeßversprechen nicht in die Hand eines römisch-katholischen Bischofs abgelegt werden und infolgedessen keine Legitimation durch das CIC haben. Das wäre allerdings auch die engstmögliche Bestimmung eines Ordens, und sie wäre überdies im Kontext einer Untersuchung über evangelische Kommunitäten unangemessen, weil diese von vornherein nicht unter das Römische Kanonische Recht fallen.

2. Versteht man freilich die genannten Bestimmungen in einem weiteren Sinne und sieht evangelische Kommunitäten als "Institute des gottgeweihten Lebens", für das ein "Leben nach den Ev(angelischen) Räten ... und die kirchliche Anerkennung" konstitutiv ist[120], und versteht man unter Letzterem die Anerkennung durch die je eigene Kirche, in diesem Falle die evangelische, dann könnte man die Bezeichnung "Orden" auf die Kommunitäten in den Kirchen der Reformation anwenden, und in diesem Sinne hat es wohl auch Walter *Hümmer* getan, wie noch zu zeigen sein wird.

3. Die eingangs gestellte Frage scheint allerdings auf ein anderes, nämlich ein *organisatorisches* Moment hinzuzielen: "Gehören all diese Gruppen zusammen?" Hier wird unter "Orden" eine Organisationsform verstanden, in der verschiedene Häuser oder Konvente an unterschiedlichen Orten in einer übergreifenden Struktur zusammengefaßt sind, etwa durch eine gemeinsame Regel, eine gemeinsame Leitung, gemeinsame Kapitel, gemeinsame Gelübde und gemeinsame Aufgaben. Auf die so gestellte Frage muß die Antwort differenziert ausfallen.

Es ist allgemein bekannt, daß sich Orden in diesem organisatorischen Sinne nur in der *Westkirche* entwickelt haben und überdies erst eine Erscheinung des *Mittelalters* sind[121]. Der christliche Osten hat überhaupt keine Orden hervorgebracht, sondern kennt bis heute nur örtliche Klöster

---

[118] H. *Barion*, Art. "Orden", 1669; s. CIC/1918 Can 488,2.

[119] K. S. *Frank*, Art. "Orden und Kongregationen", 893; CIC/1983 Can 573.

[120] K. S. *Frank*, ebd.

[121] A.a.O. 893f; D. *Wendebourg*, Art. "Mönchtum", 523.

oder Einsiedeleien[122] – mit einer charakteristischen Ausnahme, und das war, wie wir gesehen haben, die *Koinonia Pachoms*.

Evangelische Kommunitäten haben sich meistenteils nicht so leicht bereitgefunden, sich selbst als "Orden" zu bezeichnen. Das mag zum einen damit zusammenhängen, daß die eigenen Anfänge häufig einen fast familiären Charakter trugen, weil die Mitgliederzahlen noch sehr klein waren, und somit das Wort "Orden" als zu "groß" erscheinen mochte. Zum andern spielte dabei sicher auch der Legitimationsdruck gegenüber dem Vorwurf katholisierender Tendenzen eine Rolle. Wer sich nicht gescheut hat, von Anfang an über "evangelische Orden" zu sprechen, war Walter *Hümmer* von der *Christusbruderschaft Selbitz*.

"Inmitten unserer Gemeinschaft ist uns nun durch Gottes Gnade ein besonderes Geschenk zuteil geworden: ein junger Orden, eine Dienstbruderschaft von jungen Brüdern und Schwestern, die bereit sind, ihr Leben ganz in den Dienst unseres Herrn Jesus Christus zu stellen", schrieb er 1948 in einem Rundbrief an Freunde[123]. Drei Jahre später heißt es in einem persönlichen Brief: "Unsere Bruderschaft hat in der Art ihres Lebens und ihres Dienstes ordensmäßigen Charakter. Wollte ich es auf eine Formel bringen, so müßte ich sagen: 'Die Christusbruderschaft ist eine ordensmäßige Vereinigung inmitten der evangelisch-lutherischen Kirche.'"[124] Hier zeichnet sich ein Verständnis des Ordensmäßigen ab, das der zweiten der oben betrachteten Möglichkeiten entspricht: Orden als Gemeinschaften gottgeweihten Lebens nach den Evangelischen Räten mit kirchlicher Anerkennung. Das bestätigt *Hümmers* Aufsatz: "Brauchen wir evangelische Orden?", in dem er die Kommunitäten als "Stätten gemeinsamen Lebens in unserer evangelischen Kirche" bezeichnet[125]. Allgemein charakterisiert er sie durch die fünf Punkte "Ganzauslieferung des Lebens an Jesus Christus", "verbindliche Form der Jesusnachfolge", "stete Verfügbarkeit im Dienste Jesu", "Gestaltung des Lebens aus der Stille und Anbetung heraus" und schließlich "herzliche(n) Liebe" gegenüber "der Gemeinde Jesu in allen ihren Erscheinungsformen"[126]. Hinter den ersten dieser fünf Punkte verbergen sich die Evangelischen Räte, wie die weiteren Ausführungen über die Ehelosigkeit und vor allem über den "Auftrag evangelischer Orden in der Gegenwart" zeigen, in denen *Hümmer* die Armut, die Ehelosigkeit

---

[122] A. *Adam*, Art. "Mönchtum II. Christliches Mönchtum", 1076; D. *Wendebourg* a.a.O. 521f.

[123] Zitiert in: *Christusbruderschaft*, Denn er hatte seinem Gott vertraut, 37; s. ferner a.a.O. 38 u. 49; Sr. Eva-Maria *Stephan*, Dienen ist die Arbeit der Liebenden. *In:* H. *Gornik* (Hg.), Anders leben, 59f.

[124] *Christusbruderschaft*, a.a.O. 44.

[125] W. *Hümmer*, Brauchen wir evangelische Orden?, 101.

[126] A.a.O. 102. Zum Verhältnis der Kommunitäten zu ihren jeweiligen Kirchen s. unten S. 206–215.

und den Gehorsam der Ordensleute als Antwort auf "die drei Zeitgötzen" Geld, Eros und Macht darstellt[127].

Über die *Communität Casteller Ring* schreibt Maria *Pfister:* "Unsere Gemeinschaft wuchs, und eines Tages konnten wir auf dem Dachboden mit Kreidestrichen anzeichnen, wo die Trennwände der kleinen Zellen stehen sollten, in denen wir wohnen wollten. Und dann hatten wir eine Klausurtür und eine Kapelle und einen schmalen Gang mit Zellen rechts und links: unsere erste Klausur; einen ausgesonderten Raum für Gott!"[128] Schon die Wortwahl, erst recht aber die Organisation des kommunitären Lebens weist hier auf das Ordensmäßige hin. Dementsprechen nennen die Frauen vom Schwanberg auch ihr Wohngebäude, das die ersten Anfänge auf dem erwähnten Dachboden ablösen konnte, "Ordenshaus"[129] und beschreiben ihre Communität mit den Worten: "Die CCR ... gehört zu den neueren evangelischen Ordensgemeinschaften, die ... in den verschiedenen Kirchen der Reformation in Europa und darüber hinaus entstanden sind."[130] Die weitere Beschreibung ihres Ordenslebens umfaßt sogleich die Treue zur Kirche, dann das Freisein für Gott und das Kommen seines Reiches, Leben aus dem Wort Gottes und der Eucharistie, das Stundengebet, Stille und Anbetung sowie die Evangelischen Räte[131]. Mit einem Wort: wir finden hier z. T. dieselben Elemente wieder, die auch W. *Hümmer* als Kennzeichen evangelischen Ordenslebens genannt hatte.

Neben Walter *Hümmer* und der *Communität Casteller Ring* muß noch die *Gethsemanebruderschaft* erwähnt werden, die sich in früheren Jahren ganz bewußt "Ordo der Koinonia" nannte und damit ihr Spezifikum innerhalb der sich "Koinonia" nennenden Bewegung[132] bezeichnete. Ganz deutlich wird es in einer Selbstdarstellung gesagt, die für den Deutschen Evangelischen Kirchentag 1983 in Hannover angefertigt wurde: der Ordo ist "die junge evangelische Ordensgemeinschaft der Koinonia"[133].

Neben diesen Beispielen, die sich auf die zweite der oben aufgeführten Beschreibungen dessen, was ein "Orden" ist, beziehen, gibt es eine größere Anzahl von Gemeinschaften, die gemäß der dritten Definition eine mehrere lokale Stationen umgreifende Struktur entwickelt haben, auch wenn sie sich deswegen selbst nicht unbedingt als "Orden" bezeichnen würden. Das heißt also: nicht die verschiedenen Kommunitäten sind

---

[127] A.a.O. 104f und vor allem 108f.

[128] *In:* J. *Halkenhäuser,* Kirche und Kommunität, 232.

[129] A.a.O. 233; M. *Pfister,* Eucharistie, 19; *dies.,* Die Chance unseres neuen Ordenshauses.

[130] Die *Communität Casteller Ring,* 5.

[131] A.a.O. 5f.

[132] Siehe unten S. 277–281.

[133] *Umkehr zum Leben.* Es handelt sich um ein Album mit 154 handgeschriebenen Textseiten und vielen Bildern ohne Seitennumerierung, das ich im Gethsemanekloster in Goslar-Riechenberg einsehen konnte.

untereinander ordensmäßig verbunden, sondern einzelne Kommunitäten haben innerhalb ihrer eigenen Gemeinschaft solche räumlich übergreifenden Strukturen entwickelt und damit im Bereich der *Institution* dasselbe getan wie als erster vor ihnen *Pachom.*

Hier wäre wieder die *Marienschwesternschaft* zu nennen, die seit 1961 Außenstationen (die sog. "Wiegen") zuerst in Israel, dann in aller Welt einrichtete[134]. Derselbe Auftrag verbindet alle[135], offenbar auch eine gemeinsame Regel[136], und durch Besuche und regelmäßige Berichte, die einmal pro Jahr in Auszügen durch den Freundesbrief "Was geschieht in Kanaan und draußen?" an die Freunde weitergeben werden, wird die Verbindung untereinander gewahrt. Gegen die Bezeichnung "Orden" würden sich die Schwestern allerdings vehement wehren, weil sie ihrem Selbstverständnis in keiner Weise entspricht.

Anders verhält es sich, wie wir sahen, mit der *Communität Casteller Ring,* die über das oben Gesagte hinaus seit 1981 "Stadtstationen" unterhält, zuerst in München (1989 wieder aufgelöst), dann auch in Nürnberg, Augsburg[137], Würzburg[138] und seit 1991 in Hildesheim[139]. Durch regelmäßige Besuche der Priorin, wöchentliche Briefe und Monatsberichte wird die Verbindung zwischen dem Schwanberg und den Stadtstationen aufrecht erhalten[140]. Außerdem treffen sich alle Profeßschwestern einmal im Monat zum "großen Schwesternrat" auf dem Schwanberg.

Die *Jesus-Bruderschaft Gnadenthal* unterhält seit 1969 verschiedene Außenstationen von Schwestern bzw. Brüdern im In- und Ausland[141], deren Zahl im Lauf der Jahre sehr geschwankt hat. Neben mehreren Orten in Deutschland sind heute vor allem die Stationen in Makak/Kamerun, Latrun/Israel und in Hennersdorf/ Sachsen von Bedeutung für Leben und Auftrag der Kommunität[142].

b) Die Frage nach Ordensregeln, Konstitutionen oder Satzungen führt allerdings auf ein schwieriges Feld. Die wenigsten Kommunitäten verstanden sich anfangs dazu, eine Regel zu schreiben, etwa nach Art der "Quellen von Taizé" von Roger *Schutz,* die weithin bekannt und berühmt geworden sind. Wohl mußten Grundordnungen gefunden werden, z. B. die Evangelischen Räte, die Leitungsstruktur, Zeiten des Gebets oder

[134] *Evangelische Marienschwestern,* So ist unser Gott, 46f u. 88f.
[135] M. B. *Schlink,* Wie ich Gott erlebte, 466–469.
[136] A.a.O. 480f; *Evangelische Marienschwestern,* So ist unser Gott, 89.
[137] Siehe *Schwanbergbrief,* Sondernummer April 1990, 11f, 13, 23f u. 25.
[138] SchwBr 4/92, 8.
[139] SchwBr 2/91, 16.
[140] SchwBr, Sondernummer April 1990, 14f.
[141] Br. *Philippus,* Antwort auf den Ruf. *In:* H. A. *Gornik* (Hg.), Anders leben, 73.
[142] S. *Freundesbrief aus Gnadenthal,* November 1991, 23 (Latrun); April 1992, 18–20 (Hennersdorf) u. 24f (Makak); Oktober 1993, 22 (aktueller Stand).

auch Vereinssatzungen, doch in den seltensten Fällen wurde daraus eine schriftliche Regel, in der die Spiritualität der Gemeinschaft und ihre tragenden Säulen festgeschrieben worden wäre. Vielleicht ist die Aussage aus *Selbitz* typisch für das, was viele evangelische Kommunitäten empfanden: "Wir haben keine geschriebenen Gesetze oder Regeln, unsere Verbindlichkeit ist die Liebe Jesu, der uns gerufen hat."[143] In *Gnadenthal* hätte man gesagt, das Neue Testament selbst sei die Regel: "Wir möchten das Neue Testament – besonders die Bergpredigt – verbindlich leben, wie es der Herr Jesus befohlen hat."[144]

Diese Scheu vor einer Regel hängt wohl damit zusammen, daß evangelische Christen den Ruf Gottes in das kommunitäre Leben zunächst als *Ruf des Evangeliums* erfuhren und in beständiger Offenheit für die Wegführung Gottes bleiben wollten[145]. Gerade so zeigt sich an dieser Stelle, daß die evangelischen Kommunitäten nicht als "Kopien" bestehender Orden durch rein äußerliche Übernahme von Traditionen entstanden sind, sondern durch ein existenzielles Angesprochensein von Gott, das ihnen *widerfahren* ist und dem sie nur existenziell zu entsprechen versuchen konnten.

Vielleicht hatten sie ihrerseits, jedenfalls anfangs, auch an dem protestantischen Vorurteil gegenüber "dem Katholischen" teil, so daß sie eine "Regel" als Konkurrenz zum Neuen Testament verstanden. Die Einsicht von A. *Görres,* daß "die 'Pointe' einer Regel ... gerade darin (liegt), den Geist des Evangeliums in einer konkreten, leibhaften Lebensform zu fassen, ihn der 'Übung' zugänglich zu machen"[146], war nicht überall von Anfang an gegeben. Erst nach und nach ist diese falsche Ansicht über die Regel einer nüchterneren Auffassung gewichen.

Dieses Urteil kann natürlich nicht pauschal für *alle* evangelischen Kommunitäten gelten. Daß Mutter Basilea *Schlink* eine Regel für die *Marienschwestern* schrieb,

---

[143] Sr. Eva-Maria *Stephan,* Dienen ist die Arbeit der Liebenden. *In:* H. *Gornik* (Hg.), Anders leben, 69.

[144] Die *Jesusbruderschaft,* 228.

[145] Vgl. die Bemerkungen von J. *Halkenhäuser* in: *ders.* (Hg.), Abenteuer für Gott, 50: "Damit mag es zusammenhängen, daß sich in den Kommunitäten, vor allem in den charismatischen Anfängen der Gründergeneration, eine Scheu zeigte, sich zu schnell und definitiv zu 'regulieren'. Man wollte – weil man sich auf einen Weg gerufen sah, ohne diesen im Detail vorauszuwissen – offen bleiben für die 'Dynamik des Vorläufigen' (Taizé)".

[146] A. *Görres,* Eine geistliche Lebensregel, 237.

wurde oben S. 154 schon angedeutet. Das war im Jahre 1963 während einer Reise zum Berg Sinai[147].

Aber die Geschwister der *Christusbruderschaft Selbitz* arbeiten erst seit 1982 an einer Regel. Für die Zeit davor (die Gründung war 1948) gilt, was Br. Markus *Wächter* im Gespräch sagte: "Wir haben ja zu Zeiten von Herrn Vater und Frau Mutter (gemeint sind *Hümmers*) keine feste Regel gehabt. Es hat immer geheißen: das Leben ist die Regel. ... das Spontane war sehr wesentlich. Die Regel war die Frau Mutter gewesen, eine Person!" Und Sr. Adelheid *Wenzelmann* ergänzt brieflich: "Sie hat auch gesagt: 'Die Liebe ist die Regel' und: 'Das Evangelium ist die Regel.' Bei uns ging es spontan zu, es gab keine geschriebenen Regeln, nur prägende Sätze der Gründer. Früher wehrte man sich auch gegen eine geschriebene Regel, weil man diese Spontaneität vom Hören auf das Wort Gottes her erhalten wollte, welche die Entstehungszeit geprägt hatte ..." Eine ähnliche Aussage hatten wir oben S. 106 über *Pachom* gemacht: er selbst war die lebendige Regel. Aber es spricht gerade für seine Größe, daß er den Brüdern eine Regel gab, unter die er sich dann auch selber stellte. Daß es zu einem solchen Schritt in Selbitz nicht schon zu Lebzeiten von *Hümmers* gekommen ist, war trotz der echten Erfahrungen am Anfang zuletzt problematisch. Wir müssen diesem Thema weiter unten ausführlicher nachgehen[148].

Im Frühjahr 1990 führte ich ein Gespräch auf dem *Schwanberg* mit der Priorin der *Communität Casteller Ring* und dem Schwanbergpfarrer. Zu der Zeit waren einzelne Abschnitte einer "Konstitution" erarbeitet und lagen vor. Aber: "Es fehlt noch der Mensch, der das literarisch in einen Guß bringt", wie die Priorin sagte. Zum Beispiel waren "Die Säulen des gemeinsamen Lebens" aufgrund von Apg 2,42 formuliert worden, und ein Jahr zuvor hatte die Communität die Abschnitte über "Das Amt der Priorin" veröffentlicht[149]. Insgesamt sieht der Aufbau der Konstitution Abschnitte über die "Ziele der Communität", die "Säulen des gemeinsamen Lebens", die "Bezüge zu Kirchenleitungen, anderen Kommunitäten und zur Ökumene", das "Amt der Priorin" und die anderen Ämter, den "Schwesternrat", die Stufen der Aufnahme und Einbindung in die Communität (Postulat, Noviziat, Zeitliche Bindung, Profeß) und vieles andere vor. Es ist ein Werk, das noch im Entstehen begriffen ist, 40 Jahre nach Gründung der Communität. Man muß freilich hinzufügen, daß sie früher bereits eine knappe gehaltene "Ordnung" hatte, die u. a. über die Geschichte, die Spiritualität, das Leitwort, das Leben nach den Evangelischen Räten und die Aufgaben der Gemeinschaft Auskunft gab[150].

In demselben Frühjahr 1990 zeigte mir Br. Oskar *Föller* von der *Kommunität Adelshofen* den Entwurf für eine "Lebensordnung". Auch hier ist ein Werk im Entstehen, das noch nicht abgeschlossen ist, obwohl die Kommunität schon 30 Jahre besteht.

Einen ganz anderen Ansatz vertritt die *Koinonia* und mit ihr die *Gethsemanebruderschaft*. Sie hatte sich bereits in den Anfängen sehr bewußt unter eine Regel ge-

[147] M. B. *Schlink*, Wie ich Gott erlebte, 470–481.

[148] S. 335–338.

[149] *In:* J. *Halkenhäuser* (Hg.), Abenteuer mit Gott, 50–55.

[150] Veröffentlicht unter dem Titel: Die Communität Casteller Ring, a.a.O. 5–8.

stellt – es wurde in diesem Kapitel schon verschiedentlich daraus zitiert. Bezeichnend ist die Bemerkung von Pastor *Hanssen* in einem Vortrag über die Spiritualität der Koinonia-Regel: "Die Koinonia hat nicht die Regel beschlossen. Die Gemeinschaft ist nicht der Urheber der Regel, sondern die Regel ist der Urheber der Gemeinschaft. Diese Reihenfolge muß beachtet und eingehalten werden. ... Die Botschaft begründet die Gemeinschaft"[151].

5.3.2 Die Evangelischen Räte und die Frage der Gelübde

Von Anfang ihres Bestehens an sprachen die evangelischen Kommunitäten von den "Evangelischen Räten" als konstitutiven Merkmalen ihrer Spiritualität. Nirgendwo wird es deutlicher als hier, daß sich allein durch ihr Dasein und ihr So-Sein eine Wunde am Leib Christi zu schließen begonnen hat. Gleichzeitig zeigt sich an dieser Stelle die *bewußte* Aufnahme von Tradition am klarsten. Allerdings gilt hier sogleich eine Einschränkung: Obwohl im Mittelalter die Lehre von den Evangelischen Räte als klassische Trias von "Armut, Keuschheit und Gehorsam" im Rahmen der *Zwei-Stände-Theorie* entfaltet wurde (und sie überhaupt erst dann und erst so systematisch ausgebaut wurde), übernahmen die Kommunitäten sie dennoch nicht in *dieser* Form. Sie verstanden sich nicht als "Stand der Vollkommenheit", dem der weniger vollkommene Stand der "Weltchristen" gegenüber stünde.

Die *Sache* findet sich freilich nicht erst im Mittelalter, sondern u. a. schon bei *Origenes:* "Wer nur das tut, was er muß, d. h. was geboten ist, der ist der unnütze Knecht (vgl. Lk 17,10) ... Wenn du aber dem Gebotenen etwas hinzufügst und etwas über das Gemußte hinaus geschieht, dann bist du nicht mehr ein unnützer Knecht, sondern es wird dir gesagt: 'Recht so, du guter und treuer Knecht' (vgl. Mt 25,21). Was das aber sei, das den Geboten hinzugefügt wird und über das Gemußte hinausgeschieht, sagt der Apostel Paulus: 'Über die Jungfrauen aber habe ich kein Gebot (*praeceptum*) des Herrn; ich gebe euch aber einen Rat (*consilium*) als einer, der vom Herrn Barmherzigkeit erlangt hat' (vgl. 1 Kor 7,25). Dieses Werk geht über das Gebot hinaus"[152]. – *Tertullian († nach 220)* gibt die gerade erwähnte Stelle aus 1 Kor 7,25 mit denselben Worten wieder: "*Praeceptum* domini non habeo, sed *consili-*

---

[151] Unveröffentlichtes Manuskript, 5f.

[152] Römerbrief-Kommentar III 3 (eigene Übers.): PG 14, 933 C–934 A (lat. u. dt. jetzt auch bei *Heither* II, 70/71). Zur Geschichte der Evangelischen Räte s. Ch. Joest, Art. "Räte, evangelische"; F. *Lau*, Art. "Evangelische Räte"; W. *Löser*, Art. "Mönchtum"; B. *Lohse*, Mönchtum und Reformation, passim; A.-I. *Mennessier*, Art. "Conseils évangéliques"; J. *Weismeyer*, Leben in Fülle, 200f; F. *Wulf*, Kommentar zu "Perfectae Caritatis", 252–254.

um do – Ein *Gebot* des Herrn habe ich nicht, aber einen *Rat* gebe ich"[153]. Hier taucht bereits die spätere Terminologie auf, indem zwischen "Gebot" und "Rat" unterschieden wird. – Den Unterschied zwischen beidem hat *Ambrosius von Mailand († 397)* in klassischer Weise beschrieben: "Ein Gebot wird Untertanen gegeben, ein Rat Freunden. Wo ein Gebot vorliegt, da ist Gesetz, wo Rat, da Gnade. Das Gebot wird gegeben, um auf die Natur zu verweisen, der Rat, um die Gnade hervorzurufen"[154].– Selbst *Augustinus,* für den es keinen Zweifeldaran gibt, daß die *Liebe allen Menschen* geboten ist[155], sagt in anderem Zusammenhang mit größter Selbstverständlichkeit: "Eine Mutter wird im Himmelreich einen geringeren Platz einnehmen, weil sie verheiratet ist, als ihre Tochter, weil diese Jungfrau ist"[156].

Nachdem die "Evangelischen Räte" erstmals bei *Odo v. Sankt Viktor († 1166)* als Inhalt der Gelübde auftauchten[157], war es schließlich *Thomas von Aquin († 1274),* der die Lehre darüber systematisch entfaltet und die Räte in der klassischen Dreizahl theologisch begründet hat. Dabei lebte er als Kind seiner Zeit ganz selbstverständlich in einer ständisch gegliederten Gesellschaft, so daß Mönchtum als *Stand* für ihn eine Gegebenheit war, die es theologisch zu durchdringen, aber nicht zu überwinden galt. Auf diesem Hintergrund muß man allerdings seinen Versuch würdigen, das *ganze* Evangelium als "Gesetz der Freiheit" zu verstehen, das *allen* Menschen vorgelegt wird; als *lex nova* "gebietet" es nur das Allernotwendigste, lädt dagegen ein, in Freiheit einen Weg zu gehen, der besser und schneller zum Ziel führt[158]. Erst auf dieser Basis entfaltet Thomas dann seine Lehre von den Räten[159]. Obwohl Thomas weiß, daß das Evangelium viele "Räte" enthält, sind für ihn doch die drei: "Armut,

---

[153] Zitiert bei F. *Lau* a.a.O. 786. N. *Baumert* hat übereinstimmend mit vielen Exegeten darauf hingewiesen, daß sachlich besser übersetzt werden müßte: "... meine *Meinung* sage ich euch", s. N. *Baumert,* Ehelosigkeit und Ehe im Herrn, 167f; *ders.,* Frau und Mann bei Paulus, 79. Aber noch die "Einheitsübersetzung" folgt an dieser Stelle Tertullian.

[154] *Ambrosius,* De viduis XII 72: PL 16, 256 B–C (dt. bei F. *Wulf,* Kommentar zu "Perfectae Caritatis", 253).

[155] F. *Lau,* Art. "Evangelische Räte", 786.

[156] *Augustinus,* Sermo 354 ad continentes: PL 39, 1568 (zitiert nach F. *Wulf,* Kommentar zu "Lumen Gentium" V u. VI, 286).

[157] Ep 1: PL 196, 1399 B; statt "Armut" hat er allerdings "Gemeinschaft" *(communio),* die er aber sogleich als *paupertas* erläutert: ebd. 1401 D–1402 B. Später hat *Franz v. Assisi († 1226)* die evangelischen Räte als "Regel und Leben der Minderbrüder" übernommen: nicht-bullierte und bullierte Regel I,1: *Hardick/Grau* 178 u. 164.

[158] STh 1-II q. 108 a. 4.

[159] So O. H. *Pesch,* Thomas von Aquin, 302–304, der wohl damit den großen Aquinaten gegen den Vorwurf in Schutz nehmen will, er argumentiere widersprüchlich (s. dazu unten Anm. 165). A.-I. *Mennessier,* Art. "Conseils évangéliques", 1599–1607, referiert die bisher skizzierten Aussagen und ordnet ihnen die anderen, die in Spannung dazu stehen, so stark unter, daß ein allzu harmonisches Bild entsteht.

"Keuschheit" und "Gehorsam" grundlegend und für das Ordensleben konstitutiv[160]. An sich beantwortet diese Trias aber eine dreifache Versuchung des Menschen überhaupt, nämlich die Güter der Welt in "Augenlust", "Fleischeslust" und "Hochmut" zu mißbrauchen (unter Berufung auf 1 Joh 2,16), und jeder Mensch, gleich welchen Standes, befolgt diese "Räte", wenn er gegen diese dreifache Begehrlichkeit antritt und z. B. Almosen gibt oder enthaltsam ist[161].

Damit wäre an sich der Grund zu einer Überwindung der Vorstellung gelegt, es gebe zwei Klassen von Christen. Aber eingebettet in die Plausibilitätsstruktur seiner Zeit konnte *Thomas* diese Impulse so nicht wirksam werden lassen. Daher betont er auf der anderen Seite, daß der Eintritt in einen Orden "mit Sicherheit das größere Gut" sei: "und wer daran zweifelt, nimmt Christus etwas weg, der diesen Rat gegeben hat"[162]. Das Ordensleben nennt er durchweg den *status perfectionis,* den allgemeinen Christenstand aber *saeculares.* Die Ordensleute haben sich von den weltlichen Dingen (auch den an sich erlaubten) so weit wie möglich frei gemacht, denn diese Dinge behindern eben doch die Bewegung des Herzens auf Gott hin[163]. Die Evangelischen Räte *sind* zwar nicht die Vollkommenheit, denn diese besteht in der Liebe, und schon das Gebot entfernt alles, was mit der Liebe in Widerspruch steht; aber sie sind ein sekundäres und sekundierendes *Mittel* zur Ausübung der Liebe, indem sie das entfernen, was den Weg der Liebe behindert, auch wenn es ihr nicht widerspricht: "die Ehe, Beschäftigung mit weltlicher Arbeit und ähnliches mehr"[164]. Damit war nun trotz allem ein grundsätzlicher Unterschied zwischen den "Weltchristen" und dem "Räte-Stand" als dem besseren und sichereren Weg zur Vollkommenheit gemacht[165], der in der Folgezeit auch festgehalten und festgeschrieben wurde. Dazu kommt ein weiteres: "Bei dieser Betonung des aszetischen Charakters der Räte und bei der Voraussetzung, daß an sich alle Gläubigen zu den Räten eingeladen sind, was zur Folge hat, daß an den Willen des Einzelnen appelliert wird, hochherzig das Bessere zu wählen, wird nicht nur der Gefahr eines Heilsindividualismus, sondern auch

---

[160] STh 2-II q. 186 a. 2–5.

[161] STh 1-II q. 108 a. 4. und ebd. ad 1.

[162] STh 2-II q. 189 a. 10.

[163] STh 2-II q. 44 a. 4 ad 3.

[164] STh 2-II q. 184 a. 3. Diese Ansicht vertritt auch noch der *Katechismus der Katholischen Kirche* mit Berufung auf die genannte Thomas-Stelle, s. KKK 1973–1974.

[165] A. *Herzig,* "Ordens-Christen", 13, meint, Thomas minimalisiere durch seine Ausführungen zu den Evangelischen Räten den allgemeinen Christenstand "fast möchte man sagen: gegen seinen Willen"; F. *Wulf,* Kommentar zu "Perfectae Caritatis", 253, hält die Synthese des Aquinaten für "widersprüchlich und im letzten unbefriedigend". Anders sieht es O. H. *Pesch,* Thomas von Aquin, 303f, welcher meint, daß Thomas hier "ein Grundproblem *jeder* theologischen Ethik zur Sprache" bringe: "Gebote und Verbote – 'Normen' – können immer nur eine Handlungsrichtung abstecken, aber sie können nie *konkret* zur Erkenntnis verhelfen, welche von den vielen im Einklang mit ihnen befindlichen Möglichkeiten *je jetzt* zu ergreifen und zu verwirklichen ist" (Hervorhebungen im Original).

(unbeabsichtigt) dem Mißverständnis einer Leistungsethik Vorschub geleistet, die beide das durchschnittliche Verständnis des Ordenslebens bis in die Gegenwart hinein beeinflußt haben."[166]

Auf diesem Hintergrund mag es umso erstaunlicher sein, mit welcher Unbefangenheit die evangelischen Kommunitäten die Bezeichnung "Evangelische Räte" gebrauchten, um ihr Leben zu beschreiben. Ist bei ihnen aber dieser Begriff aus dem Rahmen der Zwei-Stände-Lehre gelöst, dann liegt damit natürlich auch ein gegenüber dem mittelalterlichen Konzept verändertes Verständnis des Wortes "Rat" vor: er ist nicht mehr das Angebot eines sichereren Weges zur christlichen Vollkommenheit, dem einige, wenn sie es wollen, folgen können. Vielmehr rückt der Begriff in die Nähe des "Charismas" (vgl. 1 Kor 7,7), das dem einen so, dem anderen anders gegeben ist, das aber jeden in seiner jeweiligen Berufung in Pflicht nimmt. Damit haben die evangelischen Kommunitäten in den vierziger und fünfziger Jahren dieses Jahrhunderts eine theologische Entwicklung vorweggenommen, die in der römisch-katholischen Kirche erst mit dem Zweiten Vatikanischen Konzil deutlich zum Durchbruch kam.

In einem Vortrag vor der "Konferenz Evangelischer Kommunitäten" sagte Bruder Hans *Eisenberg* über die Evangelischen Räte: "Daß es sich um eine Kostbarkeit der Kirche handelt, der Kirche in ihrer neuentdeckten ökumenischen Dimension, konnte bereits in zahlreichen Begegnungen mit nichtprotestantischen Kommunitäten wahrgenommen werden. Handelt es sich doch um eine gelebte Erfahrung, die viel weiter zurückreicht als in die Zeiten, die zur Reformation führten ..."[167]

Und die "gelebte Erfahrung" dürfte es wohl auch gewesen sein, die wesentlich zur Entdeckung der Evangelischen Räte durch protestantische Christen beigetragen hat. An dieser Stelle bestätigt sich vielleicht am deutlichsten die These des Eingangskapitels, daß die Lebenserfahrung Zugänge zu Gütern der Spiritualität zu erschließen vermag, die der theologischen Theoriebildung bis dahin verschlossen geblieben waren[168].

---

[166] F. *Wulf,* Kommentar zu "Perfectae Caritatis", 254. Welche Auswirkungen dieses Verständnis auf die Ordensleute selbst hatte, beschreibt C. *Bamberg,* Wie kann in unseren Orden heute Gemeinschaft werden?, 136f; vgl. auch I. F. *Görres,* Die neuen evangelischen Orden und wir, 304–306.

[167] H. *Eisenberg,* "Evangelische Räte" – ihr Sitz im Leben. Vortrag, gehalten am 10. 01. 1984; unveröffentlichtes Manuskript, 1.

[168] Oben S. 30f.

Dabei ist man sich in den evangelischen Kommunitäten durchaus bewußt, daß die Dreiheit von Armut, Keuschheit und Gehorsam in exakt *dieser* Form und ausschließlich *so* im Evangelium nicht als Ratschlag auftaucht (wie man sich aufgrund der Kloster- und Gelübdekritik der Reformatoren auch der Problematik der Rede von "Gebot" und "Rat" bewußt ist)[169]. Dennoch meinen sie "unschwer ... in dieser Trias ein Kernanliegen der biblischen Botschaft zu erkennen."[170] So zeigt Bruder Hans *Eisenberg* etwa den Zusammenhang der drei Versuchungen Jesu in der Wüste mit den drei "Verwundbarkeiten" Israels und den menschlichen Grundversuchungen überhaupt auf: Israel erlag dem Reichtum des Landes, der Prostitution und Zauberei im Heiligtum und den machtvollen Götzen selbst. Brot, Erkennen und Macht sind die Einfallspforten der Versuchung des Menschen nach Leib, Seele und Geist, wiederzuerkennen in der dreifachen Verlockung des Baumes der Erkennntnis im Paradies (Gen 3,6), von dem "gut zu essen" war, der "lieblich anzusehen" und verlockend war, "weil er klug machte". 1 Joh 2,16 spiegelt dieselbe Trias von Gen 3,6 und Mt 4,1–11 wider, wenn dort das Wesen der Welt beschrieben wird als Fleischeslust, Augenlust und hoffärtiges Leben[171]. "Armut, Keuschheit und Gehorsam sind die Antwort Christi im Glaubenden auf die Verwundbarkeit des Menschen, der zum Ebenbild Gottes bestimmt ist."[172] Sie sind nach Johannes *Halkenhäuser* "nicht verdienstlicher Weg *zum* Heil (...), sondern Weg *im* Heil, d. h. stellvertretender und zeichenhafter Ausdruck für die Ganzhingabe des Glaubens, die sich beispielhaft in drei tiefgreifenden Existentialien menschlichen Lebens konkretisiert, ohne sich darauf zu beschränken."[173] Somit scheint es Konsens auch der evangelischen Kommunitäten zu sein, was Hans Urs *v. Balthasar* meint, nämlich daß die drei Evangelischen Räte "Armut, Keuschheit und Gehorsam", auch wenn man nach ihnen in *dieser* Gestalt "im Evangelium vergeblich ... fahnden" wird, in der Nachfolge Christi

[169] Vgl. J. *Halkenhäuser*, Kirche und Kommunität, 259; *ders.*, Zur Bewertung und Beurteilung von CA 27; *ders.*, Engagement und Zeugnis. Lehrpredigt zu CA 27.

[170] H. *Eisenberg*, "Evangelische Räte" – ihr Sitz im Leben, 3.

[171] A.a.O. 2–5. Sachlich genauso, nur ohne Nennung der Bibelstellen, bringt M. M. *Madauss*, Gottesweihe, 25, die "drei sündlichen Haupttriebe unseres menschlichen Wesens" mit den Versuchungen Jesu in der Wüste und den Evangelischen Räten in Verbindung; der Vortrag wurde bereits 1955 gehalten. Dieselben Zusammenhänge finden sich aber auch bei J. B. *Lotz*, Über den Sinn des Ordenslebens, 20f.

[172] A.a.O. 4.

[173] J. *Halkenhäuser*, Zur Bewertung und Beurteilung von CA 27, 54; ähnlich auch *ders.*, Kirche und Kommunität, 258.

"keimhaft verborgen" liegen und "einschlußweise, aber ganz deutlich in den früheren Formen des Nachfolgelebens gelebt worden" sind, "zum Beispiel im gesamten benediktinischen Mönchtum."[174]

Die Brücke vom alten Mönchtum zu den heutigen Kommunitäten ist allerdings nicht nur im Väterstudium zu suchen. Auf der einen Seite hat bereits Wilhelm *Löhe († 1875)* die Lehre von den drei Evangelischen Räten aufgegriffen und in seinem Diakonissen-Mutterhaus in Neuendettelsau umgesetzt, wobei er sich auch ausdrücklich mit dem Problem von Gebot und Rat aus evangelischer Sicht auseinandersetzte[175]. Von ihm haben nachweislich sowohl die *Communität Casteller Ring* als auch die *Christusbruderschaft Selbitz* wesentliche Impulse empfangen[176]. Auf der anderen Seite waren es darüber hinaus wohl vor allem die lebendigen und persönlichen Begegnungen mit dem zeitgenössischen Mönchtum und die eigene Lebenspraxis, also existenzielle Erfahrungen, durch die Nachfolge Christi unter den Leitlinien von Armut, Keuschheit und Gehorsam als evangeliumsgemäß erkannt und damit auch für Protestanten als sinnvoll erlebt wurde[177]. Für sie war damit die Erfahrung eines göttlichen

---

[174] H. U. *v. Balthasar,* Die drei evangelischen Räte, 126. – Die Bemerkung von E. *Schillebeeckx,* daß die Räte des Evangelium "unmöglich auf die sog. drei klassischen Räte ... reduziert werden" könnten (Das Ordensleben in der Auseinandersetzung mit dem neuen Menschen- und Gottesbild, 116), hat nur ihre Berechtigung, wenn man eine exakte exegetische Herleitung der klassischen Trias versuchen wollte; als alle Räte einschlußweise enthaltende Zusammenfassung können die drei durchaus Geltung beanspruchen und auch biblisch begründet werden; M. *Scheuer* hält sie sogar für so grundlegend, daß er sie "als Strukturprinzip systematischer Theologie" und "als Kristallisationspunkte der Vernunft" erweisen kann (M. *Scheuer,* Die Evangelischen Räte, 19).

[175] Siehe J. *Halkenhäuser,* Kirche und Kommunität, 160–167, bes. 162 Anm. 55.

[176] E. *Decker,* Unser Platz innerhalb der Kirche, 56; J. *Halkenhäuser*/M. *Pfister,* Hinter offenen Türen, 6; W. *Hümmer,* Von der Ehelosigkeit, 137f.

[177] Für die *Communität Casteller Ring* war es die "Begegnung mit dem Benediktinertum": "Wir lernten das Leben nach den drei Evangelischen Räten kennen und begannen uns damit auseinanderzusetzen" (M. *Pfister in:* J. *Halkenhäuser,* Kirche und Kommunität, 234). – Die Gründer der *Kommunität Imshausen* hatten schon vor der Entstehung der Gemeinschaft Kontakte nach Maria Laach. Der Abt, Basilius *Ebel,* war von den Nationalsozialisten vertrieben worden und wirkte in Fulda als Spiritual. Dort hielt er Vorlesungen, die auch von evangelischen Pfarrern aus dem Lazarett in Fulda besucht wurden. Dabei sagte er: "Wir verstehen uns deshalb so gut, weil wir Benediktiner die Dummheiten des Katholizismus nicht mitgemacht haben, die zur Reformation führen mußten." Br. Hans *Eisenberg* meint: "Wir machten die Entdeckung früher kirchlicher Gemeinsamkeiten, die für uns von Bedeutung waren" (in einem persönlichen Gespräch am 26. 04. 1990 in Imshausen). – M. B. *Schlink* von den

Rufes und Auftrags untrennbar verbunden, dem sie sich verpflichtet wußten.

Dabei ergab es sich von selbst, daß die Kommunitäten dieses zentrale Stück monastischer Spiritualität, nämlich die Evangelischen Räte, durch den Filter der reformatorischen Kritik hindurch in den protestantischen Raum hinein reflektierten – im doppelten Sinne des Wortes: indem sie theologische Gedankenarbeit leisteten und indem sie so, bildlich gesprochen, einen Lichtstrahl umlenkten und sein Licht auf ein Gebiet richteten, das sonst außerhalb seines Wirkungskreises gelegen hätte. So ist es auch zu erklären, daß von vornherein der Gedanke einer höheren Stufe des Christseins gar nicht aufkommen konnte. Von Anfang an wurden die Evangelischen Räte als zeichenhafte Konkretisierung und exemplarische Darstellung der Nachfolge gesehen, die allen aufgetragen war.

"Eine Revision der Ansicht, die Räte seien ein Privileg der Klöster und Orden, könnte uns aus mancher Engführung herausführen", meinte B. Hans *Eisenberg* in einem Vortrag 1984[178]. Diese Revision war freilich längst schon erfolgt. "Ehe und Ehelosigkeit sind gleich heilige Stände vor Gott. Jede Über- oder Unterbewertung hat zu unterbleiben", hatte Walter *Hümmer* schon 1952 geschrieben, und noch 1969 meinte er in einem Vortrag: "Über Ehe und Ehelosigkeit ist wohl folgendes festzuhalten: Beide Stände, beide Berufungen sind gottgewollt und vor Gott gleichwertig"[179]. Auf diesem Gedanken war auch das Buch von frère Max *Thurian* von der *Communauté de Taizé* über "Ehe und Ehelosigkeit" aufgebaut, das im Raum der deutschen evangelischen Kommunitäten viel Beachtung gefunden hatte. 1964 berichtete die *Jesus-Bruderschaft,* daß die Brüder "das gemeinsame Leben nach dem Dreiklang von Schlichtheit, Reinheit und Demut (Gehorsam) leben" wollten; aber "die anderen Glieder der Bruderschaft, deren Weg nicht in das gemeinsame Leben führte, versuchen, den Dreiklang von Schlichtheit, Reinheit und Demut (Gehorsam) an dem Platz ihrer Berufung auszuleben, wohin sie gestellt sind", d. h. im Berufsleben mitten in der Welt[180]. Aus neuerer Zeit ist der Regelauszug des *Ordo Pacis* zu nennen, der die drei Evangelischen Räte so bestimmt: "*Reinheit* als völliges Offensein vor Gott, *Armut* als willige Abhängigkeit von Gott, *Gehorsam* als totale Freiheit für Gott" und

---

Marienschwestern betont dagegen: "Außerdem wußten wir damals am Anfang unseres Weges kaum etwas von unseren katholischen Schwestern und ihrem Leben ... Da muß es schon der Heilige Geist gewesen sein, der uns gerade auf diesen Weg geführt hat" (Die Evangelischen Räte, 45).

[178] H. *Eisenberg,* "Evangelische Räte" – ihr Sitz im Leben, 6.

[179] Das erste Zitat in: *Christusbruderschaft,* Denn er hatt seinem Gott vertraut, 46; das zweite in: W. *Hümmer,* Von der Ehelosigkeit, 139; vgl. auch a.a.O. 136ff, ferner *ders.,* Brauchen wir evangelische Orden?, 105 u. 108; *ders.,* Das Leben evangelischer Kommunitäten in Deutschland, 118.

[180] Die *Jesusbruderschaft,* 226 u. 227.

hinzufügt: "Damit haben wir die 'evangelischen Räte' fürs monastische Leben – Armut, Keuschheit und Gehorsam – für uns in ihrem biblischen Sinn so entfaltet, wie sie als Grundhaltungen für jeden Christen gelten können"[181]. Und die *Christusbruderschaft Selbitz* schreibt 1987: "Wir erkennen in ihnen (den Ev. Räten) Grundlinien des Evangeliums. Sie gelten für jeden Christen, in besonderer Weise für die Berufung zum Ordensleben."[182]

Mit dieser Einstellung haben die evangelischen Kommunitäten eine besondere Nähe zu *Basileios d. Gr.*, dessen Mönchsregeln, wie wir S. 128f gesehen haben, nicht auf besonderen Leistungen seitens einer besonderen Elite aufbauen, sondern auf den Grundregeln des Evangeliums, die *Basileios* in seinen *Regulae morales* für alle Christen entwickelt hatte. "Er kennt nur eine Form von Gutsein und Vollkommenheit: den Gehorsam gegen das Evangelium. An zwei Stände in der Kirche zu denken, von denen der eine gut wäre, weil er die Gebote Gottes befolgt, und der andere vollkommen, weil er darüber hinaus noch das beachtet, was in der abendländischen Tradition die evangelischen Räte genannt wird, lag Basilius fern. Christliche Vollkommenheit ist ihm nicht eine höhere Stufe über das Gutsein hinaus, sondern schlechthin das Annehmen der göttlichen Berufung, zu der Christus, der Herr, alle einlädt."[183]

Durch die bisher angeführten Zitate aus dem Schrifttum der evangelischen Kommunitäten ist bereits deutlich geworden, daß diese die Begriffe "Armut", "Keuschheit" und "Gehorsam" häufig durch andere Ausdrücke ersetzen und damit auch ein Stück "evangelischer Freiheit" im Umgang mit der Tradition beweisen. Solche umformulierten oder umschriebenen Begriffsreihen sind z. B. Schlichtheit, Reinheit und Demut (*Adelshofen, Jesus-Bruderschaft*[184]), oder: völlige Gütergemeinschaft, Ehelosigkeit um des Himmelreiches willen und Bereitschaft, den eigenen Willen unter den Willen Gottes zu stellen (*Communität Casteller Ring*[185]), oder: Ge-

---

[181] *Leben im Gebet* unter dem Frieden Christi. Aus der Regel der Schwestern von Ordo Pacis (unveröffentlichte Ausgabe für enge Freunde der Gemeinschaft), o. O. 1985 (die ganze Regel war 1977 endgültig angenommen worden), 12; Hervorhebungen im Original.

[182] *Christusbruderschaft Selbitz*. Ein Bericht vom Werden und Auftrag der Christusbruderschaft in Selbitz, 14 (Klammerzusatz von mir). – Für die Anfänge der *Communität Casteller Ring* s. auch E. *Decker,* Unser Platz innerhalb der Kirche, 58f. – Für die *Koinonia* s. O. *Hanssen,* Dein Wille geschehe, 24.

[183] E. Ch. *Suttner,* Das basilianische Mönchtum, 111.

[184] Lebenszentrum *Adelshofen,* Geschaffen aus dem Nichts, 69; für die *Jesus-Bruderschaft* s. oben Anm. 180.

[185] Die *Communität Casteller Ring,* 6; an anderen Orten heißt es: "Ehelosigkeit, mündiger Gehorsam, Gütergemeinschaft" (M. *Pfister,* Fest der Hingabe, 46–48; J. *Halkenhäuser*/M. *Pfister in:* J. *Halkenhäuser,* Kirche und Kommunität, 235), oder: "Gütergemeinschaft, Ehelosigkeit, Anerkennung einer Ordnung" (*Communität Casteller Ring Schloß Schwanberg,* 2), eine Formulierung, die den Einfluß von Taizé verrät;

meinschaft, einfaches Leben und Annehmen des Rates der Geschwister (*Koinonia*[186]), oder: Liebe zu Jesus, Leben ohne Verdienst und Sicherheit und Aufgeben der fragwürdigen eigenen Freiheit und Selbstbestimmung (*Ev. Marienschwesternschaft*[187]), oder: Bedürfnislosigkeit, Zurückhaltung anderen gegenüber und Demut/Gehorsam; das nicht-reiche, nichtgeschlechtliche und nicht-mächtige Leben (W. *Hümmer*[188]).

a) Armut als Gütergemeinschaft

J. *Halkenhäuser* hat das Thema "Armut in den evangelischen Kommunitäten" bereits ausgiebig behandelt und ist dabei auch auf die Aspekte "Armut als geistliche Grundhaltung des Menschen vor Gott", "Armut als inneres Freisein von der Welt", "Armut als Anteilhabe an der Armut Christi" und "Armut als Ermöglichungsgrund für die Solidarität mit den Armen" eingegangen[189]. Hier soll nur noch ein Aspekt hervorgehoben werden, nämlich die Gütergemeinschaft, weil sie evangelischem Armutsverständnis am meisten entspricht und zugleich in *Pachoms* Armutsauffassung ihre auffälligste Parallele hat. Es muß aber hinzugesetzt werden, daß nicht einfachhin *alle* evangelischen Kommunitäten dieses Armutsverständnis auf ihre Fahnen geschrieben haben; z. B. werden in der *Gethsemanebruderschaft* und im *Ordo Pacis* die anderen oben genannten Aspekte stärker vertreten. Sie sind natürlich auch überhaupt nicht gegeneinander auszuspielen: in der Herzmitte schlichter Lebensgestaltung aus Glauben steht immer die Armut vor Gott und die Nachfolge Christi, der um unsertwillen arm wurde.

---

dort heißt es: "Gütergemeinschaft, Zölibat, Anerkennung einer Autorität" (zitiert bei J. *Halkenhäuser*, Kirche und Kommunität, 258f).

[186] *Geistliche Ordnung*, 12, 15 u. 18 (auf die Evangelischen Räte wird hier nicht ausdrücklich Bezug genommen, sie sind aber einschlußweise in den Formulierungen enthalten).

[187] *Evangelische Marienschwestern*, So ist unser Gott, 24f (auf die Evangelischen Räte wird auch hier nicht ausdrücklich Bezug genommen, die aber ebenfalls einschlußweise in den Formulierungen enthalten sind).

[188] *Christusbruderschaft*, Denn er hatte seinem Gott vertraut, 42; W. *Hümmer*, Der Auftrag der Kommunitäten, 125.

[189] J. *Halkenhäuser*, Kirche und Kommunität, 278–292; für das Folgende s. auch a.a.O. 292–304.

Der Sinn der Armut lag für *Pachom* nicht in der Enthaltsamkeit als solcher, wie wir oben S. 107-109 gesehen haben, sondern in der Möglichkeit, konkret Liebe zu leben und die Barmherzigkeit Gottes, die er einst am eigenen Leibe erfahren hatte, an alle Menschen weiterzugeben, so wie er es damals gelobt hatte. Ihm war es darum zu tun, brüderlich zu teilen und nichts für sich selbst zurückzubehalten. Askese als solche ohne Bezug zur Bruderliebe hatte für Pachom wenig Wert. Diese deutlich betonte Ausrichtung auf die Gemeinschaft der Brüder finden wir später bei *Basileios d. Großen* und bei *Augustinus* wieder[190].

Ganz anders *Evagrios Pontikos!* Zwar heißt es auch bei ihm: "Die Liebe zerstört den Besitz", oder: "Die Liebe versteht sich nicht darauf, Vorräte an Speise und Besitz zu bewahren"[191]. Welche Liebe dabei aber gemeint ist, zeigt eine Briefstelle: "Es hat nämlich derjenige die Liebe erworben, der Nahrung, Mammon und Ruhm der Welt verachtet ... aus Liebe zur Erkenntnis Gottes"[192]. Die Schrift *De oratione* verdeutlicht das: "Geh, verkaufe, was du hast und gib das Geld den Armen, nimm dein Kreuz auf dich, damit du, ohne abglenkt zu werden, beten kannst", und: "Weiche nicht Armut und Bedrängnis aus, dem Material des unbeschwerten Gebetes!"[193] Eindeutig ist hier die Armut in den Weg der individuellen Askese eingeordnet, der seinerseits zur ungestörten und ungetrübten Vereinigung mit Gott führen soll[194].

Selbst für die späteren *Klöster* des Ostens, für *Dorotheos von Gaza* und *Johannes Klimakos* ist es bezeichnend, daß von der pachomianischen Motivation nichts mehr zu finden ist. Die Reden des *Dorotheos* haben die Ausrottung der Leidenschaften im Herzen des Mönches zum Ziel. Obwohl der Abt von Gaza mit bewegenden Worten auch zur Bruderliebe hinzuführen vermag, sind doch seine Äußerungen zur Armut

---

[190] Für *Basileios,* dessen Gedanken neben dem Kloster immer auch die ganze Kirche und die öffentliche Sozialordnung umfaßten, s. W.-D. *Hauschild,* Art. "Basilius von Caesarea", 308; ferner A. *de Vogüé,* The Greater Rules, 59–61 (*de Vogüé* glaubt, im Sinne des Basileios den Aspekt der indivduellen Askese stärker herausstellen zu müssen, doch dieser hatte daneben immer auch die *koinonia* der Brüder im Auge, vgl. a.a.O. 57!) – Für *Augustinus* s. B. *Steidle,* Die Armut in der frühen Kirche, 474; auch *Steidle* hat die Tendenz, das aszetische Moment bei Augustinus stärker zu betonen, doch s. etwa Pr I,2–3: "Das erste Ziel eures gemeinschaftlichen Lebens ist, in Eintracht zusammenzuwohnen und *ein Herz und eine Seele* in Gott zu haben. Deshalb nennt nichts euer eigen ...": *Verheijen* 417f (zit. nach H. U. *v. Balthasar* [Hg.], Die großen Ordensregeln, 161).

[191] *Evagrios* Pr 18 u. 99: A. u. C. *Guillaumont,* Traité pratique, 546 u. 708–710.

[192] Ep 60,3: *Frankenberg* 611 (dt. nach G. *Bunge,* Briefe aus der Wüste, 281).

[193] Or 17: PG 79, 1172 A (dt. nach *Bamberger* 91) und Or 131: PG 79, 1196 A (dt. nach G. *Bunge,* Praktikos, 264).

[194] Das zeigen auch die Ausführungen des *Evagrios* in seiner Schrift *De octo spiritibus malitiae*, PG 79, 1145–1164, hier: 1152 C, von der es neuerdings auch eine deutsche Übersetzung gibt: G. *Bunge,* Über die acht Gedanken, hier: Über die Geldgier 5 u. 6, a.a.O. 51. – Zum Ganzen s. auch Ch. *Joest,* Vom Sinn der Armut, 255–259.

ganz in das individuell-asketische Denken eingespannt[195]. Und *Johannes Klimakos* bedient sich rein evagrianischer Gedanken, um die monastische Armut zu begründen, trotz seiner gelegentlichen Polemik gegen *Evagrios*[196].

Auch *Johannes Kassian* neigt eher der "Armut an sich" zu, wobei er aber ausdrücklich verbietet, daß die Klöster Gaben annehmen, also auch die kollektive Armut sicherstellen will[197]. – In *Lérins* verschenkt man bei Eintritt in das Kloster sein Vermögen den Armen; doch "wird die Motivation zur Besitzaufgabe ... ganz auf dem Heilsindividualismus aufgebaut. Armut ist Zeichen des Gottvertrauens, Ausdruck der Ganzhingabe. Erst an zweiter Stelle finden sich die Werke der Barmherzigkeit, wobei die Frommen zuerst bedacht werden müssen"[198]. – In der *Magisterregel* dürfen die Klöster Gaben annehmen und sind infolgedessen auch reich. Armut wird im Dienste einer totalen Enteignung des Mönches gesehen, die in sich selbst bereits einen Wert darstellt. Dem *Magister* "geht es um Enteignung im radikalen Sinn. Sobald der Dekan merkt, daß ein Bruder an einer Sache Gefallen findet, wird sie ihm weggenommen"[199]. Er handelt nach dem Prinzip des *agere contra:* "Schlimmer als Eigenbesitz scheint ihm der eigene Wille zu sein, der dies oder jenes beansprucht oder sich daran freut. Deswegen soll man gerade das dem Mönch geben, was er nicht will oder ihm das nehmen, was er gerade will."[200] Die Beziehungen der Brüder untereinander inter-

---

[195] *Dorotheos,* Instr I,6–14: *Regnault/Préville* 154,1–168,27 (dt. bei *Hermann* 43–46); die Geschichte vom "Reichen Jüngling" dient nur dazu, den Unterschied von Rat und Gebot zu verdeutlichen: "nach dem brachten die Väter ihre Gaben dar: Armut, Jungfräulichkeit und andere freie Tugendwerke" (164,1–166, 16; *Hermann* 44). – Die Armutsthematik taucht noch einmal in einem Brief an den Ökonom des Klosters auf, doch dort geht es darum, seinen *Seelenfrieden* wiederherzustellen, wenn er sich Sorge wegen der Wirtschaft macht (Ep III,188; *Regnault/Préville* 504,1–506,15).

[196] Vgl. *Klimakos, Scala Paradisi* Kap 16–17: PG 88,924–929 (dt. bei *Handwercher* 323–330); die Parallelen zu *Evagrios Pontikos* lassen sich mühelos entdecken, es ist dasselbe "Denkmilieu"; die Polemik gegen Evagrios findet sich in Kap 14: PG 88, 685 A–B (*Handwercher* 261f), es will mir aber nicht so scheinen, als ob Klimakos "sich hier besonders hervortut" (so G. *Bunge,* Briefe aus der Wüste, 105 Anm. 200), sondern als ob er sich an einem eher marginalen Punkt einer Pflichtübung unterziehe, zumal er sofort versucht, "seiner (des Evagrios) Behauptung einen besseren Sinn" zu geben, sie also doch irgendwie zu retten.

[197] *Kassian* Inst 4,4–5; s. dazu auch B. *Steidle,* Die Armut in der frühen Kirche, 471.

[198] Cl. M. *Kasper,* Faustus von Riez, EuA 68 (1992) 122; s. auch *ders.,* Theologie und Askese, 93–97 u. 321.

[199] A. *Böckmann,* Akzentuierungen der neutestamentlichen Armut nach der Regula Benedikti, 144.

[200] A. *Böckmann,* "Ob die Mönche etwas zu eigen haben dürfen", 361 (Kommasetzung sic).

essieren den *Magister* nicht; er sieht sie nur vertikal zum Abt hin geordnet. "Die Dimension der biblischen koinonia ist der RM fast fremd, ebenso Cassian"[201].

Die Anliegen der *koinonia* finden wir erst bei *Benedikt von Nursia* wieder. In seiner Regel kommt allerdings "Armut" als Ziel, als Ideal, als Begriff der Spiritualität überhaupt nicht vor. "Damit fehlt auch die theologische und biblische Begründung der Christusnachfolge in Armut."[202] Und auch Benedikt ist dem Eigenbesitz ganz und gar feind. Das Kapitel 33 seiner Regel ist wohl das schärfste und ablehnendste der ganzen Regel. Dennoch geht er andere Wege als der *Magister*. Schon Kap. 34 über die Zuteilung des Notwendigen zeigt, daß er die Mönche nicht alle über einen Kamm scheren will. Es gibt Unterschiede in den Bedürfnissen, auf die man Rücksicht nehmen muß. Hier hat Benedikt von *Basileios* gelernt (z. B. LR 19). Das positive Prinzip, um das sich seine Gedanken gruppieren, wird in der Mitte von RB 33 genannt: es ist alles allen gemeinsam. Hier bekommen wir das Grundgesetz der *koinonia* zu fassen. Nach Aquinata *Böckmann* "ist beim Magister dieses Prinzip 'Alles gehört allen und deshalb keinem' eher als ein Mittel zur individuellen Selbstenteignung gesehen ... Bei Benedikt scheint es ... umgekehrt: Die Enteignung ist ein Mittel zur brüderlichen Gemeinschaft"[203]. Letztlich begründet für Benedikt Christus selbst die *koinonia*, in der einer dem anderen in Ehrerbietung zuvorkommen und nicht zuerst auf seine eigenen Anliegen schauen soll (RB 72 – Eigengut Benedikts!). Spricht der hl. *Basileios* vom Teilen der Charismen (LR 7,32), so der hl. *Benedikt* vom gegenseitigen Dienst in Liebe: das Kapitel über die Tischdiener folgt gleich auf die beiden über das Verbot des Eigenbesitzes und die Zuteilung des Notwendigen. "Dienen gilt für das ganze monastische Leben. Während der Magister den Dienst als Übung der persönlichen Demut ansieht ..., geht es Benedikt beim Bruderdienst nicht um individuelle Askese, sondern um Liebe. Und dieser Dienst an den Brüdern ist Dienst an Christus."[204] Es scheint so, als ob bei *Benedikt* – unter "westlichen" Vorzeichen, gewiß – das ursprünglich pachomianische Ideal der echten *koinonia* wieder zum Leben erwacht ist.

In den evangelischen Kommunitäten, die aufgrund der reformatorischen Kritik einem individuellen Heiligungsstreben im allgemeinen eher reserviert gegenüberstanden, hat sich von Anfang an *Armut als Gütergemein-*

---

[201] A. *Böckmann,* Akzentuierungen der neutestamentlichen Armut, 151. – Für den *Magister* s. ferner B. *Steidle,* Die Armut in der frühen Kirche, 476–478.

[202] A. *Böckmann* a.a.O. 142. Zum Ganzen s. auch *dies.*, Arme und Armut in der Benediktsregel; O. *Hagemeyer,* Armut und Askese, 354f; B. *Steidle,* Die Armut in der frühen Kirche, 478–480, der allerdings auch hier wieder stärker die aszetischen Aspekte betont.

[203] A. *Böckmann,* Akzentuierungen der neutestamentlichen Armut, 152.

[204] A.a.O. 153.

schaft, als *Spiritualität des Teilens* dargestellt[205], obwohl auch andere Aspekte, wenngleich weniger betont, wiedergewonnen wurden.

Diese Verknüpfung unterschiedlicher Aspekte zeigt sich deutlich in einem Freundesbrief der *Jesus-Bruderschaft*. Dort berichtet ein Bruder: "Als ich dann den Schritt in die Bruderschaft tat, geschah es aus Liebe zu Jesus, nicht aus Welt- oder Besitzverachtung ... Damit willigte ich zugleich in die Gütergemeinschaft ein, doch kam mir dies keineswegs als Verarmung vor. Was uns reich macht, ist ja das, was wir lieben. ... Im Laufe der Jahre und mit wachsendem Lebensalter haben sich jedoch meine Armutserfahrungen verlagert. Das war mit tiefgreifenden und schmerzlichen Prozessen verbunden, die für die menschliche Reifung wichtig waren. Ich entdeckte meine wahre Armut vor Gott. ... Ich scheiterte an meinen Idealen, an meinen Zielen, an meinem frommen Ehrgeiz"[206]. Dennoch war von Anfang an bis heute der *Gemeinschaftsgedanke* bestimmend. So berichtet Günter *Oertel* aus den Anfangsjahren: "Damals glich unsere Bruderschaft einer großen Familie. Voller Liebe teilten wir miteinander, was wir hatten ... Wir waren nicht arm und nicht reich – es machte uns nichts aus, schließlich lebten wir im Glauben und hatten eine große Hoffnung"[207]. "Sie wirtschaften aus einer gemeinsamen Kasse", stellte ein Beobachter fest, "verzichten auf persönlichen Besitz, leben schlicht, aber deswegen nicht primitiv. Ob in Gnadenthal, Camberg oder Wuppertal, überall ist der Gast von hellen, modernen Möbeln umgeben. Auch darin äußert sich das 'Da-Sein für andere'."[208]

Die *Adelshofener* erlebten es ganz handfest: "Es dauerte nicht lange, da 'platzten wir aus allen Nähten'! Die vorhandenen Räume im Pfarrhaus wurden zu klein. Pfr. Riecker hatte sich schon auf sein Amtszimmer zurückgezogen und dort ein Klappbett aufgestellt, so wurden die Ehebetten für zwei Bibelschüler frei. Die polierten Wohnzimmermöbel samt den blauen Sesseln nahm die Bibelschulfamilie in Beschlag. ... Praktisch verhielt es sich eben doch so, daß wir 'alle Dinge gemeinsam hatten'". Daraus wurde ein bewußt übernommener Lebensstil: "Jünger sein – das heißt für uns 1. Ein Leben in *Schlichtheit*. Sie ist das Gelöstsein von Habgier und Besitzenmüssen. ... Wir leben aus einer gemeinsamen Kasse, tragen einheitliche Kleidung und teilen miteinander, was unser Alltag an Schönem und Notvollem mit sich bringt."[209]

In einer Profeßpredigt erläuterte die damalige Priorin der *Communität Casteller Ring* die Gütergemeinschaft: "Da fällt mir die Urgemeinde in Jerusalem ein ... Wir sagen, daß wir alles, Gaben und Grenzen, Belastungen und Freuden, alle materiellen, geistigen und geistlichen Güter miteinander teilen wollen. Wir stehen in Gütergemeinschaft in Gesundheit und Krankheit, in guten und schweren Tagen, in Freude und

---

[205] Das hat auch I. F. *Görres*, Die neuen evangelischen Orden und wir, 306–312, beobachtet; zum Ganzen s. vor allem J. *Halkenhäuser*, Kirche und Kommunität, 296–304.

[206] Freundesbrief aus Gnadenthal, Dezember 1988, 8.

[207] Freundesbrief aus Gnadenthal, September 1989, 4.

[208] U. *Waschelitz*, Die Jesus-Bruderschaft. *In:* I. *Reimer* (Hg.), Alternativ leben, 42 (die Station in Wuppertal gibt es heute nicht mehr).

[209] *Lebenszentrum Adelshofen*, Geschaffen aus dem Nichts, 21 u. 69.

Fest, in Schuld, Not, Gefährdungen, Verfehlungen, auch in den Situationen, in denen wir einander nicht gerecht werden können oder nicht gerecht werden wollen. Die Gütergemeinschaft ist total. Das sagt etwas Wichtiges aus über den Christenstand überhaupt: Keiner ist eine Insel. ... Wir wollen lernen, nichts krampfhaft festzuhalten, kein Ding und keinen Menschen. Es geht darum, zu begreifen, daß Gott unser aller Reichtum ist. Die so geübte Gütergemeinschaft will aus Liebe zu Gott und den Menschen gelebt werden ..."[210]

Hanna *Hümmer* schrieb: "Für uns heißt das weiter, um mit Paulus zu sprechen: 'Als die Armen, die doch viele reich machen, als die da nichts haben und doch alles haben.' Es ist eine tiefe Beglückung, vom Begehren los zu sein. Das heißt für uns nicht, in äußerer Armut zu leben, sondern auch inmitten des Schönen und Ästhetischen innerlich frei davon zu bleiben. Wir haben alles gemeinsam; wir leben aus einer Tasche. Niemand will etwas für sich allein. Solche Gnade erwächst aus der immerwährenden Begegnung mit Jesus und wird dadurch reifer."[211]

Diese wenigen Beispiele zeigen, daß auch in der Spiritualität der evangelischen Kommunitäten die innere Armut vor Gott Kern des Armutsgedankens ist, daß aber zugleich der Mitmensch und die Gemeinschaft der Geschwister einbezogen sind. Motivation für die Armut ist die Liebe im Sinne des Doppelgebotes Jesu (Mt 22,37– 39): die Liebe zu Gott und dem Nächsten. Diese Motivkombination erscheint für evangelisches Christsein in Kommunitäten charakteristisch. Wenn es auch so aussehen mag, als ob der Nächste dabei hauptsächlich als *Mitbruder* oder *Mitschwester* vorkommt, so fehlt doch die Reflexion auf die Gesellschaft, ihre Nöte und ihre Herausforderungen an die Kommunitäten nicht ganz; sie ist sogar in jüngster Zeit verstärkt aufgenommen worden[212].

b) Zölibat oder die Gabe der Du-Fähigkeit

Bei der "Ehelosigkeit um des Himmelreiches willen" (vgl. Mt 19, 12) erscheint es vordergründig fast unausweichlich, daß als Motivation und

---

[210] M. *Pfister,* Fest der Hingabe, 47f; s. auch J. *Halkenhäuser*/M. *Pfister,* Hinter offenen Türen, 8f u. 16f; K. *Schweitzer,* "Unter der Führung des Evangeliums...", 12.

[211] H. *Hümmer,* Gott ruft dem, was nicht ist, 28.

[212] Frühe Beispiele finden sich bei W. *Hümmer,* Brauchen wir evangelische Orden?, 108; *ders.,* Geld und geistliches Leben; für die jüngste Zeit vgl. A.-M. *aus der Wiesche,* Franziskanische Spiritualität (Referat vor der "Konferenz Evangelischer Kommunitäten" am 25.03.1992), 84. Rundbrief der Christusbruderschaft Selbitz, Oktober 1992 (ohne Seitenangaben); B. K. *Schweitzer,* Das Monastische und die Zukunft der Kirche, 66f.

Lebensrichtung nur die Beziehung des einzelnen zu Christus möglich ist: aus Liebe zu ihm wird ja der Verzicht geleistet. Daß dies nicht die ganze Wahrheit sein kann, hat die theologische Reflexion der Kommunitäten erwiesen. Auch hier stoßen wieder verschiedene Motivationsstränge zueinander: der funktionale, der existenzielle, der eschatologische, Motive, die "nicht im bloßen restaurativen Rückgriff auf einen traditionellen Topos, der seit den Anfängen des Mönchtums zu dessen Selbstverständnis diente", in das Denken der evangelischen Gemeinschaften übernommen wurden; vielmehr bestätigten und vertieften die Erkenntnisse der neutestamentlichen Exegese über die christliche Ehelosigkeit im NT die "eigene Führung und geistliche Erfahrung" der Kommunitäten[213]. Hier ist insbesondere hervorzuheben, daß von Anfang an die *Ehelosigkeit als Gnadengabe* gesehen wurde, durch die eine christliche Ehe in ihrem Wert und ihrer Bedeutung in keiner Weise herabgesetzt wird; außerdem sieht man diese Gabe nicht im Dienst einer frommen Isolation, sondern versteht sie umgekehrt als Möglichkeit, die Beziehungs- und DU-Fähigkeit des Zölibatären zu fördern.

Das alte Koinobitentum hat über die theologische Begründung der Ehelosigkeit nicht ausführlich reflektiert; sie galt ihm als selbstverständlich. So finden wir bei *Pachom* zwar die Sache vorausgesetzt und stoßen auf eine Vielzahl von Regeln zum Schutz der Keuschheit, den Begriff selbst aber und seine biblische Begründung suchen wir vergebens[214]. – *Basileios* erörtert die Frage des Gelübdes zur Keuschheit und des angemessenen Lebensalters, um es abzulegen (LR 14–15); die Jungfräulichkeit selbst aber begründet er in LR 5,1 fast im Vorübergehen mit 1 Kor 7,32f und Joh 15,19: "Ihr seid nicht von dieser Welt"; die Überlegenheit der Ehelosigkeit gegenüber der (allerdings erlaubten) Ehe war für ihn damit erwiesen; des Weiteren gibt er nur noch Anleitung, wie dieses Leben zu gestalten und zu vertiefen sei. Es muß hinzugefügt werden, daß die genannte Überlegenheit im Denken des *Basileios* dennoch nicht zu einer Zweistufigkeit führte[215].

Wenden wir uns nun aber auch anderen Kirchenvätern zu, so stoßen wir zunächst wieder auf *Methodios von Olymp* und seine Schrift über die Jungfräulichkeit[216]. In deren erster Rede stellt er die Ehelosigkeit um des Himmelreiches willen als eine Gabe dar, die von Gott ab einem bestimmten Zeitpunkt in seiner Heilsökonomie den Menschen geschenkt wurde, damit "sie von Stufe zu Stufe schreiten und dem Himmel

---

[213] J. *Halkenhäuser,* Kirche und Kommunität, 272. Zum Ganzen s. a.a.O. 262–276.

[214] H. *Biedermann,* Die Regel des Pachomius und die evangelischen Räte, 246. Gegen *Weingartens* Behauptung, Pachom habe seine Brüder geradezu "eingesargt", um die Keuschheit zu schützen, s. H. *Bacht,* Ein Wort zur Ehrenrettung.

[215] E. Ch. *Suttner,* Das basilianische Mönchtum, 112.

[216] Siehe oben S. 62.

näher kommen möchten, bis zu ihrer höchsten und erhabensten Schule selbst: in der Jungfräulichkeit"[217]. Deutet auch *Methodios* hier die Überlegenheit der einen Lebensform über die andere an, so beeilt er sich doch, gleich in der zweiten Rede die Ehe als gottgewollt und das Kinderzeugen als gut zu erweisen. Die dritte Rede erläutert dann zunächst, daß die Ehe die Liebe zwischen Christus und der Kirche abbildet und geht dann ausführlich zu einer Exegese von 1 Kor 7 über, um die Enthaltsamkeit als das Größere zu rühmen; bemerkenswert ist dabei aber, daß "Enthaltsamkeit, Ehe, Zucht, Gemeinschaft mit Männern" (die Reden sind *Frauen* in den Mund gelegt) in einem Atemzug genannt werden als etwas, das – recht gebraucht – "zur Erlangung der Gerechtigkeit Nutzen bringt", und daß die Ehelosigkeit ausdrücklich als "Gottesgeschenk" bezeichnet wird[218]. Freilich gilt sie als grundlegender und heilbringender zur Unsterblichkeit als alles andere (IV) und bewahrt den Menschen unbefleckt zur Vermählung mit dem Logos (VI). Sie ist mit dem *Martyrium* vergleichbar, darum erreicht sie in der Ordnung der Erlösten einen hervorragenderen Platz (V,3).

Erscheinen diese Gedanken immer noch in etwa ausgewogen, so konnte sich doch daraus ein Verschiebung ergeben, welche die Jungfräulichkeit auf Kosten der Ehe und durch deren Abwertung hervorzuheben versuchte[219]. Besonders *Hieronymus* scheint sich hier hervorgetan zu haben. In seinem Brief *De virginitate servanda* schreibt er an die Jungfrau *Eustochium:* "Ich lobe die Hochzeit, ich lobe die Ehe, aber weil mir daraus Jungfrauen erwachsen"[220]! Verschiedentlich stellt er der Jungfrauschaft die Beschwernisse der Ehe gegenüber, und trotz seiner Beteuerung, die Ehe nicht schlecht machen zu wollen, geraten seine Schilderungen doch sehr zu ihrem Nachteil[221]! – Diese Schriften haben dann Schule gemacht. *Leander von Sevilla († um 601)* schreibt an seine Schwester *Florentina:* "Jungfrauen, stellt in euch wieder eine Zufluchtstätte für die Keuschheit her, die die ersten Menschen im Paradies verloren haben. Ihr habt den Stand der ersten Menschen bewahrt, denn ihr bleibt so, wie jene geschaffen wurden. ... Wegen eurer Lebenshaltung ... wird die ganze Kirche Jungfrau genannt. Denn in der Kirche seid ihr der bessere und gewichtigere Teil ... Was aber ist eine Jungfräulichkeit, in der nicht unversehrt bleibt, was von Natur aus so begonnen hat? Vor allem wird Gottes Werk beleidigt, denn was er unversehrt geschaffen hat, wird in Lust zerstört und in Lust befleckt. ... Wohl stimmt es, daß Gott zu heiraten geboten hat, aber doch nur deshalb, damit Jungfrauen geboren werden"[222].

---

[217] Gastmahl I,2: *Musurillio/Debidour* 58,24–27 (zitiert nach *Fendt* 287).

[218] Gastmahl III,13 u. 14: *Musurillo/Debidour* 120,1–3; 124,1f (*Fendt* 313 u. 315).

[219] Zur Entwicklung vgl. N. *Egender,* Palästina im Übergang vom Asketentum zum Mönchtum, 101 u. 103; K. S. *Frank,* Frühes Mönchtum im Abendland I, 310 f u. 441f Anm. 5–13 u. 17–23; J. *Laplace,* La virginité selon les premiers Pères.

[220] Ep 22,20: *Hilberg* 170,7f (zitiert nach H. *Gosebrink,* Frauengestalten im palästinensischen Mönchtum, 210f).

[221] Ep 22,2.15.22: *Hilberg* 146,1–4; 162,16–163,3; 174,9–12; Ad Helvidium 20: PL 23, 203 C–204 C (*Schade* 288–290).

[222] *Leander,* Brief an Florentina: *Vega* 93,10–12.22–24; 96,12–15.19–21 (zitiert nach K. S. *Frank,* Frühes Mönchtum im Abendland, 317 u. 320f).

"Wie herrlich und ausgezeichnet ist die Jungfräulichkeit, die schon auf Erden die Unversehrtheit der Engel bewahrt und den Anteil der Engel des Herrn erlangt hat", schreibt *Leander* und nimmt damit in Anschluß an Mt 22,30 einen Gedanken auf, der vielleicht am stärksten dazu beigetragen hat, die Ehelosigkeit als einen Stand absoluter Vollkommenheit weit über die Ehe zu erheben[223].

Die Kommunitäten mußten die Ehelosigkeit für evangelische Christen erst wiedergewinnen (vor allem für Männer; Diakonissen waren ja bereits akzeptiert) und sie dabei vor dem Verdacht der "Werkerei" schützen. So gingen sie konsequent auf Mt 19,12 und 1 Kor 7,7 zurück und sahen ihr Zölibat als Charisma und Geschenk an, das in Dienst nimmt. Die in dessen Innerstem lebende Haltung der Keuschheit, die allen geboten ist, ermöglicht dabei erst richtig *Beziehungen in gegenseitiger Freigabe*. Horizontale und vertikale Beziehungsrichtung überschneiden sich hier im Herzpunkt des geistlichen Lebens.

So schreibt Walter *Hümmer* aus den Erfahrungen der *Christusbruderschaft Selbitz* heraus: "'Wer es fassen kann, der fasse es', meint Jesus weiter. Damit will er wohl sagen: Über diese Möglichkeit der Ehelosigkeit um des Reiches Gottes willen streite ich mich mit niemandem herum. Die 'Vierschrötigen im Geist' (Nietzsche) werden das nie fassen. Hier leuchtet nur dem etwas auf, der um das Geheimnis der Gnadengaben Gottes Bescheid weiß, der erkannt hat, daß Gott auch besondere Berufungen aussprechen kann und mit der Berufung auch immer die Dienstausrüstung schenkt. Dem also Berufenen wird dann Gottes Gnadengabe Geschenk und Auftrag in einem. Dabei weiß er sich völlig frei und im Gesetz der vollkommenen Freiheit stehend."[224] – Und im "Bericht vom Werden und Auftrag der Christusbruderschaft in Selbitz" heißt es: "Ehelosigkeit um des Reiches Gottes willen ist Freiheit und Wagnis, Ruf und Charisma. Sie ist kein Zustand, sondern ein Weg ..."[225]

Für Br. Hans *Eisenberg* von der *Kommunität Imshausen* ist die Keuschheit die "Mitte" der evangelischen Räte: "Auch die beiden anderen Räte – Armut und Gehorsam – werden vom Geschehen in der Mitte bestimmt: Soll meine *Armut* nicht heroisch und hart werden, muß ich mein Herz nach der Lauterkeit meiner Motive befragen. Soll mein *Gehorsam* vom Knechtsgeist frei und blühend und heiter bleiben, muß ich mir meine Du-Fähigkeit zurückschenken lassen und neu Vertrauen gewinnen. Immer ist meine Lebensmitte, mein Herz, gefragt, welchen Partner es und warum es

---

[223] Brief an Florentina: *Vega* 91,1–5 (zitiert nach K. S. *Frank* a.a.O. 314); zur Begriffsgeschichte vgl. *Frank* a.a.O. 441 Anm. 5; vor allem *ders.*, ΑΓΓΕΛΙΚΟΣ ΒΙΟΣ, bes. 30–34 in Bezug auf die Keuschheit; der Ausdruck "engelgleiches Leben" hatte freilich reichere und vielfältigere Bezüge als nur die Ehelosigkeit, a.a. O. 30f, ebenso U. *Ranke-Heinemann*, Das frühe Mönchtum, 65–82, hier bes. 76 (fast identisch mit *dies.*, Zum Ideal der vita angelica, hier bes. 354).

[224] W. *Hümmer*, Brauchen wir evangelische Orden?, 104.

[225] *Christusbruderschaft Selbitz*, 14/18.

ihn wählen will. Die Mönchstradition spricht hier von der 'Reinigung des Herzens' und beschränkt sich mit der 'conversio morum' betont auf den mittleren der Räte. Denn hier geschieht wirkliche Umwendung, Abkehr vom ego und Zukehr zum neuen DU, das mich wirklich sucht mit allen meinen Grenzen. *Wen* meine Seele erhebt (Lk 1,46), entscheidet, ob mein 'Geist' (Gehorsam) sich freut und ob ich meine 'Niedrigkeit' (Armut) ertragen kann."[226]

"Keuschheit" ist hier nicht nur als "Ehelosigkeit" gefaßt, sondern als innere Herzenshaltung vor Gott, die mich zum Du befreit, weil ich selbst zum Du Gottes geworden bin aus unbegreiflicher Gnade und Liebe. Diese von Gott her geschenkte und auf Gott hin gelebte Du-Fähigkeit wendet sich nun aber auch auf der Horizontalen dem Mitmenschen zu, ohne ihn für eigene Zwecke zu vereinnahmen.

"Keuschheit ist gesammelte, auf Gott hin konzentrierte Kraft. In der Hinwendung zu Christus mit all unserer menschlichen Bedürftigkeit, mit dem Reichtum und der Armut unseres Gefühlslebens, werden wir frei zu einer tiefen Freundschaft zu den Menschen. Wir lernen den anderen als ein Geschenk zu empfangen, ohne Besitzansprüche an ihn stellen zu müssen und ihn an uns zu binden", schreibt die *Christusbruderschaft Selbitz*[227]. – "Die geistliche Grundhaltung der Reinheit will auch alle unsere Beziehungen prägen", heißt es im Regelauszug des *Ordo Pacis*. "Uns darin völlig öffnen zu Christus hin, der ja in allen andern ist wie in uns. Ihn in allen Menschen sehen und lieben, Ihn, der sie zum Vater bringen will. Niemand gehört uns, sondern alle gehören Christus. So können wir in der Reinheit, in der totalen Offenheit vor Gott, vorbehaltlos lieben, ohne Angst vor den andern und ihren Nöten, vor uns selbst, vor den Situationen."[228]

Ehelosigkeit ist nur *eine* Möglichkeit, dieser inneren Haltung der Keuschheit Ausdruck zu geben. Sie ist aber eine besonders deutlich Form und

---

[226] H. *Eisenberg*, "Evangelische Räte" – ihr Sitz im Leben, 6. *Eisenberg* schreibt diese Gedanken in das anthropologische Schema von Leib-Seele/Herz-Geist ein und steht damit der Lehre der *orthodoxen Kirchen* über den Menschen nahe, vgl. P. *Evdokimov*, Die Frau und das Heil der Welt, 48–65; H. *Petzold*, Abriß einer orthodoxen Anthropologie; *ders.*, Die Bedeutung des Herzens und der Herzenserkenntnis für die Seelsorge.

[227] *Christusbruderschaft Selbitz*, Ein Bericht vom Werden und Auftrag, 14. 1950 hatte Hanna *Hümmer* sogar geschrieben: "Entferne dich von jedem Menschen, um allen gleich nahe zu sein" (Auf Dein Wort, November 1950), damit *Evagrios Pontikos* zitierend – vermutlich ohne es zu wissen, jedenfalls gibt sie es nicht an. *Evagrios* hatte gesagt: "Ein Mönch ist der, der von allen getrennt ist und allen geeint" (Or 124, PG 79, 1193 C; dt. nach R. *Augst*, Lebensverwirklichung und christlicher Glaube, 289.

[228] Leben im Gebet, 15.

kann daher, recht gelebt, zu einem Zeichen der allein in der Vollendung bei Gott möglichen endgültigen Erfüllung menschlicher Liebessehnsucht werden.

In einer Predigt zur Profeß sagte die Priorin Maria *Pfister* von der *Communität Casteller Ring:* "Wir sehen in der Berufung zum ehelos-jungfräulichen Leben nicht eine Verengung und Minderung des Lebens, sondern eine volle Lebenserfüllung im 'Du' Christus. Diese unsere Form der Christusnachfolge erinnert uns alle, ob wir in Gemeinschaft, in der Ehe oder für uns allein leben, daran, daß keine menschliche Liebe uns ganz erfüllen kann und daß unser aller Erfüllung Gott selber ist und sein wird."[229]

c) Verbindlichkeit – Wiederentdeckung des Gehorsamsgedankens

1969 erschien ein Büchlein aus der Feder von Pastor Olav *Hanssen* mit dem Titel: "Verbindlich leben ... unmodern? unbiblisch? und doch gefragt?"[230] Darin kämpft er gegen die gängigen (protestantischen) Argumente gegen Verbindlichkeit: sie sei "gesetzlich" und behindere die Führung durch den Heiligen Geist. Die positive Antwort lautet: "Glauben heißt: Ich übergebe mein Leben dem Herrn Jesus. Was dann entsteht, ist Gemeinschaft zwischen dem Herrn und mir, und zwar *verbindliche* Gemeinschaft, nicht unverbindliche. ... Und da mein Herr Haupt des Leibes ist, entsteht auch verbindliche Gemeinschaft mit dem Leib des Herrn, mit seiner Gemeinde. ... Aber eins möchte ich nun dazu sagen. Glaube ist kein Zwang. Wenn ich dem Herrn sage: Dir zur Verfügung im Glauben, dann ist das mein freier Entschluß. ... Hier ist keine Gefangenschaft, keine Vergewaltigung, nichts, sondern der freie Entschluß, mein Leben dem Herrn zu überlassen. Diese Verbindlichkeit ist aus Freiheit erwachsen: *Der Glaube, der aus Freiheit erwachsen ist, ist ein Glaube, der ... mein Leben dem Herrn verbindlich zur Verfügung stellt.*"[231] Der Nenner, den die Tradition für diese Gedanken anbietet, heißt "Gehorsam", wobei dieser sofort als Gehorsam Christus gegenüber qualifiziert wird,

---

[229] M. *Pfister*, Fest der Hingabe, 46; s. auch *dies.*, 1 Kor 7: Lebensthema unserer Communität. Vgl. H. *Hümmer*, Gott ruft dem, was nicht ist, 29: "Jungfräuliches Leben umfaßt nicht nur den ehelosen Stand, sondern ist das Gelöstsein von allem Begehren nach Liebe und Geliebtwerden." In seiner – erschreckenden – Absolutheit paßt dieser Satz zu dem oben Anm. 227 zitierten Anklang an *Evagrios Pontikos*.

[230] 1980 im Präsenz-Verlag, Gnadenthal, in zweiter Auflage erschienen; aus dieser wird im folgenden zitiert. Siehe auch O. *Föller*, Verbindliches Leben.

[231] O. *Hanssen*, Verbindlich leben, 14–16 (Hervorhebung im Original).

aus dem die Einordnung in die Gemeinschaft mit Notwendigkeit folgt. Doch mit dieser Charakterisierung haben wir der Entwicklung bereits vorgegriffen.

Die Gehorsamsthematik ist besonders spannungsreich, nicht nur deshalb, weil das Stichwort "Gehorsam" aus heutiger Sicht seine eigenen Probleme in sich birgt, sondern weil schon seine Geschichte in Kirche und Mönchtum voller Spannungen war. In beiderlei Hinsicht haben evangelische Kommunitäten von heute an diesen Spannungen Teil, wenn sie sich um das rechte Verständnis des Gehorsams bemühen.

Die Gehorsamsidee und Autoritätsauffassung bei *Pachom* wurde oben S. 109-113 bereits dargestellt. Dabei war zu erkennen, daß sich das Gehorsamsverständnis bei den Koinobiten gegenüber dem der Anachoreten verändert und erweitert hatte. Klaus *Schatz* charakterisiert diesen Übergang und seine Problematik so: "Der Ursprung des Gehorsams liegt im anachoretischen Mönchtum, in der Abhängigkeit des Anfängers von seinem geistlichen Vater ... Dieser Gehorsam ist *'Führungsgehorsam'* des Unmündigen durch den Kundigen. ... Aber er ist prinzipiell darauf ausgerichtet, daß der Geführte einmal selbständig und selber 'Abba' wird. ... Es ist nun (sc. bei den Koinobiten) ein umfassenderer Gehorsam, der das ganze Leben umfaßt und aus dem der Mönch nicht wieder entlassen wird. Aber aus dem *Führungsgehorsam* wird jetzt der soziale *'Ordnungsgehorsam'* Gleichrangiger. – Gleichzeitig werden jedoch in der Folge eine Reihe von Motiven, die aus dem spezifischen anachoretischen Führungsgehorsam des Unmündigen stammen, in das koinobitische Mönchtum übertragen ... es wirkt sich als verhängnisvolle Hypothek aus in die ganze Geschichte des Mönchtums hinein durch geistliche Bilder und Vergleiche, die auf Unmündigkeit hinauslaufen, bis zu dem (immer als 'jesuitisch' bezeichneten, jedoch auf die Wüstenväter zurückgehenden) 'Kadavergehorsam' und dem 'Stab in der Hand eines Greises'."[232]

Auch wenn sich der Gehorsamsgedanke und die Autoritätsstrukturen in der Folgezeit weiterentwickelten – in den *Dominikanern* entstand ein

---

[232] K. *Schatz,* Geschichte des Ordenslebens, 27f. Als Beispiel für solche auf Unmündigkeit hinauslaufende Vergleiche nennt *Schatz* ebd. die Bezeichnung "'Abba' (Vater, daraus dann 'Abt')" und die "mit der Leitung verbundene(n) Seelenführung ('Gewissensrechenschaft')"; er hätte auch das Bild von dem "Hirten" (= Abt) und seiner "Herde" (= die Mönche) anführen können, das zwar nicht dem anachoretischen Milieu entnommen werden konnte, aber umso eindrücklicher die Unmündigkeit der Mönche zum Inhalt hat (vgl. LibOrs 17; RM 14,7f; RB 1,8; 2,7–10; 27,8f; 64,18); ähnliches ließe sich vom Bild der "Familie" sagen – heute jedenfalls berühren uns die Ausführungen von R. *Molitor,* Wesen und Vorzüge des Familienklosters, bes. 295, 296, 300, 302f, 304 u. 381, fast peinlich; s. kritisch dazu F. *Schmelzer,* Ordensleben im Spannungsfeld, 158; G. *Weinberger,* Gesellschaftliche Umformungen, 318 (mehr darüber unten S. 335–338).

mittelalterlicher Orden mit beinahe demokratischen Entscheidungsmechanismen nach genossenschaftlichem Vorbild[233], während *Ignatius von Loyola* Wert darauf legte, daß der einzelne den Sinn eines Auftrags wirklich verstanden hatte, ihm dann aber völlige Freiheit gab, nach bestem eigenem Ermessen den Umständen gemäß das zu tun, was dem Ziel diente[234] – hat sich in den klassischen Orden im Großen und Ganzen eine Gehorsamsmentalität erhalten (und wohl im 19. Jh. bei der Wiedererrichtung vieler Klöster nach der Säkularisation im restaurativen Rückgriff verstärkt), die mit den Begriffen "Obrigkeitsdenken" und "Untertanengeist" bezeichnet werden kann[235] und zur Entmündigung der Nonnen und Mönche führte[236].

Wie weit dieser Geist auch noch die erste Hälfte unseres Jahrhunderts beherrschte, zeigt der Kommentar von Basilius *Steidle* zu RB 3, dem Kapitel über die Beiziehung der Brüder zur Beratung, unter dem Titel "'Kritik' am Obern?"[237]. Vom Text her legt sich diese Frage nämlich keineswegs nahe. Obwohl *Steidle* dann durchaus von der "Freiheit des Wehens des Heiligen Geistes" spricht, der *allen* den Willen Gottes zum Nutzen der Gemeinschaft offenbaren kann[238], atmen seine Zeilen bei Weitem nicht die Freiheit und Großzügigkeit, die man beim Lesen des Textes von RB 3 selbst empfindet. Von den Rechten und Pflichten des Abtes und der Wahrung seiner Autorität im klösterlichen Beratungsprozeß ist denn bei *Steidle* auch viel mehr die Rede als von der Freiheit der Brüder. – Dasselbe ließe sich über das Vaterbild sagen, das Raphael *Molitor* für den Abt zeichnete[239]. Zwar nahm er damit die Terminologie *Benedikts* auf, aber die zeitgenössischen Vorstellungen von Autorität (*Molitor* schrieb 1932!) haben dem Bild durchaus sein Profil gegeben.

---

[233] U. *Horst,* Art. "Dominikanerorden", 159–161; H. *Krauss,* Der Gehorsam gegenüber Menschen, 259f; M. *Lohrum,* Dominikus, 78f, 81f u. 93.

[234] Siehe vor allem P. *Knauer,* "Unsere Weise voranzugehen"; F. *Wulf,* Gehorsam gegenüber der Führung durch den Heiligen Geist. Bezeichnend ist die Art, wie *Ignatius* öfters Aufträge erteilt hat; nachdem er erklärt hatte, was er selber wollte, konnte er sagen: "Aber ich will, daß ihr dort die Mittel anwendet, von denen der Herr euch erklärt, daß sie die angebrachtesten sind, und ich lasse euch in aller Freiheit, daß ihr tut, was euch am besten scheint"; und Luis Gonçalves da Câmara berichet: "Wenn ich am Abend zurückkam, war die erste Sache, die er (Ignatius) mich fragte: 'Kommt ihr zufrieden mit euch?' Er setzte voraus, daß ich die Sache mit Freiheit verhandelt hätte und daß alles, was ich getan hatte, von mir sei" (beide Zitate bei *Knauer* a.a.O. 145).

[235] So F. *Wulf* in seinem Kommentar zu "Perfectae Caritatis", 273.

[236] C. *Bamberg,* Wie kann in unseren Orden heute Gemeinschaft werden?, 131; G. *Weinberger,* Gesellschaftliche Umformungen, 315–317; F. *Wulf* a.a.O. 273.

[237] B. *Steidle,* Die Regel St. Benedikts, 106–109.

[238] A.a.O. 108.

[239] R. *Molitor,* Wesen und Vorzüge des Familienklosters.

Als Bruder Hans *Eisenberg* vor der "Konferenz Evangelischer Kommunitäten" im April 1990 die "Verschleierung" der "geistlich und theologisch so gefüllten" Begriffe wie Armut, Keuschheit und Gehorsam kritisierte, sagte er im Hinblick auf den letzteren: "Die Entscheidung für 'Annehmen einer Autorität' scheint uns vom Regen in die Traufe zu führen, da *eine* Autorität noch weniger aussagt als gar keine Autorität. Dabei gilt es doch, in jedem Fall den Geist Christi als unsere Autorität zu bezeugen."[240] Damit hat er den *Kern* der Gehorsamsfrage angesprochen, denn in allem Gehorchen geht es zuinnerst immer um die Frage nach dem *Willen Gottes*. Doch das Problem der *konkreten Lebensgestaltung* ist damit ja noch nicht gelöst, und gerade dieses meldet sich in Formulierungen wie dieser: "Anerkennung einer Autorität"[241]. Dabei mußten manche Kommunitäten in dem engen zeitlichen Rahmen von ca. 40 Jahren die Entwicklung des Gehorsamsgedankens nachvollziehen, die oben für die Geschichte des Mönchtums und vor allem für unser Jahrhundert skizziert wurde.

Dies gilt besonders hinsichtlich der *Christusbruderschaft Selbitz*. "Ich schreibe absichtlich diese drei Leuchtzeichen nur als Adjektive", hatte *Hanna Hümmer* in bezug auf das arme, keusche und gehorsame Leben geschrieben, "weil sie auch nur eine arme Anfügung sind zu dem Hauptwort: Liebe zu Jesus."[242] Dennoch gebraucht sie gerade beim letzten der drei Räte das Hauptwort "Gehorsam", und zwar in auffallender Häufung[243]. Ferner heißt es in einem Brief: "Bete nicht: 'Herr, stärke mich!', sondern besser: 'Herr, zerbrich mich! Brich mich meinen Brüdern und Schwestern! Der Mensch stirbt nicht an Überarbeitung, sondern am Ungehorsam"[244]. Trotz des schönen Anklangs an das gebrochene eucharistische Brot ("Brich mich meinen Brüdern und Schwestern") mag man erschrecken über die Bitte "Zerbrich mich!" In dieser absoluten Radikalität kommt der Gedanke bei *Benedikt von Nursia* nicht einmal in den strengeren Abschnitten seiner Regel vor: in Bezug auf den Eigenwillen hat er die Verben: "entsagen", "freihalten von", "nicht tun", "nicht lieben", sogar: "hassen", aber er hat nicht: "zerbrechen"[245]. Eher noch erinnert diese Härte im

---

[240] H. *Eisenberg,* Krankmachende und heilende Gemeinschaft, 8.

[241] Die Formulierung stammt aus Taizé, s. oben Anm. 185; sie stand in der alten Fassung der Regel S. 8 (s. auch A. *Stökl,* Taizé, 91ff u. 108), in der Neufassung, "Quellen" 41–43, ist nur noch vom "Diener der Gemeinschaft" die Rede.

[242] H. *Hümmer,* Gott ruft dem, was nicht ist, 28.

[243] A.a.O. 29f.

[244] *Auf Dein Wort,* Juli 1952.

[245] Selbst bei den ägyptischen Wüstenvätern finden wir andere Ausdrücke: "abschneiden" (Ammonas 11 = *Miller* Apo 123); "absagen" (Joseph der Thebäer = Apo 424); "aufgeben" (Poimen 54 = Apo 628); "nicht ausführen" (Poimen 158 = Apo 732); "hinter sich werfen" (Sisoes 43 = Apo 846); s. auch Poimen 83 = Apo 657. Die

Gehorsamsgedanken an *Basileios,* an den *Magister* oder an *Kolumba d. J.* Aber selbst dann wäre noch ein Unterschied zwischen der Bitte: "Zerbrich meinen Eigenwillen" und der: "Zerbrich *mich*"!

Woher mag es kommen, daß gerade bewußte evangelische Christen den Gehorsamsgedanken in dieser Härte aufgreifen? Ein Grund liegt wohl im persönlichen Erleben der Eheleute *Hümmer.* Man darf aber auch vermuten, daß hier eine gewisse Strömung des *Pietismus* mit wirksam geworden ist, die das Brechen des Eigenwillens als wesentlichen Bestandteil der Erziehung und der Heiligung ansah. So kann man bei August Hermann *Francke,* dem berühmten Pädagogen und Gründer der Halleschen Anstalten, den Satz lesen: "Am meisten ist wohl daran gelegen, daß der natürliche Eigenwille gebrochen werde. Daher ist am allermeisten hierauf zu sehen"[246].

Auf der anderen Seite hat *Walter Hümmer* über den Gehorsam nicht so hart gesprochen, wenn auch in der Sache nicht weniger klar und deutlich. So heißt es bei ihm etwa: "... Christenleben ist gehorsam gelebtes Leben. Solchen Gehorsam darf ich immer neu lernen unter der täglichen Bitte: Herr, was willst Du, daß ich tun soll? Ich darf um Führung durch den Geist Gottes bitten, besonders darum, daß ich ein Hörender und Gehorchender bleibe"[247]. Bei einer Schwesterneinkleidung sprach er anhand von Phil 2,3–11 über die vier Stufen der Selbsterniedrigung: 1. "Christus hielt ... das, was Er von Gott bekommen hatte, Seine Gottgleichheit, nicht als unaufgebbaren Besitz fest. Er hat es umgekehrt gemacht, wie die Bibel es vom ersten Menschen berichtet. Adam hat diese Gottgleichheit an sich zu reißen versucht"; 2. Christus "hat sich in die Begrenztheit unserer menschlichen Existenz hineinbegeben"; 3. "auf dem Weg des Gehorsams bejahte er auch das Sterben. Er klammerte sich nie an das Leben, aber Er klammerte sich jeden Tag und jede Stunde an Gott. Auch wir haben uns nie an das Leben zu klammern, sondern immer an Gott"; 4. "er hat ein Ja gefunden auch zu diesem unehrenhaften Sterben, dem Kreuzestod"[248].

Hier ist das Anliegen von Br. Hans *Eisenberg* und zugleich der neueren Ordensliteratur aufgenommen, daß es im Kern des Gehorsams um den Willen *Gottes* und die Führung durch den Heiligen Geist geht und nicht um willenlose Unterwerfung der Geschwister unter den Willen eines Menschen. Wird der Gehorsam allerdings so schroff betont wie bei Hanna *Hümmer,* kann es bei menschlicher Unreife der Geschwister geschehen, daß sie eben doch in eine ungute Abhängigkeit von der Meinung der Oberen kommen. So gestand Sr. Adelheid *Wenzelmann* in einem Gespräch ein: "Ich denke, es ist zu wenig darauf geachtet worden, ob der einzelne genügend Ich-Stärke, gesunde Selbstannahme und Verantwortungsbereitschaft entwickelt hatte. So hat der Ruf nach Gehorsam manchmal lebensverneinende Tendenzen, Unselb-

---

gemeinte Sache ist gewiß dieselbe, dennoch ist es bezeichnend, daß dieses beinahe brutale "Zerbechen" nicht vorkommt; am ehesten entspricht ihm noch "töten" (Pambo 3 = Apo 761).

[246] Zitiert bei F. *März,* Klassiker christlicher Erziehung, 230; s. auch E. *Beyreuther,* Der junge Zinzendorf, 98.

[247] *Christusbruderschaft,* Denn er hatte seinem Gott vertraut, 104.

[248] A.a.O. 132–136.

ständigkeit oder Depressivität verstärkt, anstatt das Sich-Verschenken aus dem Geliebtsein zu fördern."

Einer Darstellung aus neuester Zeit läßt sich entnehmen, daß die *Selbitzer* an dieser Stelle gereift sind. Dort heißt es: "Der Gehorsam ist untrennbar mit dem hörenden Glauben an Christus verbunden: 'Alle Morgen weckt er mir das Ohr, daß ich höre, wie Jünger hören' (Jesaja 50,4). Gehorsam ist nicht ein passives oder willenloses 'Sich-Unterordnen' unter den Willen anderer, sondern ein Sich-Loslassen an Gott. Die Freiheit des Willens, sich an Christus zu binden wächst aus dem Vertrauen zu Gott. ... Im gemeinsamen Leben der Bruderschaft üben wir uns darin, alle wichtigen Entscheidungen im Hören auf Gott und aufeinander zu treffen."[249]

Dem Sinne nach ähnlich lauten die Worte von Maria *Pfister* aus der *Communität Casteller Ring:* "Wir sprechen von *mündigem* Gehorsam, das bedeutet: mitdenken, mitentscheiden, Verantwortung auf sich nehmen. Entscheidend ist aber der tiefe Wunsch, mit den anderen Schwestern zusammen Gottes Absicht für unsere Gemeinschaft und in der Begleitung anderer Menschen zu erkennen und seinen Plan auszuführen. Die Oberen verdienen Gehorsam insofern, als sie Mitsucher und Interpreten der Absicht Gottes sein wollen."[250] Ein andermal schreibt sie: "Das Wesen des Gehorsams ist Antwort auf die Liebe Gottes. ... In diesem Geborgen-Sein in der Liebe Gottes gewinne ich die Freiheit, andere zu lieben, gewinne ich die Freiheit, mich hergeben zu können. ... In der Regel des hl. Benedikt heißt es, daß die Mönche einander gehorchen sollen. Ich glaube nicht, daß es so gemeint ist, daß ich den anderen unterdrücke, sondern daß wir aufeinander hören. ... Ich denke an manche Gespräche im Schwesternrat, wo wir das auch im Sinne der Konfrontation tun. Es gibt das schöne Wort, daß wir einander die 'Ehre der Konfrontation' geben wollen, bis wir eine möglichst große Übereinstimmung erreicht haben..."[251]

Die innere Verbindung der evangelischen Kommunitäten mit der Ordensgeschichte im Bereich der Evangelischen Räte erforderte eine ausführliche Darstellung, weil hier am deutlichsten das "Kommunizieren der Röhren" zu beobachten ist, die Heilung einer Wunde am Leib Christi, und zwar aufgrund gelebter und lebendiger Erfahrung, aufgrund persönlicher Begegnungen. Alle Formen der Gegebenheitsweise von Tradition in evangelischen Kommunitäten spielen dabei zusammen. Die bewußte Anknüpfung zeigt sich am deutlichsten, doch ist diese immer wieder sowohl durch reformatorische Anliegen beeinflußt und geprägt als auch

---

[249] *Christusbruderschaft Selbitz,* Ein Bericht vom Werden und Auftrag, 18.

[250] M. *Pfister,* Fest der Hingabe, 47. Siehe ferner zum Gehorsamsgedanken in den evangelischen Kommunitäten J. *Halkenhäuser,* Kirche und Kommunität, 305–319.

[251] M. *Pfister,* Zum Gehorsam befreit, SchwBr 3/89, 3f; vgl. auch F. *Schmelzer,* Ordensleben im Spannungsfeld, 160: "Ideale konfliktloser Gemeinschaften sind aufzugeben, da sie nur zur Konfliktverdrängung führen, permanente Unmündigkeit der Mitglieder zu erzwingen versuchen und die notwendige Kanalisierung und Formalisierung der vorhandenen Konflikte unmöglich machen."

durch existentielle Lebenserfahrungen bedingt, so daß es auch hier nicht einfach zu einem "Kopieren" kommt, sondern zur Bildung authentischer Lebensformen. Zudem ist der Begriff der evangelischen Räte nicht direkt dem katholischen Ordensleben entnommen, sondern einem wenn auch dünnen protestantischen Traditionsstrom (*Löhe*), der eine "evangelische" Reflexion der *consilia* schon beinhaltete. Es kann aber gar keine Frage sein, daß auf diesem Hintergrund dann das Ordensleben sehr bewußt wahrgenommen und Impulse von dieser Seite mit aufgegriffen und verarbeitet wurden (Br. Hans *Eisenberg; Communität Casteller Ring*).

d) Die Frage der Gelübde

Kurz muß nun noch auf die Ausstrahlung dieser *Inspiration* in den Bereich der *Institution* eingegangen werden, nämlich auf die Frage der *Gelübde*. Kurz deshalb, weil das alte Mönchtum Gelübde in dem Sinne, wie sie sich in Mittelalter und Neuzeit entwickelt haben, nicht kannte, und weil bereits seitens der Kommunitäten einiges dazu veröffentlicht wurde. Darauf eingegangen muß deshalb werden, weil diese Frage immer wieder wie ein "Schibboleth" an evangelische Kommunitäten herangetragen wird, um zu prüfen, wie evangelisch sie noch sind, und weil sich hier ein weiteres aufgrund lebendiger Erfahrung verbindendes Moment aufzeigen läßt.

Bei *Pachom* oder *Basileios* hören wir noch nichts von "Gelübden". Die Pachomianer hatten für die Kandidaten eine Prüfungszeit von einigen Tagen "draußen vor der Pforte"; diese mußten nachweisen, daß sie sich nicht durch Flucht ins Kloster der weltlichen Gerechtigkeit entziehen wollten oder durch andere unlautere Gründe motiviert waren, und sie sollten in dieser Zeit das Vaterunser und soviel Psalmen wie möglich auswendig lernen; danach erfolgte eine Einführung in die Lebensvorschriften der Brüder. Doch dann, also schon nach wenigen Tagen, wurde der Ankömmling während einer Gebetszeit eingekleidet, d. h. er legte die Weltkleider ab und erhielt das Mönchsgewand, woraufhin er den Brüdern beigesellt wurde. Von einem "Gelübde" oder gar einer "Weihe" ist noch keine Rede[252].

---

[252] Vgl. die Pachomianerregel Pr 49 (*Boon* 25,9–26,12; dt. bei H. *Bacht*, Das Vermächtnis II, 92f) und die Kommentare von H. *Bacht* a.a.O. 161–165 Anm. 206–222. – Für einen knappen Überblick über die Entwicklung von Pachom bis Benedikt s. K. *Hallinger*, Papst Gregor der Große und der Hl. Benedikt, 281–288.

Auch *Basileios d. Große* setzt eine relativ kurze Prüfungszeit voraus (LR 10); in einem Brief spricht er zwar vom "Gelöbnis der Jungfrauschaft" (auch für Mönche)[253], dessen Bruch gleichbedeutend ist mit einem Kirchenraub, denn "er (der Mönch) hat sich selbst gestohlen und die Gott geweihte Gabe geraubt" (LR 14), aber darüber hinaus erfahren wir nichts Näheres über Inhalt und Charakter des Gelübdes[254].

Sehr viel spezifischer ist dann *Benedikt von Nursia;* in seinem Kapitel über die Aufnahme von Brüdern RB 58 legt er die Prüfungszeiten genau fest. Wie *Pachom* läßt er den Kandidaten einige Tage vor der Klosterpforte warten. Doch daran schließt sich erst noch ein *Noviziat* von einem Jahr an. Dann, bei der feierlichen Aufnahme als Mönch, "verspreche er im Oratorium in der Gegenwart aller Beständigkeit (*stabilitas*), kösterlichen Lebenswandel (*conversatio morum*) und Gehorsam", und zwar "vor Gott und seinen Heiligen"; eine Urkunde wird aufgesetzt und auf dem Altar niedergelegt, und der Profitent stimmt dreimal das *Suscipe me, Domine* aus Ps 119,116 an: "Nimm mich auf, Herr, nach deinem Wort, und ich werde leben; laß mich in meiner Hoffnung nicht scheitern", wobei der Brüderchor respondiert (RB 58, 17–22). Noch handelt es sich aber nicht um drei getrennte Gelübde, trotz der drei Begriffe *stabilitas, conversatio* und *oboedientia,* sondern im Grunde ist es ein einziges Gelöbnis klösterlichen Lebens unter Regel und Abt[255].

Für das Profeß-Verständnis der evangelischen Kommunitäten ist grundlegend, daß "hier bereits etwas erfahren und praktiziert wird, was über die eigene Kirche hinausgeht und sie doch ganz einbezieht"[256]; es ist also wieder die lebendige Erfahrung, die verbindet und Kommunikation herzustellen vermag. Dabei wird trotz der Verwendung des traditionsgeprägten Begriffes "Profeß" für die endgültige Bindung die Sache von Anfang an unter dem Gesichtspunkt des *Charismas,* der Gnadengabe des

---

[253] *Basileios* Ep 199,18–19 (*Courtonne* II, 155–157; dt. bei *Hauschild* II, 123f; *Stegmann,* 204–206).

[254] Vgl. *Basileios* LR 10–12, 14–15 u. 36 (dt. bei K. S. *Frank,* Basilius von Caesarea, 112–122 u. 160f); vgl. auch die Kommentare bei *Frank* a.a.O. 378f Anm. 36–45 u. 384 Anm. 87. – Bei *Schenute v. Atripe († 451)* finden wir eine *Profeßformel,* die aber nicht auf die Evangelischen Räte verpflichtet, sondern zu leiblicher Reinheit, zur Enthaltung vom Zorn, sowie zum Abstand von falschem Zeugnis, Lügen und Betrügen (*Wiesmann* 6f).

[255] A. *Böckmann,* Perspektiven der Regula Benedicti, 185f (s. zum ganzen Kapitel a.a.O. 135–212); V. J. *Dammertz,* Promittat de conversatione morum suorum; J. *Leclercq,* Beobachtungen zur Regel des heiligen Benedikt, 118; B. *Steidle,* Das Versprechen der "Beständigkeit", 122; *ders.,* "De conversatione morum suorum", 141f; vgl. G. *Holzherr,* Die Benediktsregel, 278: "Zur Zeit Benedikts hat man noch nicht an drei oder mehr förmliche 'Gelübde' gedacht; man hat mit dem Profeß-Versprechen sich ganz dem 'Dienst Gottes' zur Verfügung stellen wollen."

[256] *Profeß und Kirche,* 19.

Heiligen Geistes an einzelne zum Besten der Kirche gesehen[257] und als Konkretion des unüberholbaren und grundlegenden Bundes, den Gott in der Taufe mit dem Gläubigen geschlossen hat, verstanden[258]. Sie haben daher keinerlei Verdienstcharakter, sondern sind die "verbindliche personale Antwort des Menschen auf den vorausgehenden, im Glauben gehörten und angenommenen Ruf Christi"[259].

In der Regel vermeiden die evangelischen Kommunitäten den Ausdruck "Gelübde" und sprechen lieber von Engagement, Bindung, Verpflichtung, Hingabe usw.[260] Schon Paul *Riedinger* in seinem vor 1949 gehaltenen Vortrag "Von den Geweihten des Herrn", der noch ganz unbefangen von den "Gelübden der Armut, der Keuschheit und des Gehorsams" spricht, sagt ausdrücklich, daß diese "kein Menschenwerk" sind, sondern eine mit der Berufung Gottes verbundene Gnade[261]; ja, die Gelübde sah er nicht so sehr als eine Bekräftigung, sondern als einen Ruf der Seele zu Gott: "So ist das Gelübde der Keuschheit der Ruf zur Vereinigung mit dem Herrn", und: "So wird dieses Gelübde des Gehorsams ein Ruf zur letzten Erfüllung, die der Herr in uns wirken will. Es ist ein Schrei, ein Bekenntnis des Seele..."[262] – Daher "ist die Gottesweihe ein Erfaßtwerden von der Liebe Gottes aus lauter Gnade und hat als eine Gabe gar nichts mit guten Werken zu tun. Für uns ist das einzige, daß wir uns von der Gnade beschenken lassen, daß wir im Glauben die Liebe Gottes umfassen und sie aufnehmen", sagte M. Martyria *Madauss* von der *Evangelischen Marienschwesternschaft* 1955 beim Oekumenischen Kirchentag in Rüschlikon/Zürich[263].

"Gerade in ihrem responsorialen Charakter wahren sie (die Profeßgelübde) die Souveränität des Wirkens Gottes und damit den Primat seiner Transzendenz und Freiheit. ... Weil die Profeßgelübde in der Unbedingtheit des Anrufes Gottes ... gründen, kann der 'Betroffene' sein Engagement nur mit derselben Unbedingtheit und Unwiderruflichkeit ausleben. ... Das völlige und endgültige Gelöbnis des so Gerufenen ist freilich nicht ein ein für allemal vollzogener Akt; es wird vielmehr ... zu einem dynamischen Ja, das wachs-tümlich offenbleiben muß für die Führungen Gottes. Damit weist es zugleich über sich hinaus auf den kommenden Äon, d.h. auf den kommenden Herrn, dessen Gaben und Berufungen ihn nicht gereuen (Röm

---

[257] Vgl. vor allem W. *Hümmer,* Brauchen wir evangelische Orden?, 104–108; *ders.,* Das Leben evangelischer Kommunitäten in Deutschland, 118; *ders.,* Der Auftrag der Kommunitäten; *ders.,* Von der Ehelosigkeit.

[258] J. *Halkenhäuser,* Engagement und Zeugnis. Lehrpredigt zu CA 27, 64; *ders.,* Kirche und Kommunität, 325; *ders.,* Zur Bewertung und Beurteilung von CA 27, 55; Ch. *Joest,* Art. "Gelübde".

[259] J. *Halkenhäuser,* Zur Bewertung und Beurteilung von CA 27, 55; W. *Hümmer,* Das Leben evangelischer Kommunitäten in Deutschland, 118.

[260] J. *Halkenhäuser,* Zur Bewertung und Beurteilung von CA 27, 55.

[261] P. *Riedinger,* Von den Geweihten des Herrn, 46 u. 20.

[262] A.a.O. 36 u. 45.

[263] M. M. *Madauss,* Gottesweihe, 24.

11,29)", schreibt Johannes *Halkenhäuser* in seiner Auseinandersetzung mit der Gelübdekritik der Reformation[264].

Die *Communität Casteller Ring* hat in ihrer "Ordnung der endgültigen Profeß" diesen Erkenntnissen Rechnung getragen. Dort heißt es in der einleitenden Frage: "Du hast den Ruf vernommen, frei zu sein für Gott und das Kommen Seines Reiches. Du hast Dich ... Jahre geprüft und willst nun auf diesen Ruf durch Deine freiwillige Bindung an Christus im Ordensleben antworten ..." Es folgen die Profeßfragen an die Profitentin und an die Gemeinschaft. Darauf wird die Profeßurkunde verlesen, unterzeichnet und auf den Altar gelegt. Dann singt die Profitentin dreimal das *Suscipe me, Domine,* wobei die Schwesterngemeinschaft respondiert. Schließlich erfolgt die Einsegnung, die Übergabe eines Ringes und der Friedensgruß der Neuaufgenommenen mit allen Schwestern. Das alles orientiert sich ganz deutlich an *Benedikt* RB 58[265].

Bischof D. Helmut *Claß,* der den Arbeitsprozeß der evangelischen Kommunitäten zu diesen Thema teilweise begleitete, hat deren Ergebnisse positiv gewürdigt und damit als offizieller Vertreter der Kirche sein Ja zu dieser Entwicklung gesprochen: "... Wer zur Profeß bereit ist, antwortet mit seinem ganzen Leben auf das uneingeschränkte Ja, das Gott in der Taufe zu ihm gesprochen hat, ein Ja, das er um seiner Treue willen nicht zurücknehmen wird. Darum hat Gott ein Anrecht auf unser einmaliges und grundlegendes Ja, das dann in den verschiedensten Situationen unseres Lebens durch gehorsames und vertrauendes Tun wiederholt werden muß"[266].

Auch hier spielen wieder die verschiedenen Möglichkeiten, wie Tradition präsent sein kann, zusammen. Eine Festlegung voreinander und vor Gott in Form von Versprechen legt sich schon allein von der Erfahrung des Gerufen-Seins nahe und muß noch nicht in bewußter Aufnahme der Klostergelübde wurzeln. Zudem kannte man seit dem letzten Jahrhundert die "Einsegnung" der Diakonissen als Treueversprechen auf Lebenszeit. Freilich hat dann diese Erfahrung dazu geführt, das in der Kirche bereits vorhandene Gut neu zu entdecken, sich in charakteristischer Modifikation anzueignen und vom eigenen Erleben her zu deuten. Die Übernahme der Bezeichnung "Profeß" in einigen Gemeinschaften bezeugt das. Darüber

---

[264] J. *Halkenhäuser,* Zur Bewertung und Beurteilung von CA 27, 55f.

[265] *Ordnung der endgültigen Profeß* in der Communität Casteller Ring, 38–44; s. auch SchwBr Sondernummer April 1990, 28; D. *Krauß,* "Herr, nimm mich auf..."; der Beitrag von K. *Schweitzer,* "Unter der Führung des Evangeliums...", über die "Communität Casteller Ring auf dem Weg" ist durch die einzelnen Profeßfragen gegliedert.

[266] H. *Claß,* Gelebte Bruderschaft, 29f.

hinaus hat die *Communität Casteller Ring* sehr bewußt die liturgischen Formen der Profeßfeier aus der *Regula Benedicti* übernommen.

5.3.3 Arbeit und Gebet

a) Über die Bedeutung der Arbeit bei *Pachom* und über die Unterschiede zwischen der anachoretischen und der koinobitischen Arbeitsauffassung wurde oben S. 114-116 schon berichtet. Bemerkenswert ist die Tatsache, daß körperliche Arbeit im kirchlichen Mönchtum zunehmend für wichtig gehalten wurde, ja gerade als konstitutiv für das Mönchsein galt[267].

Am bekanntesten ist das Apophthegma *Antonios 1,* das uns den großen Mönchsvater zeigt, wie er in der Wüste sitzt und unter der Anfechtung der *Akedia*[268] leidet. In seiner Not ruft er zu Gott. Da sieht er einen Engel, der ihm, Antonios, gleicht, und er sitzt da und flicht an einem Seil, dann steht er auf, um zu beten, darauf setzt er sich und arbeitet und erhebt sich wieder zum Gebet. Und Antonios hört eine Stimme sagen: "Mach es so, und du wirst das Heil erlangen." Er tut es voll Freude und findet Rettung[269].

---

[267] M. *Schneider,* Aus den Quellen der Wüste, 34, meint unter Berufung auf *Johannes Kolobos 37:* "Der Mönch gilt den Vätern der Wüste als 'personifizierte Arbeit'". Mir scheint aber fraglich, ob sich die "Mühe", die nach Johannes den Mönch definiert (PG 65, 216 D), auf die Handarbeit bezieht; eher ist damit die Askese insgesamt gemeint, s. auch u. S. 188f. Zum Ganzen s. P. *Bonnerue,* Concordance sur les activités manuelles; F. *Ruppert*/A. *Grün,* Bete und arbeite, 9–23.

[268] Das Wort Akedia (ἀκηδία) ist schwer zu übersetzen; das Phänomen kann umfassen: Trauer, Wut, Verzweiflung, Resignation, Überdruß, Langeweile, Selbstmitleid, Ekel, oder eine Mischung aus allem. Diese Anfechtung (dem, was wir heute *mid-life crisis* nennen, nicht unähnlich) kann bewirken, daß der Mönch wegen "einer Fliege an der Wand" seine Berufung hinwirft und aufgibt. Näheres findet sich in der Literatur zu *Evagrios Pontikos,* der dieses Laster sytematisch untersucht hat; genannt sei hier nur: G. *Bunge,* Akedia; A. *Grün,* Der Umgang mit dem Bösen, 37–40; A. *Guillaumont,* Art. "Evagrius Pontikus"; A. u. C. *Guillaumont,* Art. "Évagre le Pontique"; *dies.,* Évagre le Pontique. Traité pratique ou Le moine I, 84–90; Ch. *Joest,* Die Bedeutung von akedia und apatheia; allgemein: G. *Bardy,* Art. "Acedia"; A. *Vögtle,* Art. "Acedia". Eine Umsetzung und Deutung des Phänomens für die heutige Zeit bieten z. B.: C. *Bamberg,* Trost und Tröstung, bes. 250 u. 252f; *dies.,* Was Menschsein kostet, 84–100; M. *Pfister,* Die geistliche Trägheit – accdia; *dies.,* Ursachen der acedia.

[269] Antonios 1: PG 65, 76 A–B (dt. bei *Miller,* Apo 1). Für die Auseinandersetzung zwischen Mönchtum und Messalianismus s. auch A. *Guillaumont,* Le problème de la prière continuelle, 286f; K. *Ware,* "Pray Without Ceasing", 253–258.

"Bete und arbeite" – dieses Motto steht also implizit ganz am Anfang der Apophthegmensammlung, und es will mir scheinen, als ob bereits dies eine Spitze gegen die Auffassung der *Euchiten* oder *Messalianer* sei: wenn schon Antonios selbst, der Große, der "Stern der Wüste" (wie er genannt wurde) mit eigenen Händen gearbeitet hat, und wenn diese Lebensweise, in festem Rhythmus Gebet und Handarbeit einander abwechseln zu lassen, überdies von einem Engel offenbart wurde, dann ist sie unerschütterlich begründet und für die Mönche oberstes Gebot. Auch *Evagrios Pontikos* empfiehlt die Arbeit als Hilfe gegen die Akedia und sagt dazu: "Gib dir ein Maß für jede Arbeit, und höre nicht damit auf, bis du sie beendet hast"[270].

Die *Euchiten* oder *Messalianer* dagegen betrachteten die Arbeit als schädlich, weil sie vom Gebet ablenkte. Wie die Engel wollten sie unablässig beten, wie Maria das "gute Teil erwählen" (vgl. Lk 10,42), und dies vor allem deshalb, weil der Teufel, dem jeder Mensch unterworfen ist, nur durch ununterbrochenes Gebet mit Hilfe der Gnade Gottes vertrieben werden kann; ob das geschehen ist, teilt sich der Seele in einer greifbaren Erfahrung und in voller Empfindung des Herzens mit. Der Taufe schrieben sie in dieser Hinsicht keine Wirkung zu, äußere Gottesdienste und Sakramente lehnten sie ab[271].

Die Auseinandersetzung mit diesem außerkirchlichen, aber einflußreichen Strom des Mönchtums lassen viele Apophthegmen erkennen, außer dem genannten von *Antonios* vor allem noch *Johannes Kolobos 2:* Auch er wollte leben wie die Engel und nicht arbeiten, sondern unaufhörlich Gott dienen (d. h. beten). So verließ er seinen Bruder und ging allein in die Wüste. Aber nach einer Woche kehrte er zurück. Sein Bruder jedoch ließ ihn nicht ein, indem er sagte: "Johannes ist ein Engel geworden und gehört nicht mehr zu den Menschen." Erst am anderen Morgen öffnete er ihm und sagte: "Wenn du ein Mensch bist, dann mußt du arbeiten, damit du deine Nahrung findest."[272] – Hierher gehört auch die amüsante Geschichte *Silvanos 5:* Ein euchitischer Besucher verachtete Altvater Silvanos und seine Brüder, weil sie sich mit Gartenarbeit um die vergängliche Nahrung bemühten. Er darf sich mit einem Buch in eine Zelle zurückziehen, wird aber nicht zum Essen gerufen, was ihn dann doch verwundert. Auf sein vorwurfsvolles Nachfragen hin erhält er die Antwort: "Nachdem du ein geistiger Mensch bist, brauchst du diese Nahrung nicht. Wir fleischlichen

---

270 De octo spiritibus malitiae 14: PG 79, 1160 C.

271 Das syrische Wort "Messalianer" heißt wie das griech. "Euchiten": die "Beter": *Theodoretos v. Kyrrhos († ca. 460)*, Kirchengeschichte IV, 11: *Parmentier* 229,4–231, 20 (dt. bei *Seider* 218–220); s. ferner I. *Hausherr,* L'erreur fondamental. *Pseudo-Makarios (Symeon)* gilt als gemäßigten Vertreter dieser Richtung (Literatur s. o. S. 42 Anm. 8). Ob ihr auch *Diadochos von Photike* mit seiner Erfahrungsfrömmigkeit zuzurechnen ist, bleibt umstritten, ich bin aber nicht dieser Ansicht, s. F. *Dörr,* Diadochus von Photice und die Messalianer; H. *Dörries,* Diadochus und Symeon; I. *Hausherr,* Les grands courants, 126–128; Ch. *Joest,* "Gott lieben in voller Empfindung des Herzens", 154–162 u. 168–175; E. *des Places,* Diadoque de Photicé; K. *Ware,* Art. "Diadochus von Photice", 619f. Zur Erfahrungsfrömmigkeit P. *Miquel,* Le vocabulaire de l'expérience spirituelle.

272 PG 65, 204 D–205 A.

Menschen jedoch müssen essen, und darum arbeiten wir." Und Silvanos fügt hinzu: "Durchaus braucht Maria die Martha, denn wegen der Martha wird auch Maria gerühmt."[273] Gebet und Arbeit gehören also untrennbar zusammen.

Hat die körperliche Arbeit bei den Anachoreten den Sinn, die innere Spannung zu bewahren und den Geist beim Gebet zu unterstützen[274], so kommt bei *Pachom,* wie wir sahen, ein "ökonomischer Ernst" (H. *Bacht*) hinzu. Mit seinen christlichen Dörfern, die alle Handwerksarten umfaßten, arbeitsteilig zusammenwirkten und Überschüsse für die Umwelt abgaben, wirkt er beinahe modern.

Daß aber auch *Basileios d. Gr.* dieselben Handwerkssparten für seine Mönche zuläßt[275], ist mehr als bemerkenswert, denn in der Umwelt römisch-hellenistischer Bildung galt körperliche Arbeit als verachtenswert und unwürdig[276]. Vor allem die Landarbeit war verpönt, die *Basileios* ausdrücklich empfiehlt, weil sie unmittelbar dem Lebensunterhalt dient (LR 38). Zur Begründung des Arbeitsgebotes bietet er zunächst die asketischen Motive auf, die wir auch aus der Wüste kennen, stellt aber ganz betont daneben des Aspekt der Bruderliebe, wie er uns von *Pachom* her vertraut ist (LR 37). Wolf-Dieter *Hauschild* spricht daher von der "soziale(n) Bedeutung" der Arbeit "als Möglichkeit gemeinschaftlicher Daseinsbewältigung"[277].

---

[273] PG 65, 406 B–D (dt. bei *Miller* Apo 860); s. auch *Lukios:* PG 65, 253 B–C (*Miller* Apo 446). Zu der Ansicht, daß Martha und Maria sich ergänzen und nicht in Gegensatz zueinander stehen, vgl. K. S. *Frank,* ΑΓΓΕΛΙΚΟΣ ΒΙΟΣ, 7f; F. *Wulf,* Kommentar zu "Perfectae Caritatis", 277f.

[274] H. *Dörries,* Mönchtum und Arbeit; M. *Schneider,* Aus den Quellen der Wüste, 33–37.

[275] Vgl. die Aufzählung für *Pachom* bei *Palladios* HL 32: *Butler* 94,11, mit der von *Basileios* LR 38: *Feld* und Garten, *Schmiede,* Bäckerei, *Baugewerbe,* Walkerei, Gerberei, *Schuhmacherei,* Körbeflechten, Schönschreiben (HL 32); Weben, *Schuhemachen, Bauhandwerk,* Schreiner- und *Schmiedehandwerk, Landarbeit* (LR 38).

[276] A. *Böckmann,* "Von den Wochendienern der Küche", 266; J. *Gründel*/R. *Fischer,* Wandel der Wertung menschlicher Arbeit, 35; F. *Hauck,* Art. "Arbeit"; M. *Hengel,* Die Arbeit im frühen Christentum, 175–179. Für das Alte Testament ist es bezeichnend, daß Gott selbst als "Arbeiter" auftritt, z. B. wenn er den Menschen mit seinen Händen aus Erde formt, eine Vorstellung, die für die hellenistische Antike ganz undenkbar gewesen wäre; es ist interessant, daß *Ignatius v. Loyola* EB 236 gerade diesen Aspekt des biblischen Gottesbildes wieder aufgreift, s. dazu W. *Lambert,* Contemplativus in actione, 21; W. *Löser,* Konturen ignatianischer Spiritualität, 266–268.

[277] W.-D. *Hauschild,* Art. "Basilius von Caesarea", 308; s. auch G. *Bardy,* Art. "Basile", 1280f. Über mögliche Einflüsse des *Eustathios von Sebaste († um 380)* und des von ihm geprägten Mönchtums auf den Messalianismus s. E. *Amand de Mendieta,* Le système cénobitique, 71–80; H. *Dörries,* Der Messalianismus im Zeugnis seiner Bestreiter; J. *Gribomont,* Le Monachisme au IVe s., 414f; W.-D. *Hauschild,* Art. "Eustathius von Sebaste", 549. In seiner Betonung der Arbeitspflicht würde *Basileios* dann auch auf diesem Gebiet die Abwendung von seinem anfangs so verehrten Lehrer formulieren.

Wenn *Benedikt von Nursia* in seinem berühmten Kapitel über "Die Ordnung für Handarbeit und Lesung" schreibt: "Wenn es die Ortsverhältnisse oder die Armut fordern, daß sie (die Mönche) die Ernte selber einbringen, sollen sie nicht traurig sein. Sie sind dann wirkliche Mönche, wenn sie wie unsere Väter und die Apostel von ihrer Hände Arbeit leben" (RB 48,7f), dann liegt das genau auf derselben Linie. Dennoch bemerken wir, daß in der Zwischenzeit eine Verschiebung stattgefunden hat, da *Benedikt* seine Brüder eigens trösten und ermuntern muß, die Ernte einzubringen. Landarbeit war anscheinend zu seiner Zeit nicht mehr so selbstverständlich wie bei *Pachom* und *Basileios*.

Und in der Tat finden wir in *Lérins* und beim *Magister* zwar die Ermahnung zur Arbeit, aber schwere Feldarbeit wurde dabei bewußt ausgeschlossen. An ihre Stelle trat in *Lérins* "eine produktive literarische Tätigkeit ... Arbeit wird verstanden als Bildungsarbeit"[278]. – Der *Magister* meint, wenn die Landgüter von den Mönchen selbst bewirtschaftet würden, "dann nützen sie zwar dem Leibe, wären aber ein Hindernis für die Seele" (RM 86,27; vgl. das ganze Kapitel). – Und noch bei *Isidor von Sevilla († 636)* lesen wir: "Den Gemüsegarten und die Speisezubereitung besorgen die Brüder mit ihren eigenen Händen; Bau- und Feldarbeiten aber gehören zum Aufgabenbereich der Sklaven".[279]

Ist also die Einstellung zur Feldarbeit bei *Benedikt* im Kontext seiner Zeit höchst bemerkenswert, so treten noch zwei weitere Merkmale hinzu: 1. Für *Benedikt* gibt es in puncto Arbeit keine Unterscheidung zwischen profanem und sakralem Bereich. Der Cellerar z. B. soll alle Geräte und den Besitz des Klosters als heiliges Altargerät betrachten (RB 31,10); das bedeutet nichts anderes, als daß auch die Arbeit Gottesdienst ist[280]. Diese Anweisung hat *Benedikt* übrigens von *Basileios* übernommen[281]. 2. Das Zweite hingegen stellt eine unerhörte Neuerung dar: *Benedikt* verschiebt um der Arbeit willen sogar den Tageslauf und die Zeiten der Gebete, je nach dem es die Jahreszeit erfordert[282]. Diese Arbeitseinstellung erscheint von unserer heutigen Warte aus geradezu modern.

Das berühmte Schlagwort *ora et labora* scheint alles zusammenzufassen, was *Benedikt* über Arbeit und geistliches Leben sagt. Man muß sich allerdings vor Augen halten, daß *labor* im monastischen Sprachgebrauch nicht unbedingt oder jedenfalls nicht in erster Linie "Arbeit" im heutigen Sinne bedeutet, sondern die *Mühe der*

[278] C. M. *Kasper,* Theologie und Askese, 80.

[279] *Isidor v. Sevilla,* Mönchsregel 5,7: *Campos/Roca* 100,169–171 (dt. bei K. S. *Frank,* Frühes Mönchtum im Abendland, 374).

[280] A. *Grün,* Benedikts Grundsätze für eine Führungsaufgabe, 132.

[281] Bas Ruf 103–104: *Zelzer* 132f.

[282] M. *Schneider,* Aus den Quellen der Wüste, 37. Zur Einteilung des Tageslaufs im Mönchtum allgemein s. V. *Stebler,* Die 'horae competentes'; B. *Steidle,* "Ante unam horam refectionis..."; A. *de Vogüé,* Die täglichen Lesungen in den Klöstern; *ders.,* La lecture du matin; *ders.,* L'horaire de l'Ordo monasterii. Alle diese Beiträge haben zwar nicht die Arbeit zum Gegenstand der Untersuchung, doch weist vor allem *de Vogüé* auch die Arbeitszeiten und z. T. die Art der Arbeit nach, indem er die Zeit der Lesung zu bestimmen sucht.

Askese oder des Mönchseins überhaupt meint[283]. So fordert *Benedikt* den Leser seiner Regel z. B. auf, durch die "Mühe des Gehorsams" (*per oboedientiae laborem*) zu Christus zurückzukehren[284]. Für das *Handarbeiten* der Mönche gebrauchte beispielsweise noch ein *Augustinus* stattdessen das Wort *operari*[285]. *Labor* konnte aber im vorbenediktinischen Mönchtum auch die Plage der Feldarbeit bezeichnen, welche die Sklaven verrichteten. Insofern nahm es dann auch die Bedeutung von Arbeit im allgemeinen an. So übernimmt es *Benedikt* und gebraucht in RB 48 fast durchweg die Worte *laborare* für arbeiten und *labor* für Arbeit (nur RB 48,11–14 hat er *operari* und *opus*). Man muß sich aber dessen bewußt sein, daß für ihn die Plage der Arbeit zur *geistlichen Disziplin* des Mönches gehört und insofern nicht als eigene, selbständige Größe neben dem Gebet steht, sondern eingebunden ist in das gesamte *opus monasticum*, den Gottes-Dienst des Klosters[286].

Es bleibt noch anzumerken, daß die Arbeitswilligkeit von Gästen im Kloster stets als ein Merkmal ihrer geistlichen Echtheit galt. Wurden besuchende Mönche aufgenommen, durften sie einige Tage ausruhen und wurden dann zur Mitarbeit aufgefordert. Wer sie verweigerte, mußte weiterziehen. Diese Regel treffen wir im gesamten Mönchtum an[287]. Sie nimmt übrigens eine Anweisung auf, die schon im ersten Jahrhundert die *Didache* für die Prüfung von durchreisenden Brüdern gegeben hatte[288].

Das Zweite Vatikanische Konzil verpflichtete alle Ordensleute "dem allgemeinen Gesetz der Arbeit" (PC 13). Allerdings haben sich die Arbeitsbedingungen in der heutigen westlichen Gesellschaft so verändert, daß über die Verbindung des monastischen Lebens mit dem "allgemeinen Gesetz der Arbeit" neu nachgedacht werden muß, wenn die Gemeinschaften für ihren Lebensunterhalt selbst aufkommen sollen. Ein Bettelmönchtum, wie es das Mittelalter hervorbrachte, ist mit dieser Verpflichtung jedenfalls ausgeschlossen[289]. Aber die Arbeit im heutigen Sinne läßt sich auch nicht ohne weiteres mit der Tätigkeit der Mönche vergangener Zeiten vergleichen: "Sie verlangt nicht nur eine viel intensivere und häufig spezialisierte Ausbildung; sie nimmt auch zeitmäßig, kräftemäßig und interessemäßig ganz anders in Anspruch, als es früher der Fall

---

283 P. *Bonnerue, Opus* et *labor,* hier bes.: 290; E. *Jungclaussen,* Worte der Weisung, 83f; J. *Leclercq,* Études sur le vocabulaire monastique, 140–144. Bei E. *v. Severus,* "Ora et labora", vermisst man diesen Hinweis.

284 RB Prol 2; vgl. dazu B. *Steidle,* Per oboedientiae laborem. Vgl. auch K. S. *Frank,* Art. "Gehorsam" 418.

285 *Augustinus* OM 3; *Verheijen* 150,16.

286 Vgl. I. *Hausherr,* Opus Dei.

287 D. *Gorce,* Die Gastfreundlichkeit, 89f.

288 Didache XII: *Funk/Bihlmeyer* 7,19–26 (*Lilje* 35).

289 Vgl. F. *Wulf,* Kommentar zu "Perfectae Caritatis", 292.

war."[290] Deshalb macht Friedrich *Wulf* den Vorschlag, anstelle der sog. "Bußübungen" und "Werke der Abtötung", die in den Orden ohnehin weitgehend außer Gebrauch gekommen sind, umso stärker "jene 'realen' Bußen zu betonen und in das Ordensleben einzubauen, die dem heutigen Menschen von der Härte der modernen Arbeitswelt aufgezwungen sind."[291]

In den evangelischen Kommunitäten lassen sich diese Gedanken in unterschiedlicher Form der Umsetzung wiederfinden. Dabei dürfte wohl die *reformatorische Hochschätzung des christlichen Wirkens in der Welt* mit ihrer Anwendung des theologischen Begriffs von "Beruf(ung)" auf die weltliche Tätigkeit des Christen und das Verständnis von Berufsarbeit als Erfüllung eines göttlichen Auftrages von vornherein eine wesentliche Rolle gespielt haben[292]. Auf jeden Fall "gehört auch das Leben in beständiger Arbeit zu den konstitutiven Elementen der Armutskonzeption in den evangelischen Kommunitäten"; sie "wissen sich ... dem allgemeinen Gesetz der Arbeit verpflichtet"[293].

Es ist bezeichnend für die *Communität Casteller Ring*, daß dieses soeben angeführte, unter bewußter Aufnahme von PC 13 formulierte Zitat mit einem Satz aus der *Regula Benedicti* begründet wird: "... weil sie dann wahrhafte Mönche sind, wenn sie, wie auch unsere Väter und die Apostel, von der Arbeit ihrer Hände leben"[294] (vgl. RB 48,8). In einer Selbstdarstellung der Communität heißt es weiter: "Die CCR will ihre Glieder in das moderne Leben senden als Frauen, die 'in der Welt, aber nicht von der Welt' sind. Sie sollen ihren Platz in Kirche und Gesellschaft einnehmen. Sie leben nach dem benediktinischen Leitwort 'Ora et labora'. Alle Arbeit wird verstanden als Gottes-Dienst und damit in eine direkte Beziehung zum geistlichen Leben gesetzt"[295]. Auf dem Schwanberg sind Schwerpunkte der Arbeit: die Tagungs- und Bildungsstätte im Schloß, das "Haus der Begegnung", das Stillehaus auf dem "Gutshof", nicht zu vergessen das "Turm-Café"; in den Stadtstationen in Nürnberg, Augsburg und Hildesheim arbeiten die Schwestern z. T. in ihren verschiedenen Berufen und/oder engagieren sich in der Gemeinde. "Vom Schwanberg aus ist eine Schwester der CCR im Kitzinger Krankenhaus in der Begleitung Langzeitkranker und Sterben-

[290] A.a.O. 257.

[291] A.a.O. 283 Anm. 20.

[292] H. *Dombois*, Über den gesamtkirchlichen Sinn evangelischer Orden, 136–139; R. *Frische*, Art. "Berufung, c) systematisch-theologisch"; V. *Gäckle*, Art. "Berufung, b) theologiegeschichtlich"; H. *Gatzen*, Art. "Beruf"; F. *Lau*, Art. "Beruf, III. Christentum und Beruf"; F. *Melzer*, Der christliche Wortschatz der deutschen Sprache, 83–85; G. *Wingren*, Art. "Beruf, II. Historische und ethische Aspekte".

[293] J. *Halkenhäuser*, Kirche und Kommunität, 301.

[294] Ebd.

[295] Die *Communität Casteller Ring*, 7.

der eingesetzt"[296]; bis 1987 unterhielt die CCR auch eine Schule für Hauswirtschaft mit angeschlossenem Internat[297].

Im *Gethsemanekloster* sorgt jeder Bruder für sich selbst, verdient sein eigenes Geld und kommt für seine Altersversorgung auf. Im Gespräch erläuterte Bruder Uwe *Stegelmann* die Gründe dafür: erstens geht es dabei um "Persönlichkeitsreifung, die nur in der Auseinandersetzung mit Schwierigkeiten und Nöten stattfindet, und da ist es ganz gut, diese auch draußen zu erleben und nicht nur drinnen"; zweitens aber geht es darum, daß sich der einzelne nicht aus der Verantwortung für sein Leben hinausstiehlt und meint, das Kollektiv würde ihn tragen. "Wir haben für unsere Brüder ursprünglich an Halbtagsarbeit in Berührung mit der normalen Berufswelt gedacht. ... Dabei verstehen wir die Arbeit eher als Job, um für unsere Ernährung, Kleidung und Wohnung aufzukommen, und dies in Eigenverantwortung". Der Verdienst *kann* geteilt werden, muß aber nicht. Jeder verwaltet sein eigenes Geld, jeder zahlt individuell in eine gemeinsame Kasse. Darüber hinaus soll da konkret geteilt werden, wo man persönlich lebt, d. h. hier in den sog. *Kellien,* den Wohngemeinschaften der zwei oder drei (ebd.). Nicht erst der Begriff "Kellion", sondern das ganze Konzept läßt erahnen, daß es hier um eine Umsetzung der Arbeitsvorstellung der *ägyptischen Wüstenväter* in die modernen Verhältnisse hinein geht: die Betonung des Einzelnen und seines freien Ermessens, seine Verpflichtung, für den Lebensunterhalt aufzukommen, und die relative wirtschaftliche Selbständigkeit der kleinen Zelle[298].

Anders ist es in *Adelshofen,* wo die Aufgaben im Lebenszentrum selbst ein großes Maß an internen Arbeitsbereichen bieten und wo alles geteilt wird. Auch hier wird aber der praktischen Arbeit großer Wert zuerkannt: "Wir sehen sie durchaus nicht als notwendiges Übel an, sondern als eine heilsame Gabe, die uns dem Herrn nahe bringt". Auch die Bibelschüler werden zu praktischen Arbeiten angehalten, denn sie hilft "zur heilsamen Ernüchterung, zur notwendigen Ergänzung, zum Loskommen vom rein Gedanklichen"[299].

Wenn dabei schon ein wenig "pachomianische" Handschrift sichtbar wird, insofern der Wert der Arbeit im Rahmen eines gemeinsamen Lebens hervortritt, so ist dies noch stärker in der *Kommunität Gnadenthal* der Fall. Die *Jesus-Bruderschaft* hatte schon immer Wert darauf gelegt, daß die einzelnen "Zweige" der Schwestern, Brüder und Familien ihren Lebensunterhalt selbst erwirtschaften können. Es gab zeitweise sehr viele "Außenstationen" in Städten des In- und Auslandes, wo die Geschwister in ihren verschiedenen Berufen arbeiteten[300] und von ihrem Verdienst diejenigen mittrugen, die im Zentrum der Gemeinschaft in Gnadenthal ihren Arbeits-

---

[296] A.a.O. 8. Siehe zum Ganzen G. *Deck,* Anregungen aus der Regel Benedikts für die evangelisch-lutherische Communität Casteller Ring, 217–221.

[297] *Schwanbergbrief,* Sondernummer April 1990, 22.

[298] Vgl. dazu H. *Bacht,* Die "Bürde der Welt", 304f; M. *v. Dmitrewski,* Die christliche freiwillige Armut, 20–23; B. *Steidle,* Die Armut in der frühen Kirche, 464–466.

[299] *Lebenszentrum Adelshofen,* Geschaffen aus dem Nichts, 71 u. 81.

[300] Vgl. den Bericht von Br. *Philippus, in:* H. *Gornik* (Hg.), Anders leben, 73; die Angaben sind allerdings inzwischen völlig veraltet.

bereich hatten. Ein weiterer Grund für die Berufstätigkeit der Brüder und Schwestern war der Wunsch, mit dem Menschen unserer Zeit solidarisch zu sein und da zu stehen, wo er die meiste Zeit verbringt: am Arbeitsplatz[301]. Seit 1984 hat sich hier eine Verschiebung ergeben, die mit Veränderungen in Kultur und Gesellschaft in etwa parallel ging: die Kommunität konnte den zweiten Teil der ehemaligen Klostergebäude erwerben, nachdem die erste Hälfte schon seit 1969 Sitz der Bruderschaft war[302] (das Dorf Gnadenthal geht auf einen Zisterzienserinnen-Konvent zurück, der von 1235 bis 1635 bestand[303]). Damit erwuchs ihr konkrete Verantwortung für das Ackerland und die Gestaltung des Dorfes[304]. Seither sind neben dem Präsenz-Verlag eine ausgedehnte Landwirtschaft, eine selbständig arbeitende Schreinerei, ein Konstruktionsbüro, ein Kunstatelier, eine Galerie und eine Buchhandlung, zeitweilig auch eine Elektro- und eine Schlosserwerkstatt entstanden. Die dahinter stehende Vision wurde mit Begriffen wie: "Gesellschaftsdiakonie" und "brüderliche Dorfgemeinschaft" bezeichnet[305]. "Was sich über viele Jahre in den kleinen Lebenszellen der Jesus-Bruderschaft bewährt hat, wird nun Auftrag und Ziel eines Dorfes: gemeinsam zu leben, zu arbeiten und zu beten für das Dorf, das Land, für die Menschen in Kirche und Welt"[306]. "Ein Ort wird gestaltet, an dem ursprünglicher christlicher Glaube lebendig werden kann: in Beten, Arbeiten und Feiern"[307] – die Nähe zu den "christlichen Dörfern" *Pachoms* ist deutlich zu ersehen. Die Beschäftigung mit den "vier Mandaten" nach D. *Bonhoeffer:* Ehe, Arbeit, Staat und Kirche hat diese Sicht vertieft[308]. "Gott hat uns körperliche, seelische und geistige Kräfte gegeben und uns in eine hohe Weltverantwortung gestellt. Mit unserer Arbeit erfüllen wir also ein göttliches Mandat. Darum wollen wir uns auch in all unserem Tun um Qualität mühen. Je konzentrierter, sachgemäßer und hingebungsvoller wir unser Tagewerk ausführen, desto mehr wird Gott geehrt und desto besser der Welt gedient"[309]. Die gewissenhafte Arbeit ist für die *Kommunität Gnadenthal* zu einem wesentlichen Erziehungsfaktor geworden: sie erzieht zum Menschsein und Christsein, zu sich selbst,

---

[301] Vgl. z. B. die frühen Freundesbriefausgaben mit dem Titel "präsenz", April 1969; Sommer 1969, 4; Dezember 1970, 4; ferner die Berichte einzelner Geschwister in den Freundesbriefen aus *Gnadenthal,* Dezember 1983, 8–12; September 1988, 8 u. 23f.

[302] S. die Berichte in den Freundesbriefen aus *Gnadenthal,* April 1984, 17f; August 1984; Dezember 1984, 9–11; ferner *Dokumentation Jesusbruderschaft Gnadenthal,* 8f.

[303] Freundesbrief aus *Gnadenthal,* Oktober 1985, 12f.

[304] Freundesbrief aus *Gnadenthal,* November 1991, 10–16.

[305] *Dokumentation Jesusbruderschaft Gnadenthal,* 6f, 9 u. 18f; K. *Henning*/S. *Marx,* Dorfentwickung Gnadenthal.

[306] *Dokumentation Jesusbruderschaft Gnadenthal,* 18f.

[307] *Nehemia-Hof Gnadenthal,* aus dem Leben für das Leben, 4; *Jesus-Bruderschaft Gnadenthal,* Ein Dorf wird lebendig (Faltblatt), Innenseite.

[308] Vgl. den Freundesbrief aus *Gnadenthal,* November 1991. Die Mandate bei D. *Bonhoeffer,* Ethik, 220–226, 303–319, 365–375 et passim.

[309] *Dokumentation Sommerakademie Gnadenthal 1989,* 10.

zum andern und zu Gott hin, weil sie uns lehrt, Verantwortung wahrzunehmen[310]. Seit 1990 ist über die Gnadenthaler Schreinerei ein Betrieb in Hennersdorf (bei Chemnitz/Sachsen) entstanden; dabei zeigte sich, daß gerade die konkrete handwerkliche Arbeit, die Schaffung von Arbeitsplätzen und die Feier von "Werkstattgottesdiensten" in den Arbeitsräumen der Hennersdorfer Schreinerei Zugang zu den Herzen der Menschen eröffnet, Vertrauen erleichtert und Schwellenängste herabsetzt[311].

Diese Berichte zeigen, wie sehr sich Arbeit und Gebet durchdringen. War oben deutlich geworden, daß *labor* nicht nur die körperliche Arbeit, sondern das *ganze* Mönchsleben mit seiner Hingabe an Gott umfaßt, so gilt auch umgekehrt, daß das Gebet nicht nur zu festgetzten Zeiten stattfindet, sondern das ganze Leben und auch die Arbeit durchdringt, ja daß die Arbeit "implizites Gebet"[312] sein kann. Das ist nicht nur bei den evangelischen Kommunitäten so, sondern läßt sich bereits im alten Mönchtum erkennen[313]. Es ist daher nur ein Notbehelf, wenn diese Bereiche hier getrennt behandelt werden. Mit diesen Bemerkungen befinden wir uns bereits beim nächsten Punkt: dem Gebet.

Zuvor jedoch muß festgehalten werden, auf welche Weise uns hier Tradition begegnete, nämlich durchweg in den Formen b) und c) der

---

[310] Vgl. die Beispiele von praktischen Arbeits- und Ernteeinsätzen im Freundesbrief aus *Gnadenthal,* September 1989, 16f; s. auch Freundesbrief aus *Gnadenthal,* März 1986, 22f; ferner *Dokumentation Sommerakademie Gnadenthal 1989,* 10; *Dokumentation Sommerakademie Gnadenthal 1990,* 15; K. *Henning*/S. *Marx,* Dorfentwicklung Gnadenthal, 8.

[311] Freundesbrief aus *Gnadenthal,* April 1992, 18–20; Juni 1992, 3; November 1992, 24f; Oktober 1993, 19.

[312] M. *Schneider,* Aus den Quellen der Wüste, 44.

[313] In diese Richtung gehen besonders die Ausführungen von *Origenes, Afrahat († 345)* und *Augustinus,* s. I. *Hausherr,* La prière perpetuelle, 270–272; *ders.,* Noms du Christ et voies d'oraison, 132 u. 155; M. *Schneider,* Aus den Quellen der Wüste, 44f; B. *Steidle,* Die Regel St. Benedikts, 250; K. *Ware,* "Pray Without Ceasing", 258; A. *de Vogüé,* Klosterleben und gemeinsame Gebetszeiten, 169. Die Belegstelle bei *Augustinus,* De haeresibus, 57 (*Vander Plaetse/Beukers* 325,1–326,17), die *Hausherr,* Noms du Christ, 132, angibt, ist unzutreffend, auch wenn sich dort Augustinus bezeichnenderweise mit dem Messalianismus auseinandersetzt; dagegen betreffen die bei *Steidle* a.a.O. angeführten Stellen aus den En. in Ps. 146,2 u. 148,2 (*Dekkers/-Fraipont* 2122f u. 2166) genau unser Thema. Auch *Basileios d. Große* deutet so etwas an, wenn er in der Predigt über die Märtyrerin Julitta sagt, daß "unser Gebet nicht in Silben aufgehen darf", sondern daß seine Kraft "in der Gesinnung der Seele und in tugendhaften Handlungen" liegt (In Iul. 3: PG 31, 244 A; dt. bei *Stegmann* 214f).

oben S. 93 erarbeiteten Alternativen: Die Rolle der Arbeit im Leben der evangelischen Kommunitäten ist nicht in erster Linie von einem monastischen Vorbild bestimmt, das wissentlich übernommen worden wäre, sondern ergibt sich aus den Bedingungen des protestantischen Verhältnisses zu Welt und Beruf von selbst. In der Reflexion dieses Verhältnisses werden dann allerdings Formeln wie *"ora et labora"* dankbar aufgegriffen und angewendet.

Wenn bei der Betrachtung der *Gethsemanebruderschaft* ein überraschend deutlicher Anklang an die Arbeitsauffassung der *Wüstenväter* zu verzeichnen war, dann liegt die bewußte Anknüpfung dort eher auf dem Gebiet der Gebetspraxis sowie des damit zusammenhängenden Gottes- und Weltverhältnisses (s. unten S. 204f u. 226-228); die Einstellung zur Arbeit ergibt sich daraus von alleine als Konsequenz.

b) Die Entwicklung des Gebets im alten Mönchtum ist in zwei Richtungen vorangetrieben worden: erstens haben sich die Gebetszeiten zu festgesetzten Stunden entwickelt, also zum sog. *"Stundengebet"*, zweitens haben sich die Mönche um das *unablässige Gebet* bemüht. Beide Richtungen müssen sich nicht gegenseitig ausschließen, wenn man sie nicht mißversteht, sondern ergänzen einander[314].

Von einem *Mißverständnis* berichtet schon das Apophthegma *Epiphanios 3*. Bei einer Visitationsreise des Bischofs Epiphanios in Palästina eröffnete ihm der Abt eines Klosters: "Auf dein Gebet hin haben wir unsere Gebetsregel nicht vernachlässigt, sondern mit Eifer feiern wir Terz, Sext und Non." Epiphanios aber entgegnete: "Offensichtlich vernachlässigt ihr die übrigen Stunden des Tages, indem ihr vom Gebete ablaßt. Der wahre Mönch hat unaufhörlich Gebet und Psalmengesang in seinem Herzen."[315]

Die Regel des gemeinsamen Stundengebetes und das unablässige Gebet im Herzen ergänzen einander und machen zusammen das *opus monasticum* aus. Als *Opus Dei* (RB 22,6; 43,3; 58,7) ist es zugleich das Werk der Mönche für Gott als auch, tiefer noch, das Werk Gottes selbst im Herzen der Mönche[316]. Wir treffen hier auf ein Herzstück monastischer

---

[314] Vgl. J. *Gülden,* Vom unablässigen Beten.

[315] PG 65, 164 C (dt. bei *Miller,* Apo 198).

[316] I. *Hausherr,* Opus Dei; I. *Herwegen,* Sinn und Geist der Benediktinerregel, 144–190; A. *Hollaardt,* Die Feier des Stundengebetes, 140–142. Der Begriff wird zunächst allgemein auf das ganze christliche Leben angewendet; erst später (bei *Pelagius, Kassian* und *Benedikt*) verengt sich sein Gebrauch auf die Bedeutung "Gottesdienst", s. I. *Hausherr* a.a.O.; A. *de Vogüé,* Die drei Kriterien, 43f. Dabei stellt *de Vogüé* a.a.O. 45 den Zusammenhang zwischen Offizium und immerwährendem Gebet auch für Benedikt als konstitutiv heraus.

Theologie: das Leben im immerwährenden Gotteslob war für die Mönche Teilhabe an der Seinsweise der *Engel, engelgleiches Leben.* Wenn dieser Begriff auch verschiedene Aspekte in sich barg (z. B. die Weltentsagung, die Enthaltsamkeit), so sind doch Gebet, beständiges Gotteslob und Beschauung die Hauptinhalte dieser Vorstellung[317].

Die Wurzeln des Stundengebetes[318] liegen einmal in den Gebetszeiten des *Judentums,* die vormittags, mittags und nachmittags stattfanden, und in dem Morgen- und Abendopfer des Tempels (Ex 29,28f; Ps 55,18; 141,2; Dan 6,11). Vielleicht hat es im Tempel auch ein Nachtgebet gegeben (1 Chr 9,27.33; Ps 134). Die Urgemeinde in Jerusalem scheint ganz selbstverständlich in dieser Gebetstradition gestanden zu haben: die Apostel finden wir um die sechste und um die neunte Stunde beim Gebet (Apg 10,9; 3,1 im Tempel!), die Gemeinde versammelte sich um die dritte Stunde und um Mitternacht (Apg 2,1.15; 12,12, vgl. auch 16,25)[319].

Zum andern aber beschreiben die Synoptiker die *Passion Jesu* mit Hilfe der Stunden des Gebets: um die dritte Stunde wurde Jesus gekreuzigt (Mk 15,25), um die sechste verdunkelte sich die Sonne (Mk 15,33), um die neunte starb er (Mt. 26,46). Insofern war für die ersten Christen die Beobachtung der Gebetszeiten zugleich eine Erinnerung und ein Nachvollzug des Leidenstages Jesu[320]. Von daher finden die Stundengebete auch ihre christologische Füllung.

Dieser Gebetsrhythmus gehörte ursprünglich der ganzen Gemeinde. Als gemeinsame Gottesdienste verpflichtend waren aber nur das Morgen- und Abendgebet, darüber hinaus sollte jeder zu Hause dreimal am Tage das Vaterunser beten[321]. Das Mönch-

---

[317] L. *Bouyer,* Vom Geist des Mönchtums, 38–63; K. S. *Frank,* ΑΓΓΕΛΙΚΟΣ ΒΙΟΣ, 74–96; U. *Ranke-Heinemann,* Das frühe Mönchtum, 65–82; E. v. *Severus,* ΒΙΟΣ ʼΑΓΓΕΛΙΚΟΣ, hier bes. 81–84.

[318] Zur Geschichte des Stundengebets s. A. *Adam,* Grundriß Liturgie, 242–255 (der allerdings auf die jüdischen Wurzeln des Stundengebetes nicht eingeht), S. *Bäumer,* Geschichte des Breviers, bes. 31–195; A. *Gerhards,* "Benedicam Dominum in omni tempore"; A. *Jilek,* Art. "Stundengebet"; J. A. *Jungmann,* Altchristliche Gebetsordnung; *ders.,* Beiträge zur Geschichte der Gebetsliturgie, hier bes. I, 66–79; *ders.,* Christliches Beten, 11–28; *ders.,* Liturgie der christlichen Frühzeit, 89–98 u. 266–273; J. *Pascher,* Das Stundengebet der römischen Kirche, 11–65; P. *Salmon,* Das Stundengebet, 326–370; Th. *Schnitzler,* Was das Stundengebet bedeutet.

[319] Die antike Zeitrechnung zählt die Stunden des Tages von Sonnenaufgang an; daher entsprechen diese Gebetszeiten um die dritte, sechste und neunte Stunde nach heutiger Rechnung etwa den Stunden um 9.00, 12.00 und 15.00 Uhr (zu den Verschiebungen im Sommer bzw. Winter s. B. *Steidle,* Die Regel St. Benedikts, 146–148).

[320] A. *Hollaartd,* Die Feier des Stundengebets und das Pascha-Mysterium, 143f; B. *Kleinheyer,* Das Gedächtnis des Heilswerkes Christi, 423f.

[321] So *Klemens v. Alexandreia, Tertullian* und andere, s. J. A. *Jungmann,* Liturgie der christlichen Frühzeit, 90f; M. *Schneider,* Aus den Quellen der Wüste, 40–43; J.

tum hat diesen Rhythmus schließlich übernommen, wobei die ägyptischen Anachoreten und auch noch *Pachom* sich nur an die Gemeindeordnung hielten und morgens und abends feste Gebetszeiten kannten[322]. Die übrige Zeit war mit dem persönlichen Gebet während der Arbeit, dem Aufsagen von Schriftstellen und kurzen Stoßgebeten gefüllt (s. oben S. 114 u. 116f). An anderen Orten übernahm man auch die sog. "kleinen" Gebetszeiten, nach den Stunden des Tages einfach "Terz", "Sext" und "Non" genannt. Schon *Basileios* nennt in LR 37 acht Gelegenheiten des Gebetes, die "besonders an die von Gott empfangenen Wohltaten" erinnern: das Frühgebet, die dritte, sechste und neunte Stunde, das Ende des Tages, der Einbruch der Nacht, das Gebet um Mitternacht und das vor Tagesanbruch[323]. Denselben Aufbau beobachten wir auch bei *Benedikt von Nursia,* wobei dieser aber in der Festlegung der genauen Stunden für das Gebet eine gewisse Freiheit an den Tag legt, um für die notwendigen Arbeiten mehr zusammenhängende Zeit zu schaffen[324].

Inhaltlich handelte es sich um die Rezitation von Psalmen, um Schriftlesungen und Gebete[325]. Bei *Pachom* sind es zunächst noch sechs Psalmen[326], doch später

---

Stadlhuber, Das Stundengebet der Laien im christlichen Altertum; A. *de Vogüé,* Klosterleben und gemeinsame Gebetszeiten, 169; zur Entwicklung des monastischen Stundengebets s. auch K. S. *Frank,* ΑΓΓΕΛΙΚΟΣ ΒΙΟΣ, 80f; P. *Salmon,* Das Stundengebet, 340–344.

[322] H. *Bacht,* Antonius und Pachomius, 78–84; K. S. *Frank* a.a.O.; F. *Kok,* L'office pachômien, 71–83.

[323] LR 37,3–5 (*Frank,* Basilius von Caesarea, 164–166); vgl. G. *Bardy,* Art. "Basile", 1281. – *Augustinus* kennt nur sieben Gebetszeiten, nämlich Matutin, Terz, Sext, Non, das "Lucernarium" (= Vesper), die "Psalmen vor dem Schlaf" (= Komplet) und die Nocturn: OM 2: *Verheijen* 148f (dt. bei H. U. *v. Balthasar* [Hg.], Die großen Ordensregeln, 158).

[324] V. *Stebler,* Die "Horae competentes", bes. 21; B. *Steidle,* Die Regel St. Benedikts, 164–167; A. *de Vogüé,* Klosterleben und gemeinsame Gebetszeiten, 171.

[325] G. *Bunge,* Das Geistgebet, 13–28; A. *Davrile,* Die Psalmodie bei den Wüstenvätern; B. *Fischer,* Die Psalmenfrömmigkeit; F. *Kok,* L'office pachômien, 83–92; B. *Steidle,* Die Regel St. Benedikts, 171–174. Zur Entwicklung des Psalteriums im Westen s. C. *Gindele,* Zur Geschichte von Form und Abhängigkeit; J. A. *Jungmann,* Beiträge zur Geschichte der Gebetsliturgie II u. III, 223–234.

[326] Pr 121.126; Inst 14; Leg tit; 10: *Boon* 45,14; 46,14; 57,11; 71,2 u. 73, 3 (dt. bei H. *Bacht,* Das Vermächtnis II, 229 u. 275f). Zum Brief des Bischofs Ammon, der von zwölf Psalmen bei den Pachomianern spricht (Ep Am 22; *Halkin* 110,33), und der bei *Palladios* HL 32 überlieferten "Engelregel" der zwölf Gebete (*Butler* II, 92f) siehe A. *Veilleux,* Pachomian Koinonia II, 91 u. 127 (engl. Text) und 108 Anm. 1 zu Ep Am 22, zu Palladios auch G. *Holzherr,* Die Benediktsregel, 367 Anm. 8 zu RB 9, und A. *Veilleux,* La liturgie, 324–332 u. 339, der allerdings meint, es handle sich bei Palladios nicht um zwölf *Psalmen,* sondern um zwölf spontane *Orationen* der Mönche nach der Zahl des Tages- und Nachtstunden.

gilt im gesamten Mönchtum, daß zwölf zu beten sind[327]. Diese waren ursprünglich nicht fugenlos aneinander gereiht, sondern auf jeden Psalm folgte eine Zeit des persönlichen stillen Gebets der Mönche. Darin kam die Struktur von Wort und Antwort, Anrede Gottes und hörende Aufnahme seines Wortes, zum Ausdruck[328].

Die Gefahr lag freilich nahe, in diesen Gebetszeiten ein *Pensum* zu sehen, das man "schaffen" mußte und das man dann auch hinter sich hatte. Ihr tieferer Sinn dagegen liegt in der Hinordnung der Stundengebete auf das immerwährende Gebet. In einem schönen Bild bezeichnet sie Adalbert *de Vogüé* als "Brückenpfeiler", die das Gebet tragen: in *allem* ist der Mönch auf Gott ausgerichtet und also im Gebet, aber die gemeinsamen Gebetszeiten bilden so etwas wie eine "Infrastruktur" des Gebets[329]. Schon Johannes *Kassian* hat jedoch die Gefahr gesehen, daß das immerwährende Gebet dabei *de facto* in den Hintergrund tritt und die Mönche nach vollbrachtem Stundengebet glauben, ihr "Soll" erfüllt zu haben. Deshalb hat er der Gebetsweise der Ägypter den Vorzug gegeben: nur zwei formelle Zeiten des Betens am Tag, aber dazwischen die beständige Ausrichtung des Herzens auf Gott, während die Handarbeit verrichtet wird[330].

So hat sich im Orient, anknüpfend an die rezitierende Meditationsweise während der Arbeit (s. S. 114), eine Form des immerwährenden Gebets entwickelt, die schließlich zum Herzens- oder *Jesus-Gebet* führte und sich konsequent zum *Hesychasmus* hin entwickelte.

Der Rekluse *Johannes von Gaza* gibt uns eine anschauliche Beschreibung dieser Gebetsweise[331]. Wir begegnen hier wieder der *Meditation* im Sinne der *ruminatio*

---

[327] Vgl. die vorige Anmerkung, ferner A. *Davril,* Die Psalmodie bei den Wüstenvätern, 460; A. *Veilleux,* La liturgie, 332–339; s. *Kassian* Inst II 4; 5,5: *Guy* 64, 1–10; 68,54–61; *Petschenig* 20,16–24; 22,14–20; *Benedikt* RB 9.

[328] G. *Bunge,* Das Geistgebet, 13f u. 19–28; A. *Davril,* a.a.O. 454f u. 461; A. *de Vogüé,* Die Regula Benedicti, 165–179.

[329] A. *de Vogüé,* Die Regula Benedicti, 151f; über den Zusammenhang von immerwährendem Gebet und Stundengebet s. a.a.O. 146–164; *ders.,* Die drei Kriterien des heiligen Benedikt, 46; *ders.,* Klosterleben und gemeinsame Gebetszeiten; M. *Schneider,* Aus den Quellen der Wüste, 38, 40–43 u. 47.

[330] Inst III 1–2: *Guy* 92,1–94,20; *Petschenig* 33,18–34,18; dazu A. *Davril,* Die Psalmodie bei den Wüstenvätern, 456; M. *Schneider,* Aus den Quellen der Wüste, 43. Auch in *Lérins* scheint diese Praxis noch lange Zeit befolgt worden zu sein, s. Cl. M. *Kasper,* Theologie und Askese, 65–69 u. 318f.

[331] *Barsanuphios und Johannes,* Brief 143 (dt. bei G. *Bunge,* Das Geistgebet, 33f; Zählung nach der Ausgabe von *Volos:* D. J. *Chitty,* der eine andere Anordnung und Numerierung der Briefe wählte, war nicht mehr in der Lage, den zweiten Teil seiner

(wörtl. = "Wiederkäuen"), der lauten Rezitation von Psalmen und Schriftstellen. Wir finden aber auch ein weiteres Element, nämlich das kurze *Stoßgebet,* das in bestimmten Abständen gesprochen wurde. Dieses "monologistos" genannte Gebet[332] konnte aus verschiedenen Sätzen bestehen, die Überlieferung ist anfangs noch nicht normiert. Bei *Johannes von Gaza* sind es die Worte: "O Gott, erbarme dich meiner, des Elenden!" (vgl. Lk 18,13.38f), und: "O Gott, du siehst meine Bedrängnis, komm mir zu Hilfe!" (vgl. Ps 70,2) In den Apophthegmen wird empfohlen, "allezeit das Wort des Zöllners im Herzen" zu haben, eben jenen Gebetsruf aus Lk 18,13[333]. Johannes *Kassian* läßt den Altvater Isaak den Vers aus Ps 70 empfehlen: "O Gott, komm mir zu Hilfe, Herr, eile mir zu helfen!"[334] *Makarios d. Große* gibt folgenden Rat: "Man muß die Hände ausstrecken und sprechen: 'Herr, wie du willst und weißt, erbarme dich!' Wenn aber eine Anfechtung kommt, dann: 'Herr, hilf!'"[335]

In koptischen und äthiopischen Quellen, die in der uns erhaltenen Form auf das 7. oder 8. Jh. zurückgehen, aber höchstwahrscheinlich ältere Tradition enthalten, begegnen uns dieselben Gebetssätze, aber nun ist das Wort "Herr" durch den *Namen "Jesus"* ersetzt: "Jesus, erbarme dich meiner! Jesus, hilf mir! Ich preise dich, mein Gott!"[336] Dort wird auch von einem Gespräch zwischen *Makarios* und *Evagrios*

---

kritischen Textausgabe [s. Literaturverz.], der diesen Brief enthalten hätte, zu veröffentlichen).

[332] Vgl. dazu G. *Bunge,* "Priez sans cesse", 13f, der diese Gebetsweise aber nicht mit dem griech. "monologistos" bezeichnet, sondern mit Augustinus als "prières jaculatoires" charakterisiert (s. *Augustinus,* Brief an Proba Ep 130,20: *Goldbacher* 62,8f; dt. bei *Hoffmann* 511); I. *Hausherr,* Noms du Christ et voies d'oraison, 177–215; L. *Regnault,* La prière continuelle "monologistos". (*Hausherr* versteht unter dem "Monologistos-Gebet" allerdings insbesondere die Anrufung des *Namens Jesu allein,* s. a.a.O. 214 u. 250f, unter Berufung auf Johannes *Klimakos,* Paradiesesleiter 15, PG 88, 889 D: καὶ μονολογιστός Ἰησοῦ εὐχῇ; es ist allerdings fraglich, ob der Satz so verstanden werden muß, als bestehe die Gebetsformel im Namen "Jesus" selbst; es kann sich auch nur um ein an Jesus gerichtetes "antirrhetisches" Gebet handeln, s. *Regnault* a.a.O. 469. *Handwercher* hat leider nach dem lateinischen Text übersetzt [PG 88, 890 D–891 A], der den Zusammenhang mit dem monologischen Gebet verschleiert.)

[333] Siehe z. B. *Ammonas* 4; *Epiphanios* 6; *Synkletika* 11: PG 65, 120 C; 165 A; 425 B (dt. bei *Miller* Apo 116, 201 u. 902).

[334] Coll X 10: *Pichery* 85–90; *Petschenig* 297,3–302,28 (dt. bei *Sartory* Bd. 2, 78–85).

[335] *Makarios* 19: PG 65, 269 C (dt. bei *Miller* Apo 472). Diese "antirrhetische" Gebetsmethode war im ägyptischen Mönchtum allgemein üblich und wurde von *Evagrios Pontikos* systematisiert, vgl. A. *Grün,* Einreden, der Evagrios für die heutige Zeit fruchtbar machen möchte; über den Zusammenhang vom Kampf gegen die Anfechtungen ("Gedanken", λογισμοί) mit der *Apatheia* (Evagrios) bzw. *puritas cordis* (Kassian) s. *ders.,* Reinheit des Herzens.

[336] Zitiert bei G. *Bunge,* Évagre le Pontique et les deux Macaires, 346; L. *Regnault,* La prière continuelle "monologistos", 475.

berichtet; auf die Bitte um ein rettendes Wort sagte Makarios dem Jüngeren: "'Binde das Seil an den Mast, wenn du das Segel hißt, und mit der Gnade unseres Herrn Jesus Christus wird das Boot die teuflischen Wogen durchqueren, die Wellen des trügerischen Meeres und die trübe Finsternis dieser eitlen Welt.' Evagrios fragte: 'Was ist das Boot, was ist das Seil und was ist der Mast?' Abba Makarios erklärte: 'Das Boot ist dein Herz; achte darauf! Das Seil ist dein Geist (oder: dein Verstand); befestige ihn an unserem Herrn Jesus Christus. Er ist der Mast, der die Wellen und teuflischen Wogen bezwingt, die gegen unsere Seele schlagen. Ist es nicht wirklich ganz einfach, mit jedem Atemzug zu sagen: "Mein Herr Jesus Christus, erbarme dich meiner! Ich preise dich, mein Herr Jesus Christus, hilf mir!"?'"[337]

Ob dieses Gespräch tatsächlich in der Zeit von Makarios und Evagrios stattgefunden haben kann, ist wegen der Erwähnung der Atmetechnik fraglich[338], aber daß Evagrios in die Vorgeschichte des *Herzensgebets* hineingehört unterliegt keinem Zweifel. Das zeigt schon seine Systematisierung des *Stoßgebetes* im "Antirrhetikos" und seine dem späteren Hesychasmus vorarbeitende Lehre über die ἀπάθεια[339]. Man muß sogar fragen, ob die starke Betonung des sog. "Intellektualismus" bei Evagrios[340] und die Entgegensetzung von *Evagrios* (intellektuelles "Geist"gebet) und *(Pseudo-)Makarios* ("Herzens"gebet)[341] berechtigt ist, da in der Antike das "Herz" als Sitz des Intellekts (Geist/Verstand: νοῦς) angesehen wurde[342] und "erkennen" bei Evagrios immer vom biblischen Hintergrund her als *personale Gemeinschaft* verstanden werden muß[343]. Der Unterschied zwischen Evagrios' Beten und dem später ausgebildeten *Jesus-Gebet* liegt m. E. darin, daß Evagrios zwischen dem *Logos* und

---

[337] Zitiert bei G. *Bunge* a.a.O. 345f; A. *Guillaumont,* The Jesus Prayer, 69.

[338] A. *Guillaumont* a.a.O. 70 datiert die Texte ins 7./8. Jh. – H. *Bacht,* Pachomius und Evagrius, 146f, rechnet schon *Evagrios Pontikos* zu den "Vätern dieser Gebetsweise", ebenso K. *Rahner,* Die geistliche Lehre des Evagrius Pontikus, 27; beide Autoren meinen die Anrufung des Namens Jesus bei jedem *Atemzug* und stützen sich auf eine Stelle in *De octo vitiosis cogitationibus* (PG 40, 1275 C), die aber in Wahrheit dem Sinaiten *Hesychios von Batos* aus dem 7. oder 8. Jh. zuzuschreiben ist (unter dem Namen *Hesychios von Jerusalem* zitiert in PG 93, 1540 D), s. A. *Guillaumont* a.a.O. 66; A. u. C. *Guillaumont,* Évagre le Pontique. Traité pratique I, 424f.

[339] G. *Bardy,* Art. "Apatheia"; A. u. C. *Guillaumont,* Évagre le Pontique. Traité pratique I, 98–112; Ch. *Joest,* Die Bedeutung von akedia und apatheia, 31–45.

[340] I. *Hausherr,* Les grands courants, 122; *ders.,* Noms du Christ, 148; *ders.,* Penthos, 33.

[341] J. *Meyendorff,* Byzantine Theology, 67f.

[342] Y. *Andia,* Prière à Jésus, 316–318.

[343] G. *Bunge,* Das Geistgebet, 62–73; *ders.,* Mysterium Unitatis, bes. 460, 464f u. 467f; *ders.,* "Nach dem Intellekt leben", 102–104. Dazu, daß die evagrianische Mystik durch und durch *trinitarisch* ausgerichtet ist und auf *personale* Einung zielt, s. außer der genannten Literatur noch G. *Bunge,* Briefe aus der Wüste, 74, 121, 129 u. 132f; *ders.,* Hénade ou Monade?

dem *Christus* unterscheidet (gemäß der alten Unterscheidung von "Theologie" und "Ökonomie")[344] und in der Einung aller Intellekte in den dreieinen Gott hinein irgendwie die "ökonomische" Gestalt des Christus übersteigen oder hinter sich lassen will[345], während das Jesus-Gebet sie gerade festhält. Man darf Evagrios aber nicht rückblickend von späteren Lehrentwicklungen her verurteilen, sondern muß prüfen, ob er in seiner spekulativen Theologie die Grenzen verletzt hat, die durch Nikaia 325 gezogen waren; Gabriel *Bunge* ist zuversichtlich, daß dies nicht der Fall ist[346]. Vielleicht hat auch die im Kampf gegen den Ikonoklasmus präzisierte Bild-Theologie[347] nach Evagrios das Festhalten am (heilsökonomisch bedingten) Jesus-Namen im späteren Hesychasmus gefördert[348].

Bemerkenswert ist in diesem Text einmal, daß das Stoßgebet bereits einerseits mit dem Atem, andererseits mit dem "Wiederkäuen" verbunden wird, daß sich also Stoßgebet und immerwährendes Gebet verbinden (vielleicht ist das ein weiterer Hinweis darauf, daß die Abschnitte eher spät zu datieren sind). Außerdem ist auffällig, welche zentrale Stellung der *Name "Jesus"* einnimmt: *er* wird zum eigentlichen Gebet, das alles in sich enthält[349].

Für diese außerordentliche Bedeutung der Anrufung des Erlösers und des Jesusnamens finden sich allerdings schon wesentlich frühere Zeugnisse. Hier ist vor allem *Diadochos von Photike* zu nennen[350]. – Bei *Dorotheos von Gaza* taucht zum ersten Mal der Gebetssatz auf, der dann für das Jesus-Gebet in seiner klassischen Aus-

---

[344] Vgl. KG IV 80: *Guillaumont* 171; in Ps. 104,15; 118,3: PG 12, 1564 C u. 1588 D.

[345] KG IV 8.9. VI 14: *Guillaumont* 139 u. 223; Ep fid VII 22.23: *Courtonne* 30,13–19.29–37 (dt. bei *Bunge*, Briefe aus der Wüste, 293 u. 294).

[346] G. *Bunge*, Origenismus – Gnostizismus, 42–44 u. 47, gegen A. *Guillaumont*, Les "Kephalaia Gnostica" d'Évagre le Pontique, 156ff; F. *Refoulé*, La christologie d'Évagre et l'origenisme, 255, denen sich N. *Egender*, Das Verhältnis zu Christus, 275, angeschlossen hat. Vgl. auch Ch. *Joest*, Die Bedeutung von akedia und apatheia, 17 Anm. 65.

[347] Dazu s. die hervorragende Studie von Ch. *Schönborn*, Die Christus-Ikone.

[348] Vgl. die erhellenden Abschnitte von E. A. *Clark*, The Origenist Controversy, 43 84, über die "ikonoklastische Theologie" des "reinen Gebets" bei Evagrios; s. auch die treffende Bemerkung von N. *Egender*, Johannes Damascenus, 16, die sich freilich nicht unmittelbar auf Evagrios bezieht: "Für ihn (Johannes) ist der Ikonoklasmus Manichäismus, dessen Berufung auf den rein geistigen Gottesdienst (!) im Grunde die Sakramentalität der Kirche zerstört und die Christologie angreift. Durch die Menschwerdung des Logos hat Gott in seinem Sohne sichtbare und darstellbare Gestalt angenommen."

[349] Vgl. zum Ganzen außerdem noch: P. *Adnès*, Art. "Jésus (prière à)"; A. *Guillaumont*, Une inscription copte; E. *Jungclaussen*, Art. "Herzensgebet"; *ders.*, Art. "Jesus-Gebet".

[350] Zum Jesus-Gebet bei Diadochos s. I. *Hausherr*, Noms du Christ et voies d'oraison, 202–210; Ch. *Joest*, "Gott lieben in voller Empfindung des Herzens", 170–175 u. 183f; vgl. *Diadochos*, Hundert Kapitel, 59.

prägung konstitutiv werden sollte: "Jesus, Sohn Gottes, erbarme dich über mich Sünder", nur daß ihm noch der Ruf um Hilfe, der uns oben schon begegnete, beigefügt ist[351]. – Es scheint so, als ob *Johannes Klimakos* an diese Gebetsformel dachte, wenn er schreibt: "Einsam leben (ἡ ἡσυχία) heißt in immerwährender Anbetung vor Gott stehen. Das *Andenken Jesu* (ἡ Ἰησοῦ μνήμη) *vermähle sich mit deinem Atem,* und dann wirst du die Frucht der Einsamkeit und der Ruhe (ἡσυχία) kennen lernen"[352].

Das zuletzt genannte Stichwort weist voraus auf den sog. *"Hesychasmus",* der dem Jesus-Gebet schließlich seine klassische Form geben sollte, wobei der Gebetssatz: "Herr Jesus Christus, Sohn Gottes, erbarme dich über mich Sünder" mit dem Rhythmus des Ein- und Ausatmens verbunden wurde; dabei saß oder kniete man, ließ den Kopf nach vorne sinken und richtete seine Aufmerksamkeit auf die Stelle der Brust, wo das Herz sitzt[353]. Man darf diese Gebetsweise als typisch für den Bereich der Ostkirche bezeichnen[354]. In einer etwas vereinfachten Form wurde dieses Jesus-Gebet neuerdings aber auch wieder im Westen populär, vor allem wohl durch die

---

351 Leben des Dositheos 10: *Regnault/Préville* 138,1–4 (dt. bei *Hermann* 29).

352 Paradiesesleiter 27: PG 88, 1112 C. Wir haben hier wohl das älteste Zeugnis vor uns, das etwas von der *Atemtechnik* andeutet, die im späteren Hesychasmus dann systematisch weiterentwickelt wurde, s. P. *Adnès,* Art. "Jésus (prière à)", 1132; *Handwercher* 527 übersetzt nach der lateinischen Vorlage, die πνοή mit *spiritus* wiedergibt und daher auch hier die Zusammenhänge verschleiert.

353 Zum Hesychasmus vgl. etwa: P. *Adnès,* Art. "Hésychasme"; Y. *de Andia,* Prière à Jésus; H. *Bacht,* Das "Jesus-Gebet"; F. *Bouwens,* Histoire spirituelle de l'Orient chrétien; I. *Hausherr,* La méthode d'oraison hésychaste; *ders.,* La prière perpétuelle du Chrétien; *ders.,* Note sur l'inventeur de la méthode d' oraison hésychaste; E. *Jungclaussen,* Art. "Hesychasmus"; F. *v. Lilienfeld,* Art. "Hesychasmus" (Literatur!); G. *Podskalsky,* Zur Gestalt und Geschichte des Hesychasmus. An Quellentexten gibt es auf Deutsch den Traktat des *Pseudo-Symeon (14. Jh.), in:* G. *Ruhbach*/J. *Sudbrack* (Hg.), Christliche Mystik, 175–183, die Zenturie der Mönche *Kallistos* und *Ignatios* (14./15. Jh.), hg. von A. *Rosenberg* unter dem Titel: "Die Meditation des Herzensgebets" und die einschlägigen Texte in den zwei Ausgaben der "Kleinen Philokalie", hg. v. M. *Dietz* bzw. J. *Gouillard.*

354 Vgl. P. *Evdokimov,* Die Frau und das Heil der Welt, 106; I. *Smolitsch,* Leben und Lehre der Starzen, 97–105, 160–162, 177f, 186 u. 216; D. *Staniloae,* Gebet und Heiligkeit, bes. 19–35; K. *Ware,* Der Aufstieg zu Gott, 54f, 94f u. 166f; *ders.,* "Pray Without Ceasing", 258–261; *ders.,* "Separated from All and United to All", 42f, wenngleich die großen russischen Starzen des 19. Jh.s die Atemtechnik weniger betont haben als der klassische Hesychasmus, s. E., *Jungclaussen,* Art. "Jesusgebet", 674. Es haben sich verschiedene Schulen des Hesychasmus entwickelt, z. B. die "sinaïtische", die "athonitische" vom Berg Athos oder die russische; was für ein Reichtum christlicher Innerlichkeit und Mystik sich mit dieser (hier nur ganz äußerlich beschriebenen) Gebetsmethode verbindet, zeigt am Beispiel von *Gregor Palamas († 1359)* sehr eindrücklich G. *Podskalsky,* Gott ist Licht.

"Aufrichtigen Erzählungen eines russischen Pilgers"[355], und findet hier ein vertieftes Interesse[356].

Im Westen ging indes die Entwicklung so weiter, daß das Stundengebet mehr und mehr ausgebaut wurde: In den Klöstern wurde der ganze Psalter innerhalb einer Woche gebetet; Hymnen, Responsorien, Lesungen aus der Bibel, den Heiligen- und Märtyrerviten und der Väterliteratur traten hinzu[357]. In etwas vereinfachter Form wurde das Stundengebet auch für die Weltpriester verpflichtend (*Brevier*). Gehörten die Horen zunächst noch zu den Gemeindegottesdiensten, waren es später nur noch die Matutin, Laudes und Vesper an Sonntagen, denen die Gemeinde beiwohnte. Aber auch das verlor sich bis auf die Metten an Weihnachten und in der Karwoche und die Vesper an Sonn- und Feiertagen.

Auf evangelischer Seite[358] hat nach vereinzelten Versuchen im letzten Jahrhundert (W. *Löhe*[359]) vor allem die Liturgische Bewegung durch die "hochkirchliche Vereinigung" Friedrich *Heilers,* den "Berneuchener Kreis" und die Evangelische Michaelsbruderschaft[360] sowie den "Alpirsbacher Kreis" zu einer Neu- bzw. Wiedergewinnung der Tagzeitgebete geführt. Erfahrungen im Kirchenkampf während des Dritten Reiches haben das vertieft und beeinflußten die Agendenreform der 50er Jahre. Obwohl diese Entwicklung zur Herausgabe eines "Allgemeinen Evangelischen Gebetbuches"[361] geführt hat und einzelne Landeskirchen in

---

[355] E. *Jungclaussen* (Hg.), Aufrichtige Erzählungen eines russischen Pilgers. Erste vollständige deutsche Ausgabe.

[356] Vgl. die hohen Auflagen der populären Literatur zu dieser Gebetsart, s. vorige Anm. (18. Aufl.!); ferner: E. *Jungclaussen* (Hg.), Das Jesusgebet; K. *Ware*/E. *Jungclaussen,* Hinführung zum Herzensgebet.

[357] Vgl. die oben Anm. 318 genannte Literatur, dazu K. *Dienst,* Art. "Stundengebet, I. Liturgisch, 2. In der röm.-kath. Kirche" (Literatur!).

[358] Siehe K.-H. *Bieritz,* Art. "Liturgische Bewegungen", bes. 161–163; F. *Hertzsch,* Art. "Stundengebet, I. Liturgisch, 3. In den ev. Kirchen".

[359] Daß diese Tradition in Neuendettelsau heute noch lebendig ist, zeigt die Herausgabe des *Psalters* "mit Ordnung der Tageszeitgottesdienste und des Beichtgottesdienstes" 1971.

[360] Daraus sind Entwürfe hervorgegangen, die in revidierter Form z. T. noch heute in der Michaelsbruderschaft in Gebrauch sind (z. B. in Kloster Kirchberg), vgl. Das *Stundengebet;* K. B. *Ritter,* Gebete für das Jahr der Kirche; *ders.,* (Hg.), Pfarrgebete, 15–48.

[361] Allgemeines Evangelisches Gebetbuch. Anleitung und Ordnung für das Beten des Einzelnen, der Familie und der Gemeinde, 1. Aufl. Hamburg 1955; vgl. auch das von E. *Hertzsch* zusammengestellte *Evangelische Brevier,* 1. Aufl. Berlin 1959.

ihren Gesangbüchern sogar Ordnungen für die Gemeindefeier von Mette (Laudes), Vesper und Komplet anbieten[362], muß man wohl sagen, daß die Stundengebete unter dem protestantischen "Kirchenvolk" nicht gegriffen haben, wohl aber in den evangelischen Kommunitäten und Bruderschaften heimisch geworden sind und dort bis heute das tragende Gerüst des geistlichen Tages-, Wochen- und Jahresablaufes bilden.

Im Gespräch mit Geschwistern der *Kommunität Imshausen* versuchte ich, den Anfängen des Stundengebetes in ihrer Gemeinschaft auf die Spur zu kommen. Sie sind Zeitzeugen dessen, was oben summarisch dargestellt wurde. Bruder Hans *Eisenberg* erzählte: "Damals (1936) und bereits in den 20er Jahren war die Alpirsbacher Schule *die* evangelische liturgische Schule. Dr. Friedrich *Buchholz* veranstaltete die 'Alpirsbacher Wochen'. Der Mäzen der Johannesbruderschaft[363] brachte uns das Alpirsbacher Antiphonale ins Haus." Die Brüder *Peter* und *Michael* ergänzten: "Damals hat man die Gregorianik entdeckt und ihre bewahrende Kraft erfahren. Diese Singwochen haben uns sehr geprägt. Zunächst war das der Einfluß von Alpirsbach. Dann wirkte ein Pfarrer der Evangelischen Michaelsbruderschaft, Kurt *Müller-Osten* in der Nähe von Imshausen[364]. Der hat uns in vieles eingeführt. Später haben wir Ambrosius *Schmid* von *Scheyern* kennengelernt und seinen Psalter[365] übernommen." – "Das liturgische Leben begann bei uns mit der Komplet. Im Kriege haben wir sie bewußt für die Brüder an der Front gebetet. Erst in den 50er Jahren kamen nach und nach die anderen Tagzeitgebete hinzu." Br. *Hans* als einer dieser Brüder an der Front in Rußland hat gerade den "bewahrenden Charakter der Komplet" erfahren und wurde durch das Wissen: "Jetzt beten sie auch für dich!" gestärkt: "Das Stundengebet habe ich über die Komplet gewonnen. Danach haben wir die Vesper entdeckt und wir Brüder später besonders die Laudes. Wir entdeckten die Osterstunde des Morgens, das Benediktus, die Schwestern das Magnifikat."

---

[362] Z. B. Evangelisches Kirchengesangbuch, Ausgabe für die Evangelisch-Lutherische Kirche in Bayern, S. 92*–126*; vgl. auch die Ausgabe der "Tagzeiten-Gottesdienste" der Lutherischen Liturgischen Konferenz Deutschlands, die S. 9–17 sogar noch ein Mittagsgebet enthielt. Auch der Vorentwurf zum neuen *Evangelischen Gesangbuch* enthält unter den Nummern 781–788 diese vier Stundengebete samt einer Ökumenischen Vesper nach der Ordnung des katholischen Gebet- und Gesangbuches *"Gotteslob"*.

[363] Eine Bewegung mit hochkirchlicher Ausrichtung, s. A. *Volkmann, in:* L. *Präger* (Hg.), Frei für Gott und die Menschen, 272–276.

[364] In Ronsdorf, später in Rotenburg/Fulda. Von ihm stammen auch einige Kirchenlieder, z. B.: "Also liebt Gott die arge Welt" (EKG 35), oder: "In dem Herren freuet euch" (im Vorentwurf zum neuen Evangelischen Gesangbuch Nr. 306), vgl. auch im EKG-Anhang der beiden Hessischen Kirchen Nr. 407 u. 455.

[365] *Psalter* für den Gottesdienst, heute von der Katholischen Bibelanstalt hg. und in der dritten Aufl. erschienen.

Für die *Communität Casteller Ring* war es die "Begegnung mit dem Kloster Münsterschwarzach, die – neben anderen Impulsen – helfend und prägend am Anfang unseres Weges stand. ... Wir erlebten in Münsterschwarzach die 'schönen Gottesdienste des Herrn' (Ps 27,4). Ein überwältigendes Erlebnis war dabei die Feier der Kar- und Ostertage. Viele von uns gewannen dadurch einen neuen Zugang zu diesem zentralen Mysterium unseres Glaubens. Es war nach dem Ende des letzten Krieges, in den Jahren 1945 bis 1950, als wir dort in den Gottesdiensten kennenlernten, was es um das Fest Gottes und um die Anbetung ist. ... Diese Begegnung widerfuhr uns zu einer Zeit, in der der Kairos, der 'Stundenschlag' Gottes, über uns stand. Es war für uns *die* Stunde!"[366] "Es war eine Dachstube im sogenannten 'Schlößchen' in Castell, in dem wir zu zweit am 15. Februar (1950) in der Morgenstunde mit dem gemeinsamen Gebet begannen", erinnert sich Priorin Maria *Pfister*[367], und Elisabeth *Decker* ergänzt: "Das Gebet ist seither nicht mehr abgerissen"[368]. Auf dem Schwanberg werden vier Horen am Tag gebetet: die Laudes in der Frühe, das Mittagsgebet, die Vesper und die Komplet, letztere schon recht früh wegen der verschiedenen Abendprogramme im Tagungs- und Bildungshaus und dem Haus der Begegnung, die den Schwestern später keine gemeinsame Zeit mehr gewähren. Die ersten drei der genannten Stundengebete lehnen sich stark an das Deutsche Antiphonale aus Münsterschwarzach an, die Komplet wird nach der Ordnung des bayerischen Gesangbuches gehalten.

Aber nicht nur von *dieser* Gebetsart wissen die "Schwanberger" zu berichten. "Versuchen Sie doch einmal, den Tag mit kurzen *Stoßgebeten* zu durchsetzen", rät Maria *Pfister*. "Es können kleine, selbstgeformte Sätze sein, es können auch Stücke der Liturgie sein: 'Herr, hilf mir' – 'Jesus, erbarme Dich' – 'Kyrie eleison' – 'Eile Gott, mir zu helfen' – 'Herr, hab Dank' – 'Du bist da' – 'Sei bei mir' – 'Jesus, mein Freund'. Wichtig wurde mir, daß es dabei nicht nur um Bitte und Dank geht, sondern daß ich Worte finde, die den augenblicklichen Lebensraum zwischen Jesus Christus und mir ausdrücken"[369]. Hier finden wir dieselben Formulierungen, die uns schon beim Monologistos-Gebet der Wüstenväter begegneten. Und es ist bezeichnend, daß der Beitrag von M. *Pfister* den Titel: "Leben in der Gegenwart Jesu" trägt und damit an die μνήμη θεοῦ des alten Mönchtums erinnert. Es verwundert darum nicht, daß sie fortfährt: "Eine große Hilfe ist mir seit Jahren das Jesus-Gebet. Die Erfahrung, die der 'russische Pilger' damit gemacht hat ..."[370]

Nicht das *Jesus-Gebet,* wohl aber das *Herzens-Gebet* der Ostkirche ist zum Angelpunkt des geistlichen Lebens der *Gethsemanebruderschaft* geworden, allerdings in einigen charakteristischen Veränderungen. "Die *Koinonia* ... ist vor fünfundzwanzig

[366] M. *Pfister,* Die Bedeutung St. Benedikts für die Communität Casteller Ring, 67f (Hervorhebung im Original).

[367] M. *Pfister*/J. *Halkenhäuser, in:* J. *Halkenhäuser,* Kirche und Kommunität, 232.

[368] E. *Decker,* Unser Platz innerhalb der Kirche, 58; vgl. auch M. *Pfister,* Wie heute beten?, 31. Zum folgenden s. G. *Deck,* Anregungen aus der Regel Benedikts, 215–217.

[369] M. *Pfister,* Leben in der Gegenwart Jesu, 24.

[370] A.a.O. 25.

Jahren gegründet worden", erläuterte Pastor Olav *Hanssen* während einer Oster-Einkehrzeit 1987, "und zwar als *Gethsemanebruderschaft.* Das ist der ursprüngliche Name, und das heißt, daß die Gethsemanegeschichte für uns bei der Gründung eine zentrale Rolle gespielt hat, und in dieser Geschichte selbstverständlich ganz besonders das *Gethsemanegebet:* 'Mein Vater, nicht wie ich will, sondern wie du willst.' In diesem einen kurzen Satz, in diesem kurzen Gebet haben wir sozusagen alle Theologie zusammengefaßt gesehen, alle Theologie des Neuen Testamentes, aber auch unsere Theologie, die uns motiviert hat"[371].

Die *Praxis* dieses "Gethsemanegebetes" erläutert Pastor *Hanssen* in seinem grundlegenden Buch "Das betrachtende Gebet": "Die Ostkirche hat das Herzensgebet mit großem Segen unter dem Gebetswort: 'Herr Jesus Christus, Sohn Gottes, erbarme dich meiner' geübt. Es läßt sich aber natürlich auf jedes andere biblische Herzensgebet anwenden. Wir haben bei unserer Betrachtung das Herzensgebet Jesu: 'Mein Vater, nicht wie ich will, sondern wie du willst' als die innere Mitte unserer Jesus-Nachfolge erfahren. ... Was die Atemtechnik anbetrifft, so werden wir da neueren medizinischen Erkenntnissen folgen ... Daraus ergibt sich folgende Ordnung: 1) Der Beter richtet völlig entspannt und konzentriert seine innere Aufmerksamkeit auf sein Herz (deshalb Herzensgebet!), genauer, auf die Körperstelle oberhalb seines Herzens. Das Herz ist dabei zugleich symbolisch als Sitz der seelischen und geistigen Kräfte des Menschen verstanden ... 2) Wir atmen bewußt, und zwar in dem Dreischritt: Ausatmen (möglichst lange) – entspannte Pause – Einatmen. Diese Technik muß sorgfältig geübt werden. ... Dabei verfahren wir folgendermaßen: a) 'Mein Vater, nicht wie ich will ...': Ausatmen. Der Eigenwille, alle bösen Gedanken verlassen das Herz. Das Ausatmen entspricht dem Fasten, dem Abend, dem Tod, der Kreuzigung. b) Entspannte Pause: Die Nachtruhe im Grab. c) 'sondern wie du willst ...'. Einatmen: Gottes Geist, seine Liebe und Kraft ziehen in unser Herz hinein. Es ist das Erwachen am Morgen, das Sinnbild der Auferstehung: Es ist alles neu geworden. Diese Übung werden wir möglichst oft und lange wiederholen."[372] Abgesehen davon, daß hier die sonst übliche Atemrichtung umgekehrt wurde, handelt es sich ganz offensichtlich um eine direkte Anknüpfung an das Herzensgebet und die Gebetsweise des *Hesychasmus*.

Diese Beispiele aus nur drei Gemeinschaften belegen eindrücklich eine doppelte Tatsache: einmal, daß Tradition – hier in Bezug auf das Gebet – in den evangelischen Kommunitäten *sehr bewußt aufgegriffen* wurde, daß sie spürbar präsent ist und das Leben tatsächlich prägt, zum andern aber, *wie unterschiedlich* sie aufgegriffen werden kann, bzw. daß die einzelnen Kommunitäten an sehr unterschiedlichen Traditionssträngen anknüpfen. Beide Aspekte, das dürfte implizit deutlich geworden sein, gründen in dem inneren Anruf Gottes, in der persönlichen Betroffenheit,

---

[371] Zitiert nach einer persönlichen Mitschrift.

[372] O. *Hanssen,* Das betrachtende Gebet, 75f. Zur Bedeutung der Atmetechnik s. auch O. *Hanssen*/R. *Deichgräber,* Leben heißt Sehen, 24f.

in der Gestalt des Nachfolge-Rufes, den die jeweiligen Gründer der Kommunitäten empfangen und erfahren haben. Darum wird *überhaupt* gebetet, und genau darum wird *so verschieden* gebetet.

Hier bewahrheitet sich zweierlei: einmal, daß echte Tradition nur durch den aktuellen An-Spruch Gottes und die konkrete Glaubensantwort des Menschen geschieht, dies allerdings inmitten eines Überlieferungsstromes, der die Antwort des Glaubens mitbedingt; und zweitens, daß die *eine* christliche Spiritualität sich in unterschiedlichen Spiritualitä*ten* verleiblicht. Die verschiedenen Profile der einzelnen Gemeinschaften, die hier vielleicht besonders deutlich hervorgetreten sind, werden im nächsten Hauptteil systematischer entfaltet werden können. Nur soviel sei hier noch bemerkt: es wäre voreilig, zu schließen, daß die Aufnahme unterschiedlicher Traditionen das erkennbar unterschiedliche Profil der besprochenen Kommunitäten *verursacht;* vielmehr ist es umgekehrt: aufgrund der je eigenen Gotteserfahrung finden die Kommunitäten den ihnen entprechenden Überlieferungsstrang, ergreifen ihn und verarbeiten ihn auf ihre Art. Und gerade *so* geschieht Tradition.

5.3.4 Beziehung zu Kirche und Welt

a) In einer Behandlung der altkirchlich-monastischen Tradition von der Beziehung der Mönche zur Kirche zu sprechen, scheint ein Zirkelschluß zu sein, denn daß altkirchliches Mönchtum einen Bezug zur Kirche hat, sagt ja schon die Bezeichnung, sonst wäre es eben außerkirchliches oder gar unkirchliches Mönchtum. Einige knappe Hinweise sind aber dennoch angebracht, und zwar aus zwei Gründen: zunächst, weil in der Forschung vor allem der liberalen protestantischen Theologie das Mönchtum als *Protestbewegung gegen die Kirche* aufgefaßt wurde, dann aber auch, weil es in der Tat gar nicht selbstverständlich war, daß die monastischen Kreise in jedem Fall mit der Kirche in Übereinstimmung standen, es gab auch ein *häretisches* und *schismatisches Mönchtum.*

Die Fiktion, das Mönchtum sei aus einem *Gegensatz* zur Kirche heraus entstanden, darf inzwischen als überwunden gelten[373]. Die enge Beziehung, die *Pachom* und die *Pachomianer* zur Kirche ihrer Umgebung und zum Patriarchen in Alexandrien unterhielten, wurde oben S. 119 bereits erwähnt. Ein Gleiches gilt offenbar auch von den Anachoretenkolonien der sketischen und nitrischen Wüste. Ein *Isidor* war Priester

[373] Vgl. U. *Ranke-Heinemann,* das frühe Mönchtum, 105–112; M. *Schneider,* Aus den Quellen der Wüste, 13f, sowie die oben S. 118 Anm. 77 angeführte Literatur.

in der Sketis[374], *Makarios d. Alexandriner († 393)* war dasselbe in den Kellien[375], ebenso *Isaak*[376]. Die Mönchskolonie auf dem Natrongebirge hatte eine Kirche, in der sich die Brüder am Samstag und Sonntag zum Gottesdienst versammelten; nach *Palladios* standen ihr bis zu acht (Mönchs-)Priester vor[377]. Es kam öfter vor, daß ein Mönch vom Patriarchen zum Bischof bestimmt oder vom Volk zum Bischof berufen wurde, ein Auftrag, dem sich die Mönche allerdings meist zu entziehen suchten, weil er sie häufig in weltliche Geschäfte verstrickte, denen sie ja gerade entfliehen wollten, und weil das Amt die Gefahr der Überheblichkeit mit sich brachte; wenn die Mönche eine solche Berufung annahmen, dann um des Gehorsams willen und aus Treue zur Kirche[378]. – Schließlich muß auch die persönliche Freundschaft, die *Athanasios,* den Patriarchen von Alexandrien, mit *Antonios d. Großen* verband[379], hier erwähnt werden.

Das von *Abspaltungstendenzen* gefährdete Mönchtum hingegen wird beispielsweise in den Mönchskreisen um *Eustathios v. Sebaste († um 380)* greifbar[380], des anfangs so verehrten Lehrers *Basileios des Großen.* Impulse zum Mönchsleben mag er in Ägypten empfangen haben, wo er eine Zeitlang weilte; deren Umsetzung verband er mit einer rigorosen und einseitigen Auslegung des Evangeliums, dem er absoluten Gehorsam leisten wollte. "Wegen asketischer Extravaganzen, die nach Auffassung der Bischöfe gegen die Lehre der Schrift und die Kanones der Kirche verstießen"[381], wurde er mehrfach verurteilt. Um ihn scharten sich Asketengruppen, die mit ihrem überzogenen Lebensstil und ihren harten Forderungen die Ordnung der Gemeinden empfindlich störten. Mehrere Synoden befaßten sich mit ihnen, darunter die von *Gangra (ca. 340),* deren Akten uns erhalten sind. Sie nennen niemanden mit Namen, so daß offen bleiben muß, inwieweit die Übertreibungen auf Eustathios selbst zurückzuführen sind. Jedenfalls wurde in diesen Kreisen behauptet, daß ein Christ, der nicht Beruf, Besitz und Familie aufgegeben habe, vom ewigen Heil ausgeschlossen

---

[374] Apophthegma *Isidor d. Presbyter* 1: PG 65, 220 C (dt. bei *Miller* Apo 409).

[375] *Palladios* HL 18 u. 25: *Butler* 47,22f; 79,14f (dt. bei *Krottenthaler* 350 u. 374).

[376] Apophthegma *Isaak d. Presbyter* 1: PG 65, 224 B (dt. bei *Miller* Apo 372).

[377] HL 7: *Butler* 26,8–13 (dt. bei *Krottenthaler* 334).

[378] Vgl. z. B. den Bericht über *Ammonios den Langen († 403)* HL 11: *Butler* 32, 16–33,17 (dt. bei *Krottenthaler* 339f), der sich allerdings erfolgreich gegen seine Bischofsweihe zur Wehr setzte; sein Bruder *Dioskuros († 402)* hingegen wurde Bischof von Hermopolis Parva (HL 10: *Butler* 29,16; *Sokrates* HE VI 7: PG 67, 685 A; Ep Am 32: *Halkin* 119,1–4), ebenso *Ammon (4./5. Jh.),* der drei Jahre unter *Theodoros* bei den Pachomianern und ab 355 in Nitria lebte (Ep Am 37: *Halkin* 121,7–17).

[379] Vgl. *Athanasios,* Vit Ant Einl.: PG 26, 840 A (dt. bei *Mertel* 689); auch *Ammon* bezeugt diese Freundschaft: Ep Am 34: *Halkin* 119,25–27.

[380] Zu Eustathios s. J. *Gribomont,* Art. "Eustathe de Sébaste"; *ders.*, Le monachisme au sein de l'église, 19–24; *ders.*, Le Monachisem au IVe s.; W.-D. *Hauschild,* Art., "Eustathius von Sebaste"; R. M. *Hübner,* Rubor confusionis, 329–333; F. *Loofs,* Eustathius von Sebaste und die Chronologie der Basilius-Briefe.

[381] R. M. *Hübner,* Rubor confusionis, 330.

sei; verheiratete Priester wurden abgelehnt; an den Gottesdiensten der Gemeinde nahm man nicht teil und beachtete auch nicht die kirchliche Fastenordnung; Fleischgenuß wurde grundsätzlich verboten. Ein Schüler des Eustathios, *Aërios,* trieb diese Grundsätze tatsächlich bis zum schismatischen Extrem, indem er die kirchliche Hierarchie und die sakramentalen Eucharistiefeiern verwarf; das Osterfest "ist überflüssig, ja schlimmer noch: ein Rückfall in jüdische Mythen. ... Zeremonien und Sakramente gehören einem mythologischen Stadium von Religion an. Alles Wesentliche vollzieht sich im Geist. Alles Äußerliche, ob Hierarchie oder Sakramente, ist belanglos"[382]. In enger innerer Verbindung mit diesen Ansichten stehen die Gruppen der *Messalianer,* über die wir oben in Verbindung mit ihrer Arbeitsverweigerung bereits gehört haben[383].

Im Zusammenhang mit den genannten "asketischen Extravaganzen" ist es bedeutsam, daß *Amphilochios v. Ikonion († 394)* in einer Schrift zum ἐκκλησιαστικῶς μονάζειν, zum "kirchlich Mönchsein" aufruft, die in manchen Handschriften den bezeichnenden Titel trägt: Περὶ ψευδοῦς ἀσκήσεως, "Über die falsche Askese"[384].

Es ist das Verdienst *Basileios des Großen,* daß die Mehrzahl der eustathianischen Asketengruppen für das "kirchlich Mönchsein" gewonnen werden konnten. Er, der selbst eine Zeitlang unter Anleitung von Eustathios das Leben eines Asketen geführt hatte, gab sich und seinen Gesinnungsgenossen in der Tat eine schriftliche Regel, die einzige, die sie anzuerkennen vermochten: das *Evangelium*[385]. "Kein Bischof, keine synodalen Kanones, keine Koinobitenregel, kein einer schriftlichen Klosterordnung selbst unterworfener Abt wären in der Lage gewesen, diesen individualistischen Enthusiasten Kleinasiens das Lebensideal und die Lebensordnung zu formulieren, deren sie bedurften. Gegen diese gesetzlichen, das Leben normierenden und normalisierenden Vorschriften sei es der Kirche, sei es der Ordensinstitute protestierten diese Spirituellen ja gerade im Namen des Geistes, der frei macht"[386]. Basileios stellte im Grunde nichts weiter als Exzerpte aus dem Neuen Testament her, die er "um drei grundlegende Themen" zentrierte[387]: Gehorsam gegen Gottes Gebote, Gemeinschaftsbezug der Charismen und Aufhebung des Zwei-Klassen-Systems in der Kirche. So gelang es ihm, die Einheit der Kirche wiederherzustellen. "Diese neue Begründung der Einheit ist nur möglich gewesen, weil hier beide Seiten, Asketentum und etablierte Kirche, unter die Kritik der Schrift gestellt wurden. ... Er (Basileios) wählt, um Kirche und Asketen zu vereinen, den einzig möglichen Maßstab, den er um keinen

[382] R. M. *Hübner,* Rubor confusionis, 332.

[383] Oben S. 186f; vgl. E. *Amand de Mendieta,* Le système cénobitique, 71–80; H. *Dörries,* Die Messalianer im Zeugnis ihrer Bestreiter; J. *Gribomont,* Le dossier des origines du Messalianisme; *ders.,* Le Monachisme au IVe s., 414f.

[384] In der Ausgabe von *Datema,* 183–214, unter dem Titel: "Contra haereticos", das Zitat vom "kirchlich Mönchsein" a.a.O. 199,545. Siehe E. *v. Severus,* Was heißt ἐκκλησιαστικῶς μονάζειν heute?, 165 Anm. 1.

[385] Siehe oben S. 128.

[386] R. M. *Hübner,* Rubor confusionis, 336; die Erwähnung von "Ordensinstituten" dürfte wohl ein versehentlicher Anachronismus sein.

[387] A.a.O. 337.

Zoll verkürzt: die Heilige Schrift, die er beiden, Asekten und Weltchristen, ohne Einschränkung vor Augen hält."[388]

Bei *Basileios* stoßen wir aber auch auf Redewendungen, die andeuten, daß er die Mönchsgemeinschaft als *Kirche im Kleinen* ansah. So wendet er z. B. in LR 7,2 das paulinische Bild vom Leib und den Gliedern auf das Einzelkloster an, ebenso am Ende des Kapitels LR 7,4 den Bericht der Apostelgeschichte über die Urkirche Jerusalems[389]. Er war freilich nicht der erste, der diese Auffassung vertrat: schon bei den *Pachomianern* waren dieselben theologischen Aussagen zu beobachten[390]. Damit stellt sich die Frage nach dem Verhältnis vom Kloster zur Gesamtkirche in verschärfter Weise. Basileios löste sie so, daß er im Bild der Leibes und seiner verschiedenen Glieder den Vorsteher der Gemeinschaft nicht als *Haupt,* sondern als *Auge* bezeichnet (LR 24)[391]. Das *Haupt* ist und bleibt Jesus Christus, und der ist es für die ganze Kirche.

Augustinus andererseits löst sie dadurch, daß er das Kloster nicht *Leib,* sondern *Glied am Leibe* nennt, genauer: den "Saum" des "Gewandes", in den das Salböl vom "Haupte Aarons" fließt, wobei das Gewand als Ganzes Bild für die Kirche ist, der Saum Gleichnis für die Mönche, das Haupt Hinweis auf Christus[392]. Für ihn ist überdies die Verzahnung von Kirche und Mönchsgemeinschaft dadurch gegeben, daß er selbst Bischof ist und seine Mitbrüder Kleriker sind[393].

Bei *Benedikt* schließlich finden wir die Integration des Klosters in die Gesamtkirche am auffälligsten dort ausgesprochen, wo er in Bezug auf die Wahl und Einsetzung des Abtes sagt: "Es kann sogar vorkommen, was ferne sei, daß die ganze Gemeinschaft einmütig jemanden wählt, der mit ihrem sündhaften Leben einverstanden ist. Kommen etwa solche Mißstände dem Bischof der betreffenden Diözese zur Kenntnis oder erfahren Äbte oder Christen der Nachbarschaft davon, so sollen diese verhindern, daß sich die Absprache der verkommenen Mönche durchsetzt; vielmehr sollen sie für das Haus Gottes einen würdigen Verwalter bestellen" (RB 64,3–5)[394]. Die kirchliche Integration zeigt sich aber auch darin, daß Benedikt die *stadtrömische Gebets- und Fastenordnung* übernimmt[395]. Am tiefsten kommt sie jedoch dort zum Ausdruck, wo Benedikt die Hingabe des Mönchs in der Profeß und die Aufnahme eines Knaben als Oblaten liturgisch einordnet, nämlich in die Eucharistiefeier

---

[388] A.a.O. 338f.

[389] Vgl. E. *v. Severus,* Das Monasterium als Kirche, 234–236; B. *Steidle,* Die Regel St. Benedikts, 17.

[390] Siehe die oben S. 119 Anm. 83 angegebene Literatur.

[391] E. *v. Severus,* Das Monasterium als Kirche, 235.

[392] En in Ps 132,9 u. 7: *Dekkers/Fraipont* 1932f u. 1931,12f; E. *v. Severus,* a.a.O. 236–238; B. *Steidle,* Die Regel St. Benedikts, 104–106; A. *Zumkeller,* Das Mönchtum des heiligen Augustinus, 145–147.

[393] Siehe z. B. Hom 355, I 2: PL 39, 1570; A. *Zumkeller* a.a.O. 81–88.

[394] Siehe dazu E. *Heufelder,* St. Benedikt von Nursia und die Kirche, 176f; W. *Kurtz,* Domus Dei, 119; E. *v. Severus,* Was heißt ἐκκλησιαστικῶς μονάζειν heute?, 166.

[395] E. *v. Severus* a.a.O. 167.

(so kann man wenigstens aus den Texten schließen): "Diese Anordnung ist darum so wichtig, weil sie uns den *Lebensbezug* der Aufnahme deutlich macht. ... sie ist in das *Opus redemptionis,* das Erlösungswerk Christi hineingenommen, so wie dessen Weiterführung der Kirche anvertraut ist."[396] Das bedeutet andererseits, daß in Benedikts Klöstern *Eucharistie* gefeiert wurde (vgl. RB 60,4 u. 62,6)[397] und daß er – wenn auch mit Zögern – *Priester* unter den Mönchen zuließ (RB 60 u. 62)[398].

Der weitere Gang der Dinge kann hier nicht dargestellt werden. Er beinhaltet mit dem stärkeren Hervortreten des Papsttums auch neue Formen der kirchlichen Zuordnung (z. B. "exemte", d. h. der bischöflichen Jurisdiktion entnommene und direkt dem Papst unterstellte Orden). Diese Entwicklung hat in dem Treuegelübde der Jesuiten gegenüber dem Papst[399] und in *Ignatius von Loyolas* "Regeln für das wahre Gespür, das wir mit der streitenden Kirche haben müssen" (EB 352–370), ihren Höhepunkt gefunden[400].

Wenn freilich Hans *Dombois* schrieb: "Es ist eine höchst bemerkenswerte Erscheinung, daß die Orden nirgends auch nur den Ansatz oder die Neigung zur Sektenbildung gezeigt haben. Obwohl sie häufig genug und teilweise bis heute eine erheblich von der Lehre der Gesamtkirche abweichende und heftig bestrittene eigene Theologie vertraten, obwohl sie häufig in schwere Spannungen zu der päpstlichen und bischöflichen Gewalt gerieten, sind sie doch nirgends aus der Kirche herausgetreten. Keine äußere Disziplin könnte einen solchen Vorgang erklären und hätte eine Absplitterung verhindern können. Vielmehr ist das Wesen des

---

[396] Ebd. (die erste Hervorhebung von mir); Vgl. a. A. *Böckmann,* Perspektiven der Regula Benedicti, 189f.

[397] Zur Bedeutung der Eucharistie für die klösterliche Gemeinschaft s. A. *de Vogüé,* Eucharistie und Mönchsleben. Für ihn hat alle "asketische und mystische Kraft" der Mönche "ihren Ursprung im Mysterium Christi, dem Sakrament der Kirche", a.a.O. 93.

[398] Im Spätmittelalter wurde es dann zur *Pflicht,* daß die Mönche geweiht werden mußten; schon die ersten Regelkommentare aus dem 9. Jh. verraten eine allmähliche Höherschätzung der "Priestermönche" gegenüber den anderen, s. A. *Groiss,* "Die Priester des Klosters".

[399] Zu diesem häufig mißverstandenen Gelübde s. A. *Ebneter,* Der Jesuitenorden, 41f; J. G. *Gerhartz,* Von Jerusalem nach Rom; R. *Sebott,* Das vierte Gelübde; G. *Switek,* die Gelübde des Ignatius und seiner Gefährten, 253–255.

[400] Siehe dazu W. *Löser,* Die Regeln des Ignatius von Loyola zur kirchlichen Gesinnung; G. *Switek,* Kirchlichkeit oder Berufung auf den Geist? Über den Einsatz von Jesuiten zugunsten von Papst und Kirche berichten anhand konkreter Beispiele P. J. *Begheyn,* Ein Eckpfeiler der Katholischen Kirche (Peter Canisius); H. J. *Sieben,* Option für den Papst (Jesuiten auf dem Trienter Konzil).

Ordens überhaupt mit dem der Sekte unvereinbar"[401], so hat sich dieses Verhältnis nicht durch die Reformation hindurch in den Bereich der evangelischen Kirchen hinein retten lassen, weil von kirchlicher Seite aus die Beziehung abgeschnitten wurde. Daß Ansätze zu neuer Ordensbildung fast mit Notwendigkeit in der Separation endeten, ist wohl beiden Seiten, nicht zuletzt aber der Unduldsamkeit protestantischer Theologie anzulasten[402]. Wenn *Dombois* aber mit seiner Deutung vom Wesen des Ordens recht hat, dann heißt das, daß die neu entstandenen evangelischen Kommunitäten von vornherein *in* der Kirche, *mit* der Kirche und *für* die Kirche da sind. "Nach dem Gesetz der Ordensbildung kann der Auftrag dieser Gemeinschaft (d. h. der Kommunitäten) nur aus der Lage der Gesamtkirche verstanden werden. Gegenüber einer Kirche, die ihren Auftrag immer ausschließlicher in der Wendung *ad hominem* als Verkündigung auffaßte und dabei das allmächtige lebenschaffende Wort Gottes zur menschlichen Rede verengte, wagte man es wieder, die ebenso notwendige Wendung *ad deum* zu vollziehen – grundsätzlich und liturgisch. Beides zusammen erst macht das Leben der Kirche aus. Durch diese Wendung *ad deum* und zum objektiven Handeln der Kirche eröffnete sich ein Erfahrungsbereich, aus dem sich die reformatorischen Kirchen in zunehmendem Maße selbst ausgeschlossen hatten. Sie stehen damit heute (1951) auch bei formaler Orthodoxie in einem verborgenen Gegensatz zu den Reformatoren, denen die betende und sakramental handelnde Kirche in ganz anderer Weise selbstverständlich war."[403]

Auf dem Hintergrund des Gesagten wird verständlich, daß sich ein Verhältnis der evangelischen Kommunitäten zu ihren jeweiligen Landeskirchen nicht ohne Probleme anbahnen ließ. Entscheidend – und für das hier zu behandelnde Thema aussagekräftig – ist aber die Tatsache, daß die Kommunitäten ihrerseits nicht locker ließen und immer wieder die Verbindung zu ihren Kirchenleitungen suchten, weil sie ihr Leben als Charisma in und Dienst an der Kirche verstanden.

"Die CCR steht auf dem Boden der evangelisch-lutherischen Kirche und weiß sich zugleich als Glied der Kirche, die nach dem Zeugnis des Neuen Testamentes der Leib Christi ist, und die im Nicänum als die 'Eine, Heilige, Katholische und Apostolische Kirche' bezeugt wird", so heißt es in der Selbstdarstellung der *Communität Casteller Ring*[404]. Diese Selbstzuordnung sowohl zur konkreten Landeskirche als auch zur universalen Kirche fand ihren sichtbaren Höhepunkt in der Amtseinführung

---

[401] H. *Dombois,* Über den gesamtkirchlichen Sinn evangelischer Orden, 135.

[402] Siehe oben S. 41–45.

[403] H. *Dombois,* Über den gesamtkirchlichen Sinn evangelischer Orden, 140 (Hervorhebungen im Original, Klammerbemerkungen von mir).

[404] Die *Communität Casteller Ring,* 5f.

der neuen Priorin, Schwester Edith Therese *Krug,* am 9. Februar 1991 durch den Landesbischof der Bayerischen Kirche, Dr. Johannes *Hanselmann* unter Mitwirkung des Schwanbergpfarrers (damals Dr. Johannes *Halkenhäuser*) und des Abtes von Münsterschwarzach, Dr. Fidelis *Ruppert* OSB. Nach Vorstellung der neuen Priorin durch die Subpriorin, Schwester Hannelore Lioba *Benkard,* und der Segnung von Ring und Kreuz als Zeichen des neuen Amtes, das die designierte Priorin übernehmen sollte, wurden u. a. folgende Fragen an sie gerichtet: "Bischof: Frau Edith Therese, sind Sie bereit, Ihren Gelübden treu zu bleiben und das Ihnen übertragene Amt zur Ehre Gottes und zum Aufbau der Ihnen anvertrauten Communität Casteller Ring zu führen? – Priorin: Ich bin bereit. – Bischof: Sind Sie bereit, für das Evangelium von Jesus Christus, wie es in der Heiligen Schrift gegeben und im Bekenntnis der Evangelisch-Lutherischen Kirche bezeugt ist, in Wort und Leben einzutreten? – Priorin: Ich bin bereit. – Bischof: Sind sie bereit, die Communität Casteller Ring nach den Ordnungen dieser Gemeinschaft im Geiste der Benediktinischen Regel (!) zu leiten? – Priorin: Ich bin bereit."[405]

Daß ein evangelisch-lutherischer Landesbischof diese Frage stellen konnte, zeugt von der kirchlichen Weite, welche die Communität Casteller Ring lebt und bei anderen zu induzieren vermag; daß der Landesbischof die Amtseinführung als solche übernahm, bezeugt die konkrete kirchliche Einordnung der Communität. Es war daher gewiß auch kein Zufall gewesen, daß die Klausurtagung der VELKD 1976, die erstmals eine positive offizielle Beurteilung der Kommunitäten durch die Kirche erbrachte, auf dem Schwanberg stattgefunden hatte (s. o. S. 59). Das Lebenszeugnis der Communität dürfte dabei keine unwesentliche Rolle gespielt haben.

Diese Ereignisse waren nicht nur äußerliche Kontaktaufnahmen mit der Kirche, sondern entsprach einem tiefen innerlichen Beheimatetsein in der Tradition und dem Lebensraum der Kirche. Das zeigen alle Schriften der Communität auf fast jeder Seite. Hervorgehoben seien hier nur die Erfahrungen mit dem "Stundengebet der Kirche" als einem "Gebetsstrom, der uns hält und trägt"[406], die Bedeutung der Eucharistie, deren vertieftes Verständnis "aus der Erfahrung des Leibgeheimnisses der Kirche erwuchs"[407], die bewußte Aufnahme und Reflexion des durch Emmanuel *von Severus* OSB, den damaligen Prior von Maria Laach, neu herausgestellten Begriffes vom "kirchlich Mönchsein"[408] und die zahlreichen Veröffentlichungen von Dr. Johannes *Halkenhäuser* zur liturgischen Gestaltung des (persönlichen oder gemeinschaftlichen)

---

[405] *Schwanbergbrief* 2/91, 7 (Klammerzusatz von mir).

[406] M. *Pfister*/J. *Halkenhäuser in:* J. *Halkenhäuser,* Kirche und Kommunität, 232; vgl. ferner: E. *Decker,* Unser Platz in der Kirche, 59; B. K. *Schweitzer,* Das Monastische und die Zukunft der Kirche, 64.

[407] M. *Pfister,* Eucharistie. Feier der Gemeinschaft und des Festes, 11; vgl. ferner: J. *Halkenhäuser,* "Aus deinen Quellen leben wir ..."; J. *Halkenhäuser*/M. *Pfister,* Hinter offenen Türen, 12.

[408] J. *Halkenhäuser,* Das Evangelium in Gemeinschaft leben, 496; *ders.,* Die Evangelischen Kommunitäten, 125; *ders.,* Kirche und Kommunität, 335; J. *Halkenhäuser*/M. *Pfister,* Hinter offenen Türen, 13; vgl. E. *v. Severus,* Was heißt ἐκκλησιαστικῶς μονάζειν heute?

Morgen- und Abendgebetes, der Eucharistiefeier sowie der Gebetszeiten und Gottesdienste in den Festzeiten des Kirchenjahres[409]. – Seinem unermüdlichen Einsatz vor allem aber ist es zu verdanken, daß es zu den beiden (im Anhang abgedruckten) Dokumenten zum Verhältnis von Kirche und Kommunitäten kam: "Profeß und Kirche" und: "Zum Selbstverständnis der Evangelischen Kommunitäten"[410].

Anstelle einer Darstellung weiterer Gemeinschaften in ihrer Beziehung zur Kirche sollen hier diese beiden Dokumente kurz besprochen werden, da sie Ausdruck und Ergebnis eines gemeinsamen Beratungsprozesses evangelischer Kommunitäten sind.

Das erste, "Profeß und Kirche" vom 3. Oktober 1978, ist unterzeichnet von Sr. Anke *Langmaack* vom *Ordo Pacis,* Frau Maria *Pfister* CCR, Br. Hans *Eisenberg* von der *Kommunität Imshausen,* Br. Walter *Pollmer* von der *Bruderschaft vom Kreuz* und von Dr. Johannes *Halkenhäuser.* Es geht von der Frage aus: "Wie ist das Verhältnis unserer Kommunitäten zur Kirche, wie das der Kirche zu den Kommunitäten? Wo ist unser Ort in der Kirche? Wie leben wir in ihr? Was erwarten wir von ihr, und wie sieht unser Auftrag an der Kirche aus? Was ist von unserer monastischen Berufung her dazu zu sagen?" (17f) Die Antwort wird gewonnen durch eine Reflexion über den Charakter der *Profeß,* weil sie "als Ausdruck für die monastische Berufung in den meisten Kirchen gekannt und vollzogen wird"; und aufgrund dessen "finden wir als Kommunitäre immer wieder unseren besonderen Platz in der Ökumene, weil hier bereits etwas gemeinsam erfahren und praktiziert wird, was über die eigene Kirchen hinausweist und sie doch ganz einbezieht." (19) Nach einigen Aussagen über die Profeß als öffentliches Bekenntnis, als Ausdruck eines Charismas, das der Heilige Geist verleiht, und als Berufung, mit der die protestantischen Kirchen ihre Schwierigkeiten haben, werden die in unserem Zusammenhang entscheidenden Aussagen getroffen: "Ohne Taufe ist Profeß unvorstellbar." Denn: "Die Taufe ist für alle Christen das grundlegende Ereignis, das sie der Kirche einverleibt. ... Uns bewegte daher die ökumenische Tragweite der Profeß, denn sie ist ja nichts anderes als das Einwilligen in eine Form des Lebens in der Nachfolge Christi, das in der Taufe und der damit geschenkten Gnade seinen Grund hat und seinen Anfang nahm." (20) Daher die Schlußfolgerung: "Wir leben *in* unserer Kirche (wie verschieden das auch bei den einzelnen Kommunitäten aussehen mag), gehören zu ihr, denn wir sind getauft und haben dadurch einen geschichtlichen Ort in der Kirche gefunden ... Aber die Kommunitäten ... leben zugleich auch immer in einem bestimmten Sinn im *Gegenüber* zu ihrer Kirche. ... Wir sind nicht einfach als 'kirchliche Sonderform' neben den Ortsgemeinden einzuordnen, sondern wir sind ein 'Mikrokosmos der Kirche' (Taizé), der in seiner ihm einmaligen Weise etwas vorleben und aussagen kann, das der ganzen Kirche gilt. Damit das geschehen kann, brauchen wir von der Kirche einen eingeräumten, nicht erzwungenen Freiraum des Gegenübers. Wenn eine Kommunität auf diesen Freiraum verzichten möchte, ... kann sie dies Gegenüber zur Kirche nicht als

[409] J. *Halkenhäuser,* Advent und Weihnachten; *ders.,* Anregungen zum geistlichen Leben I–III u. V (Morgen- und Abendgebete, Feier der Kar- und Ostertage, Elemente des Christseins); *ders.,* Die Eucharistie; *ders.,* Gottes Zeit – unsere Zeit.

[410] Bei J. *Halkenhäuser,* Kommunitäten und Kirche, S. 17–22 u. 35–41 (im folgenden beziehen sich die Zahlen in Klammern auf diese Veröffentlichung).

Beitrag leisten; wenn eine Kommunität aber nur ein Eigenleben hat ohne echten Bezug zu ihrer Kirche, so kann sie nicht in der Kirche leben und für die Kirche wirken. So sind die Kommunitäten *in der Kirche* ein *Gegenüber zur Kirche* ..." (21)[411]

Das zweite Dokument, "Zum Selbstverständnis der Evangelischen Kommunitäten" vom November 1991, ist zwar aus einer Begegnung speziell der *bayerischen* Gemeinschaften[412] mit Landesbischof Dr. *Hanselmann* entstanden, hat aber Bedeutung über den lokalen Bereich hinaus für alle evangelischen Kommunitäten in Deutschland, weil es als Modell für die Gespräche mit den Kirchenleitungen der verschiedenen Landeskirchen dienen kann. Nach einigen zusammenfassenden Gedanken zur Wiederentdeckung kommunitären Lebens, zur Nachfolge Christi, zu den Evangelischen Räten und anderen Themen heißt es dann: "Wir verstehen uns in unseren Gemeinschaften als Glieder am Leib Christi und haben unseren Ort in der verfaßten Kirche. In ihr suchen wir einen anerkannten Freiraum – in der Kirche, mit der Kirche, und im fruchtbaren Gegenüber zu ihr. Wir sind dankbar, daß die Kirche unsere Lebensform mehr und mehr bejaht hat ..." (38) Trotz dieser positiven Feststellung und trotz einzelner deutlich gesetzter Zeichen, wie es die Amtseinführung der neuen Priorin auf dem *Schwanberg* durch Landesbischof *Hanselmann* war, haben die meisten evangelischen Kirchen es noch nicht verstanden, den Kommunitäten einen auch irgendwie *rechtlich* gekennzeichneten Platz in ihrer Mitte zu schenken, so daß vieles von dem Wohlwollen und dem Verständnis einzelner Personen abhängt. Daher schließt das Dokument in einer Art Anhang mit folgenden *Anliegen:* daß die Kirchenleitung (in diesem Falle der Bayerischen Kirche) zu einem theologischen Gespräch über "die Verschiedenartigkeit von Berufungen und Lebensformen" einladen möchte; daß Gespräche "im Landeskirchenrat, bei einer Dekanats-Konferenz oder vor einer Synode" stattfinden möchten, "wenn es um die Frage des gelebten Glaubens geht". "Dazu gehören auch praktische Einzelfragen, wie etwa der Dienst und die Stellung von Theologen/innen in Kommunitäten, sowie eines Pfarrers bzw. Spirituals für Kommunitäten zu regeln ist. Nachzudenken wäre auch über eine Form von Visitation als brüderlich-schwesterlicher Austausch zwischen Kirche und Kommunität. Dafür könnte ein von der Kirche in Bayern Beauftragter benannt werden ... Dieser könnte mit den Kommunitäten darüber nachdenken, wie eine rechtlich verbindliche 'Rahmenvereinbarung' aussehen und auf den Weg gebracht werden kann." (39f)

Überblicken wir die voranstehenden Abschnitte, so begegnet uns die bewußte Aufnahme des Ausdrucks "kirchlich Mönchsein" von *Amphilo-*

[411] Hervorhebungen im Original.

[412] Am Ende des Dokuments ist eine Liste der bayerischen Kommunitäten beigefügt; sie umfaßt: die *Communität Casteller Ring* vom *Schwanberg,* die *Christusträger* (Brüder) vom Kloster *Triefenstein/Main,* die *Christusbruderschaft Falkenstein,* die *Christusbruderschaft Selbitz,* die *Jesu-Weg-Schwestern* von Schloß *Craheim,* den *St. Johannis-Konvent* in *Pommelsbrunn,* den Ev. Schwesternkonvent *"Lumen Christi"* in *Gößweinstein* und schließlich die Schwestern und die Brüder *vom Gemeinsamen Leben* in *Ottmaring.*

chios von Ikonion und damit die Übernahme eines *Konzeptes* der alten Kirche und des alten Mönchtums überhaupt. Wir beobachten aber zugleich, daß dieses Wort deshalb verwendet wird, weil es in einen gegebenen Kontext paßt und diesen bündig auszudrücken vermag. Wie ist dieser Kontext, d. h. also die bewußte Kirchlichkeit der Kommunitäten, zu erklären? Sicherlich zunächst einmal daraus, daß sie den Ruf zu Ganzhingabe und Nachfolge in Gestalt des gemeinsamen zölibatären Lebens als *Ruf des Evangeliums* und damit als Proprium ihrer eigenen evangelischen Kirche empfunden haben. Zweitens dann wohl aus einer echten Sorge um diese ihre Kirche heraus, die solch ein Leben als Gabe und Charisma braucht, seinen Wert aber weithin verkannt und den Ruf in dieser Weise daher auch nicht mehr weitergegeben hat. Ganz gewiß hat dann aber auch das Vorbild der Orden in der katholischen Kirche eine bedeutsame Rolle gespielt, vor allem durch das Erlebnis des Kirchenkampfes und die gemeinsamen Erfahrungen und persönlichen Beziehungen, die dadurch gegeben waren[413].

Es haben also auch hier wieder die verschiedenen Möglichkeiten, wie Tradition in der Spiritualität evangelischer Kommunitäten gegeben sein kann, zusammengewirkt. Die Kommunitäten haben je auf ihre Weise den "Kontext" des "kirchlich Mönchseins" schon mitgebracht, in den dann der "Text" ihrer aktuellen Erfahrungen mit den Orden und dem Katholizismus, oder besser: mit *der einen* Kirche, wie sie ihnen darin begegnete, eingeschrieben werden konnte.

b) Fragt man nun nach der "Beziehung zur Welt", so mag protestantischen Lesern der Begriff "Weltflucht" in den Sinn kommen, wenn sie an das alte Mönchtum denken, ein Stichwort, das von vielen Vor- und Fehlurteilen belastet ist. Es ist darum hilfreich, wenn wir uns zuerst klar machen, was wir "Welt" nennen wollen.

"Welt" kann das Gesamt der Schöpfung meinen, was die leibliche Dimension des Menschseins mit einschließt, alles, über das Gott am Anfang sagte, daß es sehr gut sei (Gen 1,31). "Welt" kann aber auch die Verhaltensweise des gefallenen Menschen meinen, "Augenlust, Fleischeslust und hoffärtiges Leben" (1 Joh 2,16). Es ist von vornherein klar, daß man die "Welt" im ersten Sinne nicht verlassen kann, es sei denn, man wollte sich das Leben nehmen. Es ist ferner klar, daß die "Welt" im zweiten Sinne sehr wohl zu verlassen ist; das ist ein biblisches Gebot,

---

[413] Es ist ja auch nicht von ungefähr, daß gerade in *dieser* Zeit Dietrich *Bonhoeffer* in Finkenwalde mit den Vikaren der Bekenndenden Kirche das gemeinsame Leben erprobte.

das *allen* Christen gilt (vgl. Joh 17,16; 1 Joh 1,15; Röm 12,2; Jak 4,4)[414]. Hier meldet sich aber ein drittes Verständnis von "Welt", nämlich die gefallene Welt als *erlösungsbedürftige,* die der ganzen Zuwendung und Barmherzigkeit Gottes wert gewesen war (vgl. Joh 3,16)[415].

Wie das Verlassen der Welt praktisch aussieht, darüber sind unterschiedliche Auffassungen möglich. Die Mönche, die es ganz buchstäblich verstanden haben, konnten z. T. mit "Welt" den Bereich "draußen" außerhalb des Klosters oder aber ihr früheres Leben vor ihrem Eintritt in das Kloster bezeichnen[416]. Solch eine Redeweise *kann* problematisch sein, wenn man glaubt, im Kloster alle "weltlichen" Versuchungen und Verhaltensweisen endgültig hinter sich gelassen zu haben – sie *muß* nicht so verstanden werden. Auf jeden Fall war dem alten Mönchtum bewußt, daß die Welt nicht nur "draußen", sondern vor allem *im Innern* des Menschen ist und daß er sie mit in die Einsamkeit oder ins Kloster nimmt[417]. An dieser Stelle setzt der Kampf des Anachoreten gegen die "Dämonen" oder die "Gedanken" an: ein Zeichen des Realitätssinnes der Mönche, die sich nicht in falscher Sicherheit wiegten[418].

Grundsätzlich sind da, wo das Mönchtum gesund war und ist, die Motive *nicht* in Pessimismus und Resignation, in Kritik und Protest, in "Solipsimus" und "Heilsegoismus" oder in Ablehnung und Verachtung von Leib und Schöpfung zu suchen (auch wenn das Letztere aufgrund der Plausibilitätsstruktur der Antike zeitweilig eine gewisse Rolle spielte), sondern in einem Überwältigtsein von der Liebe Gottes und in dem Wunsch, radikale Nachfolge Christi zu leben[419]. "Wir wurden geliebt

---

[414] Vgl. H. *Bacht,* Weltnähe oder Weltdistanz?, 10–12; H. U. *v. Balthasar,* Die drei evangelischen Räte, 132; A. *Böckmann,* Weltoffenheit und Weltdistanz, 108f; U. *Ranke-Heinemann,* Das frühe Mönchtum, 113f. Vgl. auch die Analyse der Begriffe *"abrenuntiatio", "contemptus mundi", "separatio a mundo"* und *"fuga mundi"* bei A. *Herzig,* "Ordens-Christen", 312–314.

[415] Neben anderen (vgl. die Angaben unten Anm. 423) bringt das vor allem H. U. *v. Balthasar* mit seinem Büchlein "In Gottes Einsatz leben" zum Ausdruck, vgl. F. *Wulf,* Phänomenologie des Ordenslebens, 465.

[416] A. *Böckmann* a.a.O. 109f.

[417] C. *Bamberg,* Was Menschsein kostet, 35; M. *Schneider,* Aus den Quellen der Wüste, 81.

[418] C. *Bamberg* a.a.O. 65–83; M. *Schneider* a.a.O. 82–100. Hierher gehören die Schriften von *Evagrios Pontikos,* der die im Innern des Mönches aufsteigenden *"Gedanken"* analysiert und Hilfen zum Umgang mit ihnen gibt.

[419] H. *Bacht,* Weltnähe oder Weltdistanz?, 125f; J. *Décarreaux,* Du monachisme primitif au monachisme Athonite; L. *Holtz,* Geschichte des christlichen Ordenslebens, 54f; M. *Schneider* a.a.O. 27–29; U. *Ranke-Heinemann,* Das frühe Mönchtum, 18–25.

und lieben nur wieder", bekennt *Theodoretos von Kyrrhos*[420], und *Basileios* stellt fest: "Wer Gott liebt, verläßt alles und geht weg zu Gott"[421].

Dabei scheint es so, als ob es prinzipiell zwei Möglichkeiten gebe, diese Distanz zur Welt zu leben: 1. der völlige Rückzug, verstanden als Charisma und Dienst am *ganzen* Leib der Kirche und zu ihrem Nutzen[422], und 2. das Abstandnehmen, aus dem eine neue Sendung hinein in die Beziehungen des Alltags und zu den Mitmenschen wird[423].

Ohne Zweifel hat die geistig-philosophische Situation der hellenistischen Welt den Rückzug aus den alltäglichen Lebensbezügen um der Konzentration auf das "wahre" Leben willen gefördert, ja suggeriert[424]. Ihren stärksten Ausdruck hat diese "weltflüchtige" Haltung in der Meditation des eigenen Todes als philosophischem Exerzitium gefunden: Leben-lernen als Sterben-lernen, eine Übung, die für das Mönchtum von eminenter Bedeutung wurde. Es war als Betrachtung des Todes und als bewußtes Leben angesichts des Gerichtes Gottes die Einübung in den "Ernstfall"[425]. Man mag bei den Wüstenvätern und ihrer rigorosen Trennung von der Welt etwas davon spüren: "Fliehe die Menschen, und du wirst gerettet werden", lautete die himmlische Anweisung für *Arsenios*, die sich in einem zweiten Schritt selbst präzisierte: φεῦγε, σιῶπα, ἡσύχαζε – fliehe, schweige, ruhe![426] So radikal hat der Altvater das gelebt, daß er Besucher schweigend ignorieren konnte, bis sie sich wieder zurückzogen, oder

[420] Mönchsgeschichte, Rede über die göttliche und heilige Liebe: *Canivet/ Leroy-Molinghen* II, 270,11f (dt. bei *Gutberlet* 184).

[421] ὁ φιλόθεος ἐπὶ Θεὸν ἀναχωρῇ: Ep 2,4: *Courtonne* I, 10,9 (dt. bei *Hauschild* I, 37; *Stegmann* 16. Diese deutschen Übersetzungen befriedigen alle nicht; am besten ist noch U. *Ranke-Heinemann,* Das frühe Mönchtum, 25).

[422] A. M. *Allchin,* The Solitary Vocation; A. *Louf,* Solitudo pluralis (beide Autoren berufen sich auf die Schrift von Petrus *Damiani († 1072),* Dominus vobiscum, PL 145, 231–251); I. *Hausherr,* L'hésychasme, 181; R. *Walls,* The Biblical Background to the Solitary Life.

[423] C. *Bamberg,* Gotteserfahrung und Dienst; A. *Böckmann,* Weltoffenheit und Weltdistanz, 115–120; F. *Wulf,* Fragen um die kontemplative Berufung; *ders.,* Gott allein; *ders.,* Phänomenologie des Ordenslebens, 464f.

[424] Vgl. P. *Hadot,* Philosophie als Lebensform, 40f; I. *Hausherr,* L'hésychasme, 177–179.

[425] J. A. *Fischer,* ΜΕΛΕΤΗ ΘΑΝΑΤΟΥ; P. *Hadot* a.a.O. 29–37. Von den zahlreichen Beispielen aus der Mönchsliteratur seien hier nur genannt die Apophthegmen *Arsenios* 40, *Evagrios* 4, *Theophilos* 5, *Synkletika* 7: PG 65, 105 C; 173 D; 201 A; 424 B (dt. bei *Miller* Apo 78, 230, 308 u. 898); *Evagrios Pontikos,* Pr 29 u. 52: *Guillaumont* 566 u. 618 (dt. bei *Bunge* 129f u. 178–180); *Palladios,* HL Prol: *Butler* 10, 21–23 (dt. bei *Krottenthaler* 320).

[426] *Arsenios* 1 u. 2: PG 65, 88 C (dt. bei *Miller* Apo 39 u. 40).

daß er einer Frau, die ihn um Fürbitte anging, antworten konnte: "Ich bete zu Gott, daß er die Erinnerung an dich aus meinem Herzen tilge!"[427]

Dennoch darf der hellenistisch-philosophische Einfluß andererseits auch nicht zu stark betont werden. Wenn auch im Rahmen *dieser* Plausibilitätsstruktur, so war es doch an erster Stelle die christliche Botschaft vom obersten Gebot, der Gottes- und Nächstenliebe, welche die Wüstenväter motivierte. Sind sie auch um der Gottesliebe willen in die Wüste gezogen, so hat ihr Leben dennoch einen Ausfluß hin zum Bruder und Mitmenschen gefunden. Der von *Arsenios'* Ablehnung zutiefst schockierten Frau sagte der Erzbischof von Alexandreia tröstend: "Für deine Seele betet er (Arsenios) immerfort"[428]. Selten war es den Anachoreten vergönnt, wirklich alleine zu bleiben. Fast immer wurden sie von Menschen aufgespürt, die von ihnen lernen wollten, geistliche Weisung für ihr Leben suchten und gar sich ihnen anschließen wollten. Ihnen haben sich die Väter in großer Liebe und Hingabe zugewandt, aber ebenso auch den aus der "Welt" kommenden Besuchern und Fragern. So entstand neben der strengen Anachorese die *Anachoreten-Siedlung,* in Palästina *Laura* genannt, die im Osten als dritter Weg neben dem Koinobion und dem Einsiedlertum bis heute ihre Bedeutung behielt[429]. "Das Werk der Liebe ist es", schreibt *Evagrios,* "sich jedem Ebenbild Gottes (d. h. jedem Menschen) gegenüber fast ebenso zu verhalten wie dem Urbild (d. h. Gott) gegenüber, auch wenn die Dämonen Hand anlegen, es zu besudeln" (d. h. auch wenn die Sünde das Ebenbild Gottes im Menschen entstellt hat)[430]. Aufs Ganze gesehen liegt hier aber die erste der beiden oben genannten Möglichkeiten vor, die biblisch gebotene Distanz von der Welt zu leben.

Freilich hat es von Anfang an auch den anderen Weg gegeben, den, der nach dem Rückzug von der Welt wieder mitten in sie hineinführte. Daß dies der ursprünglichen Vision *Pachoms* entsprach, haben wir oben S. 120–122 gesehen. Dabei darf aber nicht verkannt werden, mit welchem Ernst auch *Pachom* zum Verlassen der "Welt" aufgefordert hat: "Wenn einer mit dem Willen zur Klosterpforte kommt, *der Welt zu entsagen* und sich der Zahl der Brüder anzuschließen...", so beginnt er den Abschnitt über die Aufnahme von Novizen[431] und macht damit klar, wie er das Leben der Brüder verstanden wissen will. Daher ist ihre Gemeinschaft die "Versammlung der Heiligen"[432]. Daß damit zwei gegensätzliche *Verhaltensweisen* gemeint sind und daß die den "Heiligen" entsprechende Lebensart kein statischer Zustand ist, sondern stets

---

[427] *Arsenios* 38 (zur Interpretation vgl. Ch. *Joest,* Vom Sinn der Armut, 249–251) u. 28: PG 65, 104 B–105 B; 96 C–97 B (dt. bei *Miller* Apo 76 u. 66). Vgl. zum Ganzen I. *Hausherr,* L'hésychasme, 183–198.

[428] PG 65, 97 B.

[429] D. J. *Chitty,* The Desert a City, 15f u. 82–97; J. *Décarreaux,* Du monachisme primitif au monachisme Athonite, 23f u. 30; K. *Ware,* "Separated from All and United to All".

[430] Pr 89: *Guillaumont* 686,13–15 (dt. bei *Bunge* 245, Klammersätze von mir). Vgl. a. Pr 100; Or 20–22; Mn 15, 77f, 84; Vg 3, 29–32. Siehe auch A. *Louf,* Solitudo pluralis, 18–21.

[431] Praec 49: *Boon* 25,9f (dt. bei H. *Bacht,* Das Vermächtnis II, 92).

[432] Praec 1: *Boon* 13,6 (dt. bei *Bacht* a.a.O. 82).

erkämpft werden muß, davon legen die Regeln selbst, vor allem aber die zahlreichen Klagen und Ermahnungen in Briefen und Katechesen der Pachomianer beredtes Zeugnis ab[433]. Dennoch wandten sich *Pachoms* Mönche den Menschen und ihren Anliegen zu, siedelten in der Nähe der Städte, verkauften ihre Produkte, verteilten in Hungernöten Lebensmittel und waren zugänglich für ihre Nächsten.

Das Werk *Basileios des Großen* wird in dieser Hinsicht zwiespältig beurteilt. Auf der einen Seite stellt man fest, daß er selbst zu Beginn seines Christseins zurückgezogen gelebt hatte, und bemerkt eine Strenge, ja Härte, wenn es ihm darum geht, die Trennung der Mönche von der Welt zu beschreiben (LR 6)[434]. Auf der anderen Seite weiß man, daß er gegen das Einsiedlertum eingestellt war (LR 7), denn der Mensch ist "ein gesittetes und geselliges Lebewesen ... und kein Einzelner und Wilder" (LR 3,1). Während jedoch aus dieser Feststellung zunächst nur folgen könnte, daß die Mönche sich in kleinen Gruppen zusammentun, aber als Gemeinschaft von der Welt abschließen sollen, hat sie *Basileios* stattdessen in Dienst für Kirche und Welt genommen: "Wenn es nun aber Gottes Wille ist, den Hungrigen zu speisen, den Durstigen zu tränken, den Nackten zu bekleiden usw., dann müssen wir unbedingt den Apostel nachahmen, der gesagt hat: 'In allem habe ich euch gezeigt, wie man sich so durch Arbeit der Schwachen annehmen muß.'" (KR 207) In der Einrichtung der *Basilias* errichtete der große Kappadokier so etwas wie eine *kirchliche Sozialarbeit,* für die er seine Mönche in Dienst nahm[435]. – Der scheinbare Widerspruch löst sich auf, wenn man bedenkt, *wen* Basileios hier ansprach: die von *Eustathios v. Sebaste* geprägten Asketengruppen, die in der Gefahr standen, sich völlig von der Welt abzukapseln (s. oben S. 207f; es muß allerdings hinzugefügt werden, daß schon *Eustathios* selbst versucht hatte, dem entgegenzusteuern und die Mönche für die Kirche in Dienst zu nehmen). Ihr Verlangen nach Trennung von der Welt bestätigt *Basileios* zunächst, aber vermöge ihres Wunsches, ganz streng nach der Heiligen Schrift zu leben, kann er sie dazu hinlenken, ihre Gottesliebe in konkreter Nächstenliebe Gestalt werden zu lassen und so der Kirche und der Welt wiederum dienstbar zu werden.

Im Westen vertrat *Lérins* das gemeinschaftliche Anachoretentum im *Laurenstil*[436], während Johannes *Kassian,* der das ägyptische Mönchtum durchaus recht gut

---

[433] Vgl. vor allem *Horsiese,* LibOrs 4–6, 21–24 u. ö.; Kat 7,2: *Lefort* (CSCO 160) 75,12–22 (engl. bei A. *Veilleux,* Pachomian Koinonia III, 145f).

[434] Vgl. I. *Hausherr,* L'hésychasme, 198; A. *de Vogüé,* The Greater Rules, 52, 55 –57, 74f.

[435] Vgl. H. U. *v. Balthasar,* Die großen Ordensregeln, 55–58 (der freilich den Kontrast zu Pachom überbetont); J. *Décarreau,* Du monachisme primitif au monachisme Athonite, 29; W.-D. *Hauschild,* Art. "Basilius von Caesarea", 302f; W. *Löser,* Im Geiste des Origenes, 133 (da der Autor *v. Balthasar* referiert, gilt hier dieselbe Einschränkung wie oben); M. *Schneider,* aus den Quellen der Wüste, 80f; E. Ch. *Suttner,* Das basilianische Mönchtum, 123f; E. *Theodorou,* Die Kirche als communio sanctorum, 76f.

[436] A. *Louf,* Solitudo pluralis, 22.

kennen und schätzen gelernt hatte, in Gallien dennoch koinobitische Klöster gründete[437]. Die *Nonnenregeln* eines *Caesarius v. Arles* oder eines *Aurelianus v. Arles* schreiben die strengste Klausur vor, bei dem Letzteren auch für Männer[438]. Ähnlich scheint der *Magister* von dem Bereich "draußen" nur Ungutes zu erwarten: einem untreuen Mönch nimmt man den Habit wieder ab, "und so kehre er, der Welt wieder angeglichen, zu seinem teuflischen Ratgeber zurück. ... Die Welt empfange ihn so zurück, wie sie ihn eingeliefert hatte" (RM 90,85–97)[439]. Darum betreiben die Mönche des *Magisters* keine Feldarbeit, weil sie "spiritales", d. h. geistlich gesinnte Menschen sind, auf das Heil ihrer Seele bedacht. Die Laien dagegen, die das Feld bestellen, haben Liebe zu dieser Welt (RM 86,1–4.8–13)!

Bendikts Brüder *betreiben* Feldarbeit! Wenn sie beim Eintritt ins Kloster auch allem entsagen, werden sie dennoch zu einer neuen Weltoffenheit geführt, die gerade aus der gewonnenen Distanz heraus fruchtbar ist[440]. Denn für Benedikt stehen sich nicht zwei räumlich gedachte Bereiche ("drinnen" und "draußen") gegenüber, sondern Taten der Liebe und Barmherzigkeit und Taten der Welt, also zwei Verhaltensweisen (vgl. RB 4)[441]. So können seine Brüder alle Menschen ehren und besonders in den Kranken und Fremden Christus selbst begegnen[442]. "Wenn man die RM liest, könnte man vereinfachend sagen: Des Magisters Anliegen für die Gemeinschaft ist: so viel Distanz wie möglich; soviel Öffnung wie eben nötig um das Gebot des Evangeliums zu erfüllen. Für die RB dagegen könnte man sagen: soviel Öffnung wie möglich (im Sinne des spirituell-menschlichen Dienstes an den Personen, die Hilfe brauchen) und soviel Distanz wie nötig für die Gemeinschaft als geistliche Gemeinschaft."[443]

Die beiden Möglichkeiten, christliches Verhalten gegenüber der Welt umzusetzen, nämlich einmal die Trennung von ihr bei bleibender *innerer* Verbundenheit mit der ganzen Kirche und zum andern die aus der Distanz erwachsende neue Weltzuwendung bestanden auch im Abendland nebeneinander bis in unsere Zeit. Wenn es aber stimmt, was Josef *Pieper* meint, daß nämlich das Abendland und seine spezifische Geistigkeit seit *Thomas von Aquin* mit den drei Worten: "theologisch gegründete Weltlichkeit" zu beschreiben ist, dann ist begreiflich, daß der zweite Weg bei uns spätestens vom Mittelalter an der vorherrschende war. "Es handelt sich um eine explosive Verbindung, und es bedarf zweifellos einer be-

[437] A. *Louf* a.a.O. 19; K. *Ware,* "Separated from All and United to All", 36.

[438] V. *Desprez,* Règles monastiques, 35–37.

[439] Vgl. ferner RM 89,13; 90,21.69f; s. A. *Böckmann,* Weltoffenheit und Weltdistanz, 109.

[440] A. *Böckmann* a.a.O. 111–115. Pl. *Deseille,* Eastern Christian Sources, 114, betont mehr die strenge Seite der Entsagung bei Benedikt.

[441] A.a.O. 109.

[442] A.a.O. 115–120.

[443] A.a.O. 118.

sonderen, gedanklichen wie spirituellen Energie, die beiden Elemente so zu verknüpfen und verknüpft zu halten, daß keines überwuchert und das andere zum Verschwinden bringt."[444]

Anscheinend hat sich aber diese Balance im Großen und Ganzen nicht halten lassen. Die Diskussion während und nach dem Zweiten Vatikanischen Konzil über die Orden läßt darauf schließen, daß viele ein Unbehagen über die Wucherung des geistlichen Bereiches und die Weltfremdheit im Mönchtum empfanden[445], während die Entwicklung im Protestantismus wohl eher dazu neigte, dem weltlichen Bereich ein Übergewicht zu gewähren.

Das Letztere hängt sicher mit der oben S. 190 angedeuteten Einstellung *Luthers* und der Reformatoren zu Arbeit und Beruf zusammen, obwohl diese selbst ihrer Intention nach die geschilderte Balance zwischen "Welt" und geistlichem Leben meinten. Es mag wohl hierin begründet sein, daß die *Mehrzahl* der evangelischen Kommunitäten bei ihrer Wiederentdeckung geistlichen Lebens als *vita communis* unter den Evangelischen Räten Formen von *weltzugewandten Tätigkeiten* entwickelten, daß also bei ihnen die *zweite* Weise, sich der "Welt" gegenüber geistlich zu verhalten, vorherrscht (mit einigen charakteristischen Ausnahmen allerdings) – paradigmatisch ausgedrückt: der *pachomianische Typ* im Gegensatz zum *anachoretischen.*

"Bruderschaft ist Diakonie an der Welt", schreibt Br. Hans *Eisenberg*. "Sie ist das Gotteslob der neuen Schöpfung. Sie ist der Zeuge des Kyrios, der sie zu nichts anderem als zu seiner Vergegenwärtigung benutzen will. ... Vermöge ihrer ständig geübten Offenheit für den, der kommt, sind sie offen für die Aufgaben ihrer Zeit. *Kontemplatio und Aktio sind für sie nicht säuberlich geschieden.* Es sind verschiedene

---

[444] J. *Pieper,* Was heißt "Christliches Abendland"?, 40; vgl. auch F. *März,* Klassiker christlicher Erziehung, 86–91, der von *Pieper* den Ausdruck "theologisch gegründete Weltlichkeit" übernimmt und die damit gemeinte Sache anhand des Widerstreites von *Augustinismus* und *Averroismus,* in welchem *Thomas* seine Sicht zu behaupten hatte, verdeutlicht.

[445] Vgl. C. *Bamberg,* Gotteserfahrung und Dienst; F. *Wulf,* Fragen um die kontemplative Berufung; beide Autoren beziehen sich auf ein besorgtes Schreiben einer Gruppe kontemplativer Mönche an die römische Bischofssynode (unter dem Titel "Hat das kontemplative Leben heute noch Sinn und Bedeutung?" veröffentlicht in EuA, s. Literaturverz.); ferner: H. *Bacht,* Weltnähe oder Weltdistanz?; C. *Bamberg,* "Von vornherein sinnlos", 68; P. *Lippert,* Überlegungen zum Umsetzen von Traditionen, 262f; O. *du Roy,* Das monastische Leben heute, 197 u. 199; E. *Schillebeeckx,* Das Ordensleben in der Auseinandersetzung, 115f; s. die ausführliche und kompetente Auseinandersetzung mit der Diskussion bei A. *Herzig,* "Ordens-Christen", 248–323.

Aspekte derselben Offenheit ..."[446] Zehn Jahre später heißt es in einem Brief an den theologischen Arbeitskreis der KEK: "Versuche in der öffentlich kirchlich-theologischen Diskussion, 'Spiritualität' schlicht als 'Frömmigkeit' zu interpretieren, konnten verständlicherweise nicht weiterführen. 'Frömmigkeit' dürfte herkömmlicherweise dafür ein viel zu subjektiv-persönlich gefärbter Begriff sein, der die Bereiche der Innerlichkeit abzudecken pflegt. 'Spiritualität' lockt, wie mir scheint, gerade aus dem Beharren im Binnenraum des Christseins heraus, dem privaten wie dem Konventikelhaften (sic), und macht uns sensibel für das Gerechte, das zu tun und nicht zu unterlassen ist[447]. *Innen und Außen, Kontemplation und Weltverantwortung werden eins, man kann sie nicht mehr unterscheiden, noch weniger vorzugsweise bewerten.*"[448]

Versteht die *Kommunität Gnadenthal* ihre Arbeit als "Gesellschaftsdiakonie" (s. oben S. 192), so ist damit ihre Haltung gegemüber der Welt bereits mit ausgesagt. "Leben für die Welt" hieß denn auch das Thema eines Freundesbriefes vom Dezember 1983. Unter der Überschrift "Ein Weg, der sich lohnt!" findet man dort eine Betrachtung zu dem Wort Jesu: "Wie du mich in die Welt gesandt hast, so habe auch ich sie in die Welt gesandt": "Christen mitten im Zentrum der Stadt. Gemeinschaft der Heiligen mitten im Zentrum von Konsum, von Gewalttat, inmitten von Kranken und Einsamen, von Streitenden und Zufriedenen. ... Im Zentrum der Welt bewahren wir das innere Zentrum – Jesus"[449]. Während diese Sätze in der Erfahrung der *Außenstationen* wurzeln, deren Existenz ihrerseits bereits Zeugnis für das Weltverhältnis der Gemeinschaft ablegt, reflektiert ein anderer Rundbrief aus jüngerer Zeit unter dem Thema: "Zur Welt kommen" die Erfahrungen der Kommunität in Gnadenthal selbst anhand der Mandatenlehre Dietrich *Bonhoeffers*[450]: "Wir wollen mit unserer Arbeit an unserem kleinen Ort mit dazu beitragen, daß 'eine Welt entsteht, die auf Christus ausgerichtet ist, für Christus offen ist, ihm dient und ihn verherrlicht', wie Bonhoeffer schreibt. ... Das Dorf soll auch äußerlich ein Stück widerspiegeln von dem, was wir leben möchten. Uns ist es ein Anliegen darzustellen, was wir von den Christen aus der Apostelgeschichte hören: beieinander sein und miteinander teilen, hin- und hergehen zwischen den Häusern, Beziehungen stärken, Leben miteinander gestalten. ... Wir haben den Wiederaufbau des Dorfes mit dem Nehemia-Haus begonnen. Damit begann ein Programm, den zersiedelten Ort aufzubauen zu einer Wohnstatt, in der man brüderliche Beziehungen lebt. Mit dem äußeren Aufbau ging und geht der innere Aufbau einher, eins greift ins andere. Wir sind dankbar, daß wir in Gnadenthal

[446] H. *Eisenberg*, Kirche als Bruderschaft, 8 (Hervorhebung von mir).

[447] Vgl. D. *Bonhoeffer:* "Unser Christsein wird heute nur in zweierlei bestehen: im Beten und im Tun des Gerechten unter den Menschen" (Widerstand und Ergebung, Neuausgabe, 328); vgl. ferner das Plädoyer der 32. Generalkongregation der Gesellschaft Jesu 1974/75 für die "Teilnahme am Kampf für Glauben und Gerechtigkeit" (SJ – Jesuiten heute, 2–5).

[448] H. *Eisenberg*, Brief vom 29. Oktober 1982, Hervorhebung von mir. Die Nähe zu *Ignatius von Loyola* ist in solchen Aussagen mit Händen zu greifen.

[449] Freundesbrief aus Gnadenthal, Dezember 1983, 20.

[450] Siehe oben S. 158 Anm. 308.

gestalten dürfen, was uns von innen her bewegt und auf dem Herzen brennt."[451] Diese Sätze bedeuten in unserem Zusammenhang nichts anderes, als daß das *Ideal Pachoms eines christlichen Dorfes* mit modernen Mitteln und in unsere Zeit hinein umgesetzt wird. Daran haben die *Familien* der Kommunität naturgemäß einen besonderen Anteil[452], doch wird die Arbeit von allen Gliedern der Gemeinschaft getragen und unterstützt.

Als ausdrucksstarkes Bild für das Welt- und Gottesverhältnis hat die *Kommunität Gnadenthal* das Symbol der *Mandorla* entdeckt. Die untenstehende Zeichnung ist einer Veröffentlichung über "basiskirchliche Lebensgemeinschaften" in Frankreich entnommen, die sie ihrerseits der *Communauté Chalvron* verdankt[453]. Die *Gnadenthaler* schrieben dazu: "Wir erleben, wie die Fähigkeit, Getrenntes zusammenzubringen, immer geringer wird und dadurch Einseitigkeiten immer mehr zunehmen. ... Deshalb braucht es Menschen, Christen, die versuchen, die Welt mit den Augen Gottes zu sehen. Gerade weil in einer Bruderschaft das Bemühen, das Weltliche und das Göttliche zu integrieren, besonders groß ist, beschäftigt uns z. Zt. ein Bild, das auch am Freundestag zur Anregung wurde: das Bild einer Mandorla. ... Auf dem ... Bild können Sie zwei Welten, die ineinander übergehen und einander durchdringen, erkennen. ... Ist die Mandorla in unserer Zeit nicht leer geworden? Ist der Innenraum, in dem sich Göttliches und Irdisches überlappen, nicht von vielen vergessen oder reduziert worden? Und doch ist dieser Bereich eigentlich der Raum des Reiches Gottes. So wird Reich Gottes in seiner ganzen Wirklichkeit greifbar: nicht einseitig nur im Irdischen, auch nicht einseitig nur auf das Himmlische beschränkt. Reich Gottes ist die Überlappung des Himmlischen und des Irdischen. ... Deshalb braucht es einen, der diesen Raum Gottes aushalten kann, Jesus Christus selber. Er ist es, der die Spannung hält. Er ist es, der das Scharnier der beiden Welten bildet: der thronende Christus ..."[454]

Die Darstellung wäre zu einseitig, wenn man nicht auch erwähnen würde, daß es in Gnadenthal seit 1973 ein *"Haus der Stille"* gibt, das neben Bibelwochen und

[451] Freundesbrief aus Gnadenthal, November 1991, 10f; vgl. auch Oktober 1993, 12f.

[452] Vgl. die Beiträge unter der Überschrift "Mandat Ehe/Familie" im Freundesbrief aus Gnadenthal, November 1991, 4–9.

[453] Abgedruckt mit freundlicher Erlaubnis von Alain *Weidert, Communauté de Chalvron;* s. M. *Gmelch,* Gott in Frankreich, 194. Die Gestalt Christi in der Mandorla ist einem Tympanon der Kirche von Vézelay (Burgund) entnommen (Brief von A. *Weidert* vom 14.7.93).

[454] Freundesbrief aus Gnadenthal, Juli 1989, 1f.

Einkehrzeiten auch "Stille Wochenenden" und Fasten-Tage anbietet. "Haus der Stille – ein 'Obergemach'", heißt es in einem der Freundesbriefe aus Gnadenthal, die regelmäßig unter einer eigenen Rubrik von der Retraite-Arbeit berichten, und es steht da weiter (in Bezug auf Elischa 2 Kön 4,8–10 und Daniel Dan 6,11f): "In diesen Berichten wird es ganz greifbar, was das Obergemach ist: ein Raum zum Zurückziehen, ein Raum der ungestörten Begegnung mit Gott. Notwendig für unser Leben mit den Menschen, notwendig für unser Leben mit Gott. ... Immer aber geht es um eins: das Heraustreten aus dem Alltäglichen in einen Raum des Hörens, der vertiefenden Gottesbeziehung. Das 'Haus der Stille' möchte für Sie eine Art Obergemach sein, Ihnen auch die Augen öffnen für die Obergemächer zuhause (sic), die Sie vielleicht noch gar nicht so wahrgenommen haben, nach denen wir alle uns aber sehnen."[455] Es wird dabei freilich deutlich, daß diese Stille-Arbeit auf das oben skizzierte Weltverhältnis bezogen ist: das "Heraustreten aus dem Alltäglichen" ist "notwendig für unsere Leben mit den Menschen", es will uns die Augen öffnen für eigenen Möglichkeiten daheim. Die Distanz von der Welt führt zu einer neuen Sendung hinein in die Welt.

Diesem "Typ" des Weltverhältnisses lassen sich viele evangelische Kommunitäten zuordnen, so etwa die *Christusbruderschaft Selbitz,* die neben Diensten in Städten Bayerns und der ehemaligen DDR (Krankenpflege, Kindergärten, Arbeit mit Assylbewerbern und Aussiedlern, als Ärztinnen und Psychologinnen), ein Alten- und Pflegeheim in Selbitz führt und seit mehreren Jahren eine Station in Sehitwa/Botswana unterhält[456]. – Die *Communität Casteller Ring* hat außer den Gästehäusern und der Tagungsstätte auf dem Schwanberg mehrere Stadtstationen[457]. Zudem betreibt sie ein "Turmcafé" im Schloß Schwanberg. Ihre Weltzugewandtheit und Lebensfreude zeigt sich wohl auch darin, daß am Fest des Erzengels Michael und aller Engel von der Höhe des Schwanbergs aus über die Mainebene hin ein feierlicher Segen für das unterfränkische Land gesprochen wird, oder daß nach dem Einführungsgottesdienst des neuen Schwanbergpfarrers am 27. September 1992 die Trachtenkapelle von Rödelsee aufmarschierte und schmetternde Volksweisen spielte.

Tritt in der Darstellung bisher stärker die *zweite* Möglichkeit eines christlichen Weltverhältnisses ins Auge, nämlich die bewußte Sendung in die Welt hinein, wie man es bei protestantischen Christen erwarten könnte, so gibt es doch auch Gruppen und Gemeinschaften, bei denen der *erste* Weg vorzuherrschen scheint: die bleibende Distanz bei bleibender Verbundenheit mit dem ganzen Leib der Kirche. Hier sollen besonders der *Ordo Pacis* mit der *Cella St. Hildegard* sowie die *Gethsemanebruderschaft* erwähnt werden, wobei allerdings in beiden Fällen sofort gewisse Einschränkungen zu machen sind.

---

455 Freundesbrief aus *Gnadenthal,* Sommer 1991, 17.

456 *Christusbruderschaft Selbitz,* 22–24.

457 Die *Communität Casteller Ring,* 7f.

"Gewinnt den Frieden Christi, und Tausende um euch sind gerettet" – mit diesem Zitat von *Seraphim von Sarow* schließt der Abschnitt über die "Gemeinschaft des Friedens" in der Regel des *Ordo Pacis*[458]. Sowohl der Ausspruch wie auch sein Urheber stehen für eine klar geprägte geistige Strömung: die der russischen Starzen, die Welt der Anachorese. Diese Luft und ihr Aroma atmen wir in den folgenden Abschnitten über das Gebet: "Beten heißt, uns der liebenden Gegenwart Christi in uns aussetzen – ganz entspannt, losgelassen von uns selbst – und eben Ihn beten lassen in uns. ... Jedes Gebet geschieht um Gottes willen, zu seiner Verherrlichung. Deshalb ist jedes Beten Gehorsam, denn Christus will in uns durch den Geist den Vater verherrlichen. Es ihn tun lassen und Ihn die Welt darbringen lassen in uns, unermüdlich, immer und immer wieder von neuem. Solches Beten ist eine Hingabe unserer selbst, ein Opfer; es will nichts bezwecken oder erreichen. Es ist ein Loslassen unserer selbst ..."[459] Man wird wohl nicht fehlgehen, wenn man in dem "Losgelassen-Sein von uns selbst" die ἀπάθεια des *Evagrios Pontikos* erkennt, wie auch das Beten Christi durch den Geist in uns an *Evagrios'* Beten "in Geist und Wahrheit" erinnert[460]. Am deutlichsten ist aber der "evagrianische" Anklang in den folgenden Sätzen: "Wenn unser Alltagsleben so unruhig ist und uns über das Maß beansprucht, fällt es uns meist schwer, uns zu sammeln zu dem Gebet, das als *'reines Gebet'* seinen Platz in unserem Tageslauf braucht."[461] Das "reine Gebet" war gerade das Ziel aller Schriften des großen pontischen Mönches, ihm diente der "praktische" Übungsweg und die Analyse der Laster und Anfechtungen. Es war das Ziel seines Lebens, seiner ganzen Existenz[462].

Dennoch darf diese Hinwendung zum "reinen Gebet" nicht als Isolation verstanden werden: "Und zugleich sind wir immer mehr als nur Individuen, wir sind Glieder der Kirche, Glieder der Menschheit. Lassen wir Christus, den Menschgewordenen, den Herrn der Kirche, in uns beten, so ist das ein Geschehen, das über uns hinausgeht." – "Es kann letztlich keine Trennung geben zwischen einem persönlichen Gebet allein und dem Gebet der Gemeinschaft. Immer beten wir in der Kirche, in der

---

458 *Leben im Gebet,* 11.

459 A.a.O. 1 u. 2.

460 Literaturangaben s. oben S. 199 Anm. 339 u. 343.

461 *Leben im Gebet,* 4 (Hervorhebung durch Kursivdruck von mir, Hervorhebung durch Anführungszeichen im Original).

462 *Evagrios* Or 67, 70, 72, 97: PG 79, 1181 B–D; 1188 D–1189 A, vgl. auch Or 60, 153 zum Thema "wahrhaft beten": PG 79, 1180 B, 1200 C; Pr 23: *Guillaumont,* Traité pratique, 554; Mal Cog 24: PG 79, 1228 C (die Stelle widerlegt *Guillaumont,* der a.a.O. 555 meint, es handle sich in Pr 23 *nicht* um die καθαρὰ προσευχῄ; in Wirklichkeit interpretieren sich die beiden Stellen gegenseitig); der Sache nach s. auch Ep 39,5: *Bunge,* Briefe, 253f; s. I. *Hausherr,* Par dela l'oraison pure. Um das Ganze des Anliegens bei *Evagrios* zu erfassen, muß man auch die Begriffe "reiner Intellekt" und "Zustand des Gebets" hinzunehmen, s. G. *Bunge,* Das Geistgebet, 62–87; E. A. *Clark,* The Origenist Controversy, 66–84; I. *Hausherr,* Les Leçons d'un contemplatif, 36f und im Register 193 unter: "intellect nu (pur)"; Ch. *Joest,* Die Bedeutung von akedia und apatheia, 16f.

Gemeinschaft der Heiligen; denn immer steht Christus in der Mitte, der die Seinen um sich versammelt. Immer beten wir als Menschen, die zur Menschheit gehören, deren Bruder Christus wurde. So drückt jedes Gebet Gemeinschaft aus, Gemeinschaft in der Kirche und mit allen Menschen."[463] Diese innere Haltung wird nach außen hin am ehesten greifbar in der *Cella St. Hildegard* des *Ordo Pacis,* einer kleinen kommunitären Zelle mit einem eher kontemplativ zu nennenden Lebensstil in Fleestedt bei Hamburg. Es ist nicht von ungefähr, daß die Gemeinschaft Kontakte mit den *Sisters of the Love of God* in Fairacres bei Oxford (England) aufrecht erhält[464], einer anglikanischen Schwesternschaft, die an einem "eremitical revival" in der Englischen Kirche Anteil hat und die Skete-Form des eremitischen Lebens erprobt[465]. Dorthin ging Sr. Anke *Langmaack,* die Mitgründerin und langjährige Leiterin des *Ordo Pacis,* als sie die Verantwortung für ihre Gemeinschaft in jüngere Hände gelegt hatte. Sie kannte diese Lebensform schon seit Jahren, aber nun erschloß sich ihr dort die eigene persönliche "Berufung in der Berufung", der sie jetzt zu entsprechen sucht.

Es muß nun allerdings sofort hinzugefügt werden – und darin liegt die Einschränkung, die für den ganzen Abschnitt notwendig ist – daß Sr. Anke *Langmaack* heute in Ost-Berlin lebt, also in der "Wüste der Stadt", mitten unter den Massen der Menschen, in deren Mitte sie, unbekannt und unerkannt, da ist und betet. Außerdem gilt es zu sehen, daß die *Cella St. Hildegard* ein *Kristallisationspunkt* der größeren Gemeinschaft des *Ordo Pacis* ist, die auch aus Schwestern besteht, welche verheiratet oder alleinstehend "in der Zerstreuung" leben und dort in ihren Berufen arbeiten. Daher leben die Schwestern des *Ordo Pacis* wirklich auch *in* der Welt und *für* die Welt. "Alle bejahen in der Einsegnung die gleichen Fragen, für ... alle gilt diese Regel, ... alle tragen das Schwesternkreuz", aber sie sehen sich von "Gott als einzelne auf sehr verschiedene Wege gerufen"[466]. Daher haben sie "als Gemeinschaft keine praktische Aufgabe"[467], und "die Beziehungen zur Gesellschaft (gestalten sich) jeweils aus der Einzelsituation, in der die Schwester lebt. Aus unserem Leben im Gebet, das wir als unsere zentrale Aufgabe erkannt haben, erwächst immer wieder neu eine tiefe Solidarität mit den Menschen, unter denen wir leben und arbeiten oder für die sich die einzelne Schwester speziell engagiert. Das gilt so auch für die Communität"[468] (gemeint ist die *Cella St. Hildegard*).

Wenden wir uns nun der *Gethsemanebruderschaft* zu und vergegenwärtigen wir uns, was oben über ihre Praxis des Herzensgebets gesagt wurde (S. 204), dann verwundert es nicht, daß sie unter der Fragestellung nach dem Weltverhältnis eher die

---

[463] *Leben im Gebet,* 1 u. 3.

[464] A. *Langmaack in:* J. *Halkenhäuser,* Kirche und Kommunität, 225; I. *Reimer,* Verbindliches Leben, 67.

[465] M. M. *Clare,* Eremitical Revival in the Anglican Church in the Twentieth Century.

[466] Aus dem Abschnitt: "Unsere verschiedenen Berufungen in *einer* Gemeinschaft" der Regel des *Ordo Pacis, Leben im Gebet,* 29; auch abgedruckt *in:* I. *Reimer,* Verbindliches Leben, 68.

[467] I. *Reimer,* ebd.

[468] A. *Langmaack in:* J. *Halkenhäuser,* Kirche und Kommunität, 226.

erste Möglichkeit, die bleibende Distanz, darstellt: "Wenn es so um diese Welt bestellt ist (daß sie nämlich den Willen Gottes nicht tut, sondern sich in satanischer Auflehnung gegen Gott befindet), kann es nur ein gebrochenes Verhältnis zu ihr geben. ... Hier liegt der tiefste Grund dafür, daß Jesus sich und seine Jünger bewußt und aktiv von der Welt trennt"[469]. Daher gilt: "Mönche sind nicht Menschen, die verstanden werden wollen, die ein attraktives Konzept oder Programm vorweisen können, Mönche haben die Klausur gewählt, um sich in der Stille vor Gott erst einmal selbst verstehen zu lernen. Mönche sind nicht Menschen, die in egoistischer Weltflucht andere ohne Hilfe lassen, sie sind vielmehr selbst hilflos und versuchen, mit ihrer Hilflosigkeit vor Gott umgehen zu lernen."[470]

Hierher gehört nun die auffallende Tatsache, daß das *Doppelgebot der Liebe* Mt 22,37f mehrfach nur mit dem ersten Teil zitiert wird: Das eine Mal als Einführung in eine Einkehrzeit, in welcher es galt, "den Herrn deinen Gott, ... von ganzem Herzen" zu lieben, "nicht geteilt! Von ganzer Seele, mit allen Kräften! Das ist das vornehmste Gebot, das A und O des christlichen Glaubens"[471]. Aber "das zweite, das diesem gleich ist", fehlt! Das andere Mal an Weihnachten 1989, als es um das "engelgleiche Leben" ging: "Die Engelgleichheit besteht darin, daß der Mensch sich seiner eigentlichen Berufung widmet, nämlich wie die Engel immer nur den Blick auf den Ursprung zu haben und nicht auf das Geschöpf zu schauen, immer nur den Herrn zu erheben, gemäß dem 'Du sollst Gott, deinen Herrn allein lieben von ganzem Herzen, von ganzer Seele, von allen Kräften' und 'Du sollst Gott, deinen Herrn, anbeten und ihm allein dienen.' Das ist der tiefste Sinn bruderschaftlichen oder monastischen Lebens. Man könnte 'ausgewandert' dazu sagen ..."[472] – auf Griechisch: *anachoretós*, als Anachoret lebend.

Hierher gehört auch die bei *Hanssen* zu beobachtene Abwertung des "psychosomatischen" Bereiches: "Ich sehe, daß ich vergänglich bin und daß diese Zeit mehr oder weniger chaotisch ist und daß das ganz *natürlich* ist ..., daß ich mich aber nicht damit abfinde, daß ich vom Leben offensichtlich Vorstellungen habe, die im Psychosomatischen nicht erfüllbar sind. ... Mir ist der Geist nicht gegeben, daß ich unzufrieden werde über diese verdrehte, chaotische, hilflose Welt, sondern die Unzufriedenheit mit dieser Welt hat eigentlich den Sinn, mich von dieser Welt zu innerlich lösen. ... Diesen Vorgang ... würde ich ... als *Exkarnation* bezeichnen, d. h. der Mensch zieht sich zurück *aus* dem Fleisch, aus den psychosomatischen, sinnlichen Eindrücken, er zieht sich zurück aus der geistigen Bewegung, die sich dauernd mit den Problemen der Psychosomatik beschäftigt. Es ist ein Vorgang des Loslassens aller Dinge dieser Welt."[473]

[469] O. *Hanssen,* Dein Wille geschehe, 14 (Klammerzusatz nach: a.a.O. 11f).

[470] O. *Hanssen,* Gethsemane – eine Deutung unseres spirituellen Weges, Freundesbrief 5/1993, 10.

[471] An Ostern 1987 (nach einer persönlichen Mitschrift).

[472] Nach einer persönlichen Mitschrift.

[473] O. *Hanssen* bei einer Einkehrzeit an Weihnachten 1987; nach einer persönlichen Mitschrift.

Auch hier muß jedoch hinzugesagt werden, daß der "Exkarnation" die "Inkarnation", die Hinwendung zur Welt folgt. Im Hintergrund des Konzeptes steht nämlich die Erfahrung eines *Missionsseminars*, und die Überlegungen zur "Exkarnation" sollen dazu helfen, Mission auf rechte Weise zu betreiben und den Menschen mehr zu bringen als westliche Technik. Daher lehnt sich z. B. das Buch von O. *Hanssen*, Das betrachtende Gebet, eng an das Betrachtungsschema des *Ignatius von Loyola* an, "mündet es doch mehr als andere Betrachtungsweisen in eine Erweckung der das Leben formenden Willenskräfte ein."[474] Hierher gehört die Tatsache, daß die *Gethsemanebruderschaft* stets auf dem Deutschen Evangelischen Kirchentag vertreten ist und dabei oft federführend die Ausgestaltung des "Evangelischen Klosters" übernommen hat.

Mehr als alle Theorien über die Weltzuwendung aus der gewonnen Distanz zur Welt heraus spricht aber die Tatsache, daß kein Bruder von der Gemeinschaft getragen wird, sondern jeder sich seinen Lebensunterhalt selbst verdienen muß, sei es durch Halbtagsarbeit außerhalb des Klosters, sei es durch Anstellung seitens des Trägervereins, um die Retraiten und Einkehrzeiten zu gewährleisten. Das ist nüchterner Realismus, der jedenfalls mit beiden Beinen auf dem Boden der Wirklichkeit steht.

Dennoch verkörpert das Konzept als Ganzes eindeutig das durch bleibende Distanz gekennzeichnete christliche Weltverhältnis, wie wir es bei den Anachoreten vorfinden konnten.

Auch in diesem letzten Punkt, dem Weltverhältnis der Kommunitäten, spielen die verschiedenen Möglichkeiten der Präsenz von Tradition zusammen. In den meisten Fällen war vorgängig eine eigene Gottes- und Glaubenserfahrung da, die von selbst zu einer entsprechenden Sicht von "Welt" führte. In diesen Kontext hinein wurden dann aber sehr bewußt und absichtlich Anregungen aus anderen Epochen oder Konfessionen übernommen, die dann von diesem Kontext her ihre Deutung und Aktualisierung erfuhren. Im Falle der *Kommunität Gnadenthal* war es die vor Gott verspürte Verantwortung für ein ganzes Dorf und im Zusammenhang damit das Symbol der *Mandorla*. Daß damit Grundanliegen *Pachoms* wieder zum Leuchten kamen, war eher unbeabsichtigt (wenn auch nicht zufällig), weil der ägyptische Heilige auch dort kaum bekannt war. – In *Selbitz* oder in der *Communität Casteller Ring* dürfte wohl einfach die protestantische Einstellung zu Welt und Berufsleben den Kontext der eigenen Lebensgestaltung geprägt haben. – Bei Pastor Olav *Hanssen* und der *Gethsemanebruderschaft* steht eine Gotteserfahrung am Anfang – "Ich habe bei verschiedenen Gelegenheiten schon darauf hingewiesen,

[474] O. *Hanssen*, Das betrachtende Gebet, 15.

daß Gethsemane als Vision längst vor der Gethsemanebruderschaft da war"[475] – und ruft eine Gebetsweise und eine Weltsicht hervor, die dann mit Elementen der Wüstenväter-Theologie, besonders von *Evagrios Pontikos* untermauert werden kann.

5.4 "Spiritualität evangelischer Kommunitäten": Zusammenfassung und Ausblick in methodischer Hinsicht

In dem bisherigen Durchgang haben sich die Thesen zur Präsenz von Tradition in heutigen Gestaltungen des Christseins bestätigt: es muß, wenn die Überlieferung recht verstanden wird, in der Begenung mit ihr durch die äußeren Überlieferungsgestaltungen hindurch Begegnung mit dem lebendigen Gott geschehen, der sich den Menschen schenkt und sie in die Nachfolge Christi ruft. Ich nannte das den "feuerflüssigen Kern" (S. 89). Es muß sich so eine authentische Form von Nachfolge ergeben, die nicht den Charakter des Imitierten und Kopierten hat, sondern aus der echten Gemeinschaft mit Jesus Christus und der Kirche lebt und andere in diese Gemeinschaft einzuführen vermag.

In Bezug auf das Mönchtum und die evangelischen Kommunitäten hat sich dafür das Bild von den "kommunizierenden Röhren" angeboten (S. 89). Wenn sich das aber gerade an einem Punkt ereignet, an dem die Kirchen der Reformation die Verbindung zu einem wesentlichen und breiten Traditionsstrom der ganzen alten Kirche mehr oder weniger abgeschnitten haben, dann darf man davon sprechen, daß eine Wunde am Leib Christi zu heilen beginnt.

Wir hatten von vornherein mit drei Gegebenheitsweisen von Tradition in den Kommunitäten zu rechnen (S. 93): a) mit der bewußten Anknüpfung, b) mit Anklängen, die durch eine gemeinsame Ausrichtung auf das Evangelium hervorgerufen werden, und c) mit Verhaltensweisen oder Einrichtungen, die sich von selbst einstellen, wenn man ein zölibatäres gemeinschaftliches Leben gestalten will.

Man muß vor allem im Fall a) der beschriebenen Alternativen bei evangelischen Kommunitäten fragen, inwieweit sich das aufgenommene Überlieferungsgut einer authentischen Form von Nachfolge einfügt und nicht einfach als ein fremder Block in der Spiritualität der betreffenden

---

[475] O. *Hanssen* in einer Erläuterung der Regel (s. oben S. 157).

Gemeinschaft "herumsteht", ohne zu seiner Umgebung zu passen. Die darauf bereits gegebenen Hinweise sollen hier noch einmal kurz zusammengefaßt und gedeutet werden.

Wir erwarten bei "evangelischen" Kommunitäten eine Inspiration aus ihrer *eigenen* Tradition, nämlich dem Evangelium gehorsam zu sein und ein Leben der Nachfolge zu wagen, wie es die Botschaft von Jesus Christus nahelegt, und die so entstehende Lebensform muß als Ausdruck der Freiheit des aus Gnade gerechtfertigten Menschen verstehbar sein. Es ist nicht verwunderlich, daß wir gerade dort darauf stießen, wo es um die Alternativen b) und c) ging, um die Ausrichtung auf dieselbe Quelle der Inspiration, die dem Mönchtum und den Kommunitäten gemeinsam ist: unter den Überschriften "Leben nach dem Evangelium" (S. 130ff), "Nachfolge Christi" (S. 136ff), "Das Vorbild der Urgemeinde" (S. 147ff) konnten wir solche Zusammenhänge leicht beobachten; dort liegt es auch nahe. Aber die Ausrichtung auf das Evangelium zeigte sich auch in der Frage nach den "Ordensregeln", wenn da etwa eine Parallele zu *Basileios d. Gr.* sichtbar wurde, der nichts anderes wollte, als das Evangelium für *alle* Christen auszulegen und auf die Fragen seiner Mönchsgemeinschaften anzuwenden (S. 128 u. 164).

Eine Variante dieser Form von Präsenz der Tradition lag dort vor, wo die Kommunitäten primär von einem *genuinen Überlieferungsstrang protestantischen Christseins* herkommen, in den sie dann verwandtes Gut aus der älteren Mönchstradition aufnehmen konnten wie einen "Text", der sich in den vorgegebenen "Kontext" einfügt. Wir sahen das insbesondere bei den Themen "Arbeit" (S. 193f) und "Beziehung zur Welt" (S. 221ff).

Mit dem Bild von Text und Kontext sind wir bereits bei der entscheidenden Sache: Wie fügen sich die aus der altkirchlich-monastischen Tradition bewußt übernommenen Stücke in der Spiritualität der evangelischen Kommunitäten zu einem authentischen Ganzen? Die stärkste Aussage dazu ergab sich bei der Behandlung der "evangelischen Räte". Die Bezeichnung, die Dreizahl und die konkreten Begriffe "Armut", "Keuschheit" und "Gehorsam" wurden sehr bewußt aufgegriffen und reflektiert. Aber diese Übernahme geschah von vornherein "auf evangelisch", d. h. die Versuchung, mit Hilfe der evangelischen Räte ein zweistufiges Christentum zu konstruieren oder das Ordensleben als irgendwie besser oder auch nur sicherer als Weg zum Heil auszugeben, konnte gar nicht erst aufkommen. Und dies, obwohl es z. T. 15 Jahre vor dem Zweiten Vatikanischen Konzil geschah, welches in dieser Hinsicht ein neues Verständnis des Ordenslebens ermöglichte. Besser noch, und zutreffender, muß man es andersherum sagen: evangelische Christen haben entdeckt, daß sich die evangelischen Räte von der Basis eines Lebens nach dem Evangelium in der Nachfolge Christi aus verstehen lassen und haben sie sich von dort aus im Bewußtsein des reformatorischen Protestes gegen ein falsches Verständnis des Ordenslebens angeeignet, sozusagen durch den Filter der reformatorischen Kritik hindurch (S. 156, 160f, 162f u. 180f).

Solche Erfahrungen haben natürlich auch etwas bewirkt. Sie führten zu neuen Erfahrung und schlossen neue Verstehenshorizonte auf. So keimte in diesen Erlebnissen für die entstehenden Kommunitäten z. B. ein vertieftes Verständnis der *universalen Kirche* aller Zeiten und Orte. Es ist vielleicht "typisch protestantisch", daß sie dabei leichter als Christen anderer Konfessionen dazu geneigt sind, die Grenzen ihrer eigenen Kirchen auf die universale Kirche hin zu transzendieren, ohne diese in einer anderen konkret vorfindlichen Kirche festmachen zu wollen. Dennoch leben sie gerade so die Treue zu ihren angestammten Kirchen und verstehen ihr Dasein als notwendigen Dienst *in* der Kirche und *für* sie (S. 214). Oder es erwuchs ihnen ein neues vertieftes Verständnis des Stundengebetes und überhaupt liturgischer Ausdrucksformen, die freilich auch dem Luthertum nicht fremd sind. So überraschend es auf den ersten Blick erscheinen mag, daß andererseits in der *Gethsemanebruderschaft* schwerpunktmäßig das *Herzensgebet* geübt wird, so sehr muß man dabei im Blick haben, daß gerade dies möglicherweise in der protestantischen Betonung des Einzelnen vor Gott begründet ist und sich daher mit evangelischer Frömmigkeit gut verbinden läßt (S. 204f). So sind Lebensformen entstanden, von denen vielleicht auch umgekehrt ein alter Mönchsvater sagen könnte, daß sie "Bein von meinem Bein" sind. Die "Röhren" kommunizieren.

Nun wirft freilich die zuletzt erwähnte Unterschiedlichkeit in den Gebetsformen noch einmal die Frage nach der *Echtheit* der betreffenden Lebensentwürfe auf. Die Verschiedenheit selbst ist allerdings gerade ein positives Indiz für sie. Denn sie wurzelt in den unterschiedlichen persönlichen Führungen der Gründergestalten und kann letztlich nur von daher erklärt werden, sofern sie eine echte Glaubensantwort auf eine Gottesbegegnung verkörpern.

Es konnte aber bisher auch noch nicht ganz deutlich werden, inwiefern mit diesen persönlichen Widerfahrnissen der Gründer die Unterschiede in den Lebensformen der Kommunitäten gegeben sind und ob sie einen echten, authentischen Ausdruck davon darstellen. Die Darstellungsweise in diesem Kapitel hat das nicht erlaubt. In den folgenden vier Kapiteln wird es möglich sein, anhand von vier konkreten Kommunitäten dieser Frage ausführlicher nachzugehen und die daraus erwachsenen Lebensformen und Spiritualitäten im Zusammenhang darzustellen.

III. Hauptteil: Vier Kommunitäten und ihre Spiritualität

6. "St. Benedikt auf evangelisch": Die *Communität Casteller Ring*

Wer sich dem Schwanberg nähert, kann feststellen, daß sich die *Communität Casteller Ring* schon rein äußerlich in einer wahrhaft "benediktinischen Situation" befindet. Sie lebt auf einer weit ins unterfränkische Land hinausragenden, nach drei Seiten hin steil abfallenden Höhe des Steigerwaldes, eben dem *Schwanberg*. Auf seiner nordwestlichen Spitze befindet sich ein Schloß[1], dessen Dächer weithin im Land zu sehen sind. 1957 konnte es die Communität von Graf Castell-Rüdenhausen pachten. Seit 1987 aber wird der Besucher als erstes von der neuen St. Michaelskirche empfangen, einer wahrhaften Gottesburg, von deren breiter, durch eine Wasserkaskade zweigeteilter Freitreppe man einen Blick durch alte Baumwipfel hindurch über das weite Maintal bei Kitzingen hat. In ihrer massiven Klinkerbauweise mit roten Backsteinen erinnert die Kirche trotz der modernen Formgebung an römischen Baustil und nimmt die Phantasie des Besuchers mit in die Zeiten des heiligen Benedikt.

6.1 Anfänge und Geschichte der *Communität Casteller Ring*

Die Anfänge der Communität führen uns aber nur zurück in die Zeit des Dritten Reiches, als 1938 ein Pfarrerehepaar das "Schlößchen" in Castell mietete, um dort seinen Lebensabend zu verbringen. Mit zur "Familie" gehörte die spätere Gründerin der Communität, Christel *Schmid* (1892–1970). Sie stammte aus Mörlbach bei Uffenheim/Mittelfranken und hatte schon bei ihrer Konfirmation den Ruf zur völligen Jesus-Nachfolge verspürt. Das führte sie nach Neuendettelsau und seit 1929 in den Aufbau

[1] Zur Geschichte des Schwanbergs s. den Beitrag von Radulf Graf zu *Castell-Rüdenhausen,* Geschichte und Geschichten über den Schwanberg. *In:* Festschrift 25 Jahre Communität Casteller Ring, 13–28.

der "Tatgemeinschaft Christlicher Pfadfinderinnen" in Kitzingen[2]. Eine Schwanberger Schwester berichtet weiter:

"Wegen ihrer bündisch-pfadfinderischen Vergangenheit war sie der Geheimen Staatspolizei verdächtig und deshalb oft bespitzelt, verhört und mit Redeverbot belegt. ... Immer aber sammelten sich junge Menschen um sie, und weil ihr Herz brannte für diese durch den Nationalsozialismus betrogene und irregeführte deutsche Jugend, wurde sie vielen ein Wegweiser zu einem Leben, das nicht falschen Idolen verfiel, sondern zu Jesus Christus hinführte. Ihr Herz brannte aber auch für die Kirche; nicht für jene, die in Konfessionen aufgespalten ist, sondern für die, die wir im nicaenischen Glaubensbekenntnis als die eine, heilige, allgemeine und apostolische Kirche bekennen, die den Leib Christi darstellt."[3]

"Wir suchten nun jede Gelegenheit, mit ihr zusammenzukommen und untereinander verbunden zu bleiben", fährt die Berichterstatterin fort. "Wir forschten eifrig nach den Schätzen der alten Kirche, die auch nach der Reformation nie ganz verlorengegangen waren, sondern nur unter viel Schutt vergraben lagen. Theologen, besonders Prof. Dr. *Ellwein,* Neuendettelsau, halfen uns dabei. Wir entdeckten die Freude am heiligen Abendmahl, das gemeinsame Beten der Psalmen, die liturgische Feier des Kirchenjahres, die Einzelbeichte."[4]

In den Kriegsjahren wurde Castell der verborgene Treffpunkt und "Casteller Ring" der heimliche Name der Mädchenschar um Christel *Schmid.* Ostern 1942 war es dann so weit: "Unter dem Kreuz des Fürstenfriedhofes in Castell (wagten) vor Christel Schmid und Pfarrer Hermann Schlier sieben junge Mädchen ein Treuegelübde für Jesus Christus und gegen das nationalsozialistische Regime." Die Formulierung lautete etwa so: "Ich verspreche meinem Herrn Jesus Christus die Treue. Sein Evangelium soll die Richtschnur meines Lebens sein."[5] In der Rückschau schrieb Christel *Schmid* über die Anfänge:

"In diesen Jahren 1942 bis 1945 fanden sich andere junge Mädchen dazu. Allerdings verlangten diese Jahre allerhöchste Anforderungen an Wachsein und Schweigsamkeit. Haussuchungen und Überwachung durch die geheime Staatspolizei ließen uns nicht zur Ruhe kommen. Trotzdem fanden wir drüben im Schlößle immer wieder Unterschlupf und Aufnahme. Durch diese stille Vorarbeit waren wir dann fähig, aus dem Chaos des Zusammenbruches vielen jungen Mädchen Hilfe und Heimat zu geben. So wuchs der Bund Christlicher Pfadfinderinnen, der heute (1967) in 30 Städten Bayerns ungefähr 2000 Mitglieder zählt. Und durch den Ruf Gottes entstand aus diesen

---

[2] SchwBr 4/92, 12.

[3] E. *Decker,* Gruß an Castell, SchwBr 1/92, 14.

[4] A.a.O. 15 (Hervorhebung von mir).

[5] SchwBr 2/92, 11.

Reihen die Ordensgemeinschaft Casteller Ring, die ihren Auftrag in der völligen Verfügbarkeit für Jesus Christus und seine Kirche in Gebet und Arbeit sieht."[6]

Doch so einfach war der Anfang nicht: nach 1945 war das "Schlößle" voll von Flüchtlingen. Eine wirtschaftliche Grundlage für den Beginn einer Lebensgemeinschaft war nicht gegeben. Aber die sich gerufen wußten, blieben dem einmal empfangenen Impuls treu.

"1950 zog Maria Pfister als erste nach Castell, um mit Christel Schmid das gemeinsame Leben zu beginnen. In einem Dachzimmer fingen sie an, täglich das kirchliche Stundengebet zu vollziehen, das seit jenem 15. Februar nie mehr abgerissen ist."[7]

Damit sind zwei durch und durch *benediktinische Stichworte* gegeben: "in völliger Verfügbarkeit für Jesus Christus und seine Kirche *in Gebet und Arbeit"* zu leben (vgl. *ora et labora,* oben S. 188f) und: "täglich das kirchliche Stundengebet zu vollziehen", das seither *"nie mehr abgerissen ist"*. Dieses schlichte Zeugnis bringt gerade durch seinen absichtslosen Erzählstil umso eindrucksvoller die Verwirklichung des Grundsatzes zum Ausdruck, daß "dem Gottesdienst nichts vorgezogen werden" soll (RB 43,3). Implizit steckt aber in der völligen Verfügbarkeit für Christus noch ein dritter Grundsatz Benedikts, nämlich der, daß man "Christus ... überhaupt nichts vorziehen" soll (RB 72,11). Gerade angesichts der Verführung durch die nationalsozialistische Ideologie konnte solch ein Wort neues Gewicht und existenzielle Bedeutung auch für evangelische Christen bekommen.

Doch sind diese Anklänge an benediktinisches Leben und die *Regula Benedicti* nur Zufall? Ganz gewiß nicht, denn wie bereits oben an mehreren Stellen deutlich wurde, war es gerade in diesen entscheidenden Jahren die Begegnung mit dem konkreten Benediktinertum und überhaupt mit katholischen Christen, die das innere Werden der jungen Gemeinschaft prägte. Die wesentlichen Passagen sollen hier noch einmal zusammengestellt werden:

"Die Gartenzäune der Konfessionen waren niedriger geworden im Blick auf die Barrikaden, die wir gegen das Neu-Heidentum (des Nationalsozialismus) aufrichteten. Katholiken interessierten sich für evangelische Bibelkommentare und wir erfuhren von der liturgischen Bewegung, von Pius Parsch, vom Quickborn und von Romano Guardini. ... Wir entdeckten Schritt für Schritt, daß Liturgie nicht nur ein schmücken-

---

[6] Zitiert in: SchwBr 2/92, 11 (Klammerzusatz von mir).

[7] E. *Decker,* Gruß an Castell, 16.

des Beiwerk ist, sondern der Gottesdienst der Kirche, und es wurde uns eine große Liebe zu den Sakramenten geschenkt. Wir begriffen, was unsere Taufe für uns bedeutet, wie beglückend und befreiend Einzelbeichte und Absolution sind und wir hatten eine große Sehnsucht danach, das Sakrament des Altars oft und so festlich wie möglich zu feiern. Eine weitere Ergänzung war dann, daß wir anfingen, das Stundengebet zu entdecken und zunächst nach verschiedenen Formularen ... einzeln zu beten und so oft wir zusammenkamen, auch gemeinsam."[8]

"'Alles wirkliche Leben ist Begegnung', sagt Martin Buber. So war es auch die Begegnung mit dem Kloster Münsterschwarzach, die – neben anderen Impulsen – helfend am Anfang unseres Weges stand. Es sind mir dabei drei Erfahrungen besonders wichtig und in Erinnerung: – Wir erlebten in Münsterschwarzach die 'schönen Gottesdienste des Herrn' (Ps 27,4). Ein überwältigendes Erlebnis war dabei die Feier der Kar- und Ostertage. Viele von uns gewannen dadurch einen neuen Zugang zu diesem zentralen Mysterium unseres Glaubens. Es war nach dem Ende des letzten Krieges, in den Jahren 1945 bis 1950 ... – Das andere, was mich tief berührte, war das absichtslose Leben für Gott. Wenn wir die Benediktiner nach dem Zweck ihrer Gemeinschaft fragten, dann war die Rede von Anbetung und Verherrlichung Gottes, von Absichtslosigkeit und davon, daß dem Gottesdienst nichts vorzuziehen sei. – Was mir dabei wichtig wurde, war die Begegnung mit einem freien und frohen Menschsein inmitten aller Bindung. Damals begann ich zu begreifen, daß Bindung an Gott nicht zuerst Beengung, sondern Freisetzung des tiefsten Menschseins bedeutet. ... Diese Begegnung widerfuhr uns zu einer Zeit, in der der Kairos, der 'Stundenschlag' Gottes, über uns stand. Es war für uns *die* Stunde. ... Damals formte mich das, was wir noch heute als Proprium unserer Berufung ansehen."[9]

Anknüpfend an diesen letzten Satz darf man behaupten, *daß die Spiritualität der Communität Casteller Ring in besonders deutlicher Weise von benediktinischer Tradition geprägt ist.* Bevor diese These des näheren entfaltet und belegt wird, sollen hier Entwicklung und Geschichte der Communität kurz weiter geführt werden.

Unter Leitung der "Mater" Christel *Schmid,* die als Ordensfrau den zusätzlichen Namen *Felizitas* angenommen hatte, formte sich seit 1950 die Communität. "Es war ein Leben in Ehelosigkeit, Gütergemeinschaft und in Anerkennung einer geistlichen Ordnung, das uns rief und lockte. ... Unsere Mater verstand es, uns diesen Weg als den Weg einer großen Liebe zu zeigen"[10]. "Unsere Gemeinschaft wuchs, und eines Tages konnten wir mit Kreidestrichen anzeichnen, wo die Trennwände der kleinen Zellen stehen sollten, in denen wir wohnen wollten. Und dann hatten wir

---

[8] E. *Decker,* Unser Platz in der Kirche, 57f (Kommasetzung sic, Klammerzusatz von mir).

[9] M. *Pfister,* Die Bedeutung St. Benedikts, 67f (Hervorhebung im Original).

[10] M. *Pfister,* SchwBr 4/92, 12.

eine Klausurtür und eine Kapelle und einen schmalen Gang mit Zellen rechts und links: unsere erste Klausur; einen ausgesonderten Raum für Gott!"[11] Aufgaben für die junge Gemeinschaft lagen direkt vor ihren Füßen: Grundausbildungslehrgänge für Flüchtlingsmädchen, aus denen nach und nach eine Berufsaufbauschule mit Internat wurde.

Bald wurde der Raum zu eng. 1957 konnte ein Teil der Schwestern auf den Schwanberg in das leerstehende Schloß einziehen. "Wir von der Communität wohnten im ganzen Schloß verstreut zwischen unseren Gästen. Es kamen Gäste aus der DDR, so lange, bis die Mauer stand, wir führten Förderungslehrgänge für junge Mädchen aus den deutschen Siedlungsgebieten im Osten durch, wir richteten einen Flügel des Schlosses für Kinder- und Jugenderholung ein. Im Laufe der Jahre bauten wir ein Vorseminar für soziale Frauenberufe auf, die Tagungsstätte öffnete und erweiterte sich für vielseitige Veranstaltungen und für die verschiedenartigsten Gruppen."[12]

1962/63 war es dann notwendig geworden, ein eigenes Ordenshaus mit einer St. Michaelskapelle im Untergeschoß zu bauen. "Nun konnte sich das Gemeinschaftsleben intensiver formen und gestalten. Wir wollten uns nicht von unseren Gästen zurückziehen, aber wir brauchten diesen eigenen Lebensraum, um dann immer wieder mit neuen Impulsen an die Arbeit zurückkehren zu können."[13]

1968 trat die Gründerin Christel Felizitas *Schmid* im Alter von 75 Jahren von ihrem Amt als "Mater" der Communität zurück. Frau Maria *Pfister* wurde zur Priorin gewählt. Damit begann ein neuer Abschnitt im Leben der Gemeinschaft. "Der Übergang von der Gründerphase in die zweite Generation (hat uns) genötigt, unsere bisherigen personalen und sozialen Bezüge kritisch zu durchdenken und darüber hinaus neue Formen des gemeinschaftlichen Lebensvollzuges zu entwickeln. Dabei haben wir uns 'erlaubt', auch konfliktträchtige Situationen offen beim Namen zu nennen und miteinander nach Wegen zu suchen, sie zu bewältigen."[14] Vielleicht darf man solche Prozesse als typisch für den Übergang von der ersten zur zweiten Generation einer Gemeinschaft bezeichnen. Wir werden an anderer Stelle noch einmal darauf stoßen[15]. Bei ihrer Bewältigung halfen der Communität "Erkenntnisse aus den modernen Humanwis-

---

[11] M. *Pfister*/J. *Halkenhäuser, in:* J. *Halkenhäuser,* Kirche und Kommunität, 232.
[12] A.a.O. 233.
[13] Ebd.
[14] J. *Halkenhäuser*/M. *Pfister,* Hinter offenen Türen, 10f.
[15] Unten S. 318f.

senschaften und die Beachtung gruppendynamischer Gesetzmäßigkeiten ..., als 'verantwortete Gemeinschaft' erwachsener miteinander umzugehen", was natürlich die Erkenntnis weder ersetzt noch behindert, die der folgende Satz ausdrückt: "Wir wollen und müssen bereit sein, in der Nachfolge Christi das Geheimnis des Weizenkorns zu praktizieren, den Weg vom Tod zum Leben (Joh 12,24)."[16]

Weil das alte Ordenshaus inzwischen zu eng geworden war, errichtete man ein neues, das 1980 eingeweiht werden konnte.

1981 wurde in München die erste "Stadtstation" gegründet (die allerdings 1989 wieder zurückgenommen werden mußte), der weitere Stationen in Nürnberg, Augsburg, Würzburg und Hildesheim folgten. Dort arbeiten die Schwestern z. T. in ihren Berufen.

Seit 1987 bildet die neue St. Michaelskirche den Mittelpunkt des Stundengebetes und der gottesdienstlichen Feiern der Communität auf dem Schwanberg. Das Internat und die Berufsaufbauschule mußten in demselben Jahr aufgegeben werden. Dort gibt es nun die Möglichkeit zu Einkehrzeiten für Konfirmanden, Familien und Behinderte ("Haus der Begegnung")[17], neben der "Tagungsstätte" im Schloß selbst, die "das ganze Jahr offen (ist) für Tagungen aus allen Bereichen der kirchlichen Arbeit, der Wirtschaft, der Politik, der Jugend- und Erwachsenenbildung, die meist ein eigenes Programm durchführen", aber auch für eigene Tagungen der Communität[18]. Seit 1992 steht der "Gutshof" als "'stilles Haus' für Urlauber, Einzelgäste und Einkehrgruppen, die schweigen wollen", offen[19].

Von Anfang an war der Communität die ökumenische Dimension wichtig. Das lag z. T. in den Erfahrungen mit der benediktinischen Spiritualität begründet und führte unmittelbar zum Engagement in der kirchlichen Ökumene, vor allem für interkommunitäre Begegnungen in Deutschland. Bei den internationalen und interkonfessionellen Kongressen der Ordensleute (erstmals 1979 in Loyola, seither etwa alle zwei Jahre an verschiedenen Orten wie Lyon, Trier, Assisi, Mirfield, zuletzt 1993 in Fleury) trug der Schwanberg von Anfang an die Verantwortung für die deutsche Sektion[20].

---

[16] J. *Halkenhäuser*/M. *Pfister,* Hinter offenen Türen, 11; s. auch M. *Pfister,* Erlösung leben, 71f.

[17] G. *Deck* a.a.O. 218.

[18] J. *Halkenhäuser*/M. *Pfister,* Hinter offenen Türen, 17.

[19] SchwBr 1/92, 11.

[20] Brief von J. *Halkenhäuser* vom 24.8.92.

Die jüngsten Jahre haben neue personelle Wechsel gesehen: Am 11. Dezember 1990 trat die bisherige Priorin Maria *Pfister* von ihrem Amt zurück[21]. Der Schwesternrat wählte am 27. Dezember 1990 Schwester Edith Therese *Krug*, die bisher in Nürnberg als Beauftragte für Meditation der Evangelisch-Lutherischen Kirche in Bayern gearbeitet hatte, zur Nachfolgerin[22]. Am 9. Februar 1991 wurde sie in ihr neues Amt eingeführt (vgl. oben S. 211f)[23]. – Nach über 25-jähriger Tätigkeit als *Schwanbergpfarrer* trat Dr. Johannes *Halkenhäuser* am 26. April 1992 in den Ruhestand. Als sein Nachfolger konnte Pfarrer Dietrich *Koller* am 27. September 1992 in sein Amt eingeführt werden.

6.2 Gestalt und Anliegen der Communität

6.2.1 Gestalt

Die Communität Casteller Ring zählt 51 zölibatäre Frauen (Stand 1993), von denen 36 auf dem Schwanberg leben und arbeiten. Die anderen verteilen sich auf verschiedene *Stadtstationen*. Darum herum gruppiert sich ein Kreis von *Oblatinnen*[24] und ein großer Freundeskreis. Der *Schwanbergpfarrer* hat den Auftrag eines Spirituals, nämlich die Sakramente zu feiern (auch Beichte zu hören), für die Seelsorge zur Verfügung zu stehen und die theologische Arbeit der Communität anzuregen und zu begleiten.

Im Mittelpunkt des Lebens der *Communität Casteller Ring* steht die Feier des Stundengebetes und der Gottesdienste. Dazu versammelt sich die Gemeinschaft viermal am Tag in der neuen St. Michaelskirche. Ihr Baustil erinnert von außen, wie schon gesagt, an römische Architektur. Im Innern jedoch wird der Blick auf den Altar im Mittelpunkt des Kirchenraumes gezogen, der nicht erhöht ist, sondern in einer Vertiefung steht. Über ihm erhebt sich das hohe Dach der Kirche wie ein großer Baldachin auf vier schlanken Betonsäulen. Um ihn herum, innerhalb der Stufen, die in den Altarraum hinabführen, ist das Chorgestühl der Schwe-

[21] SchwBr 1/91, 17.
[22] SchwBr 1/91, 18.
[23] SchwBr 2/91.
[24] Siehe SchwBr 2/93, 13f.

stern. Die mitbetende Gemeinde von Gästen und Besuchern findet oberhalb der Stufen rings herum ihren Platz – auf drei Seiten. Von der vierten, der Ostseite her, blickt eine Christus-Ikone auf den Altar und die um ihn versammelte Gemeinde.

Um 6.30 Uhr trifft man sich dort zur *Laudes,* die eine Viertelstunde persönlicher Betrachtung zum Tagestext der liturgischen Lese-Ordnung mit umschließt. Mittags um 12.05 Uhr wird das *Mittagsgebet* gesungen. Die *Vesper* findet um 18.00 Uhr statt. Das alles wird größtenteils nach Vorlagen des Deutschen Antiphonales aus Münsterschwarzach gestaltet. Das Tagesschlußgebet wird schon um 19.45 Uhr gehalten, weil die unterschiedlichen Abendprogramme in Tagungsstätte und Gästehäusern den Schwestern keine gemeinsame Zeit zu späterer Stunde mehr zugestehen. Diese *Komplet* "steht in unserem bayerischen Gesangbuch, und darum singen wir sie auch daraus. Es ist uns wichtig, daß auch unsere vielen Gäste erleben, daß dieses Gebet im Gesangbuch steht und sie es auch daheim beten können."[25] Dreimal in der Woche wird die *Eucharistie* gefeiert: am Sonntag als festlicher Sakramentsgottesdienst, am Dienstagabend anstelle der Komplet (da kann auch mit neuen Liedern und modernen Formen der Anbetung experimentiert werden[26]) und am Freitagmorgen anstelle der Laudes.

Jeden Samstag abend findet im Zusammenhang mit der Vesper die "Feier der Sonntagsbegrüßung" statt, die sich anschließend im Rahmen eines festlichen Abendessens fortsetzt. Dieser Brauch lehnt sich an die jüdische Sabbat-Liturgie an, was sich auch in folgendem Detail zeigt: "Während nach unserer Einsicht der Mann, der ordinierte Pfarrer dazu berufen ist, am Altar zu handeln, ist es hier am Tisch die Aufgabe der Mutter, das Licht für den Tag des Herrn anzuzünden und Brot und Wein als Zeichen der täglichen Mühe und des Festes auszuteilen"[27].

Die Ordensfrauen tragen für die Gebetszeiten, die sie auch benediktinischer Tradition gemäß *"Horen"* nennen, das Chorgewand. Anfangs war dies ein schwarzes Kleid mit breitem weißem Kragen und weißem

---

[25] G. *Deck,* Anregungen aus der Regel Benedikts, 217. Außer dem Quellennachweis für Psalmodien, Responsorien und Cantica (Münsterschwarzach) enthält jedes Gebetsheft den Hinweis, daß die jeweilige Gebetszeit in ihrem Aufbau derjenigen im Kirchengesangbuch entspricht.

[26] Vgl. M. *Pfister*/J. *Halkenhäuser, in:* J. *Halkenhäuser,* Kirche und Kommunität, 234.

[27] M. *Pfister,* Eucharistie, 16.

Schleier[28]. Inzwischen ist es modernisiert als ein weites, beige-graues Gewand, einer Albe nicht unähnlich, das sich mühelos über die Alltagskleidung überziehen läßt.

Die meisten Schwestern wohnen seit 1980 im neuen *"Ordenshaus"* hinter der St. Michaelskirche. Es ist ein "ganz nach innen gerichtetes" Haus, das in drei Flügeln um einen Garten- und Rasenplatz herum gebaut ist, das sog. *"Claustrum":* der Kreuzgang, die Klausur. Die Flure verlaufen den Außenwänden entlang, so daß alle Zimmer nach innen hin ausgerichtet sind: sie "haben den Blick auf die grüne Wiese, den Springbrunnen und den Plattenweg, der vorbei an der Pergola mit den Kreuzwegstationen um den ganzen inneren Bereich des Hauses herumführt."[29] So haben die Frauen "das Heimathaus für eine evangelische Ordensgemeinschaft, ein evangelisches Kloster, gebaut – nicht nur eine Schlafstätte und ein Wohnhaus. Es soll ein Haus sein ... zum Alleinsein und zur Begegnung in der Gemeinschaft. Wir haben uns der uralten Mönchsfrage zu stellen, die an jeden Eintretenden gerichtet wurde: 'Was begehrst du?' und wollen darauf antworten: 'Die Barmherzigkeit Gottes und die Gemeinschaft der Schwestern.'"[30] Kürzlich wurde der erste Spatenstich zu einem Erweiterungsbau getan: dann – wohl noch 1993 – "werden wir alle miteinander in einem Haus wohnen."[31]

Die *Arbeitsbereiche* werden durch das Leben und die Häuser vorgegeben. Neben so selbstverständlichen Diensten wie sie ein großes Haus und ein nicht minder großer Garten, die Betreuung der Kirche oder auch die Verwaltung erfordern, gibt es die Aufgaben der Gästehäuser: der Tagungsstätte im alten Schloß, des "Hauses der Begegnung" im ehemaligen Internat (das früher mitsamt der Schule natürlich ebenfalls einige Schwestern beschäftigte) und des "Gutshofes". Es ist sicherlich kein Zufall, daß im November 1991 die Magistertagung der deutschsprachigen Benediktiner und Benediktinerinnen auf dem Schwanberg stattfand[32].

---

[28] Beschreibung und Abbildungen bei G. *Eberts,* St. Benedikt auf evangelisch, 27 u. 34f; SchwBr 4/92, 12; Selbstdarstellung *Communität Casteller Ring,* 1, 3 u. 9 (um dieses Heft von dem gleichnamigen Faltblatt zu unterschieden, das ebenso wie dieses ohne Jahresangabe erschienen ist und aus dem schon mehrfach zitiert wurde, wird es im folgenden immer mit dem Zusatz "Selbstdarstellung" gekennzeichnet werden; so ist es auch im Literaturverzeichnis aufgeführt).

[29] M. *Pfister,* Die Chance unseres neuen Ordenshauses, 56.

[30] Ebd.

[31] E. Th. *Krug,* SchwBr 4/92, 9; s. auch SchwBr 1/93, 11.

[32] Siehe die Notiz in: SchwBr 1/92, 12; ein etwas ausführlicherer Bericht darüber findet sich in "Erbe und Auftrag": J. *Buschmann,* Magistertagung auf dem Schwanberg.

"Von Ostern bis Allerheiligen kommen sehr viele Besuchergruppen zu uns und deshalb ist eine Schwester für die Betreuung dieser Gruppen freigestellt worden. Es sind Gemeindegruppen, Frauen-Männerkreis (sic), Kirchenchöre, aber auch Vereine oder Arbeitsgruppen. Wir möchten nach altfränkischer Sitte den Gruppen dreierlei anbieten: etwas zu essen und zu trinken (wir haben ein Café), eine Information über unser Leben und Arbeiten und eine Gebetszeit."[33] Eine Schwester arbeitet in der Kranken- und Sterbendenseelsorge in Kitzingen.

In den *Stadtstationen* leben die Schwestern meist in enger Nachbarschaft zu einer Kirche, wo sie öffentlich zu einigen der Stundengebete einladen und für Passanten und Besucher, Ratsuchende und Erholungsbedürfigte, Freunde und Fremde offene Räume und ein offenes Herz haben. In *Augsburg* konzentriert sich dieser Dienst auf das Café "Zu den Barfüßern" und die Gebetszeiten in der Barfüßerkirche[34]; in *Nürnberg* leben und beten die Schwestern bei und in der St. Jakobskirche, aber daneben arbeiten einige in ihren Berufen (als Apothekerin, als Meßnerin der Kirche) oder stehen in der Ausbildung (als Hotelfachfrau)[35]; in *Hildesheim* ist es die St. Jakobikirche, die den Frauen Heimat und Gebetsraum gibt, dazu arbeitet eine Schwester als Küsterin an der Kirche und eine andere als Buchhändlerin in der Stadt[36].

Nur in *Würzburg* liegen die Dinge etwas anders: dort lebt seit 1991 die ehemalige Priorin der CCR, Frau Maria *Pfister,* zusammen mit zwei Schwestern. Von ihrem Erleben berichtet sie:

"Zuerst war es der Wunsch nach Abstand, der mich hierher führte. ... Dabei spürte ich zunehmend, daß die Stille zu mir zu sprechen begann. ... Ich darf die Gewichte verlagern – von der Verantwortung für eine Gemeinschaft in meinem langjährigen Amt – hin zum Sein vor IHM. Ich habe nun Zeiten der Stille, des Anschauens und Angeschautwerdens. Die Fürbitte hat dabei einen neuen und wichtigen Stellenwert erhalten. 'Lege mir meine Kirche, meine Welt zu Füßen' – so fasse ich diesen Auftrag auf. Manche Beziehungen wachsen mir neu oder verstärkt zu. Ich habe ein kleines Gastzimmer für einen Menschen, der einen 'Tag der Stille' sucht. Das wird sich fügen, wie Gott es will. Diese völlige Abhängigkeit von Seiner Führung ist mein Ziel und gibt mir Freiheit. So hat mein Leben, wie bisher, einen Dreiklang, nur in an-

---

[33] G. *Deck,* Anregungen aus der Regel Benedikts, 219.

[34] SchwBr 1/93, 12; SchwBr, Sondernummer April 1990, 23f – die aktuellste Jahreszahl bei diesen Literaturangaben zeigt zugleich den *Stand der Information* an; die Dinge können sich aber seither wieder geändert haben.

[35] SchwBr 3/92, 15f; SchwBr, Sondernummer April 1990, 13f.

[36] SchwBr 1/93, 12; 2/91, 16.

derer Reihenfolge: Vor IHM sein – in Gemeinschaft leben – im Gast Christus begegnen."[37]

Damit sind wieder einige *benediktinische Stichworte* angeklungen, die uns zu der Frage nach dem Anliegen der *Communität Casteller Ring* führen.

6.2.2 Anliegen

"Wir wollen durch unsere eigene Existenz verkündigen, daß es sich lohnt, sich mit Gott einzulassen, und daß er ein vollgültiger Partner, das DU eines Menschen sein kann. Wir wollen als Gemeinschaft ihn anbeten und verherrlichen und seine Spuren in jedem Mitmenschen suchen. Wir wollen, daß von uns heilende und befreiende Wirkung ausgeht, daß sich Menschen wohl fühlen und angenommen wissen. Wir glauben, daß wir dadurch etwas beitragen können zur Veränderung der Welt", so lautet die "Zielvorstellung" der Communität[38].

Das mag im ersten Augenblick etwas idealistisch klingen. Doch die Schwestern wissen: "Wir leben in dieser Welt und zwar sehr bewußt, lassen uns von ihren Fragen herausfordern, setzen uns engagiert und – je nach Veranlagung – sehr temperamentvoll mit Problemen des Lebens von morgen auseinander."[39] Weil auch sie sich "auf der Gratwanderung zwischen übertriebener Betriebsamkeit und dem, was wir unter Kontemplation verstehen" befinden, bekennen sie: "Wir stecken – wie vielleicht auch Sie – mitten drin in dieser Problematik, auch wenn wir – scheinbar abseits und einsam – auf einem romantischen, aber gar nicht verträumten Schloß wohnen."[40]

Aber in all diesen Auseinandersetzungen mit dem Leben, wie es ist, gilt das *Leitwort:* "Frei für Gott und das Kommen Seines Reiches in der Gemeinschaft der Communität zum Dienst in der Welt".[41] Das verwirklicht sich in einem Leben "nach Apg 2,42 (der Magna Charta des kommunitären Lebens) aus dem täglichen Umgang mit dem Wort Gottes und dem häufigen Empfang der Sakramente (Eucharistie, Beichte). Das viermalige Stundengebet und die persönliche stille Zeit ordnen den Tag

---

[37] M. *Pfister,* SchwBr 4/92, 6.

[38] M. *Pfister/J. Halkenhäuser, in:* J. *Halkenhäuser,* Kirche und Kommunität, 234.

[39] Selbstdarstellung *Communität Casteller Ring,* 2.

[40] Ebd.

[41] Die *Communität Casteller Ring,* 6.

in Lob und Anbetung Gottes; daneben steht der regelmäßige Dienst der Fürbitte für Kirche und Welt."[42]

"Ausdruck dieser Ganzentscheidung des Glaubens ist für uns die freiwillige Bindung an jene geistlichen Grundhaltungen, die man in der Überlieferung des Mönchtums als Evangelische Räte bezeichnet: *Ehelosigkeit, Armut (Gütergemeinschaft) und Gehorsam.* Wir sehen in der Lebensform der Evangelischen Räte, die unser gemeinsames Leben konstituieren, die Ermöglichung der Einübung in eine von der Liebe Christi inspirierte und an ihm orientierte Nachfolge; nicht lastendes Gesetz, sondern Ausformung des 'neuen Gehorsams' der größeren Liebe (Joh 13,34; Gal 2,6) ..."[43]

Ferner heißt das: "Wir wollten – unter die Faszination des Christseins in Kommunitäten geraten – *ein positives Modell schwesterlicher Koinonia* leben. Freilich muß diese Gabe des gemeinsamen Lebens immer wieder neu angenommen und als bleibende Aufgabe aktualisiert werden ... Wir meinen also, daß die Kommunitäten als alternative Modelle christlicher Gemeindebildung der Kirche darin einen Dienst tun, daß sie Bedeutung und Wert überschaubarer Gemeinschaften herausstellen."[44]

Immer wieder kreist dieses Leben der Schwanberger Frauen um die eine Mitte: "Wir haben *das Sakrament des Altars* als neue heilende Wirklichkeit unseres Lebens entdeckt"[45].

Erst an fünfter Stelle wird die konkrete Arbeit als Dienst an den Menschen erwähnt: "Unter dem Leitwort 'Frei für Gott und die Menschen' lernten wir die Gewichte unseres geistlichen Lebens und Handelns richtig zu setzen. Die dreifache Hinwendung zu Gott, zu den Brüdern und zur Welt wird nur dann recht geschehen, wenn sie getragen wird und bestimmt ist von der unauflöslichen Einheit ... von Gebet, Gottesdienst und Sakrament (Leiturgia), Verkündigung und Lehre (Martyria) und dienender Liebe (Diakonia)."[46]

Zu dieser bleibenden Grundberufung gehört schließlich auch "der Wille zur kirchlichen Solidarität", der die Gemeinschaft die sichtbare Gestalt der Kirche "ernst nehmen und an der Auferbauung der Gemeinde und der ihr aufgetragenen Heilssendung verantwortlich mitarbeiten" ließ: "Der altkirchliche Grundsatz des 'kirchlich Mönchsseins', der die Korrelation von Kommunität und Kirche (auch in ihrer landeskirchlichen

---

[42] Ebd.
[43] A.a.O. 7f (Hervorhebungen im Original).
[44] A.a.O. 10f (Hervorhebung im Original).
[45] A.a.O. 11.
[46] A.a.O. 13.

Verfaßtheit) bejaht, gehört zu unserem Selbstverständnis. Praktische Konsequenz dieser Tatsache ist es z. B., daß ein Glied der Communität im örtlichen Kirchenvorstand, ein anderes in der EKD-Synode kirchliche Verantwortung wahrnimmt."[47]

Das ist aber nur die eine Seite: "Wesentlich für unser Selbstverständnis ist uns ferner, daß wir als Kommunität ... zugleich uns als eine eigengestaltete Ausprägung des Kircheseins, als einen 'Mikrokosmos der Kirche' (Taizé) sehen mit der Aufgabe, bestimmte Wesenszüge und Zielsetzungen der Kirche verdeutlichend oder auch stellvertretend zu bezeugen. ... Die Liebe unserer Communität zur 'Kirche aus Fleisch und Blut' (O. Dibelius) ist darum immer auch eine kritische Liebe, die die konfessionsgeschichtliche Bedingtheit unseres Standorts durchaus anerkennt, aber zugleich weiß, daß die Kirche Jesu Christi größer ist als die eigene Konfession. ... Die Leidenschaft für die Einheit des Leibes Christi treibt uns dazu, den Anruf zur sichtbaren Darstellung der Einheit der Christen aufzunehmen. Mit allen Kräften wollen wir als Stätte des beständigen Gebets, der ökumenischen Begegnungen und Gespräche und des 'Tun, was eint' für die Verwirklichung des Auftrages Christi (Joh 17) einstehen."[48]

6.3 Die Bedeutung Benedikts für die *Communität Casteller Ring*

6.3.1 Was ist eigentlich "benediktinisch"?

Als Papst *Gregor d. Gr.* seine "Dialoge" schrieb (593/594), deren zweites Buch die einzige Quelle über das Leben des hl. *Benedikt v. Nursia* darstellt, die wir besitzen, gab es noch keine "Benediktiner". Fragen wir aber danach, was eigentlich "benediktinisch" sei, scheint uns das Wort zunächst an den mittelalterlichen Orden zu weisen. Dennoch ist es möglich, weiter zurück zu fragen. Dann wäre das Adjektiv "benediktinisch" als von dem Eigennamen "Benedikt" abgeleitet verstanden. Wesentliche Charakteristika dessen, was als "benediktinisch" zu gelten hat, sind dann in der *Regula Benedicti* selbst festzumachen. Das schließt nicht aus, daß manche Aspekte der späteren Entwicklung durch die RB ermöglicht oder zumindest nicht verhindert wurden.

---

[47] Ebd. (Klammerzusatz im Original).

[48] A.a.O. 14.

Durchsucht man die schier unübersehbare Literatur[49] unter diesem Gesichtspunkt, stellen sich die Stichworte *"Christus-Zentriertheit", "Maß" und "Menschlichkeit"* ein. Schon *Gregor d. Gr.* hatte die RB wegen ihrer "Mäßigung" ("Unterscheidung") und "lichtvollen Sprache" gerühmt[50]. Gerade im Vergleich zu der *Regula Magistri,* die in vielem Vorlage für Benedikt gewesen ist[51], zeigt sich an dem, was er ändert, wegläßt oder korrigiert sein eigenes Anliegen, und eben da leuchtet die oben erwähnte Menschlichkeit und die "Weisheit des Maßes" besonders deutlich hervor. Insbesondere finden wir im Unterschied zur RM ein größeres Vertrauen des Abtes zu seinen Mönchen, eine stärkere Öffnung zur Welt hin, weniger lange Bußübungen bei nicht minder strenger Grundhaltung und keine unsinnigen Befehle oder bewußte Quälereien, im Gegenteil: kein Bruder soll traurig sein müssen (vgl. RB 31,19)[52].

Positiv gesagt, d. h. ohne die Abgrenzung gegen den "Magister", lassen sich in der RB folgende Elemente des "Benediktinischen" erheben:

---

[49] Stellvertretend seien hier nur genannt: C. *Bamberg,* "Nichts außerhalb der Weisung des Herrn"; *dies.,* Unter der Führung des Evangeliums; W. A. *Bienert,* Art. "Benediktiner", 425; A. *Böckmann,* "Per ducatum Evangelii"; *dies.,* Perspektiven der Regula Benedikti, sowie die zahlreichen Artikel der Autorin zu einzelnen Kapiteln der RB (s. Lit.-Verz.); A. *Borias,* "Mit glühender Liebe..."; *ders.,* "Was dem anderen nützt"; W. *Dirks,* Die Antwort der Mönche, 107–153; B. *Doppelfeld,* Höre, nimm an, erfülle; U. *Faust,* Art. "Benediktiner, Benediktinerinnen"; B. *Fischer,* Die Psalmenfrömmigkeit der Regula S. Benedicti; A. *Grün,* Benedikt von Nursia; I. *Herwegen,* Sinn und Geist der Benediktsregel; E. *Heufelder,* Weite des Herzens; G. *Holzherr,* Die Benediktsregel, 16; U. K. *Jacobs,* Bedeutung und Aussage des Wortes *regula; ders.,* Ökumenische Aspekte einer Rechtstheologie der Regula Benedicti; B. *Jaspert,* Benedikts Botschaft; E. *Jungclaussen,* Worte der Weisung; T. *Kardong,* Benedict's Use of Cassianic Formulae; A. *Kemmer,* Christus in der Regel St. Benedikts; F. *März,* Klassiker christlicher Erziehung, 54–80; M. *Puzicha,* Benedikt von Nursia – Ein Mensch "per ducatum evangelii"; F. *Ruppert*/A. *Grün,* Christus im Bruder; G. u. Th. *Sartory,* Benedikt von Nursia – Weisheit des Maßes; K. *Schatz,* Geschichte des Ordenslebens, 54–56; E. *v. Severus,* Impulse der Regula Benedicti für das ökumenische Gespräch; B. *Steidle,* Die Regel St. Benedikts; *ders.,* Dominici schola servitii, sowie die zahlreichen Artikel des Autors zu benediktinischen Themen (s. Lit.-Verz.); A. *de Vogüé,* Art. "Benedikt von Nursia"; *ders.,* Die Regula Benedicti; *ders.,* La Règle de Saint Benoît, Bd. 4–6; *ders.,* Von der "Regel des hl. Basilius" zur Regel Benedikts, sowie die zahlreichen weiteren Veröffentlichungen des Autors zur Benediktsregel (s. Lit.-Verz.); A. *Wathen, Conversatio* and Stability in the Rule of Benedict; E. *Wilke,* Das Leben des Mönchs nach der Regel Sankt Benedikts; M. *Wolter,* Elementa.

[50] Dialoge II, 36: *de Vogüé/Antin* Bd. 2, 42,6f.

[51] Vgl. B. *Jaspert,* Die Regula Benedicti – Regula Magistri-Kontroverse. Th. *Payr,* Der Magistertext, hatte noch den entgegengesetzten Standpunkt vertreten; s. ferner G. *Penco,* La *Regula Magistri.*

[52] Nach A. *Böckmann,* Perspektiven der Regula Benedicti, 10f.

a) *Ganz Ohr sein für Gott.* Schon die ersten Worte der Regel sind bezeichnend: "Höre, mein Sohn". Das Hören steht betont am Anfang[53]. Daran schließt sich die Aufforderung, Gott zu lieben mit allem, was wir sind; das "Hören" führt also mitten hinein in die Herzmitte des Lebens mit Gott: zur Liebe. Jesus hat dieses Wort bewußt aufgegriffen und das "Doppelgebot der Liebe" formuliert (vgl. Mt 22,37–40), und ebenso bewußt stellt es Benedikt an den Anfang seiner Regel. Aber diese Liebe muß empfangen, sie muß geschenkt werden. Das Hören deutet das an: der Mönch öffnet sich ganz für Gott und seine Gaben. Benedikt sagt darum: "Neige das Ohr deines *Herzens!*" In Spr 4,20 fand Benedikt den Satz: "Neige dein Ohr zu meinen Worten". Der Zusatz: "das Ohr *deines Herzens*" stammt also von ihm selbst und zeigt sein eigenes Anliegen[54]. Kein nur äußerliches Hören ist also gemeint, nicht einfach die Aufnahme von Schallwellen, sondern ein inneres Hinhören, ein Offensein des ganzen Menschen zu Gott hin.

b) *Christus als Meister.* Wer oder was soll nun gehört werden? Die "Weisung des Meisters", der "Zuspruch des gütigen Vaters" (Prol 1). Wer ist damit gemeint? Zunächst könnte es so scheinen, als meine Benedikt damit sich selbst bzw. den Abt oder Klostervorsteher, der jetzt im Begriffe steht, diese Regel vorzutragen. Dennoch dürfte es die *Regula Benedicti* anders verstehen. Für sie ist der "Meister" und "Vater" des Klosters kein anderer als der Herr selbst. Jesus als Vater – das kommt uns heute fremd vor, aber es paßt in die damalige Vorstellung von der Kirche als Familie Gottes[55]. Ein Vater in der Antike bestimmte die Lebensordnungen seines Hauses und

---

[53] RB Prol 1. Auch andere monastische Texte beginnen mit diesem Hören, z. B. das "Buch" des *Horsiese:* "Höre, Israel, die Gebote des Lebens; vernimm sie mit den Ohren und begreif sie mit Klugheit" (vgl. Spr 2,2) – man müßte sogar besser übersetzen: "und erkenne Klugheit!", *LibOrs* 1: *Boon* 109,3f (dt. bei H. *Bacht,* Das Vermächtnis I, 59). Überhaupt ist es in unserem Zusammenhang unerheblich, ob ein einzelner Gedanke von Benedikt aus der Tradition übernommen oder von ihm selbst zum ersten Mal konzipiert worden ist; auf jeden Fall hat er bewußt ausgewählt und so seinen Stempel einer Regel aufgedrückt, die *als Ganze* geschichtlich wirksam geworden ist, vgl. K. *Schatz,* Geschichte des Ordenslebens, 54–56; ein Beispiel dafür wird diskutiert bei Ch. *Joest,* Benedikt von Nursia und der Stellenwert gegenseitiger brüderlicher Liebe.

[54] Zum Ganzen vgl. A. *Böckmann,* Perspektiven der Regula Benedicti, 15 u. 20–22; B. *Doppelfeld,* Höre, nimm an, erfülle; E. *Heufelder,* Weite des Herzens, 13–17; G. *Holzherr,* Die Benediktsregel, 35f; B. *Jaspert,* Benedikts Botschaft, 32–39; *Regula Benedicti/Die Benediktusregel,* 32.

[55] In der *Regula Benedicti* wird Christus "Vater" genannt, ja im alten Mönchtum galt sogar das Vaterunser als ein an Christus gerichtetes Gebet, s. B. *Fischer,* Die Psalmenfrömmigkeit der Regula S. Benedicti, 64–79; E. *Heufelder,* Weite des Herzens, 54–59; A. *Kemmer,* Christus in der Regel St. Benedikts, 1–14; G. *Racle,* A propos du Christ-Père; B. *Steidle,* Abba – Vater; *ders.,* Heilige Vaterschaft, 219ff; *ders.,* Die Regel St. Benedikts, 86f; M. *Schneider,* Aus den Quellen der Wüste, 25; A. *de Vogüé,* La paternité du Christ. Diese Christologie wirft ein bezeichnendes Licht auf die Tatsache, daß bei Benedikt der Abt *als Repräsentant Christi "Vater" genannt*

aller, die in diesem Haus als einer Wirtschaftseinheit (und *das* nannte man *"familia"*[56]!) lebten und arbeiteten. Ebenso tut es Jesus Christus als Haupt der *"familia Dei"* auch im Kloster Benedikts[57].

c) *Auf dem Wege sein: das Menschenbild Benedikts.* Das Nächste, was im Prolog der RB auffällt, ist die Tatsache, daß Benedikt den Menschen auf einem *Weg* sieht: "*Lauft,* solange ihr das Licht des Lebens habt. ... Seht, in seiner Güte zeigt uns der Herr den *Weg des Lebens.* Gürten wir uns also mit Glauben und Treue im Guten, und gehen wir unter der Führung des Evangeliums *seine Wege* ... Fliehe nicht vom *Weg des Heils;* er kann am Anfang nicht anders sein als eng. Wer aber im klösterlichen Leben und im Glauben fortschreitet, dem wird das Herz weit, und er *läuft* in unsagbarem Glück der Liebe den *Weg der Gebote Gottes*" (RB Prol 13. 20f.48f). Der Mensch ist auf dem Weg, er ist nie fertig. Das gilt genauso für Benedikts Mönche. Es gibt immer Wachstum. "Weg des Lebens", "Weg des Heils" nennt Benedikt diesen Prozeß, weil es "*seine* Wege", Christi Wege sind, der "Weg der Gebote Gottes". Das Ziel ist das Leben, aber der Anfang ist eng, d. h. beschwerlich, er kostet Mühe und Kraft. Aber dieser Aufwand lohnt sich: da "wird das Herz weit", da läuft man schließlich in "unsagbarem Glück der Freude". Bei aller Entsagung liegt hier dennoch der Ton nicht auf den Härten der Askese, sondern es geht um ein *Glück,* es geht um eine *Freude,* um die Freude nämlich, mit Jesus Christus auf seinem Weg zu sein.

d) *Stabilitas: bleiben, nicht ausweichen.* Aber nun heißt es: "Fliehe nicht vom Weg des Heils". Das andere Stichwort, das zu Benedikt gehört, ist die *stabilitas,* das Beharren, das Bleiben. Am Ende des Prologs sagt es Benedikt ganz deutlich: "Darum wollen wir uns seiner Unterweisung *niemals entziehen* und bei seiner Lehre im Kloster *ausharren* bis zum Tod" (RB Prol 50). Etwas später, im vierten Kapitel, in dem es um die "Werkzeuge der geistlichen Kunst" geht, heißt es: "Die Werkstatt aber, in der wir das alles sorgfältig verwirklichen sollen, ist der Bereich des Klosters und die *Beständigkeit in der Gemeinschaft*" (RB 4, 78). Beständigkeit – *stabilitas.* Benedikt spricht übrigens nicht von der *stabilitas loci,* der Beständigkeit des *Ortes,* obwohl das, was er meint, äußerlich auf dasselbe hinausläuft. Bei ihm heißt es: Beständigkeit in der *Gemeinschaft – stabilitas in congregatione.* Das ist personal, das ist menschlich, bezogen auf die Gemeinschaft der Brüder. Die Ausrichtung geht nicht auf den Ort als solchen. Das könnte auch zum Gefängnis werden! Die Ausrichtung geht auf die Gemeinschaft der Brüder. Auch die kann schwer werden, aber sie ist etwas Lebendiges, da gibt es Menschen, die miteinander auf dem Weg sind. Das ist nichts Statisches, sondern da gibt es Bewegung, zielgerichtet auf dem "Weg des Heils". Auf dem Weg sein – und trotzdem Beständigkeit, Bleiben, Ausharren. Wie ist das zu verstehen? Modern gesprochen müßte man sagen, es geht darum, den Prozessen nicht auszuweichen, in die man gestellt ist. Nicht fliehen, wenn es zu unan-

---

wird, RB 2,1 –3; 63,13 (vgl. dazu B. *Fischer,* Zu Benedikts Interpretation von Röm 8,15).

[56] Siehe unten S. 336.

[57] Anders sieht es E. *Jungclaussen,* Worte der Weisung, 19f, der in dem Meister Benedikt selbst erkennt; dementsprechend ist sein Kommentar zu den Abtskapiteln der RB mit den Worten: "Die Rolle des Meisters" überschrieben, a.a.O. 36–43.

digkeit in der Gemeinschaft zur "Werkstatt". Andernfalls bleibt das Leben des Mönches ein Torso, ein unvollendetes Werkstück.

e) *Christus, die Mitte: der Gottesdienst.* Die RB hat eine geheime Mitte, von der her alles bestimmt ist: die Person Jesu Christi. Wir sahen schon, daß *er* es ist, der den Mönch auf den Weg ruft. Dieser dient *ihm,* nicht einer Regel oder einer Ordnung. Beides soll nur dazu anleiten und hinführen, ganz für den Herrn da zu sein. Das ganze Leben der Mönche ist von der Liebe zu Christus bestimmt. So heißt es z. B. im Zusammenhang mit dem Gehorsam: "Der erste Schritt zur Demut ist Gehorsam ohne Zögern. Er ist die Haltung derer, denen die Liebe zu Christus über alles geht" (RB 5,1–2). Es kann also nicht verwundern, daß uns die RB immer wieder Christus vor Augen stellt. Ist er der Hausherr, dann ist er auch in allen Bereichen anwesend, dann ist er auch überall zu finden. Dann bestimmt er das gesamte Leben seines Hauses. Aus diesem Grunde dreht sich das ganze Leben des Benediktiners um das Gebet und den Gottesdienst. Hier steht er vor seinem Gott und König, hier lobt er ihn und hört sein Wort. Ganz grundsätzlich gilt daher die Anweisung: "Dem Gottesdienst soll nichts vorgezogen werden". Diese Anweisung gilt deswegen, weil es der lebendige Herr selbst ist, mit dem es der Mönch im Gottesdienst zu tun hat. Darum ist es kein Zufall, daß der die ganze Regel zusammenfassende Satz am Ende der RB bis in den Wortlaut hinein diesen Vers vom Gottesdienst wieder aufgreift. Er ist seinerseits aber wiederum das Echo eines ähnlichen Satzes, der ziemlich am Anfang der Regel im Kapitel über die "Werkzeuge der geistlichen Kunst" an exponierter Stelle auftaucht. Die beiden Sätze lauten: "Der Liebe zu Christus nichts vorziehen" und: "Christus sollen sie überhaupt nichts vorziehen"[58]. Um diese Mitte dreht sich die ganze Regel. Dieser Satz ist der Notenschlüssel, der uns die Musik benediktinischen Lebens verstehen läßt. Er geht noch weit über den Gottesdienst hinaus und umfaßt alle Lebensbereiche des Klosters.

f) *Christus im Bruder: der Nächstendienst.* Bemerkenswert ist aber nun, in welchen Zusammenhängen Benedikt ganz betont von der Anwesenheit Christi spricht. Da ist zunächst einmal der *Abt:* "Er vertritt im Kloster die Stelle Christi" (RB 2,2). Auf dem Hintergrund der patriarchalischen Autoritätsstrukturen der Antike gelesen zeigt sich bald, daß dieser Satz nicht etwa in Anmaßung und Selbstherrlichkeit geschrieben ist, sondern als *Warnung an den Abt!* Er darf nichts anderes lehren, als was dem Evangelium entspricht (RB 2,4). Er ist vor Gott verantwortlich für die ihm anvertrauten Brüder (RB 2,6–7.33–34). Auf keinen Fall kann er seine Stellung mißbrauchen, wenn er bedenkt, daß er der Gemeinschaft *Christus sichtbar machen* soll. Erst gegen Ende der Regel wird dieselbe Bestimmung des Abtes noch einmal erwähnt, diesmal als Wort an die Brüder: "Der Abt aber werde mit 'Herr' und 'Abt' angeredet, weil man im Glauben erkennt, daß er Christi Stelle vertritt. Das maßt er sich nicht selber an, vielmehr geschieht es aus Ehrfurcht und Liebe zu Christus. Er selbst aber bedenke das und verhalte sich so, daß er dieser Ehre würdig ist" (RB 63, 13–14). Sofort wird wieder ein warnendes Wort an den Abt selbst hinzugefügt. Entscheidend ist aber die Beobachtung, daß in beiden Fällen, sowohl in RB 2 als auch

[58] RB 4,21: *Nihil amori Christi praeponere;* 72,11: *Christo omnino nihil praeponant*; vgl. dazu A. *Böckmann,* Perspektiven der Regula Benedicti, 95–99.

in RB 63, dazu noch gesagt wird, daß man die Bestimmung des Abtes, Christi Stellvertreter zu sein, *im Glauben* erkennt. Nicht um eine Eigenschaft geht es also, nicht um einen "Besitz", der mit der Übernahme des Amtes automatisch mit in Empfang genommen wird, sondern um eine *Relation,* um die Glaubensbeziehung zur Person Jesu Christi. Diesen Glauben müssen beide aufbringen, die Brüder und der Abt. Weil sie alle auf Christus bezogen sind, können sie einander auch Ehre erweisen. Weil sie alle ein geistlicher Leib sind, durch den Christus gegenwärtig ist, kann der Abt das Haupt repräsentieren, die Brüder aber die Glieder. – Spannend wird es aber nun in dem Augenblick, in dem wir erkennen, wer dem Abt als Repräsentant Christi alles zur Seite gestellt wird: die Kranken, die Armen, die Fremden. So heißt es im Kapitel über die kranken Brüder: "Die Sorge für die *Kranken* muß vor und über allem stehen: man soll ihnen so dienen, als wären sie wirklich Christus; hat er doch gesagt: 'Ich war krank, und ihr habt mich besucht', und: 'Was ihr einem dieser Geringsten getan habt, das habt ihr mir getan'" (RB 36,1–3). In den Bedürftigen ist Christus – auch das ist letztlich ein Glaubenssatz. Durch sie ist der Herr mitten im Kloster anwesend. In ihnen dient man ihm. – Eine andere Gruppe von Bedürftigen sind die *Gäste.* Das sind nicht einfach Besucher in unserem heutigen Sinne. Das Wort "Gast" heißt in den alten Sprachen auch "Fremder". Es sind Menschen in der Fremde, Heimatlose, vielleicht durch die turbulenten Ereignisse der Völkerwanderung Entwurzelte. Im besten Falle handelt es sich um Pilger. Ähnlich wie bei den kranken Brüdern greift Benedikt auf das Gleichnis Jesu in Mt 25 zurück und sagt: "Alle Fremden, die kommen, sollen aufgenommen werden wie Christus; denn er wird sagen: 'Ich war fremd, und ihr habt mich aufgenommen' (Mt 25,35). Allen erweise man die angemessene Ehre, besonders den Brüdern im Glauben und den Pilgern. ... Allen Gästen begegne man bei der Begrüßung und beim Abschied in tiefer Demut: man verneige sich, werfe sich ganz zu Boden und verehre so in ihnen Christus, der in Wahrheit aufgenommen wird" (RB 53,1–2.6–7). – Unter den Fremden hebt Benedikt von Nursia nun noch eine Gruppe besonders hervor: die *Armen.* Sie haben nichts, um für die empfangene Unterkunft und das Essen zu bezahlen. Sie bringen dem Kloster nichts ein, sie machen stattdessen nur Arbeit. Gerade ihnen und ihnen besonders gilt nun die Aufmerksamkeit Benedikts: "*Vor allem* bei der Aufnahme von Armen und Fremden zeige man Eifer und Sorge, denn *besonders* in ihnen wird Christus aufgenommen. Das Auftreten von Reichen verschafft sich ja von selbst Beachtung"[59]. – Christus die Mitte: er selbst ist die Achse, um die sich das ganze klösterliche Leben dreht. Um ihn geht es in allem. Er ist die lebendige Gegenwart im Gottesdienst, im Abt, im Kranken, im Fremden und im Armen. "Ganz Ohr sein für Gott" heißt darum auch, in all diesen Beziehungen *hindurchhören* auf Gott hin, auf Christus hin, der darin gegenwärtig ist und sich zu Wort meldet. – Es ist daher nur konsequent, wenn Benedikt in den letzten Kapiteln seiner Regel ausdrücklich dazu auffordert, daß sich auch die *Brüder untereinander* Gehorsam erweisen (RB 71,1), sich in gegenseitiger Achtung zuvorkommen (RB 72,4) und einander die Bruderliebe selbstlos erweisen

---

[59] RB 53,15 (Hervorhebungen von mir). Für das "Auftreten" der Reichen hat das lateinische Original das bezeichnende Wort *"terror".* Vgl. A. *Böckmann,* Perspektiven der Regula Benedicti, 258–262; G. *Holzherr,* Die Benediktsregel, 259.

sollen (RB 72, 8). Diese Texte zählen zum Dichtesten und Schönsten in der ganzen RB und sind ein Spezifikum Benedikts, auch wenn sie nicht ohne Vorbilder sind[60].

g) *Die "Adelung" der Arbeit.* Über die Rolle der Arbeit bei Benedikt wurde oben schon ausführlich gesprochen (s. S. 188f). Auch sie ist hingeordnet auf die Mitte: Christus. Das kommt besonders darin zum Ausdruck, daß die Klostergeräte von den Mönchen als "heilige Altargefäße" betrachtet werden sollen (RB 31,10). Mit Recht wurde daher von Benedikt gesagt, daß er "die Arbeit adelt, ihren alttestamentlichen Fluchcharakter mildert und sie vom Makel des Banausentums befreit, mit dem sie in der griechisch-römischen Antike behaftet war"[61]. – Aus heutiger Sicht kommt noch ein Weiteres hinzu: durch die Verpflichtung der Mönche zur geistlichen Lesung (RB 48,15–23) sowie durch die Möglichkeit, Knaben zur Erziehung ins Kloster aufzunehmen (RB 59), war von vornherein der Grund für die Entwicklung der wissenschaftlichen und schulischen Arbeit gelegt[62], auch wenn Benedikt selbst die kulturelle Wirksamkeit des späteren Ordens in keiner Weise vorhersehen konnte oder auch nur intendiert hat.

h) *Die "discretio".* Was bedeutet dieses Stichwort? In der RB kommt es nur dreimal vor, "gleichwohl ist das ganze Gesetzeswerk – auch ohne die fortwährende Benutzung dieses in Deutsche so schwer übertragbaren Wortes – vom Geist der *discretio* geprägt. Gemeint ist: weise Mäßigung, Rücksicht und Besonnenheit, Bescheidenheit und Zurückstecken-Können in seinen Forderungen an andere. Behutsamkeit und Fingerspitzengefühl, Zurückhaltung und Dezenz, Achtung und Ehrfurcht vor der Andersartigkeit des Mitmenschen und den Grenzen seiner Fähigkeiten, Individualisierung und Differenzierung, Höflichkeit und Takt, Feingefühl, Elastizität und Anpassungsfähigkeit, den Umständen angemessenes Handeln und Intuition, Erkennen und Tun des im konkreten Fall Erforderlichen, Hilfsbereitschaft und Herzensbildung, natürlich auch Diskretion im Sinne von Verschwiegenheit und Vertraulichkeit, Wärme und Milde – letztlich Nächstenliebe. Setzt man die *discretio* in Beziehung zu den klassischen Kardinaltugenden: zu Klugheit und Gerechtigkeit, zu Tapferkeit und Maß, so bedeutet sie keine dieser Tugenden für sich allein, sondern gleichsam die Einheit aus allen..."[63]

Wenn im Mittelalter die Klöster gerade unter der Herrschaft der *Regula Benedicti* zu besonders wichtigen Kulturträgern wurden, hervorragende Schulen hatten und sich neben der Erziehung vor allem durch das Kopieren wertvoller Handschriften und ausgezeichnete Buchmalerei hervortaten, so ist das angesichts des oben Dargestellten nicht verwunderlich. Auch wenn Benedikt diese Entwicklung so nicht intendiert hat, bot seine

---

[60] Ch. *Joest,* Benedikt von Nursia und der Stellenwert gegenseitiger brüderlicher Liebe; A. *de Vogüé,* Art. "Benedikt von Nursia", 547.

[61] F. *März,* Klassiker christlicher Erziehung, 55.

[62] W. A. *Bienert,* Art. "Benediktiner", 425; U. *Faust,* Art. "Benediktiner, Benediktinerinnen", 94f; G. *Schwaiger,* Das christliche Mönchtum in der Geschichte, 22.

[63] F. *März,* Klassiker christlicher Erziehung, 75f.

Regel unter den veränderten geschichtlichen Bedingungen des Karolingerreiches die Möglichkeit dazu, nicht nur wegen ihrer Hochschätzung der Arbeit, der Forderung nach geistlicher Lesung, was den Besitz von Büchern und die Kunst des Lesens voraussetzt und die Fortbildung der Mönche mit sich bringt, oder wegen der Möglichkeit, Knaben aufzunehmen, die dann ihrerseits eine geeignete Erziehung brauchen, sondern auch und wohl vor allem wegen ihrer inneren Qualitäten: wegen ihres humanen Menschenbildes, wegen der Ausrichtung aller auf Christus als alleiniger Mitte des Zusammenlebens und wegen der Kunst der *discretio.*

6.3.2 Die Bedeutung Benedikts für die *Communität Casteller Ring*

Wenn wir nach der Bedeutung des hl. Benedikt für eine evangelische Kommunität fragen, sollte von vornherein klar sein: 1. Es geht nicht einfach um *Zitate* aus der *Regula Benedicti;* sie allein oder gar ihre Häufigkeit sind noch kein Aufweis einer wirklichen Bedeutung Benedikts für die Spiritualität einer Gemeinschaft. Sie können jedoch Hinweischarakter haben. 2. Vielmehr geht es um den *Geist* der Benediktsregel und um dessen Umsetzung in eine evangelische zölibatäre und gemeinschaftliche Lebensform hinein. 3. Diese Umsetzung muß *zeitgemäß* sein, wenn die so entstehende Lebensform als *heute* gelebte Nachfolge Christi überzeugend sein soll, und das bedeutet, daß die Aufnahme auch anderer Einflüsse und Elemente nicht nur nicht ausgeschlossen, sondern geradezu gefordert ist. 4. Gerade dies, daß aus verschiedenen Strömungen ausgewählt und mit ihrer Hilfe eine authentische Form der Christusnachfolge gefunden wird, die dem Geist des Evangeliums entspricht, ist urbenediktinisch, denn genau so ist auch die *Regula Benedicti* entstanden. Das Letzte ist allerdings eine rein formale Bestimmung; daß dabei die *Inhalte* dessen, was oben als benediktinisch herausgearbeitet wurde, nicht überwuchert werden, ist Voraussetzung dafür, "St. Benedikt auf evangelisch" finden zu können.

Blicken wir noch einmal auf die Anfänge der Communität zurück. Die frühere Priorin Maria *Pfister* beschreibt sie so:

"Es sind unvergeßliche Stunden und Tage, in denen uns – wir waren ein Gruppe evangelischer Pfadfinderinnen – das Geheimnis des Altarsakramentes aufging. Wir kamen aus den Jahren des 2. Weltkrieges, der Verfolgung durch das Hitlerregime, aus Hunger und Bombennächten und einer verlorenen Jugend. Schon in den Jahren seit dem Verbot unseres Jugendverbandes (1937) fanden da und dort heimliche Treffen statt. 'Wir müssen bereit sein, wenn der Zusammenbruch kommt', so ging es durch unsere Reihen. Wir, das war eine Gruppe junger Mädchen mit unserer Jugendführerin Christel Schmid, die später unsere Mater Felizitas wurde. In dieser Gruppe brannte ein Sehnen nach Gemeinschaft, nach der Möglichkeit, Reich Gottes zu bauen, nach verbindlichem geistlichem Leben. Es waren Jahre eines großen Aufbruchs, neuer Entdeckungen und Erfahrungen, die wir zwischen 1945 und 1950 erlebten. Gott schickte uns einen evangelischen Theologieprofessor, der uns in unvergeßlichen Einkehrtagen das Geheimnis des Leibes Christi aus dem Epheser- und Kolosserbrief erschloß. Diese Stunden brannten sich uns ins Herz und brachten eine Bewegung in Gang, die uns bis heute begleitet. Wie von selbst und folgerichtig wuchs daraus die Einsicht und bald darauf die Erfahrung, daß die Gliedschaft am Leib Christi nirgends sichtbarer, erfahrbarer, durch alle Sinne wahrnehmbarer wird als im Sakrament des Altars. ... Es konnte dann nicht ausbleiben, daß wir Sehnsucht bekamen, dieses Leibgeheimnis auch im Alltag miteinander zu leben. Über einen Mönch der Benediktinerabtei Münsterschwarzach sprang der benediktinische Funke auf uns über und hat uns seitdem nicht mehr verlassen. Fanden wir doch in diesem Lebensentwurf, in der Liebe zum Gottesdienst, in der Eucharistie und um sie herum im Kranz der Stundengebete, verbunden mit einem Leben der völligen Verfügbarkeit, unsere eigene Berufung wieder. ... Indem wir in das Leibgeheimnis und in das Wunder der Eucharistie hineinwuchsen, wurde uns die Heilige Schrift in neuer Weise wichtig und groß. Das ganze Heilsgeheimnis in Schöpfung, Erlösung und Vollendung erschloß sich uns neu. ... die sakramentale Bedeutung des göttlichen Wortes ging uns auf. Es war dann für uns eine innere Bestätigung, als wir in Verbindung zur Benediktinerinnenabtei Heilig Kreuz in Herstelle kamen und dort – auf den Spuren Odo Casels – gleichsam zwei Sakramentshäuschen fanden: eines zur Aufbewahrung der konsekrierten Hostien und das andere für die Heilige Schrift. Seitdem diese Erfahrung von der Gliedschaft am Leib Christi in der Eucharistie und in der Heiligen Schrift für uns in der Tiefe eins wurde, brennt in uns die Sehnsucht und die Leidenschaft für den *einen* Leib Christi."[64]

In diesem Bericht ist die benediktinische Einfärbung des Erlebens deutlich zu sehen. Zunächst sei darauf hingewiesen, daß die erwähnte Gruppe von Pfadfinderinnen für sich selbst die Erfahrung aus den Anfängen der Liturgischen Bewegung wiederholte: die Sehnsucht nach echter Gemeinschaft und verbindlichen Werten[64a]. In der Liturgischen Bewegung hat an dieser Stelle gerade das Benediktinertum bei der Entdeckung des Gottesdienstes, der Liturgie und besonders der gemeinschaftlichen Feier der Eucharistie eine wichtige Rolle gespielt. So ist es auch nicht verwunderlich, daß es das benediktinische Leben und Feiern in Münsterschwarzach war, durch welches die Sehnsucht der Gruppe um Christel *Schmid* vertieft und gestillt wurde.

---

[64] M. *Pfister,* Eucharistie, 9–11 (Hervorhebung im Original).

[64a] Vgl. Th. *Maas-Ewerd,* Was wollte die Liturgische Bewegung?

Es ist nun von größter Bedeutung, daß der Gruppe zur gleichen Zeit durch einen *evangelischen* Professor (Eduard *Ellwein* von Neuendettelsau[65]) eine wesentliche Vertiefung der *biblischen* Sicht vom Leibgeheimnis der Kirche Christi geschenkt wurde. Die evangelischen jungen Frauen blieben also ganz bei dem Ihren, als sie bei den Mönchen von Münsterschwarzach "unsere eigene Berufung" wiedergefunden (!) haben. Eigener Lebensentwurf, noch in der feuerflüssigen Form der Werdung, begegnete dem Benediktinertum und nahm seine wesentlichen Elemente als die eigenen in sich auf. Diese Verschmelzung wird von M. *Pfister* auf folgende Weise treffend gekennzeichnet: "Gerade die benediktinische Regel, aus der wir viel gelernt haben, wächst aus dem Wort Gottes heraus, das wir Evangelischen so hoch halten. Ich fühle mich mit dem Geist der Regel nahe der Alten Kirche und damit auch nahe am Urgestein des reformatorischen Glaubens."[66]

Wir stehen hier vor einer echten *Berufung* Gottes als Einladung zur Nachfolge und Ganzhingabe im Fragment einer auf bestimmte Weise geprägten Tradition und Situation, und so ist jene Zeit von den Schwanberger Frauen auch immer verstanden worden: "Diese Begegnung widerfuhr uns zu einer Zeit, in der der Kairos, der 'Stundenschlag' Gottes über uns stand. Es war für uns *die* Stunde!"[67] – "Über das alles hinaus geschah das jeweils Einmalige und Unnennbare, daß uns der *Ruf Gottes zum monastischen Leben* erreichte."[68]

Im folgenden sollen nun einzelne Elemente dieses evangelisch-benediktinischen Lebensentwurfes aufgezeigt werden. In gedrängter Kürze finden wir sie als *Dreischritt* in einer Selbstdarstellung, die Gründe aufzählt, warum Menschen den Wunsch haben, sich der *Communität Casteller Ring* anzuschließen:

"1. Gerade junge Menschen suchen eine *Gemeinschaft,* in der sie beten und leben können. Sie suchen verbindliche Ordnungen und Hilfen für ihr geistliches Leben und zugleich die Erfahrung einer intensiven menschlichen Gemeinschaft.

2. Unser Proprium, daß dem *Gebet* nichts vorzuziehen ist und wir um der Anbetung Gottes willen zusammen sind, ist ebenfalls für viele ein entscheidender Impuls. So ist die Kapelle mit Gottesdiensten und Gebetszeiten der Mittelpunkt unseres Lebens.

---

[65] E. *Decker,* Unser Platz innerhalb der Kirche, 56.

[66] M. *Pfister,* Die Bedeutung St. Benedikts, 70.

[67] A.a.O. 68 (Hervorhebung im Original).

[68] M. *Pfister*/J. *Halkenhäuser, in:* J. *Halkenhäuser,* Kirche und Kommunität, 234 (Hervorhebung im Original).

3. Daraus wächst der dritte Gedanke, daß wir uns gemeinsam dem jeweiligen *Anruf Gottes* stellen und uns nicht auf bestimmte Aufgaben festlegen wollen. Das trifft sowohl für die einzelne als auch für die ganze Communität zu."[69]

Gerade weil hier *nicht* auf die "Bedeutung St. Benedikts für die Communität Casteller Ring" reflektiert wird, sind diese Abschnitte aussagekräftig. Der letzte erinnert deutlich an das betonte "Höre!" im Prolog der *Regula Benedicti*. Wie die Frauen am Anfang ihres Weges, als der "Stundenschlag Gottes" über ihnen stand, den *Ruf* zum monastischen Leben *gehört* haben, so wollen sie auch weiterhin in allen Lebensbezügen *"ganz Ohr sein"* für Gott.

Mit dem Zitat aus RB 43,3, daß dem Gottesdienst nichts vorgezogen werden soll, wird das *Proprium* der Communität benannt. Daß dies nicht nur eine Parole ist, bezeugt der folgende Satz: die Kapelle – aber nicht nur sie als Gebäude, sondern sie "mit Gottesdiensten und Gebetszeiten", also mit lebendigen Vollzügen – ist *Mittelpunkt des Lebens*. Wer einmal einige Tage auf dem Schwanberg verbracht hat, kann bezeugen, wie sehr dieser Satz der gelebten Wirklichkeit entspricht.

Schließlich geht es um die *Gemeinschaft*, die – ganz im Sinne des hl. Benedikt – als Gemeinschaft erscheint, in der man *beten und leben* kann. *Verbindliche Ordnungen* als Hilfe für ein geistliches Leben kennzeichnen sowohl die RB als auch den Schwanberg. Daß dies – weder trotzdem noch außerdem, sondern deshalb – zugleich auch *menschliche Gemeinschaft* ist, das ist die charakteristisch benediktinische Melodie dieses Abschnitts.

Spüren wir dieser "Musik" noch weiter nach! Es zeigt sich, daß vor allem "Gottesdienst" und "Gemeinschaft" die zwei entscheidenden Brennpunkte sind, denen man noch die Wertung der Arbeit und die Aussagen über das Amt der Priorin zur Seite stellen kann. *In* allem zeigen sich außerdem Freude und Menschlichkeit als benediktinische Grundhaltungen.

a) *Die "schönen Gottesdienste des Herrn"* – mit diesem Zitat aus Ps 27,4 charakterisiert Frau Maria *Pfister* das Faszinierende an der Begegnung mit den Benediktinern in der Anfangszeit[70]. Es ist bis heute Kenn-

---

[69] J. *Halkenhäuser*/M. *Pfister*, Hinter offenen Türen, 16 (Hervorhebungen im Original).

[70] M. *Pfister*, Die Bedeutung St. Benedikts, 67; vgl. auch *dies.*, Erlösung leben, 68.

zeichen der Schwanberger Eucharistiefeiern geblieben und zieht noch immer Menschen an[71].

Es geht den Frauen dabei um "das Lob Gottes in dieser Welt", das für sie "Auftrag", aber auch "stärkster Gemeinschaftsausdruck" ist; "hier ist unser 'gleichschlagendes Herz', wie es unsere Priorin gerne sagt."[72] Entscheidend ist hierbei die *Absichtslosigkeit* des Gotteslobs: "Eine wichtige Voraussetzung (!) für unser Leben ist die Liebe zum Gottesdienst, ein Leben zur Verherrlichung Gottes *um seiner selbst willen.* Unser Gebet und unser gottesdienstliches Feiern soll eine *zweckfreie Verherrlichung Gottes* sein."[73] Das durch ein Ausrufezeichen hervorgehobene Wort zeigt: hier geht es nicht um Akzidentielles, um "Zusätze" oder "Verzierungen", die auch entfallen könnten, sondern die Liebe zum Gottesdienst als Ausdruck der Liebe zu Gott gehört zur Substanz: damit steht und fällt die Berufung der *Communität Casteller Ring*[74]. Ganz wie bei Benedikt wird daher bei den *Novizinnen* darauf geachtet, ob sie "Eifer für den Gottesdienst" haben (RB 58,7)[75].

Die Feier des Abendmahles – auf dem Schwanberg sagt man aber lieber *"Eucharistie",* Danksagung, dafür[76] – ist für die Frauen der *Communität Casteller Ring* stets ein Fest, und zwar in erster Linie ein Fest Gottes mit den Menschen. Von daher ist sie dann auch "*das* Fest unserer Communität, *das* Fest der Kirche"[77]. Sechs Aspekte sind den Schwestern wichtig geworden, Dimensionen, die das Heilige Mahl eröffnet: 1. es ist *Gedächtnismahl:* "In ihm wird das ganze Heilswerk Christi gegenwärtiggesetzt mit seinem Zentrum in Tod und Auferstehung"; 2. es ist *Opfermahl:* "Das Kreuzesopfer unseres Herrn wird für jeden von uns voll wirksam. Damit sind alle Opferkulte, alle Selbstopfer von Menschen überholt und überflüssig. Aber unser Dankopfer ... ist 'wahrhaft würdig und recht'. Mit den Gaben von Brot und Wein bringen wir dar, was wir sind und haben"; 3. es ist *Gemeinschaftsmahl:* "In ihm drückt sich die Gliedschaft am Leib Christi und die Gemeinschaft aller Getauften am stärksten aus"; es ist 4. *Vergebungsmahl,* 5. *Freudenmahl, Festmahl, Eucharistie* und 6. *Vorgeschmack des himmlischen Mahles:* "'Der Vorhang ist dünn, die obere Schar feiert mit' ... Das Sanktus läßt uns einstimmen in den Gesang der Engel und Heiligen

---

[71] M. *Schilling,* "Eine Schale, die ich füllen muß", 9.

[72] G. *Deck,* Impulse aus der Regel Benedikts, 216.

[73] Ebd (Hervorhebungen von mir).

[74] Vgl. weiter die zahlreichen Aussagen zu diesem Thema: M. *Pfister*/J. *Halkenhäuser, in:* J. *Halkenhäuser,* Kirche und Kommunität, 234; *dies.,* Hinter offenen Türen, 16; M. *Pfister,* Die Bedeutung St. Benedikts, 68; *dies.,* Eucharistie, 14; *dies.,* Erlösung leben, 68f.

[75] G. *Deck,* Impulse aus der Regel Benedikts, 116; M. *Pfister,* Eucharistie, 14. Ausführlicher zum Noviziat: G. *Deck,* Noviziat als Weg in die Communität Casteller Ring.

[76] M. *Pfister,* Erlösung leben, 70.

[77] M. *Pfister,* Eucharistie, 21 (Hervorhebungen im Original); vgl. auch M. *Schilling,* "Eine Schale, die ich füllen muß", 9.

am Thron des Lammes"[78]. In diesen sechs Charakteristika mischen sich lutherische mit altkirchlichen Elementen zu einer überzeugenden Einheit.

Und so wird die Praxis beschrieben: "Diese Gottesdienste sind der Ort, an dem unsere Gemeinschaft genährt wird, wachsen kann und beständig bleibt[79]. Unsere Eucharistiefeiern sind aber zugleich dynamisch, lebendig, in Form und Farbe wechselnd, eingebaut in das Spiel der Liturgie, in die Möglichkeiten spontaner Elemente. Sie erfassen uns nach Leib, Seele und Geist. Sie bringen uns volles Leben bis hin zur Grenze, wo Leben und Tod, Spiel und Opfer ineinander übergehen. Bei alledem wissen wir uns als Glieder des ganzen Leibes Christi. Wir feiern mit den Lebenden und Entschlafenen, mit den Zeugen des Alten und des Neuen Testamentes, den Aposteln, Märtyrern, allen heiligen Männern und Frauen. Wir erfahren, daß die Wände unserer irdischen Welt dünn sind. Am Sonntag, am Dienstag Abend (sic) und am Freitag statt der Morgenhore feiern wir das Mahl des Herrn: hochfestlich oder werktäglich, mit Schriftgespräch, mit persönlicher Segnung, mit Zeiten der Stille und der freien Anbetung."[80] Auch diese Beschreibung zeigt eine überzeugende Verbindung von kirchlich-liturgischen Elementen mit solchen der Charismatischen Erneuerung (Spontaneität, Segnung, Anbetung) und des Pietismus (Schriftgespräch, freies Gebet). Die Anliegen der Liturgischen Bewegung (Feier der Gemeinschaft) sind aufgenommen und finden zeitgemäßen Ausdruck.

In all dem begegnet uns eine *Umsetzung des benediktinischen Herzensanliegens* in die heutige Zeit hinein, die in evangelischer Freiheit jedes nur äußerliche Nachahmen hinter sich gelassen hat und aus dem Quellpunkt benediktinischer Spiritualität zu leben vermag.

Ein weiteres Indiz für diese Tatsache haben wir bereits darin gefunden, daß das Stundengebet seit 1950 bis heute nicht mehr abgerissen ist[81]. Damals und sogar schon vorher, als die Schwestern noch "in der Zerstreuung" lebten, ist es "das tragende und einende Band" geworden[82]. "'Gott loben, das ist unser Amt' ..., so sagen wir auch heute, und von diesem Ruf lassen sich heute wie damals junge Menschen erreichen. Ja, diese Erfahrung hat sich in den 30 Jahren unseres Gemeinschaftslebens (inzwischen sind es über 40) noch vertieft: wir sind zur Anbetung Gottes berufen, darin besteht der Sinn unseres Lebens."[83]

---

[78] M. *Pfister* a.a.O. 11f.

[79] Man beachte diesen wie im Vorübergehen hingeworfenen Verweis auf die benediktinische *stabilitas* im Herzstück des gottesdienstlichen Lebens!

[80] M. *Pfister*, Eucharistie, 13f.

[81] Oben S. 237; E. *Decker*, Gruß an Castell, SchwBr 1/92, 16; *dies.*, Unser Platz in der Kirche, 58.

[82] M. *Pfister*, Erlösung leben, 68.

[83] A.a.O. 69, vgl. EGK 187,5 (Klammerbemerkung von mir).

Neben der gemeinsamen Feier der Gottesdienste und Stundengebete steht aber auch die *geistliche Lesung* als wesentlicher Ausdruck der Herzenshingabe an Gott und des beständigen "Ohr-Seins" für ihn – nach RB 48 ein ganz wesentlicher Ausdruck benediktinischen Lebens. "Jede von uns hält täglich ½ Stunde ihre persönliche *Lectio divina.* Wir wollen durch diese Lesungen und Betrachtungen den Tag über in der Gegenwart Gottes bleiben, wie die RB im 19. Kapitel sagt: Wir glauben, daß Gott überall zugegen ist ... Darum ist es eine gute Übung, einen Psalmvers oder eine Antiphon oder einen Vers aus der Lesung zu behalten und den Alltag davon durchdringen zu lassen."[84]

b) *Gemeinschaft als Gabe und Aufgabe.* Immer wieder ist uns das Stichwort "Gemeinschaft" schon begegnet: die Eucharistie ist ihr "stärkster Ausdruck", Ort des "gleichschlagenden Herzens", "Feier der Gemeinschaft" des Leibes Christi, der Kirche und der heute und hier Feiernden untereinander.

"Das gemeinsame Chorgebet ist nicht in erster Linie ein Akt persönlicher Frömmigkeit, sondern Verherrlichung Gottes durch seinen Leib, die Kirche. Der Konvent ist der Leib Christi im Kleinen und Konkreten."[85] Dieses Kirchenverständnis weist immer wieder über die Grenzen der eigenen Gemeinschaft hinaus, transzendiert sie zum Leib Christi hin, der sich zwar für den einzelnen in der jetzt und hier feiernden Gemeinschaft konkretisiert, aber viel weiter und größer ist, weil er *alle* Christen umfaßt, die jetzt lebenden ebenso wie die aller vorangegangener Generationen. Damit wird auch das eigene Gemeinschaftsverständnis in einen größeren Kontext gestellt, wird die eigene Kommunität immer wieder durchsichtig für die ganze Kirche.

Ist also die *Communität Casteller Ring* – ganz im Sinne des hl. Benedikt – in erster Linie Gottesdienst- und Gebetsgemeinschaft, so strahlt dies aus in alle anderen Beziehungen hinein, die nun ihrerseits keineswegs nur sekundär oder marginal sind: "Widerschein der eucharistischen Gemeinschaft sind unsere Mahlzeiten im Refektorium. Benedikt legt großen Wert auf die *Tischgemeinschaft* und ihre Gestaltung. Er hebt die Bedeutung der dabei geleisteten Dienste hervor und gibt dem Mahl durch Gebet, Schweigen und Lesung ein gottesdienstliches Gepräge (vgl. RB 35; 38). Tischgemeinschaft ist hier Fortsetzung der Altargemeinschaft. Jeder, der am gemeinsamen Mahl teilnimmt, setzt ein Zeichen der Zugehörigkeit zur klösterlichen Gemeinschaft und der Einheit mit Christus."[86]

Spannungen in der Gemeinschaft bleiben natürlich nicht aus. "Ich denke, Sie spüren ..., daß wir in unserem kommunitären Leben auch Leid, Schmerz, Trennung, Schuld und viel Unbewältigtes kennen und darunter leiden. Und doch können und wollen wir bezeugen, daß der siegende Christus immer wieder durch unsere Dunkelheit hindurchbricht, uns heilende Kräfte schenkt und uns zu Heilbringern für andere

[84] G. *Deck,* Impulse aus der Regel Benedikts, 217.

[85] M. *Pfister,* Eucharistie, 14f.

[86] A.a.O. 15.

macht"[87]. Auch aus diesen Worten spricht benediktinischer Geist, "sein Wissen um das menschliche Herz, sein Realismus und seine Nüchternheit"[88]. Wie man damit umgehen kann, dafür hat der Heilige selbst mit seiner *discretio* den Weg gewiesen: "Unter discretio verstehen wir in unserer Gemeinschaft, daß wir wach füreinander sind, daß wir einander die Andersartigkeit zugestehen und daß wir darauf achten, daß keine Extreme wachsen. Freilich ist uns klar, wie St. B. in der RB sagt, daß nicht alle gleich sind und auch nicht alle das gleiche brauchen ... *Im Frieden bleiben,* trotz verschiedener Bedürfnisse und Ansprüche, in Offenheit miteinander umgehen, durch Gespräche Lösungen suchen – das ist auch unser Ziel. Aber wir wissen auch, daß es nicht für alle Situationen und Schwierigkeiten im Leben, auch in einer Gemeinschaft, Lösungen gibt. Gott mutet uns auch Rätsel zu..."[89] Wenn hier gerade die berühmte *pax benedictina,* der "benediktinische Friede", anklang (vgl. RB 34,5, das Kapitel über die unterschiedlichen Bedürfnisse der Brüder!), so "handelt es sich dabei nicht um einen faulen und bequemen Frieden. Es ist der Friede im Kampf, der Friede im Widerstreit, es ist das beständige Singen auf dem Grund der Seele eines Menschen, auch wenn oben heftiger Wogengang ist. Pax ist der Zustand, in dem ich eine Spannung aushalten kann, weil sie für mich nicht das Letzte zu sein braucht."[90]

Möglichkeiten, mit Schuld umzugehen, liegen in der Beichte, dem Bußgottesdienst und der *Culpa,* dem Eingeständnis des eigenen Versagens in der Versammlung der Schwestern ohne Verteidigung oder Anklage anderer. Hier soll besonders auf eines hingewiesen werden, nämlich auf den *Gemeinschaftscharakter von Schuld und Schuldbekenntnis.* Durch diese Einsicht wird der protestantische Individualismus heilsam durchbrochen: "Es ist uns wichtig, ins Bewußtsein zu bekommen, daß Sünde und Vergebung nicht nur den Bezug zwischen mir und meinem Gott betreffen, sondern auch die wichtige soziale/ecclesiale Dimension haben."[91]

Der *Schwesternrat* ist eine weitere Konkretion geistlicher Gemeinschaft. Ganz ähnlich wie bei Benedikt RB 3 versammeln sich dazu *alle* Profeßschwestern, und einer jeden wird Gehör geschenkt[92]. Wenn Benedikt freilich vorschreibt: "Die Brüder sollen jedoch in aller Demut und Unterordnung ihren Rat geben. Sie sollen nicht hartnäckig ihre eigenen Ansichten verteidigen" (RB 3,4), so mag es im ersten Moment wie ein Widerspruch klingen, wenn die frühere Priorin vom Schwanberg schreibt: "Ich denke an manche Gespräche im Schwesternrat, wo wir das auch im Sinne der Konfrontation tun. Es gibt das schöne Wort, daß wir einander die 'Ehre der Konfrontation' geben wollen, bis wir eine möglichst große Übereinstimmung erreicht haben..."[93] Doch ein Widerspruch ist es nicht, denn mit der "Ehre der Konfrontation" ist nicht die hartnäckige Durchsetzigkeit gemeint, sondern das sachliche Ringen um

---

[87] M. *Pfister,* Erlösung leben, 72.

[88] M. *Pfister,* Die Bedeutung St. Benedikts, 70.

[89] G. *Deck,* Impulse aus der Regel Benedikts, 224 (Hervorhebung von mir).

[90] M. *Pfister,* Die Bedeutung St. Benedikts, 69.

[91] M. *Pfister,* Eucharistie, 20.

[92] G. *Deck,* Impulse aus der Regel Benediks, 223; M. *Pfister,* Eucharistie, 17f; J. *Halkenhäuser*/M. *Pfister,* Hinter offenen Türen, 15.

[93] M. *Pfister,* Zum Gehorsam befreit, SchwBr 3/89, 3f.

eine echte Entscheidung. Nicht immer kann eine solche herbeigezwungen werden: "Es geschieht auch, daß manche Entscheidungen vertagt werden müssen oder nur vorläufig getroffen werden können. Welch ein Glück, wenn dann etwas reif ist und wie von selbst stimmt."[94] Auch hier zeigt sich, daß ein wichtiges Anliegen Benedikts in heutige Verhältnisse übertragen ist, ohne dessen Gehalt zu verlieren: eine "Ehre der Konfrontation" wäre zu Lebzeiten des Heiligen wohl kaum denkbar gewesen. Aber was er meinte mit der Aufforderung, daß ein jeder seine Ansicht ohne Hartnäckigkeit aussprechen solle, das sieht heute im Zeitalter der Kommunikation und ihrer wissenschaftlichen Erforschung so aus, daß Spannungen, Konflikte und Meinungsverschiedenheiten deutlich beim Namen genannt werden, ohne daß der eigene Standpunkt absolut gesetzt wird – eine Haltung, die bei jeder offenen Meinungsäußerung zugleich vom benediktinischen "Höre!" getragen ist.

Die Aufgeschlossenheit für heutige Möglichkeiten, Gemeinschaften und ihre Dynamik zu erforschen, hat dazu geführt, daß die *Communität Casteller Ring* ein weiteres Charakteristikum benediktinischen Klosterlebens gefunden hat: die *Dekanie*[95] bzw. in heutiger Sprache: die *Kleingruppe*. Es handelt sich dabei um Gemeinschaften "von je fünf bis sechs Schwestern, die wir jährlich neu bilden"[96]. Dort geschieht Seelsorge und Austausch, dort wird die familiäre Geborgenheit erfahrbar, dort wird aber auch "die Verwaltung und Verantwortung des normalen Verbrauches" gelebt, die praktische Gütergemeinschaft: "Jede Gruppe hat nach Zahl der Schwestern einen bestimmten Betrag für ein Jahr zur Verwaltung. Davon werden alle nötigen Ausgaben gemacht und aufgeschrieben. Ende des Jahres wird alles abgerechnet und mit dem neuen Jahr beginnt alles neu. Zwei Beträge besprechen wir jedes Jahr neu im Schwesternrat: unseren Kleideretat (wir tragen ja zivil ...) und die Summe, die wir für unseren Urlaub verbrauchen können. Alles andere wird in der jeweiligen Kleingruppe besprochen und verantwortet. Die Kleingruppe hat aber auch noch andere Verantwortungen: sie kümmert sich um die Schwester, die krank ist, um ihr Essen und was sie sonst braucht, sie gestaltet die Geburtstage der Schwestern, die (sic) hilft zusammen, wenn jemand Besuch bekommt. Realistisch erscheint uns diese Handhabung deshalb, weil wir etwa wissen, wieviel wir für Telefongespräche ausgeben, was wir verbrauchen, wenn wir mit einem Auto der Communität fahren und die km-Preise zahlen müssen, was wir für Bücher, Friseur, Kosmetik oder was eben jede braucht, ausgeben. So detailliert wäre das nicht bekannt, wenn viel aus 'einem großen Topf' bezahlt würde."[97] Für die Priorin ist das eine bedeutende Entlastung. "Ihre wichtige Aufgabe ist es ..., darüber zu wachen, daß die große Einheit in der Vielheit der Kleingruppen nicht Schaden nimmt", eine Gefahr, die M. *Pfister* in ihrer Amtszeit kaum erlebt hat[98].

---

[94] M. *Pfister,* Eucharistie, 18.

[95] Vgl. RB 21; 62,7; 65,12; s. dazu den Kommentar mit Hinweisen auf ältere historische Parallelen bei G. *Holzherr,* Die Benediktsregel, 168f.

[96] M. *Pfister,* Erlösung leben, 71.

[97] G. *Deck,* Impulse aus der Regel Benedikts, 223.

[98] M. *Pfister,* Eucharistie, 17.

Die Anregung zu diesem Schritt haben die Schwestern "aus der evangelischen Tradition, vor allem der Herrnhuter Brüdergemeine, aber auch aus den modernen Humanwissenschaften erhalten"[99]. Die Hilfe der Letzteren haben sie "dankbar in Anspruch genommen und zumeist gute Erfahrungen damit gemacht. Wir sind für uns auch an die Grenze ihrer Kompetenz gestoßen. Es braucht nach unserer Erfahrung in einer geistlichen Gemeinschaft die Einwilligung in das Gesetz des Weizenkorns (Joh 12,24), die Bereitschaft, in das Mysterium Christi, in sein Leiden und Sterben hineinzuwachsen." An diesen Zusammenhängen werden zwei Dinge deutlich: 1. Bei allem *"aggiornamento"* des kommunitären Lebens unter Zuhilfenahme moderner Wissenschaften und Erkenntnisse bedarf es der *discretio,* der Unterscheidung von einer geistlichen Mitte her, um reif und verantwortlich mit dem Hilfsangebot umgehen zu können. Daß eben dies in der *Communität Casteller Ring* geschieht, läßt erneut ihren benediktinischen Grundcharakter erkennen. 2. Die Kompetenz der Kleingruppen auf dem Schwanberg geht weit über das hinaus, was Benedikt den Dekanien zuerkannt hatte. Seine Zeit und ihre Gesellschaftsformen waren von hierarchisch-patriarchalischen Strukturen überhaupt gekennzeichnet, so daß die Gemeinschaftstruktur seines Klosters von dort her plausibel ist und damals auch ihre Einbettung im Bewußtsein der Brüder hatte. Würde man sie mechanisch in die heutige Zeit übertragen[100], käme das Gegenteil heraus: es wäre eine völlige Entmündigung der Kommunitätsmitglieder in einer Zeit, in der es um Eigenverantwortung geht und in der an die persönliche Reife des einzelnen andere Anforderungen gestellt werden. Insofern kann das Schwanberger Modell der Kleingruppen mit ihren weitreichenden Kompetenzen als eine zeitgemäße Umsetzung des benediktinischen Gemeinschaftsgedankens gelten.

c) Daß nach dem Vorbild Benedikts auch auf dem Schwanberg die *Arbeit als Gottesdienst* gewertet wird, ist oben S. 190f schon dargestellt worden und kann nach dem Bisherigen auch nicht verwundern.

"Für uns in der CCR ist es wichtig, daß wir in allen Anforderungen, die wir haben, beides gut miteinander verknüpfen, das Gebet und die Arbeit und daß keines überbewertet wird. Es ist uns klar, daß das immer wieder ein mühsamer Weg ist und oftmals einen Balance-Akt braucht, Gebet und Arbeit immer gleichgewichtig zu leben. Wir wissen, daß das Gebet unsere eigentliche Aufgabe ist, aber wir brauchen auch eine positive und freudige Einstellung zu unserer täglichen Arbeit."[101] Ja tiefer noch: "Es geht dabei um die Einheit des ganzen Lebens, das auf Christus hin zentriert

---

[99] Ebd.

[100] Im Eifer der Wiedererrichtung vieler Benediktinerklöster nach der Säkularisation im letzten Jahrhundert wurde dieser Fehler begangen, wobei das Milieu des monarchisch verfaßten Deutschen Reiches trotz seines – ungeliebten – Parlamentes und vor allem das Beispiel der sich immer mehr zentralisierenden Römischen Kirche sicher mitgeholfen haben. Aus heutiger Sicht sind die Ausführungen von M. *Wolter,* Elementa, 142–169, aber auch noch die von R. *Molitor,* Wesen und Vorzüge des Familienklosters, streckenweise nicht mehr zu vertreten.

[101] G. *Deck,* Impulse aus der Regel Benedikts, 218 (Kommasetzung sic).

sein soll. 'Alle Geräte ... betrachte man als heilige Altargeräte', sagt die benediktinische Regel (Kap. 31), und das bedeutet, daß alles in eine direkte Beziehung zum geistlichen Leben gesetzt wird. Es soll keinen Bruch in unserem Leben geben zwischen sogenannten geistlichen und profanen Bereichen."[102]

d) *Das Amt der Priorin.* Wie es sich bereits oben im Abschnitt b) über die Gemeinschaft als Gabe und Aufgabe gezeigt hat, so finden wir auch bei diesem Thema die Reflexion auf heutige Erfordernisse und Erkenntnisse in geglückter Verbindung mit den Weisungen der RB, ohne daß diese auf Schritt und Tritt zitiert werden müßte. Ihre Inspiration wird aber in fast jedem Satz der Konstitution der *Communität Casteller Ring* über das Priorinnen-Amt spürbar[103]. In einer Synopse dürften Entsprechungen und Unterschiede wohl am klarsten zu ersehen sein.

Aus der *Konstitution der CCR*	Aus der *Regula Benedicti*
"Wer ein Amt hat, führe es im Bewußtsein, daß Gott ihm die Kraft verleiht, damit in allem Gott verherrlicht werde. Sein ist die Herrlichkeit und die Herrschaft in alle Ewigkeit. Amen" (1 Petr 4,11).	... damit in allem Gott verherrlicht werde (57,9).
Die Communität Casteller Ring (CCR) sieht das Amt der Priorin im Zusammenhang mit ihren Erkenntnissen und Erfahrungen vom Leibgeheimnis der Kirche. Richtungsweisend ist dabei das Bild von den verschiedenen und verschiedenartigen Gliedern und dem einen Haupt Jesus Christus. Dieses Amt beinhaltet bei aller menschlichen Schwäche und Unzulänglichkeit Christusrepräsentanz in der Gemeinschaft. Es ist ein Zeichen für die einende Gegenwart unseres Herrn Jesus Christus in der CCR. So ist es die wichtigste Aufgabe der Priorin, sich selbst und alle Glieder der Gemeinschaft immer neu auf Christus hin auszurichten. ...	Der Glaube sagt ja: Er (der Abt) vertritt im Kloster die Stelle Christi (2,2). ... weil man im Glauben erkennt, daß er (der Abt) Christi Stelle vertritt. Das maßt er sich nicht selber an, vielmehr geschieht es aus Ehrfurcht und Liebe zu Christus (63, 13). Er selbst aber bedenke das und verhalte sich so, daß er dieser Ehre würdig ist (63,14).
Da die Priorin am umfassendsten Kommunikation ermöglichen kann, soll	Sooft etwas Wichtiges im Koster zu behandeln ist, soll der Abt die ganze

[102] M. *Pfister,* Die Bedeutung St. Benedikts, 68.
[103] *Das Amt der Priorin,* Grundsatzaussage, 51–54.

sie für alle wichtigen Entscheidungen den Schwesternrat zusammenrufen. Dieser möge sich unter ihrer Leitung bei entgegengesetzter Meinung so lange die "Ehre der Konfrontation" geben, bis eine von möglichst vielen bejahte Lösung gefunden ist, die ohne Gleichmacherei zu einer tieferliegenden Einheit führt. Leitbild ist dabei der gemeinschafts- und beziehungsstiftende Christus selbst.

So sehr die Priorin einerseits die ganze Gemeinschaft im Auge haben soll, so steht sie andererseits mit ihrer Person dafür ein, daß die einzelne Schwester ihren Lebensraum hat und daß Verschiedenheiten ertragen werden. Es ist gut, wenn die Priorin den einzelnen Gliedern Spielraum zur Entfaltung gibt, zur gleichen Zeit aber Eigenmächtigkeit oder gar Abspaltung zu verhindern weiß.

Die Erwartung an die Priorin, die Einheit zu wecken und zu bewahren und sie durch Spannungen hindurch immer neu zu gestalten, kann sie erdrücken. So soll sie sich damit trösten und stärken, daß Christus der eigentliche Herr der Gemeinschaft ist ... Sie soll daran denken, daß das Vertrauen ihrer Schwestern und die Segnung der Kirche sie zu diesem Amt berufen hat. Um nicht der Meinung zu verfallen, daß sie den Weg der Gemeinschaft allein zu verantworten hat, soll sie auch immer wieder das Mitdenken und die Mitverantwortung aller Glieder beanspruchen.

Das Amt der Priorin trägt, wie jedes Leitungsamt, die Gefahr falscher Machtausübung in sich. Die Priorin möge deshalb daran denken, daß es nicht darum geht zu herrschen, sondern in der Nachfolge Jesu Christi zu dienen. ...

Gemeinschaft zusammenrufen und selbst darlegen, worum es geht (3, 1).

Die Brüder sollen jedoch in aller Demut und Unterordnung ihren Rat geben. Sie sollen nicht anmaßend und hartnäckig ihre eigenen Ansichten verteidigen. Vielmehr liegt es im Ermessen des Abtes: was er für heilsamer hält, darin sollen ihm alle gehorchen (3,4–5).

Nach der Fassungskraft jedes einzelnen soll er sich auf alle einstellen und auf sie eingehen (2,32).

Diese und andere Zeugnisse maßvoller Unterscheidung, der Mutter aller Tugenden, beherzige er. So halte er in allem Maß, damit die Starken finden, wonach sie verlangen, und die Schwachen nicht davonlaufen (64,19).

Damit wollen wir nicht sagen, er dürfe Fehler wuchern lassen, vielmehr schneide er sie klug und liebevoll weg, wie es seiner Ansicht nach jedem weiterhilft (64,14).

Es werde der bestellt, den die ganze Gemeinschaft einmütig in Gottesfurcht gewählt hat (64,1).

Kommen etwa ... Mißstände dem Bischof ... zur Kenntnis oder erfahren die Äbte oder Christen der Nachbarschaft davon, so sollen ... sie für das Haus Gottes einen würdigen Verwalter bestellen (64,4–5)

Er soll den Rat der Brüder anhören und dann mit sich selbst zu Rate gehen (3,2).

Er wisse, daß er mehr helfen als herrschen soll (64,8)

Er sei sich bewußt, daß er die Sorge für gebrechliche Menschen übernommen hat, nicht die Gewaltherrschaft über gesunde (27,6).

Es ist für die Priorin keine leichte Aufgabe, zwischen der eigenen Identität und den Bedürfnissen der Communität den richtigen, ausgewogenen Weg zu finden. So ist es einerseits notwendig, daß sie ihre Führungsrolle wahrnimmt und ihr Gesicht erkennen läßt. Zugleich wird das Eingehen auf andere und das Erspüren des Gebotes der Stunde von ihr erwartet. Das ist nur möglich in einem Raum gegenseitigen Vertrauens und in Anerkennung von Realitäten und Sachzwängen. ... Dieses Amt bringt eine gewisse Einsamkeit mit sich, die nicht zur Isolation führen muß. Ein Kreis ihres Vertrauens soll ihr zur Beratung und Aussprache zur Verfügung stehen, ebenso ist es notwendig, daß zum Pfarrer des Schwanbergs eine geistlich und menschlich gute Beziehung besteht.

Für die Priorin ist es wichtig, daß sie ihren persönlichen Freiraum hat und wahrnimmt und auch Zuwendung erfährt. Nur so kann sie ihr Amt mit Freuden und ohne Schaden an ihrer Person ausüben. Es sei ihr vor Augen – damit sie weder verzagt noch hochmütig wird –, daß es zuletzt nicht auf ihre Anstrengung oder ihr Versagen ankommt, sondern daß Gott sein Werk trotz menschlicher Schwachheit zum Ziel bringt.

Was er für zuträglicher hält, das tue er (3,2).

Der Abt ... muß seine Anordnungen in Gottesfurcht treffen und sich dabei an die Regel halten (3,11).

Er muß wissen, welch schwierige und mühevolle Aufgabe er auf sich nimmt: Menschen zu führen und der Eigenart vieler zu dienen (2,31).

Wenn weniger wichtige Angelegenheiten des Klosters zu behandeln sind, soll er nur die Älteren um Rat fragen, lesen wir doch in der Schrift: "Tu alles mit Rat, dann brauchst du nach der Tat nichts zu bereuen" (3,12–13).

Ihrem Abt seien sie (die Brüder) in aufrichtiger und demütiger Liebe zugetan (72,10).

Christus sollen sie überhaupt nichts vorziehen. Er führe uns gemeinsam zum ewigen Leben (72,11–12).

In dem Text der CCR wird in keiner Weise auf die Benediktsregel reflektiert. Vielmehr wird von heutigen Erfahrungen aus und für heutige Verhältnisse formuliert, was der Communität für das Amt der Priorin wesentlich erscheint. Dennoch ist der benediktinische Grundakkord an jeder Stelle hörbar. Die Tatsache, daß dem Text so viele verschiedene Abschnitte der RB in solch bunter Mischung an die Seite gestellt werden können, bestätigt beides: sowohl die Unabhängigkeit der Konstitution der CCR von der RB als auch ihre tiefgehende Prägung durch benediktinische Spiritualität. Hervorgehoben sei hier besonders die Betonung der Christuspräsenz im Amt der Priorin, die mehrfache Betonung der *discre-*

tio (den einzelnen Lebensraum und Spielraum zur Entfaltung geben, Verschiedenheiten aushalten, Eingehen auf andere), die Bedeutung des Schwesternrates und der Aussprache mit einem Kreis vertrauter Schwestern, die Warnung vor Machtausübung und Herrscherallüren und schließlich die Betonung von Tröstung und Stärkung.

Gerade im Letzteren melden sich die Unterschiede, die den Einfluß der heutigen Zeit anzeigen: Benedikt spricht vom Trösten in Bezug auf die *Brüder,* aber nicht hinsichtlich des *Abtes*. Dessen Einsamkeit ist für ihn kein Gegenstand der Reflexion. Das Abtsbild erscheint in der RB stärker von patriarchalischen Verhältnissen geprägt, was sich in der Stellung des Abtes gegenüber dem Brüderrat und in seiner Entscheidungskompetenz ausweist. Demgegenüber ist das Amt der Priorin in der CCR stärker an den Konsultationsvorgang im Schwesternrat rückgebunden, ohne daß deshalb einfach im Sinne einer demokratischen Abstimmung die Mehrheit entscheiden würde. Vielmehr läßt der Text das ehrliche Ringen um sachlich begründete Entscheidungen erkennen (die "Ehre der Konfrontation"), wobei der Priorin die Aufgabe zufällt, die "tieferliegende Einheit" zu wahren – dies sicherlich wieder ganz im Sinne Benedikts.

Beachtenswert, weil tief in die benediktinische Spiritualität hineinweisend, ist vor allem die *Menschlichkeit* des geistlichen Lebens auf dem Schwanberg.

Menschlichkeit stand schon am Anfang der Communität, bei dem ersten prägenden Erleben des Benediktinertums: "Was mir dabei wichtig wurde, war die Begegnung mit einem freien und frohen Menschsein inmitten aller Bindung. Damals begann ich zu begreifen, daß Bindung an Gott nicht zuerst Beengung, sondern Freisetzung des tiefsten Menschseins bedeutet."[104] Aus dieser Erfahrung folgt dann auch die Öffnung zum Mitmenschen hin: "Das 'Frei sein für Gott und das Kommen seines Reiches' eröffnet erst recht den Weg zum 'Frei sein für den Menschen' ..."[105] – "Unsere Arbeit ist wichtig für unseren Lebensunterhalt, aber auch als Gebot der Nächstenliebe."[106] Daher folgt als "Zielvorstellung: ... Wir wollen als Gemeinschaft ihn anbeten und verherrlichen und seine Spuren in jedem Mitmenschen suchen. Wir wollen, daß von uns heilende und befreiende Wirkung ausgeht, daß sich Menschen wohl fühlen und angenommen wissen. Wir glauben, daß wir dadurch etwas beitragen können zur Veränderung der Welt."[107] Hier begegnen wir der benediktinischen Devise, "Christus im Bruder" und überhaupt in jedem Mitmenschen zu sehen.

---

[104] M. *Pfister,* Die Bedeutung St. Benedikts, 68.

[105] J. *Halkenhäuser*/M. *Pfister,* Hinter offenen Türen, 16.

[106] G. *Deck,* Impulse aus der Regel Benedikts, 218.

[107] M. *Pfister*/J. *Halkenhäuser, in:* J. *Halkenhäuser,* Kirche und Kommunität, 234.

Auf der einen Seite fordern die Aufgaben der *Communität Casteller Ring* in der heutigen Zeit ein viel stärkeres Nach-außen-Gehen, als es bei Benedikt vorgesehen war. Dem steht auf der anderen Seite die Struktur von Sammlung und Sendung gegenüber, der auch das *Ordenshaus* schon in seiner Bauweise dienen will: "Dabei ist uns die Klausur mit ihrer Abgeschlossenheit und ihren Schweigezeiten eine große Hilfe. ... Unser Ordenshaus auf dem Schwanberg, das etwas abseits von unseren Arbeitsgebieten steht, erlaubt uns schon äußerlich, uns zurückzuziehen. Es ist ein Haus, das nach innen ... geöffnet ist ..."[108] Die Wendung nach außen kann nur von der Wendung nach innen her gelebt werden. Auch darin zeigt sich die benediktinische Einfärbung im heutigen Kontext: Weltoffenheit und Konzentration in fruchtbarer Spannung zueinander.

Am schönsten aber – und wieder ganz benediktinisch – ist eine kleine Bemerkung in dem Abschnitt über die "Zielvorstellungen" der Communität: "Wir wollen durch unsere eigene Existenz verkündigen, *daß es sich lohnt, sich mit Gott einzulassen,* und daß er ein vollgültiger Partner, das DU eines Menschen sein kann."[109] Die Freude an Gott spricht aus diesen Worten, die Freude von Menschen, denen "das Herz weit" geworden ist und die "in unsagbarem Glück der Liebe den Weg der Gebote Gottes" laufen (vgl. RB Prol 49).

6.4 Abschließende Auswertung

In der *Communität Casteller Ring* ist Tradition präsent, und zwar ganz besonders die benediktinische. Sie ist in der Berufungsstunde der Gemeinschaft in deren Spiritualität eingeflossen und hat ihr Leben nachhaltig geprägt. Daher ist sie auch dann aufzufinden, wenn in den Schriften der Communität nicht ausdrücklich darüber reflektiert wird.

So ist ein Lebensentwurf entstanden, der durchaus seine Eigenständigkeit hat und in die heutige Zeit paßt, ja "die unmittelbare Anteilnahme an der aktuellen Problematik der Zeit" erkennen läßt und damit eine wichti-

---

[108] M. *Pfister,* Eucharistie, 19; s. auch G. *Deck,* Impulse aus der Regel Benedikts, 221.

[109] M. *Pfister*/J. *Halkenhäuser, in:* J. *Halkenhäuser,* Kirche und Kommunität, 234 (Hervorhebung von mir).

ge Forderung Josef *Piepers* nach rechter Umsetzung von Tradition erfüllt (s. oben S. 86).

Eine andere wesentliche Forderung war, wie wir gesehen haben, daß die Rezeption von Tradition in schöpferischer Verlebendigung, Umprägung und Neuformulierung geschieht. Im Fall der *Communität Casteller Ring* war dieser Vorgang deutlich zu beobachten, und darin waren zugleich alle drei Möglichkeiten, wie die Überlieferung in der Spiritualität einer evangelischen Kommunität präsent sein kann (s. oben S. 93), zu finden: in bewußter und direkter Aufnahme, in einer gemeinsamen Ausrichtung auf dieselbe Quelle und in einem eher unbewußten oder vorbewußten Auffinden von hilfreichen Einrichtungen, die ihre Entsprechung in früheren Gestaltungen gemeinsamen geistlichen Lebens haben (hier wäre vor allem an die Parallele von Kleingruppen und Dekanien zu denken, s. oben S. 262).

Dieses Leben ist "Fragment", insofern es nur *einen* Strom der reichen altkirchlich-monastischen Tradition repräsentiert. Es ist aber darin zugleich *ungeteilte Nachfolge Christi* und damit das Ganze, soweit es Menschen erreichbar ist. Als solches vermag es durchaus andere auch heute noch anzusprechen und sie zu einem Leben der Ganzhingabe an Gott einzuladen, weil sich darin je und dann die Begegnung mit dem lebendigen Herrn der Kirche ereignet, der vom Vater an die Menschen übergeben wird (s. oben S. 75–79 u. 85f). So *geschieht* an dieser Stelle lebendige Tradition.

7. "Im Geiste des Evagrios": Die *Gethsemanebruderschaft*

Bei der *Gethsemanebruderschaft* wäre es verfehlt zu sagen: "Evagrios auf evangelisch", denn hier sind außer den Denktraditionen der ägyptischen Wüste und der alexandrinischen Schule auch noch sehr stark andere ergänzende Einflüsse spürbar, z. B. solche des *Ignatius von Loyola,* und nicht zum geringsten Teil! Sehr wohl aber kann und muß man (in Anlehnung an einen ähnlichen Buchtitel[1]) sagen: "Im Geiste des Evagrios", denn die Bedeutung des *Geistes* (νοῦς) im Menschen als Kern der christlichen Anthropologie war und ist für beide der Dreh- und Angelpunkt ihres Denkens und Lebens.

Dabei hat die *Gethsemanebruderschaft* nicht in demselben Maße bewußt auf *Evagrios Pontikos* zurückgegriffen wie die *Communität Casteller Ring* auf Benedikt von Nursia. Vielmehr liegen in den *philosophischen Prämissen* gemeinsame Voraussetzungen und Grundentscheidungen des Denkens. So hat man erst später die geistige Verwandtschaft mit Evagrios (und anderen) entdeckt, sie dann aber auch sehr bewußt aufgegriffen und reflektiert.

Diese Entwicklung ist stärker als im vorigen Kapitel mit dem Lebenslauf und der denkerischen Konzeption *einer* Person und ihres Einflusses auf ihre Umgebung verknüpft: mit Pastor Dr. Olav *Hanssen.* Darum muß ihm im folgenden ein eigener Abschnitt gewidmet werden, um Entstehung, Vorgeschichte und Geschichte der *Gethsemanebruderschaft* verständlich zu machen. Dabei wird sich zeigen, daß um P. *Hanssen* herum eine Vielzahl von Gruppierungen, Zusammenschlüssen und Werken entstanden ist, unter denen die *Gethsemanebruderschaft* nur einen von mehreren Zweigen bildet. Weil in ihr aber das Anliegen von Olav *Hanssen* in besonders konzentrierter Weise zum Ausdruck kommt, darf sich die anschließende Darstellung auf diese beschränken.

[1] W. *Löser,* Im Geiste des Origenes.

7.1 Anfänge und Geschichte der *Gethsemanebruderschaft*

7.1.1 Der Lebensweg von Pastor Dr. Olav Hanssen

Geboren wurde Olav *Hanssen* am 1. Oktober 1915 in Bremerhaven[2]. Der Vater stammte aus Norwegen. Obwohl seine Großeltern mütterlicherseits der von Ludwig *Harms († 1865)* angestoßenen Erweckungsbewegung in und um Hermannsburg[3] angehörten, hat er "mit etwa 15 Jahren ... zum erstenmal eine Kirche von innen gesehen"[4]. "Ich bin als Bildungsbürger groß geworden, mit Goethe und solchen Dingen"[5]. Die Bibel las er in diesem Alter zum allerersten Mal und hatte einige denkmäßige Hürden zu überwinden.

Was ihn dazu trieb war die "Überraschung, daß das Leben, das vor mir lag, mit dem Tod endet, daß es also, wenn es mit dem Tod endet, letztlich doch sinnlos ist."[6] Mit dieser Fragestellung begegnete er der biblischen Botschaft von der Auferstehung der Toten und dem ewigen Leben nach dem Tod und suchte nach einer gesicherten Begründung für diese Behauptung.

Eine vorläufige Antwort fand *Hanssen* in der Hermannsburger Tradition mit ihrem Schriftprinzip der Verbalinspiration. Allerdings: "Die Frage nach dem Schriftprinzip, wie es in der Hermannsburger Freikirche vertreten worden ist, hat automatisch die Konsequenz, daß ein irrtumsloses Wort Gottes nichts nützt, wenn die Auslegung nicht auch irrtumslos ist. Das führt also zur Orthodoxie ... Damit war ein gewisser Dogmatismus gegeben. Ich habe erst später erkannt, daß das eine Art philosophischer Positivismus ist, aber damals hat mir das erst einmal geholfen"[7].

---

[2] Ein Kurzlebenslauf in: S. *Schubert* (Hg.), Einer nach dem andern, 185; ausführlicher H.-G. *Kelterborn,* Evangelische Jugendarbeit im Wandel, 158–161.

[3] *Evangelisches Gemeindelexikon,* 244f, Art. "Harms, Ludwig"; Th. *Harms,* Lebensbeschreibung des Pastor Louis Harms.

[4] O. *Hanssen* in Vorträgen über die Spiritualität der Regel, unveröffentlichtes Manuskript, 11.

[5] O. *Hanssen* im persönlichen Gespräch.

[6] Unveröffentlichtes Manuskript (s. Anm. 4), 11.

[7] A.a.O. 13.

Hanssen absolvierte eine Maurerlehre und von 1937–1940 ein Ingenieurstudium an der Technischen Hochschule in Hannover. In dieser Zeit widmete er sich im Rahmen des CVJM Hannover der Jugendarbeit, die damals in der Auseinandersetzung mit dem Nationalsozialismus stand.

Rückschauend charakterisiert er sie so: "... wir (waren) trotz der starken eschatologischen, ewigkeitsbezogenen Frömmigkeit doch sehr stark mit der Erde verbunden ... Unser Lebensstil war so stark von der bündischen Jugend geprägt, daß wir uns heute noch nachträglich durchaus zur Geschichte dieser Bewegung zugehörig empfinden können, ja müssen. Die Ideale eines leibbewußten Jugendlebens, das Suchen nach echter Naturbegegnung waren uns selbstverständlich. Es war eine relativ starke Verwurzelung im Irdisch-Leibhaften, in der Natur, an der wir uns ja nie genug freuen konnten."[8] Dazu kam auf der anderen Seite, "daß wir damals zu keiner Zeit irgendeinem religiösen Irrationalismus ausgeliefert waren. Wir gründeten fest in einer kirchlich-biblisch begründeten Glaubenslehre und hatten auch ganz konkrete Vorstellungen von einem praktischen Frömmigkeitsleben, das ganz schlicht und einfach um Bibellese und Gebet kreiste und sich dann in einer ebenso konkret gelebten Jugendgemeinschaft verwirklichte. Dadurch bekam das geistliche Leben eine innere Verbindlichkeit."[9]

Die so entstandenen tiefen freundschaftlichen Beziehungen wurden durch den Krieg auseinandergerissen. Olav *Hanssen* bekam 1940 seine Einberufung als Soldat und wurde nach Rußland geschickt.

"Der Krieg wird für manche eine Schule des Betens. Bibelworte werden auswendig gelernt. Eine eiserne Ration, die man auf Wache, auf endlosen Märschen immer wiederholt. Immer tiefer dringt man so ein ins Evangelium, empfindet es schließlich wirklicher und dauerhafter als alles ringsum. ... Später spricht man über Betrachtung und Meditation, hier vollzieht sie sich bereits. Ein Wort heiliger Schrift dringt durch und erleuchtet das Herz. Und vor den inneren Augen erscheint das Bild des Herrn..."[10]

1944 kam *Hanssen* in russische Kriegsgefangenschaft. Dort befaßte er sich einerseits intensiv mit dem Marxismus. Andererseits führte er aus der Erfahrung heraus, daß Brotverteilung im Lager das Wichtigste war – aber wo war das Brot des Lebens? – geistliche Gespräche und half manchem Zweifler zum Glauben an Jesus Christus. Einer von ihnen war Wolfgang *Bartholomae,* der bis heute mit *Hanssen* eng verbunden ist.

---

[8] O. *Hanssen, in:* S. *Schubert* (Hg.), Einer nach dem andern, 5.

[9] A.a.O. 4f.

[10] *Umkehr zum Leben.*

Schon damals stand die Lektüre des Matthäus-Evangeliums im Mittelpunkt[11].

Die Auseinandersetzung mit dem Nationalsozialismus und mit dem Kommunismus bilden zwei wesentliche Faktoren im Erfahrungshintergrund *Hanssens* für das "Modell der Fraternität" (ein dritter wird später hinzukommen, s. unten S. 274f): Daß das "tausendjährige Reich" schon nach 12 Jahren zu Ende sein würde, war damals für viele gar nicht selbstverständlich. "Sich auf diese Zeit einrichten bedeutete ... Untergrundbewegung. Wir konnten unsere Jugendarbeit nur in kleinen Zellen durchführen ... Unser Gedanke war: möglichst keine hauptamtlichen Leute! ... Wir wollten also kleine Aktionszellen bilden als Untergrundbewegung mit Laienkräften, die wach waren, Köpfchen hatten und das Evangelium da verkündigten, wo sie waren, eben mitten in der Welt"[12]. – In Rußland lernte *Hanssen* dann die Kader-Arbeit des Kommunismus kennen: "Schulungsarbeit und kleine Gruppen, die man nicht so schnell kriegen kann"[13]. "Ich habe damals in Rußland schon versucht, das auf das Christentum anzuwenden. ... ... Was mir vorschwebte und noch vorschwebt, ist, daß man einen Flächenbrand nur zustande kriegt, wenn man überall ein kleines Feuerchen ansteckt. ... So ein Flächenbrand von unten, lauter kleine 'subversive' Zellen, die mitten in der Welt die Bevölkerung im Namen des Christentums 'verführen', das wäre nicht schlecht."[14]

Nach der Entlassung aus der Gefangenschaft 1945 studierte Olav *Hanssen* von 1946–1949 in Göttingen und Lund Theologie. In Göttingen hörte er daneben auch Philosophie.

Darin beschäftigte ihn vor allem das Problem, wie im Bereich der Wahrheits- und Offenbarungsfrage dem Dilemma von "Dogmatismus und Systemzwang" einerseits und "subjektiver Unverbindlichkeit"[15] andererseits zu entgehen sei. Als Kardinalfehler der gegenwärtigen Denk- und Lebenspraxis – auch im Christentum – zeigte sich ihm die Subjekt-Objekt-Spaltung und der Subjektivismus. Da aber der Mensch heute von dieser Subjektserfahrung herkommt, stellte sich die weitere Frage: "Gibt es eine innersubjektive Gotteserfahrung, so daß das Subjekt über sich selbst hinauskommt? Kann das Subjekt in sich eine Gotteserfahrung machen, um den Subjektivismus zu überwinden?"[16] Die Antwort gab sich in der *Einheit von Denken und Sein.* "Wenn Denken und Sein eins sind, dann wäre ja das Sein auch Denken, und dann wäre der Gedanke eine Seinsoffenbarung. Dann würde sich das Sein gedanklich

[11] Siehe die Erinnerungen an diese Zeit von W. *Bartholomae in:* S. *Schubert* (Hg.), Einer nach dem andern, 100–104.
[12] Unveröffentlichtes Manuskript (s. Anm. 4), 45.
[13] A.a.O. 46.
[14] A.a.O. 45 u. 46.
[15] Unveröffentlichtes Manuskript (s. Anm. 4) 14; vgl. auch a.a.O. 13.
[16] O. *Hanssen* im persönlichen Gespräch.

artikulieren."[17] Oder theologisch gewendet: "Die Welt ist durch Gottes Geist geschaffen, und mein Denken ist Gottes Geist in mir. Beides muß zusammen kommen. Deswegen ist das Erste die Hingabe an die Willen Gottes außerhalb. Gott in mir einigt sich mit Gott außerhalb. Erst das gibt den wirklichen Gott. Die Welt ist Gottes Wille; meine Gedanken sind von Gottes Geist gewirkt; beides hat denselben Ursprung. Ich finde die totale Weltverfallenheit schlimm, aber auch, wenn das Gebet total subjektiviert wird."[18] Gott offenbart sich im Denken selbst, aber nicht dadurch, daß ich mir Gedanken über Gott *mache:* "Wahrheit ereignet sich in mir. Wahrheit ist Selbsterschließung des Seins, ist Offenbarung Gottes in mir. Klarheit ereignet sich in mir, wird aber nicht durch mich selbst gewirkt. ... Du bist nicht Herr der Klarheit, sondern die Klarheit ist Herr über dich, sie ergreift dich und sie erschließt sich."[19]

Während der Göttinger Zeit widmete sich der Theologiestudent wiederum der Jugendarbeit und half bei der seelsorgerlichen Zurüstung von Schüler- und Studentenkreisen. Geistliche Morgen- und Abendwachen, wöchentliche Mitarbeiterstunden, missionarische Einsätze und Freizeiten sowie seelsorgerliche Begleitung einzelner kennzeichneten diese Arbeit. "Als er aus Göttingen fortging, blieb eine blühende Jugendarbeit zurück, die seine Zeit überdauerte"[20].

Nach der Promotion wurde Pastor Dr. *Hanssen* 1950 als theologischer Lehrer an die Evangelistenschule "Johanneum" nach Wuppertal-Barmen[21] berufen, wo er bis 1957 tätig war. "In dieser Zeit blieb der Zusammenhang mit seinen Freunden aus Hannover und Göttingen lebendig", der "durch Rundbriefe ausgebaut wurde. Auf Freizeiten rückte man enger zusammen. Das zentrale Interesse galt der Frage nach der Mission, sowohl theologisch als auch in ihren praktischen Konsequenzen."[22]

1957 erfolgte auf Anraten des damaligen Hannoverschen Landesbischofs Hanns *Lilje* die Berufung *Hanssens* an das Missionsseminar in *Hermannsburg*[23]. Dort erschloß sich ihm der dritte Faktor im konkreten

---

[17] Unveröffentlichtes Manuskript (s. Anm. 4) 16.

[18] O. *Hanssen* im persönlichen Gespräch.

[19] O. *Hanssen* bei einer Einkehrzeit, Sommer 1987, nach einer persönlichen Mitschrift.

[20] *Umkehr zum Leben.*

[21] *Evangelisches Gemeindelexikon*, 280, Art. "Johanneum"; s. auch die Jubiläumsschrift *"Evangelistenschule Johanneum"*, in der Dr. *Hanssen* auf S. 5 zum Thema "Geistesmenschen heranbilden" zu Wort kommt.

[22] H.-G. *Kelterborn*, Evangelische Jugendarbeit im Wandel, 161.

[23] Siehe *Evangelisches Gemeindelexikon*, 258f, Art. "Hermannsburg"; D. *Mann*, Art. "Missionsseminare", 465f.

Erlebnishintergrund für das Modell "Fraternität" (s. oben S. 273): die Missionspraxis[24]. "Nicht eine massierte Jagd auf Eingeborene, sondern eine Mission der Präsenz, der Präsenz von Christen, die eine anschaubare Glaubensgemeinschaft darstellen", schwebte ihm vor[25].

Es war in Hermannsburg in den frühen sechziger Jahren, als Olav *Hanssen* mit tiefer innerer Gewißheit *seine persönliche Berufung* entdeckte. Er erinnerte sich an seine Erfahrungen im Krieg:

"Jeden Morgen die Fragen: Was der Tag heute wohl bringen wird? Wie wird der Krieg ausgehen? Und werde ich das Ende überhaupt erleben? Und wie werde ich es erleben? ... Angesichts dieser Situation gab es zwei Möglichkeiten. Die erste war die, daß man sich gegen dieses Leben auflehnte ... Ich habe dieses Leben, alle diese Widerfahrnisse als Führung Gottes verstanden, mich nicht dagegen aufgelehnt, sondern versucht, alles aus der Hand Gottes hinzunehmen ... ... Ich ... habe meinen Beruf und meine Ehe begonnen, ohne zu wissen, in welche Krise ich da eigentlich hineingerate. Das war natürlich unbewußt. Ich habe mich bloß gewundert, wie ganz anders der Frieden wurde als der Krieg, und daß man im Krieg unter Umständen glücklicher sein kann als im Frieden. Als ich mein erstes Jahr in Hermannsburg herumhatte, habe ich gesagt: So viel Kummer habe ich im Krieg nie erlebt wie da. Das führte zu einer Krise, zu einer Krankheit. Während dieser Krankheit habe ich das Matthäusevangelium gelesen, und weil es gerade Passionszeit war, habe ich besonders die Gethsemanegeschichte betrachtet und habe dann überlegt: Das war es nun!? Als ich da am Ende meiner Kräfte war, tauchten alle die Jugenderlebnisse und die Kriegszeit wieder auf ... An dieser Stelle, im Kapitel 26 des Matthäusevangeliums, ist mir das Erleben meiner Jugend bewußt geworden, so wie es Franziskus mit Matthäus 10 ergangen ist. Auf diesem Krankenlager habe ich plötzlich verstanden, daß dieses 'Nicht wie ich will, sondern wie du willst' eigentlich mein Evangelium ist. Ich habe mich hier zutiefst verstanden gefühlt, und in dem Augenblick, wo ich das verstanden hatte, wurde mir auch die Zukunft deutlich. Bis dahin war ich hineingeschlittert. Von da ab war dieses Wort mein ganz bewußtes Ziel, eine Lebensvision. ... Das, was bis dahin unbewußt gelebt und getan war, wurde in dieser stillen Begegnung mit der Gethsemanegeschichte auf dem Krankenlager nicht zu etwas Schrecklichem, sondern zu einer Lebensvision, zu einer Selbstfindung. An dieser Stelle ist die Bruderschaft sozusagen geboren worden."[26]

Aufgrund dieses Erlebnisses konnte und mußte Dr. *Hanssen* bei der Erläuterung der Regel sagen: "Die Gemeinschaft ist nicht der Urheber der Regel, sondern die Regel ist der Urheber der Gemeinschaft. ... In meinem Leben sind Ereignisse wie Krieg und Krankheit vorweggegangen, die zu

[24] Das Folgende nach dem unveröffentlichten Manuskript (s. Anm. 4), 46–49.

[25] A.a.O. 48.

[26] O. *Hanssen* während der Oster-Einkehrzeit 1988, nach einer persönlichen Mitschrift.

dem Gedanken von Gethsemane geführt haben. Ich habe bei verschiedenenen Gelegenheiten schon darauf hingewiesen, daß Gethsemane als Vision längst vor der Gethsemanebruderschaft da war."[27]

7.1.2 Anfänge und Geschichte der Gethsemanebruderschaft

Will man die Impulse, die Pastor *Hanssen* seiner Umwelt vermittelt hat, und das, was daraus geworden ist, betrachten, muß man verschiedene Linien im Auge behalten, die mit seinen unterschiedlichen Wirkungsfeldern zusammenhängen. Im Wesentlichen sind es drei Stränge, die nebeneinander herlaufen und miteinander verflochten sind, ohne einfachhin identisch zu sein: die Göttinger Jugendarbeit, der Kreis von Hannoverschen, Göttinger und (inzwischen auch) Wuppertaler Freunden und das Missionsseminar in Hermannsburg.

Der Kreis der alten und neuen *Freunde* war während der Wuppertaler Dozententätigkeit *Hanssens* mit ihm und untereinander in Verbindung geblieben. Man traf sich jährlich zu einer Osterfreizeit und nannte sich nach einem der Tagungsorte, Klein-Süntel im Deister, "Klein-Süntel-Kreis". Als Dr. *Hanssen* 1957 nach Hermannsburg ging, wollte er seinen Freund Pastor Wolfgang *Bartholomae*[28], den er schon seit der Kriegsgefangenschaft kannte (s. oben S. 272), als Lehrer für das Missionsseminar gewinnen. Da es ungewiß schien, ob die Seminarleitung ihn finanzieren würde, schloß sich der Kreis enger zusammen, um ihn zu unterstützen. 1958 gaben sie sich eine Vereinsverfassung und wurden zum "Evangelisch-lutherischen Missionsdienst e. V.", dessen erster Vorsitzender W. *Batholomae* selbst war[29]. Die Aufgabe des Vereins bestand darin, "die missionarische Verkündigung im Bereich der ev.-luth. Landeskirche Niedersachsens und die Arbeit der äußeren Mission zu fördern"[30].

Daneben setzte sich die Jugendarbeit in *Göttingen* seit der Studienzeit *Hanssens* fort und wurde im bündischen Sinne weitergeführt. Das bedeutete äußerlich Kontakt der Jugendlichen und ihrer Leiter durch persönliche Beziehungen und die Bildung verbindlicher Mitarbeiterkreise, die das Parochialsystem transzendierten. Inhaltlich war die Arbeit streng bibelorientiert und suchte nach einem neuen Lebensstil, "in dem 'leibhafte'

---

[27] Unveröffentlichtes Manuskript (s. Anm. 4) 5f.

[28] Kurzlebenslauf *in:* S. *Schubert* (Hg.), Einer nach dem andern, 181.

[29] H.-G. *Kelterborn,* Evangelische Jugendarbeit im Wandel, 161 u. 172f.

[30] A.a.O. 173.

Erfahrungen überhaupt erst wieder möglich werden ...: 'Liebe zur Natur, zum Sport, zum Abenteuer, zum Körper, zur Gemeinschaft. All das sind Quellen der Freude'"[31].

Am *Missionsseminar* erstrebte P. *Hanssen* unterdessen den Zusammenschluß der Missionare und Seminaristen zur verbindlichen Missionsbruderschaft. Dabei war zunächst noch der lebenslange Dienst in der äußeren Mission ins Auge gefaßt. Ganz im Sinne der oben geschilderten drei Erfahrungshintergründe für das Motiv der Fraternitäten dachte man zunächst an kleine Zellen verbindlichen Lebens, die durch ihre Präsenz eine anschaubare Glaubensgemeinschaft darstellten. Untereinander sollten sie durch die tägliche Lesung aus dem Matthäus-Evangelium und eine Stunde des betrachtenden Gebets verbunden sein.

Allerdings mußte Olav *Hanssen* bei Besuchen der afrikanischen Arbeitsgebiete feststellen, "daß die Missionsstation zum Pfarramt, der Missionar zum Pastor geworden war. ... 'Dazu kam noch die technisierte Wohlstandsgesellschaft. Der Verkehr war, vor allem durch das Flugzeug, leichter geworden. Der Gedanke, lebenslänglich draußen bleiben zu wollen, wurde immer weniger selbstverständlich. Im Gegenteil, der Wohlstand ... ließ es wünschenswert erscheinen, den Dienst nur noch befristet zu tun.'"[32] Die Frage war also: Wie kann man die geistliche Stoßkraft der Mission erhalten? Was hilft den Menschen in der Dritten Welt wirklich? Genügt unsere Technik, unsere Medizin, unsere Wissenschaft?

"'Baue meine Kirche wieder auf!'... Eine Schar von Missionsseminaristen steht an der Tür des Hausvaters P. Hanssen. Sie wollen eine Bruderschaft gründen mit ihm als Leiter. Niemand von ihnen hat den Ruf gehört: 'Baue meine Kirche wieder auf!', und doch liegt dieser Ruf in der Luft und hat sie alle getroffen. Kirche erneuern, Mission erneuern, die Welt erneuern an dem Fleck, an dem man gerade steht."[33]

Zunächst nannte sich die Gemeinschaft nach der Ur-Erfahrung ihres Gründers *"Gethsemanebruderschaft"*. Als Gründungsdatum gilt der 4. Februar 1963. Weil aber ihre Ausstrahlung bis in die universitäre Studentenarbeit hineinreichte und in diesem Kontext der Name befremdlich wirken konnte, gebrauchte man seit 1966 den Namen *"Koinonia"* = Gemeinschaft. Dies war aber nicht in erster Linie als Bezeichnung der Beziehungen untereinander gemeint, sondern im Sinne von 1 Joh 1,3 als

---

[31] W. *Kubik,* zitiert nach H.-G. *Kelterborn* a.a.O. 170.

[32] H.-G. *Kelterborn,* Evangelische Jugendarbeit im Wandel, 165.

[33] *Umkehr zum Leben.*

Gemeinschaft mit Christus und erst über ihn auch untereinander. Es muß jedoch festgehalten werden, daß es die Gethsemanebotschaft war, welche die Bruderschaft begründet hat, so daß sie immer deren innerster Kern blieb.

Symbol der Gemeinschaft wurde der sog."Kreuzkreis", der das innere Anliegen zum Ausdruck bringt: In der Stille "erschließt sich im betrachtenden Gebet neu die Mitte der Welt, die Mitte unseres Lebens: Christus. ... neue Gemeinschaft entsteht, ein Kreis, der auf die Mitte ausgerichtet ist. ... Da wächst auch der Wunsch nach einem einfachen Leben, der Wunsch nach einem neuen Lebensstil."[34]

In der Zwischenzeit hatte der Kreis-Jugendwart von Hannover, Werner *Brennecke*[35], der Olav *Hanssen* schon vor dem Krieg mit 15 Jahren kennengelernt hatte[36] und von 1948–1957 in Göttingen in der Jugendarbeit tätig gewesen war, den Gedanken der *Mitarbeiterschulung* aufgegriffen, der schon 1955 in Göttingen erwogen worden war. Dieser Initiative nahm sich der Ev.-luth. Missionsdienst e. V. an und organisierte das einjährige Missionsdienstjahr. Daraus entstand ein "Evangelisches Jugendzentrum", das sich allerdings nicht ganz im Sinne der Initiatoren entwickelte. "Inmitten dieser kräftezehrenden Aktivitäten sammelte Hanssen 1962 seine alten Freunde erstmals zu einer Einkehrfreizeit. Statt theologischer Diskussionen und organisatorischer Tagesordnungspunkte sollte einzig und allein die zur Verfügung stehende Zeit 'zur rechten Stille und zum Kraftschöpfen' verwendet werden. Dabei führte Hanssen inhaltlich und methodisch die Meditation als religiöse Frömmigkeitsübung ein."[37] Wir dürfen vermuten, daß Olav *Hanssen* aus der neu gewonnen Klarheit über seine eigene Berufung das *Gethsemanegebet* in den Mittelpunkt der geistlichen Sammlung seiner Freunde stellte, um ihrer Arbeit die rechte Ausrichtung zu geben. Von da an wurde Hermannsburg immer mehr zum Zentrum für diejenigen, die der kontemplativen Berufung folgen konnten.

---

[34] *Umkehr zum Leben.*

[35] Kurzlebenslauf bei: S. *Schubert* (Hg.), Einer nach dem andern, 182.

[36] Siehe seine Erinnerungen *in:* a.a.O. 69f.

[37] H.-G. *Kelterborn,* Evangelische Jugendarbeit im Wandel, 174.

Im Jahre 1968 änderte der Ev.-luth. Missionsdienst e. V. seinen Namen und nannte sich *"Gruppe 153"* nach dem biblischen Bericht in Joh 21. Vorsitzender blieb zunächst W. *Bartholomae,* doch wirkte als "Beauftragter" der Gruppe der Pastor und Evangelist Klaus *Vollmer,* der O. *Hanssen* von dessen Lehrtätigkeit in Wuppertal her kannte. In enger Zusammenarbeit mit Hermannsburg übernahm die "Gruppe 153" die Mitarbeiterschulung und führte sie weiter[38].

Doch auch der bruderschaftliche Gedanke wirkte fort und zog auch unter der Göttinger Studentenschaft viele an. Es entstanden Wohngemeinschaften von Studenten, in Göttingen mit einer Koinonia-Familie als Kristallisationspunkt. Daraus erwuchs die "Göttinger Bruderschaft" in enger Tuchfühlung mit Hermannsburg, die sich 1967 der Koinonia anschloß. Dort sammelten sich auch verheiratete Glieder der Gemeinschaft, deren Lebenswirklichkeit die strikte Forderung nach einer vollen Stunde kontemplativen Betens und nach Lesung mehrer Kapitel des Matthäus-Evangeliums nicht zu entsprechen schien, die aber dennoch aus dieser Spiritualität heraus leben wollten. Sie nannten sich "Evangelische Studenten- und Akademikergemeinschaft der KOINONIA e. V." und gaben sich die *"Geistliche Ordnung",* die nur noch einen 14-tägigen Turnus für die Lesung des Matthäus-Evangeliums und eine halbe Stunde für das betrachtende Gebet vorsieht[39]. Mit der Zeit hat sich für diese Gruppierung der Name "Blaue Koinonia" allgemein eingebürgert[40].

Unterdessen war auch die Entwicklung im Missionsseminar in Hermannsburg nicht ganz problemlos weitergegangen. Die enstandene Bruderschaft durfte sich nicht gegen das Missionsseminar profilieren. Das führte zu der Nötigung, alle, die wollten, ohne Prüfung ihrer Eignung für ein solches Leben aufzunehmen. Das ganze Seminar verstand sich als Bruderschaft, aber in seiner Mitte hatte sich ein engagierter Kreis gebildet, ohne daß das Gefälle allzu stark werden durfte. Die Auseinandersetzungen mit der Regel und die oben genannten Schwierigkeiten ließen nach wie vor einen Ehelosenkreis für das bruderschaftliche Anliegen als

[38] A.a.O. 175; zu den beiden vorigen Abschnitten s. ferner den "Bericht über sechs Jahre Mitarbeiterschule" von R. *Deichgräber*: Die Zukunft des Laien in Kirche und Mission.

[39] *Geistliche Ordnung,* S. 5 Nr. I,8 und S. 9 Nr. II,10.

[40] Siehe zu diesem Abschnitt H.-G. *Kelterborn,* Evangelische Jugendarbeit im Wandel, 171; *Koinonia* (hektographiertes Faltblatt mit einer Selbstdarstellung), 2. Das Adjektiv "Blau" "bezeichnete die Farbe des Briefkopfes auf dem Rundbrief" (so das Faltblatt "Blaue Koinonia 1986"). Wahrscheinlich gilt Entsprechendes für die sogleich zu erwähnende "Rote Koinonia".

das Beste erscheinen. 1975 wurde Pastor *Hanssen* gefragt, einen solchen Kreis zu leiten. *Hanssen,* der inzwischen verwitwet war, sagte zu.

Daneben bestand aber die "Missionsbruderschaft" weiter, deren Leitung Reinhard *Deichgräber* übernahm. Heute nennt sie sich "Epiphanias-Kreis", damals wurde sie im Unterschied zur "Blauen Koinonia" die "Rote Koinonia" genannt. In ihrer Mitte aber war der Ehelosenkreis um Olav *Hanssen,* der sich nun deutlicher profilierte und als "Gethsemanekreis" oder "Ordo der Koinonia" bezeichnete. Diese Gruppe erkannte mehr und mehr die Kontemplation selbst als Zentrum ihrer Berufung. Sie ist auch für Verheiratete offen, sofern sie sich unter diese Berufung zu stellen vermögen.

Aus der Mitte der "Blauen Koinonia" heraus entstand 1976 unter der Initiative von Wolfgang *Kubik* eine "Communität der Koinonia" mit Lebenszentren zunächst in Hermannsburg, seit 1982 auch in Bückeburg[41], von wo sie kürzlich nach Göttingen umgezogen ist. *Kubik,* der mittlerweile Landeskirchenrat der Schaumburg-lippischen Kirche geworden war, konnte 1992 seine Freistellung für den Aufbau der Communität erreichen. Diese "betätigt sich in der Jugendarbeit, der Mission und der Studentenseelsorge. Ihr gehören über 20 Personen an."[42]

An dieser Stelle können wir die Verfolgung der drei Stränge in der Lebenswirkung Olav *Hanssens* in ihrer Verflechtung untereinander abbrechen und uns auf den Weg des "Ordo" konzentrieren. Von jetzt an bezeichnet der Name "Koinonia" entweder allgemein das *Ganze* der sich immer noch zueinander gehörig wissenden Zweige[43] oder speziell die "Blaue Koinonia" und die "Communität der Koinonia". "Gethsemanebruderschaft" ist der Name für den "Ordo der Koinonia". Nach außen hin wird diese Bezeichnung allerdings erst seit 1990 geführt, seit dem Umzug der Bruderschaft von Ratzeburg nach Goslar, doch damit ist der weiteren Geschichte bereits vorgegriffen. Zuvor dürfte es hilfreich sein, die verschiedenen, unter dem Oberbegriff "Koinonia" laufenden Gruppierungen noch einmal nebeneinander zu stellen.

---

[41] Faltblatt *Koinonia,* 3; *Umkehr zum Leben.*

[42] Nachricht in: idea 26/1992, 11.

[43] Noch bis 1985 wurden Rundbriefe an die Freunde unter der Überschrift "KOINONIA" geschrieben, die aus allen Bereichen der verzweigten Gemeinschaft berichteten. Unter dem 29.11.85 teilte Dr. B. *Piest* den Freunden das Ende dieser gemeinsamen Berichterstattung mit, weil sie bei der differenzierten Eigenentwicklung der einzelnen Gruppierungen als "anachronistisch" erschien (Koinonia, Brief an die Freunde vom 29.11.85, 1). Das Wissen um die innere Zugehörigkeit ist damit aber nicht aufgegeben worden (s. ebd.).

"Epiphanias-Kreis" (vormals "Rote Koinonia"). Leitung: Reinhard *Deichgräber*. Missionare und Verheiratete. Hermannsburg.

"Blaue Koinonia" aus Ehepaaren der Bruderschaft. Zentrum in Kloster Bursfelde anvisiert.

"Communität der Koinonia". Leitung: Wolfgang *Kubik;* Zusammenleben von Verheirateten und Unverheirateten; Hermannsburg und Göttingen.

"Gethsemanebruderschaft". Leitung: Olav *Hanssen*. Gemeinschaft von zölibatären Brüdern; auch Verheiratete. Gethsemanekloster Riechenberg, Goslar.

Die Gethsemanebruderschaft bestand bis jetzt aus Seminaristen am Missionsseminar und war aus der Suche nach neuen Formen der Mission hervorgegangen. Die oben erwähnten Spannungen, die sich daraus ergaben, daß eine neue Bewegung versuchte, sich in vorgegebenen Strukturen zu entwickeln, führten schließlich dahin, daß der Kreis nach einer anderen Bleibe Ausschau hielt. Damit wandelte sich zugleich die Zukunftsaussicht der ehelosen Brüder, weil die äußere Mission als Wirkungskreis nicht mehr in ihrer Reichweite zu liegen schien.

1978 wurde Wolfgang *Batholomae* als Pastor nach *Ratzeburg* berufen. Er stellte die Frage: Geht ihr als Gruppe mit mir? 1979 erfolgte der Umzug der Ehelosen mit Pastor *Hanssen,* der etwas vorzeitig in Ruhestand ging[44]. In den Räumen der Dom-Kirchengemeinde fand die Bruderschaft Aufnahme und führte dort ein Einkehrhaus. Nach außen nannte sie ihren neuen Sitz "Domkloster"[45].

Nun erst trat die Beschäftigung mit dem Hesychasmus und dem Herzensgebet der Ostkirche, die schon vorher in den Blick geraten waren, sichtbar nach außen. Jetzt erscheint der Schriftzug "Hesychia" im Symbol des Kreuzkreises, jetzt taucht die Bezeichnung

[44] Vgl. auch den Koinonia-Rundbrief an die Freunde vom Oktober 1978, in dem R. *Deichgräber* den Beginn dieser Entwicklung und ihre Konsequenzen schildert.

[45] Der Name hatte auch eine historische Berechtigung, weil der Ratzburger Dom mit seinen Nebengebäuden im Jahre 1120 von *Norbert von Xanten († 1134)* als Prämonstratenserkloster gegründet worden war (Dompropst Uwe *Steffens in: Haus der Einkehr und Stille,* 2).

"Kellion" für die einzelnen Niederlassungen der Brüder auf, die nur z. T. im Domkloster selbst wohnten, z. T. aber auch in kleineren Wohngemeinschaften über die Stadt verstreut: neben dem "Kellion" im Domkloster gab es eines am Rande des Domhofes und eines am Palmberg. Zu der Zeit waren es 11 Brüder[46].

Die folgenden 10 Jahre sollten nach einem vielversprechenden Anfang zu einem wahren Kreuzweg für die Bruderschaft werden. Den Konflikt in allen Einzelheiten aufzuzeichenen ist hier nicht der Raum. Eine ausführliche Dokumentation liegt vor[47]. Es möge als Hinweis genügen, daß Leben und Arbeit der Bruderschaft von manchen als "sektiererisch" empfunden wurde (z. T. wegen der Verwendung von Ikonen: lutherischer Glaube lebe vom Hören und nicht vom Schauen[48]), und vor allem, daß die Notwendigkeit der Stille in Gegensatz mit den Ansprüchen des Kirchenmusikdirektors für die Ausübung seiner Aufgaben geriet. Obwohl der Dompropst und auch die Kirchenleitung in Lübeck den Sektenvorwurf ausdrücklich zurückwiesen und die Einkehrarbeit der Bruderschaft als kirchlich legitim voll rehabilitierten, gab es so viel Erbitterung im Laufe der äußerst unerquicklichen Auseinandersetzungen, daß sich die Kirchengemeinde zu keiner anderen Lösung imstande sah, als Mietvertrag und Nutzungsvereinbarung mit Bruderschaft und Trägerkreis zum nächstmöglichen Termin zu beenden. Dieses war der 31. August 1990. Der Beschluß wurde am 10. Dezember 1985 gefaßt[49], so daß noch viereinhalb Jahre blieben, um entweder den Streit friedlich beizulegen oder für die Einkehrarbeit der Bruderschaft einen anderen Ort zu finden.

Da das Erstere aussichtslos erschien, mußte die Brüdergemeinschaft erneut einen Umzug ins Auge fassen. Dabei ergaben sich 1987 Kontakte zur Klosterkammer der Niedersächsischen Landesregierung, die in Nachfolge der Landesfürstlichen Klosterkammer mehrere ehemalige Stifte und Klöster verwaltet, darunter das frühere Augustiner-Chorherrenstift *Riechenberg* bei *Goslar*. Von der alten Stiftskirche, die seit 1818 abgebrochen worden war, gibt es heute nur noch einen Teil des nicht mehr verwendungsfähigen Westwerkes, eine gotische Sakristei von 1485 mit einem darüberliegenden Raum, sowie, unter den halb abgebrochenen Mauern der Apsiden verborgen, die romanische Krypta aus dem frühen 12. Jh. Ein paar Meter entfernt davon stehen zwei größere Häuser von

---

[46] *Umkehr zum Leben; Haus der Einkehr und Stille,* 4.

[47] *Haus der Einkehr und Stille?* Dokumentation eines Konfliktes.

[48] So OKR i. R. H. *Foerster,* s. a.a.O. 10f; ferner a.a.O. 15–18.

[49] A.a.O. 3 u. 19.

1730 bzw. 1771, die als Klausur für die Brüder und als Gästehaus geeignet erschienen.

Die Hannoversche Klosterkammer ihrerseits war und ist daran interessiert, die in ihrer Verwaltung befindlichen Gebäude wieder einer geistlichen Nutzung zuzuführen und ihren Unterhalt dann an den neuen Träger abzugeben. Dieser Wunsch kam der Suche des Domklosters Ratzeburg nach einer neuen Heimat entgegen[50]. Dabei übernahm die Klosterkammer die Kosten für die Restauration der Gebäude. Was die zahllosen kleinen Details der Inneneinrichtung betraf, wurde vieles von den Freunden und Mitgliedern des Trägerkreises in Eigenarbeit auf sog. "Ora et labora-Freizeiten" geleistet[51]. Am 20. Oktober 1990 konnten Klausur und Gästehaus offiziell übergeben werden[52]. Der alte "Trägerkreis Domkloster Ratzeburg" wurde umbenannt in: "Trägerkreis Evangelisches Kloster e. V." und am 10. Dezember 1990 in das Vereinsregister in Goslar eingetragen[53]. Die Einweihung der Sakralräume (Krypta für die Abendmahlsgottesdienste, Sakristei für die Tagzeitengebete, Meditationsraum darüber für stilles Gebet) fand am 30. November 1991 im Rahmen eines Einkehrwochenendes für Kommunitäten, Bruderschaften und Ordensgemeinschaften statt. Die Übergabe des Gesamtkomplexes schließlich konnte am 23. Mai 1992 in einem Festgottesdienst feierlich begangen werden. Nunmehr nennt sich der "Ordo der Koinonia" auch nach außen hin "Gethsemanebruderschaft" und das Anwesen "Evangelisches Gethsemanekloster".

Damit hat ein langer und dornenreicher Weg, wie es scheint, seinen vorläufigen Abschluß gefunden.

[50] Siehe den Bericht in der Goslarschen Zeitung vom 09.07.87, ohne Seitenangaben abgedruckt in einem undatierten Freundesbrief der Bruderschaft.

[51] Siehe die Freundebriefe vom 07.09.89, 4; vom 18.11.90, 4–6; vom Februar 1991, 2–6.

[52] Siehe den Bericht in der Goslarschen Zeitung vom 22.10.90, 1, abgedruckt im Freundesbrief vom 18.11.90, 8.

[53] Freundesbrief vom Februar 1991, 1.

7.2 Gestalt und Anliegen

7.2.1 Gestalt

Heute zählt die *Gethsemanebruderschaft* sechs Brüder. Sie bewohnen das *Klausurgebäude,* welches aber groß genug ist, um noch einigen Einliegerwohnungen Raum zu bieten. Diese werden in bewußter Anlehnung an die Begrifflichkeit des Athos-Berges *"Hesychasterien"* genannt und dienen der Einzeleinkehr von Männern. Für Frauen gibt es dasselbe im *Einkehrhaus,* das außerdem für Teilnehmer an Freizeiten und Einkehrtagen offen steht[54].

Die *Hesychasterien* sind mit eigener Küche ausgestattet und sollen dem Einkehrgast echtes Einsiedlerleben auf Zeit ermöglichen:

> "Die Einbettung in den klösterlichen Lebensraum mit seinem Schweigen und seinen Tagzeitengebeten, die Klosterzelle mit ihrer Gebetsecke, die Muße beim Zubereiten der eigenen Mahlzeiten in der kleinen, zur Zelle gehörenden Küche, die Spaziergänge im Park oder in der landschaftlich reizvollen Umgebung, begleitende persönliche Gespräche mit einem der Brüder oder auch die stille Anbetung in der Krypta bilden einen fruchtbaren Boden, aus dem die Sehnsucht des Gottsuchers wachsen und zu ihrem Ziel kommen kann: die 'Hesychia', die Ruhe seines Herzens in Gott."[55]

Für die Brüder endet der Tag mit der *Vesper* um 18.00 Uhr, denn sie stehen je nach dem bereits um 3.00 oder 4.00 Uhr wieder auf – hier hat jeder seinen eigenen Rhythmus. Diese frühen Morgenstunden dienen dem kontemplativen Gebet und der Betrachtung des Matthäus-Evangeliums. Das *Morgengebet* um 7.00 Uhr ist ganz gregorianisch, während das *Mittagsgebet* um 12.00 Uhr freie Elemente, Taizé-Gesänge und Beteiligung aller, auch der Gäste, an der Fürbitte vorsieht. Die Vesper ist wieder in streng gregorianischer Form gehalten. Auf die Frage nach der Vereinbarkeit von Kontemplation und gregorianischen Horen antwortet Br. Uwe *Stegelmann,* die Gregorianik sei ein geistlicher Übungsweg. Die Psalmen seien ein Gebetsbuch, ein Gebet gewordener Weltbezug. Dies sei als Ergänzung zur Kontemplation notwendig. "Die Kontemplation

[54] Freundesbrief vom Juni 1991, 5.

[55] Freundesbrief vom Juni 1991, 5.

macht mich innerlich fähig, Psalmen zu beten, weil sie mich innerlich in die Wirklichkeit Gottes hineinstellt. Wenn man das Stundengebet mit einem 'normalen' Weltbezug betet, wird es formal". Gregorianik bedeute die gemeinsame Einübung in einen Vollzug: das gemeinsame Singen, und damit die Teilnahme an einer kosmischen Ordnung. "Der Ton, der alle verbindet und transparent wird für den Urton, der Gott ist – Ausdruck von geistiger Wirklichkeit. Keine subjektive Musik, kein Ton, den 'ich' singe, den 'ich' mache, sondern ein Ton, an dem ich teilhabe, der durch mich hindurch geht. Zurücknahme des Ich, besser: Zurückgenommen-Werden, das ist Einstimmigkeit. Es ist keine Musik für Ich-Bestätigung".

Zu den gregorianischen Gebetszeiten am Morgen und am Abend tragen die Brüder seit der Einweihung der Sakralräume am 30. November 1991 *Chorgewänder:* der Form nach sehen sie aus wie benediktinische Habite mit Skapulier und Kapuze, aber im Unterschied zu diesen sind sie weiß.

Die *Ernährungsweise* ist bewußt einfach, natürlich und gesund gewählt. Das ist *Askese,* aber nicht als Selbstzweck; im Unterschied zu den alten Mönchen, bei denen mitunter eine negative Sicht des Leiblichen in die Begründung der Askese eingeflossen ist, sieht man es auf dem Riechenberg positiv, das heißt: Fasten als Reinigung, um den Körper seinen eigenen Selbstheilungskräften zu überlassen. Die Konsequenz ist gesunde Ernährung, Körner, Obst, Käse, ohne Fleisch und Reizmittel. "Wenn man auf die Stimme des Körpers hört, kann man lernen, was angemessen ist. Wir müssen leiblich in einer guten, gesunden Verwurzelung im Boden stehen, müssen im Leiblichen die universalen Gesetze und gottgegebenen Schöpfungsordnungen akzeptieren, annehmen, wahrnehmen lernen. Daran haben wir mit unserem Leib teil, darin sind wir nicht frei, sondern gebunden. Wir sind nur frei in der Identifikation damit."[56]

Arbeit und Gütergemeinschaft erläutert Br. Uwe so: "Wir haben für unsere Brüder ursprünglich an Halbtagsarbeit in Berührung mit der normalen Berufswelt gedacht. Die andere Hälfte der Zeit sollte für Stille, Gebet und Gespräch mit Menschen, die religiöse Fragen haben, frei sein. Dabei verstehen wir die Arbeit als 'Job', um für unsere Ernährung, Kleidung und Wohnung aufzukommen, und dies in Eigenverantwortung. Wir wollen uns nicht so mit der Arbeit identifizieren, daß wir darin aufgehen. Jeder einzelne Bruder sorgt für sich selbst, verdient sein eigenes Geld und kommt für seine Altersversorgung auf. Das ist so, damit sich der

[56] Br. Uwe *Stegelmann* im Gespräch.

einzelne nicht seiner Verantwortung entzieht und meint, das Kollektiv würde ihn tragen. Gütergemeinschaft *kann* in den 'Kellien' praktiziert werden, muß aber nicht. Geteilt werden soll da, wo man persönlich lebt. Jeder verwaltet sein eigenes Geld, jeder zahlt individuell in einen gemeinsamen Topf. Die Häuser gehören nicht der Gethsemanebruderschaft, sondern sie mietet sie vom Trägerkreis."

7.2.2 Anliegen

Der Ausgangspunkt war auf der einen Seite *Hanssens* eigene Frage nach dem Lebenssinn angesichts des Todes, auf der anderen Seite das Erlebnis, wie die Menschen sich nacheinander zwei totalitären Ideologien ausgeliefert haben. Diesen Dingen galt es auf den Grund zu gehen, wenn man nicht nur Symptomtherapie betreiben wollte. Das führte zur Beschäftigung mit der Philosophie, durch die Dr. *Hanssen* im Schauen den prinzipiellen Ansatz einer Denken und praktisches Leben umfassenden Antwort erkannte. Hinter all dem stand seit 1957 die Frage nach Erneuerung der Mission und die Erkenntnis, daß der moderne Lebensstil krankmachende Konsequenzen hat.

Nach jahrzehntelanger Erprobung und Entwicklung dieses Ansatzes erschienen im Jahre 1968 in Hermannsburg drei programmatische Schriften, denen 1969 eine vierte folgte: "Neue Moral?!", "Einfaches Leben", "Leben heißt Sehen" (zusammen mit R. *Deichgräber*) und: "Theologiestudium in der Krise"[57]. Sicherlich ist das Erscheinungsdatum kein Zufall, denn am Ende der sechziger Jahre war die gesellschaftliche Entwicklung in Deutschland und in der ganzen westlichen Welt in eine tiefe Krise geraten. Es erhob sich aber die Frage, ob die Antworten der revolutionären Studenten ausreichten, um die gesellschaftlichen Widersprüche zu lösen.

---

[57] Mit der Grundsatzschrift "Neue Moral?!" wurde 1968 die Reihe "Paideia" eröffnet; "Einfaches Leben" war 1968 zuerst in der Reihe KOINONIA erschienen, in zweiter Aufl. 1973 dann ebenfalls in "Paideia" als Heft 5 (3. Aufl. 1977); "Leben heißt Sehen" (Göttingen: Vandenhoeck & Ruprecht) wurde innerhalb von vier Jahren dreimal aufgelegt und fand eine weite Verbreitung; "Theologiestudium in der Krise" schließt inhaltlich direkt an "Neue Moral?!" an und erschien 1969 als "Paideia, Heft 2".

a) Die entscheidenden Weichenstellungen für unser neuzeitliches Dilemma fand *Hanssen* bereits im mittelalterlichen Universalienstreit, genauer gesagt: in dem zu Vorherrschaft gekommenen *Nominalismus.*

"'Die Frage, ob das umschließende Ganze das Primäre und die umschlossenen Teile das von diesem Abgeleitete sei, oder ob umgekehrt die Teile das Primäre und das Ganze nur eine Synthese der Teile sei, ist so alt wie die Geschichte der Menschheit überhaupt' ... Das Ganze und die Teile: Das ist die Frage nach dem *absoluten Einen,* das allen *relativen* Einzelheiten gegenübersteht, das die Welt im Innersten zusammenhält, aber nicht selbst von ihr zusammengehalten wird und insofern absolut ist; es ist die Frage nach der Gestalt und der großen Zahl ihrer Glieder, nach dem Bild, das eine unzählige Mannigfaltigkeit von Einzelheiten in sich vereinigt. Gestalten aber und Bilder nehmen wir durch *Sehen,* besser gesagt durch *Schauen* wahr, und insofern das Schauen des Ganzen ein geistiger Akt ist, reden wir von Meditation. Meditation ist also die dem Ganzen angemessene Erkenntnisweise. 'Der Nominalismus betrachtet das Ganze als etwas von den Teilen Abhängiges ... dem Allgemeinen oder Umschließenden kommt kein Wirklichkeits-, sondern nur ein Vorstellungswert zu, daß es nur eine Vorstellungsform oder ein Name ... sei'"[58]

Hanssen zieht daraus die Folgerungen für das Leben in Gemeinschaft: "Ordnungen und Gesetze sind die Weise, in der Gemeinschaft Gestalt gewinnt. Für den Nominalisten ist dieser Satz in doppelter Weise anfechtbar": a) Er kann keiner Gestalt und damit auch keiner gestalteten Gemeinschaft ansichtig werden. Ordnungen und Gesetze sind "vom Menschen 'konstruierte Wirklichkeit'. Menschen haben sie gemacht und werden sie nur solange befolgen als sie nützlich sind". Und b) "Gemeinschaft ist keine Qualität, sondern ... eine größere Quantität." Das Interesse gilt dem Individuum. "Die Gemeinschaft ist schließlich nur noch eine Methodenfrage, ... eben: konstruierte Wirklichkeit."[59]

Das bedeutet: "Krankheit ist mit naturwissenschaftlicher Sicherheit das *notwendige* Schicksal der Menschheit", weil gesundes Leben Orientierung, Orientierung aber ein Bild vom Menschen voraussetzt. Doch bereits die Existenz dieses Bildes wird von vornherein bestritten.

b) Das *Anliegen,* das sich aus dieser Analyse ergibt, ist klar: den Menschen zurückzuführen zum *Schauen,* damit er sinnvoll und menschlich leben kann, ohne die Ewigkeit und sich selbst obendrein zu verspielen. Daher formuliert *Hanssen* den "Versuch einer Neuorientierung, wie sie *der KOINONIA aufgegeben* ist"[60] – die hervorgehobenen Worte zeigen, daß es hier um mehr geht als um das "Anliegen" eines einzelnen, das möglicherweise in seiner privaten Meinung gründet; es geht vielmehr um

---

[58] O. *Hanssen,* Neue Moral?!, 9f (Hervorhebungen im Original).

[59] A.a.O. 12.

[60] A.a.O. 21 (Hervorhebung von mir).

die *Erfahrung eines Auftrags,* einer *Aufgabe,* wobei wir die Art der Formulierung wohl zutreffend als *passivum divinum* interpretieren dürfen: dieser Auftrag *wird gegeben,* er *wird empfangen,* und zwar von Gott her. Inhaltlich verdeutlicht *Hanssen* ihn so:

Wenn es um das Ganze als letzter Einheit des Mannigfaltigen geht, dann ist dies notwendigerweise das absolute, überpolare Ursein alles Seienden. "Es ist deshalb nicht durch analytisches, kritisches Denken, das ja wesensmäßig nach dem Teil fragt, verifizierbar, es ist uns deshalb nicht zugänglich. Dieses Ursein muß uns per definitionem selbst von seiner Realität überführen ... Der Mensch kann ihm nur *passiv* als *Glaubender*, als schlechthin Empfangender gegenüberstehen. Er verfügt nicht über dieses Wissen um das Ganze, es muß ihm gleichsam *offenbart* werden. ... Die der Gestalt, dem Ganzen angemessene Erkenntnisweise ist also das *Schauen*, die theoría, die contemplatio, die meditatio. Da, wo das 'überpolare Ursein' sich als das, was es ist, nämlich als ein letztes Ganzes, als letzte Gestalt *offenbart*, wird der Mensch es *schauend erkennen.* ... Das Schauen steht dem analytischen, kritischen Denken gegenüber. Das bedeutet nun aber keineswegs, daß das kritische Denken ausgeschlossen, die auf ihm begründete wissenschaftliche Arbeit abgewertet werden soll. Das bedeutet aber wohl, daß die Diktatur, die Alleinherrschaft des kritischen Denkens mit allen Mitteln zerbrochen werden soll."[61]

Daraus folgt die *Aufgabe für die Gemeinschaft:* "Die Gestalt einer Gemeinschaft offenbart sich in *Gesetzen* und *Normen.* ... Wer auf solche Gesetze und Normen verzichtet, verzichtet gleichzeitig auf Gestalt. So ist auch das alttestamentliche Gesetz zuerst einmal Weise, in der Gott sein auserwähltes Volk gestaltet, das nun so die Herrlichkeit Gottes in aller Welt bezeugt. ... Gesetze und Normen unterliegen also nur *einem* echten Kriterium: sie müssen mit der als *ein Ganzes geschauten Wirklichkeit* übereinstimmen. Sie sind also letztlich religiös verankert. ... Wesentlich ist in diesem Zusammenhang, daß es primär die Gemeinschaft ist, deren Gestalt in ständiger Schau der Wirklichkeit erneuert wird und erst davon abhängig die Gestalt des Individuums. ... ... Deshalb wird *jede Erziehung zur Gemeinschaft als Erziehung zum Schauen* beginnen müssen."[62]

c) Wenn es um die Schau des Ganzen geht, dann kann das aber nicht heißen, daß man sich in einen Raum privater Innerlichkeit zurückzieht. "Wir sind vielmehr gefragt, welche konkreten, leibhaften Folgen denn solche Meditation der Schönheit für das praktische Leben überhaupt hat, wie wir der Herausforderung unserer Zeit ... sachgemäß und wirksam begegnen wollen und können. Unser Auftrag drängt auf *Verleiblichung!*"[63]

---

[61] A.a.O. 22f.
[62] A.a.O. 23–25 (Hervorhebungen im Original).
[63] O. *Hanssen,* Einfaches Leben, 10 (Hervorhebung im Original).

Das folgende Bild vom *Kreis der Lebenskraft und dem Kreis der Aufgaben* verdeutlicht, worum es hierbei geht. Man denke sich zwei konzentrische Kreise, den der Lebenskraft und den der Aufgaben. Nun gibt es drei Möglichkieten: 1. der Aufgabenkreis ist größer = Raubbau der Kräfte, Verkürzung der Lebenszeit, Mangel an Schlaf, Zuflucht bei Genuß- und Reizmitteln; 2. beide Kreise sind deckungsgleich = Gleichgewicht, aber keine Muße zur echten Regeneration von Kraft; 3. der Aufgabenkreis ist kleiner = Muße, wahre Freiheit. Damit wir einander von Mensch zu Mensch zu begegnen können, müssen wir aus solcher Muße kommen. "Ein Mensch kann anderen Menschen keinen größeren Dienst tun, als daß er selbst das wird, was er sein kann und soll."[64]

"Wenn das alles so ist, dann gibt es nur eine Aufgabe: daß der Kreis der Lebenskraft, wie sie ein Leben, das den inneren Gesetzen der Gesundheit willig gehorcht, gewährt, möglichst groß werden möchte, der Kreis aber der Aufgaben, die uns von Beruf, Ehe, Besitz im Dienste eines hohen oder höheren Lebensstandards abverlangt werden, möglichst klein sei. Und genau an dieser Stelle beginnt der *Weg des Verzichtes und der Armut.* Wer im Dienste des Lebensstandards und damit des Geldes, wer im Dienste des Ehrgeizes und des Machtstrebens steht, der kann nur darauf aus sein, den Aufgabenkreis möglichst zu vergrößern. Wem Hingabe an Gott, an seine ewige Schönheit, an die Menschen, ja auch an die Natur alles bedeutet, der wird das alles nicht für ein paar kümmerliche Silberlinge, für Lebensstandard, unersättliche Gier nach Abwechslung und Zerstreuung und dergleichen mehr verraten. Wer im Dienst der Bequemlichkeit, fauler Gedankenlosigkeit und unbeherrschter Triebhaftigkeit alle Gesetze eines gesundmachenden und gesunderhaltenden Lebens übertritt und sie verachtet, der wird mit logischer Konsequenz den Kreis der Lebenskraft verkleinern und damit den Raum der Muße und Freiheit erheblich einschränken und damit den Raum gefährden, in dem wir frei sind für Gott und die Menschen. Ein gesundes Leben ist also mehr als ein Nützlichkeitswert, *es ist sittliche Verpflichtung und Aufgabe.*"[65]

Gesundheit als "sittliche Verpflichtung" führt zu der Erkenntnis: "Der Mensch wird sein Wesen nur dann nach Leib, Seele und Geist gesund gestalten, wenn er es in Übereinstimmung mit den Naturgesetzen tut."[66] Das bedeutet konkret gesunde Ernährung und Abhärtung: den Leib an gesunden Umgang mit Luft und Wasser gewöhnen; Bewegung, Sport, Spaziergänge, technische Fortbewegungsmittel vermeiden, wenn die Strecke auch zu Fuß bewältigt werden kann. "Ohne Schau der ewigen Schönheit gibt es keine Gesundheit und ohne Gesundheit keine Zeit und Bereitschaft zur Schau."[67]

---

[64] A.a.O. 11–13.
[65] A.a.O. 14 (erste Hervorhebung im Original, zweite von mir).
[66] A.a.O. 15.
[67] A.a.O. 17.

d) Den philosophischen Schlußstein in diesem Argumentationsbogen und damit auch den Schlüssel zum Denken Olav *Hanssens* bietet das Büchlein mit dem programmatischen Titel *"Leben heißt Sehen"*.

Wir fragen nach dem *Endziel* der Evolution, nach dem *letzten* Sinn unseres Lebens und unserer Gemeinschaft. Sollte es einen solchen geben, dann ist seine Existenz und seine substanzielle Struktur nicht mit logisch-analytischem Denken zu erweisen, denn sonst müßten diese logischen Kriterien noch 'letzter' sein als der letzte Sinn, und das ist per definitionem unmöglich. Die Sinnfrage ist also in der Tat nicht 'wissenschaftlich' lösbar, selbst wenn der Sinn als wirklich existent vorausgesetzt werden kann. Die 'Wissenschaft' kann also eine Wirklichkeit der vorausgesetzten Art nicht fassen ... An dieser Stelle wird deutlich, daß gerade auch der Wirklichkeitsbegriff selbst fragwürdig ist: Was ist eigentlich wirklich? Der Sinn des Lebens, das Endziel und damit die Struktur der Evolution oder die sich entwickelnden Gegenstände? Wenn wir beide als 'wirklich' annehmen, dann ist jedenfalls deutlich, daß beide eine verschiedene Wirklichkeitserfassung voraussetzen. Die sich entwickelnden Gegenstände werden in nominalistischer Weise *(universalia post res)* logisch-analytisch wahrgenommen. Das ist die Grundlage unseres heutigen Wissenschaftsbegriffes. Im Unterschied dazu wird die Sinn- und Seinswirklichkeit, das, was die Welt im Innersten zusammenhält, nur dadurch wahrgenommen, daß die vielen vorgegebenen, mannigfaltigen Dinge gleichsam in einem (Mittel)Punkt zusammen*geschaut* werden, so wie jeder Punkt des Kreisumfanges am Mittelpunkt orientiert ist. Das ist der Weg der Meditation."[68]

Das Buch gibt dann praktische Anleitungen bis hin zu einer konkreten Ordnung für Einkehrtage. Diese war in der *Koinonia* erprobt worden, so daß man "Leben heißt Sehen" als repräsentativ für die Geistigkeit und die Praxis der Koinonia/Gethsemanebruderschaft ansehen darf.

e) Damit sind wir beim *Gethsemane-Gebet* als der die Gemeinschaft konstituierenden Gebetsübung angelangt. Weil darüber oben (S. 205) das Grundlegende schon gesagt wurde, soll es hier nicht mehr wiederholt werden. Eine Feststellung von Br. Uwe *Stegelmann* aber ist es wert, daß wir sie hier bedenken: "Wir haben alle das Gethsemane-Gebet falsch verstanden, nämlich als Lebensbrechung statt als Liebeshingabe. Nimmt man als Bild eine Pflanze, so steht das Dunkel von Gethsemane da, wo der Stamm oder Stengel das Erdreich verläßt, während das Jesus-Gebet der Ostkirche an der Stelle der Blüte steht, der Öffnung für den Himmel."

Dr. *Hanssen* erläutert im Gespräch den Unterschied so: "Was ich beim Jesus-Gebet schwierig empfand, ist, daß ich mich aus der Welt zurückziehe und mich direkt dem Absoluten zuwende. Das empfinde ich auch bei der Zen-Frömmigkeit und der Hindu-Frömmigkeit als eine gewisse Schwierigkeit. Ich würde sagen: Gott begegnet mir

---

[68] O. *Hanssen in:* O. *Hanssen*/R. *Deichgräber*, Leben heißt Sehen, 14f.

zunächst einmal in seinem Willen. Indem ich mich mit seinem Willen einige, und das heißt: mit seiner Schöpfung einige, werde ich auch die richtige Einheit eingehen in der Begegnung mit Gott. Wenn ich an die Subjekt-Objekt-Spaltung denke, würde ich sagen: dieses sogenannte 'Objekt' ist in Wirklichkeit Gottes Wille. ... Das Herzensgebet steigert die Subjektivität geradezu, es wird eine religiöse Selbstbezogenheit bis zum Geht-nicht-mehr! Das Ganze kriegt einen therapeutischen Charakter: Ruhigstellung, Glück usw. Da ist der liebe Gott verzweckt! ... Das Gebet ist nicht dazu da, um psychosomatische Probleme zu lösen"

f) Mit all dem ist umschrieben, was das *Anliegen des Evangelischen Gethsemaneklosters* ist und nur sein kann: "Lebensraum zur inneren Veränderung und Erneuerung des Menschen" zu bieten[69].

Das ist die Konsequenz der *Aufgabe,* vor die sich Olav *Hanssen* gestellt sieht: den Versuch einer Neuorientierung zu wagen. Die philosophischen Grundsatzerwägungen zeigen, daß es hier nicht um etwas Beliebiges geht. Darum hat auch das *Gethsemanekloster* einen Auftrag, der nicht beliebig ist. Das zeigt *Hanssens* Ansprache bei der Einweihung der Sakralräume, der man programmatischen Charakter zusprechen darf: "Nun noch einmal zurück zu meiner Grundsatzfrage: Was ist monastisches Leben? Was ist kontemplatives Leben? Ich würde sagen: Das ist eine Lebensform, in der der Mensch versucht, so gut, wie es geht, sein Wesen, nämlich seine Gottesebenbildlichkeit, zu leben, universal. Ein Mönch ist der Mensch, in welchem die Frage des Menschen nach seinem Wesen gleichsam zu einer Lebensform geworden ist. Und welche Frage wäre heute dringlicher?"[70]

7.3 *Evagrios Pontikos* und die *Gethsemanebruderschaft*

Es ist ganz eindeutig, daß Pastor Dr. Olav *Hanssen* vielseitig Philosophie getrieben hat und unterschiedlichen Richtungen Wesentliches verdankt. Vor allem trifft *Hanssen* eine klare Option für den *Realismus* im mittelalterlichen *Universalienstreit*[71]: "das Ganze", der Sinn, kann nicht vom

[69] *Evangelisches Gethsemanekloster,* 2.

[70] Abgedruckt im Freundesbrief Nr. 1/1992, I.1, 3.

[71] Das zeigt *Hanssens* Verwendung des Begriffs "Nominalismus", ohne daß er jedoch den Anspruch erhebt, "die komplizierte und vielschichtige mittelalterliche Problemstellung auch nur annähernd umschrieben zu haben" (O. *Hanssen,* Neue Mo-

Teil aus durch logisch-analytisches Denken erschlossen werden, sondern es muß sich schenken. Die dafür angemessene Erkenntnisform ist das Schauen des Geistes. Damit rühren wir an den entscheidenden Punkt: durch alle Rezeption der unterschiedlichsten Entwürfe hindurch zieht sich bei *Hanssen* doch immer wieder wie ein roter Faden *die Bedeutung des menschlichen Geistes als Ort der Offenbarung Gottes in der Welt.*

Dies in ausführlicher Auseinandersetzung mit dem Universalienstreit darzustellen verbietet die Eingrenzung des Themas dieser Arbeit. Wir dürfen jedoch getrost in der geistigen Ahnenreihe des mittelalterlichen Realismus zurückgehen bis zu Plotin und Plato, weil *Hanssen* selbst dies tut und sein eigenes Denken ganz bewußt an einem bestimmten, aber breiten Strom griechisch-abendländischer Philosophie und patristischer Theologie geschult und geschärft hat[72]. Und da es uns hier insbesondere um die *monastische* Tradition geht, darf der Mann, der wie kein anderer dem menschlichen Geist eine zentrale Stellung in seinem Denken eingeräumt hat, als Paradigma benannt werden: *Evagrios Pontikos.* Was Olav *Hanssen* anderen Denkern als Korrektiv einer durch Evagrios gekennzeichneten Position entnimmt, betrifft in erster Linie das Verhältnis zur Welt, nicht aber die *für beide grundlegende Relation zwischen Gott und Mensch und das entscheidende Bindeglied zwischen beiden: den Geist.*

7.3.1 Hauptlinien der Lehre des Evagrios

Evagrios ist in mehr als einer Hinsicht unter den Verdacht gefallen, Häretiker gewesen zu sein, und anderthalb Jahrhunderte nach seinem Tod

---

ral?!, 17). Zum Universalienstreit s. J. *Hirschberger,* Geschichte der Philosophie I, 410–414; II. J. *Störig,* Kleine Weltgeschichte der Philosophie, 237–242; K. *Vorländer,* Geschichte der Philosophie II, 58–66. Zum Nominalismus s. J. *Hirschberger,* a.a.O. 562–564 u. 566–568; *ders.,* Kleine Philosophiegeschichte, 97–99; H. J. *Schneider,* Art., "Nominalismus"; K. *Vorländer* a.a.O. 119–137. Zum Universalien-Realismus s. ferner F. *Hoffmann,* Art. "Realismus I.-1."; T. *Trappe,* Art. "Realismus I.-2.".

[72] So z. B. O. *Hanssen,* Neue Moral?!, 7f u. 24. Vgl. auch seine Bemerkung im persönlichen Gespräch: "Man darf nicht vergessen, daß die Philokalie eine späte Frucht der griechischen Philosophie ist. Platon, Plotin, Dionysius Areopagita – ohne die griechische Philosophie gäbe es keine Philokalie. Das monastische Leben hat seine Vorstufe in der Philosophie. Es ist nun Geschmacksache, ob man die Philosophie als Vorstufe des Mönchtums oder das Mönchtum als Weiterführung der Philosophie ansieht. Diese Theologen, Dionysius – das waren denkende Menschen, die höchsten denkerischen Ansprüchen genügen!"

auf dem Konzil von Konstantinopel 553 verurteilt worden[73]. Sofern diese Verurteilung seine *Christologie* betrifft, dürfen wir an dieser Stelle das Problem auf sich beruhen lassen, da Olav *Hanssen* sich weder auf christologische Abenteuer noch auf Spekulationen über den Urstand der Seelen vor dem Fall jemals eingelassen hat.

In knappen Zügen wollen wir uns nun das komplexe Denkgebäude des Evagrios vor Augen führen[74].

a) Am Anfang steht die Einheit und Einzigkeit Gottes, die "Henás und Monás". Dabei besagt der erste Begriff die einzigartige, nicht-numerische Einheit Gottes als dreipersönliches Wesen, während das Begriffs*paar* (μονάς kommt *nie* alleine vor bei Evagrios) die Einheit der intellektuellen Wesen mit Gott durch Teilhabe meint[75]. Auch der menschliche Geist (Intellekt, νοῦς) hat hier seinen präexistenten Ursprung[76]. Dann aber fielen die Intellekte alle bis auf einen, nämlich Christus, aus der Einheit heraus (KG I 77; III 28). Dabei entstanden verschiedene Stufen intellektueller Wesen: Engel, Dämonen, und, dazwischen stehend, die Menschen (in Prov 3, 19f; 17,2). Um ihretwillen wurden die verschiedenen Welten geschaffen und jedem von ihnen die ihm angemessene Leiblichkeit gegeben, die ihm zum Werkzeug der Reinigung und Rückkehr zur ursprünglichen Einheit dient (KG II 68; IV 60.62.83).

b) Der Mensch ist wesenhaft Nus, Intellekt, Geist[77], dessen Natur das Gebet (Pr 49) und d. h. die Anschauung Gottes ist (Or 51.58.60). Der Intellekt ist gewissermaßen der Leib Gottes: "Wie sich nämlich in der Welt Geist (Nus), Seele und Leib verhalten, so verhalten sich Gottvater, Logos-Pneuma (d.h. Sohn und Heiliger Geist) und

[73] Vgl. A. *Grillmeier,* Jesus der Christus im Glauben der Kirche, 1, 561–568; A. *Guillaumont,* Les 'Kephalaia Gnostica'; F. *Refoulé,* La christologie d' Évagre.

[74] Das Folgende nach Ch. *Joest,* Die Bedeutung von akedia und apatheia, 8–10, 12–19, 23 u. 36–38.

[75] Ep fid II 7 u. X 31: *Courtonne* I 25,41 u. 34,21 (dt. bei *Bunge,* Briefe aus der Wüste, 286 u. 298; die Abschnittszählung durch arabische Ziffern nach *Bunge* a.a.O.). Siehe zum Ganzen G. *Bunge,* Briefe, 142 u. 143; *ders.*, Hénade ou Monade?

[76] Ep Mel 26: *Frankenberg* 619 oben (dt. bei *Bunge,* Briefe, 311); Vorrede zum Großen Antirrhetikos: *Frankenberg* 473 oben; Al.sent 10: PG 40, 1269 C. G. *Bunge,* Briefe, 156 Anm. 19, will "weder von einer 'Präexistenz der Seele' noch von einer solchen des Intellekts sprechen." Präexistent sei eigentlich nur das "Abbild Gottes", welches sich erst mit dem Fall in Intellekt, Seele und Leib desintegrierte (a.a.O. 118).

[77] KG I 6: *Guillaumont,* Kephalaia Gnostica, 19. Die terminologische Unsicherheit kann nicht völlig beseitigt werden, da die Wiedergabe von νοῦς in den Übersetzungen zwischen "Intellekt" und "Geist" schwankt; die Herausgeber von Evagrios bevorzugen in der Regel, aber nicht durchgehend, den Begriff "Intellekt", wohl weil er das *intellegere,* das Erkennen als vorherrschende Tätigkeit des Nus mit aussagt; O. *Hanssen* spricht durchweg von "Geist", meint aber dasselbe, wie sich zeigen wird. Im Deutschen sind beide Worte unglücklich, weil mißverständlich, doch stehen uns keine anderen zur Verfügung.

der Nus. Leib ist Ausdruck der Seele, Seele Ausdruck des Nus; ebenso Nus der quasi-leibliche Ausdruck von Sohn und Geist und diese der quasi-seelische Ausdruck des Urvaters."[78]

c) Lag die Sünde des Nus darin, daß er aus der ursprünglichen Anschauung Gottes fiel und somit in Unwissenheit geriet (KG I 84), so ist es die Wiedererlangung dieses Wissens, die Gnosis, die ihn heilt (KG I 81; III 35). Durch den Fall des Intellekts aber entstanden die anderen Seelenteile, die Evagrios θυμικόν oder die erregbare Seele und ἐπιθυμητικόν oder die begehrende Seele nennt (Pr 86 u. 89 u. ö.), welche er beide wiederum unter der Bezeichnung παθητικόν zusammenfaßt (in Ps 25,2). Diesem steht der Nus als der "führende" und "vernünftige" Seelenteil, gegenüber (Pr Prol; 86). Die Sünde und damit die Verstrickung in Leidenschaften und fleischliche Begierden ist in einem Gebrauch der Seelenteile begründet, der ihrer wahren und eingeschaffenen Natur zuwiderläuft (KG III 59). Denn von Natur aus wendet sich der Intellekt den intelligiblen Gegenständen zu (Ep fid XII 38), aber der Leib "verfettet" ihn vermittels der Leidenschaften und verhindert so die Gnosis (Or 50). Beim Heilungs- und Reinigungsprozeß müssen daher alle Seelenteile ihrer Natur entsprechend zusammenwirken: "Die vernünftige Seele wirkt dann [ihrer] Natur entsprechend, wenn ihr begehrender Teil die Tugend erstrebt, der erregbare Teil für sie kämpft und der vernünftige Teil sich der Betrachtung der Geschöpfe widmet."[79]

d) Es gilt daher, die Reinigung in verschiedenen Stufen zu vollziehen, so daß die heilende Gnosis zustande kommt. Zunächst muß der *begehrende* Teil der Seele gereinigt und geheiligt werden. Dies geschieht auf der ersten Stufe der Reinigung, der *Praktiké*. Sie reinigt den Leib von den Leidenschaften und damit auch das ἐπιθυμητικόν vom Begehren, der ἐπιθυμία (Pr 78.84; Mn 70). Doch gilt es hier, die verschiedenen Lebenssituationen zu beachten: mit den in der Welt Lebenden kämpfen die Dämonen nämlich durch die Dinge selbst (Pr 48), mit den Koinobiten eher durch nachlässige Brüder, gegen die Anachoreten aber treten sie "nackt" zum Kampf an (Pr 5), d. h. sie können nichts und niemanden mehr als Waffe benutzen, sie treten unmittelbar auf, und das meint bei Evagrios: sie kämpfen durch die Gedanken, die Logismoí (Pr 48). Für den Anachoreten bedeutet also die Praktiké die Läuterung des begehrenden Seelenteils durch den Kampf gegen die schlechten Gedanken, und dieser Kampf gilt als der weitaus schwerere (Pr 48 u. 80).

e) Die Logismoí nun hat Evagrios nach ihren unterschiedlichen Inhalten klassifiziert und in ein festes *Schema von acht Lastern* gebracht, wobei er ältere Vorstellungen, die ihrerseits noch nicht in einem unveränderlichen System fixiert waren, aufgegriffen, geordnet und festgelegt hat. Dabei stehen für ihn an erster Stelle die ungeordneten Begehrlichkeiten gemäß den drei Grundtrieben des Menschen: die Freßsucht, die Unzucht und die Habsucht. An zweiter Stelle nennt Evagrios die ungeordneten Emotionen: Trauer, (Jäh)Zorn und *Akedía,* was sich in etwa mit "resi-

---

[78] H. U. *v. Balthasar,* Metaphysik und Mystik, 38, vgl. Ep Mel 12.15.18f: *Frankenberg* 615 mitte u. unten, 617 (dt. bei *Bunge,* Briefe 307, 308 u. 309, s. auch unten S. 298); KG II 22: *Guillaumont,* Kephalaia Gnostica, 69.

[79] Pr 86: *Guillaumont,* Traité pratique, 676 (dt. bei *Bunge,* 238); ebenso Pr 4 u. 24: *Guillaumont* a.a.O. 502 u. 556 (dt. bei *Bunge* a.a.O. 74 u. 121).

gnativer Verdrossenheit" wiedergeben läßt[80]. Zum Schluß stehen Ehrsucht und Hochmut (Pr 6–33). Es ist leicht ersichtlich, daß diese drei Gruppen von "Lastern" oder Anfechtungen den drei Seelenteilen zugeordnet werden können. Werden nun aber hier die verschiedenen *páthe*, die Leidenschaften, die den Mönch anfallen können, benannt, so ist dementsprechend Inhalt und Ziel der Praktike die *a-pátheia*, die Freiheit der Seele von den Leidenschaften.

f) Indessen darf die Leidenschaftslosigkeit nicht verwechselt werden mit Anfechtungslosigkeit, Gefühllosigkeit oder Empfindungslosigkeit! Schon Hieronymus hat diesen Verdacht geschöpft und Evagrios vorgeworfen, man müsse nach seiner Lehre "schlicht gesagt entweder ein Stein oder Gott" sein[81]. Vermutlich hat er dahinter das Konzept des Pelagius gewittert, der Apátheia und Sündlosigkeit gleichsetzte und lehrte, sie sei dem Menschen auch ohne die Hilfe Gottes erreichbar. Für Evagrios hingegen gleicht der *apathés* keineswegs einem Felsblock: so erfährt er durchaus noch Anfechtungen (Pr 36); er empfindet Liebe zu Gott (Pr 57; Or 118) und den Menschen (Pr 89; Or 122); ja, in dieser Hinsicht erfährt er sogar Unterschiede in seiner Liebesfähigkeit den Menschen gegenüber, aber er kann ihnen *apathés*, d. h. frei von Groll und Haß begegnen (Pr 89). Schließlich schenkt ihm das Gebet, welches, wie wir sahen, auf der Apátheia als seiner Voraussetzung aufbaut, das Empfinden tiefer Freude (KG III 64.67). "Die Leidenschaftslosigkeit ... besteht also nicht in der Unterdrückung von thymos und epithymía", sondern "in der Harmonie der drei Seelenteile, welche völlig gemäß ihrer Natur agieren"[82]. Sie ist die "umfassende Heilung" der Seele in allen ihren Teilen (KG IV 73). Ein innerer Friede stellt sich ein (Pr 57). Das ist die "glückselige Leidenschaftslosigkeit" (Ep 11,1).

g) Hier entsproßt die *agápe*, die Liebe, und diese öffnet das Tor zu den beiden höheren Reinigungsstufen der Seele, der *gnôsis physiké* und der *theología*, d. h. der auf die Dinge der Welt gerichteten inneren Erkenntnis und der auf Gott allein blickenden Betrachtung. Die beiden letzten Stufen werden gelegentlich auch als *Gnostiké* im Gegenüber zur *Praktiké* zusammengefaßt (Pr Prol 9; 1–3). So entsteht wieder ein dreiteiliges Schema (Pr Prol 8; 1). Dabei fällt auf, daß diese drei Reinigungsstufen genau den drei Seelenteilen entsprechen.

Die Apátheia ist jedoch nicht ein Punkt, den man plötzlich erreicht und dann ein für allemal überschritten hat, sondern sie ist ein wachstümlicher Prozeß mit Übergängen und Abstufungen[83]. Dem entspricht es, daß Praktiké und Gnostiké nicht nacheinander folgen ohne gegenseitige Berührung. Vielmehr gibt es auch hier einen Übergangsbereich, eine Überlappungszone. Sie ist definiert durch die beginnende Apátheia einerseits und ihre Vervollkommnung andererseits. Hier ist das Gebiet der *Gnosis physiké*, und "dieser Bereich, in dem sich Praktiké und Gnostiké durchdringen,

---

[80] Siehe oben S. 185 Anm. 268.

[81] Zitiert bei A. u. C. *Guillaumont*, Traité pratique, 99.

[82] A. u. C. *Guillaumont*, Traité pratique, 106; s. auch die Anm. zum Text a.a.O. 687f.

[83] Siehe vor allem A. u. C. *Guillaumont*, Traité pratique, 108ff.

ist zweifellos der wichtigste für das geistliche Wachstum des Menschen"[84]. Dabei kommt ihm die beginnende Gnosis zu Hilfe und unterstützt ihn in seinem Kampf.

Es ist ferner zu beachten, daß die Reinigung des *mittleren* Seelenteils in der Regel die des untersten, begehrenden voraussetzt. So schreibt Evagrios einmal, daß die Jungen gegen die Anfechtungen des ἐπιθυμητικόν zu kämpfen haben, die Alten dagegen gegen die des θυμικόν, d. h. daß die emotionale Verstimmtheit erst bei fortgeschrittenem Lebensalter auftritt: "Mahne die Alten, den Jähzorn zu beherrschen, die Jungen hingegen den Magen. Denn ersteren machen die seelischen, letzteren am meisten die leiblichen Dämonen den Krieg" (Gnost 31).

h) Wir kommen nun auf die Aussage zurück, der Mensch sei dem Wesen nach νοῦς, und dessen Natur entspreche es, das Intelligible aufzunehmen. Demgemäß sagt Evagrios, der Fortschritt in der Praktiké bringe die θεωρία *des Kampfes* mit sich, d. h., daß man den λόγος, den inneren Sinn des Kampfes durchschauen kann (Pr 36. 83). Hier ist der Nus in seinem Element. Dementsprechend bedeutet die *Gnosis physiké* die Erkenntnis der λόγοι alles Geschaffenen, d. h. des inneren Wesens der Dinge (KG V 52), welche körperlich (θεωρία σωμάτων) oder unkörperlich sein können (θεωρία ἀσωμάτων) (KG II 63). Indessen muß der Nus auch dieses hinter sich lassen, will er zur reinen Anschauung und d. h. zur wesenhaften Erkenntnis Gottes (γνῶσις οὐσιώδης) gelangen (KG II 62; III 8–10). "Voilà donc l'enjeu de notre lutte ici-bas. Voilà pourquoi il importe tant de se libérer des passions: ce n'est qu'au sommet de la contemplation ou de l'oraison que *nous serons vraiment nous-mêmes par la vision déifiante de Dieu.*"[85]

Diese ist das wahre Gebet, die echte θεολογία, die Gottesschau (Or 60). Weil Gott ohne jede Form und Gestalt ist (Or 66–67.115–116), muß auch der νοῦς sich von jeder konkreten Vorstellung, Form und Gestalt befreien (Or 52.55–57.66.70.117–120). Solchermaßen "nackt" vor Gott (KG II 34; III 6.12.15.19.70) kann er im Licht Gottes sein eigenes Licht schauen (Pr 64; Gnost 45) und damit Gott selbst (KG III 15.30). Von allem Irdischen gereinigt ist der Mensch nun ganz νοῦς geworden und darin den Engeln gleich, deren Ausrichtung auf die Schau Gottes er teilt (Or 113.142; KG I 85). Letztendlich jedoch werden alle Intellekte wieder hineingenommen in die ursprüngliche "Henás und Monás" (Ep fid VII 25); der νοῦς ist dann Miterbe Christi (vgl. Röm 8,17) und erfreut sich zusammen mit Christus der Schau Gottes (KG IV 8), die zugleich Vereinigung mit Gott ist (KG I 77; V 52.57.66). In dieser Ausdrucksweise des Evagrios meldet sich vielleicht eine Unterscheidung zwischen Christus einerseits und dem Λόγος Gottes andererseits, die bedenklich sein könnte[86]; es scheint hier nämlich, als ob Evagrios letztendlich die ökonomisch bedingte Gestalt des Christus übersteigen wollte. Es muß aber darauf hingewiesen werden, daß es durchaus offen ist, wie diese Beobachtung interpretiert werden soll[87].

---

[84] A.a.O. 110.

[85] I. *Hausherr,* Les leçons d'un contemplatif, 74f (Hervorhebung von mir).

[86] Vgl. A. *Grillmeier,* Jesus der Christus I, 563f.

[87] Siehe oben S. 199f. Die Bemerkung von E. *v. Ivánka,* Plato christianus, 147f, daß Evagrios im Zustand der Vollkommenheit sogar über die Vermittlung des Logos hinaus zu Gott selbst vordringen möchte, ist freilich weit gefehlt: die bei Evagrios

7.3.2 Evagrios Pontikos im Leben der Gethsemanebruderschaft

"Meine erste Frage war nicht die nach den Vätern. Ich stand vor den Herausforderungen unserer Zeit und suchte nach gültigen Antworten. Dafür suchte ich Hilfe bei den Vätern", bekannte Olav *Hanssen* im Gespräch. Damit ist beides zugleich ausgesagt: daß die Lebensform der *Gethsemanebruderschaft* erstens nicht aus ungeschichtlicher Rückwendung und Imitation von Vergangenem entstanden ist, sondern aus den konkreten Nöten unserer Zeit heraus, daß sie aber zweitens bewußt im Gespräch mit der Tradition geblieben ist. "Mein Gedanke ist nicht: 'Zurück zum Altertum!' ... Aber ich bin der Meinung, daß man nicht in die Zukunft gehen kann, wenn man nicht im Gespräch mit der Vergangenheit ist. Schließlich ist es unsere Aufgabe, zu sehen, wie die Dinge waren, um zu wissen, wie sie weitergehen sollen."[88]

Der Buchtitel: "Leben heißt Sehen" deutet bereits an, wie die eigene geistesgeschichtliche Einordnung aussieht. In der Deutung seines spirituellen Weges stellt Dr. *Hanssen* denn auch fest, "daß wir uns mit der 'Betrachtung' in den breiten, abendländischen geistesgeschichtlichen Rahmen der *vita contemplativa,* des *bios theoretikos* eingebettet wußten."[89]

a) Wie ein roter Faden zieht sich durch alle Veröffentlichungen von Pastor *Hanssen* die Frage nach dem *Ursprung des Geistes und seiner Rolle im menschlichen Leben* hindurch. "Auf dem Weg zum himmlischen Jerusalem" lautet der Titel einer Serie von fünf Besinnungen, die er gegen Ende des Kirchenjahres 1990 hielt. Am Bild einer griechischen Polis, z. B. Athens mit seiner Akropolis verdeutlichte P. *Hanssen* seine Gedanken: "Akropolis heißt auf deutsch: die Gipfelstadt, die hochgelegene Stadt, die Stadt auf dem Berge ... Unten um die Akropolis herum liegt ein Gewirr von vielen kleinen, winkligen Gassen mit lauter kleinen Häusern oder auch Bruchbuden, wo die Leute wohnen ... Man könnte dieses Bild auch so auslegen: Das eine ist die *leibliche Existenz* des Menschen, seine Triebhaftigkeit. Das Sinnbild dafür ist der Marktplatz. ... Das andere ist oben die Akropolis, die hochgebaute Stadt. Sie ist das Bild des *menschlichen Geistes,* wie er eigentlich sein sollte: klar und geformt, in

---

häufig wiederkehrende Formel, daß Gott "in Geist und Wahrheit" erkannt werde, ist stets trinitarisch zu verstehen, s. dazu G. *Bunge,* Das Geistgebet, 88–109; *ders.,* Mysterium Unitatis, bes. 467f; *ders.,* The "Spiritual Prayer", 194–202.

[88] O. *Hanssen* bei einer Einkehrzeit im Sommer 1987 (persönliche Mitschrift).

[89] O. *Hanssen,* Gethsemane – eine Deutung unseres spirituellen Weges, Beilage im Freundesbrief 5/1993 I, 8 (Hervorhebungen im Original).

Proportion und Harmonie: die geistige Welt."[90] Was ist die "geistige Welt"? Sie ist die Gegenwart der Ewigkeit selbst in uns: "*Monastisches Leben gründet in der Frage des menschlichen Geistes nach seinem Ursprung.* ... Die Frage heißt: Ist der Geist dem Menschen gegeben, damit er seine psychosomatischen Bedürfnisse befriedige? Ist also der Geist dazu da, auf besonders intelligente Art und Weise Futter zu finden und anzubauen und Tiere zu schlachten, auf besonders intelligente Weise Höhlen zu bauen, die man heizen kann, ... Ist das das Wesen des menschlichen Geistes? Oder ist im Geist der ewige Gott in der Zeit gegenwärtig? Unsere Väter haben das gern mit dem Spruch aus dem 1. Buch Mose belegt, daß Gott den Menschen sich zum Bilde schuf, und das heißt, *daß Gott selber in dem Menschen in Erscheinung tritt, eben durch den Geist,* und daß der Mensch nur dann sein Wesen richtig wahrnimmt, wenn er seiner selbst inne wird als Bild Gottes. Und das hat zur Folge, daß er zunächst einmal absieht von einer pausenlosen Aktivität. Der Mensch ist nicht dazu da, Ozonlöcher zu produzieren oder Auto zu fahren. Dazu ist er nicht geschaffen. Sondern der Mensch verwirklicht sich nur selbst als Bild Gottes."[91]

In diesen Gedanken sind die Anklänge an *Evagrios Pontikos* mit Händen zu greifen. Nehmen wir als erstes die Schriftstelle Gen 1,26f auf: Gott schuf den Menschen nach seinem Bilde. Für *Evagrios* heißt das folgendes: so wie der menschliche Geist sich in der Seele und dem Leib des Menschen ausdrückt, so ist der Geist seinerseits so etwas wie der Leib für den *göttlichen* Logos (Christus) und den *göttlichen* Geist. Diese ihrerseits sind wie die Seele, die von Gott selbst, dem Vater, belebt wird. "Gleichwie nämlich die Kraft und die Weisheit, d. h. der Sohn und der Geist, glorreiche Buchstaben sind, durch welche die Liebe des Vaters erkannt wird, ebenso sind auch die logosbegabten Wesen Buchstaben, ... durch welche die Kraft und die Weisheit des Vaters erkannt werden. Der Sohn nämlich und der Geist sind die Buchstaben des Vaters, durch die er erkannt wird. Die logosbegabte Schöpfung aber stellt die Buchstaben dar, durch welche der Sohn und der Geist erkannt werden, (und zwar) *wegen des 'nach unserem Bilde'*. Die sichtbare und körperliche

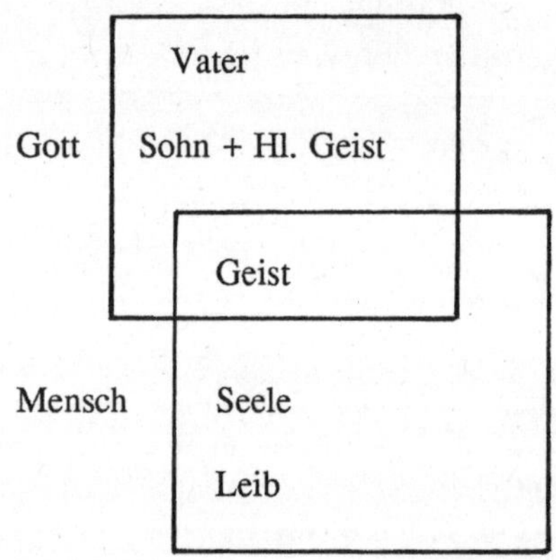

Schöpfung hingegen stellt die Buchstaben dieser intelligiblen und unkörperlichen Schöpfung selbst dar, insofern die sichtbaren Dinge Symbol der unsichtbaren sind. ... Und ich sage geradezu, daß, gleichwie der Leib die Seele, die in ihm wohnt, durch seine Taten offenbart und sie, die Seele, von dem Intellekt, der ihr Haupt ist, durch

---

[90] Abgedruckt in einer Beilage zum Rundbrief 4/1991, Zitat S. 1 (Hervorhebungen von mir).

[91] Aus der Besinnung anläßlich der Einweihung der Sakralräume des Gethsemaneklosters, Freundesbrief I/1992, Beilage I.1, 2f (Hervorhebungen von mir).

ihre Regungen kündet, ebenso auch der Intellekt, der der 'Leib' des Geistes und des Logos ist, wie ein Leib die Seele, die in ihm wohnt, jene (d. h. Geist und Logos) offenbart. Und eben diese selbe 'Seele' (d. h. Geist und Logos) dieses Intellektes offenbart *ihren* 'Intellekt', welcher der Vater ist"[92].

Bei *Hanssen* heißt das so: "Der Geist kann in sich selbst nicht zur Ruhe finden, er findet ... keinen Halt in sich selbst. ... Aber es gibt trotzdem eine Möglichkeit: Wenn ich mir geistig den Ursprung meines Seins nach Leib, Seele und Geist vorstelle. Der Geist könnte in sich selbst Ruhe finden, wenn er zum Ursprung der Gedanken zurückkehrte, nicht zu den Gedanken, die er denkt, sondern zum Ursprung, woher diese Gedanken kommen, denn alles hat ja einen Ursprung, einen Anfang. ... Ebenso findet mein Geist nicht Ruhe im Geschöpf, nicht in den Gaben, nicht in einem Wissen, nicht in dem, was ich besitze, sondern allein im Schöpfer selbst, im Ursprung meines eigenen Denkens, da, wo mein Geist herkommt und wo alles herkommt, was ich sehen und erleben kann."[93]

b) *Hanssens* Beschreibung, welche Verwirrung an diesem Punkt herrscht (meist gebraucht er dafür das Adjektiv "nominalistisch"), ähnelt den Gedanken des *Evagrios über rechten und falschen Gebrauch der Seelenkräfte*. Zuvor erhebt sich da freilich die Frage, ob er denn auch das dreifach unterteilte Menschenbild vertritt. Im letzten Zitat war es schon erwähnt worden: der "Ursprung meines Seins nach Leib, Seele und Geist". In der Regel sprich Pastor *Hanssen* nicht so ausdrücklich davon, aber wenn er – was häufig geschieht – dem menschlichen Geist das *"Psychosomatische"* entgegensetzt, so ist durch das zusammengesetzte Wort in dieser Gegenüberstellung insgesamt die alte Dreiteilung rudimentär enthalten.

"Es geht um die Frage des Geistes", erläuterte *Hanssen* im Gespräch seine Sicht: "Ist der Geist dazu da, die Welt zu bewältigen? Oder ist er dazu da, um Gott zu schauen, die θεωρία ... Der Nominalismus ist die Ausrichtung des Geistes nach unten, zur Weltbewältigung. ... Wenn der Geist nicht integriert ist, werde ich gefühlsmäßig religiös orientiert sein und den Geist zur Weltbewältigung verwenden. Dann ist der Geist nach unten gerichtet und die Seele nach oben. Das ist eine schlechte Aufteilung ..." Die Unordnung der Seelenteile nach *Evagrios* klingt hier ganz deutlich an, ebenso in folgenden Sätzen: "Die Situation ist so, daß wir den Geist als Diener benutzen, um unser Leben damit zu gestalten, also die Welt, die Natur zu bewältigen. Wir verwenden den Geist als Mittel zum Zweck, um unser weltbezogenes, psychosomatisches Leben damit zu bewältigen ... Unser Bewußtsein ist ganz auf das Irdische gerichtet ... Wir leben gar nicht in dem Bewußtsein, daß wir geistig sind, sondern daß wir unser Leben in dieser Welt psychosomatisch bewältigen müssen und daß der Geist dazu eine gute Hilfe ist, sowohl die Schmerzen wegzukriegen als auch einen möglichst großen Lustgewinn zu produzieren. Was also der Geist nicht leistet und nicht leisten kann, ist, daß er uns zu Gott erhebt."[94] Weil er durch die Anhänglichkeit an das Irdische "verfettet" ist, würde *Evagrios* sagen.

---

[92] *Evagrios* Ep 64,12 u. 15: *Bunge,* Briefe, 307 u. 308 (Klammerbemerkungen im Original, Hervorhebung durch Kursivdruck von mir).

[93] O. *Hanssen* bei der Weihnachtseinkehr 1989 (persönliche Mitschrift).

[94] O. *Hanssen,* Weihnachtseinkehr 1989 (persönliche Mitschrift).

c) Es ist damit bereits angedeutet, daß es bei rechtem Gebrauch der Seelenkräfte (bzw. des Geistes) auch ein dem evagrianischen ähnliches *Aufstiegsschema* gibt. Und in der Tat: "Diesen Vorgang, so merkwürdig es klingt, würde ich ... als *Exkarnation* bezeichnen, d. h. der Mensch zieht sich zurück *aus* dem Fleisch, aus den psychosomatischen, sinnlichen Eindrücken, er zieht sich auch zurück aus der geistigen Bewegung, die sich dauernd mit den Problemen der Psychosomatik beschäftigt. Es ist ein Vorgang des Loslassens aller Dinge dieser Welt."[95] Deutlicher freilich als bei *Evagrios* folgt auf diese "Exkarnation" bei *Hanssen* eine erneute und nun gereinigte *Hinkehr* zur Welt, die "Inkarnation".

d) Allerdings hat sich dann die *Sicht der Dinge verändert*. Was das logisch-analytische Denken nicht leisten kann, schenkt sich im Schauen: "Wir fragen nach dem *Endziel* der Evolution, nach dem *letzten* Sinn unseres Lebens"; gesucht – und im Schauen erkannt – wird "seine substanzielle Struktur", "die Struktur der Evolution" hinter den "sich entwickelnden Gegenständen": es "wird die Sinn- und Seinswirklichkeit ... nur dadurch wahrgenommen, daß die vielen vorgegebenen, mannigfaltigen Dinge gleichsam in einen (Mittel-)Punkt zusammen*geschaut* werden. ... Meditation führt aus der *Mannigfaltigkeit* zur *Einheit*."[96] Übersetzen wir das Wort "Sinn" ins Griechische, ergibt sich "λόγος": wir sind direkt bei dem evagrianischen Gedanken, daß der sich reinigende Geist die λόγοι, d. h. den inneren Sinngehalt der geschaffenen Dinge erkennt.

e) Die Loslösung muß aber noch tiefer gehen, als es bis jetzt deutlich wurde: "Es kommt die Zeit, wo ich merke, daß auch meine Gedanken vergänglich sind und daß ich selbst in meinen Gedanken, in meiner weltanschaulichen Grundlage keinen festen Boden unter die Füße kriege. Die Frage nach der Ewigkeit stellt sich dann innerlich als Frage nach der Wahrheit ... Und dann werde ich erleben, daß es keinen Gedanken gibt, der mich trägt – keinen! ... Alle Philosophie, die vom Absoluten redet und davon, daß das Absolute nicht relativ ist, ist ein Abstraktum, wenn nicht diese existenzielle Loslösung von allem Irdischen vorweggegangen ist. Indem ich mich von allem sinnlich Wahrnehmbaren, von allen weltanschaulichen Begründungen, allem Gedanklichen, Geistigen gelöst habe, habe ich sozusagen einen festen Punkt, einen Punkt des *reinen Schweigens* gefunden..."[97]

f) Diese *Gelöstheit* wird immer wieder mit Worten umschrieben, die an die evagrianische *Apatheia* erinnern: "Das ist die Ruhe im Geist, im Ursprung aller Dinge, im Schöpfer, der selber kein Geschöpf und kein Gedanke ist, sondern die Gedanken gibt. In diesem Ursprung kommt der Geist zur Ruhe."[98] – "Diese Liebe Gottes ist auch der Urspung jener heiteren Freude und Dankbarkeit, aus der alle Betrachtung und Kontemplation erwächst."[99]

---

[95] O. *Hanssen,* Weihnachtseinkehr 1987 (persönliche Mitschrift).

[96] O. *Hanssen in:* O. *Hanssen*/R. *Deichgräber,* Leben heißt Sehen, 14f (Hervorhebungen im Original)

[97] O. *Hanssen* bei der Weihnachts-Einkehrzeit 1987 (persönliche Mitschrift).

[98] O. *Hanssen* bei der Weihnachtseinkehr 1989 (persönliche Mitschrift).

[99] O. *Hanssen,* Das betrachtende Gebet, 64f.

g) Da aber Gott, der Ursprung aller Dinge, selbst immateriell ist, wird auch das Gebet letztendlich *frei von bildlichen Vorstellungen* sein. Bei *Evagrios* lautet das so: "Wenn du betest, dann stelle dir die Gottheit nicht als Bild vor. Halte deinen Geist überhaupt frei von jeglicher Form; immateriell nahe dem Immateriellen, und du wirst erkennen. ... Selig ist jener Geist, der ohne Zerstreuung betend immer tieferes Verlangen nach Gott empfindet. Selig ist jener Geist, der, während er betet, frei ist von allem Gegenständlichen, ja sich sogar aller Gedanken entledigt hat. Selig ist jener, der beim Gebet vollständig frei ist von aller sinnenhaften Empfindung."[100] Bei *Hanssen* heißt es im Zusammenhang mit der Betrachtung einer Christus-Ikone, es komme darauf an, daß "wir eine 'bildlose Christusvorstelllung' haben, ihn als Ewigkeit und Wahrheit im Innersten erleben. Das wäre geistige Konzentration. Ich erlebe sozusagen die Ewigkeit, die Wahrheit bildlos im Innersten, und diese Bildlosigkeit ist im Grunde genommen dann auch die Leibfreiheit, die ich gewinnen müßte. Solange ich noch ein Bild vor Augen habe, bin ich noch leibgebunden."[101]

h) Das bringt uns zu der letzten Frage, zum Problem der *Leiblichkeit*, und damit zu einer modernen *Praktiké*. Denn das Obenstehende bedeutet für Dr. *Hanssen* nicht etwa Leib*feindlichkeit* oder *Ablehnung* des Leibes. Im Gegenteil: der Leib muß in die Bewegung zu Gott mitgenommen werden, er "ist in das Glaubensleben einbezogen"[102]. "*Wir lehnen leidenschaftlich jede Abwertung des Leibes ab,* dergestalt, daß man zwar innerlich, geistig völlig arm und frei sein müsse, äußerlich, leiblich aber getrost weiterhin besitzen dürfe. Entscheidend sei allein der Geist. Welche Verachtung des Leibes! Sollte man ihm nicht dieselbe Ehre antun, ihm dasselbe Wagnis zumuten wie dem Geist?"[103]. Es ist deutlich, daß hier der Ausdruck: "Abwertung des Leibes" in umgekehrter Richtung gebraucht wird, als es sonst im allgemeinen Sprachgebrauch üblich ist. *In dieser Sicht der Leiblichkeit ist die positive Askese begründet.* "Wir versuchen also, eine leibfreie Wirklichkeit zu gewinnen. Dieser Wunsch nach leibfreiem Sein ... gelingt nur dann, wenn mir die Formung meines irdischen Lebens geglückt ist. ... Wir sollten uns nicht mit Hilfe des Herzensgebetes oder fernöstlicher Praktiken aus einem ungeformten, unbewältigten Leben herauskatapultieren. Dann würde das Mittelstück fehlen. Wir müßten erst einmal lernen, gestaltend, formend mit unserem Leben umzugehen. ... ich (habe) das Gefühl, gerade wenn Jüngere sich auf den Tod vorbereiten, daß sie irgendwie die Absicht haben, sich der leiblichen Formung zu entziehen ..."[104] – "Ein Leib, der sich gehorsam den Schöpfungsordnungen Gottes einfügt, ist nicht nur gesund ... er ist nicht nur frei von Müdigkeit, Triebhaftigkeit und Niedergeschlagenheit, sondern er ist geradezu ein williges Werkzeug des Geistes und macht ein Leben der Hingabe und der Kontemplation leicht."[105]

---

[100] *Evagrios,* Or 66 u. 118–120: PG 79, 1181 A u. 1193 A–B (dt. bei *Bamberger* 102 u. 116f); s. die oben S. 225 Anm. 462 angebene Literatur.

[101] Bei einer Sommer-Einkehrzeit 1987 (nach einer persönlichen Mitschrift).

[102] O. *Hanssen,* Dein Wille geschehe, 20.

[103] O. *Hanssen,* Einfaches Leben, 8.

[104] Sommer-Einkehr 1987, nach einer persönlichen Mitschrift. Zu dem Ausdruck: "auf den Tod vorbereiten" s. das unten folgende Zitat von *Evagrios* und oben S. 217.

[105] O. *Hanssen,* Das betrachtende Gebet, 69.

Hinter solcher Einbeziehung der Leiblichkeit in das geistige Gebet steht nichts anderes als der praktisch-konkrete Reinigungsweg durch die Enthaltsamkeit, d. h. die *Praktike,* des *Evagrios Pontikos.* Einerseits heißt es bei diesem: "Den Leib von der Seele zu trennen (d. h. den Tod herbeizuführen) steht allein dem zu, der sie zusammengebunden hat; die Seele vom Leib zu trennen (d. h. in der Askese leibfrei zu leben) indessen auch dem, der sich der Tugend widmet. Die Anachorese nämlich nennen unsere Väter eine 'Einübung in den Tod' und eine 'Flucht vor dem Leib'"[106]. Gleich darauf jedoch steht der Satz: "Es kennen die Gnade des Schöpfers jene, die mittels dieses Leibes die Leidenschaftslosigkeit erworben haben"[107], und anderswo: "Wer wird denen, die den Schöpfer schmähen und schlecht vom diesem Leib unserer Seele sprechen, die Gnade zeigen, die sie, dieweil sie leidenschaftlich sind, empfangen haben, nämlich mit einem solchen 'Instrument' verbunden worden zu sein ...?"[108] Der Leib und das leibliche Leben sind das Instrument der Reinigung, durch die der Geist Gott sucht. Daher: "Der Anfang des Fruchttragens ist die Blüte, und der Anfang der *Praktike* ist die Enthaltsamkeit"[109].

In einer Einführung in die Fastenpraxis bemerkte Olav *Hanssen:* "Das Fasten bedeutet das Erlebnis eines Sieges über den Freßtrieb. Man müßte sagen: Der Freßtrieb ist derjenige, der dem Menschen am tiefsten innewohnt, stärker als der Sexualtrieb. ... Unsere Väter, gerade in der alten Kirche, haben diesen Trieb an die erste Stelle gesetzt und gesagt, daß alle Frömmigkeit umsonst ist, wenn der Mensch da nicht Herr der Lage ist."[110] Mit diesem Satz bekundet Dr. *Hanssen* die Kenntnis der Acht-Laster-Lehre, bei der in der Tat die γαστριμαργία, die Völlerei, stets an erster Stelle genannt wird.

Wir müssen uns bei dieser Gegenüberstellung immer bewußt sein, daß neben der "Spiritualität der Wüste" auch andere Einflüsse, besonders solche von *Ignatius von Loyola* bei Pastor *Hanssen* zu spüren sind. Diese bewirken, daß es hier kein so geradliniges Aufstiegsschema weg von der Welt hin zum reinen Gebet gibt wie bei *Evagrios,* sondern daß die "Exkarnation" nach *Hanssen* immer wieder auch einen neuen Weltbezug schenkt, also einen gereinigten Rückbezug zur Welt. An dieser Stelle läge ein bedeutender Unterschied, der sicherlich auch darin begründet ist, daß *Hanssen* als *Protestant* denkt, und daß er als *neuzeitlicher Mensch* denkt. Dennoch ist deutlich geworden, daß auch in diesem erweiterten

[106] Pr 52: *Guillaumont,* Traité pratique, 618 (zitiert nach *Bunge,* Praktikos, 178, Klammerbemerkungen von mir).

[107] Pr 53: *Guillaumont* a.a.O. 619.

[108] KG IV,60: *Guillaumont,* Kephalaia Gnostica, 163 (zitiert nach G. *Bunge,* Praktikos, 181).

[109] *Evagrios,* De octo spiritibus malitiae I,1: PG 79, 1145 A (zitiert nach G. *Bunge,* Über die acht Gedanken, 35).

[110] Bei der Sommer-Einkehrzeit 1987 (persönliche Mitschrift).

Rahmen ein wesentliches Kernstück evagrianischer Spiritualität aufgegriffen und verarbeitet worden ist.

Freilich hat Dr. Olav *Hanssen,* soweit ich sehen kann, außer den 153 Sätzen zum Gebet, die in der *Philokalie* unter dem Namen des *Neilos v. Ankyra († um 430)* enthalten sind, und einigen ebenfalls dort zu findenden Schriften Evagrios selbst nicht direkt studiert. Erst später hat sich die Bruderschaft auch mit dem *Praktikos* beschäftigt. Wenn dennoch so überraschend viele und eindeutige Anklänge auszumachen sind, dann liegt das nicht zuletzt auch daran, daß beide von denselben philosophischen Denkvoraussetzungen ausgehen, für die hier paradigmatisch der Name *Plotin* stehen soll.

7.3.3 Kleiner Exkurs zu Plotin

Plotins Philosophie ist der Versuch, eigene mystische Erfahrungen nachträglich zu reflektieren[111]. Der Weg der Seele ist als Rückweg zu begreifen, dem ein Herweg entsprechen muß. Daher richtet sich das Denken Plotins auf den transzendenten Ursprung, Das *Ur-Eine* (τὸ ἕν). Dieses ist völlig jenseitig, ohne Gestalt und Grenze. Aber aus seiner Überfülle strömt der *Geist* (νοῦς) hervor, in dem bereits eine Zweiheit enthalten ist (Denken und Gedachtes); er wiederum fließt über in die *(Welt)seele* (ψυχή). Zusammen bilden diese drei Stufen die *Grundprinzipien* oder "uranfänglichen Wesenheiten" der Welt (τρεῖς ἀρχικαὶ ὑποστάσεις)[112]. Jede Stufe ist Abbild der ihr vorgeordneten, aber von Stufe zu Stufe verringert sich das Maß an Vollkommenheit. Der Geist wird zum *Demiurgen* und erschafft das All der Ideen. Die Seele wendet sich einerseits den Ideen des Geistes zu, andererseits der Materie, die aus ihr durch Ausfluß der feinstofflichen "Natur" (φύσις) und weiterer Zwischenstufen entsteht. Indem die Seele nun die Ideen des Geistes in der Materie verwirklicht, schafft sie die sinnliche Welt.

Die *Einzelseele des Menschen* ist ein Teil der Weltseele. Ihre Aufgabe besteht darin, die eigene göttlich-transzendente Herkunft zu erkennen, sich von der leiblichen Sphäre ab und der geistig-himmlischen Sphäre zuzuwenden und damit den Rückweg zur ursprünglichen Einheit anzutreten. "Diese Rückkehr zum Einen ist nicht eigentlich die Umkehr der Emanation, die sozusagen zeitlich hinterher kommt ... Sie ist nur die Kehrseite der Emanation"[113], welche nicht als zeitlicher Prozeß mit einem Anfang

---

[111] J. *Trouillard,* Art. "Plotinos", 564; vgl. W. *Weischedel* a.a.O. 72.

[112] Zu diesem philosophisch wie theologisch höchst bedeutsamen Begriff, auf dessen Entwicklungs- und Wirkungsgeschichte hier nicht näher eingegangen werden kann, s. bes. H. *Dörrie,* Ὑπόστασις; G. *Harder,* Art. "ὑπόστασις"; H. *Köster,* Art. "ὑπόστασις"; B. *Studer,* Art. "Hypostase", sowie die Literatur zur Trinitätstheologie vor allem der "großen Kappadokier".

[113] J. *Hirschberger,* Kleine Philosophiegeschichte, 57.

und einem Ende verstanden werden darf: "Die Emanation geschieht zu jeder Zeit und an jedem Ort"[114]. Damit ist die andauernde Gegenwart des Ewigen im Zeitlichen ausgesagt, die "Immanenz der Transzendenz" (Hirschberger), die Kontinuität bei gleichzeitiger Verschiedenheit von Urgrund und Welt. Aus diesem Grunde ist der Aufstieg der Seele "zugleich Weg des Menschen zu sich selbst, in den Urgrund seiner Seele"[115].

Die Unterschiede zwischen diesem Konzept und dem Denken Dr. *Hanssens* sind nicht zu übersehen. Die Emanationsspekulation mit ihren pantheistischen Tendenzen ist ihm in dieser Form fremd. Vor allem sucht man bei ihm vergeblich nach der Idee einer "Weltseele" oder einem "Weltgeist", die von dem "Ursprung" des "Einen" verschieden und ihm untergeordnet wären und an denen die Einzelseele des Menschen Anteil hätte. Pastor *Hanssen* ist *christlicher Theologe* und bekennt sich als solcher eindeutig zur biblisch-christlichen Offenbarung.

Dennoch sind dann auf der anderen Seite gewisse Anklänge des Denkens ebenso unübersehbar. Sie sind umso auffälliger, als sie in manchen Punkten an *Evagrios* vorbei direkt auf Plotin zurückzugreifen scheinen, z. B. wenn es um die Art der Jenseitigkeit Gottes und seine Schönheit oder um die Ewigkeit in der Musik geht.

So schreibt *Hanssen:* "'Es' bedeutet normalerweise eine Sache. Eine 'ich-es'-Beziehung ist der personhaften 'ich-du'-Beziehung völlig untergeordnet und kann sie niemals ersetzen, wenn wir unser Person-Sein nicht völlig zerstören wollen. Aber da ja auch die Personbeziehung polar ist, einen letzten, unüberwindbaren Gegensatz darstellt, kann sie niemals das Letzte sein, was der Glaube über Gott aussagen kann. Der Glaube weiß, daß Gott *über*personal ist. Leider steht uns für diese überpersonale Beziehung kein besonderes Pronomen zur Verfügung. Wir verwenden deshalb in diesem Zusammenhang das Wörtchen 'es', obwohl damit nun gerade nicht eine Sachbeziehung gemeint ist, sondern eine das Personhafte transzendierende Beziehung."[116]

Bei *Plotin* lesen wir über "Das erste Gute" sehr betont, daß dieses ein "Es" ist, zu dem alle Dinge hinstreben: sie "betätigen sich ... in Richtung auf Es", und "weil es

[114] *Philosophielexikon,* 461f; vgl. W. *Weischedel,* Die philosophische Hintertreppe, 74.

[115] F. *Ricken,* Philosophie der Antike, 198.

[116] O. *Hanssen in:* O. *Hanssen*/R. *Deichgräber,* Leben heißt Sehen, 28 (Hervorhebung im Original). Während die Terminologie "Ich-es" und "Ich-du" an M. *Buber* erinnert, ist das Konzept ein völlig anderes: bei *Buber* ist Leben *Begegnung,* daher bleibt bei ihm die Polarität, s. M. *Buber,* Begegnung; *ders.*, Ich und Du; *ders.*, Zur Geschichte des dialogischen Prinzips; *ders.*, Zwiesprache. Siehe dazu Br. H. *Eisenberg,* Begegnung – eine Herausforderung an uns Christen?; Sr. Ch. *Säkel,* Begegnung als Heils-Erfahrung.

jenseits des Seins ist, ist es auch jenseits der Betätigung und jenseits des Geistes und des Denkens"[117]. Daher muß sich die Seele von den irdischen Dingen lösen, weil sie "Gegenstände irdischer Liebe sind und Unheil bringen und diese Liebe nur auf Nachbilder geht"[118], und sich stattdessen nach oben ausrichten, auf "Das Gute", "Das Eine", den "Vater".

Das von Plotin nur gleichnishaft verwendete Wort "Vater"[119] darf nicht darüber hinwegtäuschen, daß er von einem völlig jenseitigen, ganz und gar unpersonalen "Es" spricht, einer absoluten Transzendenz[120]. Pastor *Hanssen* hingegen wäre kein christlicher Theologe, wenn er seinen Ausführungen nicht die folgenden Sätze anfügte: "Wenn Gott nun auch überpersonal ist, so gilt doch: Der die Augen gegeben hat, sollte der nicht sehen? Der die Ohren gegeben hat, sollte der nicht hören? Der die Person gestiftet hat, sollte der nicht Person sein? Ganz gewiß! Aber sogar noch mehr!"[121]

Indessen zeigt sich eine grundlegende Verwandtschaft des Denkens in der Hinwendung der Seele zu ihrem Ursprung, in der Ausrichtung des menschlichen Geistes "nach oben" zu seiner Quelle. Die Seele muß sich nach *Plotin* von den Dingen der Welt lösen und dorthin aufsteigen, wo sie herkam: "Dort nämlich ist unser Vaterland, von wo wir hergekommen sind, und dort ist unser Vater"[122]. "Denn solch ein Auge allein sieht die große Schönheit. Wenn einer aber zur Schau käme, blind durch Schlechtigkeiten, ungereinigt und schwach, der ist durch mangelnde Mannhaftigkeit nicht in der Lage, das ganz Helle zu sehen ... Denn niemals würde das Auge die Sonne sehen, wenn es nicht sonnenähnlich wäre; genausowenig würde die Seele das Schöne sehen, wenn sie nicht selbst schön wäre. Es muß also jeder zuerst gottähnlich werden, wenn er Gott und das Schöne zu schauen beabsichtigt."[123]

Es soll hier all das, was wir im Vergleich mit *Evagrios* schon gefunden haben, nicht noch einmal auch mit *Plotins* Denken verglichen werden. Es genügt an dieser Stelle, auf die Bedeutung der *Schönheit* bei Olav *Hanssen* hinzuweisen: "Wenn wir das Symbol richtig verstehen, dann hilft es uns, daß die Ewigkeit, diese Übergegenständlichkeit vorstellbar wird, hilft es uns zu sagen, was Ewigkeit eigentlich ist: Innerlichkeit, Orientiertheit und Ordnung, Aufstieg der Seele zu Gott. Ewigkeit ist also ein Grenzwert, ist die äußerste Innerlichkeit, die äußerste Konzentration, die konzentrierte Ordnung und Höhe. ... ... Ordnung, Schönheit, Harmonie, Konzentration

---

[117] En I 7,1: *Harder* V, 298,17–20; s. auch ebd. Z. 7–10.

[118] En VI 9,9: *Harder* I, 200,42f.

[119] Vgl. En VI 9,9: *Harder* I, 198–200,25–60.

[120] En VI 9,3: Es "ist weder ein Etwas noch ein Wiebeschaffen noch ein Wieviel, weder Geist noch Seele; es ist kein Bewegtes und wiederum auch kein Ruhendes, nicht im Raum nicht in der Zeit, sondern das Eingestaltige als solches" (*Harder* I 180, 41–44). Siehe zur "absoluten Transzendenz" in Bezug auf Plotin auch W. *Struve,* Welt und Wirklichkeit, 18ff; in Bezug auf Plato: *ders.*, Über die Nichtkonformität des Wirklichen, 23f; zum Ganzen *ders.*, West-östliche Mystik.

[121] O.*Hanssen, in:* O. *Hanssen*/R. *Deichgräber,* Leben heißt Sehen, 28.

[122] En I 6,8: *Harder* I, 22,21f.

[123] En I 6,9: *Harder* I, 24,25–34.

ereignen sich ..."[124] – "Herrlichkeit Gottes! Wer einmal die Ewigkeit Gottes, seine Güte und Schönheit geschaut hat, der kennt nun auch die eigene Vergänglichkeit und die Vergänglichkeit dieser Welt. Er ist von der Ewigkeit Gottes ergriffen, und zwar so, daß fortan die *Sehnsucht* nach Gottes Ewigkeit sein unausweichliches Schicksal geworden ist."[125] Diese *Ergriffenheit* kennt auch Plotin: "Wer es aber geschaut hat, der weiß ..., daß ... die Seele alsdann ... ein neues Leben empfängt und aus diesem Zustand heraus erkennt, daß hier der Spender des wahrhaftigen Lebens bei ihr ist und sie keines Dinges mehr bedarf, daß es vielmehr gilt, alles andere von sich abzutun und in ihm allein still zu stehen ..."[126]

Ein Letztes: In der Erörterung über die Schönheit führt Plotin aus, daß jeder Künstler und jedes Kunstwerk an einer höheren Schönheit Anteil haben, von der sie einen Teil in das Kunstwerk hineinvermitteln, soweit ihnen die Materie gehorcht; so auch die Musik: "Nicht die Unmusik macht den Musiker, sondern die Musik, und die Übersinnliche macht die im Sinnlichen."[127] Man vergleiche dazu die Ausführungen Olav *Hanssens* über die *Musik:* Pythagoras hat "eine große Entdeckung gemacht ..., nämlich daß das Zahlenverhältnis 1:2 einen Wohlklang, eine Oktave ergibt. ... Dieses Zahlenverhältnis ist unsichtbar, rein geistig und wird psychosomatisch hörbar und gibt einen Wohlklang und ein Glücksgefühl. ... Um nun dieses Verhältnis richtig zu hören, müßte man eigentlich erleben, wie der unhörbare Ton, die rein geistige, nicht leibliche Wirklichkeit langsam in körperliche Erscheinung tritt, zum Ton wird, hörbar wird. Die Wirklichkeit ist ja letztlich unhörbar. Es ist also ein Stück Menschwerdung, könnte man sagen ... Mathematik und Musik sind im Grunde genommen hörbare Ordnung. Hörbare Ordnung!"[128]

Es wäre reizvoll, die beschriebene Denkfigur in den gesamten Kontext dessen zu stellen, was bei Karl *Rahner* die "transzendentale Methode" genannt wird[129], aber das kann im Rahmen dieser Arbeit nicht geleistet werden. Nur soviel soll hier weiterführend noch angedeutet werden: ob man "Leben als Schau des Einen" oder "Leben als Begegnung" erfährt wird Auswirkungen auf das Konzept der Trinitätstheologie und der

---

[124] O. *Hanssen,* Auf dem Weg zum himmlischen Jerusalem, Beilage zum Freundesbrief 4/1991, 3 u. 5.

[125] O. *Hanssen in:* O. *Hanssen*/R. *Deichgräber,* Leben heißt Sehen, 32 (Hervorhebung im Original).

[126] En VI 9,9: *Harder* I 200,47–52.

[127] En V 8,1: *Harder* III, 34–36,15–40 (Zitat 36,31f).

[128] O. *Hanssen* bei der Sommer-Einkehrzeit 1987 (persönliche Mitschrift); vgl. auch die Bemerkungen von Br. Uwe *Stegelmann* oben S. 284f.

[129] Siehe K. *Rahner,* Der dreifaltige Gott; *ders.,* Gotteserfahrung heute; *ders.,* Art. "Theologische Erkenntnis- und Methodenlehre"; *ders.,* Art. "Transzendentaltheologie"; *ders.,* Überlegungen zur Methode der Theologie.

Christologie haben[130]. Je nachdem wird man dann von der letzten Überwindung der Polarität von Ich und Du oder von der "Positivität des Anderen" auch in Gott[131] sprechen.

7.4 Abschließende Auswertung

"Ich habe mein Leben lang nichts anderes gemacht als die Väter ausgelegt, das Evangelium ausgelegt, die Philokalie ausgelegt, die alten Philosophen ausgelegt. ... Ich würde meine Existenz immer nur als Ausleger verstehen", sagte Pastor Dr. Olav *Hanssen* im persönlichen Gespräch. Damit ist zugleich deutlich gesagt, daß auch in der *Gethsemanebruderschaft* Tradition präsent ist und auch bewußt präsent gehalten wird.

In diesem Falle handelt es sich um die dem Denken der alexandrinischen Schule nahestehende Tradition der ägyptischen Wüstenväter, wie sie vor allem in den Werken des *Evagrios Pontikos* pointierten Ausdruck gefunden hat. Bei beiden, bei *Evagrios* und bei Dr. *Hanssen,* stehen aber ähnliche philosophische Grundentscheide am Anfang des Denkens, die sich vor allem bei *Plotin* festmachen lassen. Indem beide sowohl auf dasselbe christliche als auch auf dasselbe philosophische Erbe blicken, entwickeln sie auch beide durchaus ähnliche Gedanken, so daß man sagen kann: in der Spiritualität des *Gethsemaneklosters* ist die Tradition der ägyptischen Wüste in ihrer evagrianischen Prägung präsent. Die Gegebenheitsweise dieser Tradition entspricht hauptsächlich der Möglichkeit b) der oben S. 93 dargestellten Alternativen, wobei aber im Nachhinein durchaus auch eine bewußte Auseinandersetzung mit der Wüstentradition stattgefunden hat.

Der *Ausgangspunkt* war allerdings – genau wie in der *Communität Casteller Ring* – nicht der unmittelbare Wunsch nach Imitation, sondern die Herausforderung durch die aktuelle Problematik unserer Zeit: in diesem Fall durch den Subjektivismus und die dadurch bedingte moderne gesellschaftliche, ökologische, psychologische und theologische Krise.

---

[130] K. *Rahner* stellt diese Möglichkeiten als "reinen Chalkedonismus" und als "Neuchalkedonismus" vor: *ders.*, Jesus Christus – Sinn des Lebens, 210–212.

[131] So H. U. *v. Balthasar,* Theologik III, 138; vgl. das ganze Kapitel a.a.O. 117–138; s. auch oben S. 36f.

Zugleich sind gewisse Voraussetzungen protestantischen Denkens in die Rezeption der Tradition mit eingeflossen. Das zeigt sich vor allem darin, daß Olav *Hanssen* nicht das geradlinige Aufstiegsschema von *Evagrios* übernimmt, das von der Betrachtung der Welt hinweg führt zur Anschauung Gottes, sondern der "Exkarnation" bewußt die "Inkarnation", die gereinigte Hinwendung zur Welt, folgen läßt. An dieser Stelle bedient sich Dr. *Hanssen* ausdrücklich der *ignatianischen* Spiritualität, weil sie den Willen des Menschen zu bewegen vermag.

Das treibende Motiv dafür ist die Nachfolge Christi und das Leben nach dem Evangelium[132]. Erinnern wir uns außerdem an das Wort, daß derjenige, der "einmal die Ewigkeit Gottes, seine Güte und Schönheit geschaut hat", so ergriffen ist, "daß fortan die Sehnsucht nach Gottes Ewigkeit sein unausweichliches Schicksal geworden ist"[133]. Aus diesen Zeilen spricht eine persönliche Erfahrung, besser: ein Widerfahrnis, das wohl mit einer *persönlichen Berufung* gleichgesetzt werden kann. *Hanssen* benennt es nie ausdrücklich so, aber er bezeugt es an verschiedenen Stellen immer wieder, so daß man sagen muß: In der Unausweichlichkeit dieser Erfahrung liegt die besondere Gestalt und Spiritualität der *Gethsemanebruderschaft* begründet: das *Stillwerden* und das *Schauen der geistigen Welt.* Hier ist die "plotinisch-evagrianische" Prägung der Gemeinschaft vor jeder bewußten Rezeption biographisch-erlebnismäßig verankert. Zugleich steht diese Erfahrung in innerstem Zusammenhang mit der Gethsemane-Berufung: der Gehorsam gegen den Willen Gottes ist die selbstverständliche existenzielle Antwort auf das Ergriffensein durch die ewige Schönheit.

Insofern ist auch hier inmitten des fragmentarischen Charakters einer *so* und nicht anders geprägten Spiritualität das Ganze einer authentischen Form christlicher Lebensgestaltung in der Nachfolge Christi da. Auch hier *geschieht lebendige Tradition.*

---

[132] Vgl. in der "theologischen Begründung des betrachtenden Gebets" die Abschnitte: "Die Betrachtung und die Heilige Schrift" und: "Die Betrachtung und die Nachfolge Jesu", *In:* O. *Hanssen,* Das betrachtende Gebet, 11–13 u. 14f.

[133] O. *Hanssen in:* O. *Hanssen*/R. *Deichgräber,* Leben heißt Sehen, 32.

8. Ein "evangelischer Orden": Die *Christusbruderschaft Selbitz*

"Gottes Berufungsgeschichte ist immer eine einmalige, mit jedem Menschen eine andere", so schreibt Sr. Christamaria aus *Selbitz*[1]. Im Fall der *Christusbruderschaft* haben wir nun nicht nur eine dritte, wieder anders geprägte Gemeinschaft vor uns, sondern müssen auch noch der Tatsache Rechnung tragen, daß an ihrem Anfang ein *Ehepaar,* nämlich Walter und Hanna *Hümmer* standen, die beide je für sich ihre "einmalige Berufungsgeschichte" hatten; daher haben sie auch ihr eigenes, je einmaliges Charisma in die Bruderschaft eingebracht. Im folgenden gilt es deshalb, beide Profile nebeneinander stehen zu lassen. In diesen unterschiedlichen Begabungen liegt es begründet, daß wir bei der Suche nach Tradition im spirituellen Leben der Bruderschaft vorzugsweise, wenngleich nicht ausschließlich, mit dem Einfluß der Frau Mutter zu tun haben werden.

8.1 Anfänge und Geschichte der *Christusbruderschaft*

8.1.1 Walter und Hanna Hümmer

a) Walter *Hümmer* wurde am 25. März 1909 in Kalbensteinberg (Kreis Gunzenhausen/Mittelfranken) geboren und starb am 15. August 1972 im Alter von 63 Jahren in Selbitz/Oberfranken[2]. Seine Vorfahren beiderseits waren Bauern, sein Vater Lehrer. Von 1919 bis 1928 besuchte er das Gymnasium in Ansbach. In dieser Zeit kam auch er mit der Jugendbewegung in Berührung.

Von 1928 bis 1932 studierte *Hümmer* in Erlangen, Tübingen und Göttingen Theologie.

---

[1] *Christusbruderschaft Selbitz,* Ein Bericht vom Werden und Auftrag, 27.

[2] *Christusbruderschaft,* Denn er hatte seinem Gott vertraut, 17 u. 6.

"Ich war ein DIN A 4-Theologe", bekannte er später. "Mein erstes Examen machte ich mittelmäßig. Ich steckte in tiefer Unfreiheit. ... Heilsgewißheit kannte ich nur als Wunschgebilde."[3] Über seine *Vikarstätigkeit* von 1932 bis 1937 in der niederbayerischen Diaspora in Deggendorf bei Landshut berichtete er: "Zwar war ich diensteifrig und predigte feurig, aber ich predigte Gesetz, nicht Evangelium. Ich verehrte Jesus als 'Lehrer, von Gott gekommen' (Johannes 3,2), aber ich kannte Ihn nicht als meinen persönlichen Heiland."[4] Er fühlte sich von Gott erfaßt, aber nicht von seiner Liebe, sondern von seiner Strenge, "wie etwa ein Landstreicher, der von einem Schutzmann festgenommen worden ist. Er möchte wieder los, aber er kann nicht mehr."[5]

In diese Zeit fiel seine Verlobung mit Hanna *Hufnagel* aus Ansbach. Sie hatten sich schon während der Schulzeit dort kennengelernt. Zwei einschneidende Ereignisse sollte dieser Schritt mit sich bringen. Das erste bestand darin, daß Walter *Hümmer* über seine Verlobte mit der *Gruppenbewegung* in Berührung kam[6].

Diese auch *"Oxford-Gruppe"* genannte Bewegung war 1921 von dem Amerikaner Frank *Buchmann* ins Leben gerufen worden. Sie sammelte auf Tagungen viele Menschen, bemühte sich um eine klar verständliche und zeitgemäße Verkündigung des Evangeliums und zielte durch persönliche Seelsorge auf konkrete Veränderung im Leben der Teilnehmer. "Lauschen auf Gottes Wort in stiller Zeit, seine Sünden erkennen, untereinander austauschen, sein Leben Gott übergeben, Verfehlungen wiedergutmachen, sein Leben der Führung Gottes anvertrauen"[7] und die Tagungsarbeit durch die sog. "Mannschaft" – diese Stichworte kennzeichnen das Wirken der "Gruppe". Ende der dreißiger Jahre wurde die Arbeit durch den Nationalsozialismus erschwert. Frank *Buchmann* wirkte außerhalb Deutschlands und formte ab 1938 die "Moralische Aufrüstung", während sich die Gruppe innerhalb Deutschlands in "Arbeitsgemeinschaft für Seelsorge" umbenannte, die 1942 unter dem massiven Druck der Partei aufgelöst wurde[8]. Die Jahre nach dem Krieg waren geprägt einerseits von der Wiederaufnahme der Arbeit und andererseits von der Auseinandersetzung mit der

---

[3] A.a.O. 13f.

[4] A.a.O. 14.

[5] Ebd.

[6] A.a.O. 20.

[7] H. *Rendtorff,* Art. "Moralische Aufrüstung", 1126. Siehe zu diesem ganzen Abschnitt auch: C. *Georgi,* Christsein aus Erfahrung, hier bes. 19–25; O. *Riecker,* Herausforderung an die Gemeinde, 104–107.

[8] C. *Georgi* a.a.O. 26–29. Vgl. auch O. *Riecker,* Mit sechzig fing mein Leben an, 106f u. 118, der damals aktiv mitarbeitete und an der Sitzung teilnahm, bei der die Auflösung der Arbeitsgemeinschaft beschlossen wurde. – Die sog. "Deutsche Gruppe", die neben der "Arbeitsgmeinschaft für Seelsorge" versuchte, in engerer Tuchfühlung mit der nationalsozialistischen Ideologie weiterzuarbeiten, hat praktisch keine Bedeutung erlangt (*Georgi* a.a.O. 26f; *Riecker* a.a.O. 107).

Weltgruppe der "Moralischen Aufrüstung". 1957 bildete sich schließlich der "Marburger Kreis", der an die alte Arbeitsweise der ersten "Oxford-Gruppe" anknüpfte und sie bis heute fortführt[9].

Durch seine Verlobte lernte Walter *Hümmer* Menschen kennen, die eindeutig und offensiv ein klares Christsein lebten. Bei einem Treffen solcher Freunde geschah es: Da "sagte ein junger Student über den Tisch herüber direkt zu mir (dem damaligen Vikar!): 'Bei Ihnen habe ich das Gefühl, Sie schicken andere an die Front und gehen selbst nicht vor.' Das war der Fangschuß. Er traf genau ins Schwarze meiner fragwürdigen geistlichen Existenz. Von da an begann eine innere Revolution in meinem Leben. Der Geist Gottes drängte auf Wahrhaftigkeit." Walter *Hümmer* merkte, "daß ich mich getrauen sollte, schlicht, einfältig, demütig und wahrhaftig der zu sein, der ich war. ... Viele Freizeiten mit der Gruppenbewegung folgten. Ich lernte die Hilfe und den Segen der persönlichen Beichte kennen. Die Gegenwart Jesu wurde mir immer leuchtender und größer. Meine Dankbarkeit gegenüber dem Gekreuzigten wuchs."[10]

Das zweite einschneidende Erlebnis war die tiefe innere Infragestellung der Verlobung selbst. "Wir hatten ja einmal vorgehabt, auf Grund des Wortes von 1. Korinther 7 unsere Verlobung wieder zu lösen. Wir glaubten, daß Gott jedes von uns ausschließlich für sich in Seinem Dienst haben wollte."[11] Es war der Rosenmontag 1935, als beide ihre Verlobung Gott anheimstellten und in ganzer Hingabe an seinen Willen ihre Bereitschaft bekannten, ihm auch im Ledigenstand zu dienen. Wenn es dann aber nicht dazu kam, so stand ihre 1935 geschlossene Ehe doch "von Anfang an unter dem Zugriff Gottes. Hanna und Walter Hümmer wußten beide um eine klare Berufung und Beschlagnahme ihres Lebens durch Ihn."[12]

Am 1. Juni 1937 trat *Hümmer* seine erste Pfarrstelle an: in Schwarzenbach an der Saale im Norden Oberfrankens. "Die Bevölkerung in Schwarzenbach, größtenteils Arbeiter, stand der Kirche völlig verständnislos gegenüber. Das Pfarrersehepaar versuchte von Anfang an, sich nicht über, sondern unter die Gemeinde zu stellen. Als Walter *Hümmer* in den ersten Tagen in Schwarzenbach den Wunsch äußerte, Gott möge

---

[9] C. *Georgi* a.a.O. 30–38; H. *Rendtorff,* Art. "Moralische Aufrüstung", 1126.
[10] *Christusbruderschaft,* Denn er hatte seinem Gott vertraut, 15.
[11] A.a.O. 21.
[12] Ebd.

eine Erweckung schenken, erwiderte ein Amtsbruder: 'Die Herzen der Oberfranken sind so hart wie der Boden. Und der besteht aus Granit.' Pfarrer Hümmer ließ sich nicht beirren: 'Dann lege ich mich lieber mit dem Glauben ins Grab, daß Gott sich auch aus Steinen Kinder erwecken kann, ehe ich diese Hoffnung aufgebe.'"[13]

"Was sehe ich als das Ziel meines Daseins und Wirkens als Pfarrer?", fragte er sich selbst und fand folgende Antwort: "1. Menschen aufzurufen und einzuladen, unter die Gnade Jesu Christi zu treten. 2. Menschen, die Jesus schon kennen, aufzumuntern und zu bestärken, immer selbstloser, selbstverständlicher und ausschließlicher Ihm zu dienen. 3. In dieser Welt etwas sein 'zum Lob Seiner herrlichen Gnade' (Epheser 1,6)."[14]

Doch zunächst schien er weit von diesen Zielen entfernt zu sein: "Eine tiefe Beschämung brachte eine Freizeit im September 1940. Ich hatte mit anderen die ... Frage zu beantworten: 'Wie viele Menschen habe ich schon zu Jesus geführt?' Ich wußte keinen. ... Welche Demütigung inmitten der vielen anderen Freunde mit reicher seelsorgerlicher Praxis! Ich fuhr nach Hause. Als ich mit meinen beiden Koffern vom Bahnhof zu meiner Wohnung ging, sprach mich ein junger Mann auf der Straße an: 'Herr Pfarrer, darf ich mit Ihnen nach Hause gehen?' Er war der erste, der von mir zu Jesus geführt werden wollte. Zehn Wochen später begann die Erweckung in Schwarzenbach/Saale."[15]

An dieser Erweckung hatte seine Frau Hanna *Hümmer* entscheidenden Anteil: "Durch meine Frau schenkte Gott ein geistliches Erwachen unter Frauen und Mädchen. 1940 hatte Landesjugendwart Karl Schmid in Schwarzenbach/Saale eine Evangelisation abgehalten. Das war der Anstoß zu einer Erweckung unter der männlichen Jugend, die dann während des Krieges durch den Dienst meiner Frau weiter wuchs."[16]

b) Hanna *Hümmer* geb. *Hufnagel* kam am 7. August 1910 in Ansbach zur Welt und starb am 19. Oktober 1977 in Selbitz. Sie muß schon als Kind sehr sensibel und für geistliche Eindrücke außerordentlich empfänglich gewesen sein. Daß Jesus über Jerusalem weinte (Lk 19,41) beeindruckte sie tief, ebenso der Satz: "Da Jesus das Volk sah, jammerte es ihn" (Mt 9,36)[17].

---

[13] *Christusbruderschaft,* Denn er hatte seinem Gott vertraut, 22.

[14] Ebd.

[15] A.a.O. 16.

[16] A.a.O. 25.

[17] Diese Mitteilungen verdanke ich einer handschriftlichen Zusammenstellung zu Faktoren der Inspiration bei Hanna *Hümmer* von Sr. Christamaria *Schröter,* Selbitz.

Sie war eine ausgezeichnete Musikerin und nahm Gesangsunterricht. Als junge Sängerin wirkte sie bei einer Aufführung von G. F. Händels Oratorium "Der Messias" mit; dabei wurde sie von einem Rezitativ besonders tief erschüttert: "Die Schmach bricht ihm sein Herz; er ist voll Traurigkeit. Er sah umher, ob's jemand jammerte; aber da war keiner, keiner, der da Trost dem Dulder gab." Diese Dinge gingen mit ihr und gaben ihrem geistlichen Leben den Charakter einer großen Innerlichkeit.

In der Oxford-Gruppe begegnete sie einem neuen Lebensstil: Der Heilige Geist als Gegenwart Gottes in unserem Leben. Daß sie in Ansbach Walter *Hümmer* kennenlernte, wurde oben schon erwähnt. Durch sie kam auch er in Berührung mit "der Gruppe".

Den Einschnitt ihrer Verlobungszeit bis hin zur gegenseitigen Freigabe am Rosenmontag 1935 erlebte sie ungleich tiefer und dramatischer als ihr Verlobter. Die Möglichkeit, ehelos zu leben, um ganz allein dem Herrn zu gefallen (1 Kor 7), stand ihr vor Augen, ebenso das Beispiel Abrahams, der Gott seinen Sohn Isaak aufopferte (Gen 22). Auch die geliebte Musik war in dieses Loslassen mit einbezogen. "Das hat dann durch furchtbare Kämpfe geführt, bis sie Gott sagen konnte: Ja, da hast du alles", erinnern sich die Selbitzer Geschwister. "Das war ein Hingabeerlebnis, das sie tief geprägt hat. Aber von Gott her, wie geschenkt, kam eine Antwort: Es ist gut so. Die Verlobung konnte bestehen bleiben, aber sie hat einen neuen Stellenwert gehabt, und Christus war der Erste geworden." Damals wurde der Weg des Weizenkorns, das Sterben, um zum Leben zu kommen, das Zerbrechen, um fruchtbar zu werden, (vgl. Joh 12,24–26) zum Grundton ihres geistlichen Lebens. Als Trauspruch wählte das junge Paar ein Wort aus 1 Sam 20: "Was wir beide geschworen haben im Namen des Herrn und gesagt: Der Herr sei zwischen mir und dir – das bleibe ewiglich."[18]

Drei Kinder verloren *Hümmers* aufgrund von Frühgeburten, bis ihnen 1942 in Schwarzenbach/Saale der Sohn Gotthold geschenkt wurde. Kurz darauf mußte Walter *Hümmer* als Soldat in den Krieg. Der Pfarrfrau oblag in seiner Abwesenheit nicht nur die Sorge für das Kind, sondern auch für die beginnende Erweckung in der Gemeinde. Unter ihrer geistlichen Führung ging diese, obwohl nicht unangefochten, stetig weiter[19]. Die Frau Mutter war es auch, die am inneren Werden der Bruderschaft entscheidenden Anteil hatte.

---

[18] *Christusbruderschaft,* Denn er hatte seinem Gott vertraut, 21.

[19] A.a.O. 31.

8.1.2 Anfänge und Geschichte der Christusbruderschaft

a) *Von den Anfängen 1948 bis zum Tod der Frau Mutter 1977.* Über die Vorgeschichte hat Pfarrer *Hümmer* selbst berichtet:

"Als ich während der letzten Kriegsjahre eingezogen war, hatte sich eine Schar junger Mädchen und Frauen – aber auch junger Männer – um meine Frau gesammelt. Sie war für sie die geistliche Mutter geworden. Etliche von ihnen hatten eine klare Berufung zum Reiche Gottes empfangen und trugen diese Berufung jahrelang still in ihrem Herzen. Eine klare Führung und Nötigung, in irgendeines der vorhandenen Diakonissen- oder Diakonenhäuser einzutreten, hatten sie nicht. So blieben sie Harrende und Wartende. Sie versammelten sich regelmäßig zu Gebet und Austausch. Den ersten klaren Ruf Gottes zur Bruderschaft vernahm diese allmählich innerlich zu Geschwistern zusammengewachsene Schar am Altjahrabend 1947, an dem sie gemeinsam unter Eph. 4,1–17 im Gebet das Jahr 1948 erwartete."[20]

In dieser inneren Werdung der Gemeinschaft zeigte sich die charismatisch-prophetische Gabe von Frau *Hümmer*. Sie empfing Worte der Weisung oder bildhafte Eindrücke, die den Gang der Bruderschaft und ihre Berufung prägten: "Wer sich noch selbst lebt, versündigt sich am Leibe Christi", war eines dieser Worte[21], das an jenem Altjahresabend den jungen Geschwistern ins Herz fuhr. Es begann ein intensiver Prozeß des Betens und Hörens auf Gott, der sich am Karfreitag 1948 in unvergleichlicher Weise verdichtete. In dem Bericht der Frau Mutter spürt man noch heute die Erschütterung und Bewegung jener Stunden:

"An diesem Tag führte uns Gottes Geist in die gemeinsame Beugung voreinander, ins völlige Offenbarwerden unseres bisherigen Lebens im Lichte Gottes und unter dem Kreuz Jesu Christi. Der Dorngekrönte leuchtete in diesen Tag hinein, der mit dem 3. Wort vom Kreuz uns zur blutgetauften Einheit schuf[22]. Seitdem sind der Dornenkranz, das Keuz und das Gott hingegebene Herz das Zeichen unserer Bruderschaft geworden, das 'Wisset, ihr seid eins' ist heiliges Siegel Gottes über uns, und wir

---

[20] W. *Hümmer,* Die Christusbruderschaft in Selbitz, 178f. Siehe auch H. *Hümmer,* Gott ruft dem, was nicht ist, 5–8.

[21] H. *Hümmer* a.a.O. 8; W. *Hümmer* a.a.O. 179.

[22] Gemeint ist wahrscheinlich Joh 19,26.

sprechen uns seit jener Stunde mit 'Bruder' und 'Schwester' an."[23] Damals empfing Hanna *Hümmer* das Wort: "Heute ist unter euch ein Orden entstanden."[24]

Pfarrer *Hümmer* hatte diesen Tag nicht miterlebt, weil er gerade in München gewesen war. Als er zurückkam, erschrak er zunächst darüber, daß so etwas in seiner Abwesenheit geschah. Auch gegen das Wort "Orden" wehrte er sich anfangs. Ihm lag eher das Diakonische, die Dienstgemeinschaft. Aber dennoch erkannte er in all dem das Wirken Gottes, stellte sich hinter die Bruderschaft und vertrat ihre Anliegen nach außen. Das war auch nötig, denn jetzt brachen heftige Anfeindungen aus, weil die jungen Männer und Frauen begannen, aus Gehorsam gegen Gott und den empfangenen Ruf sich aus ihren Elternhäusern zu lösen[25].

In jenen Jahren waren enge Kontakte zum *Oekumenischen Christusdienst* entstanden[26]. Stichworte zur Spiritualität wie: "gottgeweihtes Leben", "geopferte Liebe", "Herzgemeinde im Leib Christi" und überhaupt ein vertieftes Verständnis des Opfers im Alten und Neuen Testament und besonders im Heiligen Mahl[27] können von dort aus in die Werdung der Christusbruderschaft eingeflossen oder jedenfalls vertieft worden sein[28].

Während einer Freizeit bei der *Bruderschaft v. g. L.* in Stuttgart-Weilimdorf suchte die angefochtene Schar nun tiefere Festigung und Klärung dessen, was mit ihnen geschehen war. Dort wurden ihnen die "inneren Leuchtzeichen", die sie schon am Karfreitag als Gnadengabe des Heiligen Geistes erkannt hatten, nämlich Armut, Keuschheit und Gehorsam, noch wesentlicher. Ebenfalls wurde dort deutlich, daß sie sich am 1. Januar 1949 auch nach außen hin öffentlich erklären sollten. In einer Feierstunde wurde an diesem Tag die *Christusbruderschaft* mit sieben Schwestern und vier Brüdern offiziell begonnen[29].

---

[23] H. *Hümmer,* Gott ruft dem, was nicht ist, 8f.

[24] Br. Matthäus *Seuß*, der damals dabei war, im persönlichen Gespräch; vgl. auch *Christusbruderschaft,* Denn er hatte seinem Gott vertraut, 35; Sr. Eva-Maria *Stephan, in:* H. *Gornik* (Hg.), Anders leben, 60.

[25] H. *Hümmer,* Gott ruft dem, was nicht ist, 9f; W. *Hümmer,* Die Christusbruderschaft, 179f.

[26] Siehe oben Kap. 1, S. 52f.

[27] Diese Stichworte nach Mitteilung von Sr. Christamaria, s. oben Anm. 17.

[28] Vgl. z. B. E. *Belz*/O. S. *v. Bibra*/K. *Heß*/P. *Riedinger* (Hg.), Oekumenischer Christusdienst; K. *Heß,* Die Mühe Gottes; P. *Riedinger,* Gedanken über das Priestertum des Christus Jesus; *ders.,* Gedanken über das Priestertum des Dreieinigen; *ders.,* Von den Geweihten des Herrn.

[29] H. *Hümmer,* Gott ruft dem, was nicht ist, 11f; W. *Hümmer,* Die Christusbruderschaft, 180.

Etwas später schrieb Walter *Hümmer* an einen der jungen Brüder: "Das Neue an unseren Statuten ist, daß wir die Eigenart unserer Bruder- und Schwesternschaft als 'evangelischer Orden' herausstellen. Das macht mich froh. Das klärt die Situation. Das wird uns neue Schmach einbringen. Aber es ist die innere Gehorsamslinie, die wir damit einhalten. Das 'evangelisch' ist klar zu unterstreichen. Und zum anderen der Dienstcharakter des Ganzen. Ebenso die freimütige, ganze Unterstellung unter die Kirche. Alles nicht wie unter einem Gesetz, sondern als Opfer aus Dank und Liebe allein an Ihn!"[30] Damit ist der Charakter der gerade entstandenen *Christusbruderschaft* knapp und treffend beschrieben.

Die *Wahl des Namens "Christusbruderschaft"* hat einerseits mit dem entscheidenden Erlebnis am Karfreitag zu tun, als "der Dorngekrönte in diesen Tag hineinleuchtete", so daß Kreuz, Dornenkrone und "das Gott hingegebene Herz" zu Zeichen der Bruderschaft geworden sind, die man noch heute an dem Kreuz sehen kann, das Teil der Schwesterntracht ist. Der Name soll aber andererseits vor allem zum Ausdruck bringen, daß Christus unser Bruder geworden ist und nur darum Bruderschaft unter Menschen überhaupt möglich ist. Daher meint die Bezeichnung "Bruderschaft" nicht in erster Linie die Geschwister, die in der Gemeinschaft versammelt sind, und ihre Beziehungen in der Horizontalen untereinander, sondern sie weist auf Christus unseren Bruder selbst und seine Beziehung zu uns.

Nun begann das gemeinsame Leben der Bruderschaft. Aus den "Stunden des Gebets"[31] wurden Stundengebete[32], die sehr stark von der Frau Mutter, Hanna *Hümmer,* gestaltet wurden, auch in ihren feststehenden "liturgischen" Teilen. Die kleine Zelle lebte "von der inneren Begegnung mit Gott im Wort, Gebet und Heiligen Mahl und in der bruderschaftlichen Begegnung untereinander."[33]

Der sofort einsetzende "Sturm der Entrüstung"[34] in Schwarzenbach wurde so stark, daß die Kirchenleitung in München, trotz ihres Wohlwollens der neu entstandenen Gemeinschaft gegenüber, um des Friedens willen den Umzug in einen anderen Ort nahelegte. So kam die *Christusbruderschaft* am 17. August 1949 nach *Selbitz,* 15 km nordwestlich von Hof

---

[30] *Christusbruderschaft,* Denn er hatte seinem Gott vertraut, 39.

[31] H. *Hümmer,* Gott ruft dem, was nicht ist, 5.

[32] Vgl. a.a.O. 35.

[33] A.a.O. 13.

[34] W. *Hümmer,* Die Christusbruderschaft, 180.

in Oberfranken gelegen, wo Walter *Hümmer* die erste Pfarrstelle übernahm und wo die Bruderschaft noch heute ihren Sitz hat[35].

Wohnraum bot zunächst das Selbitzer Pfarrhaus, das aber von Anfang an für die ganze Bruderschaft zu eng war. Am 4. September 1949 konnte ein kleines, eher provisorisches "Schwesternhäuschen" aus Holz eingeweiht werden. Die innere Gewißheit, ein "Mutterhaus" bauen zu sollen, kam überraschend und wurde für die Gemeinschaft durch das Bibelwort: "Es soll nicht durch Heer oder Kraft, sondern durch meinen Geist geschehen" bestätigt. Da in der Haushaltskasse keinerlei überschüssiges Geld war, bat Frau *Hümmer* um drei Gnadenzeichen: a) es sollte der Gemeinschaft das Land für den Bau geschenkt werden, b) der Architekt sollte das Haus umsonst planen, und c) es sollte in der Haushaltskasse wenigstens in einem Monat einmal ein Überschuß von DM 100,- bleiben. Das Wunder geschah, daß die Zeichen alle eintrafen (der Überschuß betrug sogar DM 130,-), und das Bauen konnte beginnen. Am 26. Juni 1954 wurde auf dem *Wildenberg* oberhalb von Selbitz der Grundstein gelegt. Am 8. Juli 1956 konnte der erste Bauabschnitt eingeweiht werden. Ein zweiter Bauabschnitt, der auch eine Kapelle enthielt, wurde am 7. August 1959 begonnen. Am 20. Mai 1962 konnte die Kapelle und damit auch der neue Teil des Hauses eingeweiht werden.

Inzwischen war die Doppelbelastung durch Pfarramt und Bruderschaft für Walter *Hümmer* zu groß geworden. 1957 ließ er sich aus dem unmittelbaren landeskirchlichen Dienst beurlauben. Die Bayerische Kirche ernannte ihn zum Kirchenrat.

Ab Frühjahr 1966 wurde erneut gebaut: ein Gästehaus als Haus der Einkehr und der Seelsorge, welches am 10. November 1968 eröffnet werden konnte. Direkt unterhalb dieses Gästehauses baute der Landkreis ein Alten- und Pflegeheim, für das die *Christusbruderschaft* Leitung und Personal stellte und das sie am 1. Juni 1971 übernahm.

Am 15. August 1972 starb KR Walter *Hümmer* überraschend. Zur Wahl eines Nachfolgers konnte sich die Bruderschaft nicht verstehen. "Wir leben das bruderschaftliche Leben gemeinsam mit unserer Frau Mutter, die ja schon immer die geistliche und seelsorgerliche Führung

---

[35] Zu den exakten Daten s. H. *Hümmer,* Auf Dein Wort (das Heft enthält keinerlei Seitennumerierung, sondern ist ab der neunten Seite nach Datumseinträgen gegliedert; so wird es im folgenden auch zitiert werden; die Zusammenstellung einiger Daten zur Geschichte der Bruderschaft findet sich auf der siebten Seite); zu den inhaltlichen Ausführungen s. *dies.,* Gott ruft dem, was nicht ist, 13–25.

hatte"[36]. Fünf Jahre später, am 19. Oktober 1977 wurde auch sie von Gott heimgerufen. Kurz vorher hatte sie noch Dr. Hans *Häselbarth,* der bis dahin als Missionar und theologischer Lehrer in Südafrika und Nigeria tätig war, zum Dienst als Pfarrer in der *Christusbruderschaft* berufen. Damit begann für die *Christusbruderschaft* eine schwere Zeit der Orientierung und Neufindung.

b) Die *Entwicklung von 1977 an* stand unter dem Zeichen immer schärfer werdender Auseinandersetzungen um das rechte Erbe der Gründer. Die kleine Zelle des Anfangs war schnell angewachsen. Zählte KR Walter *Hümmer* 1959 noch 58 Schwestern und 10 Brüder[37], so waren es 1969 bereits 100 Schwestern und 13 Brüder[38] und 1979 sogar 165 Schwestern und 23 Brüder[39]. Bei dieser Größenordnung wurde es immer schwerer, die anfängliche Spontaneität beizubehalten. Da das Charisma der Frau Mutter nun fehlte, mußte es notwendig zu festeren Ordnungen kommen.

Doch gerade das schien den überkommenen Lebensstil in Frage zu stellen. Man hatte sich bisher immer als "geistliche Familie" verstanden, und das hieß nach Sr. Adelheid *Wenzelmann:* "Bei uns ging es spontan zu, es gab keine geschriebenen Regeln, nur prägende Sätze der Gründer. Früher wehrte man sich auch gegen eine geschriebene Regel, weil man diese Spontaneität vom Hören auf das Wort Gottes her erhalten wollte, welche die Entstehungszeit geprägt hatte. Mit dem Größerwerden führte das aber zu Schwierigkeiten." Das ist um so auffälliger, als im Anfangsjahr das Wort vom "Orden" ganz deutlich ausgesprochen worden war. In ihm hätte ein Korrektiv des allzu eng gefaßten Familienbegriffs liegen können. Dazu meinte freilich Br. Markus *Wächter:* "Die Bezeichnung war da. Aber wie wenig wir darüber nachgedacht hatten, zeigt sich daran, daß auch dies unter anderem ein Grund unserer Trennung war. Weil wir diese Elemente aufgenommen haben – gemeint haben, aufnehmen zu *müssen,* uns mit der Tradition auseinanderzusetzen, auch mit der katholischen –, darum wurde uns vorgeworfen: Ihr verändert die Prägung der Gemeinschaft, ihr verlaßt das Bisherige!"

Konkret läßt sich das z. B. an der Entwicklung der Gebetszeiten festmachen. Im persönlichen Gespräch berichtete Sr. Reinhild *v. Bibra:* "Ausschlaggebend war, daß

---

[36] Ein ungenannter Bruder, *in:* H. *Hümmer,* Auf Dein Wort, November 1972.

[37] W. *Hümmer,* Die Christusbruderschaft, 187.

[38] W. *Hümmer,* Das Leben evangelischer Kommunitäten in Deutschland, 116.

[39] Sr. Eva-Maria *Stephan, in:* H. *Gornik* (Hg.), Anders leben, 59.

unser Gebetsleben sehr von dem charismatischen Fluß der Frau Mutter gestaltet war. ... Ich habe in Erinnerung, daß irgend etwas müde wurde, erstens, weil es sehr von der subjektiven Sprache her gestaltet war – das betrifft ja auch die Sprache der Frau Mutter – daß wir also wirklich eine Sehnsucht nach objektiven Formen hatten, und zweitens, weil das freie Gebet einen ganz großen Stellenwert hatte. Was wir oft gemerkt haben: man kann nicht zweimal oder dreimal am Tag 'produzieren'". So stießen die Geschwister zunächst auf das Psalmengebet und dann auf die gregorianisch gesungenen Horen von Münsterschwarzach.

In all dem bewahrheitete sich der Satz, den man heute in einer Selbstdarstellung der Selbitzer Geschwister liest: "Die zweite Generation konnte nicht einfach von den Antworten der ersten leben, sondern wir mußten noch einmal ganz neu nach Gottes Willen fragen."[40] Doch diese Einsicht blieb keineswegs unangefochten. Hier wirkten schließlich viele Dinge zusammen, so z. B. außer den grundlegenden, oben genannten Verschiebungen die positive Aufnahme von Impulsen der "Charismatischen Bewegung", die Offenheit für Erkenntnisse aus der Psychologie oder die aktive Beteiligung an politischen Ereignissen. All das wurde durch einen kleinen Kreis von Schwestern und Brüdern prinzipiell in Frage gestellt, weil es nach ihrer Auffassung der *Christusbruderschaft,* so wie sie Walter und Hanna *Hümmer* gewollt und geprägt hatten, widersprach.

Es gab schließlich trotz aller Vermittlungsversuche durch andere Kommunitäten und durch den Landesbischof der Bayerischen Kirche keine andere Möglichkeit mehr als die Trennung. Im November 1984 zogen vierzehn Schwestern und sieben Brüder nach *Falkenstein* im Bayerischen Wald[41]. Seither gibt es zwei "Zweige" der Gemeinschaft: die *Christusbruderschaft Selbitz,* die heute 110 Schwestern und fünf Brüder zählt[42], und die *Christusbruderschaft Falkenstein,* die dabei ist, ein neues Zentrum zu errichten, und die Arbeit im bisherigen Sinne fortführt.

Ein allgemeiner Bericht über die *Christusbruderschaft* müßte also ab dem Jahr 1984 sozusagen "stereo" sehen und beide Zweige im Auge behalten. Für das Thema der *Tradition in evangelischen Kommunitäten* ist freilich die *Selbitzer* Gemeinschaft gerade wegen ihrer Entdeckung der Gregorianik und der verstärkt geführten Auseinandersetzung mit der Tradition interessant. Die vorliegende Arbeit wird daher für die neueste Zeit die Erfahrung der *Christusbruderschaft Selbitz* auswerten, während die noch eingehender zu untersuchende Zeit *vor* dem Tod der Gründer beiden Richtungen gemeinsam ist.

---

[40] *Christusbruderschaft Selbitz,* Ein Bericht vom Werden und Auftrag, 10.

[41] Ebd.

[42] So nach dem Eintrag im *Adressenwerk der evangelischen Kirchen 1990,* 743.

8.2 Gestalt und Anliegen

8.2.1 Gestalt

a) *Struktur und Dienste.* Kommt man heute von Selbitz aus auf den *Wildenberg,* trifft man rechts von der Straße auf die weiträumige Anlage des *Ordenshauses.* Der ältere Teil, nach Art eines Kreuzgangs im Viereck um einen lichten Innenhof gebaut, wurde in neuerer Zeit durch einen modernen Anbau erweitert. Hier sind die Wohnungen der Schwestern und, bis jetzt noch, auch die der Brüder. – Links von der Straße, dem Ordenshaus genau gegenüber, steht das *Gästehaus* für Einkehrzeiten und Seelsorge. Es besteht ebenfalls aus mehreren Flügeln, die in den Hang gebaut und auf verschiedenen Ebenen miteinander verbunden sind. – Unterhalb davon, also wieder etwas mehr der Stadt Selbitz zu, liegt das dem Kreis gehörende *Alten- und Pflegeheim,* das von Angehörigen der *Christusbruderschaft* geführt wird.

Die Geschwister tragen eine schlichte graue Tracht. Bei den Brüdern besteht sie in einer Art Kittel oder Bluse mit hochgeschlossenem Kragen. Die Schwestern tragen ein einfaches graues Kleid. Außerdem gehört zur Schwesterntracht ein weißer Schleier und ein Brustkreuz, in dessen Zentrum ein Herz eingraviert und um dessen Arme ein Dornenkranz geschlungen ist (s. oben S. 316).

Der Tag beginnt mit einem liturgischen Morgengebet in der Kapelle des Ordenshauses. Daran schließt sich eine Zeit der Stille über Gottes Wort an. "Um elf Uhr preisen wir die Erlösungskraft des Kreuzes über der Welt des Todes und des Unfriedens. Das Gebet um 17.30 Uhr hat den Schwerpunkt der Fürbitte, im freien gemeinsamen Gebet. Hier tragen wir vor Gott: die Sorge um den Frieden und die Gerechtigkeit in der Welt, die Anliegen der Erneuerung und Einheit der Kirche, die Aufgaben der Diakonie und der Mission."[43] Zweimal in der Woche wird der Tag mit der Komplet beschlossen. Höhepunkt der Woche ist der festliche Gottesdienst am Sonntagmorgen mit Heiligem Mahl. "Tagsüber, von Stunde zu Stunde, geschieht ein fortlaufender Gebetsdienst von jeweils ein oder zwei Geschwistern als Zeichen für das immerwährende Wach-

[43] *Christusbruderschaft Selbitz,* Ein Bericht vom Werden und Auftrag, 20.

sein vor Gott."[44] Es dürfte die Intuition und Inspiration der Frau Mutter gewesen sein, die diese Gebetsform eingeführt hat, wohl in Anlehnung an den Gethsemanebericht und die Bitte Jesu: "Bleibt hier und wacht mit mir" (Mt 26,38)[45].

Ebenfalls auf Frau *Hümmer* geht das Wort zurück: "Gebetszeiten bestimmen den Rhythmus der Arbeit, nicht aber die Arbeit die Gebetsmöglichkeiten"[46] – dies atmet durch und durch monastischen Geist! Und ganz im Sinne z. B. des hl. *Benedikt* scheint es zu sein, wenn in der Selbstdarstellung der *Christusbruderschaft* von der "Liturgie des Alltags: in Hof, Garten, Küche, Haus, Schneiderei, Büro, Atelier" die Rede ist[47]. "Unser ganzes Sein und Tun soll eingestimmt werden auf den Lobpreis Gottes. Alles kann zur Liturgie der Liebe werden: Putzen und Kochen, Säen und Ernten, Lehren und Lernen, Pflegen und Nähen, Handeln und Ruhen, auch alles Gestalten in Formen und Farben, in Wort und Musik. In jedem von uns entfaltet der Heilige Geist das Gebet entsprechend seiner Originalität."[48]

Damit sind die *Dienste* der *Christusbruderschaft* angesprochen. Hier ist vor allem bemerkenswert, daß neben den Arbeiten in der Pflege des großen Ordenshauskomplexes und in der Verwaltung von Anfang an *apostolische Aufgaben* wahrgenommen wurden. Dies war ein besonderes Anliegen von KR Walter *Hümmer,* der die Gemeinschaft schon von der Entstehung an als *"Dienstbruderschaft"* sah[49] und sie "als eine Art Übergangsform vom seitherigen Mutterhausstil zu den neuen Kommunitäten"[50] in der Mitte zwischen Mutterhaus und Orden ansiedelte[51]. Daß dazu die Dienste im *Alten- und Pflegeheim* gehören, liegt auf der Hand, ebenso wie im *Gästehaus* die Freizeiten für Kinder und Jugendliche, Frauen und Männer, für Einzelgäste, die Pfarrerrüsten und die damit verbundenen Verkündigungs- und Seelsorgedienste[52].

---

[44] Ebd.

[45] Vgl. die Gedanken von H. *Hümmer* zu Matthäus 26,36–46, o. J. veröffentlicht unter dem Titel: "Bleibet hier und wachet mit mir".

[46] Zitiert in: *Christusbruderschaft Selbitz,* Ein Bericht vom Werden und Auftrag, 20.

[47] Ebd.

[48] Ebd.

[49] *Christusbruderschaft,* Denn er hatte seinem Gott vertraut, 37.

[50] W. *Hümmer,* Das Leben evangelischer Kommunitäten in Deutschland, 116.

[51] Sr. Adelheid *Wenzelmann* im Gespräch.

[52] H. *Hümmer,* Gott ruft dem, was nicht ist, 39f; W. *Hümmer,* Brauchen wir evangelische Orden?, 103; *ders.,* Das Leben evangelischer Kommunitäten in

Aber daneben engagiert sich die *Christusbruderschaft* weit über Selbitz hinaus: Von Br. Matthäus *Seuß,* der als Gründungsmitglied der Gemeinschaft seit 40 Jahren in der Verwaltung tätig ist und die Finanzen der *Christusbruderschaft* betraut, heißt es: "Sein zweiter Arbeitsbereich sind Verkündigungsdienste, besonders in Baden-Württemberg. In letzter Zeit war er dort wieder zu einigen biblischen Wochenenden. (Urspring, Stift Urach, Rheinfelden, Bodelshausen, Ulm, Uhingen, Grömbach, Bernhäuser Forst.)"[53] Daß diese Mitteilung durchaus als repräsentativ gelten darf, zeigen die zahlreichen Berichte und Notizen in den Rundbriefen der Kommunität. Außerdem sind die Schwestern in verschiedenen Städten Bayerns und der ehemaligen DDR tätig, arbeiten in der Krankenpflege und in Kindergärten, als Psychologinnen und Ärztinnen, oder mit Asylbewerbern und Aussiedlern.

Ein Verkündigungsdienst besonderer Art, der von Anfang an gepflegt wurde, ist das *künstlerische Arbeiten* einiger Geschwister. Die Werke von Br. Benedikt *Traut* oder Sr. Christamaria *Schröter* sind weit über Selbitz hinaus bekannt geworden.

In den letzten zehn Jahren haben sich neue Arbeitsfelder eröffnet, vor allem durch die Aussendung einer Schwesternstation nach *Sehitwa/Botswana* im Jahre 1987. – Nach der Öffnung der Grenzen hat man sich sogleich auch dem Osten unseres Landes zugewandt: Ende Januar 1991 gingen zwei Schwestern nach Sternberg (Mecklenburg-Vorpommern), die eine, um in der Kindergartenarbeit zu helfen, die andere zum Aufbau einer Diakoniestation[54]. Eine weitere Schwester ist Krankenhausseelsorgerin in Magdeburg.

Neben den zölibatären Schwestern und Brüdern gibt es auch eine *"Tertiär-Gemeinschaft"* aus Ehepaaren und Alleinstehenden, die nach der Möglichkeit ihrer Lebensform geistliche Grundelemente der *Christusbruderschaft* aufnehmen und für sich umsetzen. Untereinander stehen sie in Verbindung durch Gebet, Begegnungen und Einkehrzeiten[55]. Diese ca. 60 Mitglieder umfassende und stetig wachsende Gemeinschaft unterstützt die Arbeit der *Christusbruderschaft* mit großem Engagement und sehr aktiver Mitarbeit, z. B. bei den Einsätzen auf den Deutschen Evangelischen Kirchentagen oder bei den von Selbitz durchgeführten Freizeiten,

---

Deutschland, 116f; *ders.*, Die Christusbruderschaft, 185; vgl. die Freizeitprospekte der *Christusbruderschaft*.

[53] *85. Rundbrief* vom Mai 1993 (ohne Seitenzahlen).

[54] *81. Rundbrief* vom Mai 1991.

[55] *Christusbruderschaft Selbitz,* Ein Bericht vom Werden und Auftrag, 28.

durch praktische und handwerkliche Mithilfe oder durch Beteiligung an den Verkündigungsdiensten der Kommunität.

Die *Leitungsstruktur* sah in der Übergangszeit nach 1984 zunächst ein gewähltes Team vor, das "für die Einheit der Christusbruderschaft ... verantwortlich" war[56]. Inzwischen gibt es eine leitende Schwester und einen leitenden Bruder, zur Zeit Sr. Anna-Maria *aus der Wiesche* und Br. Markus *Wächter,* die durch Wahl bestimmt werden. Ihnen steht Dr. Hans *Häselbarth* als Pfarrer der Bruderschaft zur Seite. Da der Schwesternzweig aber sehr groß ist und zahlreiche Arbeitsgebiete umfaßt, ist dort die Leitungsverantwortung in viele Bereiche hineindelegiert. Durch ein wöchentliches Treffen aller verantwortlichen Schwestern mit der leitenden Schwester bleibt der Zusammenhalt gewahrt. Dazu tritt der Bruderschaftsrat, der von der ganzen Bruderschaft gewählt wird. "Er setzt sich zusammen aus verschiedenen Alters- und Berufsgruppen der Gemeinschaft und bildet das Verbindungsglied zwischen Leitung und Gesamtbruderschaft."[57] Diese selbst wiederum ist in eine "Zellen-Struktur" untergliedert, durch die etwa je sechs Schwestern oder Brüder den "Raum zur persönlichen Begegnung, zur Klärung anstehender Fragen und zur Einübung der Gütergemeinschaft, auch zum Feiern und zum schöpferischen Gestalten" finden[58].

Das zuletzt Erwähnte erinnert sehr stark an die *Kleingruppen der Communität Casteller Ring* (s. oben S. 262); es ist nicht ausgeschlossen, daß die *Christusbruderschaft* in diesem Punkt bei den Schwanberger Schwestern dankbar gelernt hat. Überhaupt ist diese Bestandsaufnahme über die Gestalt der Selbitzer Gemeinschaft, alles in allem, sehr stark an dem *heutigen* Stand der Dinge orientiert. Die Leitung der Bruderschaft *vor* 1977 lag fraglos in den Händen der *Hümmers,* zuletzt in denen der Frau Mutter, auch wenn die Geschwister an der Verantwortung beteiligt worden waren. Es ist für das Verständnis des Folgenden unerläßlich, die Bedeutung von Hanna *Hümmer* für die *Christusbruderschaft* zu begreifen.

b) *Die Rolle der Frau Mutter* ist nun bereits an mehreren Stellen charakterisiert worden: "Durch meine Frau ist das innere Werden der Bruderschaft geschehen", schrieb Walter *Hümmer,* "der Anfang, die Erweckung. Aber Gott hat es so gewollt, daß ich unser geistliches Leben als Bruderschaft in der Öffentlichkeit und vor der Kirchenleitung ver-

---

[56] A.a.O. 26.

[57] Ebd.

[58] Ebd.

antworte und meinen Kopf dafür hinhalte."[59] Nicht nur für das *Werden* der *Christusbruderschaft* gilt diese Beobachtung: "Die Bruderschaft ... steht unter der Verantwortung von meiner Frau und mir. Meine Frau ist (wie beim alten Fliedner) zugleich Mutter des Ganzen", stellte KR *Hümmer* 1961 fest[60]. Für ihn persönlich hieß das: "Ich weiß um meine allgemeine Berufung: Jünger zu sein, um meine spezielle Berufung: Pfarrer zu sein und um meine spezielle Berufung innerhalb der Bruderschaft: *Protektor zu sein – in der Gestalt des Josef.*"[61] Das heißt, um im Bild zu bleiben: Hanna *Hümmer* war wie Maria die Mutter, die das "Kind" Christusbruderschaft austrug, es hegte und pflegte und zeitlebens in einer besonderen inneren Beziehung zu ihm stand. Das oben S. 317f angeführte Zitat eines ungenannten Bruders bestätigt das: "Wir leben das bruderschaftliche Leben gemeinsam mit unserer Frau Mutter, die ja *schon immer (!)* die geistliche und seelsorgerliche Führung hatte"[62].

Sie war es auch, die in der Offenheit vor Gott Schriftworte als persönliche Zusagen empfing, die für sie und die ganze *Christusbruderschaft* zu göttlichen Weisungen wurden. Das Wort, welches ursprünglich den Gedanken an den Bau des Mutterhauses bestätigt hat, wurde bereits oben S. 317 erwähnt: "Es soll nicht durch Heer oder Kraft, sondern durch meinen Geist geschehen" (Sach 4,6). Zu dem zweiten Bauabschnitt "gab der Herr das Wort: 'Gott ruft dem, was nicht ist, daß es sei'"[63] (Röm 4,17). Beim Vorhaben, ein Gästehaus zu bauen, gab Gott wiederum "ein Wort gnädiger Verheißung: 'Und Er wird bei ihnen wohnen'"[64] (Offb 21,3). Während der vielerlei Aufregungen und Anspannungen solcher Bauzeiten bekannte Frau *Hümmer* einmal: "Ich hänge mich an die Worte. 'Der Herr wird euch in Trübsal Brot und in Ängsten Wasser geben.'(Jesaja 30,20) 'Mein ist das Silber und Gold, spricht der Herr.' (Haggai 2,8) Mein Herz hält ihm vor sein Wort"[65] – das Letztere ist seinerseits ein Schriftzitat: Ps 27,8. "Zeitweise lebe ich nur davon, einen Augenblick die Augen zu schließen, daß das schöpferische Dunkel mich erfülle. In diesen paar Minuten durchbricht die Ewigkeit meine Zeit. Es wird eine große Stille[66], durch die der Tag immer neu sich ereignen kann mit allen Anforderungen ... In solches lichte

[59] *Christusbruderschaft,* Denn er hatte seinem Gott vertraut, 45.

[60] W. *Hümmer,* Das Leben evangelischer Kommunitäten in Deutschland, 116,

[61] *Christusbruderschaft,* Denn er hatte seinem Gott vertraut, 78 (Kommasetzung sic!; Hervorhebung von mir).

[62] Zitiert in: H. *Hümmer,* Auf Dein Wort, November 1972 (Hervorhebung von mir).

[63] H. *Hümmer,* Gott ruft dem, was nicht ist, 22.

[64] A.a.O. 24.

[65] H. *Hümmer,* Auf Dein Wort, Dezember 1954.

[66] Zu diesem Ausdruck vgl. Mk 4,39 aus dem Bericht von der Stillung des Sturmes.

Dunkel tropft dann ein Wort von oben, ein Schöpferwort, das den Alltag mit einem Mal umgestaltet."[67]

Solche "Schöpferworte" sind nicht nur Schriftstellen gewesen, sondern auch Eingebungen anderer Art, z. B. die an jenem Karfreitag 1948 bestimmenden Worte: "Unser Leben ist nur so viel wert, als es ein Opferleben ist", "Wer sich noch selbst lebt, versündigt sich am Gesamtleibe Christi", "Wisset, ihr seid eins"[68] oder: "Heute ist unter euch ein Orden entstanden"[69]. Auch der Bau des Mutterhauses wurde durch solch einen inneren Impuls begonnen: "In den ersten Wochen des Jahres 1951 wurde uns im inneren Hören auf Gott während einer Stunde ernster Beugung die erste Weisung gegeben, daß der Herr uns ein Haus schenken wolle"; das erwähnte Bibelwort aus Sach 4 "wurde uns als Leitwort und Verheißung *dazu (!)* gegeben"[70]. Hanna *Hümmer* fährt fort: "Den künftigen Namen unseres Hauses trug ich von der ersten Stunde an heimlich im Herzen, noch ehe wir um die Zeichen baten. In der Stille leuchtete mir – auch später durch manche Schwierigkeiten hindurch – der Name 'Haus Gotteshuld'."[71]

Oft hat Frau Mutter auch *Berufungen* ausgesprochen, nicht nur zu den jungen Frauen, sondern auch zu den Männern hin, daß sie einen Ruf zum Brudersein hätten.

Bedenkt man dies alles, drängt sich einem der Eindruck auf, daß Hanna *Hümmer* eine wahrhaft charismatische, ja prophetische Persönlichkeit war, fast nach Art der alten Wüstenmütter Ägyptens, einer *Amma Theodora, Sarrha* oder *Synkletika*[72]. So ist es auch verständlich, daß die Gestalt der *Christusbruderschaft* in wesentlichen Teilen von ihr und ihrem Charisma geprägt worden ist.

8.2.2 Anliegen

"Die Christusbruderschaft Selbitz nöchte eine Herzaufgabe inmitten der Gemeinden Oberfrankens erfüllen. Ein frischer, lebendiger Geist – 'nüchtern, natürlich, geistlich, fröhlich' – durchweht das Mutterhaus, das auch eine Stätte der Stille, der Anbetung und der seelsorgerlichen Hilfe ist", mit diesen Worten hat KR Walter *Hümmer* auf knappstem Raum das Anliegen der *Christusbruderschaft* beschrieben[73]. Auf eine Formel ge-

[67] H. *Hümmer,* Auf Dein Wort, November 1970.

[68] W. *Hümmer,* Die Christusbruderschaft, 179.

[69] Siehe oben S. 315 Anm. 24.

[70] H. *Hümmer,* Gott ruft dem, was nicht ist, 15 (Hervorhebung von mir).

[71] A.a.O. 16/18.

[72] Vgl. deren Worte in der alphabetischen Apophthegmensammlung, dt. bei *Miller,* Worte der Weisung, Apo 309–315 u. 884–909.

[73] W. *Hümmer,* Brauchen wir evangelische Orden?, 103.

bracht, heißt das: "Dreiklang unserer Sendung: *Leiturgia – Martyria – Diakonia*"[74]. Diese drei Begriffe tauchen in fast allen Äußerungen der Bruderschaft auf, wenn sie ihren Dienst und Auftrag beschreiben will. Sie haben für sie fundamentale Bedeutung.

Woher die *Christusbruderschaft* den Dreiklang von Martyria, Leiturgia und Diakonia empfangen hat, ist heute nicht mehr auszumachen; möglicherweise wurde er ihr durch den Oekumenischen Christusdienst vermittelt. Tatsache ist aber, daß sie darin ihre Sendung in besonders dichter Weise ausgedrückt fand[75]. Dabei legte Walter *Hümmer* auf die rechte Anordnung der Begriffe Wert: sie "werden von den Kommunitäten in der Reihenfolge aufgereiht: leiturgia, martyria, diakonia. Das heißt: das *Schwergewicht* ihres Daseins und Dienstes liegt zunächst nicht auf der diakonia im alten Sinn, sondern auf der *leiturgia und martyria,* auf dem Mariendienst in erster Linie und dann erst auf dem Marthadienst."[76]

Über die *innere Sendung* der *Christusbruderschaft,* die mit den drei Begriffen Leiturgia, Martyria und Diakonia ausgedrückt ist, gibt jedoch wieder am tiefsten die Frau Mutter Auskunft:

"Zwei Geraden schneiden sich. Dadurch entsteht ein Kreuz, ein Schnittpunkt. Mit der Horizontalen vergleiche ich den Dienst der Diakonie, mit der Vertikalen den Dienst des Zeugnisses; der geheime Schnittpunkt beider Dienste ist der Dienst des Gebets. So soll unser Dienst gelebt und erfüllt sein aus der inneren Begegnung mit Gott ... ... Jesus kam vom Berg übers Meer. Vom Gebet ging Er in das Geschehen der Tage und Nächte, ins Dienen und Wirken. Das Herz im Himmel, die Hände beim Bruder, die Füße im Staub! Das Leben für die Brüder lassen, ist kein Teilgeschehen, sondern umfassender Dienst, der im Gottesverhältnis wurzelt. Wir sollen den Himmel auf die Erde bringen und die arme Erde in den Himmel! Luther wagte zu sagen. 'Wir sollen dem andern ein Christus werden.' Damit ist unserem Dienst die Richtung gewiesen. Weil alles in den Himmel wachsen will, muß der Himmel Erde werden. Diakonia

---

[74] *Christusbruderschaft Selbitz,* Ein Bericht vom Werden und Auftrag, 20 (Hervorhebung von mir). Zur Herkunft der Formel s. H.-Ch. *Schmidt-Lauber,* Die Zukunft des Gotetsdienstes, 39f.

[75] Vgl. *Christusbruderschaft Selbitz,* Ein Bericht vom Werden und Auftrag, 20; H. *Hümmer,* Gott ruft dem, was nicht ist, 31; W. *Hümmer,* Die Christusbruderschaft, 184; S. *v. Kortzfleisch,* Mitten im Herzen der Massen, 109; I. *Reimer* (Hg.), Verbindliches leben, 114; mit anderen Worten sagt dasselbe Sr. E.-M. *Stephan, in:* H. *Gornik* (Hg.), Anders leben, 63: "Drei Dienste – Gebet und Stille vor Gott, der Dienst am Nächsten und die frohe Botschaft von Jesus Christus – füllen unsere Tage aus"; und: M. *Rosenkranz,* Die Christusbruderschaft, 32: "... die ungeschrieben Regel, nach der sie leben: Gebet, Zeugnis, Diakonie."

[76] W. *Hümmer,* Das Leben evangelischer Kommunitäten in Deutschland, 119 (Hervorhebungen im Original).

ohne Leiturgia wird Sklavenarbeit, und Martyria ist leerer Schall ohne die schöpferische Kraft des Gebets."[77]

8.3 Ein spannungsvolles Traditionsgefüge

Die *Christusbruderschaft* ist aus den inneren Impulsen der *Hümmers* erwachsen, ohne bewußt auf vorgegebene monastische Formen zurückzugreifen. "Es ist vieles unbewußt geschehen", erinnert sich Br. Markus *Wächter*, "inspiriert vom geistlichen Gespür der Frau Mutter. Wir haben nicht bewußt auf die alte mönchische Tradition zurückgegriffen. Wir haben darüber nicht gearbeitet. Es war auch nicht gern gesehen, sich da hinein zu vertiefen. Aber rückblickend muß ich sagen: die Frau Mutter hat wohl ein Gespür dafür gehabt." Das heißt nun freilich nicht, daß die alte Tradition völlig abwesend wäre. Sie ist nur diffuser und in verschiedenen Strängen sich überlagernd da und deshalb schwerer aufzufinden. Dazu kommt, daß der Herr Vater für andere Akzente stand als die Frau Mutter. Schließlich ist in Rechnung zu stellen, daß durch die Verwurzelung im Luthertum und in dem Werk Wilhelm *Löhes* viele Dinge Eingang in Selbitz gefunden haben, deren Herkunft aus älteren Traditionen in der Tat nicht bekannt war oder nicht eigens reflektiert werden mußte.

8.3.1 Die Verwurzelung im Luthertum

Die lutherische Herkunft ist bei beiden *Hümmers* unverkennbar und hat in der deutlichen, handfesten Art des Herrn Vaters genuinen Ausdruck gefunden. Beide sind aber auch durch Pietismus und Oxford-Gruppe geprägt worden. Daher hatten sie einen weiten Horizont mit ökumenischer Gesinnung. Vater *Hümmer* soll öfter gesagt haben: "Wir sind lutherische Pietisten und pietistische Lutheraner"[78].

Die lutherische Prägung zeigt sich z. B. in der zentralen Bedeutung des *Heiligen Abendmahls:* "Unter dem Wort Gottes, in gemeinsamen Stunden des Gebets und im Heiligen Mahl" fanden die ersten Geschwister der Erweckung in Schwarzenbach

[77] H. *Hümmer,* Gott ruft dem, was nicht ist, 31f.

[78] So Br. Matthäus *Seuß* im Gespräch.

zusammen[79]. Durch den gemeinsamen Gang zum "Tisch des Herrn" wurde die Gründung der *Christusbruderschaft* am 1. Januar 1949 besiegelt[80]. "Bestimmend für unser geistliches Leben war von Anfang an die Stille Zeit, das Hören auf Gott, der Austausch unter dem Wort Gottes, das gemeinsame und einsame Gebet, das häufige Feiern des Heiligen Mahles."[81] Die Betonung des Wortes Gottes ist natürlich nicht minder lutherisch, würde für sich alleine genommen aber auch für andere Hintergründe sprechen, z. B. das pietistisch-erweckliche Erbe. Lutherisch ist gerade die Verbindung von Wort *und Sakrament*. Bezeichnend für diese Frömmigkeit sind die Sätze von Sr. Eva-Maria *Stephan:* "Durch unser Leben soll das Geheimnis des Opfers Christi erscheinen: Für dich gegeben, für dich vergossen."[82] Daß die Kraft dieser Prägung auch heute noch nicht nachgelassen hat, zeigt das jüngst erschienene Heft mit Beiträgen zum Thema: "Das Heilige Mahl – die Eucharistie, Sakrament für den Weg"[83].

Lutherisch ist die Betonung der *täglichen Buße*[84] und die Hochschätzung der *evangelischen Beichte*[85]. Auch dieser Akzent hat sich bis heute durchgehalten. So thematisiert das erste Heft in der neuen Reihe "Lesezeichen" die "Sündenerkenntnis, Beichte und Vergebung" und enthält u. a. eine kurze liturgische "Ordnung der Einzelbeichte", die sich im Großen und Ganzen an die der Lutherische Agende anlehnt[86].

Schließlich ist hier die Beobachtung anzufügen, wie selbstverständlich die Geschwister der *Christusbruderschaft* in ihrer kirchlichen Tradition leben. So fließen z. B. bei Frau Mutter Formulierungen des Gesangbuches ganz unwillkürlich in die Feder: "Und wenn dein Leben nur einer armen Bruchbude gleicht, einem alten Stall, so hat es doch die Verheißung, daß *das ewig Licht hereingeht* und von da durch alle Ritzen und Luken hinausdringt ..."[87] Man vergleiche damit die vierte Strophe des Weihnachtsliedes "Gelobet seist du, Jesu Christ" (EKG 15): "Das ewig Licht geht da herein, / gibt der Welt ein' neuen Schein; / es leucht wohl mitten in der Nacht ..." Oder nach dem Tod des Herrn Vaters: "Es bleibt das Leid, es bleibt die Traurigkeit. Wir dürfen uns nicht betrügen! Aber dann heißt es: 'Dennoch bleibst du auch im Leide, Jesu, meine Freude!'" (vgl. EKG 293, 6)[88] Ebenso ist es für Br. Michael

---

[79] H. *Hümmer,* Gott ruft dem, was nicht ist, 5f.

[80] A.a.O. 13.

[81] A.a.O. 27.

[82] *In:* H. *Gornik* (Hg.), Anders leben, 64.

[83] *Christusbruderschaft Selbitz,* Das Heilige Mahl – die Eucharistie, Sakrament für den Weg (2. Selbitzer Lesezeichen), Selbitz 1993.

[84] *Christusbruderschaft,* Denn er hatte seinem Gott vertraut, 61.

[85] W. *Hümmer,* Die Christusbruderschaft, 184.

[86] *Christusbruderschaft Selbitz,* Sündenerkenntnis, Beichte und Vergebung (1. Selbitzer Lesezeichen), Selbitz 1992; die Ordnung der Beichte a.a.O. 14f, vgl. mit der "Agende für evangelisch-lutherische Kirchen und Gemeinden", Bd. 3: Die Amtshandlungen, 96–99.

[87] H. *Hümmer,* Auf Dein Wort, Dezember 1958 (Hervorhebung von mir).

[88] A.a.O. November 1972.

selbstverständlich, das Kyrie und das große Gloria der Sonntagsliturgie zu zitieren: "Deshalb können wir nicht anders, als über dem 'Herr, erbarme dich!' auch den Lobgesang anzustimmen: 'Wir loben dich, wir preisen dich, wir beten dich an!'"[89]

Die starke Betonung von Gottesdienst, Mahlfeier und stiller Bibelbetrachtung (*lectio divina*) könnte gerade im Zusammenhang mit einem zölibatären gemeinsamen Leben an *Benedikt von Nursia* erinnern, zumal mit dieser *Ausrichtung auf den Gottesdienst* auch die *tätige Nächstenliebe um Christi willen* verbunden ist. Einige benediktinische Hauptanliegen lassen sich hier wiederentdecken. Dennoch ist diese Verbindungslinie sozusagen nur "gestrichelt" auszuziehen: die primäre Verankerung dieser Lebensformen ist im Luthertum gegeben und jedenfalls von den Gründern anscheinend auch nur bis dahin zurückverfolgt worden. Ohne sich dessen bewußt zu sein, haben sie so aber ein Stück Tradition verlebendigt, das älter ist als Luther. Dies ist eher unwillkürlich geschehen, nach Art der Möglichkeit c) der oben S. 93 angeführten Alternativen.

8.3.2 "Diakonia" und "Leiturgia"

Mit den Stichworten "Diakonia" und "Leiturgia" sind zugleich die Schwerpunkte benannt, die Vater *Hümmer* einerseits und Mutter *Hümmer* andererseits in die *Christusbruderschaft* einbrachten. Wenn man eine "Herzaufgabe inmitten der Gemeinden Oberfrankens" erfüllen möchte[90], dann muß das nicht geradewegs zum Bau eines Alten- und Pflegeheimes oder zum Einsatz von Schwestern in einem Krankenhaus führen. Man könnte auch an eine ganz kontemplative Berufung zur Erfüllung dieser "Herzaufgabe" denken. Danach befragt, antwortete Br. Matthäus *Seuß:* "Das hat aber der Herr Vater sofort mit eingebracht, daß wir den Auftrag haben, im Raum der Kirche und darüber hinaus im Raum der Welt missionarisch und diakonisch zu wirken."

In diesen Äußerungen ist eine gewisse Nähe zum *pachomianischen Ideal* nicht zu übersehen: in dienender Liebe den Menschen nahe zu sein. Doch auch hier dürfte die unmittelbare Wurzel eher in der lutherischen Theologie mit ihrer Betonung des Gottesdienstes in der Welt als in einer bewußten Aufnahme pachomianischer Gedanken liegen.

---

[89] Br. Michael im Vorwort zu: H. *Hümmer,* Auf Dein Wort; vgl. im Bayerischen Gesangbuch S. 14*.

[90] So W. *Hümmer,* Brauchen wir evangelische Orden?, 103, s. oben S. 325.

Daneben fällt jedoch auf, daß die Frau Mutter einen eher *kontemplativen* Akzent setzt, ohne die vorstehenden Gedanken zu verleugnen. Sie steht in besonderer Weise für die *"Leiturgia"* ein. Ihre Gebete und Lieder formen das tägliche Beten der Bruderschaft. Der 24-stündige Gebetsdienst wird eingeführt.

In einer Weihnachtsbetrachtung heißt es: "Die Macht über alle Sonnensysteme ruht in den Händen der göttlichen, ohnmächtigen Liebe. Die Ewigkeit aller Ewigkeiten ruht in den Elenden und Armen, die ihn, den Ewigen aufgenommen haben ... Komm, werde auf dem mitternächtlichen Feld dieser Zeit eine Nachtwache für deine Brüder in der Welt! So wirst du vom Gruß Gottes überwältigt, und deine nachtgewohnten Augen werden erfüllt vom Licht und von der Klarheit des Herrn, der dein Leben umleuchtet!"[91] Hier muß noch einmal an das Wort vom "schöpferischen Dunkel" erinnert werden, in dem "die Ewigkeit meine Zeit" durchbricht, dieses "lichte Dunkel", in das "ein Wort von oben, ein Schöpferwort" tropft (s. oben S. 324f).

Das ist die Sprache der Kontemplation, der Mystiker! Wo kommt sie her? Es ist mehr als unwahrscheinlich, daß Hanna *Hümmer* etwa *Gregor von Nyssa († 395), Dionysios Areopagita (ca. um 500)* oder die *"Wolke des Nichtwissens" (14. Jh.)* gekannt haben sollte[92]. Neben der eigenen Erfahrung könnte hier über die Lektüre der unter dem Namen des *Thomas a Kempis († 1471)* überlieferten "Imitatio Christi" etwas in die Vorstellungswelt der Frau Mutter eingeflossen sein, vor allem aber durch das von Gerhard *Tersteegen* übersetzte Buch von J. *v. Bernières-Louvigny:* "Das verborgene Leben mit Christo in Gott"[93].

Ohne daß Vater *Hümmer* diese Ausrichtung in Frage gestellt hätte, lag sein Akzent anders. "Diakonia" und "Martyria" einerseits und "Leiturgia" andererseits standen trotz aller Verbundenheit doch in einer Spannung zueinander, die nach dem Tod der Gründer bewältigt werden mußte.

So berichtete Br. Markus *Wächter* im Gespräch: "Wie dieser Herzauftrag, der sich mehr im Gebet konkretisiert, nun zu verbinden ist mit Martyria und Diakonia, das wurde immer mehr zur Frage und zum Problem. Im diakonischen Bereich, etwa im

---

[91] H. *Hümmer,* Auf Dein Wort, Dezember 1960.

[92] Vgl. Gregor v. Nyssa, Vit Moys II (*Musurillo* 86,11–87,20; dt. bei *Blum* 91f); *ders.,* Cant VI (*Langerbeck* 181,4–182,4; dt. bei *v. Balthasar* 91f); Dionysios, Mystische Theologie (vgl. hier vor allem seinen Ausdruck: das "überlichte Dunkel des Schweigens": *Heil/ Ritter* 142; dt. bei *Sudbrack* 91); Die "Wolke" 3 (*Hodgson* 16f; dt. bei *Riehle* 36f).

[93] Nach handschriftlichen Angaben von Sr. Christamaria über mögliche Inspirationsquellen bei Frau *Hümmer.*

Krankenhaus, im Alten- und Pflegeheim oder in der ambulanten Krankenpfege, werden die Schwestern sehr stark beansprucht. Wie können da Gebet und Arbeit miteinander verbunden werden? Das ist das eigentliche Problem bis heute. Darum ist unter uns die Frage aufgetaucht: Sind wir von unserem Ansatz her, von unserem Herzauftrag her, nicht zu einem kontemplativen Orden berufen? Können wir in *einer* Gemeinschaft den dreifachen Auftrag von Leiturgia, Martyria und Diakonia verwirklichen? Oder liegt in diesem 'Dreiklang' solch eine Spannung, daß eine Gemeinschaft allein gar nicht allen drei Weisen kirchlichen Lebens und Handelns gerecht werden kann?" Sr. Reinhild *v. Bibra* ergänzte: "Oder gibt es innerhalb unserer Gemeinschaft auch verschiedene Schwerpunkte, daß wir im Mutterhaus bewußt den Gebetsdienst in einem festen Rhythmus durchziehen, auch für unsere Schwestern im Alten- und Pflegeheim, die es nicht so können? Da sehe ich auch ein Stück Stellvertretung in der Gemeinschaft."

8.3.3 "Anachoretische" Inspiration und "koinobitisches" Leben

Die im Unterschied zu Walter *Hümmer* andere Akzentsetzung bei der Frau Mutter wurde als mystisch-kontemplativ bezeichnet. Zugleich ist ein stärker an das *anachoretische Mönchtum* erinnernder Zug bei Hanna *Hümmer* zu finden: oben S. 325 wurde sie den *ägyptischen Wüstenmüttern* zur Seite gestellt.

Wie zur Bestätigung erwähnt Sr. Christamaria *Schröter* in ihrer handschriftlichen Zusammenstellung der Inspirationsquellen der *Christusbruderschaft* "das früher mehr 'eremitische Existenzbewußtsein'" der Gemeinschaft. Beachtet man diesen Gesichtspunkt, lassen sich sonst auch anders erklärbare Züge in dieses Gesamtbild einordnen. Eine direkte Abhängigkeit kann damit freilich nicht bewiesen werden. Vielmehr handelt es sich um die *Intuition Hanna Hümmers,* durch die sie vieles selbst durchlebte und entdeckte, das diesem Gesamtbild entspricht. So treten die Konturen einer charismatisch-prophetischen Persönlichkeit und ihrer inneren Berufung zum mystischen Gebet langsam hervor und gewinnen deutlicheres Profil. Eine vergleichende Übersicht wird auch hier hilfreich sein.

Aus Schriften von Mutter Hümmer	*Aus Schriften des Wüstenmönchtums*
Haben wir uns von unserer bisherigen Existenz wirklich getrennt ... ? ... Nachfolge heißt, alle Brücken nach hinten abbrechen, sonst bin ich nicht frei für	Als der Altvater Arsenios noch im Palast weilte, betete er zu Gott: "Herr, zeige mir einen Weg, wie ich Rettung finde!" Und es kam eine Stimme zu

Gott und damit auch nicht frei für das Leben, in das Er mich führen will.
Gedanken zu Nachfolge, 2

Unter dem Wort Gottes, in gemeinsamen Stunden des Gebets und im Heiligen Mahl fand unser Leben seine innere Erfüllung.

In dieser kleinsten Zelle lebten wir – wie heute noch – von der inneren Begegnung mit Gott im Wort, Gebet und Heiligen Mahl.

Bestimmend für unser geistliches Leben war von Anfang an die Stille Zeit, das Hören auf Gott, der Austausch unter dem Wort Gottes, das gemeinsame und einsame Gebet, das häufige Feiern des Heiligen Mahles. *Gott ruft dem, was nicht ist, 5f.13. 27.*

Wir haben überhaupt keine geschriebene Regel, gar nichts. ... Vielleicht ist es schwerer zu leben, wenn man keine Regel vor sich hat, wenn die Regel der Heilige Geist ist.
Gedanken zur Bruderschaft, 5

... daß das Leben mit Christus so einfach wird, je ernsthafter wir seine Nachfolge leben wollen. Wir werden wieder Kinder nach all der geistlichen Kompliziertheit, durch die wir gingen, einfältige Kinder Gottes ...
Auf Dein Wort, Juni 1950

Bete nicht: "Herr, stärke mich!", sondern besser: "Herr, zerbrich mich! Brich mich meinen Brüdern und Schwestern!"
Auf Dein Wort, Juli 1952

ihm, die sprach: "Arsenios, fliehe die Menschen, und du wirst gerettet werden."
Arsenios 1 (Apo 39)

"Der wahre Mönch hat unaufhörlich Gebet und Psalmengesang in seinem Herzen." *Epiphanios 3 (Apo 198)*

... Beständigkeit des Gebetes, die durch das Lesen der göttlichen Schriften gestärkt wird. Nichts nämlich bewirkt so wie das Lesen der göttlichen Schriften die Reinheit des Gebetes.
Evagrios, Ep 4,5

"So ist es auch mit den Mönchen: ... Da sehnen sie sich nach dem Sabbat und dem Sonntag, um an die Wasserquellen zu kommen, das ist, zum Leib und Blut des Herrn ..." *Poimen 30 (Apo 604)*

Ein Bruder fragte den Altvater Poimen: "Mit mir wohnen Brüder: willst du, daß ich ihnen Befehle erteile?" Der Greis antwortete: "Nein ..." Da sprach der Bruder zu ihm: "Sie wollen es aber selber, daß ich ihnen befehle." Der Alte erwiderte ihm: "Nein, werde ihnen ein Vorbild und kein Gesetzgeber!"
Poimen 174 (Apo 748)

Nackt ob der Einfachheit und des ungekünstelten Lebens, erhob er (der Mensch im Paradies) sich durch die Geschöpfe zum alleinigen Schöpfer und erfreute und ergötzte sich in seiner Betrachtung.
Johannes Damascenus, Expositio fidei II 30

"Führe deinen Willen nicht aus; denn notwendiger ist es, sich vor dem Mitbruder zu verdemütigen."
Poimen 158 (Apo 732)

Ihr macht euer Leben kompliziert durch euer eigenes Wollen und Begehren.
Auf Dein Wort, November 1966

"Der enge und beschwerliche Weg ist dieser: Seinen Gedanken Gewalt antun und Gottes wegen den eigenen Willen abschneiden ..."
Ammonas 11 (Apo 123)

Heiligung hat es nicht mit dem Übernächsten zu tun, sondern immer mit dem Allernächsten ...
Gedanken zu Heiligung, 7

Bald erregen sie (die Dämonen) unseren Zorn gegen die Brüder, die uns nahe sind, bald stürzen sie uns in Trauer, indem sie uns zu den Brüdern, die uns ferne sind, hindrängen.
Evagrios, Antirrhetikos VI,9

Entferne dich von jedem Menschen, um allen gleich nahe zu sein.
Auf Dein Wort, November 1950

Ein Mönch ist ein Mensch, der sich von allen getrennt hat und sich doch mit allen verbunden fühlt.
Evagrios, Or 124

Wir bräuchten Raum! Raum für Menschen, die die Fluten der Not bei uns ans Ufer werfen – Pflegebedürftige, Seelsorgesuchende ... Betet mit darum!
Auf Dein Wort, Januar 1951

Nach einigen Tagen ging er (Antonios d. Gr.) wieder zurück auf den Berg, und von jetzt an besuchten ihn viele; auch andere, die ein Leiden hatten, wagten es, zu ihm zu kommen. ... Mit den Leidenden aber trug er gemeinsam das Leid und betete mit ihnen ... ... Die einen nämlich stellten sich ein, bloß um ihn zu sehen, andere wegen einer Krankheit ...
Vita Antonii, Kap. 55.56.62

Die viele Worte machen, tragen kein Geheimnis.
Auf Dein Wort, Dezember 1964

Nur wer wenig redet, hat viel zu sagen.
Gedanken zu Meditation und Stille, 7

Er (Antonios) sagte zu ihm: "Treffliche Leute hast du bei dir." Der Greis erwiderte: "Gut sind sie schon, aber ihr Gehöft hat kein Tor, und jedermann kann in den Stall hineingehen und den Esel losbinden." Das sagte er, weil sie alles herausschwätzten, was ihnen in den Mund kam.
Antonios 18 (Apo 18)

Wer mit Gott redet, kann schweigen.
Gedanken zu Meditation und Stille, 7

Ein Freund des Stillschweigens nähert sich Gott ...
J. Klimakos, Scala Paradisi 11

Komm, werde ... eine Nachtwache für deine Brüder in der Welt!
Auf Dein Wort, Dezember 1960

Ein andermal wollte Makarios den Schlaf überwinden ...

Makarios ... stellte sich bei den vielen Mönchen in einen Winkel ..., bis die vierzigtägige Zeit vorüber war und das Osterfest kam. Er beugte kein Knie und legte sich niemals nieder.
Palladios, HL 18

Hierher gehört auch der Bericht Walter *Hümmers* über die geplante Auflösung ihrer Verlobung: "Wir hatten ja einmal vorgehabt, aufgrund des Wortes von 1. Korinther 7 unsere Verlobung wieder zu lösen. Wir glaubten, daß Gott jedes von uns ausschließlich für sich in Seinem Dienst haben wollte."
Denn er hatte seinem Gott vertraut, 21

Amun aber stand auf ... und rief seine fromme Gemahlin herbei: "... Laß uns ... etwas Edles tun. Schlafen wir von jetzt ab getrennt und bewahren die Jungfräulichkeit unberührt, um Gott zu gefallen!" Dann zog er ein Büchlein aus dem Busen, las der jungen Frau ... die Worte des Apostels und des Erlösers vor ...
Palladios, HL 8

Die Zusammenstellung zeigt, daß es keine völlige Entsprechung dem Wortlaut nach gibt, daß aber die Zitate von Hanna *Hümmer* durchaus im *Geist* dem Wüstenmönchtum nahe stehen. Dafür spricht auch formal die auffallend prägnante Kürze ihrer Worte, die darin dem *Logion* der Anachoreten gleichen.

Trotz alledem kann nun auch hier wieder kein Zweifel sein, daß die Frau Mutter das *gemeinsame Leben* wollte und bejahte, also trotz dieser tiefen inneren Verbundenheit mit der Spiritualität des Wüstenmönchtums und gerade *in* ihr und *mit* ihr ein *koinobitisches* Leben suchte und aufbaute. Dafür mag hier das oben zitierte Wort stehen: "Brich mich meinen Brüdern und Schwestern". Das "spannungsvolle Traditionsgefüge" lebte anscheinend in ihr selbst und nicht nur zwischen ihr und ihrem Mann. Dabei mag die Parallele zu *Franz von Assisi* auffallen, der dieselbe Spannung von eremitischem und gemeinschaftlichem Leben in sich trug.

Da nun aber die ausdrückliche Beschäftigung mit der Tradition in der *Christusbruderschaft* keine nennenswerte Rolle spielte, konnte sie der Gefahr erliegen, die schon damals im vierten Jahrhundert beim Übergang vom Anachoretentum zum Koinobitentum eingetreten war. Denn die Art, wie Hanna *Hümmer* den Geschwistern vorstand, entsprach eher dem anachoretischen Stil der charismatischen Seelenführung[94]; es wurde aber problematisch, daß dieser in das gemeinsame Leben übertragen wurde. Damit geschah genau wie damals die Übertragung des Führungsgehorsams in das Koinobion und verursachte die bleibende Unmündigkeit der "Herde" (s. oben S. 176). Als Symptom dafür nennt Klaus *Schatz* die Bezeichnung "Abba", Vater, für den Leiter des Klosters, aus der sich das Wort "Abt" herleitet[95] – in Selbitz sagte man "Herr Vater" und "Frau Mutter"!

Diese Bezeichnungen entsprangen freilich primär dem Bewußtsein, daß man eine *geistliche Familie* war. Doch auch dieser Begriff führt uns wieder zu einem in sich spannungsvollen Gefüge.

8.3.4 "Familie" und "Orden"

Das Wort vom "Orden" ist nun schon mehrfach aufgetaucht. Auch wenn es ursprünglich von Hanna *Hümmer* eingebracht wurde (s. oben S. 315), hat es besonders der Herr *Vater* aufgegriffen; anscheinend fand er es besonders hilfreich und wichtig, um die Bruderschaft *nach außen hin* zu vertreten und zu charakterisieren.

An die Seite dieses Begriffes trat aber auch von Anfang an ein zweiter: die *Familie,* und es scheint so, als ob dieser das Selbstverständnis der Gemeinschaft *nach innen* zum Ausdruck brachte. "Die Christusbruderschaft ist ein evangelischer Orden. Sie lebt als eine große Familie Christi", schrieb Hanna *Hümmer*[96], und Walter *Hümmer* konnte die Gemeinschaft mit den Worten charakterisieren: "Wir sind eine große, ordensmäßig geprägte Familie."[97]

Aber hat nicht gerade die Bezeichnung "Familie" für eine Mönchsgemeinschaft eine gute Tradition hinter sich? Spricht nicht der hl. *Benedikt* vom Abt als "Vater" des Klosters (RB 2,24) und beschreibt seine Rolle als die eines fürsorgenden Familienvorstandes (vgl. RB 36,6.10; 55,18.20f)? Spricht er nicht vom "Haus Gottes" (RB 31,19; 53,22; 64,5) und gibt damit dem Kloster den Charakter einer "geistlichen Hausgemeinschaft", eben einer Familie?

---

[94] Vgl. dazu H. *Bacht,* Seelenführung in der Krise, bes. 95–105; K. *Schatz,* Geschichte des Ordenslebens, 27f.

[95] K. *Schatz,* Geschichte des Ordenslebens, 27.

[96] H. *Hümmer,* Gott ruft dem, was nicht ist, 27.

[97] W. *Hümmer,* Das Leben evangelischer Kommunitäten in Deutschland, 117.

An dieser Stelle ist ein *kleiner Exkurs zum Begriff "familia"* angebracht. Dieses Wort wurde in der Antike und auch noch im Mittelalter anders gefüllt, als es bei uns heute der Fall ist. Im Altertum bezeichnete das Wort *familia* nämlich nicht die blutsmäßig eng zusammengehörende Kleinfamilie, sondern eine größere wirtschaftliche Einheit, die neben den Verwandten auch das Hausgesinde und sogar die Geräte und Produkte umfaßte: "Die röm. *familia* hat eine vielschichtige Größe sachlich-personaler Art zum Inhalt"[98]. Dasselbe gilt, allerdings stärker eingeschränkt auf die verwandtschaftlichen Beziehungen der Hausgenossen untereinander, auch für den Begriff des "Hauses": er bezeichnete größere, der Sippe entsprechende Gemeinschaften und deren verzweigte Struktur[99].

Wenn in der Tradition die *Gemeinde* oder das *Kloster* als *Haus Gottes* bezeichnet wird, dann ist dieser Hintergrund zu berücksichtigen[100]. "Der Vergleich: Kloster – Familie paßte damals für das vorkonziliare Kloster und die vorindustrielle Großfamilie mit mehreren Generationen unter einem Dach, mit einer größeren Autonomie, mit der Einheit von Lebens- und Produktionsgemeinschaft, mit der patriarchischen Leitung."[101]

So betrachtet stehen die Begriffe "Orden" und "Familie" keineswegs in Spannung zueinander, denn beide bezeichnen eine gegliederte größere Einheit, die auch einen eigenen Wirtschaftsraum umfaßt. Aber das Wort "Familie" hat für uns einen anderen Erfahrungshintergrund. Wird dieser mit eingebracht – und das geschieht ganz unbemerkt und unreflektiert, dafür aber umso wirksamer – dann entsteht eine gefährliche Verzerrung. Einige entscheidende Punkte nennt Raphael *Molitor:* "Schon die Tatsache, daß bei der natürlichen Familie die Kinder berechtigt und im allgemeinen von Gott dazu berufen sind, bei Eintritt des geeigneten Alters einen eigenen Herd und damit eine eigene Familie zu gründen, zeigt, wie tief die Unterschiede zwischen natürlicher und klösterlicher Familie sind. Nicht minder bedeutsam ist der Unterschied in der Fortdauer der väterlichen Gewalt in der klösterlichen Familie bis zum Tode, während sie in der natürlichen Familie mit dem gesetzlichen Alter ... von selbst erlischt."[102] *Molitor* scheint freilich zu übersehen, daß genau in den genannten Punkten auch das Problem liegt, wenn man das Kloster als "Familie" bezeichnet: "Hier werden Zielvorstellungen zur Bezeichnung von Zuständen verwandt. Dadurch werden Voreinstellungen und Erwartungen geschaffen, die auf *konfliktlose Gesellschaften* und

---

[98] A. *Strobel,* Der Begriff des "Hauses", 95. Vgl. zu den antiken und mittelalterlichen Familienformen auch: K.-H. *Bieritz*/Ch. *Kähler,* Art. "Haus III" (Lit.!); O. *Brunner,* Vom "ganzen Haus" zur "Familie"; E. *Egner,* Epochen im Wandel des Familienhaushalts, bes. 58f, 63f u. 67–69; W. *Pöhlmann,* Der Verlorene Sohn und das Haus, passim, bes. 31f, 51f; H. *Rosenbaum* (Hg.), Familie und Gesellschaftsstruktur, 14–19 u. 22–32; W. *Stegemann,* Lebensumstände in biblischer Zeit, 10; M. *Weber,* Die Familien- und Arbeitsgemeinschaften.

[99] H. *Brattgård,* Im Haushalt Gottes, 37–72; A. *Strobel* a.a.O. 93f.

[100] H. *Brattgård* a.a.O. 39; E. *v. Severus,* Das Monasterium als Kirche, 230; E. *Wilke,* Das Leben des Mönchs, 111–114.

[101] A. *Böckmann,* Perspektiven der Regula Benedicti, 88f.

[102] R. *Molitor,* Wesen und Vorzüge des Familienklosters, 295.

Unmündigkeit der Mitglieder hinauslaufen."[103] Die Gefahr ist also, daß man mit dem Familienvergleich "ein *harmonisierendes Bild entwerfen* und damit *Konflikte vertuschen*" könnte; "man könnte mit der Angleichung der Obern an die Eltern und der Mönche an die Kinder einerseits *Infantilismus begünstigen,* andererseits die *Obern überfordern.*"[104]

Die Spannung zwischen den beiden Begriffen "Orden" und "Familie" entsteht also dann, wenn man das Wort "Familie" zu sehr von der Erfahrung einer bürgerlichen Kleinfamilie der Neuzeit her füllt und es so mit den emotionalen Assoziationen, die dadurch hervorgerufen werden, überfrachtet. Daß dies in der *Christusbruderschaft* geschah – was ja beinahe unvermeidlich ist, wenn man aus der bürgerlichen Kultur der ersten Hälfte unseres Jahrhunderts mit ihrem Familienverständnis kommt, – belegen deutlich einige Texte:

"Unser Pfarrhaus durfte in dieser Zeit (zwischen 1940 und 1947) zur inneren Heimat für viele werden. Wir lebten mit alt und jung in enger geistlicher Gemeinschaft. Wie eine große Familie teilten wir alles miteinander. Während der Kriegsjahre leuchtete unter uns besonders unmittelbar die Freude an Jesus und die Liebe zueinander."[105] Die allerersten Anfänge geschahen mithin im Kontext eines Familienlebens im evangelischen Pfarrhaus. Das konnte sich auch dann noch fortsetzen, als die junge *Christusbruderschaft* nach Selbitz umgezogen war, weil die Zahl der Geschwister noch klein war. "Wir lebten ja wie eine große Familie, – damals noch alle um einen Tisch! – und wer als Gast kam, war in diese Familie hineingenommen."[106] Problematisch wurde es, als dieses von der Kleinfamilie her emotional gefüllte Familienverständnis für den immer größer werdenden Orden beibehalten wurde: "Die Sonntage haben, soweit sie nicht durch verschiedene Dienste und Tagungen im Mutterhaus ausgefüllt sind, einen mehr familiären Charakter. Manchmal ist am Sonntagnachmittag auch die Möglichkeit zu einem 'Familienspaziergang' gegeben, wo wir wie die Kinder durch Feld und Wald streifen in dankbarer Fröhlichkeit."[107] – "Wir stehen jetzt im 20. Jahr unseres bruderschaftlichen Lebens. Wir müssen uns neu besinnen: Was will Gott von uns heute? Wir sind größer geworden, verzweigt nach vielen Seiten. Immer kommen neue Aufgaben auf uns zu ... Wir wollen ja kein 'Mutterhausbetrieb' werden, sondern – wie wir von Anfang an geprägt sind – eine Familie Christi

[103] F. *Schmelzer,* Ordensleben im Spannungsfeld, 158 (Hervorhebung von mir).

[104] A. *Böckmann,* Perspektiven der Regula Benedicti, 90 (Hervorhebungen von mir). Vgl. auch P. *Lippert,* Müssen Ordensleute sich unterscheiden, 200; O. *du Roy,* Das monastische Leben heute, 201–203; G. *Weinberger,* Gesellschaftliche Umformungen, 318f.

[105] H. *Hümmer,* Gott ruft dem, was nicht ist, 5 (Klammerzusatz von mir).

[106] A.a.O. 14 (Kommasetzung sic!).

[107] A.a.O. 38.

bleiben..."[108] Bezeichnend ist hier, daß der "Betrieb" gegen das "Familie-Sein" gestellt wird. Sich vor Hektik und Überfrachtung mit äußeren Aufgaben zu hüten, mag eine echte Herausforderung für jeden Orden sein; aber die "Familie" wäre dann nicht der Gegenbegriff dazu. Deutlicher noch kommt das Festhalten an dem "anfänglichen" Familienideal in folgender Überlegung eines Bruders nach dem Tod von Walter *Hümmer* zum Ausdruck: "Viele wird die Frage bewegen, wer der Nachfolger unseres Herrn Vaters sein wird. Wir können dazu zunächst nur sagen, daß wir, unserer geistlichen Struktur entsprechend, als organisch gewachsener und vom Geist her geprägter *Familienorden* nicht einfach einen noch so befreundeten Außenstehenden als führende Persönlichkeit sehen können. Wir leben das bruderschaftliche Leben gemeinsam mit unserer Frau Mutter, die ja schon immer die geistliche und seelsorgerliche Führung hatte..."[109]

Gewiß wurden durch den Familienbegriff auch positive Inhalte vermittelt, die in jede geistliche Gemeinschaft gehören: daß die Geschwister durch Christus, unseren Bruder, zueinander gewiesen sind und daher auch füreinander einstehen, einander dienen und füreinander beten. Aber durch die unterschwellig *auch* wirksame Gefahr der Verwechslung von bürgerlicher Kleinfamilie und ordensmäßig geprägter *"familia Dei"* schon bei Hanna *Hümmer* war gewissermaßen die "Sollbruchstelle" bereits angelegt, an der es m. E. nach dem Tod der Gründer zur Krise kommen *mußte*.

Br. Markus *Wächter* bestätigte im Gespräch diesen Zusammenhang: "Das ist eigenartig: Obwohl das Wort 'Orden' damals aufgetaucht ist, und zwar aus der Stille heraus, d. h. aus dem Hören auf Gott, hat es eigentlich keine prägende Rolle mehr gespielt. Vielmehr ist immer wieder betont worden: Wir haben Familienstruktur. Und wenn wir in den letzten Jahren gesagt haben: Wir sind nicht mehr Familie, sondern Orden, dann sehen manche Geschwister darin eine Veränderung gegenüber dem anfänglichen Verständnis. Das heißt also, daß das Wort 'Orden' kein Leitwort gewesen ist." Und weiter: "Der Herr Vater hat versucht, diese Fragen als Theologe zu reflektieren, aber das war mehr für den Gebrauch nach außen bestimmt, weniger für unseren inneren Gebrauch, daß *wir* das durchdacht hätten. Als wir dann anfingen, diese Dinge zu reflektieren, hat es geheißen: Das entspricht nicht dem bruderschaftlichen Verständnis!"

Damit sind wir nun bei der Gegenwart angelangt und müssen fragen, wie das Verhältnis der *Christusbruderschaft heute* zur Tradition aussieht.

---

[108] H. *Hümmer,* Auf Dein Wort, Juni 1968.

[109] *In:* H. *Hümmer,* Auf Dein Wort, November 1972.

8.3.5 Die Christusbruderschaft heute: ein "evangelischer Orden"

Der letzte Gesprächsauszug zeigt an, in welche Richtung die Entwicklung gegangen ist: die *Christusbruderschaft* als ein reich strukturiertes, vielfältig verzweigtes Ganzes versucht heute, unter dem Leitwort "Orden" ihr Leben zu verstehen und zu ordnen. Es findet eine intensive *Auseinandersetzung mit den Orden und ihrer Tradition* statt, die durch persönliche Kontakte vertieft wird. Das zeigt sich z. B. im Konzept der Leitungsstruktur, in der Übernahme der klassischen Bezeichnungen für die Stufen des Eintritts neuer Geschwister, in der Formulierung der Evangelischen Räte und im Angebot "Kommunität auf Zeit"; es lassen sich verstärkt *"benediktinische" Elemente* finden in Gottesdienst und Liturgie, in der Arbeit an der Regel, in der Gastfreundschaft, in der Wertschätzung von Handarbeit und Klausur; die *"franziskanischen" Elemente* sind daneben nicht zurückgetreten: zahlreiche Verkündigungsdienste auswärts und das Zeugnis der Lieder belegen das; *"ignatianische" Elemente* scheinen neu hinzugetreten zu sein, z. B. die Beschäftigung mit dem Exerzitienbuch und dem betrachtenden Gebet.

Nach dem Tod der Gründer hat in der *Christusbruderschaft* eine *intensive Auseinandersetzung mit den Orden und ihrer Tradition* begonnen. Dies geschah nicht nur durch das Studium von Schriften, sondern auch durch persönliche Kontakte und Begegnungen.

a) Im Zuge der Beschäftigung mit der Ordenstradition lassen sich nun verstärkt *"benediktinische" Elemente* in der *Christusbruderschaft* beobachten.

Unter der Überschrift "Christsein zwischen Tradition und Revolution" schrieb Vater *Hümmer:* "Im Gottesdienst und in seiner Liturgie gilt nicht: je älter, desto besser! Es müssen nicht deshalb noch heute gregorianische Weisen gesungen werden, weil der Glaube im Mittelalter in ihnen einen erhabenen Ausdruck gefunden hat."[110] Heute singt die *Christusbruderschaft* Morgen- und Abendgebet gregorianisch. Bestimmt nicht, weil es im Mittelalter einmal so schön geklungen hatte. Warum dann? Auf meine Frage antwortete Sr. Reinhild *v. Bibra:* "Die Frau Mutter war eine charismatische Persönlichkeit, die sehr viele Lieder und Gebete geschrieben hat, alle sehr schön und meditativ. Damit wurden die Gebetszeiten gestaltet, welche dann aber eben dadurch auch ein subjektives Gepräge bekamen. Jetzt entdeckt die Christusbruderschaft das Psalmengebet, die Objektivität der Liturgie, die Tradition, in die man sich

[110] *Christusbruderschaft,* Denn er hatte seinem Gott vertraut, 144.

fallen lassen kann. Das Kirchenjahr wird viel stärker gestaltet. Das alles, ohne die Wurzeln zu verleugnen."[111]

Dies war kein einfacher Prozeß. Über die Gesangbuch-Stundengebete fanden die Geschwister den Neuendettelsauer Psalter[112] und über diesen fragten sie weiter zurück nach den Ursprüngen der Gregorianik. Heute liest man in der "Ordnung der Gebetszeiten" den Eintrag: "Quellen: Deutsches Antiphonale I, II, III, Münsterschwarzach; Ergänzungen: aus dem Antiphonale zum Stundengebet, aus dem Hymnar der Klöster Scheyern – Tutzing, von der Benediktinerinnenabtei Herstelle". 1991 weilte Godehard *Joppich,* Professor für Gregorianik in Essen, zwei Tage lang in Selbitz und übte mit den Geschwistern das Singen von Psalmen und Antiphonen. "Es wird uns ein immer kostbareres Geschenk, daß wir in unseren Gebetszeiten Gottes Wort singen dürfen und wir erfahren, daß es uns so tiefer prägen kann."[113]

Daß es sich hier nicht einfach um Restauration handelt, zeigt eine Bemerkung von Sr. Adelheid *Wenzelmann* bei der "Konferenz Evangelischer Kommunitäten" am 23. Juni 1992 in Selbitz: "Wir sind im Laufe der Zeit dazugekommen, die Stundengebete ernst zu nehmen. Wir merken, daß uns das gut tut." Hier ist ein genuin monastischer Charakterzug aktuell durchlebt worden und zur echten eigenen Erfahrung geworden.

Das bringt es mit sich, daß die Feier des *Kirchenjahres* mehr an Bedeutung gewinnt. So entdeckt man das *triduum sacrum,* die Kartage und ihre liturgische Gestaltung[114]. Vor allem ist es das Erleben, auf dem Weg zu sein: "Das Kirchenjahr nimmt einen ja immer wieder mit zum nächsten Schritt, auch wenn ich ihn noch nicht ganz mitvollziehen kann. Aber mir ist das wichtig, daß es weitergeht. Da ist mir zum ersten Mal aufgegangen, was das Unterwegssein des Christseins bedeutet"[115].

Ein weiterer bedeutender Schritt ist die *Arbeit an der Regel.* Br. Markus *Wächter* erläuterte das: "Es hat immer geheißen: Das Leben ist die Regel. Da sieht man schon: das Spontane war sehr wesentlich. Die Regel war die Frau Mutter gewesen. Eine Person! Und jetzt versuchen wir, eine Regel zu erarbeiten, merken aber schon, daß das nicht mit *einem* Entwurf geht." Auch wenn die Geschwister mit Schwierigkeiten zu kämpfen haben, so ist es doch ein Schritt in die richtige Richtung, daß man gemeinsam berät: wie verstehen wir unser Leben? Weil in der Krisenzeit die Geschwister ihre je eigene Deutung vorgetragen haben, mußte es zum Bedürfnis werden, darüber zu einer gemeinsamen Formulierung zu kommen[116]. Wenn es dazu nun heißt: "Die Regel weist uns darauf hin, unser Leben vom Evangelium her zu verstehen, zu gestalten und die Einheit mit Christus und untereinander zu wahren"[117],

---

[111] Telefongespräch am 9. Oktober 1989.

[112] Der *Psalter* ... für den gottesdienstlichen Gebrauch bearbeitet, s. Lit.-Verz. unter Nr. 3.

[113] *81. Rundbrief,* Mai 1991 (Kommasetzung sic!).

[114] Sr. Reinhild *v. Bibra* im Gespräch.

[115] Sr. Ute *Kadau* im Gespräch; vgl. auch *81. Rundbrief,* Mai 1991.

[116] So die Selbitzer Geschwister im Gespräch.

[117] *Christusbruderschaft Selbitz,* Ein Bericht vom Werden und Auftrag, 11.

dann haben wir hier wieder gemeinsamen Grund mit der monastischen Regeltradition aller Zeiten[118].

Zur *Aufnahme der Gäste* heißt es in dem neuen Regelentwurf: "Unter uns sei Gastfreundschaft bestimmt von der Liebe, mit der wir Christus empfangen möchten"[119]. Hier klingt die Auffassung des hl. *Benedikts* an, der in RB 53,6f anordnete, daß in allen Gästen Christus zu verehren ist, "der in Wahrheit aufgenommen wird". Daß man sich dessen in Selbitz wohl bewußt ist und wie man es u. U. in die Praxis umzusetzen versteht, zeigt eine Notiz vom Oktober 1990, als die innerdeutsche Grenze durchlässig geworden war: "Gerade wenn es in der Bevölkerung hier neben der Hilfsbereitschaft auch Unmutszeichen über die 'Invasion der Trabi-Besitzer' gibt, freuen wir uns darüber; denn solches Aufnehmen hat ja eine lange Tradition in den Klöstern. Gastfreundschaft, Bergung und innere Begleitung scheint derzeit unsere Aufgabe an der alten Grenze zu sein."[120]

Nicht alle Geschwister der *Christusbruderschaft* können *handwerklich tätig* sein, aber wo das möglich ist, werden dieselben Erfahrungen wie im alten Mönchtum gemacht. So berichtet Sr. Margarethe *Zerweck* aus der Schneiderei der Bruderschaft: "Ich entdecke immer wieder, wie gut mir selber diese Arbeit tut und wie wichtig die Handarbeit im Ordensleben ist, weil sie das innere Gebet unterstützt."[121]

Auch *die Klausur* wird ernster genommen. Konnte es doch früher geschehen, daß auch Gäste zur Besichtigung in die Wohnräume der Schwestern geführt wurden! Die Intimsphäre der Geschwister, das Leben im eigenen Zimmer, wird stärker bewahrt.

b) Die *"franziskanischen" Elemente,* die schon früher zu beobachten waren, haben demgegenüber nicht abgenommen.

Es zeigt sich weiterhin in der großen *Mobilität* der Geschwister und den vielfältigen Einsätzen in Verkündigungsdiensten außerhalb von Selbitz. Was das dem einzelnen an Beweglichkeit abverlangt, wurde am Beispiel von Br. Matthäus *Seuß* oben S. 312 schon deutlich.

Ebenfalls "franziskanisch" ist der Einsatz von Liedern zur Verkündigung. Auch das hat von Anfang an in Selbitz gelebt. Bis in die Gegenwart hinein sind den Geschwistern immer wieder Kanons, Lieder zu Gitarre, liturgische Gebetsrufe u. ä. geschenkt worden, die sie neuerdings unter dem Titel "Euer Herz soll sich freuen" auch durch Liederbücher, Tonkassetten und CDs verbreiten, damit sie "Freude bringen und eine Hilfe sind für das Singen und Beten in Hauskreisen und Gemeinden."[122]

c) Dazu tritt aber nun ein weiterer Baustein: der *ignatianische.* Die Geschwister haben Schweigefreizeiten für sich entdeckt, für deren Durch-

---

[118] Siehe oben S. 106 mit Anm. 30.
[119] *Christusbruderschaft Selbitz,* Ein Bericht vom Werden und Auftrag, 24.
[120] *80. Rundbrief,* Oktober 1990.
[121] *82. Rundbrief,* Oktober 1991.
[122] *84. Rundbrief,* Oktober 1992.

führung sie sich von den Exerzitien des *Ignatius v. Loyola* inspirieren lassen. Einige machten eine Ausbildung in Exerzitienbegleitung bei der "Gruppe für ignatianische Spiritualität" in Frankfurt am Main.

d) Nehmen wir all diese Beobachtungen zusammen, ergibt sich in der Tat, daß die *Christusbruderschaft* das Ordenselement wesentlich verstärkt hat. Es zeigt sich, daß eine bewußte Auseinandersetzung mit der Tradition stattgefunden hat. *Benedikt, Franziskus, Ignatius* – ein neues *"spannungsvolles Traditiongefüge"?* Vielleicht. Aber auch ein Ausdruck dafür, daß die Geschwister der *Christusbruderschaft* nicht einfach in einer Art Gegenschlag des Pendels das "Ordensmäßige" einseitig nachholen und dadurch der Gefahr verfallen, zu imitieren. Das "Gefüge" zeigt vielmehr ihre Verwurzelung in der eigenen Geschichte und Berufung, zu der sowohl das franziskanische Element als auch das Stichwort "Orden" gehört; es zeigt aber auch ihre Offenheit für den Anruf der Gegenwart, was vielleicht besonders typisch für *Ignatius* ist.

8.4 Abschließende Auswertung

Auch in der *Christusbruderschaft Selbitz* ist Tradition in reichem Maße präsent. Dabei ist aber zu beachten, daß in den ersten Jahrzehnten eine bewußte Auseinandersetzung und, darauf fußend, eine bewußte Aufnahme von Elementen der altkirchlich-monastischen Überlieferung kaum stattgefunden hat.

Das bedeutet erstens, daß die Anklänge an die Tradition eher unbewußt, fast ungewollt entstanden sind, vermittelt durch eigene geistliche Erfahrung oder durch sehr selektive Lektüre (Thomas von Kempen!). Darum erschien es nicht geraten, für die Anfangsjahre die zentrale Stellung von Gottesdienst, Gebet und Heiligem Mahl als "benediktinisch" zu bezeichnen, obwohl sie das zweifellos auch sind, weil die bewußte Bezugnahme eher zum Luthertum deutet, welches dafür eine ausreichende Begründung hergibt.

Da das Leben der *Christusbruderschaft* in den ersten Jahrzehnten eher spontan war und die altkirchlich-monastische Tradition nicht reflektiert wurde, ergab sich ferner als Folge, daß die durch eigene Erfahrung gewonnenen Elemente sehr verschiedenartig sind und z. T. in starker Spannung zueinander stehen. Das zeigt sich z. B. in der beinahe "anachoretischen" Frömmmigkeitsprägung der Frau Mutter bei gleichzeitiger Betonung der Berufung zum gemeinsamen Leben.

Drittens fehlte durch den Ausfall eingehender Beschäftigung mit Tradition ein Korrektiv für die eigenen Eingebungen. Der Begriff der "geistlichen Familie" beispielsweise hätte von daher möglicherweise eine Klärung und Läuterung erfahren können, so daß er nicht in eine solch starke Spannung zu dem Begriff "Orden" hätte treten müssen.

Dennoch sind die Bezugnahmen vorhanden und bestätigen die Thesen des 2. Kapitels, daß in der Spiritualität evangelischer Kommunitäten Tradition auch dadurch präsent sein kann, daß ein gemeinsamer Bezugspunkt anvisiert ist oder sich gewisse Dinge einfach als hilfreich erweisen, so daß man sie immer wieder neu "erfinden" muß, wenn man dieselbe Lebensform wie das alte Mönchtum teilt. Dazu gehört vielleicht auch die Tatsache, daß ein täglicher gemeinschaftlicher Gebetsvollzug nach "objektiven Formen" ruft, weil der subjektive Gebetsausdruck allein auf die Dauer nicht ausreicht.

Es liegt in der Konsequenz des spannungsvollen Gefüges in der Selbitzer Spiritualität, daß die Geschwister nach dem Tod der Gründer das Ordenselement stärker betont und die Auseinandersetzung mit der Tradition bewußt aufgenommen haben. Sie haben damit nicht ein fremdes Element in ihr Leben eingeführt, sondern ihre ureigene Berufung neu ergriffen und gedeutet. Daß dies in Offenheit für die Fragen der Gegenwart geschieht, zeigt, daß auch hier echte Tradition vorliegt, d. h. daß wahre Selbsterschließung Gottes in Jesus Christus durch das Medium der eigenen Erfahrungen, der Begegnung mit der Vergangenheit und dem Zeugnis der Väter und in der Offenheit für den Anruf der Stunde geschieht.

9. "Radikal das Evangelium leben": Die *Kommunität Adelshofen*

Die *Kommunität Adelshofen* hat einen ähnlichen Wurzelgrund wie die *Christusbruderschaft,* nämlich das pietistische Erweckungschristentum und die Oxford-Gruppenbewegung. In zweierlei Hinsicht hat sie aber nicht dieselbe oder eine vergleichbare Entwicklung durchlaufen: a) der Tod des Gründers, des Pfarrers Dr. Otto *Riecker,* hat bei weitem nicht eine so tiefe Zäsur bedeutet wie in Selbitz, so daß im Leben der Kommunität eine größere Kontinuität von den Anfängen bis heute zu beobachten ist; b) *Riecker* selbst hat sich zwar mit der Kirchengeschichte beschäftigt, die Gemeinschaft aber hat sich längst nicht so intensiv dem bewußten Studium der monastischen Tradition zugewandt, wie das in Selbitz der Fall war. Aus eben diesem Grund wurde sie oben als "Hecht im Karpfenteich" bezeichnet (s. S. 66). Da sie außerdem in Baden entstanden und beheimatet ist, war das Luthertum für ihre Spiritualität weit weniger bestimmend. Der Verdacht aber, daß evangelikale Christen[1], wenn sie "radikal das Evangelium leben"[2] wollen, immer schon den hl. *Basileios* zum Bundesgenossen haben, wird sich für die *Kommunität Adelshofen* in mehr als einer Hinsicht bestätigen.

Entscheidend für die Prägung der *Kommunität Adelshofen* waren zunächst jedoch auch hier Lebensweg und Werdegang ihres Gründers.

---

[1] Das Wort "evangelikal" bezeichnet "die pietistisch-erweckliche und reformat(orisch)-bekennende Bewegung in den verschiedenen ev. Landes- und Freikirchen", welche "die Geltung der gesamten Hl. Schrift als höchster und einzig verbindlicher Lehrautorität in der Kirche und als Norm aller Theologie" betont (R. *Hille,* Art. "Evangelikal", 561 u. 562).

[2] So die Charakterisierung der Anliegen des Basileios bei E. Ch. *Suttner,* Das basilianische Mönchtum, 110.

9.1 Anfänge und Geschichte der *Kommunität Adelshofen*

9.1.1 Pfr. Dr. Otto Riecker und sein Lebensweg

Otto *Riecker* wurde 1896 in Pforzheim als zweites von vier Kindern geboren. Der Vater war Handwerker und betrieb mit gutem Erfolg eine Blechnerei; seine Familie stammte aus dem Württembergischen. Er war tüchtig, aufstrebend und entschlossen. "Die Mutter ist aus alemannischem Holz geschnitzt, zäh, wie die Knollen der Schwarzwaldwurzeln, aus deren Welt sie stammte."[3]

Über sich selbst bekennt Otto *Riecker:* "Manchmal hat es mich getroffen, daß meine Vorfahren aus Hohenstaufen stammen. Welch geschichtlich Ding! ... Ich sehe die Hohenstaufen wandern, die Kreuzritter, die Italienfahrer, die Herrscher, mit ihren Knappen, und wohl auch einer darunter, der Riecker hieß. Rüger oder Rieger oder Rieckher, wie dem auch sei. In Rieck steckt reich, Reich, reg(ieren), in -her ist Heer, Gesinde, Herr. Also reich an Gesinde, Heerführer. Lauter Kommando, Regieren. Ach, es ist schwer zu regieren, zu leiten und manchmal auch zu kriegen. Christus lehrt uns das. Ich habe es schon manches Mal für gut erkannt, im Kriege gewesen zu sein, nicht wegen des Tötens, sondern wegen der besonderen Umstände, wegen der Beschlagnahme, wegen des großen Blickes und Verfügens. Denn Christi Reich ist größer und anspruchsvoller als das aller Heerführer."[4] Ob hier nicht schon etwas angelegt ist von der *Militia Christi,* die später für *Riecker* eine so wichtige Rolle spielen sollte (s. oben S. 137–140)?

Die Mutter hatte eine schwere Kindheit und fragte schon früh nach Gott. Ihre Konfirmation nahm sie sehr ernst. Durch Unfälle ihrer ältesten Tochter und ihres Mannes aufgeschreckt, suchte sie noch intensiver. "Durch alle Kirchen und Gemeinschaften der Stadt sei sie gegangen, erzählte sie oft, bis sie bei einer Evangelisation in der 'Kapelle' Frieden gefunden habe."[5] Dies war bei einer Veranstaltung der Methodistischen Kirche. Aus Rücksicht auf ihre Familie schloß sie sich aber nicht dieser an, sondern der ihr sehr nahestehenden "Evangelischen Gemeinschaft",

[3] O. *Riecker,* Mit 60 fing mein Leben an, 10.
[4] A.a.O. 9.
[5] A.a.O. 13.

weil sie so ihre Gliedschaft in der Landeskirche beibehalten konnte. Seither versuchte sie, ihren Glauben an die Kinder weiterzugeben.

Otto *Riecker* hat davon wohl einiges mitbekommen, nahm an der Bewegung der "Schülerbibelkreise" teil und wuchs in ein vom Glauben bestimmtes Dasein hinein, ohne nach seinem eigenen Geständnis "das Letzte zu erreichen. Ich blieb vor der Tür."[6] Obwohl es ihm schon als Kind Freude gemacht hatte, im Geschäft zu stehen, und er nach dem Wunsch des Vaters (und zunächst auch dem eigenen) einmal Blechner sein sollte, entschloß er sich nach manchen inneren Kämpfen zur Freude der Mutter dazu, Pfarrer zu werden[7]. Eines Tages trat an den Primaner ein Herr aus der "Evangelischen Gemeinschaft" heran und fragte ihn, ob er nicht bei ihnen Prediger werden wollte. *Riecker* zog es jedoch vor, im "größeren Raum" der Kirche zu bleiben.[8] Doch bevor das Studium beginnen konnte, kam Otto *Riecker* ins Feld.

Nach dem Krieg begann Otto *Riecker* mit dem Theologiestudium, obwohl ihn auch Philologie, Germanistik und Geschichte interessierten. In Tübingen hörte er bei Adolf *Schlatter,* in Leipzig bei Ludwig *Ihmels,* in Marburg bei Rudolf *Otto* und Nicolai *Hartmann.* "Dort lernte ich denken."[9]

In jene Jahre fiel seine Begegnung mit der *Jugendbewegung* und dem "Wandervogel": "Das Ungewohnte, Unbürgerliche, Hocherhobene war Trumpf und durchdrang das Herz. Es war das 'Jugendreich', das man betreten und erobert hatte, ... das eigene, selbständige und originale Leben. Man wußte nicht, *wohin* man aufgebrochen war, aber *daß* man aufgebrochen war, das stand fest. ... man empfand das Richtige und Notwendige dieses Aufbruchs im tiefsten Inneren. 'Aus eigener Bestimmung, vor eigener Verantwortung, mit innerer Wahrhaftigkeit das Leben zu gestalten', war die von vielen tief bejahte Zielsetzung der Meißner Formel."[10] In Sannerz bei Schlüchtern begegnete *Riecker* der Bruderhof-Bewegung um Eberhard *Arnold († 1935)*[11]. Hier konnte er zum ersten Mal einer tiefen menschlichen Gemeinschaft auf der Basis des Evangeli-

---

[6] A.a.O. 15.

[7] A.a.O. 17.

[8] A.a.O. 16.

[9] A.a.O. 54.

[10] A.a.O. 48f.

[11] A.a.O. 52; zur Geschichte des Bruderhofs s. oben S. 54 Anm. 65; zu den Gedanken E. *Arnolds* vgl. *ders.*, Die Revolution Gottes; *ders.*, Gemeinsames Leben – wozu?; *ders.*, Innenland; *ders.*, Lebensweise lebendiger Gemeinden; *ders.*, Salz und Licht; *ders.*, Sendbrief vom Almbruderhof zum Rhönbruderhof.

ums begegnen. In dieser Zeit war er von einer großen inneren Unruhe und Ziellosigkeit befallen. Er suchte nicht nur den Frieden im Glauben an Jesus Christus, er suchte gleichzeitig auch seinen eigenen authentischen Lebensausdruck, der die Voraussetzung dieses Glaubens bildete. Er ging durch Ablösungskrisen gegenüber Elternhaus und Pietismus und entdeckte seine tiefe künstlerische Begabung[12]. Eine Exkursion mit Friedrich *Heiler* nach Maria Laach beeindruckte ihn weniger als die des kunstgeschichtlichen Seminars Marburg, der die Gruppe um *Heiler* unversehens in Köln begegnete. *Riecker* schloß sich ihr an und sah den Kölner Dom, St. Patroklus in Paderborn und Maria zur Wiese in Soest. "Eine Welt tat sich mir auf – die der Kunst."[13]

Aber auch die Hingabe an das Unmittelbare und Schöne in der Kunst konnte nur ein Durchgang sein:

> "Ohne es eigentlich zu merken, hatte ich in der Bildbewunderung den Kult des Schönen vollzogen, in der Selbstentfaltung um mein Ich geschwungen, in der Erhebung der großen künstlerischen Schöpfungen letzten Genuß gehabt. Dieses Lebenssystem mußte in Enttäuschungen mit mir selbst und tiefem Leiden zerschellen, bis ich es lernen konnte, als gottgeschaffener Mensch mit allem, was er mir geschenkt hatte, Gott zuliebe zu leben."[14]

Nach dem Ersten Theologischen Examen im Jahre 1922 wollte Otto *Riecker* in Philosophie promovieren. In Berlin studierte er bei Eduard *Spranger* und ließ sich von *Hildebrand* in die Kunstgeschichte einführen[15]. Die Inflation und in ihrem Gefolge die wirtschaftliche Notlage zwangen ihn jedoch, sein Promotions-Studium abzubrechen. Nach seiner Ordination arbeitet *Riecker* 1923 als Vikar in Karlsruhe. Immer noch hielt er sich an die Jugendbewegung, auch als er später nach Weinheim versetzt wurde. Sich selbst bezeichnete er als "idealistisch": er war "auch weiterhin ein unentwegter Sucher nach dem Absoluten, Wahren, dem Eigenen"[16] und blieb doch unruhig und leer.

Die Wende vollzog sich 1925/1926: Otto *Riecker* stand kurz vor einer Verlobung, als ihm schmerzlich bewußt wurde, daß er diese Verbindung nicht vollziehen konnte[17]. Er verabschiedete sich und besuchte über

---

[12] O. *Riecker,* Mit 60 fing mein Leben an, 50.
[13] A.a.O. 57.
[14] A.a.O. 59.
[15] A.a.O. 60.
[16] A.a.O. 62.
[17] A.a.O. 68.

Neujahr seinen Schwager. Die Herzschmerzen, die er dort bekam, dürften wohl nicht nur körperliche Ursachen gehabt haben. Im Tropengenesungsheim in Tübingen begegnete der junge Vikar überzeugten Christen, an deren erfülltem Leben ihm aufgehen mußte, "wie weitgedehnt, leer, ichbetont, krank an mir selber" sein eigenes war[18]. Die Geschichte vom verlorenen Sohn las er, als handle sie von ihm selbst. Als er vor Gott seine Schuld bekannte und aufhörte, sie auf andere zu schieben, erfuhr er die Gewißheit, daß seine Sünden vergeben seien. Eine Missionarin konnte ihm auf seinem neuen Weg die ersten Handreichungen tun. Schließlich entließ ihn der Arzt und schickte ihn zur Kur nach Freudenstadt im Schwarzwald. Dort erlebte Otto *Riecker,* daß Menschen ihm gerne zuhörten und daß er ihnen seinerseits die ersten Schritte zu Jesus Christus zeigen konnte: "Das war meine erste Seelsorge."[19] Dort feierte er seinen dreißigsten Geburtstag[20]. Als er wieder in seinen Dienst zurückkehrte, empfand er einen "abgrundtiefen Frieden"; die "Fehde von vielen Jahren" hatte ein Ende[21].

Nachdem Otto *Riecker* zuletzt in Pforzheim Vikar war, wurde er 1927 als Pfarrverwalter nach Buch a. Ahorn versetzt, einem Örtchen im "badischen Hinterland", zwischen Osterburken und Wertheim. Aus den folgenden Jahren sind vier Ereignisse bedeutend: die Heirat mit Else *Mohr,* die Arbeit an einer theologischen Dissertation, die Auseinandersetzung mit dem Nationalsozialismus und die Mitarbeit in der Oxford-Gruppenbewegung.

Else *Mohr* war eine Freundin von Otto *Rieckers* Schwester. Während eines gemeinsamen Aufenthaltes in der Schweiz reifte in beiden die Gewißheit, miteinander die Ehe eingehen zu wollen. An Ostern 1928 heirateten sie. Die Hochzeitsreise führte sie über Ägypten nach Palästina an die heiligen Stätten. Dort erkrankte Pfarrer *Riecker* lebensgefährlich an einer Amöben-Ruhr, kam aber dank des Eingreifen eines jüdischen Arztes und der Gebete eines orthodoxen Priesters mit dem Leben davon[22]. Dem Ehepaar wurden später zwei Söhne geschenkt, während zwei

---

[18] Ebd.

[19] A.a.O. 68f.

[20] A.a.O. 70; diese Angabe ist der einzige Anhaltspunkt für die Datierung des Berichteten.

[21] Ebd., vgl. das Lied EKG 131, dessen erste Strophe *Riecker* in diesem Zusammenhang zitiert.

[22] A.a.O. 74–76.

weitere Kinder, Zwillinge, wegen einer verfrühten Geburt nicht am Leben erhalten werden konnten[23].

Wieder zurück in Buch a. Ahorn versah Pfarrer *Riecker* die Dienste in der Gemeinde, verfolgte aber daneben seine wissenschaftlichen Interessen. Daß in Baden eine Professur für praktische Theologie zu besetzen war, gab den Ausschlag dafür, sich nun um ein entsprechendes Thema zu bemühen. Seine 1935 im Druck erschienene Dissertation trug den Titel: "Das evangelistische Wort" und beschäftigte sich mit "Pneumatologie und Psychologie der evangelistischen Bewegung, Träger, Rede und Versammlung"[24]. "Die Großen erstanden auf: Wesley, Whitefield, Finney, Moody, Schrenk, Keller und andere. Ihre Welt, ihr Wirken, ihr Begnadetsein. 'Wiewohl sie tot sind, reden sie noch.' Ich merkte damals, an welch schönes Thema mich der Herr herangeführt hatte. Die Welt der Erweckung tat sich mir auf. Ein großartiger, runder, göttlicher Schauplatz!"[25] Eine schöne Frucht dieser Arbeit waren die Anfänge einer Erweckung in der eigenen Gemeinde.

Doch in diesen ersten Frühling brach der Frost des Nationalsozialismus ein. Nach anfänglichem Schwanken, weil die ersten Erklärungen Hitlers über die Förderung eines "positiven Christentums" Frieden erhoffen ließen, wurde es *Riecker* immer klarer: es ging letztlich um den Angriff auf die Kirche[26]. Er schloß sich der Bekennenden Kirche an, zusammen mit nur zwei anderen Pfarrern aus seinem Dekanat. Eine Zeit der ständigen Reibungen und Auseinandersetzungen begann.

"Eine neue Sicht über diese Dinge bekam ich, als ich der Gruppenbewegung begegnete."[27] Bei einem Kuraufenthalt kamen *Rieckers* in persönliche Berührung mit Pfarrer Justus Ferdinand *Laun († 1963),* dem Pionier der Gruppenbewegung in Deutschland[28], über die im übrigen oben S. 310f das Nötige gesagt ist. *Riecker* erkannte, daß der Einsatz für das Reich Gottes noch etwas anderes ist als sein Kampf mit den Parteileuten seines Pfarrdorfes, in den sich auch viel Menschliches und Eigenes aus der Quelle natürlichen Draufgängertums eingemischt hatte[29]. Jetzt lernte er, brüderliche Korrektur anzunehmen, in der Stille auf Gottes

---

[23] A.a.O. 98.

[24] A.a.O. 233, damals bei Berthelsmann in Gütersloh erschienen, in 3. Aufl. 1974 bei Hänssler (Neuhausen-Stuttgart).

[25] A.a.O. 80.

[26] A.a.O. 85.

[27] A.a.O. 89.

[28] C. *Georgi,* Christsein aus Erfahrung, 15.

[29] O. *Riecker,* Mit 60 fing mein Leben an, 89.

Führung zu hören und bei Tagungen und Großeinsätzen – auch im Ausland – in der "Mannschaft" zu arbeiten[30].

1936 wurde Otto *Riecker* Krankenhausseelsorger in Heidelberg. Dort setzte er seine wissenschaftliche Arbeit fort mit der Absicht, sich zu habilitieren. Er schrieb das Buch: "Die Wiedererweckung der Kirche. Von der innerkirchlichen zur missionarischen Haltung", in das seine Erfahrungen aus der "Gruppe" mit einflossen. Aus unerklärlichen Gründen, vermutlich aber wegen seiner Frontstellung gegen die "Deutschen Christen", wurde er als "für diese Laufbahn nicht geeignet" bezeichnet und abgewiesen[31]. Auch die Arbeit der Gruppenbewegung wurde fortgeführt. 1937 zogen sich Frank *Buchman* und das internationale Team wegen des wachsenden politischen Drucks aus Deutschland zurück. Eine "Deutsche Gruppe" spaltete sich ab. Die verbleibenden Mitglieder der alten Bewegung, darunter auch *Rieckers,* schlossen sich 1938 zur "Arbeitsgemeinschaft für Seelsorge" zusammen[32]. In seinem Buch "Ruf zur Seelsorge" begründete Otto *Riecker* diesen Schritt theologisch und erläuterte den Charakter der Arbeitsgemeinschaft[33], deren Leitung er bis 1940 innehatte[34]. Am 31. Dezember 1942 löste sie sich unter dem Druck der Partei auf[35]. Es versteht sich, daß *Riecker* und seine Freunde unter ständiger Überwachung durch die Gestapo standen.

Während des Krieges wurde ihm zunächst die Pfarrei des Dorfes Oftersheim bei Schwetzingen übertragen, dann auch noch in der Innenstadt Heidelbergs eine der Pfarrstellen an der Heilig-Geist-Kirche. Als er zuletzt auch noch die andere Pfarrstelle übernehmen mußte, hatte er drei Gemeinden zu versorgen[36]. Aber im Grunde wollte er schreiben, theologisch-wissenschaftlich tätig sein. Darum ließ er sich nach dem Krieg von der Kirche beurlauben und begann, in der Universitätsbibliothek zu arbeiten. "Ich hatte eigentlich zwei Arbeiten im Gange: 'Die innere Geschichte der Kirche – Rückgänge und Einseitigkeiten, Anliegen und Erneuerungsfaktoren der Kirchengeschichte', und eine Kulturgeschichte

---

[30] A.a.O. 89–98; vgl. *ders.,* Herausforderung an die Gemeinde, 104–107.

[31] O. *Riecker,* Mit 60 fing mein Leben an, 99f.

[32] A.a.O. 106f; C. *Georgi,* Christsein aus Erfahrung, 26f.

[33] C. *Georgi* a.a.O. 27f; *Rieckers* Buch erschien 1939 bei Klotz in Leipzig, s. O. *Riecker* a.a.O. 233.

[34] O. *Riecker* a.a.O. 117.

[35] A.a.O. 118; C. *Georgi,* Christsein aus Erfahrung, 29.

[36] O. *Riecker,* Mit 60 fing mein Leben an, 114 u. 120f.

aus christlicher Schau[37]. Für die erstere hatte ich schon lange begonnen, Quellen zu lesen, alte Kirche, Benedikt, Bernhard von Clairvaux, Luther."[38] Die Währungsreform verschlang die letzten privaten Mittel, so daß sich Dr. *Riecker* wieder um eine Pfarrstelle bewerben mußte. Es sollte eine kleine Gemeinde sein, damit neben dem kirchlichen Dienst die wissenschaftliche Arbeit weitergehen konnte. Es wurde Adelshofen.

9.1.2 Anfänge und Geschichte der Kommunität Adelshofen

Adelshofen ist ein kleines Dorf im mittelbadischen Kraichgau, zwischen Heidelberg und Heilbronn gelegen; heute ist es ein Ortsteil von Eppingen. Einerseits erschien es ideal für Dr. *Rieckers* Absichten: "'Da bleibst du! Das ist das Richtige!' dachte ich."[39] Auf der anderen Seite war es aber auch ein wenig altväterlich, vielleicht zurückgeblieben: "'Mensch, wo bist du hingekommen?' Der wellige Fußboden, die vielsprossigen Fenster, die leicht muffelige Luft, alles atmete eine andere Welt. In sie sollte ich nun eingehen!"[40] Doch bevor die *Rieckers* in diese Welt eingingen, schafften sie die Voraussetzung, unter der sie in Adelshofen wirken wollten.

"Als meine Frau und ich bei einem vorausgehenden Besuch das große, leere Wohnzimmer betreten hatten, knieten wir nieder. Es stand noch ein Speiskübel vom Verputzen in der Stube, der diente uns als Anhaltspunkt und Altar. 'O Herr', flehte ich, 'dies ist voraussichtlich unsere letzte Stelle. Schenke uns doch hier eine Erweckung!' ... Hier sollte, etwas zugespitzt gesagt, mein eigentliches Leben beginnen."[41]

Das Gebet wurde erhört, obwohl der Anfang recht schwer war. Adelshofen hatte in früheren Generationen schon öfter eine geistliche Erwekkung erlebt, aber das Feuer war nach und nach heruntergebrannt. Die biblischen Grundwahrheiten waren allen bekannt, und doch schienen die

---

[37] Das letztere liegt nur im Manuskript vor und trägt den Titel: "Kultur- und Weltgeschichte aus christlicher Schau" (a.a.O. 233). Das erstere wurde anscheinend 1984 unter dem Titel: "Kirche und Christen im Wandel der Zeit" veröffentlicht; dies läßt sich daraus schließen, daß ab jenem Jahr die Literaturlisten im Anhang zu *Rieckers* Büchern nur noch das zweite als im Manuskript vorliegend aufführen, während es vorher beide Titel waren.

[38] A.a.O. 137.

[39] A.a.O. 141.

[40] Ebd.

[41] A.a.O. 142; vgl. den Titel der Autobiographie: "Mit 60 fing mein Leben an".

Herzen verschlossen. "Wir haben alles gewußt, wir haben nur nicht gewollt", bekannte später ein junger Mensch[42]. Pfarrer *Riecker* hatte schon länger im Sinn, eine Evangelisation zu halten, doch zuvor wollte er das "Schlachtfeld" kennenlernen[43]. 1955 lud er Pastor Heinrich *Kemner († 1993)*[44] in die Gemeinde ein. Seine vollmächtige Predigt erschütterte viele. "'Den mußt du gehört haben!' sagten sie im Wirtshaus"; und "war man zuerst wegen des Redners gerannt, so trat man nun den viel schwereren und doch seligen und notwendigen Weg zum Seelsorger an. Diese kernigen Menschen, junge und alte, knieten nieder, bekannten ihre Sünden und empfingen Vergebung. ... Es war eine Himmelsgnade drin."[45]

"Von da ab herrschte ein anderer Geist bei den Zusammenkünften der Jugend- wie der Frauen- und Männerkreise. Es war ... jener Geist der Liebe, der großen Freude des Zeugnisses, der Heilsgewißheit. Das konnte nicht verborgen bleiben! Am Ostermontagnachmittag war das erste 'Glaubenstreffen'. Es kamen so viele Menschen auch von der näheren und weiteren Umgebung, daß man in die Kirche des Nachbarstädtchens Eppingen ausweichen mußte. Langhin erstreckte sich die Reihe der Omnibusse und PKWs die Straße hinab. Die Schar der Erweckten sang ein Lied nach dem anderen, und in 'Gott ist die Liebe' spiegelte sich ihr ganzes Erleben."[46]

So begann zugleich mit der Erweckung auch die Sendung, das Zeugnis, die Mission. "Seitdem war die Jugend auf Achse. Mit dem Omnibus oder auch mit Moped und Fahrrad zogen sie über Land, singend, missionierend, Jesus bekennend: in den Kirchen, auf der Straße, in Ausflugsstätten und Gasthäusern."[47]

Während einer Jugendfreizeit, die eine Gruppe junger Menschen aus Adelshofen an die Nordsee und dann nach Ahlden in die Gemeinde von Pfarrer Heinrich *Kemner* geführt hatte, wurde Pfarrer *Riecker* "eine seltsame Schau" zuteil: "Vor meinem geistigen Auge stand der Bibelschulberg, damals noch unbebaut, und auf ihm zog sich eine Reihe von weißen Häusern hin, ähnlich wie eine Diakonissen-Anstalt. Dazu tönte es in meinen Ohren: 'Ach, daß du könntest glauben! Du würdest Wunder

---

[42] A.a.O. 144.

[43] A.a.O. 145. Über die nun folgenden Ereignisse und deren Vorgeschichte berichtet O. *Riecker* auch in: *ders.,* Erweckung heute, 14–23.

[44] Zu H. *Kemner* und der von ihm ins Leben gerufenen *Ahldener Bruderschaft* s. I. *Reimer* (Hg.), Verbindliches Leben, 47–49.

[45] A.a.O. 146.

[46] *Lebenszentrum Adelshofen,* Geschaffen aus dem Nichts, 17.

[47] Ebd., vgl. auch O. *Riecker,* Mit 60 fing mein Leben an, 161f u. 168f.

sehn! Es würde dir dein Jesus allzeit zur Seite stehn!' Das Ganze war derart nah, war fast handgreiflich ..."[48]

Es war von vornherein klar, daß die Bewegung nicht auf das kleine Dorf Adelshofen beschränkt bleiben konnte. Interessierte Pfarrer und Jugendliche kamen zu Besuch, vor allem an den Wochenenden. "Es ging alles noch so ursprünglich zu, daß niemand dabei auf die Idee kam, fürs Essen einen 'Tagesrichtsatz' festzulegen, zumal ja die Gäste meist in den Häusern des Dorfes untergebracht waren. ... Anfänglich haben reihum die Bäuerinnen im Dorf das Essen gekocht, aber es zeigte sich sehr bald, daß es nicht immer leicht war, das rechte Maß zu finden, 40, 50 oder mehr Menschen zu versorgen."[49]

In jene Zeit fiel der Heimgang von Frau Else *Riecker*, die zuletzt an einem Krebsleiden sehr schwer krank gewesen war. "Am 4. August 1956", berichtet ihr Mann. "Sie hatte gerade wie vor Torschluß das neue Werden gesehen, dann verabschiedete sie sich. Der Jüngste war nun 15 Jahre alt, jetzt nahm sie der Herr weg. Es war schwer. Sollte ich ganz frei sein für seinen Dienst? Zunächst begriff ich es nicht. Aber glauben konnte ich."[50]

Während der letzten schweren Monate war Magdalene *Rodewald* aus Ahlden, der Gemeinde Heinrich *Kemners,* nach Adelshofen gekommen, um im Pfarrhaus auszuhelfen[51]. "Sie war bereit, die große Aufgabe zu übernehmen, die der Pfarrhaushalt samt Freizeitarbeit mit sich brachte. Sie sagte von Anfang an: 'Ich bin nicht gekommen, um zu verdienen, sondern um zu dienen.' So geschah es dann immer mehr, daß die eigentliche Kocherei ins Pfarrhaus verlegt wurde und die Frauen aus dem Dorf erklärten: 'Du mußt koche, wir bringe's Sach' ...'"[52] Die ganze Gemeinde stand zusammen und half aus. "Diese gute Übung hat sich im Laufe der Jahre fortgesetzt und ist nicht weniger, sondern mehr geworden."[53]

Und auch die Erweckung wurde nicht weniger. Der Funke sprang über. Doch diese junge Bewegung brauchte auch Führung und inneren Halt. "Mir schwebte der Gedanke vor Augen", schrieb Otto *Riecker,*

---

[48] O. *Riecker* a.a.O. 163f.

[49] *Lebenszentrum Adelshofen,* Geschaffen aus dem Nichts, 18.

[50] A.a.O. 170.

[51] Daß Sr. Magdalene *Rodewald* aus Ahlden stammt, ist der Bemerkung zu entnehmen, Pfr. *Kemner* sei ihr ehemaliger Heimatpfarrer gewesen, s. *Aus dem Lebenszentrum Adelshofen,* Nr. 136, November 1992, 4.

[52] *Lebenszentrum Adelshofen,* Geschaffen aus dem Nichts, 18.

[53] Ebd.

"durch eine Ausbildungsstätte Pioniere für die junggeschenkte Erweckung zu schaffen. An vielen Orten brach neues Leben auf. Sollte das nicht Schrittmacher bekommen? ... entschlossene Seelen, Bahnbrecher, die bewußt vorwärts führten und nicht nachließen?"[54] So reifte der Gedanke, eine Bibelschule zu gründen. Im Kreis verantwortlicher Brüder der Ahldener Bruderschaft brachte *Riecker* sein Anliegen vor und erfuhr die Zustimmung der andern. Walter *Hümmer* von *Selbitz* segnete ihn für sein Beginnen. Das war im Oktober 1957. Am 20. Januar 1958 konnte der Unterricht seinen Anfang nehmen: Im Wohnzimmer des Pfarrhauses studierte man das Matthäus-Evangelium. Zwei junge Männer und zwei junge Frauen bildeten die erste "Klasse"[55].

"Das Studium des Evangeliums war uns eine große Hilfe. Aus ihm nahmen wir unsere neuen Leitsätze: – unbürgerlich, – hingabefähig, – einsatzbereit, – kampfbereit, – für Jesus entbrannt, – ihm die Seelen zuführend, – allzeit unter dem Kreuz stehend, – aus reiner Gnade lebend. So wollten wir sein, so stand es im Evangelium. Aus Matthäus 10 lernten wir viel, es wurde die Grundlage des Unterrichtsfachs 'Missionsgeschichte'. Aus der Liebe heraus wollten wir leben, und das war der schwerste Punkt. Beim nahen Zusammensein zeigt sich, wie jeder in Wirklichkeit ist: empfindlich, auf seine Ehre aus, um Anerkennung ringend, den andern nicht ertragend, bequem, gerne richtend, Grüppchen bildend, Arbeit auf andere abschiebend, all das gab es. Wir verwunderten uns – bei so gutwilligen Christen! Aber es war so. Von Anfang an hatten wir morgens und abends besondere Zeiten des Bibellesens und des gemeinsamen Gebetes, oft in der Kirche. Das war für uns die Grundlage der Gemeinschaft, und wir brauchten es auch, wir kleine, hilflose Schar."[56]

So begann das kommunitäre Leben, ohne daß den Beteiligten schon bewußt war, was einmal daraus werden sollte. Das "Leben nach dem Evangelium" wurde ganz praktisch eingeübt, und die apostolische Besitzlosigkeit, das Alles-Teilen der Urgemeinde war unausweichliche Lebenswirklichkeit.

Doch auf die Dauer konnte die Bibelschule nicht im Pfarrhaus verbleiben. Ein Streifen Land wurde der kleinen Gemeinschaft geschenkt, auf einer Anhöhe vor dem Ort. Weitere angrenzende Grundstücke konnten dazu gekauft werden. Ein befreundeter Architekt zeichnete Entwürfe. Das war schon 1958. Aber es dauerte noch bis 1961 und führte zunächst nur zu einer Baracke auf dem neuen Gelände[57]. Als dann "das alte Un-

---

[54] O. *Riecker*, Mit 60 fing mein Leben an, 176.
[55] *Lebenszentrum Adelshofen*, Geschaffen aus dem Nichts, 19.
[56] *Lebenszentrum Adelshofen*, Geschaffen aus dem Nichts, 18.
[57] A.a.O. 22f.

getüm, das Pfarrhaus" abgebrochen wurde, weil es ein Verkehrshindernis war, zog die ganze Gemeinschaft in die Baracke auf dem Berg[58]. Dr. *Riecker* war inzwischen 65 geworden und trat in den Ruhestand. Er fand in dem provisorischen Bau ein neues Heim. Im übrigen war da nur Platz für Speisesaal, Küche, Büro und Andachtsraum. Nach wie vor mußte die Mehrzahl der Bibelschüler im Ort Adelshofen bei Familien wohnen, die ihr Haus für sie öffneten[59].

Die erste Belegschaft der Bibelschule wurde nun zur *Keimzelle der Kommunität.* Doch auch diese Entwicklung ging durch mancherlei Höhen und Tiefen und mußte starke Hindernisse überwinden, ehe es soweit war.

"Der Gedanke einer verbindlichen Gemeinschaft hatte uns eigentlich schon seit den ersten Tagen beschäftigt. Er lag nahe. Lebten wir doch zusammen wie die ersten Christen ... Wir waren aufeinander angewiesen. Einer trug des anderen Last. Aber es fehlte doch eine letzte Verbundenheit. Jeder ließ sich in 'evangelischer Freiheit' eine Hintertür offen. Man konte ja nie wissen, was kommt. Als christlicher Individualist legt man sich nicht gerne fest, vollends, wenn das Konsequenzen für die weitere Zukunft hat."[60]

Pfarrer Dr. *Riecker* war in jenen Tagen an einem Tiefpunkt seines Lebens angelangt. Eine Ärztin meinte, er sei vom Tod gezeichnet[61]. Gesundheitlich ging es immer weiter bergab, als der Darm nicht mehr arbeiten wollte und der Körper eine Kur nicht verkraftete. Aber auch an der Schule waren Schwierigkeiten aufgetaucht:

"Wir waren uns über den Kurs nicht einig. Ich hatte immer an Bahnbrecher der Mission gedacht, die Schüler z. T. mehr an die Gemeindeanstellung. Durch das Buch von Lydia Präger: 'Frei für Gott und die Menschen'[62] und persönliches Offensein für diese Dinge wurde auch der Gedanke einer Bruderschaft wach, einer Kommunität, die ihr Leben ganz Gott hingab. Er stieß auf heftigen Widerspruch. Es war, wie wenn Wasser und Feuer sich trafen ... und das bei Gläubigen, die miteinander beteten, manchmal sozusagen gegeneinander, in Verschiedenheit der Sicht. ... Ich war reizbar und ertrug nichts. ... ... Zu Zeiten waren wir nur vier Schüler, der leitende Mann war ja auch krank. ... Man suchte einen Nachfolger. Dieser und jener sagte ab. In Selbitz

---

[58] O. *Riecker,* Mit 60 fing mein Leben an, 183.

[59] *Lebenszentrum Adelshofen,* Geschaffen aus dem Nichts, 24.

[60] A.a.O. 48.

[61] O. *Riecker,* Mit 60 fing mein Leben an, 188.

[62] Es war in erster Auflage 1959 erschienen, also im zweiten Jahr des Bestehens der Bibelschule, und berichtete erstmalig über das Leben evangelischer Kommunitäten. Persönliche Kontakte z. B. zur *Christusbruderschaft Selbitz* bestanden aber schon früher, wie die oben S. 354 erwähnte Verbindung zu Walter *Hümmer* zeigt.

stellte es der Hausvater vor unsere Mitarbeiter hin, sie sollten noch ein halbes Jahr dableiben; wenn sich bis dahin keine Lösung fände, sollten sie frei sein. Sie hatten auch Gedanken, auseinander zu gehen. In jener Nacht saß ich aufrecht im Bett und weinte. Sollte alles aufhören? Sollte alles davonlaufen? 'Herr, ich gehöre dir! Und wenn sie alle weggehen, so bleibe ich doch da!' Das halbe Jahr hatte man mir offenbar noch als Frist gegeben, ich merkte es nachher."[63]

Im November 1962 führten Mitarbeiter und Schüler eine Freizeit durch, um innerlich weiter zu kommen und etwas zu lernen. Dort geschah es. Einem der jungen Männer wurde klar, daß er bleiben sollte. Er sprach es aus, und ein zweiter schloß sich ihm an. Es zeigte sich, daß die Schwestern schon länger dazu bereit gewesen waren.

"Für uns alle unvermittelt stand plötzlich bei einer Bibelschulfreizeit deutlich vor uns: Wir müssen aus unserer Neutralität heraus und Gott unser ganzes Leben ausliefern. Wir fühlten uns nicht länger wohl bei dieser Unverbindlichkeit, und auch der Heilige Geist duldete nicht länger unsere Unentschiedenheit. ... Und nun saßen wir da, eine kleine Gruppe entschlossener Menschen, willens, auf Gedeih und Verderb Jesus zu folgen und ihm mit ihrer ganzen Kraft, Zeit und allem Vermögen zu dienen. Gott schenkte eine heilige Stunde. Er war mitten unter uns, als wir die letzten Vorbehalte gegeneinander aufgaben und in aller Offenheit unsere gegenseitige Schuld, unsere Lieblosigkeit und unser Mißtrauen bekannten. ... Im Gebet distanzierten wir uns mit einer klaren Absage von allem, was uns davon abhielt, Jesus ganz zu gehören. Nun war 'das Kind' geboren: Gott hatte die Kommunität gestiftet. ... Als göttliche Bestätigung war auf einmal auch unter uns eine geschwisterliche Liebe und großes Vertrauen, so daß wir ohne Vorbehalte einander bejahen und annehmen konnten, 'gleich wie Christus uns angenommen hat'. Die Ehelosigkeit empfanden wir nicht als Last, als Zwang, als neues Gesetz, um uns einzuengen, sondern es war der freiwillige Entschluß des einzelnen – die Antwort der Liebe auf die große Liebe unseres Herrn."[64]

Es war der 30. November 1962. Drei Schwestern und drei Brüder[65] taten als erste den Schritt in die verbindliche Lebensgemeinschaft der Kommunität und legten durch ihre persönliche Hingabe den Grund für das spätere Lebenszentrum. Noch blieb ihr Schritt aber im Verborgenen. Es galt, die Bibelschule auszubauen und geistlich zu tragen.

Der Neubau wurde in Angriff genommen. Am 29. September 1963 war Richtfest, ein Jahr später konnte das erste Haus fertiggestellt werden.

---

[63] O. *Riecker,* Mit 60 fing mein Leben an, 187f.

[64] *Lebenszentrum Adelshofen,* Geschaffen aus dem Nichts, 48.

[65] Br. Peter *Lohmann,* einer der sechs Geschwister von damals, im Rundbrief *Aus dem Lebenszentrum Adelshofen,* Nr. 136, November 1992, 3.

Aber bald war auch das schon zu klein. Im Juli 1967 wurde der erste Spatenstich für ein weiteres Haus getan, welches am 28. September 1969 bezogen werden konnte. Auch der Plan für eine große Halle, die den Glaubenstreffen Raum geben sollte, war von Anfang an da. Am 5. Oktober 1975 wurde sie als "Bethaus für alle Völker" eingeweiht.

Erst zehn Jahre nach ihrer Gründung trat die *Kommunität Adelshofen* auch nach außen hin durch eine gemeinsame Kleidung in Erscheinung. Bis dahin haben die Brüder und Schwestern ganz im Verborgenen inmitten der Bibelschüler ihren Dienst getan. So ging es diesen erst nach einiger Zeit auf, daß die Geschwister länger da blieben und nicht heirateten. Wie Br. Oskar *Föller* erzählte, waren es die Schüler, die am Jahrestag der Kommunität den Brüdern und Schwestern Mut machten, auch einmal einen Tag in der Woche unter sich zu sein, um eine gemeinsame Zeit miteinander zu haben. Nach mancherlei inneren Krisen und Kämpfen, in denen die Geschwister ihre menschliche Unzulänglichkeit erfuhren, führte sie Gott neu zusammen, so daß sie am 26. November 1972 in großer Freude ihr zehnjähriges Bestehen feiern und mit der neuen gemeinsamen Tracht an die Öffentlichkeit treten konnten[66]. In einem Festgottesdienst wurde dieser Schritt unter starker Beteiligung anderer Kommunitäten und Mutterhäuser feierlich besiegelt.

1973 eröffnete die *Kommunität Adelshofen* ihre "Lebensschule": "Dienstwillige junge Mädchen und junge Männer erkennen die Chance der geistlichen Zurüstung für ihr weiteres Leben. Sie wollen für ein Jahr in unserer Gemeinschaft leben."[67] 1974 entsteht mit dem Ismaeldienst der Missionsauftrag an der arabischen Welt. Ein Jahr später werden zwei Schwestern für die Kindergartenarbeit in Eppingen abgeordnet. Eine neue Schwesternstation entsteht 1977 in Brasilien. 1978 zieht Familie Faix nach Adelshofen, wo Wilhelm Faix als theologischer Lehrer an der Bibelschule tätig wird; damit ist der Grund für die *Familiengemeinschaft der Kommunität* gelegt[68]. Im Juni 1979 und im April 1980 werden Missionsteams in die arabische Welt ausgesandt, nachdem bereits seit 1971 Kontakte zu indonesischen Evangelisten bestehen und 1972 ein Jugend-Missions-Treffen mit 10 Missionsgesellschaften stattgefunden hatte. Aber "über allen Aktionen weltweit bleibt die Last für unsere nächste Umge-

---

[66] A.a.O. 50; *Aus dem Lebenszentrum Adelshofen,* Nr. 136, November 1992, 5.

[67] *Lebenszentrum Adelshofen,* Geschaffen aus dem Nichts, 10. Alle folgenden Daten a.a.O. 10–13.

[68] Siehe auch den Rundbrief *Aus dem Lebenszentrum Adelshofen,* Nr. 126, Juni 1990, der ganz unter dem Thema: "Als Familie verbindlich leben" stand.

bung", der die Kommunität durch "Intensiv-Einsätze im Kraichgau" gerecht zu werden sucht[69].

1989 starb Pfarrer Dr. Otto *Riecker* im Alter von 93 Jahren. Mit beinahe 60 durfte er die erste Erweckung erleben, aus der das Werk herausgewachsen ist, auf das er sich sein Leben lang vorbereitet hatte, ohne zu wissen, wie Gott es führen würde: die Bibelschule und *Kommunität Adelshofen.*

9.2 Gestalt und Anliegen

9.2.1 Gestalt

Bei der "Konferenz Evangelischer Kommunitäten" in Selbitz am 24. März 1992 berichtete Br. Peter *Lohmann,* daß zur *Kommunität Adelshofen* 29 Schwestern und 12 Brüder gehören.

Über die *institutionelle Gestalt* des "Lebenszentrums Adelshofen" (LZA) informiert am besten das bunte bebilderte Faltblatt "Kommunität Adelshofen" unter dem Titel "Wissenswertes":

"Die KOMMUNITÄT ADELSHOFEN E.V. ist der juristische Träger des Lebenszentrums mit seinen verschiedenen Aufgabenbereichen. Die geistliche und praktische Verantwortung liegt in den Händen der Kommunitätsmitglieder. Zum Lebenszentrum gehören verschiedene Arbeitszweige: – Die BIBELSCHULE (4jährige theologische Ausbildung) – Die LEBENSSCHULE (1jähriges Trainingsprogramm für junge Christen) – Die TAGUNGSSTÄTTE (Seminare für Mitarbeiter in Gemeinden, Freizeiten) – Die KOMMUNITÄT (eine verbindliche Lebensgemeischaft) Das LEBENSZENTRUM ADELSHOFEN ist ein freies Missionswerk innerhalb der evangelischen Landeskirche. Wir bekennen uns zu den Grundsätzen der 'Evangelischen Allianz', einer weltweiten Bruderschaft christusgläubiger Menschen. Wir anerkennen die Autorität der Bibel als inspiriertes Wort Gottes. Unser Missionswerk ist Mitglied in der 'Arbeitsgemeinschaft Evangelikaler Missionen' (AEM), der 'Konferenz bibeltreuer Ausbildungsstätten' und beim 'Ring missionarischer Jugendbewegungen' (rmj). Ein Freundeskreis unterstützt durch Gebet und freiwillige Geld- und Naturalgaben unsere Arbeit. Ein kostenloser Freundesbrief wird vierteljährlich versandt."

Auf der Anhöhe oberhalb des Dorfes Eppingen-Adelshofen ist inzwischen ein weitläufiger Gebäudekomplex entstanden, der die Bibelschul-

---

[69] *Lebenszentrum Adelshofen,* Geschaffen aus dem Nichts, 13.

räume, Wohnräume und die "Gottesruf-Halle" umfaßt. Daneben stehen zwei weitere Gebäude, die Schülern, Geschwistern und Gästen zur Unterkunft dienen.

Brüder, Lebens- und Bibelschüler haben ihre Zimmer gemeinsam auf denselben Gängen. Die Schwestern bewohnen seit 1989 zwei Flure für sich allein. Im Gespräch seufzte Sr. Magdalene *Rodewald* über die Mehrbettzimmer, vor allem im Hinblick auf die älteren Geschwister: "Mutter Basilea war da weitsichtiger, als sie von Anfang an für ihre Schwestern kleine Einzelzellen baute."[70] Inzwischen überlegt man sich aber, wie Br. Peter *Lohmann* in Selbitz berichtete, ob man nicht ein eigenes "Bruderschaftshaus" errichten müßte, um der Kommunität auch einen geschützten Binnenraum zu ermöglichen.

Die *Tracht* der Brüder besteht aus einem hellblauen Hemd mit hochgeschlossenem Stehkragen, dazu einem dunkelblauen Anzug samt Weste mit rundem Halsausschnitt. Die Schwestern tragen hellblaue Bluse und dunkelblaue Weste ähnlich wie die Brüder, dazu einen Rock oder ein Kostüm in derselben dunkelblauen Farbe wie die Weste. Außerdem haben sie ihr Haar zu einem Knoten zusammengebunden, der von einem blauen Haarband umschlungen ist.

Für die *Stufen der Einbindung* werden keine klassischen Bezeichnungen verwendet. Dem Noviziat entspricht in etwa eine "Eintrittsphase" von 1–4 Jahren, d. h. man geht zuerst durch die Lebens- oder Bibelschule und lernt die Kommunität auf diese Weise kennen. Dann folgt die Einkleidung, verbunden mit einem Versprechen, das schon als fest gilt und die vollen Verbindlichkeiten enthält. Nach ca. sieben Jahren erfolgt eine Erneuerung, was ungefähr der Profeß entspricht, aber sie wird eher als "Vergewisserung" des usprünglichen Versprechens verstanden. Der Bindungstext trägt die Überschrift: "Mein Entschluß", um die Freiwilligkeit zum Ausdruck zu bringen[71]. Unter anderem verpflichtet man sich dabei auf die Evangelischen Räte, hier Schlichtheit, Reinheit und Gehorsam genannt.

Auch in Adelshofen ist der Tag durch *Gebetszeiten* gegliedert: Um 6.45 Uhr trifft sich die Kommunität, zu einem kurzen, gebundenen Frühgebet. Um 7.00 Uhr folgt die gemeinsame Morgenandacht für die ganze Hausgemeinschaft mit Wortauslegung (die an bestimmten Tagen von den

[70] Gemeint ist Mutter Basilea *Schlink* von der *Evangelischen Marienschwesternschaft* in Darmstadt-Eberstadt.

[71] Vgl. damit den Brauch von *Taizé,* die Profeßversprechen "Engagements" zu nennen (Die Quellen von Taizé, 52f).

Schülern gehalten und anschließend ausgewertet wird), dazu Lieder, Austausch und freie Gebetsgemeinschaft. Kurz vor dem Mittagessen findet ein weiteres Gebet statt; dabei wird ein Psalm im Wechsel gesprochen, was in dem hektographierten Gebetsheftchen so erläutert wird: "Mit dem *Psalmgebet* fügen wir uns in die Kette der vielen Beter durch die Jahrhunderte, die damit dem lebendigen Gott Ehre, Dank und Lobpreis darbrachten."[72] Nach einer Zeit der Stille können in der anschließenden Gebetsgemeinschaft einzelne Psalmverse wieder aufgegriffen werden. Zu den Liedern heißt es in demselben Heftchen: "Das gemeinsam gesungene *Lied* dient der Sammlung, hilft zum Einswerden und macht unser Herz bereit zum Lob Gottes."[73] Nach dem Abendessen um 18.30 Uhr findet eine weitere Gebetszeit statt, die meist der Fürbitte zu verschiedenen Themen dient, am Montag aber nach vorausgehenden Berichten Dank beinhaltet und am Samstag als Ausklang der Woche mit Zeugnissen und viel Singen unter dem Gesichtspunkt von Lob und Dank gestaltet wird.

In all dem ist das Entstehen von *Liturgie* zu beobachten. Das Heft: "Lasset uns anbeten" enthält z. B. fünf Gebetsordnungen für den internen Gebrauch der Kommunität, die alle nach dem Schema: Choral, gebundenes Wechselgebet, freies Gebet, Schlußvers des Eingangschorals aufgebaut sind.

Daneben gab es früher auch eine Gebetskette, so daß immer je zwei eine halbe Stunde miteinander beteten, und zwar eine Schwester oder ein Bruder der Kommunität mit jemandem aus der Bibel- oder Lebensschule. Weil das aber oft mit der praktischen Arbeit nicht in Übereinstimmung zu bringen war, ist man von dem Gedanken, daß es genau eine *Kette* sein muß, wieder abgekommen. Die Grundregel bleibt aber, daß zwei zusammen eine halbe Stunde zum Gebet haben. Allerdings zeigt sich nach der Beobachtung von Br. Oskar *Föller* gerade hier, daß es schwer ist, die jungen Leute am Gebet zu beteiligen, weil ihr Fürbittehorizont oft sehr eingeengt ist und sie das "viele Beten" ohnehin nicht gewohnt sind.

Die *bewußte Gestaltung des Kirchenjahres* ist ein wichtiges Element geworden. Br. Heinz *Böttcher* sagte in seiner Einführung zur Passionszeit, an der ich im April 1990 teilnehmen konnte, daß auf dem Hintergrund des Verlustes christlicher Festzeiten heute die Gestaltung des Kirchenjahres dazu beiträgt, den Weg Jesu bewußter mitzugehen und die einzelnen Akzente seines Erlösungsweges auch für sich selber deutlicher zu setzen. Seine Andacht war als Bildbetrachtung (Isenheimer Altar) sehr

---

[72] *Mittagsgebet,* Innenseite (Hervorhebung im Original).

[73] Ebd.

meditativ. Br. Oskar *Föller* ergänzte hinterher im Gespräch: "Da sehen wir eine Aufgabe, unseren jungen Leuten hier einen Zugang zu den Kirchenjahreszeiten zu verschaffen. Viele kennen das gar nicht mehr, kommen aus völlig unchristlichen Häusern. Und hier merken sie: Da vermißt man ja etwas, wenn man das nicht hat."

Die *Kapelle* ist mit Altar, Kreuz, Ambo (Lesepult) und einem siebenarmigen Leuchter ausgestattet. Das Gestühl weist Kniemöglichkeiten auf. Ähnlich findet man in einer weiteren Kapelle im Obergeschoß, die hauptsächlich von der Kommunität allein genutzt wird, Kniebänke, Altar und Kruzifixus.

Zweimal pro Monat haben die Geschwister einen Tag, den sie für sich selbst gestalten können, einmal als "Stille-Tag", das andere Mal einfach als freie Zeit.

Diese Dinge wurden hier deshalb so ausführlich geschildert, weil sich an ihnen ablesen läßt, wie eine bewußt evangelikale, aus dem Erwekkungschristentum herkommende Kommunität ihr Leben gestaltet und durch eigene Erfahrung im Ansatz manche Dinge aufnimmt oder für sich neu entwickelt, die auch sonst vom Kommunitäts- oder Ordensleben her vertraut sind. Doch bevor wir uns diesem Thema zuwenden, sollen noch zwei wichtige Merkmale der Gemeinschaft benannt und dann die Anliegen der *Kommunität Adelshofen* zusammengefaßt werden.

Mit dem Zuzug von Familie *Faix* im Frühjahr 1978 begann im Umfeld der Kommunität auch eine *Familiengemeinschaft* zu entstehen[74]. Diese lebt "nach ähnlichen geistlichen Ordnungen" wie die Kommunität und ist eng mit ihr verbunden, obwohl die Familien z. T. "in ganz Deutschland verstreut" sind[75]. Ihre Lebensweise und geistlichen Ordnungen wurden in einem Freundesbrief eigens thematisiert und vorgestellt[76].

Die *Leitung* von Kommunität und Lebenszentrum wurde von Anfang an *im Team* wahrgenommen. Otto *Riecker* empfand im Hinblick auf *Selbitz,* daß die Gemeinschaft dort zu sehr auf eine Person hin orientiert ist. Dem hat er bewußt entgegengesteuert. Heute besteht das Leitungsteam aus vier Brüdern und zwei Schwestern[77].

---

[74] *Lebenszentrum Adelshofen,* Geschaffen aus dem Nichts, 73f.

[75] *Aus dem Lebenszentrum Adelshofen,* Nr. 136, November 1992, 20.

[76] *Aus dem Lebenszentrum Adelshofen,* Nr. 126, Juni 1990, vor allem 9–24.

[77] Nach Auskunft von Br. Peter *Lohmann* während der KEK am 25.03.92 in Selbitz.

9.2.2 Anliegen

Da es über jeden Bereich des *Lebenszentrums Adelshofen* einen eigenen Prospekt gibt, erhalten wir über die Anliegen des Werkes die klarste Auskunft, wenn wir diese Faltblätter der Reihe nach befragen.

a) Die *Kommunität Adelshofen* nennt als erstes und daher doch wohl auch wichtigstes Anliegen: "Für Gott dasein", und erläutert das so: "Trotz vieler Aufgaben: Priorität hat das Leben vor Gott! Deshalb haben Gebetszeiten und die Stille mit dem Wort Gottes ihren festen Platz im Tagesrhythmus." Daraus folgen konsequent die anderen Punkte: "Schlichter Lebensstil", "Ledigsein", "Gehorsam" und "Miteinander" – man erkennt unschwer die Evangelischen Räte, erweitert um den Begriff der *Koinonia*.

Schlichtheit heißt näherhin: "gemeinsame Kasse, miteinander teilen, einheitliche Kleidung, gemeinsames Wohnen". *Gehorsam* bedeutet: "Wir erkennen Autorität an und sind bereit, auf Gott und die Geschwister zu hören. Die Grundlage dafür ist Liebe und gegenseitiges Vertrauen." – *Ledigsein* "ermöglicht den uneingeschränkten Dienst, frei für Gott und die Menschen zu sein." Diese Formulierungen, deren letzte sich wohl bewußt an den Buchtitel von Lydia *Präger* anlehnt, zeigen eine deutliche Auslegung der klassischen Räte auf das Miteinander der Geschwister hin. In dieser *Verflochtenheit von Dasein für Gott und die Koinonia* leuchtet die *"pachomianische Grundstruktur"* im Leben der *Kommunität Adelshofen* auf.

"Pachomianisch" ist gerade auch die Tatsache, daß die Gemeinschaft der Geschwister sich öffnet für andere Menschen, denen sie dienen will. So nennt das Faltblatt über die *Kommunität Adelshofen* folgende Aspekte des Auftrages: Bibelschule, Lebensschule, Missionarische Aktivitäten, Seelsorge, Äußere Mission.

Darüber hinaus spricht die Tatsache, daß es ein *Lebenszentrum Adelshofen* gibt, deutlich genug für die Anliegen der Kommunität.

b) Der Prospekt über das *Lebenszentrum Adelshofen* sagt, "was wir wollen": "Orientierung geben für das Christsein im Alltag, Impulse vermitteln für lebendige Gemeindearbeit, gemeinsames Leben praktizieren, das Evangelium weitersagen, junge Menschen ausbilden". An Aktivitäten, durch welche diese Ziele erreicht werden, nennt das Faltblatt: Familien- und Kinderfreizeiten; Seminare für Hausbibelkreise, für Kinder- und Jugendarbeit, für Seelsorge; Kinder-, Teenager- und Jugendtage;

Frauen- und Männertage; Glaubenstreffen; Gemeindewochen; Evangelisationen; Gemeindeausflüge; Teestubenarbeit; Literaturverbreitung; Ausländerkontakte; Seelsorge an hilfesuchenden Menschen; Mithilfe in der äußeren Mission. Daneben beherbergt das LZA die *Lebensschule* und die *Bibelschule,* die wohl die wichtigsten Einrichtungen zur Umsetzung der genannten Absichten sind.

c) Die einjährige *Lebensschule Adelshofen* stellt unter anderem Namen so etwas wie "Kommunität auf Zeit" dar und greift damit ein Anliegen des Benediktinerabtes Emmanuel *Heufelder,* Niederaltaich, auf, der 1962 erstmals zu Kursen "Kloster auf Zeit" eingeladen hatte[78]. Der einschlägige Prospekt führt dazu aus: "Leben will gelernt sein – wir trainieren miteinander!" und nennt als Trainingsprogramm: "Gemeinsam hören, Gemeinsam leben, Gemeinsam lernen, Gemeinsam arbeiten, Gemeinsam weitersagen". *Koinonia* wird also groß geschrieben, aber in diesem Zusammenhang ist sie der Kontext für die Einübung eines christlichen Lebens außerhalb der Kommunität, denn die Ziele sind: "Stabilität als Christ gewinnen; Veränderung in einzelnen Lebensbereichen durch Jesus und sein Wort; klare Sicht für Ehe und Beruf; Menschen für Jesus gewinnen durch überzeugendes Christsein; verantwortliche Mitarbeit in der Gemeinde; den praktischen Alltag bewältigen; die Freizeit sinnvoll gestalten". Liest man ferner, daß unter "Gemeinsam hören" die Andachten und Gebetszeiten angeführt werden, dann erkennt man schnell, daß es bei diesem Training um das *Ora et labora* geht, ergänzt durch den für Adelshofen charakteristischen schulischen und missionarischen Aspekt.

d) Die *Bibelschule Adelshofen* "bietet eine theologische und missionarische Berufsausbildung für den vollzeitlichen Dienst im Arbeitsfeld Gottes", wie der zugehörige Prospekt sagt. Diese Ausbildung dauert vier Jahre und umfaßt gründlichen Unterricht in biblisch-theologischen, systematisch-theologischen und praktisch-theologischen, humanwissenschaftlichen und musischen Fächern. Außerdem gibt es Unterricht in Sprachen (Altgriechisch ist fakultativ) und Sport. Dazu werden jedes Jahr während dreier Monate verschiedene Praktika in unterschiedlichen Praxisfeldern absolviert.

Der Prospekt zeigt auf, für welche Dienste diese Ausbildung qualifiziert: "Die Absolventen stehen in Landeskirchen, Freikirchen, Gemeinschaftsverbänden, Missionswerken und in der äußeren Mission in folgenden Aufgaben: – Gemeindediakon(in) – Jugendreferent(in) – Kranken-

[78] B. *Müller, in:* B. *Müller*/ M. de la Trinité *Kervingant,* Einheit wächst im Herzen, 34.

hausseelsorger(in) – Prediger – Evangelist für Kinder, Jugendliche und Erwachsene – Misisonar(in) – Bibelübersetzung – Radiomission – Literaturarbeit – Medizinische Arbeit – Lehrtätigkeit – Studentenmission – Seelsorge – Rehabilitationsarbeit – Diakonie".

9.3 "Radikal das Evangelium leben": Spuren von *Basileios d. Gr.*

Wenngleich Br. Oskar *Föller* im Gespräch meinte, "daß wir nicht bewußt in der alten Tradition leben", so heißt das auf der anderen Seite keineswegs, daß sie völlig ausgeblendet ist. Pfarrer Otto *Riecker* hat sich sehr gründlich mit der Kirchengeschichte bis hin zur Alten Kirche beschäftigt und sich im Rahmen dessen auch mit dem Mönchtum auseinandergesetzt. Allerdings hat er die Kirchengeschichte unter einem bestimmten Raster wahrgenommen: Ist das evangeliumsgemäß?, war eine dieser hermeneutischen Fragen, eine andere: Wie steht es mit dem Weltbezug?, und: Ist das gesetzlich?

9.3.1 Rieckers Auseinandersetzung mit der Tradition

Dr. *Rieckers* Manuskript über die "Kultur- und Weltgeschichte aus christlicher Schau" (s. oben S. 350f) ist zwar bisher unveröffentlicht, aber die Ergebnisse seiner Auseinandersetzung mit der Kirchengeschichte und seine Sicht über "Die innere Geschichte der Kirche" sind eingeflossen in das Werk: "Kirche und Christen im Wandel der Zeit"[79]. Dieses Buch ist freilich nicht historisch, sondern streng systematisch aufgebaut, so daß man z. B. dem alten Mönchtum an verschiedenen Stellen unter einem jeweils anderen Blickpunkt begegnet.

Ausgangpunkt ist die Frage nach dem *Maßstab*. Allein damit ist bereits einschlußweise das *Problem der Tradition* angesprochen. *Riecker* nennt hier an allererster Stelle Jesus Christus, an zweiter die Urgemeinde[80]. Über Jesus Christus heißt es: "Er ist die Veranlassung der großen, einzigartigen Erscheinung 'Kirche', zugleich *Norm,*

---

[79] Siehe Lit.-Verz.

[80] O. *Riecker,* Kirche und Christen, 25f.

Maßstab und Urgestalt derselben."[81] Damit hat *Riecker* in prägnanter Kürze die Position in der Traditionsfrage bezeichnet, die oben S. 74–86 entwickelt wurde (allerdings ohne daß er sich diese Frage ausdrücklich als solche gestellt hätte).

Über das *Mönchtum* in seinen vielfältigen Erscheinungsformen hat sich *Riecker* ausführlich geäußert, angefangen von den ägyptischen Anachoreten über *Pachom* und *Benedikt* bis hin zu den *Iro-Schotten,* den *Zisterziensern* und den *Franziskanern.*

"Antonius war nicht umsonst für die heidnischen Bürger und auch für die Christen von Alexandrien eine besondere, geheiligte Erscheinung, wenn er aus der Stille und dem Gebet seiner Wüste bei seltenen Gelegenheiten dorthin kam", berichtet Otto *Riecker*[82]. Durch seine Belehrung und den festen Rhythmus von Gebet und Arbeit bewahrte er seine Anhänger vor "Überstiegenheiten"[83]. "Die Stille vor Gott, das gemeinsame Gebet, die anbetende Hinwendung zu Gott, die brüderliche Gemeinschaft, das Bekenntnis der Sünde vor seelsorgerlichen Geschwistern, zuchtvolles Leben auch mit notwendigen Verzichten, gliedhafte Ein- und Unterordnung, ein Leben des hingegebenen Dienstes für Jesus, dies *ist der Weg* zu einer *praktischen Heiligung* und eine Hilfe für sie."[84]

Pachom sieht *Riecker* als "Organisator, Lehrer und Zuchtmeister des *'koinos bios', des gemeinsamen Lebens",* das "dieser ebenso ungewöhnlich tatkräftige wie mystisch veranlagte Mann" aufgebaut habe, um "der Mönchsgemeinschaft die Möglichkeit, ohne große äußere Sorgen ein gesammeltes Leben des Gebetes, der Betrachtung, der Kasteiung und der Handarbeit" zu geben[85].

Im Vergleich zu ihm sagt *Riecker* über *Benedikt von Nursia:* "Auch er war ein Herrscher, aber sichtlich mehr ein solcher, der verstehend und helfend hinter seinen Kindern waltete. 'Arbeite und sei nicht traurig!' sagte er zu einem Goten, der seine Sichel verloren hatte – dies wurde ein Motto des Ordens"[86]. Über die *Benedikts-Regel* urteilt er: "Diese maßvolle, liebende und doch disziplinierte Art der gemeinsamen Lebensgestaltung, diese *'Regel' des heiligen Benedikt* wurde dank ihrer Überzeugungskraft nach und nach für fast alle vorhandenen und zu gründenden *Klostergemeinschaften des Abendlandes bestimmend*"[87]. Die Vorschrift der "Ernährung durch eigener Hände *Arbeit*" war "ein gesunder Ausgleich gegenüber allen extremen Anwandlungen"[88].

---

[81] A.a.O. 25 (Hervorhebung im Original).
[82] A.a.O. 228.
[83] A.a.O. 296.
[84] A.a.O. 228 (Hervorhebungen im Original).
[85] A.a.O. 297 (Hervorhebung im Original).
[86] A.a.O. 298.
[87] Ebd. (Hervorhebungen im Original).
[88] A.a.O. 222 (Hervorhebung im Original).

Die *iro-schottischen Mönche* tauchen nicht unter der Überschrift "Mönchtum", sondern bei den "missionarischen Gruppen des Mittelalters" auf. *Riecker* bezeichnet sie als "eine liebenswerte und in ihrer Ausprägung einzigartige missionarische Gruppe", die "sich etwas Urchristliches bewahrt" hatte[89], weil sie aus "in Lebensgemeinschaft missionierenden" Mönchen bestand[90], die "mit großem, persönlichen Einsatz und auf freiwilliger Basis" wirkten[91].

An *Bernhard v. Clairvaux* rühmte er dessen Bibelfrömmigkeit und Jesusliebe, obwohl er auch Schattenseiten von Bernhards Wirken zu nennen weiß[92]. Über *Franz v. Assisi* berichtet er: "In einer seltsam ergreifenden Einheit war ihm eine leuchtende Verkörperung des Christusbildes und Christuslebens in Armut, Demut und Liebe geschenkt, wie sie für alle Zeiten unvegeßlich blieb."[93]

Diese kurzen Auszüge belegen zur Genüge, daß Otto *Riecker* in das Wesen der jeweils zu beschreibenden Erscheinung monastischen Lebens tief eingedrungen war und versucht hatte, es aus seinen eigenen inneren Beweggründen heraus zu verstehen. Dennoch blieb er in einer gewissen Distanz dazu, weil er einen prinzipiellen Vorbehalt anmeldete: "Die Mönche gingen diesen Weg auf eine noch unvollkommene und oft gesetzliche Weise, wobei das sündige Denken und Handeln sie in mannigfacher Gestalt *auch in ihre Wüsten und Klöster begleitete,* so etwa die 'Last der Begierden' und die fromme Ichsucht der Selbstvervollkommnung."[94] Die "*Hingabe des ganzen Lebens* im Dienste Christi" habe das Mönchtum zwar versucht, dies aber "ungenügend und gesetzlich"[95]. Daher konnte ihm Otto *Riecker* auch nur "eine gewisse Größe" und "einen relativen Wert" zuerkennen[96]. Letztlich machte er für diese als notwendig erachteten Einschränkungen den "Mangel an *Wiedergeburt*" und eine "gesetzliche Wurzel" verantwortlich[97].

Es ist hier nicht der Ort, diese Beurteilung einer ausführlichen Kritik zu unterziehen. Es ist deutlich, daß sie im reformatorischen und im evangelikalen Denken wurzelt, aber z. T. nicht frei von gewissen Vorurteilen und Einseitigkeiten ist. Bedeutend ist sie in unserem Zusammenhang aus zwei Gründen: a) sie zeigt, daß eine intensive Auseinanderset-

[89] A.a.O. 335.
[90] A.a.O. 358.
[91] A.a.O. 214.
[92] A.a.O. 301f.
[93] A.a.O. 304.
[94] A.a.O. 228 (Hervorhebung im Original).
[95] A.a.O. 234 (Hervorhebung im Original).
[96] A.a.O. 204.
[97] Ebd. (Hervorhebung im Original).

zung mit Tradition stattgefunden hat, jedenfalls bei dem Gründer und Inspirator der *Kommunität Adelshofen,* und b) sie macht deutlich, daß gegenüber eben dieser Tradition so starke Reserven bestehen, daß ein direktes Einfließen in die Lebensgestaltung der Gemeinschaft fast ausgeschlossen ist. Umso bedeutsamer ist es, wenn sich nun doch Anklänge, Parallelen und ähnliche Erscheinungen zeigen. Sie müssen dann darin begründet sein, daß beide, die alten Mönche und die Adelshofener, aus derselben Quelle leben: dem Evangelium, und daß manche Einrichtungen und Lebensformen sich schlicht und einfach als hilfreich erweisen, wenn man zölibtär und kommunitär lebt, so daß sie immer wieder neu "erfunden" werden müssen (s. oben S. 93).

9.3.2 Spuren der Tradition in der Kommunität Adelshofen

a) *Einige Grundlinien* sind in der Beschreibung von Gestalt und Anliegen der *Kommunität Adelshofen* bereits deutlich geworden. Sie sollen hier nur noch kurz aufgezählt und lediglich hie und da knapp erläutert werden.

Da ist als erstes das *Leben nach dem Evangelium* zu nennen. Daß es für *Adelshofen* von fundamentaler Bedeutung ist, braucht nicht mehr bewiesen zu werden. Daß es dies auch für das alte Mönchtum war, wurde oben S. 126–129 dargestellt.

Ein weiteres herausragendes Beispiel ist die *Ausrichtung am Vorbild der Urgemeinde,* die für das (koinobitische) Mönchtum wie für die *Kommunität Adelshofen* von grundlegender Bedeutung ist[98].

Ob es das *"Gott zuerst"* ist, oder die *Evangelischen Räte,* oder die *bewußte Weltzuwendung,* die zusammen mit der Hingabe an Gott den *"pachomianischen Grundcharakter"* des Kommunitätslebens in Adelshofen ausmacht (s. oben S. 362): immer stehen wir auf den Schultern mindestens einiger wesentlicher Vertreter des alten Mönchtums, die aus dem Anruf des Evangeliums und dem an sie persönlich ergehenden Ruf Gottes dasselbe herausgehört haben.

Wir finden ansatzweise die Entwicklung zur *Klausur,* auch wenn diese keineswegs zum völligen Rückzug aus der Welt führt (s. oben S. 359);

[98] Vgl. oben S. 77–79 u. 114–118 mit: *Lebenszentrum Adelshofen,* Geschaffen aus dem Nichts, 21 u. 48; O. *Riecker,* Kirche und Christen, 26 u. 291–293.

es begegnet uns das *benediktinische "Ora et labora"*, ohne das keine geistliche Gemeinschaft auf Dauer bestehen kann (s. oben S. 364)[99].

Ein weiterer, *ganz typisch benediktinischer Zug* ist die *Discretio*, die auf einzelne Geschwister und ihre besondere Situation Rücksicht nimmt und sie nicht alle über einen Kamm scheren will.

So berichtete Br. Oskar *Föller* im Gespräch, daß für die Küchenmannschaft das Beten zur Mittagszeit anders geregelt ist, weil sie dann, wenn die anderen beten, gerade Hochbetrieb hat, oder daß es für Br. Willi *Feldmann*, der am Wochenende oft bis tief in die Nacht in der Teestube "Oase" in Eppingen arbeitet[100], möglich ist, anderntags nicht am Frühgebet teilzunehmen. Das erinnert im Denkansatz an den hl. *Benedikt*, der z. B. den Tischdienern zugesteht, schon vor der Mahlzeit ein wenig zu essen, damit sie nachher den Brüdern "ohne Murren und besondere Mühe dienen können" (RB 35,12f), der auf die Schwachen, die Kranken, die Greise, die Kinder und ihre besonderen Bedürfnisse Rücksicht nehmen möchte (RB 34; 37; 39, 10), und der auch ungünstige Ortsverhältnisse, schwere Arbeit oder Sommerhitze in seine Anweisungen einbezieht (RB 40,5).

Daß *regelmäßige Gebetszeiten*, und in ihrer Ausgestaltung allmählich auch das *Psalmengebet*, gefunden werden, gehört ebenso in diese Aufzählung wie die Tatsache einer *gemeinsamen Tracht*, die, soweit wir wissen, *Pachom* eingeführt hat (s. oben S. 104).

Zuletzt sei die *Befürchtung, bewundert zu werden*, genannt, welche die Adelshofener mit vielen alten Mönchen teilen[101]. Es sei nur daran erinnert, wieviele Altväter der Wüste vor ihrem eigenen Ruhm flohen, um den Bewunderern zu entgehen und in der Demut zu bleiben[102]. Besonders eindrücklich ist der Bericht von *Johannes Kassian* über Abbas *Pinufius*, der zweimal aus seinem Kloster, dem er vorstand, entwich, um der "eitlen Gunst des Volkes" zu entkommen[103].

---

[99] Vgl. auch *Lebenszentrum Adelshofen*, Geschaffen aus dem Nichts, 71; O. *Riecker*, Kirche und Christen, 222 u. 303; *ders.*, Mit 60 fing mein Leben an, 185.

[100] Vgl. seine Berichte in: *Aus dem Lebenszentrum Adelshofen*, Nr. 133, März 1992, 25–27; Nr. 136, November 1992, 16; Nr 137, März 1993, 6; Nr. 138, Juni 1993, 7.

[101] Vgl. *Lebenszentrum Adelshofen* a.a.O. 129: "Manchmal will mich die bange Sorge beschleichen, man könnte uns bewundern, als wäre dieses Werk *unsere* Leistung. Immer wieder beten wir: 'Nicht uns, deinem Namen gib Ehre, o Herr' (Ps. 115,1)" (Hervorhebung im Original).

[102] Vgl. die Apophthegmen Makarios d. Ägypter 1 (*Miller* Apo 454); Moses 8 (Apo 502); Simon 1–2 (Apo 868–869): PG 65, 260 B; 285 A–B; 412 C–413 A.

[103] Coll XX 1: *Pichery* III, 57–59; *Petschenig* 554,1–556,2 (dt. bei *Sartory* 3, 104f).

b) Die Bedeutung der *Militia Christi* im Leben und Denken Otto *Rieckers* ist oben S. 137–140 schon ausführlich behandelt worden. Hier soll nur noch einmal an das Ergebnis erinnert werden: Bewußt hat sich *Riecker* nur auf John *Wesley* bezogen, dieser aber fußt seinerseits auf den Homilien des *Pseudo-Makarios*. Ein Strom altkirchlicher und besonders auch monastischer Tradition hat *Riecker* auf diesem Umweg erreicht und ist unmittelbar wirksam geworden. Wo er selbst dieser Überlieferung ansichtig wurde, hat er sie auch durchaus als maßgeblich anerkannt. Das zeigt sein Kapitel über "Die militia (Heeresfolge) Christi"[104], das allerdings nach Behandlung des "Kampfgedankens biblisch" mit der "Streiterschar geschichtlich" bei *Ignatius von Loyola* einsetzt, den er in *dieser* Hinsicht zu würdigen weiß, in anderer Hinsicht freilich scharf kritisiert.

c) Eine weitere Grundlinie finden wir in der *Peregrinatio*, dem Unterwegs-Sein um Jesu willen. Es spielt in *Rieckers* Denken eine wichtige Rolle, auch wenn der Begriff "Peregrinatio" bei ihm nicht auftaucht. Dabei liegt auch hier eine typische "Brechung" der Verbindungslinie zum alten Mönchtum vor, denn Pfarrer *Riecker* ging es nicht um das Leben in der Fremde als solchem, sondern um die *missionarische Mobilität.*

Rieckers Ansatzpunkt waren die *iro-schottischen Mönche,* die aber ihrerseits anscheinend in einer ganz ungebrochenen Verbindungslinie zur alten Kirche standen[105].

Dort war zunächst das Beipiel Jesu selbst wirksam gewesen, der umhergezogen war und das Reich Gottes verkündete, aber keinen Ort hatte, "wo er sein Haupt hinlege" (Lk 9,58); dann auch die Apostel, allen voran Paulus, der um der Verkündigung des Evangeliums willen weite Teile des Römischen Reiches durchmaß und Gemeinden gründete. Diese *Heimatlosigkeit* um der *missionarischen Mobilität* willen hat sich nach dem Zeugnis der *Didache* in der frühen Kirche zunächst noch gehalten[106].

Aber sehr bald wurde das Wandern unter einem anderen als diesem funktionalen Aspekt gesehen: dem der *Nachfolge,* der dann in eine *asketische Motivation* umschlug[107]. So wurde die Heimatlosigkeit zum Kennzeichen des *Mönchtums*[108]. Außer dem Herrn selbst, der um unseretwillen arm wurde und vom Himmel auf die

---

[104] O. *Riecker,* Kirche und Christen, 244–250.

[105] Siehe vor allem A. *Angenendt,* Monachi Peregrini, 124–175; H. *v. Campenhausen,* Die asketische Heimatlosigkeit, 16–18; J. *Leclercq,* Mönchtum und Peregrinatio, 213–217; *ders.,* Monachisme et pérégrination, 33.

[106] Did XI–XIII: *Funk/Bihlmeyer,* Die Apostolischen Väter, 6–8 (dt. bei *Lilje* 34–36).

[107] H. *v. Campenhausen* a.a.O. 4–6.

[108] Vgl. außer der Anm. 105 angegebenen Literatur noch: C. *Bamberg,* Mönchtum in einer heimatlosen Welt, 26–38; A. *Grün,* Auf dem Wege, 12–31.

Erde kam und so "in die Fremde" ging, galt als das große Paradigma der Fremdlingschaft *Abraham,* den der Ruf Gottes aus allen Bindungen an Heimat und Familie herausrief und zum Fremden in Kanaan machte (Gen 12,1)[109]. In Verbindung damit wurde auch das Beispiel des *Mose* herangezogen, der nach dem Zeugnis von Hebr 11,24–29 lieber im Glauben aus Ägypten auszog, anstatt als Sohn der Tochter des Pharao ein genußvolles Leben zu führen[110]; oder das Wort Jesu, das zum Verlassen von Vater, Mutter, Brüdern und Schwestern auffordert (Mt. 19,29; vgl. auch Lk 14,25–33)[111]. Mt 16,24, die Aufforderung Jesu zur Nachfolge und zum Kreuztragen, diente ebenfalls zur Begründung eines Lebens in der Fremde, betrachtet unter dem Blickwinkel des unblutigen Martyriums[112].

Diese Fremdlingschaft (ξενιτεία) bewährte sich aber nicht nur im unsteten Herumwandern, sondern galt grundsätzlich auch dann, wenn der Mönch im Koinobion lebte, sofern dieses nur in der Fremde war. Das syrische Mönchtum hat an der erstgenannten Form noch lange festgehalten, während sonst allmählich der Wanderasket in Verruf kam, unstet zu sein und sich keiner Autorität unterordnen zu wollen. Man denke an *Benedikts* Polemik gegen die "Gyrovagen" (RB 1,10f)[113]. Im Westen wurde allerdings der Begriff ξενιτεία, in dem stärker der Akzent des "Fremdseins" mitschwingt, durch *peregrinatio* ersetzt, was schon von der Wortwahl her eher das "Wandern" betont[114]. Dennoch wurde die mit diesem Wort bezeichnete *Sache* als Heraustreten aus den gesellschaftlichen und familiären Bindungen und als Eintreten in die feste Gemeinschaft der Brüder verstanden. Gegen das damals sich entwickelnde *Wallfahrtswesen* erhob sich schon zu jener Zeit der Protest mancher Väter[115].

Die *Iro-Schotten* haben das Ideal der asketischen Heimatlosigkeit offenbar ungebrochen von der alten Kirche übernommen, und das in solch einem Maße, daß ihre missionarische Tätigkeit in Schottland (*Kolumba d. Ä., † 597*) und dann im Frankenreich (*Kolumba d. J., † 615*) eher als sekundärer Nebeneffekt bezeichnet werden muß[116]. An erster Stelle stand das Leben in der Fremde um der Nachfolge Christi willen, also die asketische Motivation. Neu war dabei, daß dieser Auszug in Gruppen

---

109 A. *Angenendt,* Monachi Peregrini, 127–130; A. *Grün,* a.a.O. 16–18; U. *Ranke-Heinemann,* Das frühe Mönchtum, 93f. Zur Bedeutung Abrahams als Archetyp des Glaubens auch für heute vgl. C. *Bamberg,* Abraham und Maria, 15–20.

110 U. *Ranke-Heinemann* a.a.O. 94.

111 A. *Angenendt,* Monachi Peregrini, 130–132.

112 A. *Angenendt* a.a.O. 133–135.

113 H. *v. Campenhausen,* Die asketische Heimatlosigkeit, 8–11.

114 A.a.O. 8 u. 11f.

115 H. *v. Campenhausen,* Die asketische Heimatlosigkeit, 13f, nennt Gregor von Nyssa.

116 So F. *Loofs* schon 1882, auf den sich H. *v. Campenhausen* a.a.O. 21 zustimmend bezieht; dasselbe tut J. *Leclercq,* Mönchtum und Peregrinatio, 218–222; vgl. auch G. *Schwaiger* (Hg.), Mönchtum, Orden, Klöster, 240. – Anders F. *Prinz,* Askese und Kultur, 46–58, hier: 51; *ders.,* Frühes Mönchtum im Frankenreich, 121–151, hier: 121f.

erfolgte und zu dem "Paradox einer 'stabilitas in peregrinatione'" führte[117]. "Monachus" und "Peregrinus" konnten im Mittelalter synonym verwendet werden[118].

Anders wurde es erst bei den *angelsächsischen* Missionaren, vor allem bei *Bonifatius († 754),* der die Missionstätigkeit systematisch organisierte und ausbaute, ohne deshalb den asketischen Aspekt des Lebens in der Fremde ganz aufzugeben; aber die Gewichte waren anders gelagert[119].

Im Hochmittelalter erfolgte nochmals eine Verlagerung der Akzente, und zwar zu einem *innerlichen Ideal* hin: *Peregrinatio als Kontemplation,* das Auswandern der Seele zu Gott hin. Aus der *"stabilitas in peregrinatione"* wird die *"peregrinatio in stabilitate"*[120]. Erst die Bettelorden haben das altchristliche Ideal der apostolischen Wanderpredigt wieder aufgegriffen. Beide Richtungen, wie man die *Peregrinatio* verstehen und begründen konnte, nämlich die asketisch-eremitische und die apostolische, lagen oft in ein und demselben Orden in Widerstreit miteinander, so z. B. bei den Dominikanern, oder in späterer Zeit bei den Jesuiten[121].

Bedenkt man die Reserven, die Otto *Riecker* dem "Gesetzlichen" gegenüber anmeldet, dann wird deutlich, daß er sich mit der Heimatlosigkeit als *asketischem Wert* nicht hätte anfreunden können. Er hätte darin eine nur menschliche religiöse Leistung gesehen.

Auf jeden Fall steht fest, daß *Riecker* die *Peregrinatio,* wo er sie bei den iro-schottischen und angelsächsischen Mönchen festmachte, allein unter dem Aspekt der *missionarischen Mobilität* sah und als solche sehr schätzte und hervorhob. Trotz ihrer bisweilen barbarisch harten Askese[122] konnte er die Iro-Schotten als "eine liebenswerte und in ihrer Ausprägung einzigartige missionarische Gruppe" bezeichnen[123] und führte die Tatsache, daß die Schwerpunkte geistlicher Erweckungsbewegungen fast immer im Süden und Westen Deutschlands lagen, u. a. auf ihre Tätigkeit dort zurück, weil sie im Gegensatz zu der oft gewaltsamen Christianisierung des deutschen Nordens und Ostens "mit großem persönlichen Einsatz und auf freiwilliger Basis tatsächliche Missionsgemeinden gegründet" haben[124].

---

[117] J. *Leclercq* a.a.O. 217.

[118] A.a.O. 216f.

[119] H. *v. Campenhausen,* Die asketische Heimatlosigkeit, 27–29; J. *Leclercq* a.a.O. 223.

[120] J. *Leclercq,* Monachisme et pérégrination, 44–49, Zitat a.a.O. 51.

[121] A.a.O. 51.

[122] H. *v. Campenhausen,* Die asketische Heimatlosigkeit, 19; K. *Schatz,* Geschichte des Ordenslebens, 50.

[123] O. *Riecker,* Kirche und Christen, 335.

[124] A.a.O. 214.

Diese *missionarische Mobilität* ist ein Kennzeichen nicht nur der Ekklesiologie Otto *Rieckers,* sondern auch seines eigenen Lebens und Werkes. Sie prägt bis heute das *Lebenszentrum Adelshofen* und muß in ihrem Zusammenhang mit der *Militia Christi* verstanden werden. Eine besondere Ausprägung hat sie durch die Mitarbeit in der Oxford-Gruppe gefunden, durch die *Riecker* zu Tagungen und Einsätzen in Deutschland, aber auch im Ausland (Dänemark) gelangte[125]. Später, als die Erweckung in Adelshofen angefangen hatte, wurden die jungen Menschen sofort zu Zeugen dessen, was sie mit Gott erlebt hatten: "Das war der Anfang. *Mission,* das nahm nun kein Ende. Gott, Gott, du sendest!"[126] – "Seitdem war die Jugend auf Achse. Mit dem Omnibus oder auch mit Moped und Fahrrad zogen sie über Land, singend, missionierend, Jesus bekennend ..."[127] Ein wichtiges Mittel der Mission wurden die Lieder, von denen viele neu entstanden. Pfarrer *Riecker* sammelte sie zusammen mit anderen, auch älteren, und gab sie in den Liederbüchern "Jesu Name nie verklinget" heraus, um der Erweckung damit ein Instrument des Gotteslobs und des Zeugnisses an die Hand zu geben[128]. Über die Bedeutung der Mission für das geistliche Leben einer Gemeinde und Gemeinschaft schrieb *Riecker* immer wieder, besonders in: "Erweckung heute", "Herausforderung an die Gemeinde" und: "Mission oder Tod"[129]. Aus diesem Impuls heraus ist die *Bibelschule* entstanden. Wie sehr das ganze *Lebenszentrum* davon geprägt ist, macht jeder Rundbrief von neuem deutlich, besonders aber der vom Juni 1992 mit dem Thema: "In Bewegung bleiben"; für unseren Zusammenhang sind dabei besonders die Beiträge über: "Sammlung und Sendung", "Menschen in Bewegung" (Bibelarbeit über den Propheten Daniel), "Wenn Gott einen Auftrag gibt ..." (Bildgeschichte über den Propheten Jona) oder: "Misionarisch in Bewegung ... auch im Urlaub" von Bedeutung[130]. Hierher gehört der Teestuben-Einsatz in Eppingen genauso wie die Evangelisationen von Reiseteams in anderen Gemeinden und die Einsätze der Bibel- und Lebensschüler[131].

Wenn nun auch die *Peregrinatio* fast ausschließlich unter dem Aspekt der *missionarischen Mobilität* wiederzufinden ist, so heißt das dennoch nicht, daß die anderen Aspekte fehlen! Sie tauchen nur in jeweils anderen Zusammenhängen auf, lassen sich jedoch in das Gesamtbild einfügen. Angesichts der oben angeführten Vorbehalte ist diese Tatsache umso

[125] O. *Riecker,* Mit 60 fing mein Leben an, 89–97.

[126] A.a.O. 149; vgl. ferner a.a.O. 163f, 168 u. 183.

[127] *Lebenszentrum Adelshofen,* Geschaffen aus dem Nichts, 17.

[128] O. *Riecker,* Mit 60 fing mein Leben an, 165–167. Der 1. Band von "Jesu Name nie verklinget" erschien 1962; inzwischen sind 6 Bände veröffentlicht, die zahlreiche Neuauflagen erlebt haben, hg. von der *Bibelschule Adelshofen* in Verbindung mit W. *Heiner* und dem *Missionstrupp Frohe Botschaft* in Großalmerode, verlegt bei *Hänssler,* Neuhausen-Stuttgart.

[129] Siehe Lit.-Verz.

[130] *Aus dem Lebenszentrum Adelshofen,* Nr. 134, Juni 1992, 5f, 9–11, 14f u. 16.

[131] Vgl. *Lebenszentrum Adelshofen,* Geschaffen aus dem Nichts, 100–109.

bezeichnender, weil sie zeigt, daß sich in einem aus Liebe zu Jesus Christus geführten gemeinsamen zölibatären Leben gewisse Grundstrukturen einstellen, auch wenn deren frühere geschichtliche Erscheinungsformen mit Reserven betrachtet werden.

Gewiß geht es hierbei nicht um Askese als solche. Aber in der Berufung zum Leben als Schwester oder Bruder spielt das Nachfolgewort Jesu, das zum Verlassen von Elternhaus und Verwandtschaft auffodert (Lk 14,25–33), eine gewichtige Rolle. Die Geschwister berichten darüber: "In jener Zeit stand es uns oft als Wahl sehr plastisch vor Augen: Entweder wir gehorchen solchen Worten und leben sie, dann hat das sehr reale Folgen, oder aber wir sind 'Herren' und 'Damen', die die Dinge im Kopf zur Kenntnis nehmen ... Wir entschlossen uns für ersteres und machten dabei erstaunliche Erfahrungen. Vor allem die: Was Jesus zu seinen Jüngern sagte, ist heute nachvollziehbar, und Gott bekennt sich zu diesem Wort."[132] Und im Prospekt über die *Kommunität Adelshofen* heißt es: "Jesus ruft uns in seine Nachfolge. Sein eindeutiger Ruf 'Folge mir nach!' erfordert eine eindeutige Antwort. Für uns heißt das: unsere liebgewordene Umgebung, Beruf und Elternhaus zu verlassen. Das macht frei für Neues. Und wir haben es erfahren, was Jesus Christus sagt: 'Jeder, der um meinetwillen sein Haus, seine Geschwister, Eltern oder Kinder oder seinen Besitz zurückgelassen hat, der wird das alles hundertfach wiederbekommen und dazu das ewige Leben' (Matthäus 19,29)". – Während der Bauphase hing im Andachtsraum der Baracke eine "Glaubensfahne" zur Ermutigung: "Abraham hat geglaubt auf Hoffnung, da nichts zu hoffen war" (Röm 4,18)[133]. Wenn auch der Akzent hier auf dem Glauben und nicht auf dem Wegziehen lag, so war es dennoch *Abraham* als ermutigendes Vorbild, den sich die Geschwister vor Augen stellten. Br. Peter *Lohmann* berichtet über seine eigene Berufung: "Wir standen unter dem deutlichen Anruf Gottes. Für mich selbst war es das Gotteswort aus Hebr 11,24, das mir Zusage und Auftrag Gottes wurde: 'Durch den Glauben wollte Mose nicht mehr als der Sohn der Tochter des Pharao gelten, sondern wollte viel lieber mit dem Volk zusammen mißhandelt werden, als eine Zeitlang den Genuß der Sünde haben, und hielt die Schmach Christi für größeren Reichtum als die Schätze Ägyptens; denn er sah auf die Belohnung'."[134] *Mose* und *Abraham* lernte wir oben (S. 369f) als biblische Paradigmen für die geistliche Fremdlingschaft, die *Peregrinatio* kennen. Zusammen mit dem Nachfolgeruf Jesu, Heimat und Elternhaus zu verlassen, und der Aufforderung, sein Kreuz auf sich zu nehmen, gehören sie seit alters in den Begründungszusammenhang der "geistlichen Heimatlosigkeit"[135].

d) Die *Nüchternheit* war für Otto *Riecker* ein wichtiger Punkt, obwohl oder vielleicht gerade weil er sich selbst früher an der Schönheit der

---

[132] A.a.O. 27.

[133] A.a.O. 6.

[134] *Aus dem Lebenszentrum Adelshofen,* Nr. 136, November 1992, 3.

[135] Vgl. A. *Angenendt,* Monachi Peregrini, 135–137.

Kunst geradezu berauschen konnte. "Weder schwärmerisch" sollte die Bibelschulausbildung sein, noch auf der anderen Seite "brutal öde. 'Werdet voll Geistes', und 'Seid nur einmal recht nüchtern!', beides stand mir vor Augen."[136] – "In jenen Tagen wurde viel gesungen", berichtete er über die Erweckung in Adelshofen. "Gott wurde sehr gerühmt. Von lauter nüchternen Leuten."[137] Während einer Busfahrt in Richtung Thüringer Grenze war er zu einem Lied inspiriert und lud die ganze Gruppe ein, mit zu singen und mit zu dichten: "Und siehe da, von allen Seiten kamen die Beiträge, worin das Leben eines Jüngers selig zu preisen ist. Selbst sehr Schüchterne, Stille wagten ein Verslein. Es war mir Produktivität des Heiligen Geistes. Wie so oft: Nüchtern, leise real, fortschrittlich."[138] Auch Glaubenswagnisse und das Erleben der wunderbaren Durchhilfe Gottes blieben unter diesem Vorzeichen: "... wir konnten gar nichts anderes als beten. Völlig versperrt waren die Wege. Aber als wir merkten, wie groß Gott ist, wurden wir kühner; wir ergriffen seine Hand – und ließen sie nicht mehr los, und es ging gut. Auf eine nüchterne Weise wurden wir 'diesseitig', versetzten das Himmelreich auf diese Erde, enthoben der papierenen Allgemeingültigkeit und Unverbindlichkeit, und erwarteten und erhielten etwas gemäß dem Wort."[139] – "So bleibe ich eben streng auf der Linie der Nüchternheit – gegenüber allem Extravaganten, Übertriebenen, allzu Intensiven, selbst wenn ich Kunst als Ausdruck und auch als tiefes Gefühl kenne", so bekannte er über sich selber[140]. Bei dieser für uns vielleicht überraschenden Verbindung von Glaubensmut und Nüchternheit ist man an das Schriftwort erinnert: "Seid nüchtern und setzt eure Hoffnung ganz auf die Gnade" (1 Petr 1,13).

Und wieder stehen wir damit an einem Punkt, der vor allem für die östlichen Mönchsväter von großer Bedeutung war. "Die Nüchternen" – νηπτικοί – wurden sie genannt[141], und damit ließ sich für die Zeitgenossen offenbar ihr ganzes Leben zusammenfassen.

Der Begriff νῆψις – *nepsis* bezeichnete zunächst die Nüchternheit im Gegensatz zu Trunkenheit und Rausch, wurde aber schon im Profangriechischen in übertragener Bedeutung gebraucht: dann geht es dabei um die "Freiheit des Geistes von jeder Art

---

[136] O. *Riecker,* Mit 60 fing mein Leben an, 178; vgl. Eph 5,18 u. 1 Kor 15, 34.
[137] A.a.O. 147.
[138] A.a.O. 165.
[139] A.a.O. 184.
[140] A.a.O. 221.
[141] So z. B. noch im griechischen Originaltitel der *"Philokalia",* der wörtlich lautet: "Philokalie der heiligen Nüchternen".

der Umnebelung"[142]. Bei *Philo v. Alexandreia* beinhaltet das die rechte Gotteserkenntnis und die Hingabe an seinen Willen im gehorsamen Tun; Verdunkelung des Geistes hat ihre Ursachen darin, daß das Kreatürliche und das Ich an die Stelle Gottes gerückt wurde[143].

Im NT begegnet das Verbum νήφω an fünf Stellen (1 Thess 5,5–8; 2 Tim 4,5; 1 Petr 1,13; 4,7; 5,8), die Ableitung ἐκνήφω zusätzlich noch 1 Kor 15,34. Hier hat das Wort stets die übertragene Bedeutung. Die Belegtexte "zeigen durch ihren nächsten Zusammenhang, daß νήφειν in der Anerkennung der mit Gottes Offenbarung gegebenen Wirklichkeit besteht sowie in der Ausübung des sich daraus ergebenden Dienstes durch Anbetung, Hoffnung, Liebe und Kampf."[144]

In diesem Sinne wurde das Wort von den orientalischen Mönchsvätern aufgegriffen und bot sich wie von selbst als zentralen Begriff des geistlichen Kampfes, der steten Wachsamkeit und der konzentrierten Ausrichtung des Gebetes auf Gott an[145]. Vor allem in 1 Petr 5,8, dem Wort, das zur Wachsamkeit angesichts des Teufels als brüllendem Löwen aufruft, fanden die Wüstenväter die νῆψις in Verbindung mit dem uns aufgegebenen Kampf, während 1 Kor 15,34 und 1 Thess 5,5–8 die νῆψις mit der rechten Gotteserkenntnis, und d. h. für die Mönche mit Gebet und Kontemplation, in Verbindung bringen[146]. Von *Antonios* wird seine Wachsamkeit und Nüchternheit angesichts der dämonischen Angriffe gerühmt[147], und *Arsenios* stellt fest, daß "jeder Mensch besonnen in seinen Werken" sein muß (νήφειν), "damit er sich nicht ins Leere abmüht"[148]. *Pseudo-Makarios* gibt uns eine großartige Schilderung der geistlichen Wachsamkeit und Nüchternheit, durch die Leib und Seele unversehrt "durch die Sträucher und Dornen des Lebens, durch Schmutz, Feuer und Abgründe d. h. durch die Begierden und Lüste und die übrigen Torheiten dieser Welt" gelenkt werden[149]. Die lateinische Apophthegmensammlung hat zwei ganze Abschnitte nur unter dieser Überschrift: *De eo quod opportet sobrie vivere,* und: *De eo quod sine intermissione et sobrie debet orare:* "Darüber, daß man nüchtern leben (νήφειν) muß – Darüber, daß man ohne Unterlaß und wachsam beten (ἐν νήψει προσεύχεσθαι) muß"[150]. –

---

[142] O. *Bauernfeind,* Art. "νήφω", 936; s. auch P. *Adnès,* Art. "Nepsis", 110f; I. *Hausherr,* L'hésychasme, 226.

[143] O. *Bauernfeind* a.a.O. 937.

[144] A.a.O. 938.

[145] P. *Adnès,* Art. "Nepsis", behandelt nacheinander "Nepsis und geistlicher Kampf" (112–114), "Nepsis und Wachsamkeit des Geistes" (114f), "Nepsis und Gebet" (115f) sowie "Nepsis und Praxis" (116f); doch alle diese Begriffe bezeichnen im Grunde ein und dieselbe Sache, sie sind nicht voneinander zu isolieren.

[146] I. *Hausherr,* L'hésychasme, 227.

[147] Vit Ant 9: PG 26, 857 B (dt. bei *Mertel* 700).

[148] Arsenios 33: PG 65, 101 A (zitiert nach *Miller* Apo 71).

[149] Ps.-Makarios, Hom 4,3: *Dörries/Klostermann/Kröger* 29,36–44 (Zitat bei *Stiefenhofer* 21); weitere Belegstellen s. P. *Adnès,* Art. "Nepsis", 113; I. *Hausherr,* L'hésychasme, 228.

[150] *Verba seniorum* V,11 u. 12: PL 73, 933–943; die Gegenüberstellung der lateinischen Kapitelüberschriften mit den griechischen a.a.O. 853/854, der auch die

Aber nicht nur die Anachoreten, auch die großen *Koinobiarchen* haben diese nüchterne Wachsamkeit des Geistes gelebt und empfohlen: *Pachom* wird uns "wachsam für das Gebet" (εἰς νῆψιν εὐχῶν) geschildert[151], und es heißt von ihm, daß sein wachendes Herz (καρδία νήφουσα) so fest war wie ein ehernes Tor gegen Räuber[152]. Von *Basileios d. Gr.* ist eine Homilie unter dem Titel "Hab acht auf dich selbst" überliefert, die uns dasselbe Konzept vor Augen führt; ihre Zusammenfassung auf dem Höhepunkt der Gedankenführung findet sie in den Worten: "'Hab' acht auf dich selbst!' Sei nüchtern (νηφάλιος), laß dir raten ..."[153] – So finden wir das Wort und das damit verbundene Konzept der geistlichen Wachsamkeit im Kampf gegen die Anfechtungen zugunsten der Gemeinschaft mit Gott bei *Ephräm d. Syrer*, bei *Dorotheos v. Gaza*, bei *Johannes Klimakos* (dort ohne das Wort νῆψις, aber der Sache nach reich belegbar) bis hin zu den großen *Hesychasten* späterer Zeit[154]. Zusammenfassend sagt Irenée *Hausherr:* "Die Nepsis als Methode des geistlichen Kampfes hat zur Aufgabe, die Defensive zu führen und insbesondere gegen Überraschungen auf der Hut zu sein und den Geist auf dem Wachposten ("sur le qui-vive") zu halten, um den Gegner schon bei seinem ersten Annäherungsversuch zu schlagen."[155]

Auch diese Verbindungslinie von der alten Mönchstradition zu Pfarrer *Riecker* ist in gewisser Weise gebrochen, weil sie ihm nicht bewußt war und seine Nüchternheit sich gegen alles Extravagante und allzu Intensive richtete, worunter für ihn vielleicht auch das Leben der Wüstenväter gefallen wäre. Schließlich wollte er auf beiden Beinen mitten in der Welt stehen und sich nicht um der Kontemplation willen aus ihr zurückziehen. Dennoch ist es sehr bezeichnend, daß angesichts der großen Bedeutung der *Militia Christi* für Otto *Riecker* auch die *Nüchternheit* eine so wichtige Rolle spielt. Eben diese Verbindung haben beide Begriffe schon im Neuen Testament (1 Petr 5,8) und bei den Wüstenvätern. So darf man umgekehrt sagen, daß trotz aller Brechung die Verbindungslinie eben doch da ist, und es ist sicherlich kein Zufall, daß wir auch in diesem Zusammenhang wieder auf *Pseudo-Makarios* stoßen, der schon für den Gedanken der *Militia Christi* ein wichtiger Gewährsmann war und dessen Gedankengut durch John *Wesley* an Dr. *Riecker* weitervermittelt wurde (s. oben S. 137–140).

Zuordnung von *sobrietas* und νῆψις zu entnehmen ist, weist eine um eine Stelle verschobene Numerierung auf: dort sind es die Nummern 10 u. 11.

[151] G[1] 16: *Halkin* 10,29f (engl. bei *Veilleux,* Pachomian Koinonia I, 308).

[152] G[1] 18: *Halkin* 11,25f (engl. bei *Veilleux* a.a.O. 309).

[153] Basileios, Hom 2,5: *Rudberg* 30,15f = PG 31, 208 B (dt. zitiert nach *Stegmann* 536).

[154] Vgl. I. *Hausherr,* L'hésychasme, 228–231.

[155] A.a.O. 231.

Diese drei zuletzt behandelten Begriffe: die *Militia,* die *Peregrinatio* und die *Nepsis* scheinen alle in der Persönlichkeit Otto *Rieckers* angelegt gewesen zu sein. Br. Oskar *Föller* charakterisierte ihn als einen unternehmenden Typus, aus einer Handwerkerfamilie, aktiv, ein Mensch, der gerne gekämpft hat; "das hat ihn gerade auch an Wesley und diesen Kämpen angezogen, der Einsatz, um Christi willen loszugehen, auch bei den Iro-Schotten auf ihre Weise." Finden wir also in der *Persönlichkeit* des Gründers allerlei Züge, die in der einen oder anderen Weise besonders auf das Wüstenmönchtum hinweisen, so erinnert das *konzeptionelle* Denken *Rieckers* am meisten an *Basileios den Großen.*

9.3.3 Adelshofen und Basileios d. Gr.

Oben haben wir von einer "pachomianischen Grundstruktur" gesprochen und einzelne Elemente "benediktinisch" genannt. Wir stehen bei der *Kommunität Adelshofen* – daran muß immer wieder erinnert werden – vor dem Phänomen, daß eine Gemeinschaft ihren Weg sucht, ohne sich bewußt an den großen alten monastischen Vorbildern zu orientieren, obwohl sie das Gespräch mit den Glaubensvätern nicht verweigert. Daher mag es so scheinen, als werde *eklektisch* vorgegangen; der Schein trügt allerdings, denn man sucht überhaupt nicht aus, sondern man lebt in *Adelshofen* aus dem Erbe der Reformation und des Pietismus und mit der Regel des Neuen Testamentes die Berufung, die man empfangen hat. Was sich an Anklängen und Ähnlichkeiten dabei einstellt, das ergibt sich quasi nebenbei.

Wenn man aber alle Einzelzüge zusammenzufassen versucht und nach einem Bezugspunkt in der Tradition fragt, dann stellt sich am ehesten der Name von *Basileios* ein. Auch hier freilich muß die Verbindungslinie "gestrichelt" gedacht werden, denn *Basileios* spielt im Denken der *Adelshofener* so weit ich sehen kann *überhaupt* keine Rolle. Sein Name fehlt sogar in *Rieckers* umfangreichem und detailliertem Buch "Kirche und Christen im Wandel der Zeit"[156]. Dieser Mangel ist in einer Aufarbeitung der ganzen Kirchengeschichte immerhin bemerkenswert. Dennoch springen einem die Bezugspunkte ins Auge. Sie sollen nachfolgend benannt und erläutert werden.

[156] O. *Riecker,* Kirche und Christen, 391–398.

a) Es mag ein wenig weit hergeholt erscheinen, aber bereits im Lebenslauf von *Basileios* und Dr. *Riecker* gibt es eine *bemerkenswerte Parallele:* sie beschäftigten sich beide mit der Philosophie, kehrten sich beide von ihr ab, und das nicht ohne Kämpfe, und wandten sich dem Aufbau der christlichen Gemeinde zu, wobei ihnen ihr philosophisches Rüstzeug allerdings gut zustatten kam. So schreibt *Basileios* z. B. einmal: "Ich verwandte viele Zeit auf die Eitelkeit, und fast meine ganze Jugend vergeudete ich in eitlem Bemühen, die Wissenschaft der von Gott für töricht erklärten Weisheit zu erlangen. Endlich aber erwachte ich wie aus einem tiefen Schlafe, richtet meinen Blick auf das wunderbare Licht der Wahrheit des Evangeliums, durchschaute, wie wertlos die Weisheit der irdischen Größen, die zu nichts werden, beweinte viel mein beklagenswertes Leben und bat um die Gnade einer Anleitung zur Einführung in die relgiösen Wahrheiten", die er dann vor allem durch die Lektüre des Evangeliums[157], aber auch durch das Vorbild und die Hilfe seiner älteren Schwester *Makrina* bekam[158]. – Otto *Riecker* schreibt von der Wende in seinem Leben (vgl. oben S. 347f): "Ich schaute hier Menschen, die etwas hatten. Ich hörte Choräle, in denen Substanz war. Ich vernahm die Bibelbotschaft, die etwas Festes darstellte. Das hatte ich nicht, alles das hatte ich nicht. Es war überzeugend. Wie weitgedehnt, leer, ichbetont, krank an mir selber war mein Leben! Dies hier mußte ich auch haben. Sofort entschloß ich mich dafür. Ich war das andere alles leid, es war nichtig; hier war Gott."[159]

b) Dementsprechend spielt *die Wiedergeburt* sowohl bei *Basileios* als auch bei Otto *Riecker* eine entscheidende Rolle. "Zunächst ist notwendig, das frühere Leben nicht einfach weitergehen zu lassen, sondern abzubrechen", heißt es bei dem großen Kappadokier. "Möglich ist das nach dem Wort des Herrn nur durch eine 'Wiedergeburt von oben' (vgl. Joh 3,3). Denn die Wiedergeburt ist, wie das schon der Name sagt, der Anfang eines zweiten Lebens. Um aber das zweite beginnen zu können, muß man zunächst dem vorausgehenden ein Ende machen. ... Das ist es, was mit dem Geborenwerden von oben aus dem Wasser und dem Geist gemeint ist, nämlich daß das Sterben sich im Wasser vollzieht, unser Leben aber durch den Geist gewirkt wird."[160] – Für *Riecker* ist die Wiedergeburt eine "biblische Schlüsseltatsache", "die eigentliche Gabe Gottes, die das Kommen Jesu brachte" und die "*kein Bild,* Gleichnis, bloßer Begriff, sondern ein existenzieller Vorgang" ist[161]; "der psychische Mensch ist der einmal geborene, mit seinen geistigen Fähigkeiten auf die Welt gekommene Mensch. Der pneumatische ist der zweimal geborene, der von oben durch die Wiedergeburt zu einem ewigkeitlichen Leben geborene Mensch."[162]

c) *"Bildung und Heiliger Geist"* – eine Schrift wie diese von Otto *Riecker* hätte genauso gut von *Basileios* stammen können. In der Tat hat er einen ähnlichen Traktat

---

[157] *Basileios,* Ep 223,2: *Courtonne* III, 10,1–20 (zitiert nach *Stegmann* 259f).

[158] Das berichtet der Bruder *Gregor v. Nyssa,* Vita s. Macrinae: *Woods Callahan* 377,7–19(dt. bei *Stolz* 342).

[159] O. *Riecker,* Mit 60 fing mein Leben an, 68.

[160] *Basileios* DSS XV,35: *Pruche* 366,16–368,44 (zitiert nach *Sieben* 175 u. 177).

[161] O. *Riecker,* Kirche und Christen, 26f (Hervorhebung im Original).

[162] O. *Riecker,* Bildung und Heiliger Geist, 23.

hinterlassen, nämlich seine Unterweisung "An die Jugend über den nützlichen Gebrauch der heidnischen Literatur". Für beide Autoren ergeben sich diese Themen konsequent aus ihrem Lebenslauf und ihrem eigenen Sinn für Bildung und Kultur. Schreibt *Basileios:* "Meine Jünglinge, wir halten dies irdische Menschenleben überhaupt für keinen Gewinn, wähnen und nennen durchaus kein Gut, was nur diesseitige Seligkeit bringt, Ahnenglanz, Körperstärke, Schönheit, Größe, allseitige Ehrung, selbst die Königswürde, kurz alles, was man menschlich groß nennen möchte, halten wir nicht einmal für begehrenswert ... wir gehen in unseren Hoffnungen weiter und tun alles zur Erlangung eines andern Lebens. Was uns nach dieser Richtung hin förderlich ist, das muß man unseres Erachtens lieben und mit aller Kraft anstreben, aber als wertlos beiseite lassen, was nicht auf jenes Leben zielt"[163], so heißt es bei *Riecker:* "Wir sollen als Jesusjünger, als erlöste Menschen stets um den untergeordneten Rang dieser Dinge wissen und uns immer neu klar machen, daß die Kulturgüter nicht als Selbstwerte gepflegt und betrachtet werden dürfen. Wir können Kulturwerte nicht so vergötzen, wie es ... Leute tun, bei denen diese Werte einen ganz hohen, einen beherrschenden Rang im Leben bekommen – Theater, Kunst, Musik, Bildung, soziologische Gegebenheiten und Anliegen, Presse, Politik, usw. Diese Bereiche können durch uns nur vom Schöpfer her betrachet und in Jesus und seiner Erlösung bewertet werden; so daß wir Jesus und seine geistlichen Werte weitaus höher achten und respektieren als diese vergänglichen Schöpfungswerte."[164]

d) Ferner folgte für beide aus ihrem Erleben der *grundsätzliche Biblizismus,* und hierin liegt wohl die tiefste und weitestgehende Einheit zwischen *Riecker* und *Basileios*. Es ist nun schon mehrfach erwähnt worden, daß es für *Basileios* nur eine einzige Regel gab, und diese für alle Christen ohne Ausnahme, nämlich das Evangelium selbst (siehe oben S. 128 u. 208f). Diese "Regel" hielt er den enthusiastischen Mönchen seiner Zeit vor Augen, aber ebenso der Kirche selbst. – Otto *Riecker* nennt in seinem Werk "Kirche und Christen im Wandel der Zeit" unter den Erneuerungsfaktoren in der Kirchengeschichte die Bibel an erster Stelle[165]. So war es kein Zufall, daß die Idee, 1992 in ganz Deutschland ein "Jahr mit der Bibel" auszurufen, in *Adelshofen* gern und bereitwillig aufgegriffen wurde; einen ganzen Freundesbrief hat man dem Thema "Bibel" gewidmet. "Ich staune, welch eine Dynamik hinter den Worten der Bibel steht", bekennt darin Br. Peter *Lohmann*. "Die Bibel ist mehr als ein Buch – sie ist Gottes Wort! Gott spricht daraus, und ich merke, wenn ich richtig hinhöre, hat das unter Umständen sehr konkrete Auswirkungen."[166] Daß diese Konzentration auf die Bibel nicht nur eine Einzelerscheinung aus gegebenem Anlaß ist,

---

[163] *Basileios,* Oratio ad adolescentes: *Naldini* 82–84 = PG 31, 565 B–C (zitiert nach *Stegmann* 796).

[164] O. *Riecker,* Bildung und Heiliger Geist, 42f.

[165] O. *Riecker,* Kirche und Christen, 364f.

[166] *Aus dem Lebenszentrum Adelshofen,* Nr. 131, September 1991, 3; vgl. auch die Beiträge über "Missionarisches Bibellesen" (a.a.O. 4–7), "Impulse zum Jahr mit der Bibel – für den christlichen Normalverbraucher" (8), "Die Bibel in der Seelsorge" (9f) und die Arbeitsblätter: "Gesprächsführung im Bibelkreis" (11f) und: "Wie lese ich die Bibel?" (13f).

beweist die Tatsache, daß fast jedem Freundesbrief eine zwei bis vierseitige Beilage unter der Überschrift: "Das Bibelstudium zum Thema" beigefügt wird.

e) Dennoch handelt es sich bei diesem Biblizismus in beiden Fällen nicht um eine *tote Orthodoxie,* sondern um das *dynamische Verhältnis von Bibel und Heiligem Geist.* In dem Kapitel über die Tradition wurde bereits darauf hingewiesen, daß es bei *Basileios* um ein *geisterfülltes Verständnis* der Heiligen Schrift geht (oben S. 81). Sie kann nur im Lichte des ganzen, allen Gläubigen übergebenen Glaubensgutes ausgelegt werden, obwohl sie ihrerseits Maßstab des Glaubens ist. Ein geistloses Zitieren isolierter Worte wird weder ihrem eigenen Wesen noch dem Wesen des kirchlichen Glaubens gerecht. Die Belege sollen hier nicht im einzelen wiederholt werden, da sie bereits ausführlich genannt wurden (s. oben S. 79–82). – Auch für Otto *Riecker* ist die Bibel nicht einfach *per se* der erste Erneuerungsfaktor in der Kirche, sondern sie ist es, weil "am Anfang jedes christlichen Geschehens ... die geheiligte Person *Jesu,* des Gottessohnes, und die *Urgemeinde,* die aus seinem Wirken hervorging" steht[167]. "Es ist die Botschaft Jesu, der Jünger und Apostel, die nicht nur wiedergegeben wird, sondern selbst wirkt."[168] Damit ist der *Traditionsvorgang* in genau dem Sinne beschrieben, wie er oben im zweiten Kapitel erarbeitet wurde. In der Auseinandersetzung mit manchen schwärmerischen Richtungen unserer Tage schreibt *Riecker:* "Selbst die Bibel wird immer wieder falsch angewendet, wenn sie auch untrüglicher Maßstab ist. Wir sind also auf Führung angewiesen. Wir müssen glauben, daß der Herr uns durchbringt, warnt, richtig führt. Und hierum beten. Der Heilige Geist legt die Bibel aber wiederum richtig aus und gibt in die Gemeinde die Gabe der Geisterunterscheidung, den Durchblick durch sehr differenzierte unterschiedliche geistliche Vorgänge."[169] Dieses Miteinander von Bibeltheologie, Führung durch den Heiligen Geist bei ihrer Auslegung und Unterscheidung als Gabe *in der Gemeinde* kann man typisch "basilianisch" nennen.

f) Typisch "basilianisch" ist denn auch überhaupt die *Verbindung der Gemeinschaft zur Gemeinde.* So hat *Basileios* das pontische und kappadokische Mönchtum vor einer selbstgenügsamen Isolation bewahrt und in Verbindung mit der Ortsgemeinde gebracht[170], in *diesem* Punkt seinem Lehrer *Eustathios v. Sebaste* folgend. Er selbst verkörperte das, wie jener auch, in seiner eigenen Person, da er ja gleichzeitig Mönch und kirchlicher Amtsträger war[171]. – Für Otto *Riecker* ging es von Anfang an um die Erweckung der Gemeinde. Ihm selbst schwebte dabei allerdings nicht *Basileios,* sondern das *Herrnhut* des Grafen *Zinzendorf* vor Augen. Der Unterschied zu Herrnhut und die Nähe zu *Basileios* liegt dennoch auf der Hand: Herrnhut wurde von Anfang an als ein besonderes Dorf für die Gemeinschaft der *Mährischen Brüder*

---

[167] O. *Riecker,* Kirche und Christen, 364 (Hervorhebungen im Original).

[168] A.a.O. 365.

[169] O. *Riecker,* Mit 60 fing mein Leben an, 221.

[170] W.-D. *Hauschild,* Art. "Basilius von Caesarea", 307f.

[171] Vgl. H. U. *v. Balthasar,* Die großen Ordensregeln, 42–47; E. Ch. *Suttner,* Das basilianische Mönchtum, 113–116.

gebaut[172], während es sich in Adelshofen um eine bereits bestehende Kirchengemeinde handelte. Auch nach der Pensionierung von Pfarrer *Riecker* blieb dieser Zusammenhalt im Prinzip erhalten. Der neue Ortspfarrer, Adolf *Mall,* wirkte als Lehrer in der Bibelschule mit, und noch heute stellen die Geschwister bei sehr großen Freizeiten im *Lebenszentrum* ihre eigenen Betten zur Verfügung und ziehen für ein paar Tage zu den Bauern ins Dorf. Diese *Integration* der Gemeinschaft in die Gemeinde ist ein weiteres deutliches "basilianisches" Merkmal.

g) Vielleicht darf man hier als weiteres Kennzeichen das *Leiden um die Kirche* angesichts divergierender theologischer Tendenzen anführen, das aber zugleich den *Kampf und die Auseinandersetzung* nicht scheut. *Basileios* führte solche Auseinandersetzungen z. B. um die Gottheit des Heiligen Geistes und das rechte Verständnis der Trinitätstheologie und mußte sich im Zuge dessen zu seinem eigenen Schmerz auch von seinem Lehrer *Eusthatios von Sebaste* distanzieren[173]. Die zerrüttete Situation der Kirche stellte er einmal im Bild einer Seeschlacht dar: "Sieh nur, wie es in einer solchen Seeschlacht zugeht: Zunächst laufen die Flotten von beiden Seiten furchterregend gegeneinander an; dann, wenn die durch nichts mehr zu besänftigende Kampfeswut ausgebrochen ist, fallen sie übereinander her und kämpfen miteinander. Wenn du willst, stell dir auch noch vor, daß die Flotte durch einen gewaltigen Sturm in Verwirrung gerät und dichte Finsternis aus den Wolken die ganze Sicht ständig verdunkelt, so daß man nicht mehr zwischen Freund und Feind unterscheiden kann, da wegen des Wirrwarrs die Signale nicht mehr zu erkennen sind. Fügen wir ... ein Meer hinzu, das anschwillt und aus der Tiefe sich nach oben kehrt, ungeheure Wassermassen, die aus den Wolken herabstürzen, und den furchterregenden stürmischen Andrang des Wogenschlags. Dann wird schließlich, da die Winde von allen Seiten zusammenschlagen, die ganze Flotte gegeneinander getrieben und handgemein. ... Schau jetzt vom Vergleich weg auf die schlimme Wirklichkeit selber, auf die er sich bezieht! Hat sich nicht schon seit langem das Schisma des Arius als eine Art Gegenspieler gegen die Kirche Gottes erhoben und sich ihr gegenüber zunächst in einer einzigen feindlichen Schlachtordnung aufgebaut?"[174] – Nicht minder beklemmend ist die Schilderung Otto *Rieckers* von einer Begegnung mit den badischen Landessynodalen: "Als bei der zweiten Zusammenkunft dieser Runde unser leitender Bruder 13 Punkte herausstellte, bei denen in der heutigen Theologie Irrlehren vorlägen, saßen ihm doch Vertreter jener Anschauungen gegenüber und hüllten sich in Schweigen. Nur einer machte an einem Nebenpunkt heftige Ausfälle. Wir merkten, wie schwer und eine Art Gericht es ist, persönlich und grundsätzlich Lehrgegensätze auszutragen. Das ist im gleichen Kreis oft nicht möglich. ... Diese Lehrfragen, die theologische Not, die Verwirrung in den Gemeinden anzusehen sei uns und mir selbst

---

[172] E. *Beyreuther,* Zinzendorf und die sich allhier beisammen finden, 104–128; H. *Hickel,* Sammlung und Sendung, 25–30; S. *Hirzel,* Der Graf und die Brüder, 62–70.

[173] Vgl. vor allem seine Schrift *De Spiritu Sancto,* aber auch zahlreiche Briefe, z. B. Ep 38 über den Begriff ὑπόστασις, Ep 52 über das ὁμοούσιος, Ep 125 mit einer Abschrift und Erläuterung des Bekenntnisses von Nikaia, oder Ep 223 gegen Eusthatios von Sebaste, um nur einige zu nennen.

[174] *Basileios* DSS XXX,76–77: *Pruche* 520,5–522,5 (zitiert nach *Sieben* 313/315).

etwas Leidiges, wir hätten keine Freude daran, sagte ich von Herzen. So war es auch hier, die Gegensätze blieben ungelöst. ... Dabei hätte man so gerne eine kirchliche Gemeinsamkeit gehabt! Sie war auch sonst da, wenn diese Sachen nicht besprochen wurden. Aber ein unterirdisches Zittern ging los, eine gespannte Atmosphäre stand in der Luft, wenn alles wie hier einmal an den Tag kam. Gott rumorte und ließ keine Ruhe. Ich emfand das heftig ... Schuld wurde offenbar, Schuld, die sonst verdeckt blieb, Schuld vor einem ganzen Zeitalter. Man *war* schuld, und das zeigte sich jetzt. Mit Schaudern erlebte man dieses Ungreifbare mit, d. h. mit dumpfem Bedrücktsein und Nicht-Entrinnen aus diesem Zangengriff der Stunde ..."[175] – Bei allen Unterschieden der Situation, der Themen und auch des Erfolges gilt es festzuhalten: in ihrem Engagement für die rechte Lehre, in der Bereitschaft zur Auseinandersetzung bei gleichzeitigem Leiden darunter, oder andersherum gesagt: in ihrem Verlangen nach Einheit der Kirche bei gleichzeitiger Bereitschaft zum Kampf um die richtige Lehre und den damit unausweichlich gegebenen Trennungen sind *Basileios* und *Riecker* m. E. durchaus vergleichbar.

h) Die *Integration der sozialen Dienste* in das Leben der Gemeinde und der Mönchsgemeinschaften war eine herausragende Leistung *Basileios d. Gr.* "Neben der Stadt baute er Häuser für Kranke und Asoziale, Werkstätten, Hospitäler und Herbergen, die bald eine große Siedlung ... bildeten"; dort wurde auch "eine eigene Kirche und neben anderen Gebäuden auch die Bischofsresidenz gebaut"[176]. Diese Einrichtungen wurden so berühmt, daß sie den Namen ihres Organsiators bekamen: solch ein Komplex wurde *Basilias* genannt. Er "war nicht nur eine Polyklinik, sondern eine ganze Stadt, die an die von Pastor Bodelschwingh gegründete 'Stadt der Barmherzigkeit Bethel' erinnert. ... Basilius verband so Liturgie und Diakonie, Seelsorge und Caritas. Nach seiner Auffassung gehört das diakonische und caritative Element unbedingt zum Wesen der communio sanctorum der Kirche."[177] – Nun hat das *Lebenszentrum Adelshofen* sicherlich kein solch reiches und weitverzweigtes sozial-caritatives Werk entwickelt, sondern sich auf das "Verbreiten des Wortes Gottes konzentriert". Aber auch darin liegt eine tätige Zuwendung zum Nächsten, dem Mitmenschen. Daß man aber grundsätzlich den diakonischen Dienst, wo er sich ergibt, in das Gesamt dieses Lebensentwurfes integrieren möchte, machen einerseits die Überlegungen von Otto *Riecker* deutlich, die durch und durch "basilianischen" Charakter tragen: "Wir führen als Grundanliegen folgende auf: *Die Freiheit* – die Unabhängigkeit von außergemeindlichen Mächten. *Die Lebenshingabe* – das Zur-Verfügung-Stellen der irdischen Güter und die Preisgabe der Sünden (Heiligung). *Die Gemeinschaft* – die Verwirklichung echter brüderlicher Verbundenheit und in ihrem Rahmen der *diakonische* und *missionarische* Impuls."[178] Andererseits zeigt es sich in der Tatsache, daß die *Kommunität Adelshofen* auch zu solchen Diensten bereit ist,

---

[175] O. *Riecker,* Mit 60 fing mein Leben an, 219f.
[176] W.-D. *Hauschild,* Art. "Basilius von Caesarea", 309.
[177] E. *Theodorou,* Die Kirche als communio sanctorum bei Basilius, 75.
[178] O. *Riecker,* Kirche und Christen, 173 (Hervorhebung im Original).

wenn sie sich ergeben: so z. B. die Kindergartenarbeit in Eppingen (s. oben S. 357)[179] oder die Arbeit von Sr. Anny *Niess* und Sr. Elli *Tepper* in einem Waisenhaus in Brasilien[180]. "Wir sind nicht eine Elite, sondern Diener" – dieser Satz drückt das Selbstverständnis der Kommunität knapp und treffend aus[181].

i) Ein letztes, ganz charakteristisches Merkmal, das *Basileios* und die *Kommunität Adelshofen* verbindet, ist die *Hochschätzung des gemeinsamen Lebens* der Brüder und Schwestern. Eine Zusammenstellung von Texten kann das verdeutlichen:

Basileios, Lange Regeln 7[182]	*Lebenszentrum Adelshofen,* Geschaffen aus dem Nichts
1. Ich bin überzeugt, daß das Zusammenleben mehrerer, die das gleiche Ziel haben, sehr viel Vorteile bringt. Erstens ist keiner von uns in der Lage, für die körperlichen Bedürfnisse allein zu sorgen; um das Notwendige zu besorgen, sind wir vielmehr auf andere angewiesen. So besitzt der Fuß eine Kraft, eine andere aber fehlt ihm. Bleibt er nun ohne die Hilfe der anderen Glieder, dann erweist sich seine Kraft weder als stark noch ausdauernd. ...	Von der Erfahrung der missionarischen Mannschaft her haben wir mehr und mehr Einsicht in die biblische Wirklichkeit und Notwendigkeit des Leibes Christi gewonnen. Keiner tut etwas für sich allein. Einzelgänger werden nicht gebraucht. Wir möchten 'gliedmäßig' denken, vom funktionierenden Gesamtorganismus her, den Christus steuert. Jeder an seinem Platz mit seiner Gabe, aber alle verbunden in Jesus ... (127f)
Zweitens ist es für den, der in der Einsamkeit lebt, schwierig, seine Fehler zu erkennen. Denn keiner ist da, der ihn zurechtweist und ihn in Milde und Mitleid zur Besserung führt. ... Einen solchen findet man aber in der Einsamkeit schwerlich, wenn man nicht vorher mit anderen gelebt hat. Ihm stößt also das zu, was gesagt wurde: "Wehe dem, der allein lebt; denn wenn er fällt, hat er niemanden, der ihn aufrichtet" (Koh 4,10) ...	Nur stete Buße und offenes Bekennen der Schuld bewahren uns davor, satt und sicher zu werden. Das enge gemeinsame Leben im Kleinkram des Alltags bringt genug Reibungsflächen ... (49) So gesehen, wird bruderschaftliches Leben für jeden lebbar und kann sich in schlichter Weise überall ereignen: – wo einer dem anderen seine Sünden bekennt und durch Jesu Gnade Vergebung geschieht, – wo eine Gemeinschaft ihre Vorbehalte voreinander aufgibt und in Liebe zusammensteht ... (72)

[179] Sie wurde allerdings inzwischen wieder in andere Hände übergeben, wie ein Telefongespräch mit Wilhelm *Faix* am 22.10.92 ergab.

[180] Vgl. die Berichte in: *Aus dem Lebenszentrum Adelshofen,* Nr.134, Juni 1992, 23; Nr. 136, November 1992, 19.

[181] *Lebenszentrum Adelshofen,* Geschaffen aus dem Nichts, 128.

[182] Übersetzung von K. S. *Frank,* Basilius von Caesarea, 100–105.

2. Wenn wir alle, die durch die Berufung einer Hoffnung vereinigt sind (vgl. Eph 4,4), einen Leib bilden und Christus zum Haupt haben, dann sind wir auch untereinander Glieder. ... Wollte ein jeder für sich allein leben und nicht nach Gottes Wohlgefallen dem gemeinsamen Wohle dienen, sondern nach seiner Neigung das eigene Wollen erfüllen, wie könnten wir dann, geschieden und getrennt, füreinander Glieder sein, uns gegenseitig Hilfe leisten und unserem Haupte, das Christus ist, unterworfen bleiben? Wenn wir getrennt leben, können wir uns nicht mit dem freuen, der geehrt wird, können nicht mit dem leiden, der leidet (vgl. 1 Kor 12, 26) ...

Ein Leben im Leib-Glied-Denken. Grundlegend für das Zusammenleben unter uns und in der Begegnung mit anderen Gruppen ist das Bild aus 1. Kor. 12 von dem Körper (Leib) und seinen Gliedern mit ihren verschiedenen Funktionen. Jeder hat in dem Ganzen der Bruderschaft seinen Platz und seine bestimmte Aufgabe. Keiner ist überflüssig, keiner solitär funktionsfähig, keiner kann sagen: "Ich bedarf euer nicht!" Und es wird wahr: "Wenn ein Glied leidet, so leiden alle Glieder mit, und wenn ein Glied geehrt wird, so freuen sich alle Glieder mit" (V. 26) ... (70)

3. Das gemeinsame Leben gewährt noch mehr Vorteile ... Es bietet auch mehr Sicherheit vor den äußeren Nachstellungen des Feindes. Denn die Wachenden wecken den auf, der unglücklicherweise in den Todesschlaf versinken will ... Und der Sünder wird sich viel leichter von der Sünde losreißen, wenn er sich vor der einstimmigen Zurechtweisung vieler fürchten muß ... Da der Einsiedler niemanden hat, der sein Tun prüfen kann, bildet er sich ein, das Gebot vollkommen zu erfüllen. ... er (kennt) seine Fehler nicht und kann auch den Fortschritt in seinem Tun nicht erkennen. ...

Schon beim geschwisterlichen Austausch dessen, was der Herr in der morgendlichen Stille einem jeden gezeigt hat, ist man offen, erweist Vertrauen, läßt ... ins Herz blicken, wie es zu Jesus steht, wie es leidet, kämpft und auch Sieg und Freude aus Jesus erfährt. Das ist die Quelle der Brüderlichkeit. Auch daß man gegenseitig um Vergebung bittet. Dazu gehört auch, daß man sich seelsorgerisch ermahnt, einander mitträgt, einander beisteht und gelegentlich mit Geschenken erfreut. (127)

4. Wie soll der Einsiedler seine Demut beweisen, da er niemanden hat, vor dem er demütiger sein könnte? Wem soll er Barmherzigkeit erweisen, da er sich von der Gemeinschaft mit den anderen getrennt hat? Gegen wen soll er großzügig sein, da sich niemand seinem Willen widersetzt? ... Um uns ein klares und überzeugendes Beispiel der Demut zu geben, hat er (Jesus) sich selbst geschürzt und seinen Jüngern die Füße gewaschen (vgl. Joh 13, 5). Wen

Jeder, der zu uns kommt, macht diese Erfahrung: Gemeinsames Leben ist ein Lernprozeß, ein tägliches Übungsfeld. Es kann nicht "per distance" erfahren werden. Nur wer sich ganz hineingibt, wird die enorme Chance entdecken, verändert zu werden. Es geht an den "alten Menschen", aber zugleich gewinnt der neue Gestalt und reift zu einer Persönlichkeit, der das Wesen Jesu auslebt: "sanftmütig und von Herzen demütig". (58)

willst du nun waschen? Wen willst du bedienen? Vor wem willst du der Letzte sein, wenn du für dich allein lebst? ...

Diese Lebensweise hält auch die besondere Weise der Heiligen lebendig, von der in der Apostelgeschichte mit den Worten berichtet wird: "Alle Gläubigen lebten beieinander und hatten alles gemeinsam" (Apg 2,44); und wiederum: "Die Menge der Gläubigen war ein Herz und eine Seele; und niemand nannte das, was er besaß, sein eigen, sondern sie hatten alles gemeinsam" (Apg 4,32).

Der Gedanke einer verbindlichen Gemeinschaft hatte uns eigentlich schon seit den ersten Tagen beschäftigt. Er lag nahe. Lebten wir doch zusammen wie die ersten Christen: "Sie waren täglich und stets beieinander einmütig und hatten alle Dinge gemeinsam" (Apg. 2,44 + 46). Wir waren aufeinander angewiesen. Einer trug des anderen Last. ... (48).

Basileios d. Gr. und *Adelshofen* – obwohl die Geschwister im *Lebenszentrum Adelshofen* auf den großen Bischof von Kaisareia gar nicht reflektieren, sondern schlicht "radikal das Evangelium leben" möchten und von da aus ihre Lebensform entwickelt haben, stehen sie ihm sehr nahe. Die Parallelen sind greifbar deutlich, und doch sind die Verbindungslinien nur "gestrichelt" zu denken, weil sie weder der Kommunität bewußt noch von ihr beabsichtigt sind, ohne freilich daß diese umgekehrt etwas dagegen einzuwenden hätte. Sie hat *Basileios* zum unbekannten und unerkannten "Verbündeten", weil auch er nichts anderes wollte als eben dies: mit ganzer Hingabe das Evangelium leben. Und darin sind sie sich einig.

9.4 Abschließende Auswertung

Tradition lebt auch in *Adelshofen*. Ja, diese Gemeinschaft, die wir genau wegen dieser Unbekümmertheit um Tradition als "Hecht im Karpfenteich" bezeichneten, stellt sich als eines der stärksten Glieder in der Argumentationskette heraus. Denn die Parallelen zu *Basileios d. Gr.* belegen in unüberbietbarer Deutlichkeit, daß durch die gemeinsame Ausrichtung auf ein und dieselbe Bezugsgröße – hier: das radikale Leben nach dem Evangelium – auch Gemeinsamkeiten in Glaubensausdruck und Lebensform, eben in der Spiritualität, entstehen: die Möglichkeit b) der oben S. 93 angeführten Alternativen. Daß sich die *Kommunität Adels-*

hofen dabei um solche Parallelen gar nicht besonders kümmert, belegt, daß es ihr nicht um Nachahmung geht, sondern um *Nachfolge,* um die vor Gott verantwortete existenzielle Lebenshingabe als Antwort auf das empfangene Heil in Jesus Christus im Horizont gegenwärtiger Herausforderungen. Ist es aber derselbe Herr, der sich durch denselben Geist damals wie heute zu eigen schenkt und sich hierzu der Heiligen Schrift bedient, dann darf auf diese Weise bei allen zeitbedingten Unterschieden auch eine innerliche Nähe zu den vergangenen Geschlechtern entstehen, die aus denselben Quellen dasselbe Heil empfingen und in demselben Geist demselben Herrn nachfolgten.

In den Beziehungen und Parallelen, die eher charaktermäßig bedingt und in der Persönlichkeit von Dr. *Riecker* verankert waren, darf man die stärker unbewußten und vorbewußten Anklänge gemäß Alternative c) der oben S. 93 dargestellten Möglichkeiten annehmen. Vielleicht gehören sie auch zu einem *Gründercharisma.* Auf jeden Fall belegen sie die oben aufgestellte These, daß die evangelischen Kommunitäten ein Lebensfeld betreten haben, das schon vor ihnen "beackert" worden war, so daß sie mit Notwendigkeit auf den Schultern derer stehen, die vorausgegangen sind. Gleiche existentielle Herausforderungen rufen nach ähnlicher Gestaltung des Lebens gemäß den Möglichkeiten der jeweiligen Zeit.

Und so haben auch in *Adelshofen* die "Röhren" kommuniziert. Mit Recht erscheint diese Gemeinschaft in einer Arbeit über "altkirchlich-monastische Tradition in evangelischen Kommunitäten von heute", und sie nimmt – vielleicht zu ihrer eigenen Überraschung – einen hervorragenden Platz darin ein.

Altkirchlich-monastische Tradition in evangelischen Kommunitäten von heute. Ein Rückblick

Wir sind bei unserer Untersuchung der Spiritualität evangelischer Kommunitäten von heute durch "monastisches Urgestein" gegangen. Es war nicht immer so sichtbar zutage liegend wie bei der *Gethsemanebruderschaft*, aber es war überall spürbar als der Untergrund, auf dem das Leben der Gemeinschaften aufgebaut ist.

Um hier nicht wieder in falsche Alternativen zurückzufallen, gilt es festzuhalten, was damit gesagt ist. Das "monastische Urgestein" zusammen mit dem Glaubensleben aller Christen und der ganzen Kirche ruht auf dem "feuerflüssigen Kern" dessen auf, was echte Überlieferung nur sein kann: Gott schenkt sich selbst in seinem Sohn durch den Heiligen Geist dem Menschen je aktuell zu eigen, wobei er sich des Lebens der Kirche und ihrer Verkündigung in Wort und Schrift bedient, trotz des fragmentarischen Charakters der je konkreten Ausgestaltung dieses Lebens und seiner Botschaft damals wie heute, denn nur so ist er in der geschichtlichen Welt des Menschen wirklich anwesend. In diesem Vorgang bezeugt sich Jesus Christus selbst als der lebendig gegenwärtige und handelnde Herr, der uns in seine Nachfolge ruft.

Wenn nun zu allen Zeiten Menschen für diesen Ruf empfänglich sind und mit der existenziellen Hingabe ihres Lebens darauf antworten, stellen sich trotz vieler geschichtlich und zeitbedingter Unterschiede auch Entsprechungen ein, welche die Jahrhunderte zu überspannen vermögen, und dies besonders dann, wenn manche Bedingungen der Lebensgestaltung ähnlich sind. Solch eine Bedingung ist in unserem Fall die *vita communis* von zölibatär lebenden Menschen.

Diese Entsprechungen oder Parallelen im Leben des alten Mönchtums und der heutigen evangelischen Kommunitäten können unwillkürlich entstehen, sei es durch das, was solch ein Leben von sich aus erfordert, sei es durch einen gemeinsamen Blickpunkt z. B. auf das allen gegebene und zur Verwirklichung aufgegebene Evangelium. Es kann aber auch sein, daß dieselben Bedingungen der Lebensgestaltung zur bewußten Rückfrage veranlassen, wie es die Väter gehalten haben. Schließlich ist es umgekehrt möglich, daß das Zeugnis der Väter inspirierend auf die eigene Lebensgestaltung einwirkt und sie erst richtig hervorruft. Wie wir gesehen haben, sind diese Möglichkeiten der Beziehung zwischen der Spiritualität von evangelischen Kommunitäten und der altkirchlich-monastischen Tradition im Leben der dargestellten Gemeinschaften verwirklicht, und zwar meist in Kombination aller oder mehrerer dieser Alternativen.

In der *Communität Casteller Ring* fanden wir eine ausdrückliche Bezugnahme auf *Benedikt v. Nursia,* weil das Leben der Gemeinschaft von Anfang an unter dem inspirierenden Eindruck benediktinischer Daseinsgestaltung stand. Die Parallelen sind hier bewußt und gewollt, ohne daß es zu einer gedankenlosen Nachahmung käme. Vielmehr fanden wir, daß die ganze Lebensart der Communität von benediktinischem Geist durchdrungen ist, wobei die Schwanberger Frauen in *dieser* ihrer Prägung Nachfolge Christi leben und sich den Herausforderungen unserer Zeit ganz stellen.

Die *Gethsemanebruderschaft* weist ein Profil geistigen Lebens auf, für das sich paradigmatisch *Evagrios Pontikos* als Bürge aufstellen ließ. Diese Beziehung ist weder zufällig noch ungewollt, obwohl die Inspiration des *Gethsemanekloster* nicht direkt von diesem einen Mönchsvater ausging. Vielmehr ist es ein gemeinsames geistiges und philosophisches "Klima", das beide über die Jahrhunderte hinweg verbindet und ähnliche existenzielle Antworten in der Gestaltung des praktischen Lebens hervorruft. Eigene Erfahrungen und das Studium der Väter befruchten und vertiefen sich nun gegenseitig und führen zu einer anderen charakteristisch konturierten Gestalt, Nachfolge Christi als existenzielle Antwort auf die Fragen der Zeit zu leben.

Bei der *Kommunität Adelshofen* konnten wir *Basileios d. Gr.* als stillen Verbündeten namhaft machen, der als unerkannter "Taufpate" im Hintergrund steht. Die beiden sind durch die Blickrichtung auf das Evangelium miteinander verwandt und verbunden, welche bei gleichzeitig betontem gemeinsamen Leben in Gemeinschaft mit Kirche und Gemeinde zu vergleichbaren Äußerungen geführt hat. Die Parallelen haben hier am ehesten den Charakter des Unwillkürlichen und Unbewußten, wenngleich auch sie keineswegs zufällig sind. Die Adelshofener Art und Weise, im Gehorsam gegen das Evangelium Nachfolge Christi zu leben und dem heutigen Menschen mit der Verkündigung des lebendigen Herrn zu dienen, braucht sich dieses geistlichen Ahnen in keiner Weise zu schämen, wird aber die Verwandtschaft wohl auch nicht besonders betonen. Man ist verbunden im Evangelium; das erfreut, und das genügt.

Für die *Christusbruderschaft Selbitz* konnte keine bestimmte Einzelgestalt der monastischen Tradition namhaft gemacht werden. Das liegt an der besonderen Geschichte dieser Gemeinschaft, heißt aber nicht, daß es keine Beschäftigung mit dem Mönchtum gäbe. Wir haben im Gegenteil reiche Beziehungen feststellen können, die vor allem durch die Anwendung des Begriffs "Orden" auf die eigene Kommunität und die konsequentere Ausgestaltung eines "ordensmäßigen" Lebens bedingt sind. Gerade weil es in der *Christusbruderschaft* diese bewußte Entwicklung hin zu einem "Ordensleben" gegeben hat, war die Gemeinschaft für unsere Untersuchung wichtig.

Trotz, oder vielleicht besser: inmitten all dieser unterschiedlichen Bezugnahmen zwischen der Spiritualität evangelischer Kommunitäten und der altkirchlich-monastischen Tradition war der *pachomianische Grundcharakter* aufgefallen, der den meisten protestantischen Gemeinschaften heute eigen ist, weil die reformatorische Weltoffenheit für viele von ihnen zu einer Verbindung von Gottes- und Nächstenliebe geführt hat. "Frei für Gott und die Menschen" – dieses Motto gilt für einen Großteil der Kommunitäten, und es atmet pachomianischen Geist. *Pachom* darf als "Vater des Koinobions", auch des evangelischen, gelten.

Umgekehrt: angesichts dieses gemeinsamen Grundcharakters fällt die reiche Vielfalt von Lebensgestaltungen auf. Ist das ein Wunder? Sind doch die Menschen ebenso verschieden wie die Situationen, in denen sie stehen und deren Anruf sie vernehmen, um mit der Hingabe ihres Lebens an Gott darauf zu antworten! Und ist doch die Tradition selbst so reich und vielfältig, daß sie gar nicht nach Art einer monastischen "Monokultur" heute verwirklicht werden kann! Vielmehr begegnet uns hier wieder das "Ganze im Fragment", damals schon, und heute auch.

Dagegen ist es von wesentlicher Bedeutung, daß die aufgenommenen oder von uns aufgespürten Elemente der Tradition in einem inneren organischen Zusammenhang mit der Inspiration und Berufung der jeweiligen Kommunität standen, denn daran zeigte sich, daß die evangelischen Gemeinschaften ihr Leben nicht aus nostalgischer Sehnsucht nach guten alten Zeiten gestaltet und sich dazu ein aus willkürlich gewählten Traditionsfetzen zusammengestückeltes spirituelles Flickengewand umgehängt haben. Sondern im Fragment der geschichtlichen Gestaltung geht es um die Begegnung mit Gott, der uns heute und hier in Anspruch nimmt. Im Fragment der Spiritualität evangelischer Kommunitäten von heute geht es darum, daß Menschen diesem Anspruch Gottes begegnen und in die *communio* mit ihm gebracht werden. Denn so geschieht Tradition.

Daß sich dabei der "Brückenbogen" von der alten Kirche und ihrem Mönchtum her auch auf das evangelische "Ufer" hinüberspannt, macht die Kommunitäten zu einem herausragenden Faktor in der ökumenischen Begegnung. Sie sind es, einfach kraft ihres Daseins und Soseins, und man kann diese Brücke betreten, um die andere Seite zu erkunden. Vielleicht haben besonders katholische Leser diese Tatsache mit Freude bemerkt.

Für den evangelischen Leser war es wahrscheinlich wichtig zu sehen, daß wir immer schon auf den Schultern derer stehen, die vor uns ihren Glauben lebten, es mag uns bewußt sein oder nicht. Es ist die Entdeckung des lebendigen Leibes Christi auch in seiner *diachronen* Dimension, d. h. in seiner Erstreckung durch die Jahrhunderte hin. Wenn sich beim Lesen dieser Seiten das Dunkel über der "Schlucht" zwischen Urgemeinde und Reformation etwas gelichtet hat und vielleicht sogar das Sonnenlicht hat durchbrechen dürfen, wenn sich – um das andere Bild zu benutzen – der weiße Fleck auf der protestantischen "Landkarte" etwas verringert hat und die Konturen eines für manche Leser neuen Kontinentes sichtbar wurden, so daß sie die Verlockung spüren, dieses neue Land weiter zu erforschen und zu entdecken, dann hat sich diese Arbeit gelohnt.

Für uns alle aber, wo immer wir Jesus Christus aus der Selbstmitteilung Gottes durch den Heiligen Geist empfangen haben und in welcher Traditionslinie auch immer wir stehen und unsere Nachfolge leben, für uns alle gilt das Wort des heiligen Benedikt (RB 72, 11f):

"Christus sollen sie überhaupt nichts vorziehen.
Er führe uns gemeinsam zum ewigen Leben."

Dokumentations-Anhang

1. Tabellarische Übersichten

1.1 Die wichtigsten ev. Bruder- und Schwesternschaften in Deutschland[1]

1.1.1 Gründungen bis zum Zweiten Weltkrieg

	Anfänge	Gründung	Name	Aus-breitung	Gründer/erster Vorsteher
1)	1899	1905	Bruderschaft, Schwesternschaft und Geschwisterschaft vom gemeinsamen Leben	Schweiz, Deutschland	Diakone G. Haug, J. Schelker
1a)		1906	Körperschaft v. g. L. (Schweizerischer Diakonieverein) *(s. Kommunitäten Nr. 1, Lebenszentren Nr. 4)*	Schweiz Deutschland	
2)		1906	Bahnauer Bruderschaft	Deutschland	P. C. Lange
3)		1913	Pfarrer-Gebets-Bruderschaft (PGB)	Deutschland Österreich Schweiz	Pfr. Michaelis, Wittekind, Modersohn
4)		1920	Bruderschaft vom offenen Ring	Deutschland Schweiz	G. Flemming, O. Bruder

[1] Nach J. Halkenhäuser, Kirche und Kommunität, 206—209 (Stand: etwa 1972); nicht berücksichtigt werden dabei die Kreise, die nur außerhalb Deutschlands bestehen (Frankreich, Skandinavien, anglikan. Kirche). Die Aufstellung wurde ergänzt nach I. Reimer, Verbindliches Leben, 29f (Stand: etwa 1980).

	Anfänge	Gründung	Name	Ausbreitung	Gründer/erster Vorsteher
5)	1922	1923	Sydower Brudersch.	Deutschland	Pfr. G. Schultz
6)	1921	1925	Löhebund – Evangel. Hochkirchen-Orden – Evg. Humiliaten-Orden	Deutschland	Pfr. J. Sauer, Sup. P. Bronisch
7)	1920/ 1922	1926	Bruderhof-Gemeinschaft	Deutschland England, USA	E. Arnold
8)	1923	1938	Heliand-Bruderschaft	Deutschland	P. Both
9)		1927	Evg. Franziskaner-Brudersch. (Evg. Franziskaner-Tertiaren)	Deutschland Indien Dänemark	Prof. F. Heiler
10)		1928ff	Freudenstädter Kreis	Deutschland	Pfr. Th. Dipper, K. Gutbrod
11)		1929	Evg.-kath. Eucharistische Gemeinsch., nach 1945: Evg.-Ökum. Johannes-Bruderschaft	Deutschland	Prof. F. Heiler
12)	1923/ 1926	1931	Evangelische Michaelsbruderschaft	Deutschland Europa	Prof. W. Stählin, K. B. Ritter u. a.
13)		1935	Bruderhaus Finkenwalde (aufgelöst 1937)	Deutschland	Pfr. D. Bonhoeffer

1.1.2 Gründungen während und nach dem Zweiten Weltkrieg

Anfänge	Gründung	Name	Ausbreitung	Gründer/erster Vorsteher
14)	1944	Schwesternschaft des Gebets	Deutschland	Gertrud Thomae
15) 1943	1944 1949	Evg.-Luth. Brudersch. in Sachsen (mit Laienkreis Christophorus-Helferschaft) Zusammenschluß zur Evg.-Luth. Christophorus-Bruderschaft	Deutschland	Pfr. R. Busch, P. Zschucke
16)	1945	St.-Jürgen-Orden (aufgelöst 1948)	Deutschland	P. Fr. Haupt
17) 1946	1947	Irenenring	Deutschland	L. Präger
18) 1949	1952	Ahldener Brudersch.	Deutschland	Pfr. H. Kemner
19) 1953	1956	Evg. Schwesternschaft "Ordo Pacis" *(s. auch Kommunitäten Nr. 7)*	Deutschland	Sr. Anke Langmaack
20)	1955	Ökumen. St.-Lukas-Orden (deutscher Zweig)	Deutschland	Pfr. K. Thomas
21) 1957	1958	Familie vom Kreuz (inzwischen aufgelöst)	Deutschland	P. W. Degen
22) 1945ff	1958	Bruderschaft vom Kreuz	Deutschland	Pfr. E. Gleede, D. Fürst
23)	1958	Evg. Gabriels-Gilde	Deutschland	Pfr. E. Weschke

	Anfänge	Gründung	Name	Ausbreitung	Gründer/erster Vorsteher
24)	1955	1961	Ansverus-Bruderschaft	Deutschland	Prof. Peters, Pfr. Meyer u.a.
25)	1962	1962	Koinonia ("Blaue Koinonia", Epiphanias-Kreis) *(s. Kommunitäten Nr. 18, Lebenszentren Nr. 9)*	Deutschland Afrika	P. O. Hanssen, Pfr. R. Deichgräber
26)		1964	Transvaaler Missionsbruderschaft	Südafrika Deutschland	Prof. P. Beyerhaus, Pfr. Sandner
27)	1964	1965	St.-Jakobus-Bruderschaft	Deutschland	G. Huhn, Pfr. W. Krückeberg
28)		1966	St.-Athanasius-Bruderschaft	Deutschland	Prof. H. Echternach
29)		1967	Johannesring	Deutschland	Pfr. R. Irmler
30)		1967	Lübecker Schwesternschaft	Deutschland	Pastorin E. Haseloff
31)	1970/ 1973	1974	Societas Sancti Wunnibaldi	Deutschland	Pfr. J. Diestelmann u. a.
32)	1968/ 1972	1977	Kleine Brüder vom Kreuz	Deutschland (Mission)	P. K. Vollmer

1.2 Die wichtigsten evangelischen Kommunitäten in Deutschland[2]

	Anfänge	Gründung	Name	Ausbreitung	Gründer/erster Vorsteher
1)	1923	1928	Brüderstation vom gem. Leben *(s. Bruderschaften Nr. 1, Lebenszentren Nr. 4)*	Stuttgart-Weilimdorf	Br. E. Belz
2)	1944	1947	Evangelische Marienschwesternschaft	Deutschland viele Länder der Welt	M. B. Schlink, M. M. Madauss
3)	1940/ 1948	1949	Christusbruderschaft Selbitz *(s. auch Nr. 19)*	Deutschland Botswana	Pfr. W. und H. Hümmer
4)	1942/ 1945	1950	Communität Casteller Ring, Schl. Schwanberg	Deutschland	M. Chr. Schmid, M. Pfister
5)	1936/ 1941ff	1955	Kommunität Imshausen	Imshausen	Vera v. Trott, Pfr. H. Eisenberg
6)	1947	1955	St. Johannis-Konvent vom gem. Leben	Pommelsbrunn - Eschenbach	L. Saatmann, M. Tobien
7)	1953	1956	Cella St. Hildegard *(s. Bruderschaften Nr. 19)*	Seevetal-Fleestedt	Sr. Anke Langmaack

[2] Nach J. Halkenhäuser, Kirche und Kommunität, 219—221 (Stand: etwa 1972); nicht berücksichtig werden dabei die Kommunitäten, die nur außerhalb Deutschlands bestehen (Frankreich, Skandinavien, anglikan. Kirche). Die Aufstellung wurde ergänzt nach I. Reimer, Verbindliches Leben, 30 (Stand: etwa 1980), und nach eigenen Erhebungen.

	Anfänge	Gründung	Name	Ausbreitung	Gründer/erster Vorsteher
8)	1914	1957	Schwesterngemeinschaft Julius-Schniewind-Haus	Deutschland	Pfr. B. Jansa
9)	1958	1970/ 1973	Diakonissen-Kommunität Zionsberg	Scherfede	D. Schellenberg
10)	1961	Christusträger	Deutschland Schweiz Mission	Pfr. O. Friedrich, E. Klinge	
11)	1955/ 1957	1961/ 1964	Jesus-Bruderschaft/ Kommunität Gnadenthal	Deutschland Israel, Kamerun	G. Rötting, W. u. E. Bangel
12)	1957/ 1958	1962 *(s. Lebenszentren Nr. 11)*	Kommunität Adelshofen	Adelshofen Brasilien	Pfr. O. Riecker
13)		1973	Kommunität Jesu-Weg *(s. Lebenszentren Nr. 3)*	Schl. Craheim	Sr. L. Scheurer
14)		1974	Evg. Lukas-Communität	Hannover Bergen-Belau	M. Odette
15)		1976	Evg. Schwesternkonvent "Lumen Christi"	Gößweinstein	Sr. E. Wolf
16)	1976	Vita Communis	Waiblingen-Hegnach (konvertiert)		Ehep. Kayser, Sr. K. Neuburger
17)	1972	1977	Trinitatis-Ring	Leipzig	Sr. E. Schreier, Sr. Anneliese Pohl
18)	1962/ 1975	1979	Gethsemanekloster *(s. Bruderschaften Nr. 25, Lebenszentren Nr. 9)*	Goslar-Riechenberg	P. O. Hanssen

	Anfänge	Gründung	Name	Ausbreitung	Gründer/erster Vorsteher
19)	1940/ 1948	1949/ 1984	Christusbruderschaft Falkenstein *(s. auch Nr. 3)*	Falkenstein	Ehep. Hümmer, Sr. Ruth Dietrich, Br. Franz König
20)	1966	1987	Priorat St. Wigberti	Werningshausen	Prior Pfr. F. Schwarz

1.3 Lebenszentren, Familiengemeinschaften[3]

	Anfänge	Gründung	Name	Ausbreitung	Gründer/erster Vorsteher
1)		1959	Laurentius-Konvent	Deutschland	P. W. Warneck
2)		1968	Offensive Junger Christen (OJC)	Reichelsheim	Ehep. Hofmann
3)		1968	Lebenszentrum für die Einheit der Christen	Schl. Craheim	Pfr. A. Bittlinger, P. E. Mederlet OFM,
4)		1968	Ökumenisches Lebenszentrum Ottmaring *(s. Bruderschaften Nr. 1, Kommunitäten Nr. 1)*	Ottmaring	
5)		1970	Communitaet Simonshofen	Lauf - Simonshofen	
6)		1972	Communio Christi	Frankfurt u. Umgebung	H. Meisinger

[3] Nach I. Reimer, Verbindliches Leben, 31 (Stand: etwa 1980), und eigenen Erhebungen.

	Anfänge	Gründung	Name	Ausbreitung	Gründer/erster Vorsteher
7)		1972	Christliche Wohngemeinschaft Küppershof (1984 aufgelöst)	Küppershof b. Aachen	Ehep. Henning
8)		1973	Basisgemeinde Wulfshagenerhütten	Wulfshagenerhütten	
9)	1962	1976	Communität der Koinonia *(s. Bruderschaften Nr. 25, Kommunitäten Nr. 16)*	Deutschland	P. O. Hanssen, W. Kubik
10)	1979		Communität Lindenhof	Geislingen/Steige	
11)	1978	1980	Familiengemeinsch. der Kommunität Adelshofen *(s. Kommunitäten Nr. 11)*	Deutschland	Ehep. Faix

2. Anschriften der zur KEK eingeladenen Kommunitäten

(Stand: März 1992)

Brüderstation vom gemeinsamen Leben
Tachenbergstr 3
70499 Stuttgart
- Kloster Triefenstein
  97855 Triefenstein/Main

Cella St. Hildegard
An den Ziegelteichen 5
21217 Seevetal (Fleestedt)

Christusbruderschaft Falkenstein
Krankenhausstr. 26
93167 Falkenstein

Christusbruderschaft Selbitz
Wildenberg 23
95152 Selbitz

Christusträger-Schwestern
- Weinbergstr 14
  64625 Bensheim
- Hergershof
  74542 Braunsbach

Christusträger-Bruderschaft
- Darmstädter Str. 246
  64625 Bensheim

Communität Casteller Ring
Schloß Schwanberg
97348 Rödelsee

Diakonissen-Kommunität Zionsberg
Auf der Platte 53
34414 Warburg (Scherfede)

Evangelische Marienschwesternschaft
Heidelberger Landstr. 107
64297 Darmstadt (Eberbach)

Evangelischer Schwesternkonvent "Lumen Christi"
August-Sieghardt-Str. 6
91327 Gößweinstein

Evangelische Lukas-Communität
Güntherstr. 7
30519 Hannover

Gethsemanekloster
Riechenberg 1
38644 Goslar

Hochkirchl. St.-Johannes-Bruderschaft
Georg-Lehnig-Str. 27
10369 Berlin

Jesu-Weg-Schwestern
Schloß Craheim
97488 Stadtlauringen 1

Julius-Schniewind-Haus
Calbesche Str. 38
39218 Schönebeck/Elbe

Kommunität Imshausen
36179 Bebra

Kommunität Gnadenthal
65597 Hünfelden

Kommunität Adelshofen
Wartbergstr. 13
75031 Eppingen

Kommunität "Steh auf"
Schwalbenweg 8
38372 Büddenstedt

Oekumenisches Lebenszentrum
Ottmaring
86316 Friedberg

Priorat Sankt Wigberti
Haus Nr. 108
99634 Werningshausen

St. Johannis-Konvent v. g. L.
Eschenbach 78
91224 Pommelsbrunn

Trinitatis-Ring
Elsteraue 3
04469 Lützschena

3. Oekumenischer Christusdienst[1]

OEKUMENISCHER CHRISTUSDIENST

Der hinabgestiegen ist derselbe wie der hinaufgefahren über alle Himmel, das All zu erfüllen. Und das sind seine Gaben: Die einen – Apostel, andere – Propheten, andere – Evangelisten, andere – Hirten und Lehrer –, die ‚Heiligen' zuzurüsten für das Werk der Diakonie, des Dienstes, zum Aufbau des Leibes Christi, bis wir alle zur Einheit des Glaubens und der Erkenntnis des Sohnes Gottes gelangen. – Wahr in Liebe sollen wir im Blick auf alles und jedes wachsen zu dem hin, der das Haupt ist, Christus, von dem aus der ganze Leib sein Wachstum vollendet zu seinem ureigenen Aufbau in Liebe.

Aus Eph. 4

[1] Abgedruckt mit freundlicher Erlaubnis von Br. Johannes Junger v. g. L.

Die Christenheit besteht aus Christen der verschiedensten Zeiten, Rassen und Ständen. Wie das Samenkorn die ganze sich entfaltende Pflanze mit ihren Entfaltungen in sich hat, ist es auch mit der Einen Gemeinde und Kirche Jesu Christi. Die besonderen Ausformungen und Lebensweisen des einen Christuslebens bestehen nebeneinander und nacheinander. Es werden immer wieder Kinder und andere Völker und Rassen in den Leib Christi aufgenommen.
Durch die ganze Kirchengeschichte und Heilsgeschichte hindurch zeigt es sich nun, daß es zu allen Zeiten schwer war, die apostolische Mahnung zu beherzigen: ‚Darum nehmt einander an, wie Christus euch angenommen hat zu Gottes Lob' (Röm. 15, 7). So kommt es, daß die Eine Gemeinde und Kirche Jesu Christi vor Gott und der Welt in ihrer irdischen und zeitlichen Gestalt und Erscheinung das Bild eines Kranken darbietet. So kann der Organismus Jesu Christi nicht die heilenden Kräfte in die Welt vermitteln, sondern wird noch zum Ärgernis und Anstoß, ja Hindernis für Gottes Absichten.
Durch den Geist Gottes wurden daher immer wieder Männer und Frauen erweckt, die eine apostolische Diakonie am Gesamtleib Christi ausübten, damit die Heiligen zugerüstet würden für das Werk der Diakonie, zu einer königlichen Priesterschaft, um der Welt die Wohltaten Gottes zu bezeugen und sichtbaren Ausdruck zu geben. In diesem Geist konnte Gott nach dem 2. Weltkrieg den Menschen im Sinn Ökumenischen Christusdienstes erwecken.

Der Oekumenische Christusdienst ist Christusdiakonie im apostolischen Sinn von Epheser 4: ‚Daß die Heiligen zugerichtet werden zum Werk des Dienstes (Diakonie), dadurch der Leib Christi erbaut werde.' Er ist weder eine neue Kirche noch eine neue Gemeinschaft sondern Dienst zur Erneuerung der Gesinnung Jesu Christi inmitten der ganzen Christenheit nach dem Neuen Gebot des Meisters (Joh. 13, 34 – 35). Deshalb ist er ein Dienst **aus** der Einheit mit Christus und allen Christen an der Einheit aller Christen in Christus innerhalb der verschiedenen Kirchen und Glaubensgemeinschaften der Christenheit. Christus ist nur Einer und seine Kirche ist nur Eine, denn sie ist sein Leib.
Dieser Christusdienst ist ökumenisch, d. h. umfassend, denn er umfaßt alles Leben, das von Christus, durch Christus und zu Christus geschieht. Er ist umfassend nicht nur im geistlichen (spirituellen), sondern auch im geschichtlichen und praktischen Sinn. Er umfaßt notwendigerweise das Christusleben, wie es in der Urchristenheit und Orthodoxie, in der katholischen Kirche, in den evangelischen Gemeinden und in Bruderschaften gelebt wird, wenn auch oft noch so entstellt durch menschlische Unzulänglichkeiten, Not, Schuld und Sünde. Dienend hat er teil an Christus als dem Haupt im Himmel und Christus auf Erden, Christus im Geist und in der Wahrheit, Christus im Wort und im Sakrament und Christus in den Brüdern und in der Kirchengeschichte, die nicht nur ein Abfall, sondern der Weg Christi im

Leibe seiner Kirche ist durch die Zeit. Denn er sagt: ‚Ich in ihnen und sie in mir' und ‚wo ich bin, da soll mein Diener auch sein' und ich bin krank, ich bin gefangen, ich bin nackt, ich bin hungrig, ich bin durstig, ich bin ein Fremdling gewesen.' Darum ist der Auftrag des Ökumenischen Christusdienstes nicht die Gewinnung der Massen zur Stärkung eigener Macht und Größe, sondern jene Sammlung, von der Christus spricht: ‚Wer nicht mit mir sammelt, der zerstreut.' Und das Zeichen dieses Dienstes ist die Fußwaschung, von der er sagt: Ein Beispiel habe ich euch gegeben, daß ihr tut, wie ich euch getan habe.'
Der Ökumenische Christusdienst ist nicht ein Dienst außerhalb der Kirchen und Gemeinden, denen wir angehören, sondern in ihnen und gerade darum im Ganzen. Denn nur, ‚wer im Geringsten treu ist, der ist auch im Großen treu.' Er will nicht eine Einheitskirche schaffen, sondern er glaubt die eine Kirche, lebt sie und dient ihr. Denn wo Christus ist, da ist auch die Einheit, und wo die Liebe Christi ist, da dient sie auch der Einheit, denn sie ist das Band der Vollkommenheit. Darum ist dieser Dienst eine Notwendigkeit.Zu ihm sind wir alle ohne Ausnahme verpflichtet durch das Gebot des Herrn – Joh. 13, 34 und 35; Matth. 22, 37 – 40;
das Gebet des Herrn – Joh. 17; Matth. 6, 9 – 13;
das Opfer des Herrn – Joh. 11, 51 – 52;
den Geist des Herrn – 1. Kor. 12, 13; Röm. 5, 5.

Der Anfang dieses Dienstes ist eine tägliche Buße, Besinnung und Umkehr ob der gewaltigen Verschuldung der gesamten Christenheit an ihrem Haupt: an seinem Opfer, an seinem Gebot, an seinem Gebet und an dem Heiligen Geist und damit an dem Vater unseres Herrn Jesus Christus selbst und aneinander. Diese Schuld liegt auf allen Kirchen und Gemeinschaften und auf jedem ihrer Glieder. Diese Schuld ist die eigentliche Weltkrise. Solche Buße ist der Anfang alles Dienens und aller Christusdiakonie, durch sie und nicht etwa durch theologische Gespräche ohne solche Buße geht der Weg zur Einheit. Sie beginnt im eigenen alltäglichen Leben, in der Familie, in der eigenen Gemeinde, Kirche und Gemeinschaft, im beruflichen und gesellschaftlichen Leben.

Das Wesen dieses Dienstes besteht nicht in erster Linie in Worten oder gar Aufrufen und Kundgebungen, geschweige denn in Zahlen und Massen, sondern in Liebe, Gebet, Gehorsam und Leiden. Sein Wesen ist zuerst priesterlich, dann prophetisch. Die Einheit, die allein durch die priesterliche, sich opfernde Gottesliebe in Christus Jesus vollbracht wurde, kann nicht anders erhalten und dargestellt werden. In diesem Sinne gilt das apostolische Wort aus Kolosser 1, 24. Gerade hier erfüllt sich das geistliche Priestertum der Gläubigen. Priester sind Menschen, die in den Riß treten und der Versöhnung dienen kraft der umfassenden Vergebungsmacht Jesu, des Lammes Gottes. Das ist stete, wenn auch meist verborgene Arbeit, persönlich

und gemeinsam im gesamten Alltag. Dieses geistliche Priestertum bedeutet keine Hintansetzung des institutionellen Priestertums, weil alles wirkliche Priestertum von dem einen Hohenpriester und Mittler herkommt.
So ist der Ökumenische Christusdienst Besinnung auf den priesterlichen Liebesauftrag des Herrn und Hauptes Christus für seinen Leib. Nur aus dieser Quelle geschieht auch die Erneuerung der praktischen und sozialen Diakonie, die in jeder wahren Christusdiakonie eingeschlossen ist. Hier walten göttliche Grundordnungen von Glaube und Liebe, Geist und Leib, Apostolat und Diakonat, Charisma und Amt, äußerer und innerer Mission.
Wer mitdient im Ökumenischen Christusdienst, der in innerster Verbundenheit steht mit dem Schweizerischen Diakonieverein und der Christentumsgesellschaft in Deutschland, der bindet sich an nichts anderes als an Christus selbst. Er verpflichtet sich nicht einem Verein. In Christus verpflichtet er sich Gott und dem Vater unseres Herrn Jesus Christus und dem Heiligen Geist, durch den sich der Leib Christi erbaut gemäß allen seinen Ordnungen und Gaben. In dieser Gesinnung verbindet er sich darum freiwillig und unzertrennlich allen Brüdern Christi, deren Fleisch und Blut er angenommen hat, den nahen und fernen, in der eigenen wie in der gesamten Kirche, der unsichtbaren wie der sichtbaren.
So dienen Menschen des Ökumenischen Christusdienstes am von Gott gewiesenen Platz, kommen zu Gebet, Dienst und Austausch zusammen, üben ihren Auftrag aus in den Kirchen und Gemeinden. Sie begegnen sich auf Tagungen und Freizeiten und nehmen teil an Zusammenkünften verwandter Art. So bezeugen sie diesen alle und alles umfassenden Dienst unter Brüdern und Mitmenschen auf mancherlei Weise, soweit ihnen die Möglichkeit des Zeugnisses durch Tat und Wort gegeben ist. Alle echten Beziehungen und Verbindungen zwischen den Konfessionen und Nationen nehmen sie von Herzen wahr, begrüßen und fördern das Bestehen von ökumenischen Bruder- und Schwesternschaften, helfen mit zu Schaffung von Heimen und Häusern ökumenischen Lebens und Dienens und zur Ausbildung von Männern und Frauen in diesem Sinn. Bei all dem wissen sie jedoch, daß nicht Menschen die Einheit der Kirche schaffen, daß keine ungöttlichen Verwischungen sein dürfen, sondern daß Gott selbst die Einheit in der Mannigfaltigkeit wirken und vollenden wird durch Gericht und Gnade nach Gottes Wohlgefallen.

Der Text des folgenden Gebets fehlt in der Fassung von 1987; er ist der vorigen Auflage des Faltblattes "Oekumenischer Christusdienst" entnommen.

Einheitsgebet

Herr Jesus Christus, wir beten dich an und danken dir, denn durch deinen Opfertod am Kreuz hast du die Welt erlöst.
Dein Blut komme über uns und über unsere Kinder gnädiglich, über alle Menschen an allen Orten in allen Ständen mit allen ihren Anliegen, über dein altes Bundesvolk und das Land seines Erbes und über die ganze nach Freiheit seufzende Kreatur.
Besonders komme dein Blut, o Herr, in unser Verhältnis zu dir und zu uns untereinander. Vereinige uns alle mit dir und miteinander in der einen, alle und alles umfassenden Lebens- und Liebensgemeinschaft, unzertrennlich in deinem heiligen Herzen:
zu Gottes alleiniger Ehre, zum Kommen des Himmelreiches, zu aller Heiligen und der Engel Freude und zu unserem ganzen Heil an Leib, Seele und Geist, auch an Hab und Gut, in Vergangenheit, Gegenwart und Zukunft, daß der Wille des Vaters wie im Himmel so auf Erden geschehe. Amen.

4. Fritz Francke, 30 Jahre Oekumenischer Christusdienst[1]

Auszug

30 JAHRE OEKUMENISCHER CHRISTUSDIENST

Rückblick und Ausblick

Vortrag - gehalten von Fritz Francke - bei der Feriengemeinschaft
in Badenweiler vom 7. bis 21. September 1978

[1] Abgedruckt mit freundlicher Erlaubnis des Verfassers.

Alle, die vielleicht seit Jahrzehnten den Quatemberboten der Vereinigung vom gemeinsamen Leben erhalten, werden vierteljährlich durch einen Blick auf die Überschrift an den „Oekumenischen Christusdienst" erinnert. Was mögen sie sich darunter vorstellen? Bezeichnet das Wort OeCD nur eine bestimmte geistliche Einstellung und Haltung? Ist es ein Appell an die Christen, sich in ökumenischer Gesinnung zu üben und einander darin zu dienen? Oder bedeutet dieses Wort eine Sammlung von Menschen? Ist es der Name einer bestimmten, auch noch so losen kirchengeschichtlichen Gruppierung?

Um diesen Fragen näherzukommen, möchte ich auf die geschichtliche Entwicklung eingehen: wie es zu diesem Aufbruch, dieser Bewegung, dieser Sammlung kam, die sich selbst Oekumenischer Christusdienst nannte und die heute nur noch ein verborgenes Leben hat.

In einem weiteren Abschnitt frage ich nach der fortdauernden Gültigkeit, dem unvergänglichen Erbe an Wahrheit und Auftrag, die in dem Namen Oekumenischer Christusdienst beschlossen liegen und heute wie damals Anspruch auf unsere Herzen erheben.

I. Geschichtliche Entwicklung

Meine eigenen Eindrücke und Erinnerungen reichen nicht bis in die Zeit der ersten Anfänge dessen zurück, was sich später OeCD nannte. Insoweit kann ich nur Gehörtes berichten. Schon in den letzten Kriegsjahren hatte sich eine kleine Gruppe von Christen, die untereinander brüderlich verbunden waren und bei der fortschreitenden, ihrem prophetischen Blick nicht verborgen bleibenden Katastrophe unseres Volkes die einzige Rettung in Jesus Christus sahen, von Zeit zu Zeit heimlich im Egloffsteiner Pfarrhaus getroffen und darüber nachgesonnen und gebetet, wie dieser rettende Name unserem Volk noch einmal vollmächtig verkündigt werden könne. Diese Menschen standen einerseits fest und treu in ihren angestammten Kirchen, andererseits war ihnen bewußt, daß gerade in der Trennung der Kirchen, in der Verschiedenheit der sich gegenseitig ausschließenden oder gar verdammenden Konfessionen und in dem vielfältigen Hochmut, daß jede Denomination die Wahrheit für sich allein gepachtet zu haben meinte, die Hauptursache für die Unglaubwürdigkeit der christlichen Wahrheit und damit für den weltweiten Abfall von dem einen Gott der Liebe zu erblicken war. Ein neuer Ruf zu Christus, der die Chance haben könnte, neu gehört zu werden, hätte daher nur geschehen können aus einer ehrlichen und umfassenden Buße über die Sünde der Trennung und aus einem neuen Bekenntnis zur Einheit in gegenseitiger Liebe. So etwa mögen - sehr knapp und in nachträglichem Rekonstruktionsbemühen eines Nichtbeteiligten - die Gedanken und Impulse der Väter und Mütter des OeCD ausgesehen haben.

Die 1948 unter dem Namen „Oekumenischer Christusdienst" veröffentlichte

Schrift mit Aufsätzen von vier Autoren gibt das Recht, aber auch die Pflicht, diese Menschen bei Namen zu nennen. Es waren der Superintendent der Methodistenkirche Paul Riedinger, die lutherischen Pfarrer Klaus Heß und Otto-Siegfried von Bibra und der zu den Brüdern vom gemeinsamen Leben gehörige Diakon Eugen Belz, der allerdings aus kriegsbedingten Gründen erst nach Kriegsende zu den genannten drei anderen stieß, obgleich er im Geiste von Anbeginn mit ihnen eng verbunden war. Außerdem gehörten zu diesem Ursprungskreis aber auch die späteren Mütter der Darmstädter Marienschwestern und die Pfarrerseheleute Hümmer, die später die Christusbruderschaft Selbitz gründeten, sowie etliche andere, die ungenannt seien. Hier war eine geballte Ladung geistlicher Kraft vorhanden, die sich aus verschiedenen Traditionen und Impulsen speiste. Schauen wir etwas näher hin.

1. Die Brüder Heß und Belz lebten in dem Erbe des Schweizerischen Diakonievereins, dessen deutsche Parallele sich die Christentumsgesellschaft in Deutschland nannte, die seit 1919 ein eingetragener Verein war. In diesem schweizerisch-deutschen Glaubenswerk bildeten die Brüder, die Schwestern und die Geschwister vom gemeinsamen Leben die tragende geistliche Grundlage, deren praktisch-diakonische Auswirkung sich in der Schweiz in dem Diakonenhaus St.Stephanus mit seinen verschiedenen Siechenpflegestationen im Nidelbad und andernorts vollzog und in Deutschland in dem Diakonenhaus St.Laurentius Badenweiler erhofft und angestrebt wurde. Es würde den Rahmen dieses Vortrages über den OeCD weit überschreiten, wenn ich Ihnen ausführlicher die in die Jahrhundertwende zurückreichende Entstehungsgeschichte, Spiritualität und heutige Gestalt des Schweizer Werkes und seines deutschen Spiegelbildes darstellen wollte. Zum Verständnis des OeCD seien nur die wichtigsten Züge angedeutet, die ich mit der Freiheit eigener Formulierung so kennzeichnen möchte:

a) Die ökumenische Liebe und Ganzheitsschau
b) Die Entdeckung bruderschaftlichen Lebens als Verwirklichungsmodell und Keimzelle der Ökumene
c) Die religiöse und soziale Diakonie als Grundhaltung und Voraussetzung für das christliche Einzelleben, die christliche Gemeinschaft und die ökumenische Einheit

Zu diesen drei Grundpfeilern des schweizerisch-deutschen Werkes nur ein paar ganz kurze Erläuterungen:

Zu a)

Lange bevor mit der ersten Weltkirchenkonferenz in Stockholm 1925 Nathan Söderblom den modernen Gedanken der Ökumene als einer Überwindung der innerchristlichen Spaltungen ins Licht hob und damit dem kirchlichen Leben des 20. Jahrhunderts seine besondere Prägung gab, haben unsere Väter in der Schweiz in der Verborgenheit ihres bruderschaftlichen und diakonischen Lebens um den zerrissenen Leib Christi, seine Kirche, getrauert und ihre unzerstörbare Einheit im Geiste geschaut und festgehalten. Dazu haben sie Anfang des Jahrhunderts lebendige Kontakte zwischen Menschen der getrennten Kirchen hergestellt. Sie gingen davon aus, daß

> *die große Zertrennung der abendländischen und schließlich der gesamten Christenheit die tiefste Ursache der Not innerhalb der modernen Gesellschaft sei. Eine in sich zertrennte und aufgespaltene Christenheit könne nicht die Heilkraft darbieten, deren eine in ihrem sozialen und religiösen Gefüge kranke Menschheit bedürfe.* (Zitiert nach Johannes Junger: Die Bruderschaft v.g.L. Seite 1)

Wie wenig dabei an eine organisatorische Vereinigung gedacht war, wie sehr hier eine Ökumene der Herzen, der innersten Hingabe aller an das eine Haupt des Leibes, Christus, geglaubt, gehofft, gelehrt wurde, mag aus einem Nachruf auf Bruder Haug, den Mitbegründer des Schweizer Werkes hervorgehen. Es heißt dort:

> *In der lauteren und echten Herzens- und Gewissensfreiheit eines wahren reformierten Christen sprach er von der ganzen Christenheit, von ihrem Wesen und Werden, von ihrem unzertrennlichen Zusammenhang trotz und wegen der unterschiedlichen Konfessionen; immer hatte man den Eindruck tiefer Ehrfurcht und unparteiischer Liebe Gottes, die sich allen schenkt und allenthalben barmherzig und treu zugegen ist, auch da noch, wo Schuld und Herzenshärtigkeit oder sonstige menschliche und geschichtliche Gegensätze unüberwindliche Scheidewände aufgerichtet zu haben scheinen. Er schenkte sich innerlich allen so sehr, daß man nicht mehr hätte herausfinden können, welcher Konfession er eigentlich selbst angehöre, und es war einem dabei etwa zumute, als seien alle Christen und Konfessionen miteinander eins geworden, ohne sich selbst aufzugeben in der ihnen von Gott gewordenen Eigenart. Der Umgang mit ihm erweckte dabei eine große und tiefgehende Schulderkenntnis, die allen Richtgeist schnell vertrieb.*

Soviel über den Grundpfeiler „Ökumenische Liebe und Ganzheitsschau", den die Brüder Heß und Belz aus dem gemeinsamen Leben in den Oekumenischn Christusdienst einbrachten.

Zu b)

Wie können die großen, tiefgehenden, sich an dem Ernst der Wahrheitsfrage entzündenden Gegensätze zwischen den getrennten Kirchen je überwunden werden, wenn nicht zuerst die getrennten Menschen, die in ihren herkunftsmäßigen und charakterlichen Eigenarten so verschieden strukturierten Einzelnen damit anfangen, sich in einem gemeinsamen Leben gegenseitig zu achten, anzuerkennen, zu tragen und zu lieben? Nur das Leben, nicht das Reden - weder als Predigen noch als Diskutieren - kann die Grundlage für die ökumenische Einheit bilden. Damit muß jeder in seinem eigenen Lebensbereich beginnen, die einen in der Ehe, die anderen in der Bruderschaft, die damit zum zweiten Pfeiler wird, den die Gründer vom Schweizer Werk her in den OeCD einbauen wollten. Wie heilig-ernst es um das Geheimnis des gemeinsamen Lebens bestellt ist, mag aus einem Wort von Br. Haug aus dem Jahre 1930 hervorgehen:

> *Das gemeinsame Leben ist nichts für den natürlichen Menschen; es ist sein Tod. Der Mensch kann eben alles und ist zu allem bereit, auch zu den größten Opfern und Heldentaten, wenn er selbst will und sich selbst darin findet. Nur dieses Eine und Einzige kann er nicht: ein gemeinsames Leben mit Gott und den Brüdern führen in Treue und Hingabe, in Selbstlosigkeit und Buße, im Leiden und Sterben. Dieses gemeinsame Leben ist das vollkommene Mannesalter in Christo, es ist die Reife, die Ernte, die Sammlung.*

Zu c)

Wenn die Feindschaft zwischen Völkern, Klassen und einzelnen daher kommt, daß jeder herrschen und seine Herrschaftsansprüche mit Gewalt durchsetzen will und wenn dieser gleiche Ungeist der Herrschaft weithin die Trennung auch zwischen den Kirchen und Konfessionen verursacht hat, dann kann Heilung der Spaltungen und neue Einheit nur aus dem kommen, was der Herrschaft genau entgegengesetzt ist: aus dem Dienen, das Jesus als die Aufgabe seiner besonderen Sendung bezeichnet hat – „des Menschen Sohn ist nicht gekommen, daß er sich dienen lasse, sondern daß er diene" – und für das er das Zeichen der Fußwaschung gesetzt hat. Der Geist der Diakonie in einem umfassenden Sinn, ihre Befreiung aus der engen Verhaftung an Kranken- und Altenpflege. Diakonie als Grundhaltung des Christen schlechthin in allen Lebensbezügen und auch im Umgang der Konfessionen miteinander ist der dritte Pfeiler, den die Brüder Heß und Belz in den OeCD einbauen wollten und der seinen Ausdruck sogar in der Namensgebung gefunden hat: Christus-Dienst.

2. Der nächste Name, der aus der Entstehungsgeschichte des OeCD genannt werden muß, ist Paul Riedinger, Superintendent der Methodistenkirche. Durch ihn und sein besonderes Charisma ist der Gedanke des Priestertums in den OeCD eingebracht worden. Er selbst, schon Ende der 60-er Lebensjahre, war eine reife priesterliche Seele, ein Mensch, der - im geistigen Sinne - am Altar diente, der in einer besonderen Nähe zur göttlichen Welt lebte und sie widerspiegelte. Mir ist nicht bekannt, ob er auf einer derartigen Tradition stand, aber ich vermute mehr, daß hier eine besondere, ausgeprägte und irgendwie erstmalige Berufung vorlag, die er vernommen und angenommen hatte, „festgemacht" wie er selbst gern sagte. Darum habe ich eingangs das, was er dem OeCD mitgab, nicht Tradition sondern Impuls genannt. Es war der Impuls der priesterlichen Botschaft.

Das war die faszinierende Schau, daß in den drei Geräten des Heiligtums der mosaischen Stiftshütte und des späteren Tempels zu Jerusalem: im Rauchopferaltar, der vor dem Vorhang ins Allerheiligste stand, im siebenarmigen Leuchter und im Schaubrottisch nicht nur das dreifache Amt Jesu Christi vorgebildet war: Priester, Prophet und König, sondern auch der bis in unsere Tage reichende innere Dienst der in der Nachfolge Christi lebenden priesterlichen Menschen. Wenn der neutestamentliche Tempel die Gemeinde Jesu ist, wie Paulus sagt, dann gibt es darin Menschen, die den Vorhof bilden, also mit zur Gemeinde gehören aber außerhalb des Heiligtums stehen, das nur die Priester betreten durften. Und es gibt Menschen des Heiligtums, priesterliche Menschen, die am ehernen Becken gewaschen sind von ihren Sünden, bekleidet mit neuen Priestergewändern und lebend von dem ewig gültigen Opfer des Brandopferaltars, der vor dem Eingang ins Heiligtum stand. Symbol für das blutige Opfer Jesu am Kreuz und für das Opfer der Ganzhingabe seiner Priester. Paul Riedinger hielt dafür, daß jeder in der wirklichen Lebenshingabe und Nachfolge Jesu stehende Jüngermensch zum Dienst an einem dieser drei Geräte des Heiligtums in besonderer Weise berufen sei und legte uns aufs Herz, unsere Berufung zu erkennen und festzumachen: als Priester im engeren Sinne, der am Altar vor dem seit Jesu Tod zerrissenen Vorhang, also unmittelbar vor dem Allerheiligsten steht in der Stellvertretung des Leidens und des Gebetes, denn der Rauch von diesem Altar, das sind die Gebete der Heiligen, wie Offb.5,8 sagt; oder als Prophet, der am Leuchter dient, der die innere Erleuchtung bekommt über Vergangenes und Zukünftiges und daher das vollmächtige Wort der Wahrheit in die Gegenwart sprechen könne; oder als König, der vom Schaubrottisch das Brot des Lebens ausgibt für sein Volk, der als Evangelist hinauszieht und Menschen aus den Fesseln des Unglaubens und der Sünde heimruft in die ewige Erlösung und Gottesnähe. Und dann sagte Riedinger doch wieder, daß jeder priesterliche Mensch auch an allen drei Geräten Dienst zu verrichten imstande sein müsse. Damals, als der OeCD unsere Herzen gewann - und nun spreche ich schon lange von Erlebtem - waren diese drei Geräte beispielhaft besetzt durch priesterliche Diener: Paul Riedinger, der schon bald vom Tode Gezeichnete, Leiden, Liebe, Stellvertretung Verkörpernde war der Priester am Altar. Klaus Heß, der immer wieder bis heute Botschaften empfing und weitergab, Entwicklungen im Geist schaute, Berufungen erkannte, war der Prophet am Leuchter. Otto-Siegfried von Bibra, der damals seine „Bevollmächtigten des Christus" geschrieben und damit unsere Kirche schockiert hatte, war der Evangelist am Schaubrottisch.

3. Und damit komme ich schon zu dem vierten Namen: Otto-Siegfried von Bibra. Er zog damals in dem Impuls seiner ganz persönlichen Berufung landauf, landab und warf das Menschennetz des Petrus aus, in dem viele gefangen wurden nach dem Wort Jesu, die bis heute in unserem Werk, in der Schweiz und bei

den Marienschwestern treu ihren Dienst versehen. Aber natürlich weit darüber hinaus, besonders auch in der DDR. Er war in der hohen Zeit seiner Berufung ein begnadeter Evangelist.

Diese vier Männer entschlossen sich im Jahre 1948 mit ihrer Botschaft an die Öffentlichkeit zu treten, nachdem zuvor schon auf sog. ökumenischen Männerfreizeiten - damals kamen tatsächlich noch Männer in Scharen! - durch die persönlichen Verbindungen der führenden Brüder viele gesammelt worden waren und ihre Herzen der Botschaft dieses OeCD geöffnet hatten. Im April 1948 war ich das erstemal in Seeshaupt bei einer solchen Freizeit dabei. Es waren Geistliche und Laien aus der evang.-luth. Landeskirche, unter ihnen auch Walter Hümmer, aus der Methodistenkirche, von den Baptisten, von der Pfingstbewegung, vom CVJM. Die Marienschwestern fehlten nur, weil es eine Männerfreizeit war. Lassen Sie mich aus der Niederschrift dieser Tagung wenige Aussagen wiedergeben, die charakteristisch waren. So hieß es u.a.:

> *Wer in Jesus lebt, ist sowohl katholisch als auch evangelisch. Weil Christus auch katholisch ist, so ist der, der in Christus ist, ebenfalls katholisch. Das gilt für jede andere Kirche, denn in Christus ist alles zusammengefaßt. Das bedeutet nicht, daß wir zu allem Ja sagen, was z.B. in der katholischen Kirche vorgeht, aber es heißt mit Christus hineingehen. Ob segnend und froh oder still leidend und unter Schmerzen.*
>
> *Fangen wir an, unser Leben zu lassen für unsere Frauen, Kinder, Freunde, Feinde. Das Priestertum fängt an beim Lammwerden. Es kommen so wenige ins Heiligtum, weil sie nicht Lämmer werden wollen, nicht Wille und Verstand unterordnen, nicht für andere sterben wollen. Beobachtet mal die Familien, in denen kein Lamm ist und diejenigen, in denen ein Lamm ist.*

Gestatten Sie mir, daß ich mit meinen Worten auszudrücken versuche, worin für mich das Faszinosum dieser Freizeit lag. Es sind zwei neu gewonne Einsichten:

1. Die ersten Jahre nach der Katastrophe von 1945 waren bewegt von mächtigen und vielfältigen religiösen Aufbrüchen und Wellen. Daß in den später beginnenden Wohlstandsjahren diese Wellen der Erweckung wieder weithin verebben oder sich als zu flach herausstellen sollten, konnte man damals noch nicht wissen. Ich war zwar ein Erweckter - bekehrt, wie man das nannte -, ich kam aber so sehr aus der Welt, aus dem unfrommen Raum, daß ich geistlich gesehen keinerlei angestammte Heimat hatte. Wo gehörte ich eigentlich hin? In den pietistisch bestimmten Kreis um Rudi Arndt, der von Möttlingen her geprägt war und in dem ich zum Glauben gekommen war? In die Landeskirche, der ich schon als Gehilfe des Lagerpfarrers im Internierungslager gedient hatte? In die pfingstlichen Kreise, mit denen ich auch in Berührung gekommen war? Die vornehmlich an ihre erhoffte Entrückung dachten, von der Zubereitung der

Brautgemeinde sprachen und zum Auszug aus Babylon bliesen, worunter sie die Volkskirche verstanden? In diesem Suchen ging mir in Seeshaupt die Erleuchtung auf, daß - im Bilde gesprochen - das Heiligtum innerhalb des Vorhofs lag und nicht außerhalb irgendwo, daß es konzentrische Kreise sind, die sich um Christus als Mittelpunkt bilden. War ich geneigt, die große Zahl der getauften Mitglieder der Landeskirchen als Vorhof zu betrachten, so brauchte ich davon **nicht aus**zuziehen um einer Wolkenkuckucksgemeinde willen, sondern brauchte von diesem Vorhof nur **hinein**zugehen in das Heiligtum, das jedem wiedergeborenen Christen offen stand und von dem aus der Vorhof immer mehr gewonnen und durchdrungen werden konnte, um dessentwillen das Heiligtum gradezu da war, so wie die ganze Gemeinde, der ganze Tempel für die Welt da war. Diese Erkenntnis war die Orientierungshilfe, die ich gesucht hatte und die nun meinen weiteren Weg bestimmte.

2. Die andere neu gewonnene Einsicht war die Berufung zu einem priesterlichen Dienst und Leben. Was mir im Pietismus zu eng und selbstbezogen war, diese Scheidung in Bekehrte und Unbekehrte, diese Ausrichtung auf die eigene Seligkeit und Entrückungsvorfreude, dieses krampfhafte und darin ichhafte Heiligungsstreben und die Betrachtung aller anderen Außenstehenden als bloße Missionierungsobjekte - das bekam hier einen objektiven, überpersönlichen Sinn: es sollte allein dazu dienen, daß Erlösungskräfte und Heilungsmächte in die Umwelt, zu den anderen kamen. Sie sollten nicht zuerst bekehrt werden sondern ich sollte zuerst für sie „sterben", mich an sie hingeben, ihre Sünde tragen und ertragen, für sie im Gebet und im Mitleiden einstehen. Es ging nicht um mich und mein Heil sondern um den Priesterdienst für die anderen, der freilich voraussetzte, daß ich alles ernst nahm an Sündenkampf und Glaubensbewährung, was ich gelehrt worden war. Das war ein so unerhörtes und atemberaubendes Lebensprogramm, daß ich mir vornahm, all das Gehörte überhaupt niemand weiterzusagen, es in meinem Herzen zu versenken und zu bewahren und den großen Versuch zu machen, es in die Tat umzusetzen. Dazu wollte ich im OeCD stehen und zu ihm gehören.

Die Frucht der Seeshaupter Freizeiten, zu denen auch gemischte Freizeiten in dem Heim der Methodistenkirche in Weißenburg hinzukamen, und der Veröffentlichungen von 1948 waren engagierte Kreise, die sich in Süddeutschland bildeten und durch Freundschaftsbriefe und einen speziellen Bibelleseplan untereinander verbunden waren. Dieser Plan enthielt neben der laufenden Bibellese, wie sie in den Herrnhuter Losungen angezeigt war, fortlaufende Lesungen aus Thomas a Kempis „Nachfolge Christi", Bernieres Louvigny's „Das verborgene Leben mit Gott in Christo" oder Johannes Gommels„Lebendiges Wasser". Noch im Jahre 1954 wurden in einem Kalender für die Freundesbriefe des OeCD 44 Orte genannt,darunter Darmstadt für die Marienschwestern,München für die Brüder vom gemeinsamen Leben, Selbitz für die Christusbruderschaft. Es fanden einmal im Jahr Quatembertreffen im Dezember statt. Das letzte derartige Treffen, über das ich noch eine Niederschrift besitze, fand am 14.12.57 im Hause Stephanas in Nürnberg, Singerstraße 24, statt. Auch hier waren die Darmstädter Mütter, die beiden Hümmers, Johannes Riedinger, der Sohn des 1949 gestorbenen Paul Riedinger, von der Methodistenkirche zugegen. Dann hörten die Freundesbriefe auf und die Konturen des OeCD wurden undeutlicher.

Vielleicht sind die Empfänger des Quatemberboten die wahren Träger des Oekumenischen Christusdienstes in der Verborgenheit, während sozusagen die erste Garnitur, diejenigen, die ursprünglich von ihm erfaßt wurden, in eine andere Richtung, nämlich in festere körperschaftliche Gebilde weitergeführt wurden. Diese Entwicklung sehe ich so:

Wie bei der Schilderung des geistlichen Hintergrundes der Gründerväter Heß und Belz aufgezeigt worden ist, waren starke ökumenische Traditionen der inneren Linie von der Schweiz her in den OeCD eingeflossen. In den Anfangsjahren, als die Verbindung zur Schweiz kriegsbedingt unterbrochen war, verbanden weder die Träger noch die Anhänger des OeCD mit dieser ihnen einleuchtenden Christusdiakonie eine Vorstellung von den Traditionen des Schweizer Werkes und seiner stark körperschaftlich, ja vereinsmäßig gestalteten Struktur. In diesen Aufbruchsjahren kam es, wie die Grundsätze auch ausdrücklich vorsehen, zur Bildung der ökumenischen Marienschwesternschaft und der Christusbruderschaft als selbständiger, ordensmäßiger Gebilde mit eigener Rechtsform und eigener, mehr und mehr von den verschiedenen Gründern geprägten Spiritualität. Die beiden Orden sind zwar nicht direkt aus dem OeCD hervorgegangen sondern hatten durchaus ihre eigenständigen älteren Entwicklungslinien gehabt. Aber in den entscheidenden Jahren der Gestaltwerdung waren diese Linien eben doch im OeCD gleichsam wie gebündelt, um danach wieder auseinanderzufließen.

Die Ordensgründer fühlten sich zwar in der unverbindlichen Gesinnungsgemeinschaft des OeCD den anderen zugeordnet, sahen aber keinen Anlaß, etwa korporativ der Christentumsgesellschaft beizutreten und sich damit einer Tradition zu unterwerfen, die mit ihrem ganz spezifischen geistlichen Aufbruch ursprünglich nicht direkt verbunden gewesen war. So bezeichnen die Marienschwestern zwar Paul Riedinger als ihren geistlichen Vater und haben der priesterlichen Botschaft in ihrer Spiritualität einen großen Platz eingeräumt, andererseits empfanden sie die vereinsmäßigen Formen der Christentumsgesellschaft oder der Körperschaft vom gemeinsamen Leben als zu fremd und gleichsam übergestülpt, als daß sie einen förmlichen Beitritt dazu für gottgeführt hätten halten können. So verselbständigten sie sich völlig, betrachteten die Bruderschaft v.g.L. als eine ihnen befreundete aber eben doch andere, ja fremde Körperschaftsform, mit der sie praktisch nicht

die Einheit leben konnten.
Ähnlich ging es mit der Christusbruderschaft Selbitz, die mehr und mehr ein Zweig der evang.-luth. Kirche in Bayern wurde. Es blieb die Freundschaft, aber die Einheit trat zurück.
Mit dieser Entwicklung der Verselbständigung der beiden großen Ordensgebilde „Marienschwesternschaft" und „Christusbruderschaft" parallel gingen eine Sammlungs- und eine Abwanderungsbewegung der übrigen Teile des OeCD.
Mit der Öffnung der Grenzen in die Schweiz wurde die Verbindung zum Schweizer Werk enger, zumal Klaus Heß Anfang der 50er Jahre für 4 Jahre ins Nidelbad bei Zürich ging. Die großen ökumenischen Kirchentage des Schweizerischen Diakonievereins im Nidelbad zogen die Anhänger des OeCD mächtig an und hinterließen tiefe Eindrücke. Das dort erlebte bruderschaftliche und diakonische Leben machte viele bereit, verbindliche Schritte auf das gemeinsame Leben hin zu tun. So wurden zahlreiche erweckte Christen, die sich zunächst im OeCD gesammelt hatten, Mitglieder bei den Brüdern v.g.L. um Br.Eugen Belz und bei den Geschwistern v.g.L. um die Eheleute Klaus und Amalie Heß. Sehr bald begann auch die Sammlung von Ernst Gleede in der Kreuzbruderschaft Gestalt anzunehmen, mit der die Lehrerbruderschaft von Dieter Fürst zusammenschmolz. Das waren körperschaftliche Gebilde, die aus der losen Gesinnungsgemeinschaft des OeCD heraus entstanden waren.
Diese Konzentration und Verleiblichung, in der ein gesundes organisches Wachstumsprinzip im Reiche Gottes zum Ausdruck kommt - man denke an das Wort Bengels: Das Ziel der Wege Gottes ist Geistleiblichkeit -, hatte nun aber auch eine verständliche negative Auswirkung. Wer von der Botschaft des OeCD schon als Glied einer bestehenden Körperschaft mit eigener Tradition erfaßt worden war, sah sich nicht veranlaßt, nun etwa dort auszutreten und Mitglied im gemeinsamen Leben zu werden. Er empfand die oben gezeichnete Entwicklung als einen Bruch mit der ursprünglich so stark betonten bloßen Gesinnungsgemeinschaft. So ging es den Liebenzellern und etlichen Brüdern und Schwestern vom CVJM und aus der Methodistenkirche, zu der mit dem Tode von Paul Riedinger 1949 ohnehin das stärkste Verbindungsglied fortgefallen war. Sie zogen sich in ihre angestammten Kirchen, Gemeinschaften usw. zurück.
Ich möchte diese Entwicklung so deuten, daß der OeCD, der einmal Gestalt und Gesicht gehabt hatte, dieses Leben opferte, damit das ordensmäßige und körperschaftliche Leben, das aus ihm hervorgegangen oder von ihm befruchtet worden war, sich entfalten konnte. Wertet man die Entwicklung nach dem Gesetz der priesterlichen Botschaft, nach dem der OeCD angetreten war, dann ist er selber diesen Weg gegangen, den er lehrte: sein Leben zu lassen für die anderen. Darum steht er auch unter der Verheißung Jesu, daß er gerade durch das Verlieren des Lebens das wahre, das eigentliche Leben finden werde. Auf dieses innere, verbor-

gene, geistige Leben einer ökumenischen Christusdiakonie wartet die zerrissene Christenheit heute mehr denn je. Darum könnte eine neue Stunde des OeCD gekommen sein, wenn Christen in allen Kirchen und Denominationen sich noch einmal neu zu dieser Christusdiakonie rufen lassen.

5. Treffen von Verantwortlichen[1]

Treffen von Verantwortlichen

Zur Geschichte

Adresse 1: Kommunität Gnadenthal, D-W 6257 Hünfelden, Tel. 06438/810; Fax 06438/8159
Adresse 2: CVJM München, Landwehrstr. 13, D-W 8000 München 2Tel. 089/552141-56; Fax 089/525818

Liebe Freunde, im März 1992

mit diesem Überblick über die Geschichte des "Treffens von Verantwortlichen" hat Günther Rattey, Ottmaring, zusammen mit Werner März, CVJM München, eine Geschichte des Handelns Gottes unter uns aufgezeichnet. Es ist erstaunlich und erfreulich, wie Gott das Bewußtsein hat wachsen lassen, daß wir demselben Herrn angehören und in Seinem Reich an verschiedenen Stellen und in verschiedenen Formen IHM dienen, unter diesen so verschiedenen Gruppen und Bewegungen. Gleichzeitig wuchs mit diesem Prozeß des "Einswerdens" die so lange verlorengegangene Erkenntnis des Neuen Testamentes, daß die Andersartigkeit der Anderen, die früher als Bedrohung empfunden wurde, in Wirklichkeit ein Geschenk und eine großartige Bereicherung darstellt. Das Leiden am Skandal der zerrissenen Christenheit hat uns verbunden und wurde zu einem Zeichen, daß Gott in unserer Zeit dabei ist, Sein Volk wieder zusammenzuführen.

In der brüderlichen Begegnung der verschiedenen Prägungen und unterschiedlichen Meinungen erlebten wir mit Freude und Dankbarkeit das besonders klare Reden und Handeln Gottes unter uns - und in unserem Land.

Wenn man diesen Text aufmerksam liest, werden die drei wesentlichen Grundlinien deutlich, die uns in all den Jahren immer klarer und wichtiger geworden sind:

Sammlung

Im Austausch, Bericht und Gebet geben wir einander Anteil, teilen Freude und Not miteinander und erleben, daß Glaube und Hoffnung wieder neu Gestalt gewinnen. Im verbindlichen Miteinander wächst die Bruderschaft in Dank und Fürbitte, im einander Raten und Segnen.

Dienst

Wir erkennen immer tiefer, wie wichtig das gemeinsame Hören auf Gott und aufeinander ist, um die richtige Schau für unser Dienen zu gewinnen. Im Miteinander wächst die Gesinnung Jesu und führt uns zum Lobpreis, zur Anbetung und zum vollmächtigen Gebet für das Land. Das immer mehr sich verknüpfende Netz von Verantwortlichen im Land führt zu manchen gemeinsamen Aktionen und Diensten.

Sendung

Gleichzeitig hilft unser Miteinander zu einem tieferen Bewußtsein des Auftrages. Das Erkennen der Dringlichkeit des Einswerdens - auch im gemeinsamen Dienen - hat uns neue Motivation und Vollmacht in Bereichen gegeben, wo wir bisher allein nur resignierend aufgeben mußten. Gleichzeitig zeigt sich, daß in dem Maße, wie wir lernen, auch in unseren Gruppen einander in der Art Jesu zu begegnen, viele Kräfte freiwerden für die Sendung Jesu nach außen, die sich bisher nach innen verbrauchten.

So ist die Geschichte dieser Begegnungen gleichzeitig ein Hoffnungszeichen in unserer Zeit, daß Gott unterwegs ist zu Seinem Ziel: "Ein Leib und ein Geist ..... ein Herr, ein Glaube, ein Gott und Vater aller ....." (Eph. 4,4-6).

Ebenso ist dieser Rückblick in eine 20 jährige Geschichte ein Ausdruck des Dankes und der Freude sowie ein mutmachender Ausblick aufs Ziel: "Dein Reich komme!" und "Komme bald, Herr Jesus!"

Es grüßt Sie alle herzlich Ihr

Wilh. Bläsing

Wilhelm Bläsing

[1] Abgedruckt mit freundlicher Erlaubnis der Herausgeber und Verfasser.

Treffen von Verantwortlichen: Motive – Geschichte – Perspektiven

I. Motive

Das "Treffen von Verantwortlichen" ist eine Begegnung von Vorstehern christlicher Gemeinschaften aus dem deutschsprachigen Raum - jeweils im Frühjahr für 3 Tage an wechselnden Orten in Bayern, Hessen oder Württemberg. Dabei treffen sich Verantwortliche, Männer und Frauen, aus evangelischen Kirchen, Freikirchen und konfessionsunabhängigen Bewegungen und Gemeinden. Vertreten sind unter anderen CVJM, missionarische Bewegungen, Gemeinde-Erneuerung, Christlich-Therapeutische Gemeinschaften, Bruderschaften, Oekumenische Zentren. Dazu kommen etliche Einzelne (theolog. Lehrer, Referenten, Ärzte).

1992 wurden ca. 110 verschiedene Gruppen zum Treffen im März nach Dassel eingeladen.

Wie viele andere Bewegungen im Reiche Gottes ist das "Treffen von Verantwortlichen" nur zu verstehen von seiner Geschichte her. In dieser Geschichte lassen sich zwei Abschnitte unterscheiden: 1. Die Vorgeschichte mit dem "Treffen Junger Bewegungen" und danach 2. Die Geschichte des "Treffen der Verantwortlichen".

1. Das *"Treffen Junger Bewegungen"* begann im April 1969 auf Schloß Craheim (Nähe Schweinfurt). Das "Lebenszentrum für die Einheit der Christen - Schloß Craheim", hatte dazu eingeladen.

Der Impuls war ausgegangen von einer Begegnung im Sommer 1967 in Hannover zwischen Pastor Wilhard Becker (Rufer-Bewegung), Pfr. Arnold Bittlinger und Pfr. Hans Hartwig von Goessel (beide Marburger Kreis). Als Ergebnis des Gespräches wurden Verantwortliche aus christlichen Bewegungen eingeladen, um "von einander zu lernen, um neue Impulse des Geistes Gottes zu empfangen, und um die Verantwortung für unser Land in größerem Ausmaß zu übernehmen". Diese erste Begegnung sollte hinführen zu einer gemeinsamen Offensive als ein evangelistischer Vorstoß, um zu demonstrieren, daß nicht nur die extremen, zum Teil negativen Elemente aktiv sind, sondern sich auch viele junge Menschen zu Jesus bekennen und für ihn leben." Angesichts der weltweiten Studentenrevolte war an einen Kongreß der Jugend gedacht mit möglicherweise 2000 Teilnehmern. Dieser erste Abschnitt ging im Frühjahr 1974 nach einer Krise zuende. Die Motive und die Perspektiven der Initiatoren von damals erscheinen heute, 20 Jahre danach, wie eine profetische Ansage für die Herausforderung der Gegenwart (näheres unter "II. Geschichte").

2. Das *"Treffen der Verantwortlichen"* begann im Herbst 1974 bei der Jesusbruderschaft in Gnadenthal (Nähe Camberg). Es ging aus dem Scheitern der "Treffen Junger Bewegungen" hervor, darum verzichtete man auf Referenten, Konzepte und Strategien. Zahlenmäßig sehr geschrumpft, war das "Treffen der Verantwortlichen" zunächst nichts anderes als ein Raum für Bibelarbeiten, brüderliche Begegnung, Gebet und Seelsorge. Was daraus inzwischen geworden ist, hat sich auf dem Weg, in einem Prozeß des Vertrauens erschlossen. In diesen 15 Jahren bis heute befruchteten sich sehr verschiedenartige Gruppen mit ihren Erfahrungen. Die Tagungsorte wechselten nach einigen Treffen immer wieder, um so das geistliche Leben verschiedener Gemeinschaften näher kennenzulernen. Der gemeinsame Einsatz von etlichen Bewegungen bei Evangelischen Kirchentagen, bei evangelistischen Veranstaltungen, beim "Fest zur Ehre Gottes" förderten ebenfalls das Zusammenwachsen. So sind vertrauensvolle Beziehungen nicht nur zwischen Leitern, sondern auch von Gruppen zueinander gewachsen. Die Unterschiedlichkeit geistlicher Prägungen konnte so als positive Ergänzung erfahren werden und verstärkte das öffentliche Zeugnis in Kirche und Gesellschaft.

Die bisherigen Tagungen seit 1974 lassen im Rückblick drei Phasen erkennen, die zugleich bleibende Elemente der "Treffen der Verantwortlichen" beschreiben.

a. *Konzentration auf die Mitte, auf "Das Eine, das not tut".*

Es war der Glaube, ja die Gewißheit, daß der Herr, Jesus Christus selbst, sein Volk und seine Diener sammelt zur gemeinsamen Ausrichtung auf Ihn und zur brüderlichen Gemeinschaft untereinander. So wie Er nach Ostern die zerstreuten Jünger wieder zusammenführte, so bringt er auch heute seine "zerstrittenen" Jünger zusammen. Er selbst tröstet sie, richtet sie auf, lehrt sie und sendet sie erneut. Weil es um Jesus in der Mitte geht, sind im "Treffen der Verantwortlichen" bestimmte Elemente der Gestaltung grundlegend: Die Verkündigung des Wortes Gottes, Gottesdienst und Anbetung, Gespräch, Zeugnis und Fürbitte. (vgl. Geschichte: Sammlung)

b. *Ausrichtung auf das Dienen: "Ein jeder sehe nicht nur auf das Seine ...".*

Für die Gemeinschaft der Jünger ist es wichtig, sich selbst vom anderen mit seinen Gaben dienen zu lassen und wiederum dem anderen beizustehen in seinen Aufgaben und Problemen. Wir wollen ein selbstloses Dienen lernen, das dem anderen (auch seiner Gruppe) hilft, seine eigene Berufung besser zu leben, ohne ihn jedoch vereinnahmen zu wollen. Ein entscheidendes Kriterium für die Aufnahme in das "Treffen der Verantwortlichen" ist von Anfang an die Frage, ob der neue Teilnehmer die Einheit des Leibes Jesu "im Herzen" trägt und ob er bereit ist, über die Interessen der eigenen Gruppe/Konfession hinaus für das größere Ganze der Gemeinde Jesu und des Reiches Gottes sich zu engagieren. (vgl. II. Geschichte: Dienst)

c. *Den Auftrag Jesu wahrnehmen: "Ihr seid das Licht und Salz der Welt, die Stadt auf dem Berg!"*

Das Treffen von Verantwortlichen wird in den letzten Jahren zunehmend dafür sensibilisiert eine innere Verantwortung des Glaubens wahrzunehmen:

* für Evangelisation in unserem Land
* für die Weltmission
* für den Kampf um das Reich Gottes in unserer Zeit
* für die Wiedergewinnung der christlichen Werte in unserer Gesellschaft.

In den letzten Jahren wurden auf diesem Hintergrund der geistliche Kampf und die entsprechenden Formen der Fürbitte zunehmend praktiziert.

Für bestimmte Bereiche der Öffentlichkeit entwickeln einige Gruppen miteinander Initiativen. (vgl. II. Geschichte: Sendung)

II. Geschichte

Treffen Junger Bewegungen (1969 - 1974)

Im April 1969 trafen sich im "Lebenszentrum für die Einheit der Christen - Schloß Craheim" 50 Vertreter aus 27 Gruppen. Vertreten waren aus Deutschland und der Schweiz: christliche Jugend- und Studentenbewegungen, missionarische und oekumenische Zentren, evangelische Bruderschaften und katholische Gemeinschaften (z.B.: Aktion 365, Fokolare, P. Eugen Mederlet OFM, Craheim).

Die Teilnehmer der ersten Treffen waren überrascht, erfreut, und teils verwirrt von der Fülle und Unterschiedlichkeit alter und neuer Bewegungen. Schon in der ersten Tagung in Schloß Craheim wurde eine Spannung zwischen missionarischen Bewegungen und bruderschaftlichen Gruppen spürbar. Im Dezember 1969 entstand in einer Arbeitsklausur eine Erklärung, die allen beteiligten Gruppen zur Ratifizierung und Unterschrift vorgelegt worden sollte. Sie sollte eine Basis schaffen für die weiteren Treffen und gemeinsamen Aktionen. Zitat aus der Erklärung: "...wir wissen uns verpflichtet, für die Herrschaft Christi in Kirche und Welt zu arbeiten, und uns darin gegenseitig zu stärken ... auf der Grundlage gegenseitigen Vertrauens wollen wir gemeinsam die Aufträge Gottes erfragen." Aufgrund der großen Unterschiede und Gegensätze scheiterte dieser erste Versuch, zu einer gewissen Verbindlichkeit zu kommen.

Wilhard Becker deutet bereits im Oktober 1970 die Schwierigkeiten an:

'Es ahnt jeder, daß wir in einer Zeit leben, in der der Geist Gottes die Christen dahin drängt, nicht mehr isoliert, sondern gemeinsam zu arbeiten, die eigene Arbeit nicht zu überschätzen, und die des anderen, "höher" zu achten, und die Verantwortung für die Welt so ernst zu nehmen, daß nicht die Frage, "Wie wächst unsere eigene Bewegung?", sondern "Wie sind die brennenden Probleme unserer Zeit anzupacken und zu lösen?" vorrangig sein muß. Wenn das Gewicht der eigenen Arbeit zu stark ist, bleibt nicht viel Kraft für Kontakte und gemeinsame Unternehmungen."

Beim 9. Treffen im Oktober 1973 in Gnadenthal kam es zum Zusammenstoß zwischen verschiedenen Bewegungen über das Thema: "Gruppendynamik". Weitere Schwierigkeiten auf dem Weg kamen dazu: Manche der Initiatoren waren inzwischen aus der Verantwortung ausgestiegen; die Vielzahl der Gruppen und ihr Befangensein in den eigenen Aufgaben erschwerte die gegenseitige Befruchtung. In einer Befragung aller Teilnehmer wurde von diesen die Weiterführung gewünscht, jedoch mit einer klaren Leitung und strafferen Berichten. Im April 1974 traf sich der Arbeitskreis (Leitungskreis Junger Bewegungen) auf dem Schwanberg und beschloss, die bisherigen Begegnungen zu beenden, damit ein wirklicher Neuanfang unter anderen Voraussetzungen möglich wird. Um die eventuelle Weiterführung wurde der CVJM München (Wilhelm Bläsing) gebeten.

Dokumentation: "Christsein 70 - Junge Bewegungen berichten", 25 Berichte, herausgegeben von Siegfried Großmann, 127 Seiten, 1970, Kühne Verlag, und Christsein 73, 128 Seiten, dto.

Treffen der Verantwortlichen

1. Sammlung (1974 - 1978)

Der CVJM München erklärte sich bereit, diese Treffen neu zu beginnen, wenn zwei weitere Gruppen sie mittragen würden: die Jesusbruderschaft Gnadenthal, und die Bruderschaft vom gemeinsamen Leben, Ottmaring. Seitdem haben Verantwortliche aus diesen drei Gruppen zum Treffen eingeladen und den Trägerkreis geleitet, (seit 1990 Wilhelm Bläsing, Günter Oertel, Gunther Rattey zusammen mit Helmut Nicklas). Im November 1974 kam es zu einem ersten Treffen in Gnadenthal. Dort wurde mit Aussprache, Buße und Gebet das Bisherige an Gott zurückgegeben und beendet. Der Bericht darüber vom 9.11.74 von Wilhelm Bläsing und Gerhard Rötting macht auch den Neuansatz deutlich. Er markiert wesentliche Aspekte des Treffens von Verantwortlichen, die bis heute wegweisend sind:

"Das Anliegen der Sammlung der Verantwortlichen aus den verschiedenen Bewegungen muß weitergehen. Ihre Einheit ist von grundlegender Bedeutung für die Sache Gottes. So haben wir in diesem Tagen ganz neu "Ja" zueinander gesagt. Wir erlebten, wie die Einheit aus der gemeinsamen Anbetung des Herrn erwächst. Statt einem Treffen von jungen Bewegungen, ein Treffen der "Ältesten", nicht als Arbeitstagung, sondern als Sammlung der verantwortlichen Brüder. Der persönliche Kontakt ist wichtig. Dadurch erwachsen Querverbindungen. Aus vielen Einzelstricken wird ein Netz, nicht durch Organisation, sondern durch das Einswerden. So geht es uns darum, daß verantwortliche Brüder im Reich Gottes verknüpft werden. Jesus in der Mitte, wir als die Jünger um ihn - das ist mehr als eine Arbeitstagung, das ist Leben, das hat seine Auswirkungen auf den Leib Christi. Jesus erkennen - uns von ihm führen lassen. Im gemeinsamen Hören und Anbeten wird uns auch der Durchblick für unsere Zeit geschenkt. Ziel ist ein gemeinsames Wachsamsein und ein Fragen nach dem Willen Gottes."

Eingeladen wurden Verantwortliche christlicher Gruppen. Doch sollten sie künftig weder ihre Werke präsentieren, noch deren Interessen bei den Tagungen verfolgen. Aufgrund der Probleme der Evangelischen Gruppen untereinander wurden die katholischen Teilnehmer vorerst nicht mehr eingeladen.

Diesem neuen Treffen folgten drei weitere in Gnadenthal (bis 1977) und drei in Ottmaring (bis 1980) mit zuletzt 42 Teilnehmern. Ab 1974 fanden die Begegnungen nur noch jährlich statt (vorher zweimal im Jahr). Als neuer Name kam der Begriff "Treffen der Verantwortlichen" in Gebrauch.

2. Dienst (1979 - 1985)

In diesem zweiten Zeitraum gewann der Dienst aneinander und im Volk Gottes an Bedeutung. Die Themen jener Treffen machen dies deutlich: "Alle ein Leib, Dienerschaft Christi, umfassende Buße" (Pfr. Klaus Heß, 1979), Agape und Hingabe, "Dient einander mit der Gabe, die ihr empfangen habt."

Bezeichnend für diesen Abschnitt sind weiter folgende neue Elemente der Begegnungen:

- Einladung von geistlichen Lehrern, wie z.B. Pfr. Klaus Heß, Pfr. O.S. v. Bibra, Dr. Günter Krüger, (in der 3. Phase dann weiter: Pfr. K. H. Michel, Pfr. Dieter Schneider). Einige dieser Referenten wünschten die weitere Teilnahme an den folgenden Treffen.
- Erfahrungsberichte von internationalen, teilweise interkonfessionellen oder auch katholischen Bewegungen: Fokolare, Jugend mit einer Mission, Schwert des Geistes.
- Nach und nach wurden weitere Verantwortliche in den Trägerkreis aufgenommen: Pfr. Dieter Endres, Craheim; Walter Heidenreich, Lüdenscheid; Keith Warrington, Frankfurt. Sie planten und gestalteten die Treffen wesentlich mit.
- Zwei Bereiche der konkreten Zusammenarbeit wurden neu begonnen:
  a. Workshops zu folgenden Bereichen: Begegnungszentren, Therapiearbeit, Seelsorge an Eheleuten und Familien, Lebensgemeinschaften, Gemeindeaufbau.
  b. Die Möglichkeit, Regional-Gruppen des Treffens der Verantwortlichen zu bilden. Seitdem gab es einige solche Begegnungen in Westfalen und regelmäßig in Franken.

In diesem Zusammenhang kamen auch die vorhandenen "Kreise zur Einheit" in verschiedenen Städten in den Blick, z.B. in München, Nürnberg, Stuttgart, Frankfurt und Lüdenscheid. Sie waren über Personen und Gruppen ohnehin mit dem Treffen verbunden.

3. Sendung (1986 - 1991)

Mit dem Treffen 1986 in Ottmaring beginnt eine Öffnung nach außen. Sie drückt sich im Thema aus: "Sammlung zur Sendung - Unterwegs zur Stadt Gottes" (Referat von K. H. Michel: Auf dem Weg zur Stadt Gottes, Münchener Texte Nr. 12). Weitere Referate konkretisierten das Thema: "Erziehung in der heutigen Gesellschaft", "Glaube in der Öffentlichkeit".

Erstmals nahmen Verantwortliche aus der ehemaligen DDR teil: Pfr. Gottfried Rebner, Volksmissionskreis Sachsen (1988), Pfr. Dieter Blischke, Schniewindhaus, Schönebeck (1989), außerdem auch neue Gruppen aus der Schweiz und Österreich. 1989 hat das Treffen 70 Teilnehmer, 1990 und 1991 wird es auf 125 erweitert.

Im Jahr 1989 wurde Helmut Nicklas, CVJM München, vom Trägerkreis gebeten, die geschäftsführende Verantwortung für das Treffen von Verantwortlichen und den Trägerkreis zu übernehmen.

Folgende Impulse und Perspektiven sind ausgegangen worden:

- Mehr als bisher eine gemeinsam reflektierte Wahrnehmung des Wirkens Gottes in Deutschland und Europa. Dieser Ansatz schlägt sich zum Beispiel 1990 im Thema nieder: "Unser Dienst für das Volk Gottes in den 90er Jahren" und in den aktuellen Berichten zu der Frage "Was sagt der Geist den Gemeinden?" (u.a. Gisela Eckhardt, Gotha, zum Thema "Frauen",

Pfr. Gottfried Rebner, zu dem gesellschaftlich-politischen Umbruch in der DDR.)

- Angesichts der Tatsache, daß geistliche Aufbrüche oft 'verpuffen' (siehe die Jesusbewegung der siebziger Jahre), die Herausforderung erkennen und aufnehmen, geistlich-erwecklichen Leben zu formen, Christen zu schulen, Leiter zu trainieren, Gemeinde-Aufbau zu fördern, Gemeinschaften in Krisen zu begleiten;
- Initiativen, um öffentlich Zeugnis zu geben für die christlichen Grundwerte in der Gesellschaft, besonders im Bereich Jugend und Familie. Dabei darf die Macht der Medien heute nicht unterschätzt werden - die Christen sollten durch sie öffentlich Einfluß nehmen.
- Förderung christlicher Erzieher (Erzieher wird in einem weiten Sinn verstanden: Von Eltern und Jungscharleiter, bis zum Universitäts-Professor).
- Gegen die Schwächung aller geistlichen Kräfte durch die allgemeine Pluralität und die Fixierung auf die eigenen Probleme im Volk Gottes ein Netzwerk fördern, in dem sich ähnliche wie komplementär ergänzende Aufträge einander verbinden. Dabei geht es nicht um Verbands- oder Fraktionsbildungen, sondern um ein Bekanntmachen und Zusammenwirken in freier Absprache zwischen vorhandenen Initiativen, Zentren, Schulen, auch für Publikationen, um aus dem gleichen Auftrag heraus miteinander Zeugnis für Christus und sein Reich zu geben.
- Miteinander biblische Grundwahrheiten erkennen und bezeugen, damit wir 'miteinander heranwachsen zu einerlei Glaube und Erkenntnis des Sohnes Gottes' (Eph. 4) und um in der Öffentlichkeit mit Überzeugung für die göttliche Wahrheit einzutreten.
- Gemeinsam die Verpflichtung zur Weltmission erkennen - im eigenen Land und in anderen Kontinenten. Missionarische Projekte unserer Gruppen fördern.

Im Treffen von Verantwortlichen ergab sich daraus

a. eine Dynamisierung: Erweiterte Einladung (ca. 50 Teilnehmer neu); Anregung zu regionalen 'Tagen der Einheit'; Arbeitsgruppen bekommen ein größeres Gewicht zur Umsetzung der Referate in bestimmten Lebens- und Dienstbereichen und als Möglichkeit intensiver Beteiligung aller Teilnehmer. 1990 gab es folgende Arbeitsgruppen: Erziehung im Bereich Schule * Erziehung im Bereich Ehe * Erziehung im Bereich von Gemeinden und Gemeinschaften * Christen an der Hochschule * Christsein im Beruf * Leiterschaftstraining * Gemeindeaufbau * Jugendarbeit * Frauenarbeit.
b. in einigen Fällen: Fortführung von Anregungen der tagungsinternen 'Arbeitsgruppen' in öffentlichen Initiativen; einige Gruppen veranstalten folgende Initiativen: Seminare für Ehe und Familie * Sommerakademie: 'Christliche Kultur gewinnen' in Gnadenthal * 'Christsein an den Hochschulen im deutschsprachigen Raum' * 'Christen erziehen' mit der Beteiligung von vier Gruppen * Sommerschule Magnetsried * Teilnahme am 'Fackellauf für Jesus'.
c. eine strukturelle Weiterentwicklung mit neuen Elementen der Gestaltung: Verlagerung der Verantwortung auf viele Mitarbeiter; Bildung eines diakonischen Teams, das alle konkreten Vorgänge übernimmt (Listen, Arbeitspapiere, Dokumentation, Räume und Gruppen, Finanzen usw.). In der Tagung schnelle Dokumentation des Geschehens; Einführung eines höheren Tagungsbeitrages (auch zur Entlastung der wachsenden Anzahl der Teilnehmer aus den neuen Bundesländern); drei Informationsbriefe im Jahr; Herausgabe einer kleinen Schriftenreihe (u.a. Vorträge aus dem 'Treffen von Verantwortlichen').

Ab 1990 Erweiterung des Trägerkreises (siehe unter V. "Trägerkreis": die neuen Mitglieder werden durch *Kursivschrift* hervorgehoben).

1991 Änderung des Namens: *"Treffen von Verantwortlichen"* (bisher "Treffen der Verantwortlichen"), um das Mißverständnis auszuschließen, daß das Treffen von Verantwortlichen repräsentativ sein könnte für bestimmte Bereiche von Verantwortlichen.

III. Verbindung und Verbindlichkeit

Das Treffen von Verantwortlichen ist kein organisierter Verband bestimmter Gruppen und keine geistliche Interessenrichtungen neben anderen. Es ist eine brüderliche Verbindung von Männern und Frauen, die in sehr unterschiedlichen Gruppen und Bewegungen Verantwortung wahrnehmen. Es gibt im Treffen von Verantwortlichen keine andere Verbindlichkeit als die, auf die sich die Teilnehmer persönlich einlassen. Der Trägerkreis des "Treffens von Verantwortlichen" besitzt und erstrebt keine Weisungsbefugnis über die im Treffen vertretenen Gruppen. Sein Dienst kann nur von unten her, d.h. als Diakonie an den Dienern Christi und für das Volk Gottes wirksam werden. Was uns miteinander verbindet, ist die Nachfolge Jesu, das Suchen nach dem Willen Gottes für unsere Zeit, die Dienstverpflichtung im Volk Gottes, die auf jedem Teilnehmer original liegt, das Vertrauen zueinander.

Das Treffen von Verantwortlichen ist aus einer Führung Gottes so geworden, wie es sich jetzt darstellt. Aber es ist in keiner Weise repräsentativ für irgendwelche Bereiche oder das Ganze des

Volkes Gottes. Das ist auch keine Absicht. Wir wissen uns mit vielen anderen Christen und Gruppen auf dem Weg und wir glauben, daß das Haupt des Leibes selber sein Volk lenkt und unterweist. Aber wir freuen uns, wenn wir in den uns gegebenen Beziehungen und Räumen ein Ferment des Reiches Gottes sind, seiner Hoffnung und seiner Kraft sowie im Leib Christi ein priesterlicher Dienst für die Erneuerung und Versöhnung der Christen, über die geschichtlich gewordenen Barrieren hinweg.

Das Gleichniswort: "Das Himmelreich wird gleich sein einem Netz" Matt. 13,47 - 52 wird zu einem Leitbild. Da gibt es Knoten, Verknüpfungen und Verbindungslinien. So geht es immer mehr darum, die im Volk Gottes wirksamen Bewegungen, Initiativen und Netzwerke zu entdecken, Verbindungen zu fördern, zur gegenseitigen Befruchtung und Ermutigung, evtl. zu gemeinsamen Einsatz zu helfen. Dabei beabsichtigt das "Treffen von Verantwortlichen" keine eigenen Aktionen. Entsprechend dem Netzgleichnis geht es vielmehr um viele Knotenpunkte und Zentren und somit auch im Bereich von Leitung um eine respektvolle Kooperation. Dabei verlagert sich je nach Bereich und Ebene die Verantwortung auf verschiedene Personen. So wird die Zusammenarbeit zu einem Übungsfeld für viele Teilnehmer (z.B. in den Gesprächs- und Arbeitsgruppen und übers Jahr in den Initiativen).

IV. Ausblick

Neu eingeladen wurden seit 1990 weitere Teilnehmer aus den deutschsprachigen Nachbarländern Schweiz und Österreich.

Soweit es uns möglich ist, wollen wir beitragen zur Versöhnung zwischen Evangelikalen und Charismatikern, zur gegenseitigen Annahme von Verantwortlichen der traditionellen Kirchen und der neuen Gemeinden.

Künftig ist wieder an eine Öffnung für die katholischen Teilnehmer gedacht.

Somit weitet sich der Blick hin auf die verschiedenen Konfessionen, Freikirchen und geistlichen Bewegungen, auf die geistigen Entwicklungen in der Gesellschaft bei uns und weltweit, auf Ost und West in Deutschland und auf die Völkerwelt (Mission).

In alledem geht es jedoch nicht um Organisation, Strategie und Aktion, sondern um das Achten auf die Führung des Geistes und einen brüderlichen Dienst für die Einheit der Christen und das Reich Gottes.

V. Trägerkreis vom "Treffen von Verantwortlichen"

Zum Trägerkreis gehören zur Zeit (Stand: März 1992): *Friedrich Aschoff, Elisabeth von Bibra, Friedel Bläsing,* Wilhelm Bläsing, *Peter Dippl, Erich Eckardt,* Dieter Endres, Walter Heidenreich, *John MacFarlane, Ruth Meili,* Karl-Heinz Michel, Helmut Nicklas, Günter Oertel, Günther Rattey, *Gottfried Rebner, Günther Schaible, Christian Scheufele, Ortwin Schweitzer,* Keith Warrington sowie das diakonische Team bestehend aus Bernd Hanke, *Werner März, Michael Mohrmann, Thomas Pfeifer,* Stephan Seidlitz.

VI. Aufnahme in das "Treffen von Verantwortlichen"

- Teilnehmer des Treffens empfehlen dem Trägerkreis die Einladung neuer Männer und Frauen, die in christlichen Gruppen erste oder zweite Verantwortliche sind. Gefragt wird dabei nach zweierlei Merkmalen:
  a. Gibt es bei den Empfohlenen ein (inneres und äußeres) Engagement für das größere Ganze des Reiches Gottes und des Leibes Christi über seine eigene Gruppe hinaus.
  b. Ist eine Offenheit und eine Bereitschaft gegeben, Verantwortliche aus anderen geistlichen Richtungen kennenzulernen und zu akzeptieren?
- Ein Team - bestehend aus Wilhelm Bläsing, Gottfried Rebner und Günther Rattey entscheiden und veranlassen die erste Einladung.
- Der neue Teilnehmer wird zu einem ersten Treffen als Gast eingeladen.
- Bei diesem Treffen gibt es am dritten Tag eine Begegnung der Gäste mit einigen Mitgliedern des Trägerkreises. Dabei wird den Neuen von der Geschichte und von den Intentionen des Treffens berichtet; sie ihrerseits geben ihre Eindrücke von der Tagung wieder, äußern Fragen, Kritik oder Zustimmung.
- Beim gleichen Treffen entscheiden beide Seiten (der einzelne Gast und der Trägerkreis), ob ein gegenseitiges Erkennen und Annehmen gegeben ist als Voraussetzung für die künftig ständige Teilnahme.
- Wer fünf Jahre am Treffen von Verantwortlichen nicht teilnimmt (ohne Entschuldigung), wird aus der Einladungsliste gestrichen.

Chronologischer Überblick über die Treffen seit 1969

"Treffen Junger Bewegungen"

April 1969, Craheim
Austausch der Teilnehmer und 5 minütige Berichterstattung für jede Bewegung/Arbeitsgruppe. Besonders ist die Gründung eines Arbeitskreises zu erwähnen. Teilnehmer: 50 aus 27 Gruppen.

November 1969, Craheim
Thema: Einkehr und Meditation. Weiter war es ein gegenseitiges Kennenlernen. Horst Klaus Hofmann von der Offensive Junger Christen hielt eine Bibelarbeit zum Thema: "Jesu Umgang mit seinen Mitarbeitern". Teilnehmer: 23.

April 1970, Craheim
Referenten des Treffens waren: Dr. Günter Krüger und P. Eugen Mederlet OFM (1. Joh. 3:11-20). 34 Teilnehmer aus 26 Bewegungen.

Februar 1971, Selbitz
Zitat: "Der Rückzug auf eine Begegnung im Kleinen ohne die bisherigen großen Erwartungen erwies sich als ein Schritt nach vorne" (Ruth Meili). Teilnehmer: 20.

Oktober 1971, Bensheim
Horst Klaus Hofmann referiert über das Thema "Die Wirklichkeit des Heiligen Geistes" und Wilhelm Bläsing berichtet über seine Erfahrungen in den USA. Besonders zu erwähnen ist die Begegnung mit der OJC und drei Vertretern der Jesus-People-Bewegung.
Zitat: "Es sollen keine Beobachter an den Treffen teilnehmen, sondern verantwortliche Mitarbeiter, die bereit sind, sich Gott, dem Bruder und der persönlichen und gemeinsamen Erkenntnis zu stellen." Die Treffen sollen dazu dienen, die gastgebende Gemeinschaft besser kennenzulernen.

Februar 1972, München
Thema: "Geistliche Bewegungen und religiöse Phänome unserer Zeit". Weitere Höhepunkte des Treffens: Besuch im KZ Dachau, ein Gespräch mit Priorin Sr. Gemma Hinricher, Karmel Hl. Blut und Empfang bei Landesbischof Dr. Hermann Dietzfelbinger. Teilnehmer: 27.

Oktober 1972, Schloß Schwanberg
Thematisch ging es um "Kontinuität und Flexibilität, Stabilität und Wachstum - Auf der Suche nach neuen christlichen Lebensformen". Referent: Horst Klaus Hofmann (OJC). Weitere Bibelarbeiten hielt Arnold Bittlinger. 40 Teilnehmer aus 18 Gruppen.

Mai 1973, Schloß Schwanberg
Thema: "Wege zu einem gesunden Organismus - in Gruppe, Gemeinde und Bewegung". U.a. referierten Friedrich Karl Völkner SMD, Pastor Wilhard Becker, Ruferbewegung, und Priorin Maria Pfister CCR.

Oktober 1973, Gnadenthal
Zum Thema: "In Christus sein" sprachen u.a. Pfr. Dieter Koller, Craheim, Sr. Katharina Tobien, St.Johannis-Konvent, Br. Gerhard Rötting, Gnadenthal. Es gab in diesem Treffen Dissonanzen zum Thema Gruppendynamik. Vor allem zwischen Horst-Klaus Hofmann einerseits und Wilhard Becker andererseits. Die 44 Teilnehmer fragten: "Wie soll es weitergehen?"

Februar 1974, Schloß Schwanberg
Referate: Pfr. Dr. Griese, Würzburg (Missionsanalyse); Pfr. Friedhard Gutsche SMD, (Gemeinde-Aufbau und Evangelisation); Berichte von: Koinania, Herrmannsburg; Communität Casteller Ring, Schwanberg; Campus Crusade, Freiburg im Br.; Christusträger, Bensheim, Missionswerk Neues Leben, Altenkirchen; und andere. Teilnehmer: 45 aus 30 Gruppen.

April 1974: Der Arbeitskreis beschließt die Beendigung der Treffen junger Bewegungen. "Unter persönlicher Buße und Beugung aber auch Dankbarkeit wurde alle Bisherige an Gott zurückgegeben". Der CVJM München und die Jesusbruderschaft Gnadenthal sind bereit, zu einer jährlichen 'Ältesten-Begegnung' einzuladen.

"Treffen der Verantwortlichen"

November 1974, Gnadenthal
Thema: Einheit - Anbetung - Annehmen des Bruders. Teilnehmer: 10

März 1975, Gnadenthal
Thema: Agape. Es wurde neu und vorsichtig eingeladen. Schwerpunkt: Verantwortung zu erkennen für das Ganze des Leibes Christi. Referent: Günther Rattey, Teilnehmer: 20

März 1976, Gnadenthal
Thema: Hingabe. Bibelarbeiten: Die Hingabe Jesu und die Hingabe an Jesus (Joh 12), die Hingabe Jesu und die Hingabe an die Brüder (Joh. 13) und die Hingabe an das Reich Gottes und die Frucht der Hingabe (Joh. 15). Teilnehmer: 21

Februar 1977, Gnadenthal
Thema: Gemeindeaufbau. Als weitere Schwerpunkte: Einheitsgebet Jesu, Demut und Liebe. Teilnehmer: 16

Februar 1978, Ottmaring
Thema: "Dienet einander". Referate: "Jesus, der Diener aller", "Dienet einander" und "Unser Dienst für alle". Ein weiteres Referat hielt Fritz Franke, Nürnberg, zum Thema: "Oekumenischer Christusdienst". Teilnehmer: 28.

Februar 1979, In Ottmaring
Pfr. Klaus Hess, Ottmaring referierte über das Thema: "Reich Gottes". (Schwerpunkte: Oekumenische Buße, Dienerschaft Jesu Christi, alle ein Leib). Weitere Sprecher waren: Bruna Tomasi, Fokolare (Jesus in der Mitte), Erika Bangel, Jesusbruderschaft (Demut Jesu), Don Stephens, JMEM: Prioritäten der Diener Gottes (1. Anbetung, 2. Familie - Kommunität, 3. Leib Christi, 4. Mission). Teilnehmer: 37

Februar 1980, Ottmaring
Das Thema: "Reich Gottes" wurde weitergeführt. Ray Rempt, USA sprach über "Leiterschaft" und Pfr. Klaus Heß über "Dienerschaft Jesu Christi" und "Alle ein Leib". Teilnehmer: 42.

Februar 1981, Selbitz
Dr. Krüger sprach zum Thema: "Geordnetes Dienen in Kirche und Gemeinde". Rückbesinnung auf die bisherige Geschichte. Ein gemeinsames Anliegen der Teilnehmer wird deutlich: Fischernetz Gottes sein, Gelenkmenschen werden, Sammlung und Sendung leben. Teilnehmer: 46.

Februar 1982, Selbitz
Thema: "Dienet einander, ein jeder mit der Gabe, die er empfangen hat". Referent: Dr. G. Krüger. Die Gottesdienste und Bibelarbeiten wurden von Pfr. O.S. v. Bibra gehalten. Thema: Die Bitten des "Vater Unsers". Teilnehmer: 45.

Februar 1983, Craheim
Thema: "Reifen zum Dienen". Es referierte Dr. G. Krüger über Zellenbildung. Über Dienst an der Welt und Verbindlichkeit unter unseren Gruppen sprach Keith Warrington von JMEM. O.S. v. Bibra hält eine Bibelarbeit über den Epheser-Brief. Teilnehmer: 40.

März 1984, Craheim
Thema: Gebt Eure Leiber als Opfer hin. Weitere Akzente gab Klaus Hess zu Röm. 12:1-3: Leibhaftigkeit, Denken, Willen Gottes erkennen. Erwähnenswert sind die Workshops: (Tagungs- und Begegnungszentren, Therapiearbeit, Seelsorge an Eheleuten und Familien, Lebensgemeinschaften, Gemeindeaufbau). Teilnehmer: 53.

Februar 1985, Craheim
Thema: "Schritte auf dem Weg zum Einssein". Keith Warrington sprach über "Erziehung zum Einssein und verantwortliches Dienen". Bibelarbeit von Dieter Endres über Phil. 2,1-11; Referat von Pfr. W. Abel, Craheim zum Thema: "Spiritualität der Einheit". Berichte von den "Kreisen zur Einheit" in München, Nürnberg, Stuttgart, Frankfurt und Lüdenscheid. Es gab einen ersten Austausch in Regionalgruppen. Teilnehmer: 34.

Februar 1986, Ottmaring
Thema: "Sammlung zur Sendung - Unterwegs zur Stadt Gottes". Referent: Pfr. Karl-Heinz Michel. Günter Oertel hielt einen Vortrag mit dem Titel: "Notwendigkeit der Erziehung angesichts des Zustands unserer Gesellschaft". Ein weiteres Referat von Helmut Nicklas war: "Glaube in der Öffentlichkeit". Erstmalig wurden 50 weitere Teilnehmer aus unseren Gruppen für die ersten zwei Tage eingeladen. Teilnehmer insgesamt: 94.

Februar 1987, Magnetsried
Thema: "Sammlung zur Sendung - unterwegs zur Stadt Gottes (Wege - Stationen - Räume)". Referent: Pfr. Karl Heinz Michel. Zum ersten Mal gab es eine Gebetszeit mit geistlichem Kampf für die Belange des Reiches Gottes in unserer Gesellschaft. Zu Gast war Bruce Yocum, Ann Arbor, Schwert des Geistes, USA. Teilnehmer: 50.

Februar 1988, Magnetsried
Über das Thema: "Geordnetes Dienen" sprach Pfr. Gottfried Rebner, Lauter, (Volksmissionskreis Sachsen). Helmut Wenzelmann, Stuttgart, Bildmeditation zum Thema "Anbetung". Teilnehmer: 59.

Februar 1989, Gnadenthal
Thema: "Angefochtene Einheit - versöhnte Vielfalt". Referent: Karl-Heinz Michel. Pfr. Dieter Blischke, Schniewindhaus, Schönebeck berichtete über das Wirken Gottes in der DDR. Teilnehmer: 70.

März 1990, Langensteinbach
Thema: "Unser Dienst für das Volk Gottes in den 90er Jahren". Karl-Heinz Michel hielt einen Vortrag mit dem Titel "Von der Kraft des christlichen Menschenbildes". Keith Warrington referierte über "Königliches, priesterliches Beten". Zu erwähnen sind die Arbeitsgruppen: * Wie geht es mit dem "Treffen von Verantwortlichen" weiter? * Wertevermittlung - Erziehung * Christsein in der Gesellschaft * Weltmission. Teilnehmer: 125.

Februar 1991, Dassel
Thema: "Das Reich Gottes verpflichtet: die Person, die Gemeinschaft und die Kirche". Referent: Dieter Schneider. "Gott spannt ein Netz", es sprach John MacFarlane, Nehemia-Team, Nürnberg. Pfr. Gottlob Heß referiert zum Thema: 1. Kor. 13, (ein Portrait der Liebe Jesu). Es fanden 9 Arbeitskreise statt. Einige neue Teilnehmer kamen aus den neuen Bundesländern, aus Österreich und der Schweiz. Teilnehmer: 130.

6. Brief des Ratsvorsitzenden der EKD an die Kommunitäten mit Beschluß der 7. Synode der EKD, 7. Tagung, zu Ev. Kommunitäten[1]

EVANGELISCHE KIRCHE IN DEUTSCHLAND

DER VORSITZENDE DES RATES

Der Vorsitzende des Rates der EKD · Postfach 21 02 20 · 3000 Hannover 21

Jesus-Bruderschaft
Gnadenthal

6257 Hünfelden 2

Bischof
Dr. Martin Kruse

Februar 1991

Liebe Schwestern und Brüder,

"Die dem Herrn vertrauen, schöpfen neue Kraft" - mit der Jahreslosung möchte ich Sie in diesen bedrängenden Zeiten herzlich grüßen, zugleich im Namen des Rates der Evangelischen Kirche in Deutschland.

Sie werden gehört haben, daß Bischof i.R. Helmut Claß, der Beauftragte des Rates für die Verbindung zu den Kommunitäten der EKD-Synode in Travemünde im November 1990 einen Bericht vorgelegt hat. Die Synode hat ihn mit Dank und Zustimmung entgegengenommen. Ich möchte Ihnen den Wortlaut des Beschlusses gerne offiziell zur Kenntnis bringen, weil ich damit für den Rat unterstreichen kann, daß Sie einen unverzichtbar wichtigen Dienst für unsere Kirche, für das ganze Volk Gottes leisten.

In einer Zeit großer Hoffnungen und großer Ängste sind Orte des gelebten Christusvertrauens eine Quelle neuer Kraft, gerade auch für junge Menschen. Im Alltag werden Sie immer wieder bestätigt finden, daß wir "diesen Schatz in irdenen - zerbrechlichen Gefäßten haben, damit die überschwengliche Kraft von Gott sei und nicht von uns". (2. Kor. 4,7).

Ich möchte Ihnen zur Kenntnis bringen, daß Bischof Claß gebeten hat, ihn seines Alters wegen von der Beauftragung zu entbinden. Er hat diesen Dienst seelsorgerlicher Begleitung mit großer Freude und Beständigkeit getan. Wir haben ihm sehr dafür zu danken. Im Einvernehmen mit Bischof Claß hat der Rat nun Bischof Wilckens (Lübeck) mit der Aufgabe betraut. Nehmen Sie ihn mit gleichem Vertrauen an.

Gott segne Sie alle
und Ihr Wirken für das
Wachsen des Reiches Gottes.
Ihr

Martin Kruse

3000 Hannover 21, Postfach 21 02 20
Herrenhäuser Str. 12
Telefon (05 11) 71 11-103
Telex 09-23 445 ekd d

[1] Abgedruckt mit freundlicher Erlaubnis der Pressestelle der EKD.

Nr. 17

BESCHLUSS

der 7. Synode der Evangelischen Kirche in Deutschland

auf ihrer 7. Tagung

zu Evangelischen Kommunitäten

Die Synode hat den Bericht des Beauftragten des Rates für die evangelischen Kommunitäten mit Dank und Zustimmung entgegengenommen.

Sie richtet ihren Dank auch an die kommunitären Gemeinschaften für den Dienst, den sie zeichenhaft für die ganze Kirche tun.

Sie verbindet damit die Bitte, die Kommunitäten mögen sich weiterhin als Teil der größeren kirchlichen Gemeinschaft betrachten, den Austausch mit Gemeinden und Gruppen pflegen, interessierten, suchenden und beladenen Menschen einen Ort zum Aufatmen gewähren, den Dienst der Fürbitte für Kirche und Welt in Treue wahrnehmen und die Erinnerung an die ökumenische Weite der christlichen Berufung wachhalten.

Die Synode bittet die Gliedkirchen, auch künftig den kommunitären Gemeinschaften ihre Aufmerksamkeit zuzuwenden. Sie bittet den Rat, alsbald wieder einen Beauftragten für die evangelischen Kommunitäten zu bestellen.

Lübeck-Travemünde, den 9. November 1990

Der Präses der Synode
der Evangelischen Kirche in Deutschland

7. Abschiedswort von Bischof em. D. Helmut Claß auf der Konferenz der Evangelischen Kommunitäten am 27. 6. 1991 in Selbitz[1]

Rückblick, Rechenschaft und Reflexionen

1. Zuerst einmal sei folgendes gesagt: Ich danke Gott dafür, daß es die evangelischen Kommunitäten gibt. Darin sehe ich einen Hinweis auf die Treue Gottes zu unserer evangelischen Kirche. Ich sehe darin auch eine göttliche Korrektur einer Fehlentscheidung unserer Kirche im 16. Jahrhundert. Damals hätten die gewiß weithin entarteten katholischen Klöster von der sich bildenden evangelischen Kirche nicht eliminiert, sondern reformiert werden sollen. Es wäre eine lohnende Überlegung, einmal darüber nachzudenken, wie wohl die Geschichte des Protestantismus verlaufen wäre, wenn es da und dort geistliche Kraftzentren gegeben hätte, für die eines feststand: die Hauptsache ist, daß die Hauptsache die Hauptsache bleibt. Und diese Hauptsache ist auch heute die Proklamation und Verwirklichung des "Königsrechts des Liebens und Erbarmens Gottes" (Blumhardt) - in dieser, seiner Welt, die er der Christenheit als Bewährungsraum anvertraut hat.

2. Ich möchte mich bei allen Kommunitäten aufrichtig bedanken für alles Vertrauen, für alle Offenheit, für alles Teilhabendürfen an Ihrem Ergehen, an Ihren ermutigenden und auch an Ihren beschwerlichen Erfahrungen. Die Türen waren offen - teils mehr, teils weniger weit - seit jener unvergeßlichen ersten Zusammenkunft im tiefen Winter 1978. Ich war und bin darüber froh, weil ich wußte und weiß um alle die Vorbehalte gegenüber der sogenannten verfaßten Kirche, insbesondere in meiner württembergischen Heimatkirche. Gewährtes Vertrauen ist nie eine Selbstverständlichkeit, sondern ein keusches, verletzliches Geschenk, für das man nur danken kann und das man in behutsame Hände nehmen muß.

3. Gelegentlich wurde ich gefragt, wie ich mich als Beauftragter des Rats der EKD für den Kontakt zu den Kommunitäten verstehe. Solche Anfragen sind berechtigt und begreiflich. In ihnen verbirgt sich m.E. kein Mißtrauen, nicht einmal ein Vorbehalt. Meine Antwort war und ist die gleiche: Ich verstehe mich weder als kirchlicher „Politruk", noch gar als ein kirchlicher „Potentat", sondern - schlicht - als ein evangelischer Begleiter und - wo immer das gewünscht wurde - als ein theologischer Gesprächspartner. Ich wollte auch nicht Seelsorger sein, weil Seelsorge zu den ureigensten Aufgaben jeder Kommunität gehört. Die wesentlichsten Erfahrungen, die ich bei diesem Begleit- und Beratungsdienst gemacht habe, möchte ich nachfolgend nennen.

4. Die Kommunitäten machen durch ihr Dasein und mit ihrem "Tun und Lassen" sich selber und andere Christen immer wieder aufmerksam auf jenen notwendigen geistlichen Kontrapunkt zur Bonhoefferschen Definition dessen, was Kirche ist. Kirche sei nur dann Kirche Jesu Christi, wenn sie "Kirche für andere" ist. Wer sein Neues Testament auch nur ein wenig kennt, bejaht dies ohne Einschränkung. Aber - mir scheint, daß diese Feststellung eines Vor-satzes bedürftig sei, der für Bonhoeffer selbstverständlich war, heute es aber nicht mehr ohne weiteres und überall in der Christenheit ist. Für Gott _und_ für die Menschen da-sein, in der Elipse mit diesen zwei Brennpunkten verläuft geistlich gesunde, fruchtbare, anziehungskräftige Spiritualität.

---

[1] Abgedruckt mit freundlicher Erlaubnis von Bischof em. D. H. Claß.

5. Die Kommunitäten sind bereit und versuchen - jede auf eine ihr eigentümliche Weise - ein elementares Christsein zu verwirklichen. Ein Christsein, das sich an jener in der Kirche nicht selten übersehenen Grundordnung der Jerusalemer Urgemeinde aus Apg. 2,42 orientiert. Ein notwendiger Dienst, den die Kommunitäten der Christenheit damit tun, die - wenn nicht alles täuscht - neu lernen muß, was es bedeutet: non multa, sed multum. Die Zeit der Expansion geht offensichtlich für die Kirchen im europäischen Bereich zu Ende. Die Zeit einer nötigen geistig-geistlichen Konzentration kündigt sich an. Dazu gehört - nebenbei bemerkt - auch der Mut zur einfachen, verstehbaren Rede, die freilich nicht verwechselt werden darf mit einer simplifizierenden, vereinfachenden Rede. Einfach und verstehbar reden, das ist Endprodukt einer intensiven denkerischen Vorarbeit, der sich keine Kirche und keine Kommunität entziehen darf. Die Frage, die Adolf Sommerauer einmal gestellt hat, behält ihre Richtigkeit: "Wenn Gott es einfach gemacht hat, weshalb machen wir es kompliziert?"Wie wollen wir der wachsenden kirchlichen Entfremdung und der damit zusammenhängenden Orientierungslosigkeit unserer Zeit anders begegnen als durch einfaches Reden von den "großen Taten Gottes"?

6. Besonders dankenswert ist es, daß die Kommunitäten die in den volkskirchlichen Gemeinden weithin vorhandene Armut an tragender Gemeinschaft nicht nur - wie überall üblich - beklagen, sondern eine verbindliche Gemeinschaft wagen. Hoffentlich ermutigt dies - endlich - die Christen in Gemeinde und Kirche, die im argen liegende Gemeinschaftsfrage zumindest zu thematisieren. Sonst werden sie schuldig an den Menschen unserer Zeit, die je länger, je mehr an einer metaphysischen Vereinsamung leiden und dadurch an ihrer Menschwerdung gehindert werden. Natürlich bedeutet "Gemeinschaft" kein müheloses Miteinander, aber ohne ein Gegenüber kann der Mensch nicht zu sich selber kommen. "Ich werde, weil du mit mir sprichst" sagt ein psychologischer Erfahrungssatz, dessen Richtigkeit unschwer zu belegen ist, und der auch für geistliche Gemeinschaften gilt! Der Apostel Paulus weist in die gleiche Richtung und gibt auch den Grund für die Ermöglichung einer tragfähigen Gemeinschaft an: "Nehmet einander an, gleich wie Christus uns angenommen hat" (Römer 15,7). Ich wiederhole: eine Christenheit, die in der Gemeinschaftsfrage versagt, wird schuldig am Menschen unserer Zeit. Die Protestanten ohne Kirche, die evangelischen Einzelgänger, in welcher Gestalt sie auch immer daherkommen, können sich nicht auf das Neue Testament oder/und auf die Reformation berufen.

7. Das gleiche gilt für das leider immer noch nicht überwundene Defizit an Abendmahlsfrömmigkeit. Gewiß, das Wort trägt das Sakrament nach Luthers Lehre und nicht umgekehrt. Und das verbum visibile bringt inhaltlich nichts "Höheres" zum verbum audibile. Aber wenn die Heilsgewißheit die Mitte der reformatorischen Botschaft und Seelsorge ist, dann bedarf es einer Intensivierung der Abendmahlsfrömmigkeit im Protestantismus. "Etwas Festes muß der Mensch haben" hat Matthias Claudius mit Recht gesagt. Dieses "Feste", dieser "archimedische Punkt außerhalb" ist das Heilige Mahl, dessen Herr niemand und nichts anderes ist, als der auferstandene Gekreuzigte selbst. Könnten nicht die Kommunitäten noch einladender, werbender als das bisher schon der Fall war, zum Abendmahl einladen und es feiern, wo immer eine Begegnung mit Gemeindegliedern sich ergibt? "... das für euch und für viele vergossen ist." Ich habe schon einmal darauf hingewiesen, daß das Wort "viele" ein Hebraismus ist und hier eigentlich "alle" stehen müßte. Wo aber sind die "vielen", die anderen alle bei unseren Abendmahlsfeiern, in Kirche und Kommunität?

8. Ich möchte mir noch - am Schluß unserer Dienstgemeinschaft und Weggenossenschaft - einen besonderen Kummer vom Herzen reden. Er bedrückt mich schon lange. Ich meine das Elend unserer evangelischen Gottesdienste. Was ist aus den "schönen Gottesdiensten des Herrn", die wir sogar im sogenannten Dritten Reich und dann in den Jahren nach dem 2. Weltkrieg gefeiert haben, geworden?! Mir scheint, daß evangelische Christen und Gemeinden nicht ruhig werden dürfen angesichts der Zustände in vielen evangelischen Gottesdiensten. Nach 1. Kor. 14,23 und 26 ist das "Zusammenkommen zum Gottesdienst" als konstitutiv für die Gemeinde beschrieben. Und der Heilige Geist ist ja kein Sektenstifter, er "sammelt". Bitte sagen Sie das weiter, wo immer Sie mit Christen ins Gespräch kommen. Eine Kirche, deren Gottesdienst so sehr im argen liegt, wie das vielerorts der Fall ist, ist doch krank. Aber - resignieren ist uns verboten, von Ostern her. "Die Kirche lebt von vielen Auferstehungen" (Calvin). Tragen Sie diese Gewißheit hinein in Ihre Gottesdienste und in die Gottesdienste der Gemeinden, die Ihnen erreichbar sind.

9. Lassen Sie mich nun noch ein paar pia desideria - in der gebotenen Kürze - nennen:

a) In den ersten Jahren unseres gemeinsamen Weges haben wir im theologischen Ausschuß eine m.E. förderliche, theologische Arbeit geleistet. Ich denke jedenfalls gerne und dankbar daran zurück, zumal ich nicht wenig dabei gelernt habe. Mir scheint, daß gerade evangelische Kommunitäten auf theologische Arbeit nicht verzichten können. Lassen Sie uns Luthers Ziel nicht aus den Augen verlieren: Bibelmündige Laien-Gemeinden. Das verhindert das eigenständige Lernen von den großen monastischen Vorbildern der katholischen Kirche gewiß nicht. Ob die Zeit und die Kraft reicht zu einem wieder aufgenommenen, beharrlichen theologischen Lernprozeß?

b) Notwendige Themen für solch ein theologisches Arbeiten müssen sicher nicht lange gesucht werden. Darf ich einige wenige solcher Themen nennen?

aa) Eines ist mir dieser Tage bei der Beschäftigung mit Christoph Blumhardt wieder begegnet. Es ist hart, einseitig provokativ formuliert, gewiß. Aber ich denke, gerade geistliche Gemeinschaften lassen sich gerne durch zunächst unbequeme Aussagen zum Nachdenken aufrufen - einzeln und gemeinsam. Auch für Kommunitäten gilt ja der Grund-Satz, den Luther der Kirche als verpflichtend mit auf den Weg gegeben hat. Jenes Blumhardt-Wort lautet: "Nur auf dem Boden des materiellen Lebens kann Jesus den Sieg erringen auf Erden. Über nur religiöse Vorstellungen und Ansichten, über nur geistliche Gemeinden geht der Teufel lachend hinweg. Denn geistliche Gemeinschaften, die keine Korrektur durch die Wahrheit des materiellen Lebens und der materiellen Lebensarbeit bekommen, leben sich bald zur Narrheit aus, ob diese Gemeinschaft Buddhismus, Katholizismus oder Pietismus heißt". Ob nicht von daher die Frage "Kirche und Kommunität" ausgeweitet werden und heißen müßte: "Kirche, Kommunität und Welt"? Und dies, damit die tiefe Diesseitigkeit des Reiches Gottes nicht verwechselt wird mit der heute üblich gewordenen Anpassung an die Welt.

bb) Ich erinnere an ein Schreiben von Bruder Karl Trappe (Kommunität Simonshofen): "Was also wären die Kriterien einer Kommunität, monastisches oder gemeinschaftliches Leben, Gütergemeinschaft, Tag-Zeitengebete, - nicht nur Außenstehende tun sich schwer im rechten Verständnis der Begriffe. Verwirrung stiftet darüber hinaus, daß nicht gemeinsam lebende Gemeinschaften sich auf dem Kirchentag unter der Überschrift "Kloster" (was wohl verwandt ist mit "Klausur") darstellen.

Bedürfen nicht alle Begriffe wie Kommunität, Bruderschaft, kommunitäre Gemeinschaft, ordensähnliche Gemeinschaft, monastische Gemeinschaft und andere mehr einer klaren Definition? Wer könnte dies tun? Wird daran gearbeitet? Gibt es dies bereits?"
Hier geht es nicht um begriffliche Haarspaltereien, sondern um Klärung des eigenen Selbstverständnisses, um intellektuelle Redlichkeit und um Verständlichmachung der jeweiligen Berufung gegenüber der Welt. Ohne geistig/geistlich/theologische Arbeit wird es nicht zu der doch wohl nötigen Klarheit kommen.

cc) Gibt es gemeinsame - schmerzhafte und/oder ermutigende Erfahrungen bei der "Stafettenübergabe" im Leitungsamt, die wir einander mitteilen können bzw. sollten?

dd) Aus Afrika stammt der Satz: "Unter einem breit ausladenden Baum können nur kleine Bäumchen gedeihen." Könnte dieser Erfahrungssatz auch für Kommunitäten etwas bedeuten?

ee) In wieweit ist es in einer Kommunität möglich, daß Gaben und Aufgaben einer Schwester, eines Bruders im Regelfall aufeinander bezogen bleiben? Vergl. 1. Kor. 12 und Römer 12. Was dann, wenn das nicht möglich ist?

ff) Noch ein weiteres Thema: Kommunität und junge Generation.
Ein Problemfeld, das ganz gewiß besonderer Beachtung auch und gerade in einer geistlichen Gemeinschaft verdient. Das hängt auch damit zusammen, daß der junge Mensch immer wieder das Opfer einer in die Krise geratenen Zeit wird, obwohl er sie nicht mitgeschaffen hat. Es will auch beachtet werden, daß das Alte Testament mit einem wichtigen Hinweis auf das Generationenproblem schließt (Mal. 3). Hier wird deutlich, daß das Miteinander der Generationen keineswegs nur ein pädagogisches oder psychisches Problem ist, sondern ein geistliches. Welche Konsequenzen müßte diese Grundeinsicht im Konfliktfall haben?

c) In der Fortsetzung und Konkretisierung des eben Gesagten liegt auch noch folgendes Anliegen: Mein Nachfolger, Bischof Dr. Wilckens, ist ja ein hervorragender theologischer Lehrer. Es ist doch naheliegend und gewiß auch nötig, sich seine biblisch/seelsorgerlichen Kenntnisse und Erfahrungen zunutze zu machen. Warum sollten nicht auch Glieder katholischer Orden dazu gelegentlich eingeladen werden? Vor kurzem war ich mit einer konfessionell gemischten Gruppe in Versailles zu einer Retraite in der dortigen französischen, evangelischen Kommunität. Dabei habe ich erneut erlebt, wie aufgeschlossen und ganz wach gerade die Katholiken unter uns bei den Bibelarbeiten dabei waren.

Für sie war die Bibel offensichtlich weithin völliges Neuland. Wo "Gemeinschaft am Evangelium" (Phil. 1,5 wörtlich: "Gemeinschaft in das Evangelium hinein") sich ereignet, da entsteht rechtschaffene Ökumene. "Über der offenen Bibel haben sich unsere Väter im 16. Jahrhundert getrennt, über der Bibel müssen wir uns wieder finden." Übrigens: Die neueste Statistik meldet, daß mehr Katholiken als Evangelische ihre Bibel lesen. Ein "edler Wettstreit" hat offenbar begonnen. Gott sei Dank!

d) Ich stehe bei Ihnen hoffentlich nicht im Verdacht, organisatorische, strukturelle und ähnliche zweitrangige Dinge überzubewerten. Ich weiß auch, wie sehr Zeitknappheit ein Kennzeichen unserer hektischen Zeit ist. Christen stehen in dieser Hinsicht nicht unter Ausnahmegesetzen und bekommen keine Sonderbehandlung von ihrem Herrn. Dennoch wage ich es, Sie zu fragen, ob nicht eine Regionalisierung unserer Konferenz angezeigt wäre. Ich könnte mir denken, daß es hilfreich wäre, vier Teilkonferenzen vorzusehen (Nord, Mitte, Süd und Ost). Überlegen Sie diesen Hinweis bitte in der nächsten Zeit. Die Wege werden steiler, steiniger, einsamer. Um so mehr brauchen die Christen einander. Auch die Christen in den Kommunitäten. Und: "Ein jeglicher sah auf seinen Weg" (Jes. 53) - das ist schon im Alten Testament als ungut festgestellt ...

e) Solche kommunitären Regionalisierungen wären vielleicht auch günstig für einen letzten Vorschlag, den ich Ihnen unterbreiten möchte: Suchen Sie doch Ihren Bischof/Kirchenpräsidenten auf, nicht nur um ihn zu informieren, sondern auch um ein Mitglied der Kirchenleitung zu benennen, das für Sie in Fällen, wo landeskirchliche Probleme angesprochen werden müssen, ein zuständiger Ansprechpartner ist. Sie können gewiß sein: Sie werden bei Ihren Kirchenleitungen nicht nur ein offenes Ohr, sondern ein offenes Herz vorfinden.

f) Nicht länger aufschiebbar ist auch die Klärung der Frage hinsichtlich der Kontakte zu den Kommunitäten in den sogenannten neuen Bundesländern und in Österreich. Gewiß, es ist in dieser Hinsicht nicht nichts geschehen, aber doch zu wenig. Die "Wende" macht ja eine Vertiefung und Ausweitung des bisherigen "Miteinanders" möglich. Eine geistliche Lerngemeinschaft wäre sicher mehr als nur erwägenswert.

g) Zusammenfassend möchte ich noch folgendes sagen: Vor nicht allzu langer Zeit habe ich in der Eisenacher Georgenkirche eine Entdeckung gemacht, nämlich den Epitaph eines Landgrafen von Thüringen, der im 13. Jahrhundert gelebt hat. Er hieß: Landgraf Friedrich der Freidige, nicht: der "Freudige", sondern: der "Freidige". Das Wort ist ausgestorben in der deutschen Sprache, aber unsere Väter wußten noch, was "Freidigkeit" heißt. In dem ursprünglichen Sinne des Wortes geht es um Kühnheit aus Glauben. Ich wünschte mir Kühnheit aus Glauben, den unsere Zeit, besonders auch die kommende Zeit dringend nötig hat! Gott geb's, daß der suchende Mensch ihn findet.

Abkürzungsverzeichnis

Die Abkürzungen entsprechen denen bei: Siegfried *Schwertner,* Internationales Abkürzungsverzeichnis für Theologie und Grenzgebiete. Zeitschriften, Serien, Lexica, Quellenwerke mit bibliographischen Angaben, Berlin-New York: de Gruyter [2]1992. Darüber hinaus werden folgende, dort nicht angeführte Abkürzungen verwendet:

1. Abkürzungen von Sammelwerken, Serien und Zeitschriften

Canisius	Canisius. Mitteilungen der Jesuiten, Köln 1950 ff
CS	Cistercian Studies Series, Kalamazoo/Michigan: Cistercian Publ.
ctb	Calwer Taschenbibliothek, Stuttgart
Dialog der Kirchen	Veröffentlichungen des Ökumenischen Arbeitskreises evangelischer und katholischer Theologen, begonnen unter Bischof Hermann *Kunst* und Hermann Kardinal *Volk †,* fortgeführt unter dem Protektorat von Bischof Karl *Lehmann* und Bischof Eduard *Lohse,* Freiburg i. Br. und Göttingen: Herder und Vandenhoeck & Ruprecht 1982 ff
EKL^3	Evangelisches Kirchenlexikon. Internationale theologische Enzyklopädie, 3. Aufl., Göttingen: Vandenhoeck & Ruprecht 1986–
ELThG	Evangelisches Lexikon für Theologie und Gemeinde, 3 Bde., Wuppertal: R. Brockhaus 1992–
entschluß	Entschluß. Spiritualität – Praxis – Gemeinde, Thaur 1946 ff
KKK	Katechismus der Katholischen Kirche, München u. a.: R. Oldenbourg u. a. 1993
KOINONIA	Schriftenreihe des Ostkirchlichen Instituts Regensburg, hg. v. A. *Rauch* u. P. *Imhof* SJ
KOINONIA-ORIENS	Schriftenreihe des Zentrums patristischer Spiritualität KOINONIA-ORIENS im Erzbistum Köln, hg. v. W. *Nyssen,* Köln: Luthe 1979 ff *(in älteren Heften auch nur "KOINONIA" ge-*

	nannt und dadurch mit der vorgenannten Reihe zu verwechseln; eine exakte Identifikation ist über Verlagsort und -namen möglich)
LkD	Lexikon der katholischen Dogmatik, hg. v. W. Beinert, Freiburg/Br. u. a.: Herder ^{3}1991
Oikonomia	Oikonomia. Quellen und Studien zur orthodoxen Theologie, hg. v. F. *v. Lilienfeld,* Erlangen 1974 ff
Paideia	Paideia. Schriftenreihe zu Fragen der Ethik und Erziehung, Hermannsburg 1968ff
re	Rowohlts Enzyklopädie, Reinbek bei Hamburg
SD	Sammlung Dieterichs, Leipzig/Bremen: Schünemann
sds	sammlung – dienst – sendung. Diakonie- und Sendbote, Rüschlikon ZH 1924 ff
SchwBr	Schwanbergbrief, Communität Casteller Ring
StSSTh	Studien zur Systematischen und Spirituellen Theologie, hg. v. G. *Greshake*/M. *Kehl*/W. *Löser,* Würzburg: Echter 1990 ff

2. Abkürzungen von patristischen Quellenschriften

Adv. haer.	Irenäus v. Lyon, Adversus haeresos
Al. sent.	Evagrios Pontikos, Eiusdem aliae sententiae
Ant	Antirrhetikos des Evagrios Pontikos
Apo	Apophthegma
Bo	Bohairische Pachom-Vita
Cant	Gregor von Nyssa, In Canticum Canticorum
Cent. Suppl.	Evagrios Pontikos, Supplement zu den Centurien (= Capita Cognoscitiva bei *Frankenberg*)
Coll	Johannes Kassian, Collatio
DSS	Basileios, De Spiritu Sancto
En	Plotin, Enneaden
En. in Ps	Augustinus, Ennarationes in Psalmos
Ep Am	Epistula Ammonis, Brief des Bischofs Ammon
Ep fid	Evagrios Pontikos, Epistula fidei
Ep Mel	Evagrios Pontikos, Epistula ad Melaniam
G[1], G[2] usw.	Griechische Pachom-Viten
Gnost	Evagrios Pontikos, Gnostikos
HE	Historia Ecclesiastica des Sokrates Scholastikos oder Sozomenos. *Welcher der beiden Autoren jeweils gemeint ist, geht aus dem Kontext eindeutig hervor.*
HL	Palladios v. Hellenopolis, Historia Lausiaka
HM	Historia Monachorum in Aegypto
Hors Reg	Regeln des Horsiese
In Iul.	Basileios d. Gr., Homilia in martyrem Iulittam

in Prov	Evagrios Pontikos, Scholia in Proverbia
in Ps	Evagrios Pontikos, Scholia in Psalmos
Inst	Johannes Kassian: Institutiones; Pachom: Praecepta atque instituta (2. Teil der Regeln). *Was im Text jeweils gemeint ist, geht aus dem Kontext eindeutig hervor.*
Instr	Dorotheos v. Gaza, Instruktionen (Geistliche Gespräche)
Iud	Praecepta atque iudicia (3. Teil der Pachom-Regeln)
KG	Evagrios Pontikos, Kephalaia Gnostica
KR	Basileios, Kürzere Regeln
Leg	Praecepta ac leges (4. Teil der Pachom-Regeln)
LibOrs	Liber Orsiesii
LR	Basileios, Längere Regeln
Mal Cog	Evagrios Pontikos, De diversis malignis cogitationibus
Mn	Evagrios Pontikos, Mönchsspiegel
Ob	Augustinus, Obiurgatio
OM	Augustinus, Ordo monasterii
Or	Evagrios Pontikos: De oratione; Gregor v. Nazianz: Oratio. *Was im Text jeweils gemeint ist, geht aus dem Kontext eindeutig hervor.*
O. sp.	Evagrios Pontikos, De octo spiritibus malitiae
Paral	Paralipomena
Pr	Augustinus: Praeceptum; Evagrios Pontikos: Praktikos; Pachom: Praecepta (1. Teil der Regeln). *Was im Text jeweils gemeint ist, geht aus dem Kontext eindeutig hervor.*
RB	Regula Benedicti
Reg Fer	Regula Ferrioli
RM	Regula Magistri
RMac	Regula Macarii
RMon	Regula ad monachos des Aurelian bzw. Caesarius v. Arles. *Was im Text jeweils gemeint ist, geht aus dem Kontext eindeutig hervor.*
Ruf	Rufinus' lateinische Übersetzung der Regeln des Basileios
RV	Caesarius v. Arles, Regulae sanctarum virginum
R4V	Lérins, Regel der Vier Väter Serapion, Macarius, Paphnutius und des anderen Macarius
S^1, S^3 usw.	Sahidische Fragmente der Pachom-Vita
SBo	Die aus sahidischen und bohairischen Quellen zusammengestellte Vita Pachoms nach A. *Veilleux,* Pachomian Koinonia I, 23–295 (s. Lit.-Verz. 1: Patristische Quellen)
Thp	Thema, Vaterunser-Erklärung der Ragula Magistri
Ths	Thema, Psalmen-Erklärung der Regula Magistri
Vit	Evagrios Pontikos, De vitiis quae opposita sunt virtutibus
Vit Ant	Athanasius, Vita Antonii
Vit Moys	Gregor von Nyssa, De vita Moysis

3. Sonstige Abkürzungen

bes.	besonders
Br.	Bruder
CA	Confessio Augustana
CCR	Communität Casteller Ring
DV	"Dei Verbum" = die "Dogmatische Konstitution über die göttliche Offenbarung" des zweiten Vatikanischen Konzils
EB	Ignatius von Loyola, Exerzitienbuch
HDZ	Hochschuldidaktisches Zentrum der RWTH Aachen
Hom	Homilie
Kat	Katechese
KDI	Lehr- und Forschungsgebiet Kybernetische Verfahren und Didaktik der Ingenieurwisenschaften am HDZ der RWTH Aachen
KEK	Konferenz Evangelischer Kommunitäten
KR	Kirchenrat
LG	"Lumen Gentium" = die "Dogmatische Konstitution über die Kirche" des Zweiten Vatikanischen Konzils
LZA	Lebenszentrum Adelshofen
OeCD	Oekumenischer Christusdienst
OJC	Offensive Junger Christen
OKR	Oberkirchenrat
PB	Igantius von Loyola, Der Bericht des Pilgers
PC	"Perfectae Caritatis" = das "Dekret über die zeitgemäße Erneuerung des Ordenslebens" des Zweiten Vatikanischen Konzils
Prol	Prolog
RWTH	Rheinisch-Westfälische Technische Hochschule Aachen
SC	"Sacrosanctum Concilium" = die "Konstitution über die heilige Liturgie" des Zweiten Vatikanischen Konzils
Sr.	Schwester
STh	Thomas von Aquin, Summa Theologiae
TB	Taschenbuch
tit	titulus
v. g. L.	"vom gemeinsamen Leben" (Bruderschaft -, Vereinigung -, usw.)

Literatur-Verzeichnis

1. Quellen: Textausgaben und Übersetzungen

1.1 Patristische Quellen

1.1.1 Sammelausgaben

Balthasar, Hans Urs von (Hg.), Die großen Ordensregeln, Einsiedeln: Johannes [4]1980

Campos Ruiz, Julio/*Roca Melia*, Ismael, Santos Padres Españoles, Bd. 2: San Leandro, San Isidoro, San Fructuoso. Reglas monásticas de la España visigoda. Los tres libros de las "sentencias". Introducciones, versión y notas de J. *Campos Ruiz* y I. *Roca Melia*, Madrid 1971

Desprez, Vincent, Règles monastiques d'Occident. IVe – VIe siècle. D'Augustin à Ferréol (Vie monastique 9), Abbaye Bellefontaine 1980

Frank, Karl Suso, Frühes Mönchtum im Abendland, Bd. 1: Lebensformen, Bd. 2: Lebensgeschichten, eingel., übers. u. erklärt v. K. S. *Frank*, Zürich-München: Artemis 1975

Funk/Bihlmeyer, Die Apostolischen Väter. Neubearbeitung der Funkschen Ausgabe v. K. *Bihlmeyer*. Mit einem Nachtrag v. W. *Schneemelcher*, Tübingen: Mohr (Siebeck) [2]1956

1.1.2 Einzelquellen nach Autoren

Ambrosius von Mailand

Sancti *Ambrosii* Mediolanensis episcopi De Viduis liber unus, PL 16, 233–262 (CPL 146)

Amphilochios von Ikonion

Datema, Cornelis, Amphilochii Iconensis Opera (CChr.SG 3), Turnholt/Löwen: Brepols/University Press 1978 (Contra haereticos: 183–214, CPG 3242)

Apophthegmata Patrum und Historia Monachorum

Apophthegmata patrum, ed. *Cotelier*, PG 65, 71–440 (CPG 5560)

Festugière, André-Jean, Historia monachorum in Aegypto. Édition critique du texte grec par A.-J. *Festugière* (SH 34), Brüssel: Société des Bollandistes 1961 (CPG 5620)

- Les moines d'Orient IV/1: Enquête sur les moines d'Égypte (Historia monachorum in Aegypto). Traduit par A.-J. *Festugière*, Paris: du Cerf 1964

Miller, Bonifaz (Hg.), Weisung der Väter. Apophthegmata Patrum, auch Gerontikon oder Alphabeticum genannt (Sophia 6), Trier: Paulinus ²1980

Russell, Norman/*Ward*, Benedicta, The Lives of the Desert Fathers. The Historia monachorum in Aegypto. Translated by N. *Russell*, Introduction by B. *Ward*, London u. Oxford: Mowbray 1981

Verba seniorum, ed. *Rosweyde*, PL 73, 740–1066 (CPG 5563)

Athanasios v. Alexandrien

Athanasios, Vita et conversatio S. P. N. Antonii, PG 26, 835–978 (CPG 2101)

Lefort, Louis Théophile, S. Athanase. Lettres festales et pastorales en copte (CSCO 150 u. 151), Löwen: Durbecq 1955

Mertel, Hans, Des heiligen Athanasius Leben des heiligen Antonius. *In:* Des hl. Athanasius Schriften Bd. 2 (BKV 31), München: Kösel/Pustet o. J., 677–777

Augustinus

Augustinus, Contra Faustum. *In: Zycha*, Joseph (Hg.), Sancti Aurelii Augustini (opera) Sectio VI pars I (CSEL 25), Wien: Tempsky 1891, 249–797 (CPL 321)

- De opere monachorum. *In: Zycha*, Joseph (Hg.), Sancti Aurelii Augustini (opera) Sectio V pars III (CSEL 41), Wien: Hoelder-Pichler-Tempsky 1900, 529–596 (CPL 305)

- S. Aurelii *Augustini* Hipponensis episcopi sermones ad populum, classis IV. De diversis, PL 39, 1139–1736 (CPL 284)

Dekkers, Eligius/*Fraipont*, Johannes (Hg.), Ennarationes in Psalmos, 3 Bde. (CChr. SL 38–40), Turnholt: Brepols 1956 (CPL 283)

Goldbacher, Al. (Hg.), S. Aureli Augustini Hipponensis Episcopi epistulae, 5 Bde. (CSEL 34,1+2, 44, 57 u. 58), (Prag/)Wien/Leipzig: Tempsky/Freytag 1895, 1898, 1904, 1911 u. 1923 (CPL 262)

Hoffmann, Alfred, Des heiligen Kirchenvaters Aurelius Augustinus ausgewählte Briefe, aus dem Lat. mit Benutzung der Übersetzung v. Kranzfelder übers. v. A. *Hoffmann*, 2 Bde. (BKV 29 u. 30), Kempten-München: Kösel 1917

Vander Plaetse, R./*Beukers*, C. (Hg.), De haeresibus ad Quodvultdeum liber unus, (CChr.SL 46), Turnholt: Brepols 1969 (CPL 314)

Verheijen, Luc, La Règle de Saint Augustin, Bd. 1: Tradition manuscrite, Paris: Études Augustiniennes 1967 (Obiurgatio S. 105–107, CPL 1838; Ordo Monasterii S. 148–152, CPL 1839a; Praeceptum S. 417–437, CPL 1839b)

Aurelian v. Arles

Aurelian, Sanctus Aurelianus, Arelatensis episcopus, Regula ad Monachos, PL 68, 385–408 (CPL 1844)

Schmidt, Albert, Zur Komposition der Mönchsregel des Heiligen Aurelian von Arles, I: Einleitung und Text, StMon 17 (1975) 237–256; II: Kommentar, StMon 18 (1976) 17–54

Barsanuphios und Johannes

Chitty, Derwas James, Barsanuphius and John. Questions and Answers. Critical Edition of the Greek Text with English Translation, PO 31, 445–616, Paris: Firmin -Didot 1966 (CPG 7350)

Basileios d. Große

Basileios d. Gr., Asceticon parvum, versio latina Rufini, ed. Holsten, PL 103, 483–554 (CPG 2876; Prologus Rufini CPL 198d)
- (?) De spiritu, PG 29, 768–773 (CPG 2838)
- De jejunio homilia II, PG 31, 185–197 (CPG 2846)
- Homilia in illud, Attende tibi ipsi, PG 31, 197–217 (CPG 2847)
- Homilia in martyrem Iulittam, PG 31, 237–261 (CPG 2849)
- Moralia (Regulae morales, ᾿Ηθικά), PG 31, 700–869 (CPG 2877)
- Praevia institutio ascetica, PG 31, 619–625 (CPG 2888)
- Regulae fusius et brevius tractatae, PG 31, 901–1052 u. 1052–1305 (CPG 2875)
- Sermo de legendis libris gentilium, PG 31, 564–589 (CPG 2867)

Courtonne, Yves, Saint Basile, Lettres. Texte établi et traduit par Y. *Courtonne*, 3 Bde., Paris: Société d'édition "Les belles Lettres" 1957, 1961 u. 1966 (CPG 2439)

Frank, Karl Suso, Basilius von Cäsarea. Die Mönchsregeln. Hinführung und Übers. v. K. S. *Frank*, St. Ottilien: Eos 1981

Hauschild, Wolf-Dieter, Basilius von Caesarea, Briefe. Eingel., übers. u. erl. v. W.-D. *Hauschild*. Erster Teil (BGrL 32), Stuttgart: Hiersemann 1990. Zweiter Teil (BGrL 3), Stuttgart: Hiersemann 1973

Naldini, Mario (Hg.), Basilio di Cesarea, Discorso ai giovani. Oratio ad adolescentes (BPat 3), Florenz: Nardini Editori 1984

Pruche, Benoît, Basile de Césarée, Sur le Saint Ésprit. Introduction, texte, traduction et notes par B. *Pruche* (SC 17_b), Paris: du Cerf [2]1968 (CPG 2839)

Rudberg, Stig Y., L'homélie de Basile de Césarée sur le mot 'Observe-toi toi-même'. Édition critique du texte grec et études sur la tradition manuscrite (SGS 2), Stockholm-Göteborg-Uppsala: Almquist & Wiksell 1962

Sieben, Hermann Josef, Basilius von Cäsarea, De Spiritu Sancto. Über den Heiligen Geist. Übers. u. eingel. v. H. J. *Sieben* (Fontes Christiani 12), Freiburg-Basel-Wien: Herder 1993

Stegmann, Anton, Des heiligen Kirchenlehrers Basilius des Großen, Bischofs von Cäsarea, ausgewählte Briefe. Aus dem griech. Urtext übers., mit einer Einl. u. Anm. versehen v. Dr. A. *Stegmann* (BKV 46), München: Kösel/Pustet 1925
- Des heiligen Kirchenlehrers Basilius des Großen, Bischofs von Cäsarea, ausgewählte Homilien und Predigten. Aus dem griech. Urtext übers. u. m. Anm. versehen v. Dr. A. *Stegmann* (BKV 47), München: Kösel/Pustet 1925

Zelzer Klaus, Basilii Regula a Rufino latine versa (CSEL 86), Wien: Hoelder-Pichler-Tempsky 1986

Benedikt v. Nursia

Butler, Cuthbert, Sancti Benedicti Regula Monasteriorum, Freiburg/Br.: Herder [3]1935 (CPL 1852)

Die Regel des heiligen Benedikt, hg. im Auftrag der Salzburger Äbtekonferenz, Beuron: Kunstverlag [15]1990

Hanslik, Rudolph, Benedicti Regula recensuit R. *Hanslik* (CSEL 75), Wien: Hoelder-Pichler-Tempsky 1960

Holzherr, Georg, Die Benediktusregel. Eine Anleitung zu christlichem Leben. Der vollständige Text der Regel, lateinisch und deutsch, übers. u. erkl. v. G. *Holzherr*, Abt von Einsiedeln, Zürich-Einsiedeln-Köln: Benziger [2]1982

Regula Benedicti/Die Benediktusregel lateinisch/deutsch. Hg. im Auftrag der Salzburger Äbtekonferenz, Beuron: Kunstverlag 1992

Schmitz, Philibert, Benedicti Regula. Texte latin, traduction et concordance par D. Ph. *Schmitz*, Maredsous [4]1975

Steidle, Basilius (Hg.), Die Benediktusregel lateinisch-deutsch, Beuron: Kunstverlag [2]1975

- Die Regel des heiligen Benedikt, eingel. u. übers. v. B. *Steidle*, Beuron: Kunstverlag [14]1988

- Die Regel St. Benedikts. Eingeleitet, übersetzt u. erklärt v. B. *Steidle*, Beuron: Kunstverlag 1952

Vogüé, Adalbert de/*Neufville*, Jean, La Règle de Saint Benoît. Introduction, traduction et notes par A. *de Vogüé*, texte établi et présenté par J. *Neufville*, Bd. 1–2 (SC 181 u. 182), Paris: du Cerf 1972

Cäsarius v. Arles

Caesarius v. Arles, S. Caesarii episcopi Arelatensis Regula ad monachos, PL 67, 1099–1104 (CPL 1012)

- Regula ad virgines, PL 67, 1107–1121 (CPL 1009)

Lanczkowski, Johanna, Cäsarius v. Arles († 542). Regel für die heiligen Jungfrauen. Erstmals ins Deutsche übersetzt v. J. *Lanczkowski*, EuA 66 (1990) 255–280

Morin, Germain (Hg.), S. Caesarii Arelatensis Episcopi Regulae Sanctarum Virginum aliaque opuscula ad sanctimoniales directa (FlorPatr 34), Bonn: Hanstein 1933

- Sancti Caesarii episcopi Arelatensis Opera omnia, ed. G. *Morin*, Vol. II: Opera varia, Maredsous 1942

Vogüé, Adalbert de/*Courreau*, Joël, Césaire d'Arles. Œuvres monastiques, Bd. 1: Œuvres pour les moniales. Introduction, texte critique, traduction et notes par A. *de Vogüé* et J. *Courreau* (SC 345), Paris: du Cerf 1988

Diadochos v. Photike

Frank, Karl Suso, Gespür für Gott. Hundert Kapitel über die christliche Vollkommenheit, eingel. u. übers. v. K. S. *Frank*, Einsiedeln: Johannes 1982

Places, Édouard des, Diadoque de Photicé. Œuvres spirituelles. Introduction, texte critique, traduction et notes de É. *des Places* (SC 5_2), Paris: du Cerf 1955 (CPG 6106)

Didache

Lilje, Hanns, Die Lehre der zwölf Apostel. Eine Kirchenordnung des ersten christlichen Jahrhunderts. Textausgabe m. Einführung u. Erklärung v. H. *Lilje*, Hamburg: Furche [2]1956 (CPG 1735)

Dionysios Areopagita

Suchla, Beate Regina (Hg.), Pseudo-Dionysius Areopagita, De divinis nominibus. Corpus Dionysiacum 1 (PTS 33), Berlin-New York: de Gruyter 1990 (CPG 6602)

Heil, Günter/*Ritter*, Adolf Martin (Hg.), Pseudo-Dionysius Areopagita, De coelesti hierarchia, De ecclesiastica hierarchia, De mystica theologia, Epistulae. Corpus Dionysiacum 2 (PTS 36), Berlin-New York: de Gruyter 1991 (CPG 6600, 6601, 6603 u. 6604–6613)

Sudbrack, Josef, Mystische Theologie. Vollständige Übersetzung mit den Überschriften des Originaltextes. *In:* G. *Ruhbach*/J. *Sudbrack* (Hg.), Christliche Mystik, 91–100

Dorotheos v. Gaza

Hermann, Basilius, Des hl. Abtes Dorotheus Geistliche Gespräche. Eine Schule der Vollkommenheit für Kloster- und Weltleute, Kevelaer: J. Thum 1928

Regnault, Lucien/*Préville*, Jean de, Dorothée de Gaza. Œuvres spirituelles. Introduction, texte grec, traduction et notes par Dom L. *Regnault* et Dom J. *de Préville* (SC 92), Paris: du Cerf 1963 (Vie de S. Dosithée: CPG 7360; Instructions: CPG 7352)

Eugippius

Villegas, Fernando/*Vogüé* ,Adalbert de, Eugipii regula (CSEL 87), Wien: Hoelder-Pichler-Tempsky 1976

Eusebios v. Kaisareia

Klostermann, Erich/*Hansen*, Günther Christian, Eusebius Werke Bd. 4, Gegen Marcell über die kirchliche Theologie. Die Fragmente Marcells (GCS), Berlin: Akademie 1972 (CPG 3477)

Mras, Karl, Eusebius Werke Bd. 8,2, Die Praeparatio Evangelica XI–XV (GCS); Berlin: Akademie 1956 (CPG 3486)

Evagrios Pontikos

Bamberger, John Eudes, Evagrius Ponticus. Praktikos. Über das Gebet. Übersetzung u. Einleitung v. J. E. *Bamberger*. Aus dem Englischen v. G. *Joos* (Schriften zur Kontemplation 2), Münsterschwarzach: Vier-Türme 1986

Bunge, Gabriel, Evagrios Pontikos. Briefe aus der Wüste. Eingel., übers. u. kommentiert v. G. *Bunge* (Sophia 24), Trier: Paulinus 1986

- Evagrios Pontikos. Praktikos oder Der Mönch. Hundert Kapitel über das geistliche Leben (KOINONIA-ORIENS 32), Köln: Luthe 1989
- Evagrios Pontikos. Über die acht Gedanken. Eingel. u. übers. v. G. *Bunge*, Würzburg: Echter 1992

Evagrios Pontikos, De diversis malignis cogitationibus, ed. *Suarez*, PG 79, 1200–1233 (CPG 2450)

- De octo spiritibus malitiae, ed. *Suarez*, PG 79, 1145–1164 (CPG 2451)
- De oratione, ed. *Suarez*, PG 79, 1165–1200 (CPG 2452)
- De vitiis quae opposita sunt virtutibus, ed. *Suarez*, PG 79, 1140–1144 (CPG 2448)
- Eiusdem spirituales sententiae per alphabetum dispositae, PG 40, 1268–1269 (CPG 2444)
- Eiusdem aliae sententiae, PG 40, 1269 C–D (CPG 2445)
- Epistula fidei, unter dem Namen von *Basileios d. Gr.* als Brief Nr. 8 überliefert, ed. Y. *Courtonne* (s. o. bei *Basileios*), Bd. 1, 22–37 (CPG 2439)
- Scholia in Psalmos (sub nomine Origenis), ed. *De la Rue*, PG 12, 1054–1686 (CPG 2455)

Driscoll, Jeremy, The 'Ad Monachos' of Evagrius Ponticus. Its Structure and a Select Commentary (StAns 104), Rom: Herder 1991

Frankenberg, W., Euagrius Ponticus, Berlin: Weidmann 1912 (Kephalaia gnostica: CPG 2432; Capita cognoscitiva: CPG 2433; Antirrheticus: CPG 2434; Gnosticus: CPG 2431; Protrepticus et Pareneticus: CPG 2440; Ad virginem: CPG 2436; Ep. ad Melaniam: CPG 2438; Epistulae LXII: CPG 2437)

Géhin, P., Évagre le Pontique, Scholies aux Proverbes. Introduction, texte critique, traduction, notes, appendices et index par P. *Géhin* (SC 340), Paris: du Cerf 1987 (CPG 2458)

Greßmann, Hugo, Nonnenspiegel und Mönchsspiegel des Euagrios Pontikos (TU III 19), Leipzig: Hinrichs 1913 (CPG 2436 u. 2435)

Guillaumont, Antoine, Les six centuries des "Kephalaia Gnostica" d'Évagre le Pontique (PO 28), Paris: Firmin-Didot 1958 (CPG 2432)

Guillaumont, Antoine et Claire, Évagre le Pontique, Le Gnostique ou A celui qui est devenue digne de la science. Édition critique des fragments grecs, traduction intégrale, établi au moyen des versions syriaques et arménienne, commentaire et tables par A. et C. *Guillaumont* (SC 356), Paris: du Cerf 1989 (CPG 2431)

- Évagre le Pontique. Traité pratique ou Le moine. Édition critique du texte grec, traduction, commentaire et table par. A. *Guillaumont* et C. *Guillaumont* (SC 170–171), Paris: du Cerf 1971 (CPG 2430)

Joest, Christoph, Kap. VI des Antirrhetikos. *In: ders.*, Die Bedeutung von akedia und apatheia bei Evagrios Pontikos. Anhang, StMon 35 (1993) 48–53

Muyldermans, J., Evagriana Syriaca. Textes inédites du British Museum et de la Vaticane, édités et traduits par J. *Muyldermans* (Bibliothèque du Muséon 44), Löwen 1952 (Paraenesis mentis: CPG 2473)

Quecke, Hans, Auszüge aus Evagrios' "Mönchsspiegel" in koptischer Übersetzung, Or 58 (1989) 453–463

Ferriolus von Uzès

Desprez, Vincent, La Regula Ferreoli. Texte critique. *In:* Revue Mabillon 59 (1976) 117–148

S. Ferreoli Ucetensis episcopi Regula ad monachos, PL 66, 959–976 (CPL 1849)

Gregor d. Große

Vogüé, Adalbert de/*Antin*, Paul, Grégoire le Grand. Dialogues, Bd. 1: Introduction, bibliographie et cartes par A. *de Vogüé* (SC 251), Paris: du Cerf 1978; Bd. 2–3: Livres I–III u. Livre IV. Texte critique et notes par A. *de Vogüé*. Traduction par P. *Antin* (SC 260 u. 265), Paris: du Cerf 1978, 1979 u. 1980 (CPL 1713)

Gregor v. Nazianz

Gallay, Paul, Grégoire de Nazianze, Discours 27–31 (Discours théologiques). Introduction, texte critique, traduction et notes par P. *Gallay*, avec la collaboration de M. *Jourjon* (SC 250), Paris: du Cerf 1978 (CPG 3010)

Mossay, Justin, Grégoire de Nazianze, Discourse 24–26. Introduction, texte critique, traduction et notes par J. *Mossay*, avec la collaboration de G. *Lafontaine* (SC 284), Paris: du Cerf 1981 (CPG 3010)

Gregor v. Nyssa

Balthasar, Hans Urs von, Gregor von Nyssa, Der versiegelte Quell. Auslegung des Hohen Liedes. In Kürzung übertragen u. eingel. v. H. U. *v. Balthasar* (Christliche Meister 23), Einsiedeln: Johannes ³1984

Blum, Manfred, Gregor von Nyssa, Der Aufstieg des Moses. Übersezt u. eingel. v. M. *Blum* (Sophia 4), Trier: Paulinus ²1987

Langerbeck, Hermann (Hg.), Gregorii Nysseni In Canticum Canticorum. Gregorii Nysseni Opera, hg. v. W. *Jäger*, Bd. VI, Leiden: Brill 1960 (CPG 3158)

Musurillo, Herbert (Hg.), Gregorii Nysseni De vita Moysis. Gregorii Nysseni Opera, hg. v. W. *Jäger* u. H. *Langerbeck*, Bd. VII,1, Leiden: Brill 1964 (CPG 3159)

Stolz, Eugen, Des heiligen Kirchenlehrers Gregor von Nyssa Lebensbeschreibung seiner Schwester Makrina. Aus dem Griech. übers. v. E. *Stolz*. *In:* Des heiligen Bischofs Gregor von Nyssa Schriften (BKV 56), München: Kösel/Pustet 1927, 335–368

Woods Callahan, Virginia (Hg.), Vita s. Macrinae. *In:* Gregorii Nysseni Opera Ascetica, hg. v. W. *Jäger*, J. P. *Cavarnos*, V. *Woods Callahan*. Gregorii Nysseni Opera, hg. v. W. *Jäger*, Bd. VIII,1, 345–414, Leiden: Brill 1952 (CPG 3166)

Hieronymus

Hilberg, Isidor, Sancti Eusebii Hieronymi epistulae, Pars I: Ep. I–LXX, rec. I. *Hilberg* (CSEL 54), Wien/Leipzig: Tempsky/Freytag 1910 (CPL 920)

Schade, Ludwig, Des heiligen Kirchenvaters Eusebius Hieronymus ausgewählte historische, homiletische und dogmatische Schriften. Aus dem Lateinischen übers. v. L. *Schade* (BKV 15), Kempten-München: Kösel 1914

S. Eusebii Hieronymi Stridonensis presbyteri De perpetua virginitate B. Mariae, adversus Helvidium, liber unus, ed. *Schanz*, PL 23, 183–206 (CPL 609)

Isidor von Sevilla

Sancti Isidori Hispalensi episcopi Regula monachorum, PL 83, 867–894 (CPL 1868)

Johannes v. Damaskus

Kotter, Bonifatius, Die Schriften des Johannes von Damaskos, hg. vom Byzantinischen Institut der Abtei Scheyern, Bd. II, Expositio fidei (PTS 12), Berlin-New York: de Gruyter 1973 (CPG 8043)

Stiefenhofer, Dionys, Des heiligen Johannes von Damaskus genaue Darlegung des orthodoxen Glaubens. Aus dem Griech. übers. u. mit Einl. u. Erläuterungen versehen von D. *Stiefenhofer* (BKV 44), München u. Kempten: Kösel u. Pustet 1923

Johannes Kassian

Guy, Jean-Claude, Jean Cassien. Institutions cénobitiques. Texte latin revu, introduction, traductin et notes par J.-Cl. *Guy* (SC 109), Paris: du Cerf 1965

Petschenig, Iohannis Cassiani Conlationes XXIIII (CSEL 13), Wien: Hoelder-Pichler-Tempsky 1886 (CPL 512)

- Iohannis Cassiani De institutis coenobiorum et de octo principalium vitiorum remediis libri XII (CSEL 17), Wien: Hoelder-Pichler-Tempsky 1888 (CPL 513)

Pichery, E., Jean Cassien. Conferences. Introduction, texte latin, traduction et notes par E. *Pichery* (SC 42, 54 u. 64), Pais: du Cerf 1955, 1958 u. 1959

Sartory, Gertrude und Thomas, Johannes Cassian. Einweisung in das christliche Leben, Bd. 1: Spannkraft der Seele; Bd. 2: Aufstieg der Seele; Bd. 3: Ruhe der Seele. Ausgewählt, übertragen u. eingel. v. G. u. Th. *Sartory*, Freiburg-Basel-Wien: Herder 1985², 1982 u. 1984

Johannes Klimakos

Handwercher, Die Leiter zum Paradiese. Oder: Vorschriften, wodurch eifrige Seelen zur christlichen Vollkommenheit geleitet werden. Aus dem griech. Urtexte des heiligen Kirchenvaters Johannes Klimakus, Abtes auf dem Berge Sinai, Heppenheim: Edition Kastner 1987 (unv. Nachdr. der Originalausgabe Landshut: Manz 1834)

S.P.N. Ioannis Climaci Scala Paradisi, ed. *Rader*, PG 88, 631–1164 (CPG 7852)

Leander von Sevilla

Sancti *Leandri*, Hispalensis episcopi, regula sive Liber de institutione virginum et contemptu mundi, PL 72, 873–894 (CPL 1867)
Vega, Angelus C., S. Leandri Hispalensis De Institutione Virginum et contemptu mundi, Escorial 1948

Lérins und Umgebung

Eusebius "Gallicanus", Collectio homiliarum, ed. Jean *Leroy* †/Fr. *Glorie* (CChr. SL 101 A), Turnholt: Brepols 1971 (CPL 966)
Kasper, Clemens Maria, Faustus, Predigten an die Mönche I–III, EuA 67 (1991) 293–304, 368–385, 453–466; IV–VIII, EuA 68 (1992) 108–124, 186–194, 279–292, 369–382, 471–480
Puzicha, Michaela, Die Regeln der Väter. Vorbenediktinische lateinische Regeltradition. Übers. u. erl. v. M. *Puzicha*. Mit einem Vorw. v. K. S. *Frank* (MüSt 40), Münsterschwarzach: Vier-Türme 1990
Vogüé, Adalbert de, Les règles des saints pères, Bd. 1: Trois règles de Lérins au Ve siècle; Bd. 2: Trois règles du VIe siècle incorporant des textes Lériniens. Introduction, texte, traduction et notes par A. *de Vogüé* (SC 297 u. 298), Paris: du Cerf 1982 (Bd. 1 = Regula IV patrum: CPL 1859; Secunda regula patrum: CPL 1859a; Regula Macarii: CPL 1842; Bd. 2 = Regula orientalis: CPL 1840; Tertia regula patrum: CPL 1859b; Regula IV patrum, recensio π)

Der *"Magister"*

Eberle, Luke, The Rule of the Master. Regula magistri. Translated from the Latin by L. *Eberle*. Introduction by A. *de Vogüé* (CS 6), Kalamazoo, Michigan: Cistercian Publ. 1977
Frank, Karl Suso, Die Magisterregel. Einführung und Übersetzung von K. S. *Frank*, St. Ottilien: Eos 1989
Vogüé, Adalbert de, La règle du Maître. Texte, traduction et notes par A. *de Vogüé*, 2 Bde. (SC 105 u. 106), Paris: du Cerf 1964

Makarios/Symeon (Pseudo-Makarios)

Berthold, Heinz, Makarios/Symeon. Reden und Briefe. Die Sammlung I des Vaticanus Graecus 694 (B), hg. v. H. *Berthold*, Teil I und II (GCS), Berlin: Akademie 1973 (CPG 2410)
Desprez, Vincent, Pseudo-Macaire. Œuvres spirituelles I, homélies propre à la collection III. Introduction, traduction et notes (avec le texte grec) par V. *Desprez* (SC 275), Paris: du Cerf 1980 (CPG 2412)
Dörries, Heinrich/*Klostermann*, Erich/*Kröger*, Matthias, Die 50 geistl. Homilien des Makarios, hg. u. erl. v. H. *Dörries*, E. *Klostermann*, M. *Kröger* (PTS 4), Berlin: de Gruyter 1964 (CPG 2411)
Stiefenhofer, Dionys, Des heiligen Makarios des Ägypters fünfzig geistliche Homilien. Aus dem Griech. übers. v. D. *Stiefenhofer* (BKV 10), Kempten und München: Kösel o. J.

Methodios v. Olymp

Bonwetsch, G. Nathanael (Hg.), Methodius (GCS), Leizig: Hinrichs 1917 (CPG 1810)
Fendt, L., Des heiligen Methodius von Olympus Gastmahl oder Die Jungfräulichkeit. Aus dem Griech. übers. u. mit Erläuterungen versehen v. Dr. L. *Fendt* (BKV Dionysius Areopagita), 271–397, Kempten-München 1911
Musurillo, Herbert/*Debidour*, Victor-Henry, Méthode d'Olympe, Le banquet. Introduction et texte critique par H. *Musurillo*. Traduction et notes par V.-H. *Debidour* (SC 95), Paris: du Cerf 1963 (CPG 1810)

Origenes

Baehrens, W. A., Origenes Werke Bd. 8, Homilien zu Samuel I, zum Hohenlied und zu den Propheten. Kommentar zum Hohenlied. In Rufinus und Hieronymus' Übersetzungen (GCS), Leipzig: Hinrichs 1925 (CPG 1432)

Heither, Theresia, Origenes. Römerbriefkommentar, lateinisch - deutsch, Bd. 1: erstes u. zweites Buch; Bd. 2: drittes u. viertes Buch (Fontes Christiani 2/1 u. 2/2), Freiburg-Basel-Wien u. a.: Herder 1990 u. 1992

Klostermann, Erich/*Benz,* Ernst, Origenes Werke Bd. 11, Origenes Matthäuserklärung II. Die lateinische Übersetzung der Commentariorum series (GCS), Leipzig: Hinrichs 1933 (CPG 1450)

Origenes, Ex Origenis expositione in Proverbia Salomonis, PG 17, 161–252 (CPG 1430)

- Origenis commentariorum in Epistolam B. Pauli ad Romanos (sc. libri X), PG 14, 857–1292 (CPG 1457)
- Origenis epistula ad Africanum, PL 11, 42–86 (CPG 1494)

Rauer, Max, Origenes Werke. Neunter Bd.: Die Homilien zu Lukas in der Übersetzung des Hieronymus und die griech. Reste der Homilien und des Lukas-Kommentars (GCS), Berlin: Akademie [2]1959

Pachom und seine Schüler Horsiese und Theodoros

Amélineau, E., Vie de Pakhome. Texte arabe et traduction. *In: ders.,* Monuments pour servire a l'histoire de l'Égypte chrétienne au IVe siècle (Annales du Musée Guimet 17), Paris: Leroux 188

Bacht, Heinrich, Der "Liber Orsiesii". *In: ders.,* Das Vermächtnis des Ursprungs I, 58–189 (CPG 2367)

- Die Regel des Pachomius. *In: ders.,* Das Vermächtnis des Ursprungs II, 65–286 (CPG 2353)

Boon, Amand, Pachomiana Latina. Règle et Épitres de S. Pachôme, Épitre de S. Théodore et "Liber" de S. Orsiesius. Texte latin de S. Jérôme. Appendice: La Règle de S. Pachôme. Fragments coptes et Excerpta grecs, éd. par. L. Th. *Lefort,* Löwen: Bureaux de la Revue 1932

Cremaschi, Lisa, Pacomio e i suoi discepoli. Regole e scritti. Introduzione, traduzione e note a cura di L. *Cremaschi* della Communità di Bose, Magnano (VC): Qiqajon 1988

Cranenburgh, H. van, La Vie latine de Saint Pachôme, traduit du Grec par Denys le Petit. Édition critique (SHG 46), Brüssel: Soc. des Bollandistes 1969

Halkin, Franciscus, Sancti Pachomii vitae graecae, edd. Hagiographi Bollandini ex recensione F. Halkin SI (SHG 19), Brüssel: Soc. des Bollandistes 1932

Joest, Christoph, Gott und den Menschen dienen. Das Anliegen des Pachomius nach seinem Brief Nr. 3, ZKG 103 (1992) 1–32, Text: 10–17

Lefort, Louis Théophile, Œuvres de S. Pachôme et de ses disciples (CSCO 159 u. 160), Löwen: Durbecq 1956

- S. Pachomii vita bohairice scripta (CSCO 89 u. 107), Löwen: Durbecq 1925 u. 1936 (Nachdruck 1953)
- S. Pachomii vitae sahidice scriptae (CSCO 99 u. 100), Löwen: Durbeqc 1933 u. 1934 (Nachdruck 1952)
- Les Vies coptes de Saint Pachôme et de ses premiers successeurs (Bibliothèque du Muséon 16), Löwen: Muséon 1943

Mertel, Hans, Leben des hl. Pachomius. *In:* Des hl. Athanasius Schriften Bd. 2 (BKV 31), München: Kösel/Pustet o. J., 781–900

Krause, Martin, Der Erlaßbrief Theodors. *In:* D. W. *Young* (Hg.), Studies Presented to Hans Jakob Polotsky, Beacon Hill, East Gloucester, Massachusetts: Pirtle & Polson 1981, 220–238; Text: 222–227

Quecke, Hans, Die Briefe Pachoms. Griechischer Text der Handschrift W 145 der Chester Beatty Library. Anhang: Die koptischen Fragmente und Zitate der Pachombriefe (TPL 11), Regensburg: Pustet 1975; Text: 99–118 (CPG 2355)

- Eine Handvoll pachomianischer Texte. *In:* W. Voigt (Hg.), XIX. deutscher Orientalistentag vom 28. September bis 4. Oktober 1975 in Freiburg im Breisgau. Vorträge (ZDGM Supplement III,1), Wiesbaden: F. Steiner 1977, 221–229; Text: 226f

Veilleux, Armand, Pachomian Koinonia. Bd. 1: The Life of Saint Pachomius and His Disciples (CS 45); Bd. 2: Pachomian Chronicles and Rules (CS 46); Bd. 3: Instructions, Letters and Other Writings of Saint Pachomius and His Disciples (CS 47), Kalamazoo, Michigan: Cistercian Publications ²1985, 1981 u. 1982

Vogüé, Adalbert de, Épîtres inédites d'Horsièse et de Théodore, *In:* J. *Gribomont* (Hg.), Commandements du Seigneur, 244–257

Palladios v. Hellenopolis

Butler, D. Cuthbert, The Lausiac History of Palladius. The Greek Text Edited with Introduction and Notes (TaS VI,2), Cambridge: University Press 1904 (CPG 6036)

Krottenthaler, St., Des Palladius von Helenopolis Leben der heiligen Väter (BKV 5), Kempten u. München: Kösel 1912, 315–498

Vogüé, Adalbert de, Palladiana. IV. La version copte de l'Histoire Lausiaque III. La Vie de Macaire d'Égypte, StMon 34 (1992) 7–28

Schenute von Atripe

Wiesmann, H., Sinuthii Archimandritae Vita et opera omnia, interpretatus est H. *Wiesmann* (CSCO 96), Paris 1931

Sokrates Scholastikos

Socrates Scholasticus, Historia ecclesiastica, PG 67, 33–841 (CPG 6028)

Sozomenos

Hermiae Sozomeni ecclesiastica historia, PG 67, 844–1629 (CPG 6030)

Tertullian

De resurrectione mortuorum, ed. J. G. Ph. *Borleffs*, CChr.SL 2, Turnholt: Brepols 1954, 919–1012 (CPL 19)

Theodoretos von Kyrrhos

Canivet, Pierre/*Leon-Molinghen*, Alice, Théodoret de Cyr. Histoire des moines de Syrie. "Histoire philothée" I–XIII. Introduction, texte critique, traduction, notes par P. *Canivet* et A. *Leon-Molinghen*, Bd. 1 (SC 234), Paris: du Cerf 1977 (CPG 6221)

- Théodoret de Cyr. Histoire des moines de Syrie. "Histoire philothée" XIV–XXX. Traité sur la charité (XXXI). Texte critique, traduction, notes, index par P. *Canivet* et A. *Leon-Molinghen*, Bd. 2 (SC 257), Paris: du Cerf 1979 (Histoire des moines: CPG 6221; Traité s. l. charité. CPG 6224)

Gutberlet, Konstantin, Des Bischofs Theodoret von Cyrus Mönchsgeschichte. Aus dem Griech. übers. v. K. *Gutberlet* (BKV 50), München: Kösel/Pustet o. J.

Parmentier, Léon, Theodoret. Kirchengeschichte (GCS), Leipzig: Hinrichs 1911 (CPG 6222)

Seider, Andreas, Des Bischofs Theodoret von Cyrus Kirchengeschichte. Aus dem Griech. übers. u. mit Einl. u. Anm. versehen von A. *Seider* (BKV 51), München: Kösel o. J.

1.2 Sonstige Quellen

Franz von Assisi, Die Schriften des heiligen Franziskus von Assisi. Einführung, Übersetzung, Erläuterungen L. *Hardick* u. E. *Grau*, Werl/Westf.: D. Coelde [8]1984

Harder, Richard, Plotins Schriften. Übersetzt v. R. *Harder*. Neubearbeitung mit griech. Lesetext und Anm., Bd. I–V (PhB 211–215), Hamburg: F. Meiner 1956–1967

- Seele – Geist – Eines. Enneade IV 8, V 4, V 1, V 6 und V 3. Griech. Lesetext u. Übers. v. R. *Harder*, in einer Neubearbeitung fortgeführt v. R. *Beutler* u. W. *Theiler*, eingel., m. Bemerkungen zu Text u. Übersetzung u. m. bibliographischen Hinweisen versehen v. K. *Kremer* (PhB 428), Hamburg: F. Meiner 1990

Hodgson, Phyllis, The Cloud of Unkowing And The Book of Privy Counselling, London-New York-Toronto: Oxford University Press 1973

Ignatius v. Loyola, Der Bericht des Pilgers. Übers. u. erl. v. B. *Schneider*, Freiburg-Basel-Wien: Herder [7]1991

- Die Exerzitien. Übertr. v. H. U. *v. Balthasar*, Einsiedeln: Johannes [9]1986
- Geistliche Übungen. Übertragung u. Erklärung v. A. *Haas*, Freiburg-Basel-Wien: Herder [9]1989
- Satzungen der Gesellschaft Jesu, übers. v. P. *Knauer*. Als Manuskript gedruckt, Frankfurt am Main: Sankt Georgen [3]1980

Luther, Martin, Der Große Katechismus deutsch/Catechismus major. *In:* BSLK 543–733

- De votis monasticis iudicium, WA 8 (1889) 577–669
- Martin Luthers Urteil über die Mönchsgelübde, hg. v. O. *Scheel*. *In:* Luthers Werke für das christliche Haus, Ergänzungsband I, 209–376
- Tischreden. *In:* Luthers Werke für das christliche Haus, Bd. 8, 97–308

Odo von St. Viktor, Odonis Epistolae, PL 196, 1399–1418

Riehle, Wolfgang (Hg.), Das Buch von der mystischen Kontemplation, genannt *Die Wolke des Nichtwissens*, worin die Seele sich mit Gott vereint. Übertragen u. eingel. v. W. *Riehle* (Christliche Meister 8), Einsiedeln: Johannes [4]1991

Rosenberg, Alfons (Hg.), Die Meditation des Herzensgebets. Ein christlicher Weg der Meditation – mit einer Einführung in Methode und Praxis. Die Centurie der Mönche Kallistus und Ignatius, Xanthopouloi genannt. Neuausgabe, o. O.: O. W. Barth 1983

Tersteegen, Gerhard, Geistliches Blumengärtlein inniger Seelen, mit der Frommen Lotterie und einem kurzen Lebenslauf des Verfassers, zweite Aufl. der neuen Ausgabe, Stuttgart: Steinkopf [16]1969

- Leben heiliger Seelen. Nach Gerhard Tersteegen mit einem kurzen Lebensabriß von ihm. Erster Bd., 22.–26. Tsd., Lahr-Dinglingen: St.-Johannis-Druckerei/ Lüdenscheid-Lobetal: R. F. Edel 1986

Thomas von Aquin, Sancti Thomae Aquinatis Doctoris Angelici Ordinis Praedicatorum Summa Theologiae, cura fratrum eiusdem ordinis, 4 Bde. + 1 Suppl., Madrid: Editorial catolica [3]1961–1964, Suppl. [2]1958

Thomae Hemerken a Kempis Canonici Regularis Ordinis S. Augustini De imitatione Christi quae dicitur libri IV cum ceteris autographi Bruxellensis tractatibus, hg. v. Michael Joseph *Pohl*. Thomae Hemerken a Kempis etc. Opera omnia, Bd. 2, Freiburg i. Br.: Herder 1904

Thomas von Kempen, Nachfolge Christi, Nach der Übertragung von Bischof J. M. Sailer, Marburg/L.: R. F. Edel [17]1982

2. Literatur aus Kommunitäten und Bruderschaften und über das kommunitäre Leben

2.1 Bücher und Artikel

Arnold, Eberhard, Die Revolution Gottes. Aus dem Lebenszeugnis der hutterischen Gemeinschaften. Mit einer Einführung von Franz *Alt*, Stuttgart: Radius 1984

- Foundation and Orders of Sannerz and the Rhön Bruderhof. Section I, Introductory History: The Basis for Our Orders 1920–1929, Rifton, New York: Plough Publishing House 1976
- Gemeinsames Leben – wozu?, Gnadenthal: Präsenz 1978
- Innenland. Ein Wegweiser in die Seele der Bibel und in den Kampf um die Wirklichkeit, Silum/ Triesenberg (Liechtenstein): Buchverlag des Almbruderhof e. V. 1936
- Lebensweise lebendiger Gemeinden. Die Liebe zu Christus und Die Liebe zu den Brüdern, Rifton, New York: Plough Publishing House 1973 (zum ersten Mal im Druck erschienen Oberbozen/ Südtirol, Weihnachten 1913)
- Salz und Licht. Über die Bergpredigt. Mit einem Lebensbild über Eberhard Arnold von Emmy *Arnold*, Moers: Brendow 1982
- Sendbrief vom Almbruderhof zum Rhönbruderhof 1934. Geschrieben in einer Zeit großer Not, als ein Teil der Gemeinschaft vor der Diktatur Hitlers und seiner Verfolgung in Liechtenstein Zuflucht suchen mußte. Mit einem Begleitbrief von Heini *Arnold*, Oktober 1974, Rifton, New York: Plough Publishing House 1976

Arnold, Emmy, Gegen den Strom. Das Werden der Bruderhöfe, Moers: Brendow 1983

Belz, Eugen/*Bibra*, Otto Siegfried von/*Heß*, Klaus/*Riedinger*, Paul (Hg.), Oekumenischer Christusdienst, Wüstenroth/Württ.: K. Reith 1948

Bläsing, Wilhelm (Hg.), Treffen von Verantwortlichen. Zur Geschichte. Gnadenthal-München, im März 1992

Blaue Koinonia 1986 (Selbstdarstellung und Veranstaltungskalender, hektographiertes Faltblatt o. O.)

Christusbruderschaft (Hg.), Denn er hatte seinem Gott vertraut. Zum Gedenken an Walter Hümmer, Selbitz: Christusbruderschaft 1973

Christusbruderschaft Selbitz, Das heilige Mahl – die Eucharistie, Sakrament für den Weg (2. Selbitzer Lesezeichen), Selbitz: Christusbruderschaft, Buch- und Kunstverlag 1993

- Ein Bericht vom Werden und Auftrag der Christusbruderschaft in Selbitz, Selbitz: Christusbruderschaft 1987
- Sündenerkenntnis, Beichte und Vergebung (1. Selbitzer Lesezeichen), Selbitz: Christusbruderschaft, Buch- und Kunstverlag 1992

Claß, Helmut, Gelebte Bruderschaft. Sie blieben aber beständig ..., Gnadenthal: Präsenz 1983

- Kommunitäten – Kirche – Gemeinde. *In:* I. Reimer, Verbindliches Leben in Bruderschaften, Kommunitäten, Lebensgemeinschaften, 7–11

Communität Casteller Ring Schloß Schwanberg, Faltblatt, Schloß Schwanberg o. J.

Daran wird jedermann erkennen, daß ihr meine Jünger seid, so ihr Liebe unter einander habt. Gedenkschrift zum Heimgang von *Bruder Eugen Belz*, 2. 9. 1900 – 25. 7. 1987, o. O. u. J. (Stuttgart-Weilimdorf 1987)

Das Amt der Priorin. Aus der Konstitution der CCR. *In:* J. *Halkenhäuser* (Hg.), Abenteuer mit Gott, 50–55

Das Berneuchener Buch. Vom Anspruch des Evangeliums auf die Kirchen der Reformation, hg. von der Berneuchener Konferenz, Hamburg 1926. Unveränderter reprographischer Nachdruck, Darmstadt: Wiss. Buchges. 1978

Das Stundengebet. Als Entwurf hg. vom Liturgischen Ausschuß der Evangelischen Michaelsbruderschaft, Kassel: Stauda [7]1966

Deck, Gisa, Anregungen aus der Regel Benedikts für die evangelisch-lutherische Communität Casteller Ring, RBS 17 (1992) 215–226

- Noviziat als Weg in die Communität Casteller Ring. *In:* J. *Halkenhäuser* (Hg.), Abenteuer für Gott, 31–37

Decker, Elisabeth, Gruß an Castell. *In:* G. *Güntsch* (Hg.), Castell – Grafschaft und Dekanat, Erlangen 1991, 119–122 (*zitiert nach:* SchwBr 1/92, 14–16)

- Unser Platz innerhalb der Kirche. *In:* J. *Halkenhäuser* (Hg.), Abenteuer mit Gott, 56–61

Deichgräber, Reinhard, Die Zukunft des Laien in Kirche und Mission. Ein Bericht über sechs Jahre Mitarbeiterschule, Sonderdruck aus "Die Hermannsburger Mission im Jahre 1971" ohne weitere Angaben

- Zeichenhaftes Leben. Der seelsorgerliche Auftrag der evangelischen Kommunitäten und Bruderschaften, Gnadenthal: Präsenz, Neuaufl. 1981

Die Communität Casteller Ring (CCR). *In:* J. *Halkenhäuser* (Hg.), Abenteuer mit Gott, 5–8

Die Jesusbruderschaft. *In:* L. *Präger*, Frei für Gott und die Menschen, Stuttgart: Quell [2]1966, 223–230 (nur in d. 2. Aufl.)

Dokumentation Jesusbruderschaft Gnadenthal, Hünfelden-Gnadenthal: Selbstverlag o. J.

Dokumentation Sommerakademie Gnadenthal 1989: Selbstverlag

Dokumentation Sommerakademie Gnadenthal, 13. August – 9. September 1990. Thema: Weltgestaltung aus Glauben. Träger: Kommunität Gnadenthal, University Christian Outreach London, CVJM München – Initiative Christen an der Hochschule, Gnadenthal: Selbstverlag

Dombois, Hans, Über den geschichtlichen Sinn evangelischer Orden, EvJ 15 (1950/ 51) 133–146

Eberts, Gerhard, St. Benedikt auf evangelisch. Religiöse Gruppen heute, 1: Communität Casteller Ring, Weltbild Nr. 17, 1973, 27f u. 34f

Eisenberg, Hans, Begegnung – eine Herausforderung an uns Christen? Vortrag, gehalten am 21. 11. 1988 in Gnadenthal beim Ökumenischen Treffen der Orden und Kommunitäten. Unveröffentlichtes Manuskript

- Die Communität Imshausen. *In:* L. Präger (Hg.), Frei für Gott und die Menschen, 122–126
- Erfahrungen mit der "Heils-Ordnung" im kommunitären Leben (dargeboten von Bruder Hans *Eisenberg*, Kommunität Imshausen), Vortrag am 12. 01. 1983 in Gnadenthal beim Treffen der "Konferenz Evangelischer Kommunitäten". Unveröffentlichtes Manuskript
- "Evangelische Räte" – ihr Sitz im Leben. Vortrag, gehalten am 10. 01. 1984 in Gnadenthal beim Treffen der "Konferenz Evangelischer Kommunitäten". Unveröffentlichtes Manuskript
- Kirche als Bruderschaft, Quat 36 (1972) 3–9
- Kommunitäten – eine wiederentdeckte Berufung. *In:* Th. Schober/H. Thimme (Hg.), Gemeinde in diakonischer und missionarischer Verantwortung. Auftrag – Anspruch – Wirklichkeit, Stuttgart: Quell 1979, 227–231
- Krankmachende und heilende Gemeinschaft. Vortrag, gehalten am 24. 04. 1990 in Imshausen beim Treffen der "Konferenz Evangelischer Kommunitäten". Unveröffentlichtes Manuskript

Evangelische Marienschwesternschaft auf Kanaan, So ist unser Gott. Bezeugt, weil erlebt durch 25 Jahre, Darmstadt-Eberstadt: Selbstverlag 1972

Festschrift 25 Jahre Communität Casteller Ring auf dem Schwanberg. 21. Oktober 1982, Rödelsee: Selbstverlag

Föller, Oskar, Verbindliches Leben – nicht nur im Mitarbeiterkreis! Anstöße für die Praxis, Neuhausen-Stuttgart: Hänssler 1978

Francke, Fritz, 30 Jahre Oekumenischer Christusdienst. Rückblick und Ausblick. Vortrag bei der Feriengemeinschaft in Badenweiler vom 7. bis 21. September 1978

Geistliche Ordnung. Evangelische Akademiker- u. Studentengemeinschaft der KOINONIA e. V., o. O. u. J.

Gleede, Ernst, Alle ein Leib. Vom Wesen und Auftrag bruderschaftlicher Gruppen in der Gemeinde, Gnadenthal: Präsenz ²1973

Görres, Ida Friederike, Die neuen evangelischen Orden und wir. *In:* dies., Der karierte Christ und andere Glossen und Beiträge, Frankfurt/M: Knecht ³1966, 300–320

Gornik, Herbert A., Anders leben. Christliche Gruppen in Selbstdarstellungen, Gütersloh: Gütersloher Verlagshaus G. Mohn 1979

Großmann, Siegfried (Hg.), Christsein '70. Junge Bewegungen berichten, Schloß Craheim: R. Kühne ²1970

- Christsein 73. Junge Bewegungen berichten, Kassel: R. Kühne 1972

Haak, Rainer, Junge Christen '74. Ein Jahrbuch, Hamburg u. Marburg/L.: K. Wenzel 1974

Hafenbrack, Hans, Die Offensive Junger Christen. *In:* I. Reimer (Hg.), Alternativ leben, 80–88

Hage, Gerhard/*Graf Finckenstein*, Joachim/*Krause*, Gerhard, Art. "Bruderschaften/Schwesternschaften/ Kommunitäten, 7. 20. Jahrhundert", TRE 7 (1981) 207–212

Halkenhäuser, Johannes (Hg.), Abenteuer mit Gott. 40 Jahre Communität Casteller Ring (SR 15), Schloß Schwanberg: Selbstverlag 1989

- Advent und Weihnachten. Anregungen zum geistlichen Leben VI (SR 11), Rödelsee: Selbstverlag 1983
- Anregungen zum geistlichen Leben I. Morgengebete für eine Woche (SR 1), Rödelsee: Selbstverlag o. J.
- Anregungen zum geistlichen Leben II. Abendgebete für eine Woche (SR 2), Rödelsee: Selbstverlag o. J.
- Anregungen zum geistlichen Leben III. Geistliche Texte für die Feier der Kar- und Ostertage (SR 3), Rödelsee: Selbstverlag o. J.
- Anregungen zum geistlichen Leben V. Elemente des Christseins (SR 6), Rödelsee: Selbstverlag o. J.
- "Aus deinen Quellen leben wir...". Gedanken zum Heiligen Abendmahl. *In: ders.*, Die Eucharistie – Das Mahl des Herrn, 49–54 (auch einzeln als Faltblatt erhältlich, ergänzt durch zwei weitere Beiträge anderer Autoren)
- Das Engagement christlicher Ehelosigkeit – Herausforderung und Verheißung. *In: ders.*, Engagement und Zeugnis, 63–78
- Das Evangelium in Gemeinschaft leben. Zur ekklesialen Dimension des Christseins in Kommunitäten. *In:* J. Schreiner/K. Wittstadt (Hg.), Communio Sanctorum (FS P.-W. Scheele), Würzburg: Echter 1988, 490–503
- Der Grundauftrag der geistlichen Gemeinschaften in ökumenischer Sicht. *In:* F. *Wulf*/C. *Bamberg*/A. *Schulz* (Hg.), Nachfolge als Zeichen, 99–107 (gekürzt jetzt auch in: J. *Halkenhäuser*, Kommunitäten und Kirche, 68–75)
- Der Zeugniswert erneuerter Ordensstrukturen. *In: ders.*, Engagement und Zeugnis, 49–62
- Die Evangelischen Kommunitäten – die ekklesiale und ökumenische Dimension ihres Lebens, ÖR 30 (1981) 121–132 (*auch in: ders.*, Engagement und Zeugnis, 34–48)
- Die Eucharistie – Das Mahl des Herrn. Anregungen zum geistlichen Leben IV (SR 5), Rödelsee: Selbstverlag o. J.
- Engagement und Zeugnis. Aufsätze zum Christsein in Kommunitäten (SR 8), Schloß Schwanberg: Selbstverlag 1982
- Engagement und Zeugnis. Christsein in Kommunitäten. Lehrpredigt zu CA 27 (Über die Klostergelübde). *In: ders.*, Kommunitäten und Kirche, 59–67
- Frei für Gott und die Menschen. Leben und Auftrag der evangelischen Kommunitäten, Una Sancta 36 (1981) 309–316 (*auch in: ders.*, Engagement und Zeugnis, 21–33)
- Art. "Gemeinschaft", PLSp 497–499
- Gottes Zeit – unsere Zeit. Anregungen zum geistlichen Leben VII (SR 13), Rödelsee: Selbstverlag o. J.

- Kirche und Kommunität. Ein Beitrag zur Geschichte und zum Auftrag der kommunitären Bewegung in den Kirchen der Reformation (KKTS 42), Paderborn: Bonifatius ²1985
- Art. "Kommunitäten, Bruder- und Schwesternschaften", ÖL² 694–698 (jetzt auch in: J. *Halkenhäuser*, Kommunitäten und Kirche, 7–13)
- Kommunitäten und Kirche. Engagement und Zeugnis II (SR 19), Schloß Schwanberg: Selbstverlag 1993
- Sinn und Auftrag Kommunitärer Existenz. Thesen zum Selbstverständnis des kommunitären Lebens. *In:* Th. *Hauß*/U. *Kisker* (Hg.), Siebzig Jahre hochkirchliche Vereinigung (Eine heilige Kirche, NF 3), Bochum: Hochkirchl. Vereinigung Augsburg. Bekenntnisses 1989, 346–355
- Was bedeutet Nachfolge Christi im Kontext heutigen Ordenslebens? *In: ders.*, Engagement und Zeugnis, 79–88
- Zur Bewertung und Beurteilung von CA 27 aus der Sicht evangelischer Kommunitäten. *In: ders.*, Kommunitäten und Kirche, 51–57

Halkenhäuser, Johannes/*Pfister*, Maria, Hinter offenen Türen. Die Communität Casteller Ring. *In:* J. *Halkenhäuser*, Engagement und Zeugnis, 5–20 (*auch in:* H. *Gornik* [Hg.], Anders leben, 86–99)

Hanssen, Olav, Das betrachtende Gebet, Gnadenthal: Präsenz ²1976
- Dein Wille geschehe. Anleitung zur geistlichen Lesung des Matthäus-Evangeliums, Gnadenthal: Präsenz ²1973
- Einfaches Leben (Paideia 5), Hermannsburg: Selbstverlag ³1977
- Neue Moral?! (Paideia 1), Hermannsburg: Selbstverlag 1968
- Theologiestudium in der Krise, dargestellt am Beispiel eines Missionsseminars. Analyse und Vorschläge zu einer Neugestaltung (Paideia 2), Hermannsburg: Selbstverlag 1969
- Verbindlich leben ... unmodern? unbiblisch? und doch gefragt? Gnadenthal: Präsenz ²1980

Hanssen, Olav/*Deichgräber*, Reinhard, Leben heißt Sehen. Anleitung zur Meditation, Göttingen: Vandenhoeck & Ruprecht ³1972

Haug, Gotthilf, Aufruf zur Bruderschaft, sds 57/4 (1981) 1–3 (Nachdruck; Erstveröffentlichung 1940)
- Christlich denken heißt kreuzförmig denken. Gedanken von Br. Haug zur kirchlichen Einigung und wahren Katholizität, sds 62/1 (1986) 1–5 (Nachdruck)
- Die Diakonie als göttlich geordnetes, unentbehrliches Amt, sds 61/2 (1985) 6–16 (Nachdruck)
- Gemeinsames Leben, eine Gestaltwerdung innerer und äußerer Einheit, sds 57/4 (1981) 22–25 (Nachdruck; Erstveröffentlichung 1922)
- Was heute not tut, sds 59/2 (1983) 1–18 (Nachdruck)

Haus der Einkehr und Stille? Dokumentation eines Konfliktes (photokopiertes Heft ohne Angabe von Hg., O. u. J.)

Haus der Einkehr und Stille. Ordo der Koinonia, hg. vom Ordo der Koinonia und dem Trägerkreis Domkloster Ratzeburg e. V., Ratzeburg: Selbstverlag o. J.

Heinz, Max, Christus im Miteinander. Einführung in den Aufbau der ökumenischen Kapelle des Schweizerischen Diakonievereins, Rüschlikon-Nidelbad 1971

Heinz-Mohr, Gerd, Communauté de Taizé. *In:* Brüder der Welt. Orden und Kommunitäten unserer Zeit. Dargestellt von Gerd Heinz-Mohr u. Hans-Ekkehard Bahr, Hamburg: Furche 1965, 35–43
- Die Kunst des geöffneten Lebens, Stuttgart: Steinkopf 1975

Henning, Klaus/*Marx*, Siegfried, Dorfentwicklung Gnadenthal. Endbericht Dezember 1987. Im Auftrag der Jesus-Bruderschaft e. V., Gnadenthal, Aachen: HDZ/KDI der RWTH Aachen 1987

Heß, Klaus, Die Bruderschaft vom gemeinsamen Leben. *In:* L. Präger (Hg.), Frei für Gott und die Menschen, 55–68
- Die Mühe Gottes. *In:* Hat Arbeit mit Religion zu tun? Sonderheft aus der Reihe Jesus – Caritas. Vierteljahreshefte zum geistlichen Leben, hg. v. den Bruderschaften Charles de Foucaulds, Freiburg i. Br. o. J., 18–19
- Die vier Lebensbereiche des Werkes und die Dreieinigkeit Gottes, sds 53/1 (1977) 15–22

Hochgraeber, Gerhard, Unser Weg. Vortrag zur Jahresversammlung der Christentumsgesellschaft in Deutschland 1971 in Leitershofen/Augsburg, sds Sonderdruck o. J.

Hofmann, Irmela, Kein Tag wie jeder andere. Tagebuch aus zehn Jahren einer Bensheimer Großfamilie, Wuppertal: Aussaat 1978

Hümmer, Hanna, Auf Dein Wort. Auszüge aus Briefen und Rundbriefen der Christusbruderschaft, Selbitz: Christusbruderschaft 1974
- Bleibet hier und wachet mit mir. Gedanken zu Matthäus 26,36–46, Selbitz: Christusbruderschaft o. J.
- Da es Morgen war, Selbitz: Christusbruderschaft [4]1985
- Das Licht scheint in der Finsternis, Selbitz: Christusbruderschaft [2]1972
- Da wurden die Jünger froh. Aus der Ansprache bei der Einkleidungsfeier am 21. April 1974 über Johannes 20,19–23, Selbitz: Christusbruderschaft o. J.
- Da wurden ihre Augen geöffnet, Selbitz: Christusbruderschaft [3]1985
- Er tat ihnen seine Güter aus. Gedanken zu Matthäus 25,14–30, Selbitz: Christusbruderschaft o. J.
- Er trat zu ihnen. Gedanken zu biblischen Texten und Themen, Selbitz: Christusbruderschaft [2]1985
- Es ist der Herr. Gedanken zu Johannes 21,1–14, Selbitz: Christusbruderschaft o. J.
- Es ist ein Raum bei mir. Gebete, Selbitz: Christusbruderschaft [2]1984
- Es sei denn, daß das Weizenkorn in die Erde falle. Gedanken zu Johannes 12,20–26, Selbitz: Christusbruderschaft o. J.
- Gedanken zu Heiligung, Selbitz: Christusbruderschaft o. J.
- Gedanken zum priesterlichen Dienst. Gedanken zu 1. Petrus 2,9, Selbitz: Christusbruderschaft o. J.
- Gedanken zu Meditation und Stille, Selbitz: Christusbruderschaft o. J.
- Gedanken zu Nachfolge, Selbitz: Christusbruderschaft o. J.
- Gedanken zur Bruderschaft. Ansprache bei der Einkleidungsfeier Pfingsten 1970, Selbitz: Christusbruderschaft o. J.
- Gott ruft dem, was nicht ist, daß es sei. Ein Bericht vom Werden und Werk der Christusbruderschaft in Selbitz, Selbitz: Christusbruderschaft o. J., 2. Aufl.
- Hast du mich lieb? Gedanken zu Johannes 21,15–23, Selbitz: Christusbruderschaft o. J.
- Herr lehre uns beten, Selbitz: Christusbruderschaft 1982
- Laß leuchten mir Dein Angesicht. Gebete, Selbitz: Christusbruderschaft 1971

Hümmer, Walter, Am Tisch des Herrn. *In: ders.*, Neue Kirche in Sicht? 91–97
- Brauchen wir evangelische Orden? *In: ders.*, Neue Kirche in Sicht? 101–110
- Bruderschaft als Herausforderung an die Gemeinde, Ludwigshafen: Präsenz [1]1969 (in zweiter Aufl. erschienen unter dem Titel "Warum Bruderschaft?", Gnadenthal: Präsenz 1981)
- Das Leben evangelischer Kommunitäten in Deutschland. *In: ders.*, Neue Kirche in Sicht? 111–121
- Der Auftrag der Kommunitäten. Meditation über Johannes 17, Vers 16–19. *In: ders.*, Neue Kirche in Sicht? 123–130
- Die Christusbruderschaft in Selbitz. *In:* L. *Präger* (Hg.), Frei für Gott und die Menschen, 178–187
- Geld und geistliches Leben. *In: ders.*, Neue Kirche in Sicht? 75–84
- Grundstrukturen und Wesenszüge lebendiger Gemeinde. *In: ders.*, Neue Kirche in Sicht? 23–32
- Neue Kirche in Sicht? Vorträge und Betrachtungen, Marburg/L: R. F. Edel [2]1977
- Prophetie im Neuen Testament und heute. *In: ders.*, Neue Kirche in Sicht? 63–73
- Vier Hammerschläge an das Tor der Kirche. *In: ders.*, Neue Kirche in Sicht? 47–53
- Von der Ehelosigkeit. Biblische Betrachtung. *In: ders.*, Neue Kirche in Sicht? 131–139

Jesus-Bruderschaft Gnadenthal, Ein Dorf wird lebendig (Faltblatt), Hünfelden-Gnadenthal o. J.

Joest, Christoph, Art. "Gelübde", ELThG 2, 697–698
- Art. "Jesus-Bruderschaft (Kommunität Gnadenthal)", ELThG 2, 995–996
- Art. "Räte, evangelische", ELThG 3, 1651

Junger, Johannes, Auf dem Weg zum Reiche Gottes, sds 69/3 (1993) 1–24

Koinonia (Selbstdarstellung, hektographiertes Faltblatt o. O. u. J.)

Kortzfleisch, Siegfried von, Mitten im Herzen der Massen. Evangelische Orden und Klienten der Kirche, Stuttgart: Kreuz 1963
- Strukturen und Ziele der Gemeinschaften. *In:* I. *Reimer* (Hg.), Alternativ leben, 13–20

Krauß, Dorothea, "Herr, nimm mich auf...". Betrachtung zum Hingabegesang bei der Profeß. *In:* D. *Krauß*/K. *Schweitzer*, Christus nichts vorziehen, 17–21

Krauß, Dorothea/*Schweitzer* Kyrilla, Christus nichts vorziehen (SR 14), Schloß Schwanberg: Selbstverlag 1989

Krüger, Günter, Lebensformen christlicher Gemeinschaften. Eine pädagogische Analyse (BPTh 7), Heidelberg: Quelle & Meyer 1969

- Wesensmerkmale christlicher Gruppenexistenz. *In:* S. *Großmann* (Hg.), Christsein '70, 11–20

Leben im Gebet unter dem Frieden Christi. Aus der Regel der Schwestern von *Ordo Pacis*, o. O. 1985

Lebenszentrum Adelshofen, Geschaffen aus dem Nichts. Berichte und Erfahrungen aus dem Lebenszentrum Adelshofen, 4. erw. Aufl., Eppingen: Selbstverlag 1981

- verschiedene Faltblätter über: "Bibelschule Adelshofen", "Kommunität Adelshofen", "Lebensschule Adelshofen" und "Lebenszentrum Adelshofen", o. J.

Lohmann, Peter (Hg.), Ganz ungeniert. Beiträge zum 90. Geburtstag von Otto Riecker, Eppingen: Lebenszentrum Adelshofen o. J.

Madauss, M. Martyria, Gottesweihe. *In: Schweizerischer Diakonieverein* (Hg.), Der Auftrag der Bruderschaften an Kirche und Welt, 23–27

- Jesus vor Augen gemalt. Eine Betrachtung zum Isenheimer Altar des Matthias Grünewald, Darmstadt-Eberstadt: Selbstverlag 1972
- Zum Dank für Deine Erlösungstat... Betrachtung über Matthäus 26, 31–56: Jesus und Seine Jünger auf dem Weg ins Leiden – ein Anruf zur Bereitung für uns heute, Darmstadt-Eberstadt: Selbstverlag 1974

Evangelische Marienschwestern auf Kanaan, Darmstadt-Eberstadt, So ist unser Gott. Bezeugt, weil erlebt durch 25 Jahre, Darmstadt-Eberstadt: Selbstverlag 1972

Mayr, Hans, Art. "Kommunitäten", EKL^3 2 (1989) 1348–1351

Meinhold, Peter, Außenseiter in der Kirchen. Was wollen die modernen Erneuerungsbewegungen? Ein Bericht über Organisation und Zielsetzungen, Freiburg-Basel-Wien: Herder 1977

Meyer, Werner, Diakonie an der Welt – von der politischen Verantwortung des Christen, sds 66/3 (1990) 3–11

Mohaupt, Lutz, Modelle gelebten Glaubens. Gespräche der Lutherischen Bischofskonferenz über Kommunitäten und charismatische Bewegungen (Zur Sache 10), Hamburg: Luth. Verlagshaus 1976

Mumm, Reinhard, Was erwartet die Kirche von den Kommunitäten und Bruderschaften? Ludwigshafen: Präsenz 1969

Nehemia-Hof Gnadenthal, aus dem Leben für das Leben. Aktiv-Wochen – Rund um Ehe und Familie – Jugendtagungen, Hünfelden-Gnadenthal 1986

Ordnung der endgültigen Profeß in der Communität Casteller Ring. *In:* J. *Halkenhäuser* (Hg.), Abenteuer mit Gott, 38–44

Pandey, Heidemarie, Die Christusträger. *In:* I. Reimer (Hg.), Alternativ leben, 21–29

Pfister, Maria, 1 Kor 7: Lebensthema unserer Communität. *In: dies.*, Gemeinschaft wagen, 60–65

- Die Bedeutung St. Benedikts für die Communität Casteller Ring. *In: dies.*, Zeuge sein aus Existenz, 67–70
- Die Chance unseres neuen Ordenshauses. *In: dies.*, Zeuge sein aus Existenz, 55–60
- Die geistliche Trägheit – acedia. *In: dies.*, Zeuge sein aus Existenz, 24–28
- Erlösung leben – Evangelische Erfahrung kommunitären Lebens. *In: dies.*, Gemeinschaft wagen, 65–75
- Eucharistie – Feier der Gemeinschaft und des Festes. *In:* J. *Halkenhäuser* (Hg.), Abenteuer mit Gott, 9–25
- Fest der Hingabe. Predigt zur Profeß. *In:* J. *Halkenhäuser* (Hg.), Abenteuer mit Gott, 45–49
- Gemeinschaft wagen. Worte an meine Schwestern II (SR 12), Schloß Schwanberg: Selbstverlag o. J.
- Leben in der Gegenwart Jesu. *In: dies.*, Unter der Führung des Evangeliums, 23–28 (auch einzeln als Faltblatt erhältlich, ergänzt durch einen weiteren Beitrag der Autorin: Vom Geheimnis der Wandlung)
- Unter der Führung des Evangeliums (SR 4), Schloß Schwanberg: Selbstverlag o. J.
- Ursachen der acedia. *In: dies.*, Zeuge sein aus Existenz, 28–34
- Von der Würde und Verantwortung des Schuldigen. *In: dies.*, Gemeinschaft wagen, 5–10
- Wege der Umkehr. *In: dies.*, Gemeinschaft wagen, 10–17
- Wie heute beten? *In: dies.*, Unter der Führung des Evangeliums, 28–36 (auch einzeln als Faltblatt erhältlich)

- Zeuge sein aus Existenz. Worte an meine Schwestern (SR 7), Schloß Schwanberg: Selbstverlag 1981

Planck, Oskar, Die Evangelische Michaelsbruderschaft. *In:* L. Präger (Hg.), Frei für Gott und die Menschen, 283–310.

Präger, Lydia (Hg.), Frei für Gott und die Menschen. Evangelische Bruder- und Schwesternschaften der Gegenwart in Selbstdarstellungen, Stuttgart: Quell 1959 ([2]1965)

Profeß und Kirche. Theologische Reflexionen evangelischer Kommunitäten, una sancta 34 (1979) 93–95 (jetzt auch *in:* J. *Halkenhäuser*, Kommunitäten und Kirche, 17–22)

Reck, Roland, Gottes neue Avantgarde? Wuppertal: Aussaat o. J.

Regel, der Koinonia, Hermannsburg: Selbstverlag 1977

Reimer, Ingrid (Hg.), Alternativ leben in verbindlicher Gemeinschaft. Evangelische Kommunitäten, Lebensgemeinschaften, Junge Bewegungen, Stuttgart: Quell [2]1983

- Verbindliches Leben in Bruderschaften, Kommunitäten, Lebensgemeinschaften, Stuttgart: Quell [2]1987

Riecker, Otto, Bildung und Heiliger Geist, Neuhausen-Stuttgart: Hänssler 1974

- Erweckung heute und ihre Botschaft an uns, Wuppertal: R. Brockhaus 1958
- Herausforderung an die Gemeinde. Der erweckliche Geist und die Lebendigkeit der Gläubigen, Neuhausen-Stuttgart: Hänssler 1972
- Kirche und Christen im Wandel der Zeit. Folgerungen und Perspektiven, Neuhausen-Stuttgart: Hänssler 1984
- Mission oder Tod, Wuppertal: Ev. Gesellschaft f. Deutschland 1973
- Mit 60 fing mein Leben an, Neuhausen-Stuttgart: Hänssler 1977
- Ruf an alle. George Whitefield, Wuppertal: R. Brockhaus [2]1984
- Universitäts-Theologie und Gemeinde-Frömmigkeit, Neuhausen-Stuttgart. Hänssler 1984

Riedinger, Paul, Gedanken über das Priestertum des Christus Jesus. Im Auftrag des Heimgegangenen hg. v. W. *Elsperger*, Darmstadt-Eberstadt: Ökumenische Marienschwesternschaft [2]1953

- Gedanken über das Priestertum des Dreieinigen, I. Teil. Im Auftrag des Heimgegangenen hg. v. W. *Elsperger*, Darmstadt-Eberstadt: Ökumenische Marienschwesternschaft 1955
- Von den Geweihten des Herrn. Die Gelübde der Armut, der Keuschheit und des Gehorsams. Eine evangelische Belehrung, Gnadenthal: Präsenz 1982 (erstmals erschienen Marburg: R. F. Edel 1959)

Riesner, Rainer, Formen gemeinsamen Lebens im Neuen Testament und heute (ThDi 11), Gießen Basel: Brunnen [2]1984

Ritter, Karl Bernhard, Gebete für das Jahr der Kirche. Agende für alle Sonntage und Feiertage des Kirchenjahres, Kassel: Stauda [2]1948 ([1]1936)

- (Hg.), Pfarrgebete, Kassel: Stauda [6]1968

Rosenkranz, Maria, Die Christusbruderschaft. *In:* I. *Reimer* (Hg.), Alternativ leben in verbindlicher Gemeinschaft, 30–34

Säkel, Christa, Begegnung als Heils-Erfahrung. Vortrag, gehalten am 22. 11. 1988 in Gnadenthal beim Ökumenischen Treffen der Orden und Kommunitäten. Unveröffentlichtes Manuskript

Schilling, Martina, "Eine Schale, die ich füllen muß". Kommunität evangelischer Schwestern auf dem Schwanberg / Leben nach Regeln des heiligen Benedikt, FAZ Nr. 155, 7. Juli 1992, 9–10

Schleiter, Wilhelm, Evangelisches Mönchtum? Entwicklung und Aufgabe der Bruder- und Schwestern schaften in der Kirche, Stuttgart: Quell 1965

Schlink, M. Basilea, Die Evangelischen Räte und die Antwort der heutigen Christenheit. *In:* H. *Gehrig* (Hg.), Die Evangelischen Räte in der heutigen Welt, 45–56

- Die Oekumenische Marienschwesternschaft. *In:* L. *Präger*, Frei für Gott und die Menschen, 146–161
- Hölle – Himmel – Wirklichkeiten, Darmstadt-Eberstadt: Selbstverlag [2]1975
- Ich will hier bei Dir stehen. Jesu Lieben und Leiden damals und heute, Darmstadt-Eberstadt: Selbstverlag 1975
- Jesu Leiden, Darmstadt-Eberstadt: Selbstverlag [5]1972
- Jesus verlassen – und wo sind wir? Darmstadt-Eberstadt: Selbstverlag 1979
- Jesu Weg – unser Weg, Darmstadt-Eberstadt: Selbstverlag, 15.–22. Tausend 1959
- Laß mein Lieben dich begleiten. Die Passion Jesu – ein Ruf an uns, Darmstadt-Eberstadt: Selbstverlag [4]1973
- Mein Jesus, heute so gehaßt, Darmstadt-Eberstadt: Selbstverlag [3]1978

- Mitten unter uns. Jesu Lieben und Leiden heute, Darmstadt-Eberstadt: Selbstverlag, 2. neubearb. Aufl. 1969
- Patmos – da der Himmel offen war, Darmstadt-Eberstadt: Selbstverlag 1976
- Realitäten. Gottes Wirken – heute erlebt, Darmstadt-Eberstadt: Selbstverlag [14]1989
- Reiche der Engel und Dämonen, Darmstadt-Eberstadt: Selbstverlag 1972
- So wird man anders, Darmstadt-Eberstadt: Selbstverlag [2]1972
- Wie ich Gott erlebte. Sein Weg mit mir durch sieben Jahrzehnte, Darmstadt-Eberstadt: Selbstverlag 1975, [3]1980

Schutz, Roger, Die Quellen von Taizé, Taizé: Les Presses de Taizé 1980
- Die Regel von Taizé, Gütersloh: Gütersloher Verlagshaus G. Mohn [3]1965

Schutz, Roger/*Thurian,* Max, Das Wort Gottes auf dem Konzil. Die dogmatische Konstitution über die göttliche Offenbarung, Wortlaut und Kommentar. Mit einem Vorwort von Henri *de Lubac* (Herder-Bücherei 289), Freiburg-Basel-Wien: Herder 1967

Schweitzer, Birgitt Kyrilla, Das Monastische und die Zukunft der Kirche. *In:* J. *Halkenhäuser* (Hg.), Abenteuer mit Gott, 62–71
- "Unter der Führung des Evangeliums...". Communität Casteller Ring auf dem Weg. *In:* D. *Krauß*/K. *Schweitzer,* Christus nichts vorziehen, 5–16

Schweizerischer Diakonieverein (Hg.), Der Auftrag der Bruderschaften an Kirche und Welt. Vorträge u. Referate beim Oekumenischen Kirchentag in Nidelbad bei Rüschlikon - Zürich, 19. Juni 1955 (als Ms. gedr.)
- Der Schweizerische Diakonieverein. Sein Werden und Wesen und sein apostolischer Auftrag, hg. v. Schweizerischen Diakonieverein zum 50. Jahre seines Bestehens, 1906–1956, o. O. u. J.

Selbstdarstellung Communität Casteller Ring, Schloß Schwanberg o. J.

Spengler, Helmut, Offenheit gehört zum Wesen der Kirche. Auszüge aus dem Bericht von Kirchenpräsident D. Helmut Spengler vor der Synode (III). *In:* Evangelische Kirchenzeitung. Das Sonntagsblatt für Hessen und Nassau, Nr. 23, 7. Juni 1992, 10f

Stökl, Andreas, Taizé. Geschichte und Leben der Brüder von Taizé, Hamburg: Siebenstern 1975

Stundengebete in der Kapelle von den Leiden Jesu, Oekumenische Marienschwesternschaft Darmstadt Eberstadt o. J.

Tageszeitgebete der Jesus-Bruderschaft Gnadenthal, Gnadenthal: Präsenz 1985

Thurian, Max, Ehe und Ehelosigkeit. Zwei Dienstordnungen christlichen Lebens, Gelnhausen-Berlin: Burckhardthaus o. J.
- Gemeinsam glauben – gemeinsam handeln. Ein ökumenischer Katechismus, Mainz u. Gütersloh: Grünewald u. Gütersloher Verlagshaus G. Mohn 1967

Tobien, M. K. Marianne, Der St. Johannis-Konvent vom gemeinsamen Leben. *In:* L. Präger (Hg.), Frei für Gott und die Menschen, 162–178

Umkehr zum Leben – ganz konkret. Bilder und Texte zur Geschichte der Koinonia (unveröffentlichtes Album mit 154 handgeschriebenen Textseiten und vielen Photographien, ohne Seitennumerierung, o. O. u. J., hergestellt für die Selbstdarstellung der Koinonia auf dem Deutschen Evangelischen Kirchentag 1983 in Hannover)

Vereinigung vom gemeinsamen Leben in Oekumenischen Christusdienst, Generalkapitel 1978 auf dem Hesselberg, o. O. u. J. (als Ms. gedr.)

Volkmann, Albrecht, Die Evangelisch-ökumenische Johannesbruderschaft. *In:* L. Präger (Hg.), Frei für Gott und die Menschen, 272–276

Waschelitz, Udo, Die Jesus-Bruderschaft. *In:* I. Reimer (Hg.), Alternativ leben, 40–45
- Die Kommunität Imshausen. *In:* I. Reimer (Hg.), Alternativ leben, 46–52

Wendland, Heinz-Dietrich, Bruderschaften in Kirche und Welt. *In:* L. Präger (Hg.), Frei für Gott und die Menschen, 13–31

Wenzelmann, Gottfried, Nachfolge und Gemeinschaft. Eine theologische Grundlegung des kommunitären Lebens (CThM.C 21), Stuttgart: Calwer 1994

Weschke, Eugen/*Geppert,* Ingeborg, Die Gabriels-Gilde. *In:* L. Präger (Hg.), Frei für Gott und die Menschen, 320–340

Zum Selbstverständnis Evangelischer Kommunitäten (Statement der evangelischen Kommunitäten in Bayern vom 21.10.1991). *In:* J. *Halkenhäuser,* Kommunitäten und Kirche, 35–41

2.2 Zeitschriften und Rundbriefe der Kommunitäten

- *Aus dem Lebenszentrum Adelshofen*, Eppingen 1959 ff
- *Freundesbrief aus Gnadenthal*, Hünfelden-Gnadenthal 1985 ff (unter verschiedenen Namen vormals in Ludwigshafen, ab 1970 in Gnadenthal erschienen)
- *Gethsemane*. Rundbrief der Gethsemanebruderschaft und des Trägerkreises Evangelisches Kloster e.V., Goslar-Riechenberg 1992 ff (ohne festen Namen vormals in Ratzeburg, ab 1990 in Goslar erschienen)
- *Rundbrief der Christusbruderschaft*, Selbitz
- *Schwanbergbrief. Communität Casteller Ring*, Schloß Schwanberg/Rödelsee
- Was geschieht auf Kanaan und draußen? Jährlicher Freundesbrief der *Evangelischen Marienschwesternschaft*, Darmstadt-Eberstadt

3. Sonstige Literatur, Monographien und Zeitschriftenartikel

Achelis, H., Art. "Neophyten", RE 13 (1903) 709

Adam, Adolf, Grundriß Liturgie, Freiburg-Basel-Wien: Herder 1985

Adam, Alfred, Art. "Mönchtum, II. Christliches Mönchtum", RGG^3 4 (1960) 1072–1081

Adnès, Pierre, Art. "Jésus (prière à)", DSp 8 (1974) 1126–1150

- Art. "Hésychasme", DSp 7,1 (1969) 381–399
- Art. "Nepsis", DSp 11 (1982) 110–118

Albertz, R./*Westermann*, Claus, Art. "רוח", THAT 2 (1976) 726–753

Albrecht, Barbara, Art. "Jungfräulichkeit", PLSp 693–696

Allchin, A. M. (Hg.), Solitude and Communion. Papers on the Hermit Life, given at St David's, Wales, in the Autumn of 1975 (Fairacres Publ. 66), Fairacres, Oxford: The Sisters of the Love of God Press ²1983

- The Solitary Vocation. Some Theological Considerations. *In: ders.* (Hg.), Solitude and Communion, 1–16

Amand de Mendieta, Emmanuel, L'ascèse monastique de Saint Basile. Essay historique, Maredsous 1949

- Le système cénobitique basilien comparé au système cénobitique pachômien, RHR 76/152 (1957) 31–80
- The Pair ΚΗΡΥΓΜΑ and ΔΟΓΜΑ in the Theological Thought of St. Basil of Caesarea, JThS N.S. 16 (1965) 129–142
- The "Unwritten" and "Secret" Apostolic Tradition in the Theological Thought of St. Basil of Caesarea (SJTh.OP 13), Edinburgh u. London: Oliver and Boyd 1965

Andia, Ysabel de, Prière à Jésus et hésychasme dans l'Église orientale, Christus 39 (1992) 309–324

Angenendt, Arnold, Monachi Peregrini. Studien zu Pirmin und den monastischen Vorstellungen des frühen Mittelalters (MMAS 6), München: Fink 1972

A Statement on the Solitary Life, made at the conclusion of a meeting held at St David's, Wales (unterzeichnet von A. *Louf*, M. M. *Clare*, K. *Ware* und A. M. *Allchin*). *In:* A. M. *Allchin* (Hg.), Solitude and Communion, 77f

Auer, Johann, Militia Christi. Zur Geschichte eines christlichen Gottesbildes, GuL 32 (1959) 440–451

Augst, Rüdiger, Lebensverwirklichung und christlicher Glaube. Acedia – Regligiöse Gleichgültigkeit als Problem der Spiritualität bei Evagrius Ponticus (Saarbrücker Theologische Forschungen 3), Frankfurt/Main-Bern-New York-Paris: P. Lang 1990

Bacht, Heinrich, Agrypnia. Die Motive des Schlafentzugs im frühen Mönchtum. *In:* Bibliothek – Buch – Geschichte (FS K. Köster), hg. v. G. *Pflug*/B. *Eckert*/H. *Friesenhahn*, Frankfurt/M.: Klostermann, 1977, 353–369

- Antonius und Pachomius. Von der Anachorese zum Cönobitentum. *In:* B. *Steidle* (Hg.), Antonius magnus eremita, 66–107
- Das Armutsverständnis des Pachomius und seiner Jünger. *In:* Das Vermächtnis des Ursprungs I, 225 –243 (überarbeitete Fassung von: *ders.*, Die "Bürde der Welt")
- Das "Jesus-Gebet" – seine Geschichte und seine Problematik. *In: ders.*, Weltnähe und Weltdistanz? 141–162 (zuerst veröffentlicht in GuL 24 [1951] 326–338)
- Das Vermächtnis des Ursprungs. Studien zum frühen Mönchtum I, Würzburg: Echter ²1984
- Das Vermächtnis des Ursprungs. Studien zum frühen Mönchtum II. Pachomius – Der Mann und sein Werk, Würzburg: Echter 1983
- Die "Bürde der Welt". Erwägungen zum frühmonastischen Armutsideal. *In:* H. *Schlier*/E. *v. Severus*/ J. *Sudbrack*/A. *Pereira* (Hg.), Strukturen christlicher Existenz (FS F. Wulf), Würzburg: Echter 1968, 301–316, 389–393
- Die frühmonastischen Grundlagen ignatianischer Frömmigkeit. Zu einigen Grundbegriffen der Exerzitien. *In:* F. *Wulf* (Hg.), Ignatius von Loyola. Seine Gestalt und sein Vermächtnis, 223–261
- Die Rolle der Heiligen Schrift bei Horsiesius (Überarbeitung des Aufsatzes: Vom Umgang mit der Bibel im ältesten Mönchtum, ThPh 41 [1966] 557–566). *In: ders.*, Das Vermächtnis des Ursprungs I, 191–212
- Ein Wort zur Ehrenrettung der ältesten Mönchregel, ZKTh 72 (1950) 350–359
- Evagrius Ponticus und Pachomius von Tabennêsi: Das Vermächtnis des Ursprungs. *In:* J. *Sudbrack* (Hg.), Zeugen christlicher Gotteserfahrung, Mainz: Grünewald 1981, 34–63
- Heimweh nach der Urkirche. Zur Wesensdeutung des frühen Mönchtums, zuerst veröffentlicht in: LuM 7 (1950) 64–78; *jetzt auch in: ders.*, Weltnähe oder Weltdistanz?, 114–140
- Art. "Koinônia IV. Dans le monachisme", DSp 8 (1974) 1754–1756
- L'importance de l'idéal monastique de S. Pacôme pour l'histoire du monachisme chrétien, RAM 26 (1950) 308–326 (= *ders.*, Vom gemeinsamen Leben)
- Luthers "Urteil über die Mönchsgelübde" in ökumenischer Betrachtung, Cath(M) 21 (1967) 222–251
- "Meditatio" in den ältesten Mönchsquellen, zuerst veröffentlicht in GuL 28 (1955) 360–373; *jetzt auch in: ders.*, Das Vermächtnis des Ursprungs I, 244–264
- Mönchsprofeß als Zweite Taufe, Cath(M) 23 (1969) 240–278
- Mönchtum und Kirche. Eine Studie zur Spiritualität des Pachomius. *In:* J. *Daniélou*/H. *Vorgrimler* (Hg.), Sentire Ecclesiam, 113–133
- Neue Erkenntnisse über den Ursprung des östlichen Mönchtums. *In:* A. *Rauch*/P. *Imhof* (Hg.), Basilius – Heiliger der Einen Kirche, 137–142
- Pakhôme – der Große "Adler", GuL 22 (1949) 367–382
- Pachomius und Evagrius. Zur Typologie des koptischen Mönchtums. *In:* Christentum am Nil, hg. v. K. *Wessel*, Recklinghausen: Bongers 1964
- Seelenführung in der Krise. *In: ders.*, Weltnähe oder Weltdistanz?, 87–113
- Unser Vater Apa Pachomius. *In: ders.*, Das Vermächtnis des Urprungs I, 213–224
- ...Vexillum crucis sequi (Horsiesius). Mönchtum als Kreuzesnachfolge. *In:* O. *Semmelroth* (Hg.), Martyria, Leiturgia, Diakonia (FS H. Volk), Mainz: Grünewald 1968, 149–162
- Vom gemeinsamen Leben. Die Bedeutung des pachomianischen Mönchsideals für die Geschichte des christlichen Mönchtums, LuM 11 (1952) 91–110
- Weltnähe oder Weltdistanz?, Frankfurt: Knecht 1962
- Weltnähe oder Weltdistanz? *In: ders.*, Weltnähe oder Weltdistanz?, 7–18

Bäumer, Suitbert, Geschichte des Breviers. Versuch einer quellenmäßigen Darstellung der Entwicklung des altkirchlichen und des römischen Officiums bis auf unsere Tage, Freiburg i. Br.: Herder 1895
Balthasar, Hans Urs von, Das Evangelium als Norm und Kritik aller Spiritualität in der Kirche. *In:* Spiritus Creator, 247–263
- Das Ganze im Fragment. Aspekte der Geschichtstheologie, Einsiedeln: Johannes ²1990
- Das unterscheidend Christliche. *In:* Pneuma und Institution, 26–37
- Der Glaube der Einfältigen. *In:* Spiritus Creator, 51–75
- Die drei evangelischen Räte. *In:* Klarstellungen, 125–134
- Eschatologie im Umriß. *In:* Pneuma und Institution, 410–455
- Glaubhaft ist nur Liebe, Einsiedeln: Johannes ⁵1985
- In Gottes Einsatz leben, Einsiedeln: Johannes ²1972
- Klarstellungen. Zur Prüfung der Geister, Einsiedeln: Johannes ⁴1978
- Metaphysik und Mystik des Evagrius Ponticus, ZAM 14 (1939) 31–47
- Pneuma und Institution. Skizzen zur Theologie IV, Einsiedeln: Johannes 1974
- Schleifung der Bastionen. Von der Kirche in dieser Zeit. Mit einem Nachwort v. Christoph Schönborn, Einsiedeln: Johannes ⁵1989
- Spiritualität. *In:* Verbum Caro, 226–244
- Spiritus Creator. Skizzen zur Theologie III, Einsiedeln: Johannes 1967
- Theodramatik III. Die Handlung, Einsiedeln: Johannes 1980
- Theodramatik IV. Das Endspiel, Einsiedeln: Johannes 1983
- Theologie der drei Tage, Einsiedeln-Freiburg: Johannes 1990 (zuerst veröffentlicht unter dem Titel: Mysterium Paschale, MySal 3,2 [1969] 133–326)
- Theologie der Geschichte. Ein Grundriß. Neue Fassung, Einsiedeln: Johannes ⁵1959
- Theologik II. Wahrheit Gottes, Einsiedeln: Johannes 1985
- Theologik III. Der Geist der Wahrheit, o. O.: Johannes 1987
- Tradition. *In:* Klarstellungen, 72–80
- Versuch eines Durchblicks durch mein Denken, IKaZ 18 (1989) 289–293
- Verbum Caro. Skizzen zur Theologie I, Einsiedeln: Johannes 1960
- Wort, Schrift, Tradition. *In:* Verbum Caro, 11–27
Bamberg, Corona, Abraham und Maria. Zur Aktualität der Urbilder des Glaubens, EuA 51 (1978) 10–27
- Entscheidungsfindung in der monastischen Gemeinschaft. Anmerkungen zum dritten Kapitel der Benediktsregel, EuA 65 (1989) 20–34
- "Gerufen zur Einheit". Zur Theologie und Spiritualität der Christus-Communio, EuA 68 (1992) 351–368
- Gotteserfahrung und Dienst, EuA 49 (1973) 347–360
- Mönchtum in einer heimatlosen Welt, Würzburg: Echter 1984
- "Nichts außerhalb der Weisung des Herrn" (RB 2,4). Ur-Evangelisches in der RB (VII. Internationaler Regelkongreß, Hofgeismar 10. 10. 1990), RBS 17 (1992) 25–38
- Trost und Tröstung im monastischen Leben, EuA 63 (1987) 249–259
- Unter der Führung des Evangeliums. Dem Gedächtnis Sankt Benedikts, 480–1980, Würzburg: Echter 1980
- "Von vornherein sinnlos ohne den Gott der Verheißung". *In:* Lebendiges Zeugnis, März 1973, 61–74
- Was Menschsein kostet. Aus der Erfahrung des frühchristlichen Mönchtums gedeutet, Würzburg: Echter 1971
- Wie kann in unseren Orden heute Gemeinschaft werden?, GuL 45 (1972) 129–145
Bardy, Gustave, Art. "Acedia", DSp 1 (1937) 166–169
- Art. "Apatheia", DSp 1 (1937) 727–746
- Art. "Basile", DSp 1 (1937) 1273–1283
Barion, Hans, Art. "Orden", RGG³ 4 (1960) 1669
Bauernfeind, Otto, Art. "νήφω, νηφάλιος, ἐκνήφω", ThWNT 4 (1942) 935–940
Baumeister, Theofried, Der aktuelle Forschungsstand zu den Pachomiusregeln, MThZ 40 (1989) 313–321

- Die Mentalität des frühen ägyptischen Mönchtums. Zur Frage der Ursprünge des christlichen Mönchtums, ZKG 88 (1977) 145–160
Baumert, Norbert, Ehelosigkeit und Ehe im Herrn. Eine Neuinterpretation von 1 Kor 7 (fzb 47), Würzburg: Echter ²1986
- Frau und Mann bei Paulus. Überwindung eines Mißverständnisses, Würzburg: Echter 1992
Begheyn, Paul J., Ein Eckpfeiler der Katholischen Kirche. Petrus Canisius (1521–1597). *In:* A. *Falkner*/P. *Imhof* (Hg.), Ignatius von Loyola, 267–284
Begusch, Heimo, Kommunitäres Leben in der Sicht Martin Luthers. Ein Beitrag zur Frage, wie weit Gedanken des kirchlichen Ordens- und Korporationswesens in Luther wirksam gewesen sind. Zusammenfassung der gleichnamigen Dissertation. *In:* Oekumenisches Forum, Grazer Hefte für Ökumene Nr. 4, Graz 1981, 141–149
- Luther über das Ordenswesen, Quat 21 (1956/57) 226–228
Beinert, Wolfgang, Art. "Heilige Schrift", LkD 241–245
- Art. "Kirchliches Lehramt", LkD 315–320
- Art. "Theologische Erkenntnislehre", LkD 504–506
- Art. "Tradition", LkD 513–516
Benz, Ernst, Die protestantische Thebais. Zur Nachwirkung Makarios des Ägypters im Protestantismus des 17. und 18. Jahrhunderts in Europa und Amerika, Wiesbaden: Franz Steiner 1963
Beyreuther, Erich, Art. "Christentumsgesellschaft, Deutsche", RGG³ 1 (1957) 1729f
- Der junge Zinzendorf, Marburg/L.: Francke-Buchhandlung 1957 (2. Aufl. ebd. o. J.)
- Geschichte des Pietismus, Stuttgart: Steinkopf 1978
- Modelle gelebter Frömmigkeit. *In:* Th. *Schober*/H. *Thimme* (Hg.), Gemeinde in diakonischer und missionarischer Verantwortung. Auftrag – Anspruch – Wirklichkeit, Stuttgart: Quell 1979, 115–121
- Neue Forschungen zur Geschichte der Deutschen Christentumsgesellschaft, ThLZ 81 (1956) 355–358
- Nikolaus Ludwig von Zinzendorf in Selbstzeugnissen und Bilddokumenten, Stuttgart: Steinkopf 1975
- (Hg.), Philipp Jacob Spener, Umkehr in die Zukunft. Reformprogramm des Pietismus – Pia desideria, in neuer Bearbeitung hg. v. E. *Beyreuther*, Gießen-Basel: Brunnen ²1975
- Zinzendorf und die sich allhier beisammen finden, Marburg/L.: Francke-Buchhandlung 1959
- Zinzendorf und die Christenheit. 1732–1760, Marburg/L.: Francke-Buchhandlung 1961
Biedermann, Hermenegild M., Die Regel des Pachomius und die evangelischen Räte, OstKSt 9 (1960) 241–253
Bienert, Wolfgang A., Art. "Benediktiner", EKL³ 1 (1986) 424–427
Bieritz, Karl-Heinrich/*Köhler*, Christoph, Art. "Haus III. Altes Testament/Neues Testament/Kirchengeschichtlich/Praktisch-theologisch", TRE 14 (1985) 478–492
Bleistein, Roman, Alfred Delp. Geschichte eines Zeugen, Frankfurt: Knecht 1989
- Wie ich euch geliebt habe (Johannes 13,34) – Biblische Reflexionen zur Kultur der Beziehungen, Quat 53 (1989) 125–133
Böckmann, Aquinata, Akzentuierungen der neutestamentlichen Armut nach der Regula Benedicti, RBS 5 (1977) 130–164
- Arme und Armut in der Benediktsregel (Exkurs zu RB cap. 33–34), EuA 67 (1991) 187–194
- "Daß die Brüder zur Beratung beigezogen werden sollen" (Regula Benedicti cap. 3), EuA 69 (1993) 95–113 u. 200–222
- Die Armut in der innerkirchlichen Diskussion heute. Ein Beitrag zu einem Neuverständnis der Ordensarmut (MüSt 25), Münsterschwarzach: Vier-Türme 1973
- "Ob alle in gleichem Maß das Notwendige erhalten sollen" (Regula Benedicti cap. 34), EuA 67 (1991) 169–186
- "Ob die Mönche etwas zu eigen haben dürfen" (Regula Benedicti cap. 33), EuA 66 (1990) 360–376
- "Per ducatum Evangelii" (Regula Benedicti, Prolog 21). Strukturanalyse eines benediktinischen Kernsatzes, RBS 17 (1992) 85–108
- Perspektiven der Regula Benedicti. Ein Kommentar zum Prolog und den Kapiteln 53, 58, 72, 73 (MüSt 37), Münsterschwarzach: Vier-Türme 1986
- "Von den Wochendienern der Küche" (Regula benedicti cap. 35), EuA 67 (1991) 266–292
- Weltoffenheit und Weltdistanz nach der Regel Benedikts, EuA 63 (1987) 107–120

- "Wenn einem Bruder Unmögliches aufgetragen wird" (Regula Benedicti cap. 68), EuA 68 (1992) 5–21

Bonhoeffer, Dietrich, Ethik. Zusammengestellt u. hg. v. E. *Bethge*, München: Kaiser [12]1988

- Gemeinsames Leben, München: Kaiser [23]1987
- Nachfolge, München: Kaiser [17]1988
- Widerstand und Ergebung. Briefe und Aufzeichnungen aus der Haft, hg. v. E. *Bethge*, 3. Aufl. der Neuausgabe von 1970, München: Kaiser 1986

Bonnerue, Pierre, Concordance sur les activités manuelles dans les règles monastiques anciennes, StMon 35 (1993) 69–96

- *Opus* et *labor* dans les règles monastiques anciennes, StMon 35 (1993) 265–291

Borias, André, "Mit glühender Liebe..." Ein Gang durch das 72. Kapitel der Regel des heiligen Benedikt, EuA 68 (1992) 214–221

- "Was dem anderen nützt", EuA 67 (1991) 20–27

Bours, Johannes/*Kamphaus*, Franz, Leidenschaft für Gott. Ehelosigkeit – Armut – Gehorsam, Freiburg Basel-Wien: Herder [6]1986

Bousset, Wilhelm, Apophthegmata. Studien zur Geschichte des ältesten Mönchtums. Aus dem Nachlaß hg. v. Th. *Hermann* u. G. *Krüger*, Tübingen: Mohr (Siebeck) 1923

Bouwen, Frans, Histoire spirituelle de l'Orient chrétien. Des grands conciles à nos jours, Christus 39 (1992) 264–274

Bouyer, Louis, Einführung in die christliche Spiritualität, Mainz: Grünewald 1965

- Vom Geist des Mönchtums, Salzburg: O. Müller 1958

Brattgård, Helge, Im Haushalt Gottes. Eine theologische Studie über Grundgedanken und Praxis der Stewardship, Berlin-Hamburg: Luth. Verlagshaus 1964

Breemen, Piet van, Gott finden in allen Dingen. *In: SJ – Jesuiten heute*, 6–7

Breuning, Wilhelm, Art. "Trinität", LkD 517–519

- Art. "Trinitätslehre", LkD 519–523

Brosseder, Johannes, Art. "Tradition II, kath. Sicht", ÖL[2] 1192–1194

Brunner, Hellmut, Altägyptische Erziehung, Wiesbaden: Harrassowitz 1957

Brunner, Otto, Vom "ganzen Haus" zur "Familie". *In:* H. *Rosenbaum* (Hg.), Familie und Gesellschaftsstruktur, 48–55

Brunner-Traut, Emma, Die Kopten. Leben und Lehre der frühen Christen in Ägypten, (Diederichs Gelbe Reihe, 39: Christentum), Köln: Diederichs [2]1984

Buber, Martin, Begegnung. Autobiographische Fragmente, Heidelberg: L. Schneider [3]1978

- Ich und Du, Heidelberg: L. Schneider [11]1983
- Werke Bd. 1: Schriften zur Philosophie, München u. Heidelberg: Kösel u. L. Schneider 1972
- Zur Geschichte des dialogischen Prinzips. *In: ders.*, Werke Bd. 1, 291–305
- Zwiesprache. Traktat vom dialogischen Leben, Heidelberg: L. Schneider [3]1978

Büchler, Bernward, Die Armut der Armen. Über den ursprünglichen Sinn der mönchischen Armut, München: Kösel 1980

Burkhardt, Helmut, Art. "Bibel, c) systematisch-theologisch", ELThG 1 (1992) 251–256

Bunge, Gabriel, Akedia. Die geistliche Lehre des Evagrios Pontikos vom Überdruß (KOINONIA ORIENS IX), Köln: Luthe [3]1989

- Das Geistgebet. Studien zum Traktat De Oratione des Evagrios Pontikos (KOINONIA XXV), Köln: Luthe 1987
- Évagre le Pontique et les deux Macaire, Irénikon 56 (1983) 215–227 u. 323–360
- Geistliche Vaterschaft. Christliche Gnosis bei Evagrios Pontikos (SPLi Beiheft 23), Regensburg: Pustet 1988
- Héande ou Monade? Au sujet de deux notions centrales de la terminologie évagrienne, Muséon 102 (1989) 69–91
- Mysterium Unitatis. Der Gedanke der Einheit von Schöpfer und Geschöpf in der evagrianischen Mystik, FZPhTh 36 (1989) 449–469
- "Nach dem Intellekt leben". Zum sog. "Intellektualismus" der evagrianischen Spiritualität. *In:* "SIMANDRON – Der Wachklopfer", Gedenkschrift f. K. Gamber (1919–1989), hg. v. W. *Nyssen*, Köln: Luthe 1989, 95–109

- Origenismus – Gnostizismus. Zum geistesgeschichtlichen Standort des Evagrios Pontikos, VigChr 40 (1986) 24–54
- Palladiana. I. Introduction aux fragments coptes de l'Histoire Lausiaque, StMon 32 (1990) 79–129
- "Priez sans cesse". Aux origines de la prière hésychaste, StMon 30 (1988) 7–16
- The "Spiritual Prayer": on the Trinitarian Mysticism of Evagrius of Pontus, MonS 17 (1986) 191–208

Buschmann, Johanna, Magistertagung auf dem Schwanberg, EuA 68 (1992) 71–72

Campbell, Alasdair V./*Tellini*, Gianfranco, Art. "Beichte", EKL[3] 1 (1986) 397–402

Campenhausen, Hans von, Die asketische Heimatlosigkeit im altkirchlichen und frühmittelalterlichen Mönchtum, Tübingen: Mohr (Siebeck) 1930

Canévet, Mariette, Art. "Macaire (Pseudo-Macaire; Macaire-Symeon), II. Doctrine", DSp 10 (1980) 29–43

Casel, Odo (Hg.), Heilige Überlieferung. Ausschnitt aus der Geschichte des Mönchtums und des heiligen Kultus (FS I. Herwegen) (BGAM.S 1), Münster: Aschendorff 1938

Chitty, Derwas James, A Note on the Chronology of the Pachomian Foundations, StPatr 2 (TU 64), Berlin: Akademie 1957, 379–385
- Pachomian Sources once more, StPatr 10 (TU 107), Berlin: Akademie 1970, 54–64
- Pachomian Sources Reconsidered, JEH 5 (1954) 38–77
- Some Notes, Mainly Lexical, on the Sources for the Life of Pachomius, StPatr 5 (TU 80), Berlin: Akademie 1962, 266–269
- The Desert a City. An Introduction to the Study of Egyptian and Palestinian Monasticism under the Christian Empire, Crestwood, NY: St. Vladimir's Seminary Press o. J. (Oxford, UK 1966)

Christou, Panagiotis, Die Sorge des Basilius um die Koinonia der Kirche. *In:* A. *Rauch*/P. *Imhof* (Hg.), Basilius – Heiliger der Einen Kirche, 57–67

Clark, Elizabeth A., The Origenist Controversy. The Cultural Construction of an Early Christian Debate, Princeton, NJ: Princeton University Press 1992

Claß, Helmut, Philipp Jacob Speners "Pia Desideria". Anfragen an die Kirche von heute – Leitlinien für die Kirche von morgen. Mit einer Einf. von K. *Gottschick*, Stuttgart: Calwer 1975

Clercq, Charles de, L'influence de la règle de Saint Pachôme en Occident. *In:* Mélanges d'histoire du Moyen Age, dédiés à la mémoire de Louis Halphen, Paris: Presses Universitaires 1951, 169–176

Colpe, Carsten, Art. "Manichäismus", RGG[3] 4 (1960) 714–722

Cordes, Paul Josef, Den Geist nicht auslöschen. Charismen und Neuevangelisierung, Freiburg-Basel-Wien: Herder 1990

Cullmann, Oskar, Die Tradition als exegetisches, historisches und theologisches Problem, Zürich: Zwingli 1954

Dalmases, Cándido de, Ignatius von Loyola. Versuch einer Gesamtbiographie des Gründers der Jesuiten, München: Neue Stadt 1989

Dammertz, Viktor Josef, Promittat de conversatione morum suorum, EuA 70 (1994) 5–14

Das zweite Vatikanische Konzil. Konstitutionen, Dekrete und Erklärungen, lateinisch-deutsch. Kommentare, 3 Bde. (Ergänzungsbde. zum LThK), Freiburg-Basel-Wien: Herder 1966–1968

Daniélou, Jean, A propos d'une introduction à la vie spirituelle, Études Jg. 94 (1961) Bd. 308, 270–274

Daniélou, Jean/*Vorgrimler*, Herbert (Hg.), Sentire Ecclesiam. Das Bewußtsein von der Kirche als gestaltende Kraft der Frömmigkeit, Freiburg i. Br.: Herder 1961

Davril, Anselme, Die Psalmodie bei den Wüstenvätern, EuA 63 (1987) 454–461

Decarreaux, Jean, Du monachisme primitif auf monachisme Athonite. *In:* Le *millénaire du Mont Athos*, 19–57

Degenhardt, Hans-Joachim, Liebestätigkeit in den Gemeinden der apostolischen Zeit. *In:* Volk Gottes. Zum Kirchenverständnis der katholischen, evangelischen und anglikanischen Theologie (FS J. Höfer), hg. v. R. *Bäumer* u. H. *Dolch*, Freiburg-Basel-Wien: Herder 1967, 243–253

Deintzer, J. (Hg.), Wilhelm Löhes Leben. Aus seinem schriftlichen Nachlaß zusammengestellt, 2 Bde., I: Nürnberg: G. Löhe 1873, II: Gütersloh: Bertelsmann 1880.

Dekkers, Eligius, Profession – Second Baptême. Qu'a voulu dire saint Jérôme? HJ 77 (1958) 91–97

Delhougne, Henri, Autorité et Participation chez les Pères du cénobitisme, RAM 45 (1969) 369–394; 46 (1970) 3–32

Deseille, Placide, Eastern Christian Sources of the Rule of Saint Benedict. *In:* MonS 11 (1975), On Benedictine Monasticism, 73–122

Desprez, Vincent, Art. "Macaire (Pseudo-Macaire; Macaire-Symeon), I. L'Œuvre, l'auteur et son milieu", DSp 10 (1980) 20–43

Die Interpretation der Dogmen. Dokument der Internationalen Theologenkommission, IKaZ 19 (1990) 246–266

Dienst, Karl, Art. "Stundengebet, I. Liturgisch, 2. In der röm.-kath. Kirche"; RGG^3 6 (1960) 432–435

Dirks, Walter, Die Antwort der Mönche, Frankfurt/M.: Verl. d. Frankfurter Hefte 1952.

Dmitrewski, Michael von, Die christliche freiwillige Armut vom Ursprung der Kirche bis zum 12. Jahrhundert (AMNG 53), Berlin-Leipzig: Rothschild 1913

Dörr, Friedrich, Diadochus von Photice und die Messalianer. Ein Kampf zwischen wahrer und falscher Mystik im fünften Jahrhundert (FThSt 47), Freiburg/Br.: Herder 1937

Dörrie, Hermann, 'Υπόστασις. Wort- und Bedeutungsgeschichte. *In: ders.*, Platonica minora (Studia et Testimonia Antiqua 8), München: Fink 1986, 17–69

Dörries, Hermann, Basilius und das Dogma vom Heiligen Geist. *In: ders.*, Wort und Stunde 1, 118–144

- De spiritu sancto. Der Beitrag des Basilius zum Abschluß des trinitarischen Dogmas (AAWG.PH 39), Göttingen: Vandehoeck & Ruprecht 1956
- Diadochus und Symeon. Das Verhältnis der κεφάλαια γνωστικά zum Messalianismus. *In: ders.*, Wort und Stunde 1, 352–422
- Die Beichte im alten Mönchtum. *In: ders*, Wort und Stunde 1, 224–250
- Die Bibel im ältesten Mönchtum. *In: ders*, Wort und Stunde 1, 251–276
- Die Messalianer im Zeugnis ihrer Bestreiter. Zum Problem des Enthusiasmus in der spätantiken Reichskirche, Saeculum 21 (1970) 213–227
- Die Theologie des Makarios/Symeon (AAWG.PH 103), Göttingen: Vandenhoeck & Ruprecht 1978
- Die Vita Antonii als Geschichtsquelle. *In: ders.*, Wort und Stunde 1, 145–224
- Mönchtum und Arbeit. *In: ders.*, Wort und Stunde 1, 277–301
- Symeon von Mesopotamien. Die Überlieferung der messalianischen "Makarios"-Schriften (TU 55), Leipzig: Hinrichs 1941
- Wort und Stunde 1. Gesammelte Studien zur Kirchengeschichte des vierten Jahrhunderts, Göttingen: Vandenhoeck & Ruprecht 1966

Doppelfeld, Basilius, Höre, nimm an, erfülle. St. Benedikts Grundakkord geistlichen Lebens (MKS 14), Münsterschwarzach: Vier-Türme 1981

Ebeling, Gerhard, "Sola scriptura" und das Problem der Tradition. *In: ders.*, Wort Gottes und Tradition. Studien zu einer Hermeneutik der Konfessionen, Göttingen: Vandenhoeck & Ruprecht ²1966, 91–143; wieder abgedruckt *in:* E. *Käsemann* (Hg.), Das Neue Testament als Kanon, 282–335

Ebneter ,Albert, Der Jesuitenorden, Zürich-Einsiedeln-Köln: Benziger ²1984

Egender, Nikolaus, Das Verhältnis zu Christus im frühen Mönchtum, EuA 60 (1984) 264–275

- Dorotheus von Gaza und Benedikt von Nursia, RBS 17 (1992) 39–52
- Johannes Damascenus – Mönch in Mar Saba, Gemeindebrief der Erlöserkirche, Jerusalem, Mai 1986, 16f
- Palästina im Übergang vom Asketentum zum Mönchtum, EuA 65 (1989) 95–106

Egner, Erich, Epochen im Wandel des Familienhaushalts. *In:* H. *Rosenbaum* (Hg.), Familie und Gesellschaftsstruktur, 56–87

Emonds, Hilarius, Geistlicher Kriegsdienst. Der Topos der militia spiritualis in der antiken Philosophie. *In:* O. Casel (Hg.), Heilige Überlieferung, 21–50

- (Hg.), Enkainia. Gesammelte Arbeiten zum 800jährigen Weihegedächtnis der Abteikirche Maria Laach am 24. August 1956, Düsseldorf: Patmos 1956

Evangelische Kirche in Deutschland, Denkschrift "Evangelische Spiritualität", Gütersloh: Gütersloheer Verlagshaus G. Mohn 1979

Evangelistenschule Johanneum 1886–1986, hg. vom Vorstand der Evangelistenschule Johanneum, Wuppertal: Selbstverlag 1986

Evdokimov, Paul, Die Frau und das Heil der Welt, Moers: Brendow/Kaffke 1989
Falkner, Andreas/*Imhof*, Paul (Hg.), Ignatius von Loyola und die Gesellschaft Jesu 1491–1556, Würzburg: Echter 1990
Faust, Ulrich, Art. "Benediktiner, Benediktinerinnen", *in:* G. *Schwaiger* (Hg.), Mönchtum, Orden, Klöster, 84–111
Feldhohn, Sophronia, Gestorben der Sünde – lebend für Gott, LuM 33/34 (1963) 52–62
Feneberg, Rupert, Art. "Beichte", PLSp 117–120
Fischer, Balthasar, Das Stundengebet im Codex Iuris Canonici von 1983. *In:* M. *Klöckener*/H. *Rennings* (Hg.), Lebendiges Stundengebet, 98–107
- Die Psalmenfrömmigkeit der Regula S. Benedicti, LuM 4 (1949) 22–35 und 5 (1950) 64–79
- Zu Benedikts Interpretation von Röm 8,15. *In:* Colligere Fragmenta, FS A. Dold, hg. v. B. *Fischer* u. V. *Fiala* (TAB.B 2), Beuron 1952
Fischer, Joseph A., ΜΕΛΕΤΗ ΘΑΝΑΤΟΥ. Eine Skizze zur frühen griechischen Patristik. *In:* Wegzeichen (FS H. M. Biedermann), hg. v. E. Ch. *Suttner*/C. *Patock*, Würzburg: Augustinus 1971, 43–54
Flesseman-van Leer, Ellen, Art. "Tradition I, evang. Sicht", ÖL[2] 1190–1192
Fraling, Bernhard, Wie kann ich das Evangelium leben?, Hildesheim: Bernward 1985
Frank, Karl Suso, ΑΓΓΕΛΙΚΟΣ ΒΙΟΣ. Begriffsanalytische und begriffsgeschichtliche Untersuchung zum "engelgleichen Leben" im frühen Mönchtum (BGAM 26), Münster: Aschendorff 1964
- Basilius von Cäsarea *(s. oben: Patristische Quellen, 1.1.2 unter Basileios)*
- Art. "Benediktiner", TRE 5 (1980) 549–560
- Forderung und Verwirklichung christlicher Spiritualität, OrdKor 11 (1970) 289–306
- Art. "Gehorsam", RAC 9 (1976) 390–430
- Gehorsam und Freiheit im frühen Mönchtum, RömQS 64 (1969) 234–245
- Grundzüge der Geschichte des christlichen Mönchtums, Darmstadt: Wiss. Buchgesellschaft [3]1979
- Art. "Orden und Kongregationen", EKL[3] 3 (1992) 892–910
- Vita Apostolica. Ansätze zur apostolischen Lebensform in der alten Kirche, ZKG 82 (1971) 145–166
- Zur altkirchlichen Kanongeschichte. *In:* W. *Pannenberg*/Th. *Schneider* (Hg.), Verbindliches Zeugnis I, 128–155
Frei, Judith, Die Bedeutung der Benediktusregel für das geistliche Leben des Mönchs, EuA 55 (1979) 247–256
- Die Stellung des alten Mönchtums zur Arbeit, EuA 53 (1977) 332–336
Frielingsdorf, Karl, Vom Überleben zum Leben. Wege zur Identitäts- und Glaubensfindung, Mainz: Grünewald [2]1989
Fries, Heinrich, Fundamentaltheologie, Graz-Wien-Köln: Styria 1985
- Kirche und Kanon. Perspektiven katholischer Theologie. *In:* W. *Pannenberg*/Th. *Schneider* (Hg.), Verbindliches Zeugnis I, 289–314
Frische, Reinhard, Art. "Berufung, c) systematisch-theologisch", ELThG 1 (1992) 238f
Gäckle, Volker, Art. "Berufung, b) theologiegeschichtlich", ELThG 1 (1992) 236–238
Galatis, Georg, Schrift und Tradition beim hl. Basilius. *In:* A. *Rauch*/P. *Imhof* (Hg.), Basilius – Heiliger der Einen Kirche, 143–156
Galitis, Georg/*Mantzaridis*, Georg/*Wiertz*, Paul, Glauben aus dem Herzen. Eine Einführung in die Orthodoxie, München: TR-Verlagsgemeinschaft 1987
Gatzen, Helmut, Art. "Beruf", EKL[3] 1 (1986) 436–440
Geffré, Claude, Art. "Nouvelle Théologie", EKL[3] 3 (1992) 797–800
Gehrig, Helmut (Hg.), Die Evangelischen Räte in der heutigen Welt, Karlsruhe: Badenia 1970
Geiselmann, Josef Rupert, Das Konzil von Trient über das Verhältnis der Heiligen Schrift und der nicht geschriebenen Traditionen. Sein Mißverständnis in der nachtridentinischen Theologie und die Überwindung dieses Mißverständnisses. *In:* M. Schmaus (Hg.), Die mündliche Überlieferung, 123–206
- Die Heilige Schrift und die Tradition. Zu den neuern Kontroversen über das Verhältnis der Heiligen Schrift zu den nichtgeschriebenen Traditionen (QD 18), Freiburg-Basel-Wien: Herder 1962
Georgi, Curt, Christsein aus Erfahrung. Von der Gruppenbewegung zum Marburger Kreis, Gladbeck/Westfalen: Schriftenmissions-Verlag 1970

Gerhards, Albert, "Benedicam Domino in omni tempore". Geschichtlicher Überblick zum Stundengebet. *In:* M. *Klöckener*/H. *Rennings* (Hg.), Lebendiges Stundengebet, 3–33

Gerhardt, Martin, Johann Hinrich Wichern. Ein Lebensbild, 3 Bde., Hamburg: Agentur des Rauhen Hauses 1927–1931.

Gerhartz, Johannes Günter, Von Jerusalem nach Rom. Der Weg des Ignatius zu seiner Kirchlichkeit. *In:* A. *Falkner*/P. *Imhof* (Hg.), Ignatius von Loyola und die Gesellschaft Jesu, 93–104

Gerl, Hanna-Barbara, Romano Guardini, 1885–1968. Leben und Werk, Mainz: Grünewald [3]1987

Gindele, Corbinian, Die Schriftlesung im Pachomiuskloster, EuA 41 (1965) 114–122

- Zur Geschichte von Form und Abhängigkeit beim römischen und monastischen Brevier, RBen 65 (1953) 215–219

Giuliani, Maurice, Une introduction à la vie spirituelle, Christus 8 (1961) 396–410

Gmelch, Michael, Gott in Frankreich. Zur Glaubenspraxis basiskirchlicher Lebensgemeinschaften, Würzburg: Echter 1988

Görres, Albert, Eine geistliche Lebensregel für Christen in der Welt, GuL 21 (1948) 237–238

Görres, Ida Friederike, Der karierte Christ und andere Glossen und Beiträge, Frankfurt/M: Knecht [3]1966

Gorce, Denys, Die Gastfreundlichkeit der altchristlichen Einsiedler und Mönche, JAC 15 (1972) 66–91

Gosebrink, Hildegard, Frauengestalten im palästinensischen Mönchtum, EuA 68 (1992) 195–213

Greshake, Gisbert, Art. "Spiritualität", HRGF 443–448

Gribomont, Jean (Hg.), Commandements du Seigneur et libération évangélique. Études monastiques proposées et discutées à Saint-Anselme, 15–17 Février 1976 (St Ans 70), Rom: Editrice Anselmiana 1977

- Art. "Eustathe de Sébaste", DSp 4 (1961) 1708–1712
- Histoire du texte des Ascétiques de S. Basile (Bibliothèque du Muséon 32), Löwen: Publ. Universitaires 1953
- In tomum 31 Patrologiae Graecae ad editionem operum rhetoricorum, asceticorum, liturgicorum Sancti Basilii Magni introductio, Tunholt: Brepols 1961
- Intransigence and Irenicism in Saint Basil's "De Spiritu Sancto". *In:* Word and Spirit 1, 109–136
- Le dossier des origines du Messalianisme. *In:* Epektasis (FS J. Daniélou), hg. v. J. *Fontaine*/Ch. *Kannengiesser*, Paris: Beauchesne 1972, 611–625
- Le Monachisme au IVe s. en Asie Mineur: de Gangre au Messalianisme, StPatr 2 (TU 64), Berlin: Akademie 1957, 400–415
- Le monachisme au sein de l'église en Syrie et en Cappadoce, StMon 7 (1965) 7–24
- Les Règles Morales de saint Basile et le Nouveau Testament, StPatr 2 (TU 64), Berlin: Akademie 1957, 416–426
- Art. "Pachomius der Ältere", LThK 7 (1962) 1330–1331

Grillmeier, Alois, Jesus der Christus im Glauben der Kirche, Bd. 1: Von der apostolischen Zeit bis zum Konzil von Chalcedon (451), Freiburg-Basel-Wien: Herder [2]1982

Groiss, Albert, "Die Priester des Klosters" nach den ältesten Kommentaren zur Regula Benedicti, StMon 34 (1992) 253–279

Grün, Anselm, Auf dem Wege. Zu einer Theologie des Wanderns (MKS 22), Münsterschwarzach: Vier-Türme 1983

- Benedikts Grundsätze für eine Führungsaufgabe. Das 31. Kapitel der Regel: Vom Cellerar des Klosters, EuA 53 (1977) 130–133
- Benedikt von Nursia. Seine Botschaft heute (MKS 7), Münsterschwarzach: Vier-Türme 1979
- Der Umgang mit dem Bösen. Der Dämonenkampf im alten Mönchtum (MKS 6), Münsterschwarzach: Vier-Türme 1980
- Einreden. Der Umgang mit den Gedanken (MKS 19), Münsterschwarzach: Vier-Türme 1983
- Einswerden. Der Weg des hl. Benedikt (MKS 36), Münsterschwarzach: Vier-Türme 1986
- Geistliche Begleitung bei den Wüstenvätern (MKS 67), Münsterschwarzach: Vier-Türme 1991
- Reinheit des Herzens. Askese und Bewältigung der "Gedanken" im alten Mönchtum, EuA 53 (1977) 258–270

Gründel, Johannes, Art. "Consilia Evangelica", TRE 8 (1981) 192–196

Gründel, Johannes/*Fischer*, Robert, Wandel in der Wertung menschlicher Arbeit. Ein Brückenschlag über zwei Jahrtausende. *In:* R. *Pfützner* (Hg.), Hat Jesus dies gewußt? 34–40

Gülden, Josef, Vom unablässigen Beten. *In:* J. G. *Plöger* (Hg.), Gott feiern, 327–336

Guillaumont, Antoine, Die Wüste im Verständnis der ägyptischen Mönche, GuL 54 (1981) 121–137

- Art. "Evagrius Ponticus", TRE 10 (1982) 565–570
- Le problème de la prière continuelle dans le monachisme ancien. *In:* Homo religiosus 5 (1980) 285–294
- Les "Kephalaia Gnostica" d'Évagre le Pontique et l'histoire de l'origénisme chez les Grecs et chez les Syriens (PatSor 5), Paris: du Seuil 1962
- Art. "Macaire l'Égyptien", DSp 10 (1980) 11–13
- The Jesus Prayer among the Monks in Egypt, ECR 6 (1974) 66–71
- Une inscription copte sur la "Prière de Jésus", OCP 34 (1968) 310–325

Guillaumont, Antoine/*Guillaumont*, Claire, Art. "Évagre le Pontique", DSp 4 (1961) 1731–1744

- Évagre le Pontique. Traité pratique ou Le moine *(s. oben: Patristische Quellen, 1.1.2 unter Evagrios)*

le Guillou, M.-J., Vom Geist der Orthodoxie. Christliche Überlieferung in Griechenland und Rußland (CiW 16,2), Aschaffenburg: Pattloch 1963

Hadot, Pierre, Philosophie als Lebensform. Geistige Übungen in der Antike, Berlin: Gatza 1991

Hagemeyer, Oda, Armut und Askese im Gottesvolk einst und heute, EuA 55 (1979) 350–356

- Einung zur Zeit Jesu, EuA 55 (1979) 5–11
- Gemeinschaft mit Gott und den Menschen. Biblische Aspekte zur Begründung und Verteifung des Leitbildes der Gemeinschaft in der Regula Benedicti und im frühen Mönchtum, RBS 2 (1973) 49–87

Hahn, Hans-Christoph/*Reichel*, Hellmut (Hg.), Zinzendorf und die Herrnhuter Brüder. Quellen zur Geschichte der Brüder-Unität 1722–1760, Hamburg: Wittig 1977

Hainz, Josef, KOINONIA. "Kirche" als Gemeinschaft bei Paulus (BU 16), Regensburg: Pustet 1982

Hallinger, Kassius, Papst Gregor der Große und der Hl. Benedikt. *In:* B. *Steidle* (Hg.), Commentationes in Regulam S. Benedicti, 231–319

Harder, Günther, Art. "ὑπόστασις", TBLNT 1 (1972) 544–547

Harms, Theodor, Lebensbeschreibvung des Pastor Louis Harms. Unveränderter Nachdruck der Ausgabe von 1911, Hermannsburg: Missionshandlung 1978

Hat das kontemplative Leben heute noch Sinn und Bedeutung? Ein Brief, EuA 40 (1967) 459–462

Hauck, Friedrich, Art. "Arbeit", RAC 1 (1950) 585–590

- Art. "κοινός", ThWNT 3 (1938) 789–810

Hauschild, Wolf-Dieter, Art. "Basilius von Caesarea", TRE 5 (1980) 301–313

- Die Bewertung der Tradition in der lutherischen Reformation. *In:* W. *Pannenberg*/Th. *Schneider* (Hg.), Verbindliches Zeugnis I, 195–231
- Art. "Eustathius von Sebaste", TRE 10 (1982) 547–550

Hausherr, Irénée, De doctrina spirituali Christianorum Orientalium. Quaestiones et scripta, a) Les huit pensées mauvaises. *In: ders.*, Études de spiritualité Orientale (OCA 183), Rom 1969, 11–22

- Direction spirituelle en orient autrefois (OCA 144), Rom 1955
- Hésychasme et prière (OCA 176), Rom 1966
- La méthode d'oraison hésychaste (OCA 36), Rom 1927
- La prière perpétuelle du Chrétien. *In: ders.*, Hésychasme et prière, 255–306
- L'erreur fondamentale et la logique du Messalianisme, OCP 1 (1935) 328–360
- Les grands courants de la spiritualité orientale, OCP 1 (1935) 114–138
- Les leçons d'un contemplatif. Le Traité de l'Oraison d'Evagre le Pontique, Paris: Beauchesne 1960
- L'hésychasme. Étude de spiritualité. *In: ders.*, Hésychasme et prière, 163–237
- Noms du Christ et voies d'oraison (OCA 157), Rom 1960
- Note sur l'inventeur de la méthode d'oraison hésychaste. *In: ders.*, Hésychasme et prière, 4–7
- Opus Dei, OCP 13 (1947) 195–218
- Par dela l'oraison pure grâce à une coquille. A propos d'un texte d'Évagre. *In: ders.*, Hésychasme et prière, 8–12

Haustein, Jörg, Entmythologisierung einer Zauberformel. Schreiben der Glaubenskongregation über die Kirche als Communio, MdKI 43 (1992) 61–62

Hawel, Peter, Das Mönchtum im Abendland. Geschichte – Kultur – Lebensform, Freiburg-Basel-Wien: Herder 1993

Hebler, Makarios (Hg.), Siebenter Internationaler Regula-Benedicti-Kongreß, Hofgeismar (Evangel. Akademie) 10. – 14. 10. 1990 (RBS 17), St. Ottilien: Eos 1992

Heeremann, Michaela Freifrau von, Zeugen für die Freiheit gesucht! Armut, Keuschheit und Gehorsam – ein Anruf auch an Ehe und Familie. Vortrag beim Ordenstag der Diözese Aachen am 16. Juli 1987 (Nachschrift einer Bandaufnahme)

Helck, Wolfgang, Art. "Sohn", LÄ 5 (1984) 1054

Hempel, Elisabeth, Die Evangelische Franziskanerbruderschaft in der Nachfolge Christi. *In:* L. Präger (Hg.), Frei für Gott und die Menschen, 254–271

Hengel, Martin, Die Arbeit im frühen Christentum, ThBeitr 17 (1986) 174–212

- Nachfolge und Charisma. Eine exegetisch-religionsgeschichtliche Studie zu Mt 8_{21}f. und Jesu Ruf in die Nachfolge (BZNW 34), Berlin: Töpelmann 1968

Hengel, Martin/*Deines*, Roland, die Septuaginta als "christliche Schriftensammlung" und das Problem ihres Kanons. *In:* W. *Pannenberg*/Th. *Schneider* (Hg.), Verbindliches Zeugnis I, 34–127

Hengsbach, Friedhelm, Neuer Lebensstil – Veränderung durch Verzicht, GuL 51 (1978) 213–225

Hertzsch, Erich, Art. "Stundengebet, I. Liturgisch, 3. In den ev. Kirchen", RGG^3 6 (1960) 435f

Herwegen, Ildefons, Sinn und Geist der Benediktinerregel, Einsiedeln-Köln: Benziger 1944

- Väterspruch und Mönchsregel, Münster: Aschendorff 1937

Herzig, Anneliese, "Ordens-Christen". Theologie des Ordenslebens in der Zeit nach dem Zweiten Vatikanischen Konzil (StSSTh 3), Würzburg: Echter 1991

Hesse ,Otmar, Art. "Makarius", TRE 21 (1991) 730–735

Heufelder, Emmanuel, St. Benedikt von Nursia und die Kirche. *In:* J. *Daniélou*/H. *Vorgrimler* (Hg.), Sentire Ecclesiam, 176–184

- Weite des Herzens. Meditationen über den Geist der Benediktusregel, Regensburg: Pustet 1971

Heussi, Karl, Der Ursprung des Mönchtums, Tübingen: Mohr (Siebeck) 1936

- Kompendium der Kirchengeschichte, Tübingen: Mohr (Siebeck) ^{18}1991

Hickel, Helmut, Sammlung und Sendung. Die Brüdergemeine gestern und heute, Berlin: Evg. Verlagsanstalt ^{5}1965

Hille, Rolf, Art. "Evangelikal", ELThG 1 (1992) 560–562

Hirschberger, Johannes, Geschichte der Philosophie, Bd. 1: Altertum und Mittelalter, Bd. 2: Neuzeit und Gegenwart, Freiburg-Basel-Wien: Herder ^{11}1979 u. ^{10}1979

- Kleine Philosophiegeschichte, Freiburg-Basel-Wien: Herder ^{4}1964

Hirzel, Stephan, Der Graf und die Brüder. Die Geschichte einer Gemeinschaft. Neuausgabe, Stuttgart: Quell 1980

Hoffmann, F., Art. "Realismus I.-1. Begriff", HWP 8 (1992) 148–150

Holaubek, Johanna, Art. "Vater", LÄ 6 (1986) 913–914

Hollaartd, Augustinus, Die Feier des Stundengebetes und das Pascha-Mysterium. *In:* M. *Klöckener*/H. *Rennings* (Hg.), Lebendiges Stundengebet, 140–147

Holtz, Leonard, Geschichte des christlichen Ordenslebens, Zürich: Benziger ^{2}1991

Holzherr, Georg, Die Benediktsregel *(s. oben: Patristische Quellen, 1.1.2 unter Benedikt v. Nursia)*

Horn, Stephan, Lebendige Tradition und Schriftverständnis. Die Sicht des hl. Basilius in ihrem geschichtlichen Kontext. *In:* A. *Rauch*/P. *Imhof* (Hg.), Basilius – Heiliger der Einen Kirche, 157–174

Horst, Ulrich, Art. "Dominikanerorden". *In:* G. *Schwaiger*, Mönchtum, Orden, Klöster, 156–177

Hübner, Reinhard M., Rubor confusionis (RB 73,7). Die bleibende Herausforderung des Basilius von Cäsarea für Mönchtum und Kirche, EuA 55 (1979) 327–343

Hünermann, Peter, Tradition – Einspruch und Neugewinn. *In:* D. Wiederkehr (Hg.), Wie geschieht Tradition?, 45–68

Ivánka, Endre von, Plato christianus. Übernahme und Umgestaltung des Platonismus durch die Väter, Einsiedeln: Johannes ^{2}1990

Jacobs, Uwe Kai, Bedeutung und Aussage des Wortes *regula* in historischen Quellen, EuA 67 (1991) 110–115

- Ökumenische Aspekte einer Rechtstheologie der Regula Benedicti, RBS 17 (1992) 227–234

Jaspert, Bernd, Benedikts Botschaft am Ende des 20. Jahrhunderts (MKS 40), Münsterschwarzach: Vier-Türme 1987
- Die Regula Benedicti – Regula Magistri-Kontroverse (RBS.S 3), Hildesheim: Gerstenberg [2]1977
- Mönchtum und Protestantismus, EuA 49 (1973) 312–319

Jaspert, Bernd/*Manning,* Eugène (Hg.), Zweiter Internationaler Regula Benedicti-Kongreß, Maria Laach, 15.–20. 9. 1975 (RBS 5), Hildesheim: Gerstenberger 1977

Jesuiten. Wohin steuert der Orden? Eine kritische Selbstdarstellung von einem Autorenteam SJ (Herderbücherei 532), Freiburg-Basel-Wien: Herder [2]1976

Jilek, August, Art. "Stundengebet", PLSp 1238–1241

Joest, Christoph, "... alle Tage den Menschen dienen". Pachomius († 346) und seine ursprüngliche Inspiration zum koinobitischen Leben, EuA 67 (1991) 35–50
- Benedikt von Nursia und der Stellenwert gegenseitiger brüderlicher Liebe bei Pachom († 346), Horsiesi († nach 387) und Basileios d. Großen († 379), EuA 68 (1992) 312–326
- Die Bedeutung von akedia und apatheia bei Evagrios Pontikos, StMon 35 (1993) 7–53
- Ein Versuch zur Chronologie Pachoms und Theodoros', ZNW 85 (1994) 132–144
- "Gott lieben in voller Empfindung des Herzens". Diadochos von Photike und seine Lehre der Unterscheidung, OstKSt 41 (1992) 149–186
- Gott und den Menschen dienen. Das Anliegen des Pachomius nach seinem Brief Nr. 3, ZKG 103 (1992) 1–32
- Pachom und Theodoros. Konflikte im Autoritätsverständnis bei den Pachomianern, ThPh 68 (1993) 517–530
- Proverbia 6,3 und die Bruderliebe bei den Pachomianern, VigChr 47 (1993) 119–130
- Vom Sinn der Armut bei den Mönchsvätern Ägyptens. Über den Einfluß des kulturellen Hintergrunds auf das Konzept der Askese, GuL 66 (1993) 249–271

Joest, Wilfried, Das "Personale" und der Glaube. Möglichkeiten und Genzen einer theologischen Interpretationskategorie. *In: ders.,* Gott will zum Menschen kommen, 9–45 (zuerst veröffentlicht *in:* KuD 7 [1961] 36–53, 152–171)
- Dogmatik, Bd. 1: Die Wirklichkeit Gottes, Bd. 2: Der Weg Gottes mit dem Menschen (UTB 1336 u. 1413), Göttingen: Vandenhoeck & Ruprecht [3]1989 u. [3]1993
- Erwägungen zur kanonischen Bedeutung des Neuen Testaments. *In:* E. *Käsemann* (Hg.), Das Neue Testament als Kanon, 258–281
- Fundamentaltheologie. Theologische Grundlagen- und Methodenpropbleme (ThW 11), Stuttgart Berlin-Köln-Mainz: Kohlhammer [2]1981
- Gott will zum Menschen kommen. Zum Auftrag der Theologie im Horizont gegenwärtiger Fragen. Gesammelte Aufsätze, Göttingen: Vandenhoeck & Ruprecht 1977
- Martin Luther. *In:* G. *Greshake* (Hg.), Gestalten der Kirchengeschichte Bd. 5: Die Reformationszeit I, Suttgart: Kohlhammer 1981, 129–185

Jungclaussen, Emmanuel (Hg.), Aufrichtige Erzählungen eines russischen Pilgers. Erste vollständige deutsche Ausgabe, hg. u. eingel. v. E. *Jungclaussen,* Freiburg-Basel-Wien: Herder [18]1990
- (Hg.), Das Jesusgebet. Anleitung zur Anrufung des Namens Jesus, von einem Mönch der Ostkirche. Hg. u. eingel. v. E. *Jungclaussen,* Regensburg: Pustet [4]1985
- Die Ökumene der Mystik. *In:* H. G. *Pöhlmann*/B. *Vrijdaghs* (Hg.), Das Wort und das Schweigen (FS K. Künkel), Osnabrück 1992, 64–79. Hier verwendet nach dem Wiederabdruck *in:* Die beiden Türme. Niederaltaicher Rundbrief Nr. 63, Jg. 29-1 (1993) 2–15
- Art. "Herzensgebet", PLSp 621–622
- Art. "Hesychasmus", PLSp 625f
- Art. "Jesus-Gebet", PLSp 672–677
- Worte der Weisung. Die Regel des heiligen Benedikt als Einführung ins geistliche Leben, Freiburg Basel-Wien: Herder [2]1981

Jungmann, Josef Andreas, Altchristliche Gebetsordnung im Lichte des Regelbuches von 'En Fišcha, ZKTh 75 (1953) 215–219
- Beiträge zur Geschichte der Gebetsliturgie, ZKTh 72 (1950): I. Die Entstehung der Matutin, 66–79; II. Die Psalmodie als Vorstufe in den Horen, 223–226; III. Der Umfang der Lesungen, 226–234; IV. Die Kniebeugung zwischen Psalm und Oration, 360–366; V. In unitate Spiritus Sancti, 481–486;

ZKTh 73 (1951): VI. Das Kyrie eleison in den Preces, 85–92; VII. Das Gebet des Herrn im römischen Brevier, 347–358

- Christliches Beten in Wandel und Bestand, Freiburg-Basel-Wien: Herder 1991
- Liturgie der christlichen Frühzeit bis auf Gregor den Großen, Feiburg Schweiz: Universitätsverl. 1967

Käsemann, Ernst, Das Neue Testament als Kanon. Dokumentation und kritische Analyse zur gegenwärtigen Diskussion, Göttingen: Vandenhoeck & Ruprecht 1970

Kallis, Anastasios, Art. "Philokalia", EKL³ 3 (1992) 1189–1191

Karam, Cyril, Saint Basil on The Holy Spirit – Some Aspects of His Theology. *In:* Word and Spirit 1, 137–164

Kardong, Terrence G., Benedict's Use of Cassianic Formulae for Spiritual Progress, StMon 34 (1992) 233–252

- The Monastic practices of Pachomius and the Pachomians, StMon 32 (1990) 59–78

Kasper, Clemens M., Faustus, Predigten an die Mönche I–III, EuA 67 (1991) 293–304, 368–385, 453–466; IV–VIII, EuA 68 (1992) 108–124, 186–194, 279–292, 369–382, 471–480

- Theologie und Askese. Die Spiritualität des Inselmönchtums von Lérins im 5. Jahrhundert (BGAM 40), Münster: Aschendorff 1991

Kasper, Walter, Das Verhältnis von Schrift und Tradition. Die Tradition und die Traditionen. *In:* W. *Pannenberg*/Th. *Schneider* (Hg.), Verbindliches Zeugnis I, 335–370

- Theologie und Kirche, Mainz: Grünewald 1987

Kehl, Medard, Die Kirche. Eine katholische Ekklesiologie, Würzburg: Echter 1992

- Hinführung zum christlichen Glauben, Mainz: Grünewald ²1987
- Kirchenerfahrungen. Zur gegenwärtigen Polarisierung in der Kirche, StZ Bd. 208, 115 (1990) 435–446

Kemmer, Alfons, Christus in der Regel St. Benedikts. *In:* B. *Steidle* (Hg.), Commentationes in Regulam S. Benedicti, 1–14

Kern, Walter, Zur Theologie des Ordenslebens, GuL 32 (1959) 57–60

Klappert, Bertold, Art. "λόγος", TBLNT 3 (1972) 1409–1434

Kleinheyer, Bruno, Das Gedächtnis des Heilswerkes Christi im Gebet zu den Kleinen Tagzeiten. *In:* M. *Klöckener*/H. *Rennings* (Hg.), Lebendiges Stundengebet, 409–430

Klinger, Elmar, Der Zölibat von der Ehe her gesehen. Eine theologische Betrachtung, GuL 41 (1968) 377–381

Klöckener, Martin/*Rennings*, Heinrich (Hg.), Lebendiges Stundengebet. Vertiefung und Hilfe, Freiburg Basel-Wien: Herder 1989

Knauer, Peter, Der Glaube kommt vom Hören. Ökumenische Fundamentaltheologie, Freiburg-Basel Wien: Herder ⁶1991

- Das kirchliche Lehramt und der Beistand des Heiligen Geistes. Zur römischen "Instruktion über die kirchliche Berufung des Theologen", StZ Bd. 208, 115 (1990) 661–675
- Studieren zur Ehre Gottes, Canisius 42,2 (1991) 22–24
- "Unsere Weise voranzugehen" nach den Satzungen der Gesellschaft Jesu. *In:* M. *Sievernich*/G. *Switek*, Ignatianisch, 131–148

Köster, Helmut, Art. "ὑπόστασις", ThWNT 8 (1969) 571–588

Kok, Frans, L'office pachômien: psallere, orare, legere, EO 9 (1992) 69–95

Krause, Martin, Der Erlaßbrief Theodors *(s. oben: Patristische Quellen, 1.1.2 unter Pachom)*

Krauss, Heinrich, Der Gehorsam gegenüber Menschen in den Ordenssatzungen. Reflexionen zu einer zeitgemäßen Anpassung des Ordensgehorsams GuL 39 (1966) 252–264

Kurtz, Waldemar, Domus Dei. Der Kirchenbegriff des hl. Benedikt, RBS 5 (1976) 119–130

Ladeuze, Paulin, Études sur le cénobitisme pakhômien pendant le IVᵉ siècle et la première moitié du Vᵉ, Löwen 1989 (unv. Nachdr. Frankfurt/M.: Minerva 1961)

Laplace, Jean, La virginité selon les premiers Pères, Christus 39 (1992) 174–186

Lau, Franz, Art. "Beruf, III. Christentum und Beruf", RGG³ 1 (1957) 1076–1081

- Art. "Evangelische Räte", RGG³ 2 (1958) 785–788

Laun, Andreas, Art. "Keuschheit", PLSp 699–701

Laun, Ferdinand, Die beiden Regeln des Basilius, ihre Echtheit und Entstehung, ZKG 44, NF 7 (1925) 1–61

Lazareth, William H., Das sola scriptura-Prinzip Martin Luthers. Evangeliumstraditionen zur Bestimmung des christlichen Gerechtigkeitsbegriffs. *In:* J. *Ratzinger* (Hg.), Schriftauslegung im Widerstreit, 98–124

Lean, Garth, John Wesley – Modell einer Revolution ohne Gewalt. Übers. u. eingel. v. Kl. *Bockmühl*, Gießen-Basel: Brunnen 1969

Leclercq, Jean, Beobachtungen zur Regel des heiligen Benedikt, EuA 52 (1976) 414–431; EuA 53 (1977) 19–31 u. 115–122

- Études sur le vocabulaire monastique du Moyen age (StAns 48), Rom: Herder 1961
- Mönchtum und Peregrinatio im Frühmittelalter, RQ 55 (1960) 212–225
- Monachisme et pérégrination du IXe au XIIe siècle, StMon 3 (1991) 33–52

Lefort, Louis Théophile, S. Athanase écrivain copte, Muséon 46 (1933) 1–33

Légasse, S., L'appel du riche. Contribution à l'étude des fondements scriptuaires de l'état religieux, Paris: Beauchesne 1966

Leitner, Severin, In Oberitalien. Aufbruch zum priesterlichen Dienst. *In:* A. *Falkner*/P. *Imhof* (Hg.), Ignatius von Loyola und die Gesellschaft Jesu, 129–148

Le millénaire du Mont Athos, 963–1963. Études et mélanges, Chevetogne: Éditions de Chevetogne 1963

Lengsfeld, Peter, Tradition innerhalb der konstitutiven Zeit der Offenbarung, MySal 1 (1965) 239–288

- Tradition und Heilige Schrift – ihr Verhältnis, MySal 1 (1965) 463–496
- Überlieferung. Schrift und Tradition in der evangelischen und katholischen Theologie der Gegenwart (KKTS 3), Paderborn: Bonifatius 1960

Levis, Alfonso, Koinonia e comunidade no monacato pacomiano, Clar 15 (1975) 269–237

Lichtenberger, Hermann, Daß du nicht vergißt (Devarim – Dtn 4,9). Von der Lebenskraft der Tora, ThBeitr 21 (1990) 196–204

Lilienfeld, Fairy von, Anthropos Pneumatikos – Pater Pneumatophoros. Neues Testament und Apophthegmata Patrum. *In:* dies., Spiritualität des frühen Wüstenmönchtums, 1–13

- Basilius der Große und die Mönchsväter der Wüste. *In:* dies., Spiritualität des frühen Wüstenmönchtums, 62–85
- Die christliche Unterweisung der Apophthegmata Patrum. *In:* Spiritualität des frühen Wüstenmönchtums, 86–113
- Art. "Hesychasmus", TRE 15 (1986) 282–289
- Spiritualität des frühen Wüstenmönchtums. Gesammelte Aufsätze 1962–1971, hg. v. R. Albrecht u. F. Müller (Oikonomia 18), Erlangen: Selbstverl. 1983

Lindbeck, George, Heilige Schrift, Konsens und Gemeinschaft. *In:* J. *Ratzinger* (Hg.), Schriftauslegung im Widerstreit, 45–80

Lippert, Peter, Die "Evangelischen Räte" – Grundprinzip oder Sonderform christlicher Spiritualität? *In:* F. *Groner* (Hg.), Die Kirche im Wandel der Zeit (FS J. Kard. Höffner), Köln: Bachem 1971, 659–669

- "Funktion" und "Dienst" als mögliche Schlüsselbegriffe für Mitwirkung und Selbstdarstellung der Orden auf der Synode '72, OrdKor 12 (1971) 3–13
- Müssen Ordensleute sich unterscheiden? Bemerkungen zunm Selbstverständnis und zum Zeugnis des Ordensstandes, OrdKor 10 (1969) 182–201
- Art. "Ordensspiritualität/Ordensleben", PLSp 951–958
- Spiritualität und Spiritualitäten in den Orden. Problem, Aufgaben, Verheißung, OrdKor 11 (1970) 307–321
- Überlegungen zum Umsetzen von Traditionen in Kirche und Orden, OrdKor 31 (1990) 257–271
- Weg des Menschseins – Weg des Christseins, OrdKor 32 (1991) 149–160

Löser, Werner, Die Regeln des Ignatius von Loyola zur kirchlichen Gesinnung – ihre historische Aussage und ihre aktuelle Bedeutung, GuL 57 (1984) 341–352

- Im Geiste des Origenes. Hans Urs von Balthasar als Interpret der Theologie der Kirchenväter (FTS 23), Frankfurt/M.: Knecht 1976
- Art. "Kirche", LkD 309–311

- Konturen ignatianischer Spiritualität. Zur Exerzitienbetrachtung "um Liebe zu erlangen", GuL 51 (1978) 261–269
- Art. "Mönchtum/Ordensleben", LkD 378f
- "Universale concretum" als Grundgesetz der oeconomia revelationis, HFTh 2 (1985) 108–121

Lohrum, Meinolf, Dominikus, Leipzig: St. Benno ²1992

Lohse, Bernhard, Mönchtum und Reformation. Luthers Auseinandersetzung mit dem Mönchsideal des Mittelalters (FKDG 12), Göttingen: Vandenhoeck & Ruprecht 1963

Loofs, Friedrich, Eustathius von Sebaste und die Chronologie der Basilius-Briefe. Eine patristische Studie, Halle/S.: Niemeyer 1898

Bruder *Lorenz*, Allzeit in Gottes Gegenwart. Briefe, Gespräche, Schriften. Mit der Lebensbeschreibung von Gerhard Tersteegen, Metzingen: Ernst Franz 1984

Lorenz, Rudolf, Zur Chronologie des Pachomius, ZNW 80 (1989) 280–283

Lorié, L. Th. A., Spiritual Terminology in the Latin Translations of the Vita Antonii, with reference to fourth and fifth century monastic literature (LCP 11), Nimwegen: Decker & v. de Vegt 1955

Lotz, Johannes B., Über den Sinn des Ordenslebens. *In:* H. *Gehrig* (Hg.), Die Evangelischen Räte in der heutigen Welt, 17–43

Louf, André, Solitudo pluralis. *In:* A. M. *Allchin* (Hg.), Solitude and Communion, 17–29

Lozano, Juan M., La comunità pacomiana: dalla comunione all'istituzione, Clar 15 (1975) 237–267

Lubac, Henri de, Geist aus der Geschichte. Das Schriftverständnis des Origenes. Übertr. u. eingel. v. H. U. *v. Balthasar*, Einsiedeln: Johannes 1968
- L'Écriture dans la Tradition, Paris: Aubier 1966

Maas-Ewert, Theodor, Was wollte die Liturgische Bewegung? Zu den liturgischen Entwicklungen in den Jahren zwischen den beiden Weltkriegen, EuA 69 (1993) 223–246

März, Fritz, Klassiker christlicher Erziehung, München: Kösel 1988

Mann, Dietrich, Art. "Missionsseminare", EKL³ 3 (1992) 465–467

Manzanera, Miguel, Art. "Koinônia II, Nouveau Testament, B. Actes 2,42", DSp 8 (1974) 1747–1750

Matura, Thadée, Ehelosigkeit und Gemeinschaft. Die Grundlegung des Ordenslebens nach den Evangelien, Werl: Coelde 1969

McDermott, John, Art. "Koinônia II, Nouveau Testament, A. Écrits pauliniennes", DSp 8 (1974) 1745–1747

Melzer, Friso, Der christliche Wortschatz der deutschen Sprache. Eine evangelische Darstellung, Lahr/Baden: E. Kaufmann 1951

Mennessier, A.-I., Art. "Conseils évangéliques", DSp 2 (1953) 1592–1609

Merk, Otto, Art. "Bibelkanon, 2. Nt.licher Kanon", EKL³ 1 (1986) 470–474

Messerschmid, Felix, Art. "Jugendbewegung, III. Kath. Jugendbewegung", RGG³ 3 (1959) 1020–1022

Meyendorff, John, Byzantine Theology. Historical Trends and Doctrinal Themes, second printing of the second edition, New York: Fordham University Press 1983
- Die orthodoxe Kirche gestern und heute (WuA 31), Salzburg: O. Müller 1963

Michel, Karl-Heinz/*Joest*, Christoph, Art. "Heilige Schrift", Brockhaus Biblisches Wörterbuch, 182–184

Miquel, Pierre, Le vocabulaire de l'expérience spirituelle dans la tradition patristique grecque du IVᵉ au XIVᵉ siècle (ThH 86), Paris: Beauchesne 1989

Mit Jesus auf dem Weg. Erläuterungen und Texte zu Exerzitien im Alltag für die Jesuiten im deutschen Sprachraum 1989/1990, übers., bearb. u. hg. v. d. Gruppe für Ignatianische Spiritualität (GIS), Frankfurt a. M. 1989

Mohrmann, Christine, La langue de Saint Benoît. *In:* Benedicti Regula, ed. Ph. *Schmitz*, Maredsous ⁴1975, XI–XLI

Molitor, Raphael, Wesen und Vorzüge des Familienklosters, BenM 14 (1932) 289–306, 378–384

Molle, M. M. van, Aux origines de la vie communautaire chrétienne, quelques équivoques déterminantes pour l'avenir, VS.S 22 (1969) 101–121
- Confrontation entre les règles et la littérature pachômienne postérieure, VS.S 21 (1968) 394–424
- Essai de classement chronologique des premières règles de vie commune connue en chrétienté, VS.S 21 (1968) 108–127
- Vie commune et obéissance d'après les institutions premières de Pachôme et Basile, VS.S 23 (1970) 196–225

Mrsich, Tycho, Art. "Erbe", LÄ 1 (1975) 1235–1260

Müller, Alois, Das Problem von Befehl und Gehorsam im Leben der Kirche. Eine pastoraltheologische Untersuchung, Einsiedeln: Benziger 1964

Müller, Beda/*Kervingant*, M. de la Trinité, Einheit wächst im Herzen. Der Beitrag des Mönchtums zur Ökumene. Mit einer Biographie der Trappistin Maria-Gabriella Sagheddu, München: Neue Stadt 1986

Nagel, Peter, Art. "Manichäismus", EKL[3] 3 (1992) 262–265

Neufeld, Karl Heinz, Art. "Spiritualität", LkD 476–478

Nigg, Walter, Das Buch der Ketzer, Zürich: Diogenes 1986

- Große Heilige, Zürich: Artemis [10]1981

- Vom Geheimnis der Mönche, Zürich: Artemis 1953

Nouwen, Henri J. M., Feuer, das von innen brennt. Stille und Gebet, Freiburg-Basel-Wien: Herder [9]1992

- Ich hörte auf die Stille. Sieben Monate im Trappistenkloster, Freiburg-Basel-Wien: Herder [13]1993

Ökumenischer Arbeitskreis evangelischer und katholischer Theologen, Kanon – Heilige Schrift – Tradition. Gemeinsame Erklärung. *In:* W. *Pannenberg*/Th. *Schneider* (Hg.), Verbindliches Zeugnis I, 371–397

O'Donnell, John, Hans Urs von Balthasar – Gestalt seiner Theologie, IKaZ 18 (1989) 318–332

Orlandi, Tito, Egyptian Monasticism and the Beginning of the Coptic Literature. *In:* P. *Nagel* (Hg.), Carl-Schmidt-Kolloquium an der Martin-Luther-Universität 1988, Referate der VI. Koptologischen Arbeitskonferenz 27. – 29. April 1988, Halle: Martin-Luther-Uni. 1990, 129–142

- Nuovi testi copti pacomiani. *In:* J. *Gribomont* (Hg.), Commandements du Seigneur, 241–243

Pannenberg, Wolfhart, Christliche Spiritualität. Theologische Aspekte (KVR 1519), Göttingen: Vandenhoeck & Ruprecht 1986

Pannenberg, Wolfhart/*Schneider*, Theodor (Hg.), Verbindliches Zeugnis I: Kanon – Schrift – Tradition (Dialog der Kirchen 7), Freiburg/Br. und Göttingen: Herder und Vandenhoek & Ruprecht 1992

Pascher, Joseph, Das Stundengebet der römischen Kirche, München: Zink 1954

Payr, Theresia, Der Magistertext in der Überlieferungsgeschichte der Benediktinerregel. *In:* B. *Steidle* (Hg.), Regula Magistri – Regula S. Benedicti, 1–84

Penco, Gregorio, La *Regula Magistri* e la storia testuale della *Regula S. Benedicti*. *In:* B. *Steidle* (Hg.), Regula Magistri – Regula S. Benedicti, 85–106

Pesch, Otto Hermann, Das Wort Gottes als objektives Prinzip der theologischen Erkenntnis, HFTh 4 (1988) 27–50

- Luthers Kritk am Mönchtum in katholischer Sicht. *In:* Strukturen christlicher Existenz. Beiträge zur Erneuerung des geistlichen Lebens, hg. v. H. *Schlier*/ E. *v. Severus*/J. *Sudbrack* /A. *Pereira*, Würzburg: Echter 1968, 81–96 u. 371–374

- Thomas von Aquin. Grenze und Größe mittelalterlicher Theologie, Mainz: Grünewald 1988

Pesch, Wilhelm, Die evangelischen Räte und das Neue Testament, OrdKor 4 (1963) 86–96

- Literatur zu den Evangelischen Räten, OrdKor 7 (1966) 197–204

Petzold, Hilarion, Abriß einer orthodoxen Anthropologie auf der Grundlage der patristischen Lehre vom Menschen. *In:* B. *Zenkowsky*/H. *Petzold*, Das Bild vom Menschen im Lichte der orthodoxen Anthropologie, Marburg: R. F. Edel 1969, 50–76

- Die Bedeutung des Herzens und der Herzenserkenntnis für die Seelsorge aus der Sicht ostkirchlicher Anthropologie und Pastoraltheologie. *In:* B. *Zenkowsky*/H. *Petzold*, Das Bild vom Menschen im Lichte der orthodoxen Anthropologie, Marburg: R. F. Edel 1969, 77–91

Pfützner, Robert (Hg.), Hat Jesus dies gewußt? Christsein in unserer Zeit, München: Verl. f. Gemeindepädagogik 1986

Pieper, Josef, Tradition als Herausforderung. Aufsätze und Reden, München: Kösel 1963

- Über das in Wahrheit Bewahrenswerte. Festrede zum Wiederaufbau des Gymnasium Paulinum in Münster (1959). *In: ders.*, Tradition als Herausforderung, 48–66

- Was heißt "Christliches Abendland"? *In: ders.*, Tradition als Herausforderung, 36–47

Piteşti, Gherasim, Die Lehre des hl. Basilius des Großen in den großen und kleinen Regeln. *In:* A. *Rauch*/P. *Imhof* (Hg.), Basilius – Heiliger der Einen Kirche, 127–136

Places, Édouard des, Diadoque de Photicé et le Messalianisme. *In:* Kyriakon (FS J. Quasten), hg. v. P. *Granfield* u. J. A. *Jungmann*, Münster: Aschendorff 1970, 191–195

Plöger, Josef G. (Hg.), Gott feiern. Theologische Anregungen und geistliche Vertiefung zur Feier von Messe und Stundengebet, Freiburg-Basel-Wien: Herder 1980

Podskalsky, Gerhard, Gott ist Licht. Zur Gotteserfahrung in der griechischen Theologie und Mystik, GuL 39 (1966) 201–214

- Zur Gestalt und Geschichte des Hesychasmus, OstKSt 16 (1967) 15–32

Pöhlmann, Wolfgang, Der Verlorene Sohn und das Haus. Studien zu Lukas 15,11–32 im Horizont der antiken Lehre von Haus, Erziehung und Ackerbau (WUNT 68), Tübingen: Mohr (Siebeck) 1993

Pottmeyer, Hermann Josef, Die Suche nach der verbindlichen Tradition und die traditionalistische Versuchung der Kirche. *In:* D. Wiederkehr (Hg.), Wie geschieht Tradition?, 89–110

- Normen, Kriterien und Struktur der Überlieferung, HFTh 4 (1988) 124–152

Prinz, Friedrich, Askese und Kultur. Vor- und frühbenediktinisches Mönchtum an der Wiege Europas, München: Beck 1980

- Frühes Mönchtum im Frankenreich. Kultur und Gesellschaft in Gallien, den Rheinlanden und Bayern am Beispiel der monastischen Entwicklung, München: Oldenbourg ²1988

Pruche, Benoît, Δόγμα et Κήρυγμα dans le traité *Sur le Saint-Esprit* de Saint Basile de Césarée en Cappadoce, StPatr 9,3 (TU 94), Berlin: Akademie 1966, 257–262

Puzicha, Michaela, Benedikt von Nursia – Ein Mensch "per ducatum evangelii". Die Gestalt Benedikts bei Gregor d. Gr. im zweiten Buch der Dialoge, RBS 17 (1992) 67–84

- Die Regeln der Väter *(s. oben: Patristische Quellen, 1.1.2 unter Lérins)*

Quecke, Hans, Die Briefe Pachoms *(s. oben: Patristische Quellen, 1.1.2 unter Pachom)*

- Eine Handvoll pachomianischer Texte *(s. oben: Patristische Quellen, 1.1.2 unter Pachom)*

- Rez. Bacht, Heinrich, Das Vermächtnis des Ursprungs: Studien zum frühen Mönchtum II, Pachomius – Der Mann und sein Werk usw., Or 56 (1987) 118–121

- Untersuchungen zum koptischen Stundengebet (PIOL 3), Löwen: Institute orientaliste 1970

Racle, Gabriel, A propos du Christ-Père dans l'Homélie pascale de Méliton de Sardes, RSR 50 (1962) 400–408

Rahner, Karl, Bemerkungen zum Begriff der Offenbarung. *In:* K. *Rahner*/J. *Ratzinger*, Offenbarung und Überlieferung, 11–24

- Das Charismatische in der Kirche. *In: ders.*, Das Dynamische in der Kirche, 38–73
- Das Dynamische in der Kirche (QD 5), Basel-Freiburg-Wien: Herder 1958
- Der dreifaltige Gott als transzendenter Urgrund der Heilsgeschichte, MySal 2 (1967) 317–401
- Die geistliche Lehre des Evagrius Pontikus. In ihren Grundzügen dargestellt, ZAM 8 (1933) 21–38
- Die Zukunft der Orden in Welt und Kirche von heute, GuL 43 (1970) 338–354
- Frömmigkeit heute und morgen, GuL 39 (1966) 326–342
- Gotteserfahrung heute. *In: ders.*, Schriften zur Theologie IX, 161–176
- Grundkurs des Glaubens. Einführung in den Begriff des Christentums, Freiburg-Basel-Wien: Herder ²1976
- Heilige Schrift und Theologie. *In: ders.*, Schriften zur Theologie VI, 111–120
- Heilige Schrift und Tradition. *In: ders.*, Schriften zur Theologie VI, 121–138
- Jesus Christus – Sinn des Lebens. *In: ders.*, Schriften zur Theologie XV, 206–216
- Prinzipien und Imperative. *In: ders.*, Das Dynamische in der Kirche, 14–37
- Schriften zur Theologie. Bd. VI: Neuere Schriften, Einsiedeln-Zürich-Köln: Benziger 1965
- Schriften zur Theologie. Bd. IX, Einsiedeln-Zürich-Köln: Benziger 1970
- Schriften zur Theologie Bd. XV, Wissenschaft und christlicher Glaube. Bearb. v. P. *Imhof*, Zürich Einsiedeln-Köln: Benziger 1983
- Art. "Theologische Erkenntnis- und Methodenlehre", SM 4 (1969) 885–892
- Art. "Transzendentaltheologie", SM 4 (1969) 986–992
- Art. "Trinität", SM 4 (1969) 1005–1021
- Über die evangelischen Räte, GuL 37 (1964) 17–37
- Überlegungen zur Methode der Theologie. *In: ders.*, Schriften zur Theologie IX, 79–126

Rahner, Karl/*Ratzinger*, Joseph, Offenbarung und Überlieferung (QD 25), Freiburg-Basel-Wien: Herder 1965

Rahner, Karl/*Vorgrimler*, Herbert, Kleines Konzilskompendium. Sämtliche Texte des zweiten Vatikanums. Allgemeine Einleitung – 16 spezielle Einführungen – ausführl. Sachregister. Mit einem Nachtrag vom Oktober 1968: Die nachkonziliare Arbeit der röm. Kirchenleitung, Freiburg-Basel-Wien: Herder [22]1990

Ranke-Heinemann, Uta, Das frühe Mönchtum. Seine Motive nach den Selbstzeugnissen, Essen: Driewer 1964

- Die ersten Mönche und die Dämonen, GuL 29 (1956) 165 170
- Zum Ideal der vita angelica im frühen Mönchtum, GuL 29 (1956) 347–357
- Zum Motiv der Nachfolge im frühen Mönchtum, EuA 36 (1960) 335–347

Ranwez, Edouard Adrien, Drei Evangelische Räte? Conc(D) 1 (1965) 748–752

Ratzinger, Joseph, Einführung und Kommentar zur Dogmatischen Konstitution über die göttliche Offenbarung (Dei Verbum), LThK.E 2 (1967) 497–583

- Ein Versuch zur Frage des Traditionsbegriffs. *In:* K. *Rahner*/J. *Ratzinger*, Offenbarung und Überlieferung, 25–69
- Schreiben an die Bischöfe der katholischen Kirche über einige Aspekte der Kirche als Communio, *In:* L'Osservatore Romano 22 (1992), Nr. 25 vom 19.06.1992, Beilage XXIII, 7–9
- Schriftauslegung im Widerstreit. Zur Frage nach Grundlagen und Weg der Exegese heute. *In: ders.* (Hg.), Schriftauslegung im Widerstreit, 15–44
- (Hg.), Schriftauslegung im Widerstreit. Raymond E. *Brown*, William H. *Lazareth*, George *Lindbeck*, Joseph *Ratzinger* (QD 117), Freiburg-Basel-Wien: Herder 1989

Rauch, Albert/*Imhof*, Paul, Basilius – Heiliger der einen Kirche. Regensburger Ökumenisches Symposion 1979. Im Auftrag der Ökumene-Kommission der Deutschen Bischofskonferenz 16. 7. bis 21. 7. 1979 (KOINONIA 1), München: Kaffke 1981

Refoulé, François, La christologie d'Évagre et l'origénisme, OCP 27 (1961) 221–266

Regnault, Lucien, La prière continuelle "monologistos" dans la littérature apophthegmatique, Irénikon 47 (1974) 467–493

Rendtorff, Heinrich, Art. "Moralische Aufrüstung", RGG[3] 4 (1960) 1126–1127

Rentsch, Thomas, Art. "Paradigma", HWP 7 (1989) 74–81

Richter, Arthur, Auf der Suche nach Freiheit. Freundesbriefe, Wuppertal: R. Brockhaus [18]1982

- Gedanken zur Praxis der Seelsorge, Hannover-Anderten: Selbstverlag [6]1977

Ricken, Friedo, Philosophie in der Antike. Grundkurs Philosophie 6 (Urban-TB 350), Stuttgart-Berlin Köln-Mainz: Kohlhammer 1988

Riedinger, Rudolf, Art. "Akoimeten", TRE 2 (1978) 148–153

Riedlinger, Helmut, Die Evangelischen Räte als Ausdruck christlicher Hoffnung. *In:* H. *Gehrig* (Hg.), Die Evangelischen Räte in der heutigen Welt, 57–65

Riesner, Rainer, Art. "Bibel, a) Entstehung, III. Der Kanon", ELThG 1 (1992) 247–249

Roloff, Jürgen, Die Apostelgeschichte (NTD 5), Göttingen: Vandenhoeck & Ruprecht [18(2)]1988

Rondet, Henri, Art. "Nouvelle Théologie", SM 3 (1969) 816–820

Rosenbaum, Heidi (Hg.), Familie und Gesellschaftsstruktur. Materialien zu den sozioökonomischen Bedingungen von Familienformen, hg. u. eingel. v. H. *Rosenbaum*, Frankfurt a. M.: Fischer TB Verlag 1974

Rotter, Hans, Gelübde und Versprechen, GuL 43 (1970) 354–369

Rouillard, Germaine, La vie rurale dans l'empire byzantin, Paris: Librairie d'Amérique et d'Orient 1953

Roy, Olivier du, Das monastische Leben heute, GuL 43 (1970) 194–205

Ruhbach, Gerhard, Art. "Bibel, b)", ELThG 1 (1992) 249–251

- Evangelische Spiritualität – Überlegungen und Kriterien, Una Sancta 34 (1979) 131–137; *jetzt auch in: ders.*, Theologie und Spiritualität 122–130
- Ordnung – Verbindlichkeit – Nachfolge Christi. *In: ders.*, Theologie und Spiritualität, 28–37
- Gerhard Tersteegen (1697–1769). *In:* G. *Ruhbach*/J. *Sudbrack*. Große Mystiker, 251–266.386–389
- Theologie und Spiritualität. Beiträge zur Gestaltwerdung des christlichen Glaubens, Göttingen: Vandenhoeck & Ruprecht 1987

Ruhbach, G./*Sudbrack*, J. (Hg.), Christliche Mystik. Texte aus zwei Jahrtausenden, München: Beck 1989

- (Hg.), Große Mystiker. Leben und Wirken, München: Beck 1984

Ruppert, Fidelis, Arbeit und geistliches Leben im pachomianischen Mönchtum, OstKSt 24 (1975) 3–14

- Das pachomianische Mönchtum und die Anfänge des klösterlichen Gehorsams (MüSt 20), Münsterschwarzach: Vier-Türme 1971

- Meditatio – Ruminatio. Zu einem Grundbegriff christlicher Meditation, EuA 53 (1977) 83–93

Ruppert, Fidelis/*Grün*, Anselm, Bete und arbeite. Eine christliche Lebensregel (MKS 17), Münsterschwarzach: Vier-Türme 1982

- Christus im Bruder nach der Regel Sankt Benedikts (MKS 3), Münsterschwarzach: Vier-Türme 1979

Salmon, P., Das Stundengebet, HLW(M) 2 (1965) 326–422

Sartory, Gertrude und Thomas, Benedikt von Nursia – Weisheit des Maßes (Herderbücherei 884), Freiburg-Basel-Wien: Herder 1981

Schalück, Hermann, Art. "Militia/Kampf", PLSp 881–883

Scharr, Peter, Consensus fidelium. Zur Unfehlbarkeit der Kirche aus der Perspektive einer Konsenstheorie der Wahrheit (StSSTh 6), Würzburg: Echter 1992

Schattenmann, Johannes, Art. "Gemeinschaft/κοινωνία", TBLNT 1 (1972) 459–499

Schatz, Klaus, Geschichte des Ordenslebens. Unveröffentlichtes Vorlesungsskript vom WS 1985/86, Frankfurt/M.: Sankt Georgen

- Ordensleben. Die evangelischen Räte im Zeitalter der Reformation. *In:* A. *Falkner*/P. *Imhof* (Hg.), Ignatius von Loyola und die Gesellschaft Jesu, 109–120

Scheuer, Manfred, Die Evangelischen Räte. Strukturprinzip systematischer Theologie bei H. U. von Balthasar, K. Rahner, J. B. Metz und in der Theologie der Befreiung (StSSTh 1), Würzburg: Echter ²1992

Schillebeeckx, Edward, Das Ordensleben in der Auseinanderstezung mit dem neuen Menschen- und Gottesbild, OrdKor 9 (1968) 105–134

Schiwietz, Stephan, Das morgenländische Mönchtum, Bd. 1: Das Ascetentum der drei ersten christlichen Jahrhunderte und das egyptische Mönchtum im vierten Jahrhundert, Mainz: Kirchheim 1904

Schlink, Edmund, Ökumenische Dogmatik. Grundzüge, Göttingen: Vandenhoeck & Ruprecht 1983

Schmaus, Michael, Die mündliche Überlieferung. Beiträge zum Begriff der Tradition von H. *Bacht*, H. *Fries*, J. R. *Geiselmann*, München: Hueber 1957

Schmelzer, Fidelis, Ordensleben im Spannungsfeld von Einzelpersönlichkeit und Gemeinschaft. Aus soziologischer Sicht, OrdKor 10 (1969) 157–160

Schmidt, Martin, Pietismus (Urban-TB 145), Stuttgart-Berlin-Köln-Mainz: Kohlhammer 1972

- Art. "Pietismus 1.–5.", RGG³ 5 (1961) 370–381

- Art., "Wesley, John", RGG³ 6 (1962) 1656–1658

Schmidt, Martin/*Jannasch*, Wilhelm, Das Zeitalter des Pietismus (KlProt 6 = SD 241), Bremen: Schünemann 1965

Schmidt-Lauber, Hans-Christoph, Die Zukunft des Gottesdienstes. Von der Notwendigkeit lebendiger Liturgie (ctb 19), Stuttgart: Calwer 1990

Schnackenburg, Rudolf, Art. "Evangelische Räte. I. In der Schrift", LThK 3 (1959) 1245f

Schneider, H. J., Art. "Nominalismus", HWP 6 (1984) 874–888

Schneider, Michael, Aus den Quellen der Wüste. Die Bedeutung der frühen Mönchsväter für eine Spiritualität heute (KOINONIA-ORIENS 24), Köln: Luthe ²1989

Schnitzler, Theodor, Was das Stundengebet bedeutet. Hilfe zum geistlichen Neubeginn, Freiburg-Basel Wien: Herder 1980

Schönborn, Christoph, Die Christus-Ikone. Eine theologische Hinführung, Schaffhausen: Novalis 1984

Scholz, Dieter B., Für die Armen und Flüchtenden da sein. Praktische Nächstenliebe in Rom (1538). *In:* A. *Falkner*/P. *Imhof* (Hg.), Ignatius von Loyola, 175–184

Schürmann, Heinz, Der Jüngerkreis Jesu als Zeichen für Israel und als Urbild des kirchlichen Rätestandes, GuL 36 (1963) 21–35

- Gemeinde als Bruderschaft. *In: ders.*, Ursprung und Gestalt. Erörterungen und Besinnungen zum Neuen Testament, Düsseldorf: Patmos 1970, 61–73

Schütz, Christian, Art. "Christliche Spiritualität", PLSp 1170–1180
- Art. "Wüste", PLSp 1446–1452

Schulz, Anselm, "Ein Zeichen für das in Christus angebrochene Heil". *In:* F. *Wulf*/ C. *Bamberg*/A. *Schulz* (Hg.), Nachfolge als Zeichen, 42–50
- Geistliche Gemeinschaften der Kirche als "Jüngergemeinde". *In:* F. *Wulf*/C. *Bamberg*/A. *Schulz* (Hg.), Nachfolge als Zeichen, 51–60
- Art. "Orden, Mönchtum", ÖL² 914–917
- Von den neutestamentlichen Grundlagen der sogenannten "klösterlichen Armut", OrdKor 10 (1969) 1–13
- Zu einer neutestamentlichen Grundlegung der "monastischen Armut", EuA 41 (1965) 443–459

Schultze, Bernhard, Heilige Schrift und Überlieferung in Verbindung mit dem ökumenischen Konzil in der Lehre der byzantinisch-slawischen Theologie, OstKSt 9 (1960) 3–25

Schwaiger, Georg, Das christliche Mönchtum in der Geschichte. *In: ders.* (Hg.), Mönchtum, Orden, Klöster, 9–43
- Geschichte der Päpste im 20. Jahrhundert, München: dtv 1968
- (Hg.), Mönchtum, Orden, Klöster. Von den Anfängen bis zur Gegenwart. Ein Lexikon, München: C. H. Beck 1993

Sebott, Reinhold, Das Vierte Gelübde. Die Sendung durch den Papst. *In:* A. *Falkner*/P. *Imhof* (Hg.), Ignatius von Loyola und die Gesellschaft Jesu, 105–108

Seibel, Wolfgang, Einheit der Kirchen, StZ Bd. 211, 118 (1993) 73–74

Severus, Emmanuel von, ΒΙΟΣ ᾿ΑΓΓΕΛΙΚΟΣ. Zum Verständnis des Mönchslebens als "Engelleben" in der christlichen Überlieferung, LuM 21 (1957) 73–88
- Das Monasterium als Kirche. *In:* H. Emonds (Hg.), Enkainia, 230–248
- Die christlichen Stände in der Ordnung der Heilsökonomie, GuL 27 (1954) 406–418
- "Monastische" Frömmigkeit, LuM 27 (1960) 48–54
- Art. "Monastische Spiritualität", PLSp 1205–1207
- "Ora et labora". Gedanken zu einer "benediktinischen Devise", LuM 28 (1961) 38–43
- Was heißt ἐκκλησιαστικῶς μονάζειν heute? RBS 5 (1976) 165–170
- Zu den biblischen Grundlagen des Mönchtums, GuL 26 (1953) 113–122

Sieben, Hermann Josef, Art. "Koinônia III, Chez les pères: sens sacramentaire et ecclésiologique", DSp 8 (1974) 1750–1754
- Option für den Papst. Die Jesuiten auf dem Konzil von Trient, Dritte Sitzungsperiode 1562/1563. *In:* M. *Sievenrich*/G. *Switek* (Hg.), Igantianisch, 235–253

Sievernich, Michael/*Switek*, Günter (Hg.), Ignatianisch. Eigenart und Methode der Gesellschaft Jesu, Freiburg-Basel-Wien: Herder ²1991

SJ – Jesuiten heute. Eine Informationsschrift über den Jesuitenorden. Hg. von der Norddeutschen Provinz der Gesellschaft Jesu, Köln, Frankfurt ²1989

Slenczka, Reinhard, Schriftautorität und Schriftkritik. *In:* W. *Pannenberg*/Th. *Schneider* (Hg.), Verbindliches Zeugnis I, 315–334

Smolitsch, Igor, Leben und Lehre der Starzen. Der Weg zum vollkommenen Leben. Mit einem Nachwort neu hg. v. E. *Jungclaussen*, Freiburg-Basel-Wien: Herder 1988

Sorg, Theo (Hg.), Leben in Gang halten. Pietismus und Kirche in Württemberg, Metzingen: Ernst Franz 1980

Stadlhuber, Josef, Das Stundengebet der Laien im christlichen Altertum, ZKTh 71 (1949) 129–183

Stalder, Kurt, Konziliarität und Petrusfunktion in der Kirche. *In:* H. *Stirnimann*/L. *Vischer*, Papsttum und Petrusdienst, 57–62

Staniloae, Dumitru, Gebet und Heiligkeit (MKS 59), Münsterschwarzach: Vier-Türme 1990
- Orthodoxe Dogmatik, 2 Bde. (Ökumenische Theologie 12 u. 15), Zürich-Einsiedeln-Köln u. Gütersloh: Benziger u. Gütersloher Verlagshaus G. Mohn 1985 u. 1990

Stebler, Vinzenz, Die 'horae competentes' des benediktinischen Stundengebetes. *In:* B. *Steidle* (Hg.), Commentationes in Regulam S. Benedicti, 15–24

Steck, Odil Hannes, Der Kanon des hebräischen Alten Testaments. *In:* W. *Pannenberg*/Th. *Schneider* (Hg.), Verbindliches Zeugnis I, 11–33

Stegemann, Wolfgang, Lebensumstände in biblischer Zeit. *In:* R. *Pfützner* (Hg.), Hat Jesus dies gewußt? 9–25

Steidle, Basilius, Abba – Vater, BenM 16 (1934) 89–101

- "Ante unam horam refectionis..." Versuch einer neuen Deutung von Kapitel 35,12–14 der Regel St. Benedikts. *In: ders.*, Commentationes in Regulam S. Benedicti, 73–104
- (Hg.), Antonius magnus eremita, 356–1956. Studia ad antiquum monachismum spectantia (StAns 38), Rom: Herder 1956
- (Hg.), Commentationes in Regulam S. Benedicti (StAns 42), Rom: Herder 1957
- Das Versprechen der "Beständigkeit", des "Tugend-Wandels" und des "Gehorsams" in der Regel St. Benedikts (Kap. 58,17), EuA 36 (1960) 105–122
- "De conversatione morum suorum". Zum philologischen Verständnis von Regula S. Benedicti, Cap. 58,17. *In: ders.* (Hg.), Regula Magistri – Regula S. Benedicti, 136–144
- Der heilige Abt Theodor von Tabennesi. Zur 1600. Wiederkehr des Todesjahres (368 –1968), EuA 44 (1968) 91–103
- Der Osterbrief unseres Vaters Theodor an alle Klöster. Zur 1600. Wiederkehr des Todesjahres (368–1968). eingel. u. übers. v. P. B. Steidle, EuA 44 (1968) 104–119
- "Der Zweite" im Pachomiuskloster. Zum Verständnis des 65. Kapitels der Regel St. Benedikts, BenM 24 (1948) 97–104, 174–179
- Die Armut in der frühen Kirche und im alten Mönchtum, EuA 41 (1965) 460–481
- Die Regel St. Benedikts *(s. oben: Patristische Quellen, 1.1.2 unter Benedikt v. Nursia)*
- Dominici scola servitii. Zum Verständnis des Prologs der Regel St. Benedikts, BenM 28 (1952) 397–406
- Gemeinschaft im Heiligen Geist. Die siebente Frage und Antwort aus den "Ausführlichen Regeln" des hl. Basilius, eingel. u. übers. v. P. B. *Steidle*, BenM 24 (1948) 3–9
- Heilige Vaterschaft, BenM 14 (1932) 215–226
- "Homo dei Antonius". Zum Bild des "Mannes Gottes" im alten Mönchtum. *In: ders.* (Hg.), Antonius magnus eremita, 148–200
- Per oboedientiam laborem ... per inoboedientiae desidiam. Zu Prolog 2 der Regel St. Benedikts, EuA 53 (1977) 428–435; 54 (1978) 200–216, 280–285
- (Hg.), Regula Magistri – Regula S. Benedicti. Studia Monastica (StAns 44), Rom: Herder 1959
- St. Benedikts Kritik am zeitgenössischen Mönchtum, LuM 43 (1968) 20–30

Steidle, Basilius/*Schuler*, Otmar, Der "Obern-Spiegel" im "Testament" des Abtes Horsiesi († nach 387), EuA 43 (1967) 22–38

Stemberger, Günter, Der Talmud. Einführung – Texte – Erläuterungen, München: Beck [2]1987

Stirnimann, Heinrich/*Vischer*, Lukas, Papsttum und Petrusdienst. Mit weiteren Beiträgen von G. *Gassmann*, H. *Meyer*, D. *Papandreou*, K. *Stalder*, A. *Stoecklin* und Dokumenten (ÖkPer 7), Frankfurt/M.: Lembeck/Knecht 1975

Störig, Hans Joachim, Kleine Weltgeschichte der Philosophie, Stuttgart-Berlin-Köln: Kohlhammer [15]1990

Strobel, August, Der Begriff des "Hauses" im griechischen und römischen Privatrecht, ZNW 56 (1965) 91–100

Struve, Wolfgang, Homo mysticus. Zwei Vorträge, Wies/Südschwarzwald: Anders leben 1983

- Über die Nichtkonformität des Wirklichen, Wies/Südschwarzwald: Anders leben 1986
- Welt und Wirklichkeit. Überlegungen zu einer elementaren Unterscheidung im philosophischen Denken. *In: ders.*, Homo mysticus, 9–38
- West-östliche Mystik und das Problem absoluter Transzendenz. *In: ders.*, Homo mysticus, 39–69

Studer, Basilius, Art. "Hypostase", HWP 3 (1974) 1255–1259

Stupperich, Robert, Art. "Bruderschaften/Schwesternschaften/Kommunitäten", 2.–6., TRE 7 (1981) 195–206

Sudbrack, Josef, "Autorität ist nur wahr durch Erweckung der Freiheit", GuL 38 (1965) 64–68

- Das Exerzitienbuch. Ein Wegzeichen moderner Spiritualität. *In:* A. *Falkner*/P. *Imhof* (Hg.), Ignatius von Loyola, 451–469
- Das Neue wagen – und das Alte gewinnen. Zur Selbstbestimmung der Ordensgemeinschaften, GuL 41 (1968) 176–193

- "Die Schar der Gläubigen war ein Herz und eine Seele" (Apg 4, 32), GuL 38 (1965) 161–168
- Art. "Geschichte der Spiritualität", PLSp 1180–1187
- Leben in geistlicher Gemeinschaft. Eine Spiritualität der evangelischen Räte für heute und morgen, Würzburg: Echter 1983
- Art. "Spiritualität", SM 4 (1969) 674–691
- Um den Stellenwert der Spiritualität im Gesamt der Theologie, GuL 37 (1964) 387–393
- Vom Geheimnis christlicher Spiritualität: Einheit und Vielfalt, GuL 39 (1966) 24–44

Suttner, Ernst Christoph, Das basilianische Mönchtum – Lebenszelle der Kirche. *In:* A. *Rauch*/P. *Imhof* (Hg.), Basilius – Heiliger der Einen Kirche, 109–126

Switek, Günter, Die Eigenart der Gesellschaft Jesu im Vergleich zu den anderen Orden in der Sicht des Ignatius und seiner ersten Gefährten. *In:* M. *Sievernich*/G. *Switek* (Hg.), Ignatianisch, 204–232
- Die Gelübde des Ignatius und seiner Gefährten auf dem Montmartre, GuL 65 (1992) 245–257
- Kirchlichkeit oder Berufung auf den Geist? GuL 49 (1976) 92–105
- Wüstenväter und Dämonen. Ein Beitrag zur Geschichte des "Geistlichen Kampfes", GuL 37 (1964) 340–358
- Zeitgemäße Formen der Armut. *In:* F. *Wulf*/C. *Bamberg*/A. *Schulz* (Hg.), Nachfolge als Zeichen, 200–207

Tamburrino, Pius, Koinonia. Die Beziehung "Monasterium" – "Kirche" im frühen pachomianischen Mönchtum, EuA 43 (1967) 5–21
- La "Regula Benedicti" e gli scritti pacomiani. *In:* ders. (Hg.), S. Benedetto e l'Oriente cristiano, 37–72
- (Hg.), S. Benedetto e l'Oriente cristiano. Atti del Simposio tenuto all'abbazia della Novalesa (19 – 23 maggio 1980), Novalesa 1981

Tellechea, Ignacio, Ignatius von Loyola, "Allein und zu Fuß". Eine Biographie, Zürich: Benziger 1991

Tetz, Martin, Art. "Athanasius von Alexandrien", TRE 4 (1979) 333–349
- Zur Biographie des Athanasius von Alexandrien, ZKG 90 (1979) 304–338

Theodorou, Evangelos, Die Kirche als communio sanctorum bei Basilius. *In:* A. *Rauch*/P. *Imhof* (Hg.), Basilius – Heiliger der Einen Kirche, 68–81

Tillard, Jean-Marie R., Art. "Koinônia V, Dans la vie chrétienne aujourd'hui", DSp 8 (1974) 1758–1769
- Le fondement évangélique de la vie religieuse, NRTh 91 (1969) 916–955

Trappe, T., Art. "Realismus I.-2. Rezeption", HWP 8 (1992) 150–156

Trouillard, J., Art. "Plotinos", LThK 8 (1963) 564–564

Uhsadel, Walter, Art. "Jugendbewegung, I. Geschichte und Bedeutung, II. Jugendbewegung und ev. Kirche", RGG^3 3 (1959) 1013–1020

Vandenbroucke, J., Spiritualität und Spiritualitäten, Conc(D) 1 (1965) 735–742

Veilleux, Armand, Betrachtung über den Gehorsam, EuA 55 (1979) 271–280
- La liturgie dans le cénobitisme pachômien au quatrième siècle (StAns 57), Rom: Herder 1968
- La problème des Vies de Pachôme, RAM 42 (1966) 287–305
- La théologie de l'abbatiat cénobitique et ses implications liturgique, VS.S 21 (1968) 351–393

Viller, Marcel/*Rahner*, Karl, Aszese und Mystik in der Väterzeit. Ein Abriß der frühchristlichen Spiritualität. Unveränderte Neuausgabe, Freiburg-Basel-Wien: Herder 1989

Vischer, Lukas, Petrus und der Bischof von Rom – ihre Dienste in der Kirche. *In:* H. *Stirnimann*/L. *Vischer*, Papsttum und Petrusdienst, 35–50

Vögtle, Anton, Art. "Acedia", RAC 1 (1950) 62f

Vogüé, Adalbert de, Art. "Benedikt von Nursia", TRE 5 (1980) 538–549
- Die drei Kriterien des heiligen Benedikt für die Zulassung der Novizen, EuA 55 (1979) 42–50
- Die Kriterien der Unterscheidung von Berufungen in der frühen monastischen Überlieferung, EuA 65 (1989) 444–461
- Die Regula Benedicti. Theologisch-spiritueller Kommentar (RBS.S. 16), Hildesheim. Gerstenberger 1983
- Die tägliche Lesung in den Klöstern (300–700), EuA 66 (1990) 96–105
- Eucharistie und Mönchsleben, EuA 63 (1987) 83–94
- Klosterleben und gemeinsame Gebetszeiten, Conc(D) 17 (1981) 168–172

- La lecture du matin dans les sentences d'Évagre et le *De virginitate* attribué à saint Athanase, StMon 26 (1984) 7–11
- La paternité du Christ dans la règle de saint Benoît et la règle du Maître, VS 110 (1964) 55–67
- La Règle de Saint Benoît, Bd. 4–6: Commentaire historique et critique (SC 184–186), Paris: du Cerf 1971
- La Règle de Saint Benoît, Bd. 7: Commentaire doctrinal et spirituel (SC 187), Paris: du Cerf 1977 (= *ders.*, Die Regula Benedicti, s. o.; *Angaben zu Bd. 1–3 s. oben: Patristische Quellen, 1.1.2 unter Benedikt v. Nursia)*
- L'horaire de l'Ordo monasterii. Ses rapports avec le monachisme égyptien. *In:* Homo spiritalis, Festgabe für Luc Verheijen, hg. v. C. *Mayer* (Cassiciacum 38) Würzburg: Augustinus 1987, 240–258
- Le monastère, église du Christ. *In:* B. Steidle (Hg.), Commentationes in Regulam S. Benedicti, 25–46
- Le nom du supérieur de monastère dans la règle pachômienne. A propos d'un ouvrage récente, StMon 15 (1973) 17–22
- Les pièces latines du dossier pachômien. Remarques sur quelques publications récentes, RHE 67 (1972) 26–67
- Saint Pachôme et son œuvre d'après plusieurs études récentes, RHE 69 (1974) 425–453
- Sub regula vel abbate. Étude sur la signification théologique des règles monastiques anciennes, CCist 33 (1971) 209–241
- The Greater rules of Saint Basil. A Survey. *In:* Word and Spirit 1, 49–85
- Von der "Regel des hl. Basilius" zur Regel Benedikts, EuA 66 (1990) 180–192

Vogüé, Adalbert de/*Bunge*, Gabriel, Palladiana. III. La version copte de l'Histoire Lausiaque, II. La Vie d'Évagre, StMon 33 (1991) 7–21

Vorländer, Karl, Geschichte der Philosophie, mit Quellentexten, neu hg. v. H. *Schnädelbach* u. A. *Thyen*, 3 Bde. (re 492–494), Reinbek b. Hamburg: Rowohlt 1990

Vries, Wilhelm de, Die Obsorge des hl. Basilius um die Einheit der Kirche im Streit mit Papst Damasus. *In:* A. *Rauch*/P. *Imhof* (Hg.), Basilius – Heiliger der Einen Kirche, 29–56

Vuillaume, Christophe, Die Mönchsprofeß, eine zweite Taufe? EuA 69 (1993) 34–50

Ware, Kallistos Timothy, Der Aufstieg zu Gott. Glaube und geistliches Leben nach ostkirchlicher Überlieferung. Mit einer Einführung v. E. *Jungclaussen*, Freiburg-Basel-Wien: Herder 1983
- Art. "Diadochus von Photice", TRE 8 (1981) 617–620
- "Pray Without Ceasing". The Ideal of Continual Prayer in Eastern Monasticism, ECR 2 (1968/1969) 253–261
- "Separated from All and United to All". The Hermit Life in the Christian East. *In:* A. M. *Allchin* (Hg.), Solitude and Communion, 30–47

Ware, Kallistos Timothy/*Jungclaussen*, Emmanuel, Hinführung zum Herzensgebet, Freiburg-Basel Wien: Herder [5]1990

Wathen, Ambrose, *Conversatio* and Stability in the Rule of Benedict. *In:* MonS 11 (1975), On Benedictine Monasticism, 1–44

Weber, Max, Die Familien- und Arbeitsgemeinschaften. *In:* H. *Rosenbaum* (Hg.), Familie und Gesellschaftsstruktur, 39–46

Weinberger, Gabriel, Gesellschaftliche Umformungen und ihre Relevanz für das Ordensleben, Diakonia/Der Seelsorger 1 (1970) 313–319

Weischedel, Die philosophische Hintertreppe. 34 große Philosophen in Alltag und Denken, München: dtv [22]1992

Weismayer, Josef, Leben in Fülle. Zur Geschichte und Theologie christlicher Spiritualität, Innsbruck Wien: Tyrolia 1983

Wendebourg, Dorothea, Art. "Kappadokier", EKL[3] 2 (1989) 948–950
- Art. "Mönchtum", EKL[3] 3 (1992) 516–528

Wenz, Gunther, Die Kanonfrage als Problem ökumenischer Theologie. *In:* W. *Pannenberg*/Th. *Schneider* (Hg.), Verbindliches Zeugnis I, 232–289

Wiedenhofer, Siegfried, Die Tradition in den Traditionen. Kirchliche Glaubens-überlieferung im Spannungsfeld kirchlicher Strukturen. *In:* D. Wiederkehr (Hg.), Wie geschieht Tradition?, 127–172

Wiederkehr, Dietrich, Das Prinzip der Überlieferung, HFTh 4 (1988) 100–123

- Wie geschieht Tradition? Überlieferung im Lebensprozeß der Kirche (QD 133), Freiburg-Basel ien: Herder 1991

Wilke, Eucharis, Das Leben des Mönchs nach der Regel Sankt Benedikts – eine Erfahrung der Gegenwart Gottes, EuA 55 (1979) 111–122

Wingren, Gustaf, Art. "Beruf, II. Historische und ethische Aspekte", TRE 5 (1980) 657–671

Wolff, Gottfried, Solus Christus. Wurzeln der Christusmystik bei Gerhard Tersteegen, Gießen: Brunnen 1989

Wollstadt, Hanns-Joachim, Geordnetes Dienen in der christlichen Gemeinde, dargestellt an den Lebensformen der Herrnhuter Brüdergemeine und ihren Anfängen, Göttingen: Vandenhoeck & Ruprecht 1966

Wolter, Maurus, Elementa. Die Grundlagen des benediktinischen Mönchtums. Aus dem Lateinischen übers. u. eingel. v. P. S. *Mayer*, Beuron: Kunstverlag 1955 (lat. Erstveröffentlichung 1880)

Word and Spirit. A monastic review, 1: In honour of Saint Basil the Great †379, Still River, Massachusetts: St. Bede's Publ. 1979

Wulf, Friedrich, Charismatische Armut im Christentum. Geschichte und Gegenwart, GuL 44 (1971) 16–31

- Der biblische Sinn des "Rates" des Gehorsams, GuL 39 (1966) 248–251
- Dialektik von Mystik und Dienst bei Ignatius von Loyola. *In:* M. *Sievernich*/G. *Switek* (Hg.), Ignatianisch, 54–74
- Die Spiritualität und Frömmigkeit des Weltpriesters, GuL 32 (1959) 38–48
- Die Stellung des Protestantismus zu Aszese und Mönchtum in Geschichte und Gegenwart, GuL 27 (1954) 21–34
- Einführung und Kommentar zu Kap. V und VI der Dogmatischen Konstitution über die Kirche (Lumen Gentium), LThK.E 1 (1966) 284–313
- Einführung und Kommentar zum Dekret über die zeitgemäße Erneuerung des Ordenslebens (Perfectae Caritatis), LThK.E 2 (1967) 250–307
- Fragen um die kontemplative Berufung zur zeitgemäßen Erneuerung der kontemplativen Orden, GuL 41 (1968) 63–66
- Gebot und Rat, GuL 39 (1966) 321–325
- Gehorsam gegenüber der Führung durch den Heiligen Geist, GuL 29 (1956) 46–56
- Gott allein. Zur Deutung eines christlichen Grundwortes, GuL 44 (1971) 161–169
- Familienspiritualität und Familienaszese, GuL 32 (1959) 451–456
- Ignatius als Seelenführer. *In: ders.* (Hg.), Ignatius von Loyola, 13–53
- (Hg.), Ignatius von Loyola. Seine Gestalt und sein Vermächtnis 1556–1956, Würzburg: Echter 1956
- Krise und Problematik des kirchlichen und religiösen Gehorsams heute, GuL 29 (1956) 12–20
- Priester, Ordensleute, Laien, GuL 41 (1968) 60–62
- Theologische Phänomenologie des Ordenslebens, MySal 4,2 (1973) 450–487
- Vom Geist der Armut, GuL 38 (1965) 135–146
- Zur Anthropologie von Zölibat und Jungfräulichkeit, GuL 36 (1963) 352–360
- Zur Theologie der christlichen Ehelosigkeit und Jungfräulichkeit, GuL 36 (1963) 341–352

Wulf, Friedrich/*Bamberg*, Corona/*Schulz*, Anselm (Hg.), Nachfolge als Zeichen. Kommentarbeiträge zum Beschluß der Gemeinsamen Synode der Bistümer in der BRD über die Orden und andere geistliche Gemeinschaften, Würzburg: Echter 1978

Zeller, Winfried, Die kirchengeschichtliche Sicht des Mönchtums im Protestantismus, insbesondere bei Gerhard Tersteegen, EuA 49 (1973) 17–30

Ziegler, Josef Georg, Theologie des geistlichen Lebens – eine theologische Disziplin, GuL 66 (1993) 272–282

Zimmerling, Peter, Nachfolge lernen. Zinzendorf und das Leben der Brüdergemeine. Nachwort von Horst-Klaus Hofmann, Moers: Brendow 1990

Zulehner, Paul M., Art. "Evangelische Räte/Prophetische Lebensstile", PLSp 352–356

Zumkeller, Adolar, Das Mönchtum des heiligen Augustinus (Cassiciacum 11), Würzburg: Augustinus [2]1968

4. Lexika, Sammelwerke, Hilfsmittel, Sonstiges

Agende für evangelisch-lutherische Kirchen und Gemeinden, Bd. 3: Die Amtshandlungen. Studienausgabe, Berlin: Lutherisches Verlagshaus 1963

Allgemeines Evangelisches Gebetbuch. Anleitung und Ordnung für das Beten des Einzelnen, der Familie und der Gemeinde mit einer ökumenischen Gebetsammlung, hg. v. H. *Greifenstein*/H. *Hartog*/F. *Schulz*, Hamburg: Furche [3]1971 ([1]1955)

Deutsches Antiphonale, hg. v. G. *Joppich*/Rh. *Erbacher*, 3 Bde., Abtei Münsterschwarzach [4]1975, 1972 u. 1974

Die Bekenntnisschriften der evangelisch-lutherischen Kirche. Hg. im Gedenkjahr der Augsburgischen Konfession 1930, Göttingen: Vandenhoeck & Ruprecht [6]1967 (= BSLK)

Die Bibel. Einheitsübersetzung der Heiligen Schrift, Gesamtausgabe. Psalmen und Neues Testament ökumenischer Text, Stuttgart: Kath. Bibelwerk/Dt. Bibelgesellschaft [7]1992

Die Bibel nach der Übersetzung Martin Luthers. Mit Apokryphen. Bibeltext in der revidierten Fassung von 1984, Stuttgart: Dt. Bibelgesellschaft 1985

Biblia Hebraica, ed. R. *Kittel*, Stuttgart: Württemb. Bibelanstalt [14]1966

Biblia Patristica. Index des citations et allusions bibliques dans la littérature patristique, éd. par J. *Allenbach*, A. *Benoît*, D. A. *Bertrand*, A. *Haurist-Constet*, E, *Junod*, P. *Nerard*, A. *Pantler*, P. *Prigent*, 5 Bde. u. ein Supplement, Paris: Éd. du Centre National de la Recherche Scientifique 1975–1991

Bremer biblische Handkonkordanz oder Alphabetisches Wortregister der Heiligen Schrift, 225.–232. Tausend der Gesamtaufl., Stuttgart: Anker/Christl. Verlagshaus 1980

Brockhaus Biblisches Wörterbuch, hg. v. F. *Grünzweig*, J. *Blunck*, M. *Holland*, U. *Laepple*, R. *Scheffbuch*, Wuppertal: R. Brockhaus 1982

Brockhaus Enzyklopädie in zwanzig Bänden, 17. völlig neu bearbeitete Aufl. des Großen Brockhaus, Wiesbaden: F. A. Brockhaus 1966–1975

Clavis Patrum Graecorum, ed. M. *Geerard*, 5 Bde., Turnholt: Brepols 1074–1987 (= CPG)

Clavis Patrum Latinorum, ed. E. *Dekkers*, Steenbrugge: St. Peters-Abtei [2]1961 (= CPL)

Codex Iuris Canonici Pii X Pontifici Maximi iussu digestus Benedicti Papae XV auctoritate promulgatus, Freiburg/Br.-Regensburg: Herder-Pustet 1918 (= CIC)

Codex Iuris Canonici auctoritate Ioannis Pauli PP. II promulgatus. Codex des Kanonischen Rechtes. Lateinisch-deutsche Ausgabe, Vatikanstaat 1983/Kevelaer: Butzon & Bercker [3]1989 (= CIC)

Denzinger, Heinrich, Enchiridion symbolorum, definitionum et declarationum de rebus fidei et morum. Kompendium der Glaubensbekenntnisse und kirchlichen Lehrentscheidungen, verb., erw., ins Deutsche übertr. u. unter Mitarbeit v. H. *Hoping* hg. v. P. *Hünermann*, Freiburg-Basel-Rom-Wien: Herder [37]1991 (= DH)

Dictionnaire de spiritualité, ascétique et mystique, doctrine et histoire, bis jetzt 14 Bde., Paris: Beauchesne 1937 ff (= DSp)

Evangelisches Brevier, zusammengestellt von E. *Hertzsch*, Berlin: Ev. Verlagsanstalt [1]1959, Hamburg: F. Wittig [3]1987

Evangelisches Gemeindelexikon, hg. von E. *Geldbach*, H. *Burkhardt* u. K. *Heimbucher*, Wuppertal: R. Brockhaus 1978

Evangelisches Gesangbuch. Vorentwurf, vorgelegt von den Gesangbuchausschüssen der EKD und des Bundes der Ev. Kirchen in der DDR (als Manuskript gedruckt), o. O. 1988

Evangelisches Kirchengesangbuch (Ausgabe für die Evangelische Kirche in Hessen und Nassau, Frankfurt/M. [24]1982; Ausgabe für die Evangelisch-Lutherische Kirche in Bayern, München o. J.)

Evangelisches Kirchenlexikon. Internationale theologische Enzyklopädie, 3. Aufl. (Neufassung), bisher erschienen: Bd. 1–3 (A–R), Göttingen: Vandenhoeck & Ruprecht 1986–1992 (= EKL[3])

Evangelisches Lexikon für Theologie und Gemeinde, hg. v. H. *Burkhardt* u. U. *Swarat*, in Zusammenarbeit mit O. *Betz*, M. *Herbst*, G. *Ruhbach* u. Th. *Sorg*, 3 Bde., Wuppertal-Zürich: R. Brockhaus 1992-1994 (= ELThG)

Gotteslob. Katholisches Gebet- und Gesangbuch, Stuttgart: Kath. Bibelanstalt 1975

Große Konkordanz zur Lutherbibel, Stuttgart: Calwer/Christl. Verlagshaus ²1989

Handbuch der Fundamentaltheologie, hg. v. W. *Kern*/H. J. *Pottmeyer*/M. *Seckler*, 4 Bde., Freiburg Basel-Wien: Herder 1985–1988 (= HFTh)

Handwörterbuch religiöser Gegenwartsfragen, hg. v. U. *Ruh*/D. *Seeber*/ R. *Walter*, Freiburg-Basel Wien: Herder 1986 (= HRGF)

Die *Heilige Schrift* des Alten und Neuen Testaments, Zürich: Verlag der Zürcher Bibel 1971

Historisches Wörterbuch der Philosophie, hg. v. J. *Ritter* † u. K. *Gründer*. Völlig neu bearbeitete Ausgabe des 'Wörterbuchs der philosophischen Begriffe von R. *Eisler*, bisher Bd. 1–8 (A–Sc), Basel: Schwabe 1971–1992 (= HWP)

Joest, Christoph, Bibelstellenkonkordanz zu den wichtigsten älteren Mönchsregeln (IP IX), Steenbrugge/Den Haag: St. Petersabtei/M. Nijhoff 1994

Katechismus der Katholischen Kirche, München u. a.: R. Oldenbourg u. a. 1993 (= KKK)

Leistner, Otto, ITA. Internationale Titelabkürzungen von Zeitschriften, Zeitungen, wichtigen Handbüchern, Wörterbüchern, Gesetzen usw., 2 Bde., Osnabrück: Biblio ³1981

Léon-Dufour, Xavier, Wörterbuch zum Neuen Testament, München: Kösel 1977

Lexikon der Ägyptologie, hg. v. W. *Helck* u. W. *Westendorf*, 6 Bde., Wiesbaden: Harrassowitz 1975–1986 (= LÄ)

Lexikon der katholischen Dogmatik, hg. v. W. *Beinert*, Freiburg-Basel-Wien: Herder 1987 (= LkD)

Lexikon für Theologie und Kirche, hg. v. J. *Höfner*/K. *Rahner*, 10 Bde. u. ein Registerbd., Freiburg Basel-Wien: Herder 1957–1967 (= LThK)

Ergänzungsbände: Das zweite Vatikanische Konzil. Konstitutionen, Dekrete und Erklärungen, lateinisch-deutsch. Kommentare, 3 Bde. 1966–1968 (= LThK.E)

Lidell-Scott, A Greek-English Lexicon, Compiled by H. G. *Lidell* and R. *Scott*. A New Edition Revised and Augmented by H. S. *Jones* u. a., Oxford: Clarendon ⁹1953

D. Martin *Luthers* Werke. Kritische Gesamtausgabe ("Weimarer Ausgabe"), Weimar 1883 ff (= WA)

Luthers Werke für das christliche Haus (Berliner Ausgabe 1905), hg. v. G. A. *Buchwald*/G. *Kawerau*/J. *Köstlin*/*Rade*/E. *Schneider* u. a., 8 Bde., Leipzig: Heinsius Nachfolger ⁴1924; 2 Ergänzungsbde., hg. v. O. *Scheel*, Leipzig: Heinsius Nachfolger o. J.

Martimort, Aimé-Georges, Handbuch der Liturgiewissenschaft, hg. v. A.-G. *Martimort* u. a., 2 Bde., Freiburg-Basel-Wien: Herder 1963 u. 1965 (= HWL(M))

Menge-Güthling, Enzyklopädisches Wörterbuch der griechischen und deutschen Sprache, 1. Teil: Griechisch - Deutsch, Berlin-München-Zürich: Langenscheidt ¹⁹1965

- Enzyklopädisches Wörterbuch der lateinischen und deutschen Sprache, 1. Teil: Lateinisch-Deutsch, Berlin-München-Zürich: Langenscheidt ¹⁵1965

Mysterium Salutis. Grundriß heilsgeschichtlicher Dogmatik, hg. v. J. *Feiner*/M. *Löhrer*, 5 Bde. u. ein Ergänzungsbd., Einsiedeln-Zürich-Köln: Benziger 1965–1981 (= MySal)

Nestle, Eberhard, Novum Testamentum latine. Textum vaticanum cum apparatu critico ex editionibus et libris manu scriptis collecto imprimendum curavit D. E. *Nestle*, Stuttgart: Württemberg. Bibelanstalt ⁹1961

Nestle-Aland, Novum Testamentum graece, cum apparatu critico curavit Eberhard *Nestle*, novis curis elaboraverunt Erwin *Nestle* et Kurt *Aland*, Stuttgart: Württemberg. Bibelanstalt ²⁵1963

Neuner, Josef/*Roos*, Heinrich, Der Glaube der Kirche in den Urkunden der Lehrverkündigung, neubearb. v. K. *Rahner* u. K.-H. *Weger*, Regensburg: Pustet ¹⁰1979 (= NR)

Ökumene-Lexikon. Kirchen – Religionen – Bewegungen, hg. von H. *Krüger*/W. *Löser*/ W. *Müller Römheld*, Frankfurt/M.: Lembeck/Knecht ²1987 (= ÖL²)

Pape, W., Griechisch-Deutsches Wörterbuch in 3 Bänden, Zweite überall berichtigte und vermehrte Aufl., Braunschweig: Vierweg 1866 u. 1871

Philosophielexikon. Personen und Begriffe der abendländischen Philosophie von der Antike bis zur Gegenwart, hg. v. A. *Hügli* und P. *Lübcke*, Reinbek b. Hamburg: Rowohlt 1991

Praktisches Lexikon der Spiritualität, hg. v. Chr. *Schütz*, Freiburg-Basel-Wien: Herder 1988 (= PLSp)

Psalter für den Gottesdienst mit Lobgesängen aus dem Alten und Neuen Testament, hg. v. A. *Schmid*, Stuttgart: Kath. Bibelanstalt [3]1975

Der *Psalter* nach der Übersetzung D. Martin Luthers (revidierter Text 1964) für den gottesdienstlichen Gebrauch bearbeitet, mit Ordnung der Tageszeitgotteseienste und des Beichtgottesdienstes, hg. v. der Evang.-Luth. Diakonissenanstalt Neuendettelsau 1971

Reallexikon für Antike und Christentum. Sachwörterbuch zur Auseinandersetzung des Christentums mit der antiken Welt, hg. v. Th. *Klauser* u. a., Stuttgart: Hiersemann 1950 ff (= RAC)

Die *Religion in Geschichte und Gegenwart*. Handwörterbuch für Theologie und Religionswissenschaft, hg. v. K. *Galling*, 3. völlig neu bearb. Aufl., Bd. 1–6 u. 1 Registerbd., Tübingen: Mohr (Siebeck) 1957–1965 (= RGG[3])

Sacramentum Mundi. Theologisches Lexikon für die Praxis, 4 Bde., Freiburg-Basel-Wien: Herder 1967–1969 (= SM)

Schmoller, Alfred, Handkonkordanz zum griechischen Neuen Testament, Stuttgart: Württemberg. Bibelanstalt [13]1963

Schwertner, Siegfried, Internationales Abkürzungsverzeichnis für Theologie und Grenzgebiete. Zeitschriften, Serien, Lexica, Quellenwerke mit bibliographischen Angaben, Berlin-New York: de Gruyter [2]1992

Tagzeiten-Gottesdienste, hg. v. d. Lutherischen Liturgischen Konferenz Deutschlands, Hannover o. J.

Theologische Realenzyklopädie, bis jetzt 20 Bde., 1 Registerbd. u. 1 Abkürzungsverzeichnis, Berlin New York: de Gruyter 1977–1990 (= TRE)

Theologisches Begriffslexikon zum Neuen Testament, hg. v. L. *Coenen*, E. *Beyreuther*, H. *Bietenhard*, Bde. 1–3, Wuppertal: R. Brockhaus [3]1972 (= TBLNT)

Theologisches Handwörterbuch zum Alten Testament, hg. v. E. *Jenni* unter Mitwirkung v. C. *Westermann*, 2 Bde., München und Zürich: Chr. Kaiser und Theol. Verlag [3]1978 u. 1976 (= THAT)

Theologisches Wörterbuch zum Neuen Testament, begründet v. G. *Kittel* †. In Verbindung mit zahlreichen Fachgenossen hg. v. G. *Friedrich*, Bde. 1–9, Stuttgart u. a.: Kohlhammer 1933–1973 (= ThWNT)

Warns-Rienecker, J. *Warns*, Lehrbuch des neutestamentlichen Griechisch. In Zusammenarbeit mit R. *Kücklich* hg. v. F. *Rienecker*, Gießen: Brunnen [7]1971

Register

1. Bibelstellen

Die Aufstellung berücksichtigt auch in zitierte Texte eingeschlossene Bibelzitate ohne oder mit unvollständigen Stellenangaben. Zahlen in *Kursivdruck* zeigen an, daß der Eintrag auf der betreffenden Seite in einer Anmerkung steht.

2. Namen (Personen, Orte, Gemeinschaften)

Zahlen in *Kursivdruck* zeigen an, daß der Eintrag auf der betreffenden Seite in einer Anmerkung steht. Zeitgenössische Autoren werden nur dann aufgeführt, wenn sie im Text erwähnt werden, in den Anmerkungen eine Auseinandersetzung mit ihnen geführt wird oder sie dort zitiert sind.

3. Sachen

Zahlen in *Kursivdruck* zeigen an, daß der Eintrag auf der betreffenden Seite in einer Anmerkung steht. Wenn die Stichworte Bestandteil eines zitierten Titels sind, werden die Fundorte hier nicht aufgeführt.